Reencontros de Vidas

Quando Vidas se Cruzam, Tudo Pode Mudar

Walter J. Pinna

Reencontros de Vidas

Quando Vidas se Cruzam, Tudo Pode Mudar

MADRAS®

© 2016, Madras Editora Ltda.

Editor:
Wagner Veneziani Costa

Produção e Capa:
Equipe Técnica Madras

Revisão:
Ana Paula Luccisano
Maria Cristina Scomparini
Neuza Rosa

Dados Internacionais de Catalogação na Publicação (CIP)
(Câmara Brasileira do Livro, SP, Brasil)

Pinna, Walter J. Reencontros de vidas : quando vidas se cruzam, tudo pode mudar / Walter J. Pinna. -- São Paulo : Madras, 2016.

ISBN 978-85-370-1034-1

1. Romance brasileiro I. Título.

16-07935   CDD-869.3

Índices para catálogo sistemático:
1. Romances : Literatura brasileira 869.3

É proibida a reprodução total ou parcial desta obra, de qualquer forma ou por qualquer meio eletrônico, mecânico, inclusive por meio de processos xerográficos, incluindo ainda o uso da internet, sem a permissão expressa da Madras Editora, na pessoa de seu editor (Lei nº 9.610, de 19/2/1998).

Todos os direitos desta edição reservados pela

MADRAS EDITORA LTDA.
Rua Paulo Gonçalves, 88 – Santana
CEP: 02403-020 – São Paulo/SP
Caixa Postal: 12183 – CEP: 02013-970
Tel.: (11) 2281-5555 – Fax: (11) 2959-3090
www.madras.com.br

Parte I

Rivalidade

1. Na torre da igreja

Jaiminho tinha acabado de completar 8 anos no dia anterior, que lhe fora de muita alegria. Mesmo com a festa simbólica com a presença dos amigos mais chegados, à base de bolo de milho e Ki-Suco de groselha, naquele momento em que se encontrava a lembrança da felicidade tida lhe acalentava brevemente o pensamento, envolto que estava nas trevas a gritar por socorro, repassando nos intervalos de calma o que lhe vinha à mente.

Naquele dia, tinha acordado com os raios do sol nascente penetrando através da cortina de seda fina transparente do quarto, de onde por uma brecha entre as duas partes da cortina alguns raios mais fortes iluminaram-lhe os olhos, fazendo-o despertar. A luz direta o incomodava e, sem precisar de um despertador, igual ao galo tagarela do vizinho, acordava daquela forma quase todos os dias, mas, ao contrário destes, permaneceu calado, sonolento, até que a mãe se levantou da cama e o ajudou a se arrumar para a escola primária, constatando ela que algo de anormal tinha lhe acontecido durante o sono.

No banheiro, enquanto escovava os dentes e lavava o rosto utilizando a pouca água que escoava da velha torneira Fabrimar, Jaiminho ia meditando sobre um pesadelo que tivera naquela noite, mas do qual não conseguia se lembrar direito; somente se recordava da má impressão que ficara registrada na mente; depois tentou fechar e apertar a torneira que ficaria pingando, até que o pai se lembrasse, um dia, de trocar a carrapeta desgastada pelo uso.

Saindo do banheiro apertado, onde só cabia o vaso sanitário, a pia e o piso rebaixado do boxe de 1,5 x 1,5 metro, com o luxo de um velho chuveiro elétrico da Lorenzetti de metal, envolto numa cortina plástica com estampas de peixinhos lambuzada pelos respingos de água dos vários corpos ensaboados, que a mãe procurava manter limpa, no que era possível fazer diante das oito pessoas que o usavam diariamente. O menino de cabelo castanho muito liso cortado "à la príncipe Danilo", de rosto largo, corpo franzino e alto para a sua idade, com o uniforme escolar do município apertado que o deixava ainda mais magro, principalmente nos braços e nas pernas expostos pela blusa de algodão fina branca e bermuda de brim azul-marinho, caminhou até a mesa da cozinha de piso cimentado com vermelhão e sentou-se no banquinho de madeira de três lugares feito pelo pai especialmente para ele e os sobrinhos menores, que ficava num dos lados da mesa, tendo no outro lado algumas cadeiras revestidas de fórmica azul, que faziam conjunto com os móveis principais.

Sentado com suas finas pernas balançando no ar, aguardando a mãe que logo lhe serviria o café da manhã constituído, nos dias piores do mês, de pão, manteiga e café, e, nos dias melhores, de pão, queijo, mortadela, bolo e café com leite, o garoto procurou por sua amiguinha de todo início de dia, parada no canto superior da parede perto do telhado sem forro e acima do suporte do filtro de barro, servindo-se do alimento aprisionado em sua teia na noite. Lá estava ela em sua casa feita de múltiplas linhas finas tecidas por ela, observando a sua presa, cansada de debater-se para livrar-se da armadilha, que lhe serviria de repasto matinal.

Jaime sorriu pelo alimento que a aranha teria, bendizendo com isso o pão com café que sua família teria naquele dia e o pedaço de bolo de milho que restara de seu aniversário que a mãe tinha lhe guardado na lancheira para a hora do recreio.

A mãe serviu-lhe a alimentação com muito carinho e dedicação; entretanto, percebendo que o marido se aproximava da cozinha, saiu de perto do menino, passou pelo corredor que ligava a cozinha com a sala e ligou habitualmente o velho rádio a válvulas posicionado numa antiga estante de madeira de dois andares envernizada com verniz asa de barata. O rádio zumbiu, rosnou vozes ininteligíveis enquanto as válvulas esquentavam e, finalmente, iniciou as falas do noticiário matutino, sintonizado na rádio Globo AM:

"No início da noite de ontem, imensa massa de protestantes contra a ditadura militar iniciou, próximo a Central do Brasil, luta aberta contra os soldados do Exército e da polícia, que revidaram com bombas lacrimogêneas, enquanto se protegiam com seus escudos e cassetetes das pedras e objetos arremessados pelos revoltosos. Alguns dos protestantes acabaram feridos e levados para os hospitais locais; vários outros foram presos e conduzidos para prestarem depoimento junto às autoridades policiais".

– Já era de se esperar isto, pois o povo não tem mais direito a nada. O que eles querem fazer conosco nos sujeitando a tantas humilhações e racionamentos de alimentos? – esbravejou o pai de Jaime com sua voz indignada, dirigindo-se da sala à cozinha.

– Filho – disse dona Helena olhando diretamente para Jaime e aproveitando o que o marido falava para não o contrariar –, evite qualquer tipo de conversa na escola ou na rua a respeito disso. Você me escutou? Compreendeu, menino?

– Sim, mãe. Quando os meus colegas começam a falar do que seus pais conversam sobre isso, eu saio de perto como a senhora me recomendou – respondeu Jaime à mãe com o olhar fixo nas frutas pintadas por ela na toalha da mesa, na certeza de que, se respondesse corretamente isto, não irritaria o pai, atento à resposta que ele daria para a esposa.

O senhor Jorge sentou-se à mesa, esbravejou novamente relembrando dos bons tempos do governo de JK; reclamou do café frio que dona Helena com o olhar sereno requentou; comeu o pão com manteiga; deu duas goladas do café devolvido por dona Helena e relembrou também dos bons tempos do governo de Getúlio Vargas. Procurando ser convincente, afirmou que tinha certeza absoluta de que os americanos estavam por trás do golpe militar, visando a que de maneira nenhuma os russos pudessem chegar por aqui e fazer o que conseguiram fazer em Cuba. Depois com o horário apertado, ele beijou o filho e a esposa no rosto e saiu apressado para pegar o trem na estação, o qual, sacolejando a quentes temperaturas do verão que o ventilador do teto não conseguia amenizar, o levaria próximo ao local de trabalho.

O pequeno, satisfeito por ver o pai sair sem ter ficado aborrecido com ele ou com a mãe, e somente com o governo atual, pegou sua maleta onde estavam os livros do dia e caderno previamente arrumados por dona Helena, a lancheira, atravessando-a diagonalmente do ombro direito ao ventre esquerdo, beijou carinhosamente a mãe e tomou rumo à escola municipal localizada próxima, a algumas quadras de sua casa.

Saindo do portão à rua, não deixou de verificar a montanha que chamavam Pico da Pedra Branca estacionada provisoriamente em frente a sua casa, constatando que havia se aproximado um pouco mais de sua residência, segundo a sua vontade e fé, aludindo ao que o pai religioso dizia: "A fé remove montanhas". Na sua convicção, com fé e vontade a montanha um dia chegaria bem próxima a sua casa até que ele pudesse escalar o imenso monumento da natureza às vezes verde, às vezes azul; na acepção da passagem cristã, o pai referia-se a transpor com fé as dificuldades e os sofrimentos, que são as montanhas da vida.

Ao longo do caminho que o separava da escola, saiu a cumprimentar os vizinhos da rua, uns varrendo as folhas caídas das árvores, outros lavando as lamas de suas calçadas, tudo isso ocasionado pelo temporal ocorrido na tarde do dia anterior; outros pegavam o lixo caseiro e levavam ao depósito improvisado no terreno baldio, onde permaneceria amontoado até que o caminhão da prefeitura o recolhesse, Deus sabe quando.

Sua vizinha principal era dona Abgail, considerada a "rica" da rua por causa de sua casa com dois andares, com um muro frontal alto que evitava os olhos curiosos para o seu interior; a DKW-Vemag na garagem que o levou a passear algumas vezes pelas praias e pelos pontos turísticos da cidade, as guloseimas que comia diretamente na casa da vizinha ou sobras que dona Abgail dava à sua mãe diretamente por cima do muro de placas de concreto armado que separava as duas casas, e tantas outras coisas que poucos possuíam e que faltavam nas demais casas pobres da vizinhança.

Naquele dia não viu nem escutou a voz de dona Abgail, a gaúcha, e por isso, sem sentir-se tímido, pôde contemplar com atenção pelas fendas do portão de entrada a bonita residência da vizinha repleta de muitas plantas raras e roseiras no jardim, que um velho negro cuidava para ela três vezes por semana. O amarelo-ouro cobria as paredes e fachadas bem executadas pelo arquiteto contratado pela família, que havia alterado a construção normal da casa, diferenciando-a das outras casas do bairro; as janelas antigas de madeira haviam sido trocadas pelas de esquadrias de alumínio; a velha porta de entrada da sala de madeira pobre havia sido trocada por uma envernizada de madeira nobre e maciça; o telhado colonial de lindo caimento no lugar das velhas telhas francesas cheias de musgos; e a antena da televisão de duas cores e 21 polegadas em que algumas vezes fora convidado para assistir a programas infantis, que era privilégio somente nas casas mais abastadas.

Jaime olhou depois para a sua casa simples. Possuía muro frontal natural formado por telas de arame farpado com plantas trepadeiras; as janelas e portas de madeira estavam carentes de pintura; com dois quartos, sala, cozinha e banheiro, fora adquirida pelo pai com muito sacrifício por meio de financiamento do Governo Federal. Seu pai pensava em ampliá-la construindo um quarto com a utilização das mãos de profissionais da vida, por causa dos netos que chegaram pela filha mais velha de recente viuvez, a fim de dispersar os quatro membros da família que dormiam num mesmo quarto e outros no chão da sala. Ele as comparou e pensou: "Foram construídas de modo igual e o tamanho dos terrenos é idêntico; papai continua a pagar a nossa casa; a do senhor Edmar já foi paga e melhorada; a deles é linda, com quatro quartos, cozinha grande com copa e área auxiliar para a máquina de lavar roupa, uma sala para ver a televisão e outra onde se come; varandão nos fundos, terraço e dois banheiros, para eles e o filho único. A nossa está feia e acabada pelo tempo também. Papai quis ser vendedor de livros e não dono de fábrica de sapatos como o marido de dona Abgail! Nunca vi o senhor. Edmar brigar com a dona Abgail, mesmo ela sendo baixinha, branquela, como quase todos do sul descendentes de europeus, e tendo aquela enorme verruga perto do nariz no seu rosto largo e redondo, cabelo preto liso em coque preso na cabeça acima da nuca, rechonchuda nos seus 40 anos, mas doce e gentil como pessoa. Ela não era tão bonita como a mamãe que era 12 anos mais velha, e com rosto angelical de olhar expressivo e penetrante, de pele branca queimada dos vindos do norte. Tinha cabelos castanhos lisos lindos sempre bem penteados, alta, não gorda, e que, mesmo não usando os vestidos caros como os de dona Abgail para disfarçar o corpo recheado, estava sempre bonita para o papai.

O senhor Edmar é mais velho alguns anos que dona Abgail. Também baixinho, branquelo, gordinho, com um esquisito bigodinho fino, careca até a metade de sua cabeça. Estava sempre mal-arrumado com suas calças de brim muito largas com suspensórios, muito determinado, saindo constantemente apressado para trabalhar muito cedo e voltando para casa muito tarde da noite, mas sempre arrumando tempo para brincar com o filho Luizinho de 11 anos. Nunca o vi discutindo alto com a esposa; eles parecem mais com uma família de ursinhos carinhosos uns com os outros. Quanto a papai, com seus 58 anos de pele quase morena pelo sol que pega em virtude de profissão de vendedor, não é tão alto como a mamãe. Ele está sempre bonitão com sua cobertura completa de cabelo castanho liso, rosto oval bem barbeado e liso feito bumbum de criança, usando seus três ternos, os quais revezava durante a semana no trabalho que tinha hora de começar, mas nunca de terminar. Muito sério e de olhar voltado para dentro de si, ele não brinca muito conosco. Chega quase sempre cansado e irritado do trabalho, brigando na maioria das vezes com a mamãe por qualquer motivo e diante da menor contrariedade; a mamãe é calma e pacífica como uma garça, ele brabo feito um leão... "Será que quem tem dinheiro não briga?... Será que era por isso que dona Abgail era bondosa e alegre... mas mamãe também era"– ele refletiu, soltando um sopro forte como a querer entender melhor a situação e os adultos. Concluiu resoluto: "Quando eu crescer e for adulto, vou querer ter muito dinheiro como o senhor Edmar para que eu nunca venha a brigar com a minha esposa nem com os meus filhos".

Diante daquelas visões e daqules pensamentos, Jaime refletia sobre sua vida presente, fantasiava e moldava sua vida profissional futura que lhe correspondesse a uma vida melhor... Enfim concluiu que não queria ser vendedor de livros como o pai e nem fabricante de sapatos como o senhor Edmar. Pensava em cuidar da saúde das pessoas, com o estetoscópio passado pelo pescoço, o aparelho de pressão e o martelinho que o dr. Edson sempre usava quando o examinava, qualquer que fosse a doença.

Assim ia para a escola levando consigo o sorriso dos vizinhos que lhe retribuíam o bom-dia e seus pensamentos de melhores dias para si e sua família.

Na escola, ele se enfileirou na altura média que lhe cabia na fila dos alunos do segundo ano primário de dona Maria Luiza; recebeu um tapinha na nuca de boas-vindas do colega atrás de si, revidou naquele que se encontrava à sua frente, o qual, como nas quedas das pedras de dominós perfiladas, passou para o seguinte, repassando de aluno a aluno até o último da fila.

Aproveitando o momento em que podia se comparar com os demais meninos de sua classe, verificou e agradeceu aos céus por não ser tão pequeno como "nanico", o primeiro da fila; não tão magro quanto "gigante", o último da fila; não tão gordo como "bola", o mais avacalhado entre eles; não tão branco quanto "neve", que estava logo atrás de si; nem negro e feioso como o amigo Paulinho, que sentia as consequências da cor de sua pele nas brincadeiras constantes feitas a ele pelos outros meninos, que muito o deixavam irritado; nem com o protuberante traseiro de "tanajura" que estava à sua frente; nem com os cabelos encarrapichados como o de "escovinha", o segundo da classe em altura, logo antes de gigante na fila; nem ter os cabelos sempre levantados na parte traseira da cabeça como "índio". Mas como ele também não era certinho na sua composição física, tinha de aceitar e engolir pela goela abaixo o apelido que lhe deram de "cabeção", que ele sempre dizia não ter nada a ver, mas que vez e outra o fazia ir ao espelho certificar-se daquilo. No fim de sua reflexão, enquanto todos os alunos aguardavam o canto do Hino Nacional e a ida depois para a sala de aula, ele, como sua mãe sempre pedia que fizesse quando lhe viesse na mente aqueles pensamentos de três comparações vaidosas, bateu na boca com a mão esquerda do coração e pronunciou para si: "Pai do céu, me perdoe por mais esses pensamentos ruins!".

Na entrada da sala de estudo recebeu o beijo tão desejado da professora linda, ouvindo depois de seus lábios finos e doces diante dos outros alunos o elogio pelas melhores notas médias alcançadas nas provas do primeiro e do segundo semestres, o que deixou alguns puxa-sacos da professora irritados por não terem conseguido chegar lá.

Entretanto, retornando à realidade em que se encontrava, naquele momento que passava de escuridão, solidão e desespero às voltas com os fantasmas, os terríveis morcegos, as temidas baratas e os pios das corujas, em que tempos atrás estivera a jogar pedras com a atiradeira, Jaime, sentado num canto da torre da igreja, havia ajustado consigo que não adiantaria mais gritar pelo padre ou outra pessoa qualquer em razão de a missa ter terminado e a noite, que apressara sua chegada, ir além das 22 horas.

Resolveu também começar a fazer passar o tempo pensando nas coisas de sua vida, até que os raios do sol do novo dia penetrassem entre as frestas da torre iluminando a escadaria e o sineiro abrisse de novo a porta de entrada da torre, iniciando a rotina na igreja ao tocar os sinos e chamar os fiéis para a primeira missa. Empenhado naquela intenção de desespero, retornou a pensar como que no dia anterior tinha sido tão feliz e agora tão triste. Iniciou com um pesadelo que tivera e não conseguia se lembrar; com seus primeiros passos naquele dia que teimava em não acabar; na ida para a escola onde encontrara dona Maria Luiza, sua professora que o amava tanto, como ele a ela; a informação das notas boas das provas finais que o alegraram; a brincadeira no recreio; o retorno para casa junto com os colegas; o almoço de fim de mês, constituído de arroz, feijão, farofa e ovo frito, que já se acostumara; e, infelizmente, o momento da brincadeira com a meninada da rua que acabou em briga com seu melhor amigo, fazendo-o refletir: "Será que ele ficou com tanta raiva de mim que acabou me trancando aqui? Será que ele seria capaz de fazer isto comigo, meu melhor amigo?".

Então, começou a recapitular, passo a passo, os últimos instantes antes de se ver preso à torre do sino da igreja.

Brincavam todos de "pique-esconde", depois de uma manhã de aula na escola, o descanso após o almoço, num fim de tarde de uma segunda-feira ensolarada. A alegria da molecada era geral... Pedro correu, escalou o muro alto e escondeu-se sobre a marquise de entrada da igreja; Célio subiu na maior das árvores que rodeavam o gramado da igreja e escondeu-se entre as folhagens; Serginho, filho de dona Judite, escondeu-se num quartinho anexo à capelinha entre os móveis... Enfim, todos os outros haviam se escondido; dos lugares conhecidos não havia mais onde se esconder. Então pensou: "Só resta a torre". E para lá partiu, ocultando-se entre os pilares e muros.

Chegando à frente da igreja, ainda temeu a ideia, fixando seu olhar na altura da torre e na fachada da entrada da igreja com seu branco ofuscado pela fuligem por causa dos muitos anos sem pintura, as imagens de vários santos feitos de ladrilhos colados pela parede externa, a grande cruz no topo da torre. Mas fez-se corajoso e entrou cautelosamente pela entrada principal da igreja, cujas portas maciças de madeira envernizada estavam escancaradas. Percebeu que os bancos no interior estavam vazios e os santos pendurados nas paredes aguardavam os fiéis que logo chegariam para a missa das 17 horas. Ele vacilou um pouco, caminhou alguns metros e abriu com esforço a espessa e pesada porta de madeira que dava acesso à escadaria da torre da igreja. Lá dentro levou enorme susto ao deparar-se com Paulinho, que tinha tido a mesma ideia que ele, coisa que antes ninguém ainda tinha pensado. Rindo, falou para o coleguinha: "Você aqui? Legal, vamos nos esconder juntos!".

Mas Paulinho não gostou da ideia, que também lhe tinha sido inédita, e respondeu com raiva:

– Cara, vá procurar outro lugar que este aqui já é meu!

– Mas não há mais tempo para isso, Paulo! – disse Jaime.

– Então, fique aqui sozinho que perdeu a graça! – e Paulinho abriu e saiu irritado e apressado pela porta pesada, batendo-a fortemente.

Jaiminho, sem ter tempo para pensar sobre a situação, subiu alguns degraus que levavam ao topo da torre e, num patamar no meio da escadaria, escondeu-se atrás de um velho móvel. Ficou lá esperando não ser descoberto pelo "descobridor" ou seus "pegos" da brincadeira. O silêncio era total na escadaria da torre. Ele podia escutar ao longe os passos e as vozes abafadas de alguns fiéis que chegavam e saíam; vez ou outra a voz do próprio padre falando com algumas pessoas; escutou nas ruas laterais à igreja o movimento barulhento do trânsito dos ônibus, suas buzinas e freadas para deixar ou pegar os passageiros nos pontos. Ele ouviu também as vozes de mães chamando por seus filhos, e estes respondendo a seus pais, sons que vinham das residências próximas; os diversos latidos dos cães da vizinhança, o cacarejo de algumas galinhas e os pios dos passarinhos que festejavam o fim do dia nas árvores locais.

Passado certo tempo, ele escutou a porta pesada da escadaria ranger abrindo-se e passos lentos que subiam os degraus. Os passos se aproximaram, chegaram-lhe perto, achando Jaime que o "descobridor" estava "quente" na descoberta, mas os passos prosseguiram subindo os degraus na direção do topo. Depois escutou as badaladas dos sinos enquanto a "Ave-Maria", que alegrava muitos corações, inclusive o dele, era tocada pelos alto-falantes no alto da torre. Ecoava pelas redondezas, indicando que eram 18 horas daquele dia, quando muitas famílias se recolhiam para orar.

Alguns minutos depois, a pessoa dos passos lentos desceu os degraus e fechou atrás de si a pesada porta de madeira. Jaiminho sorria satisfeito, pensando: "acho que desta vez eles não vão me pegar!"

Mas o tempo passou. Ele ainda escutou algumas vozes vindas do salão da igreja e os gorjeios dos pássaros em seus ninhos nas árvores se preparando para a chegada da noite, Depois o silêncio começou a ficar assustador... então ele achou que era hora de sair dali, pois o sol estava se pondo. Sorrateiro, saiu de trás do móvel e desceu mansamente os degraus que o separavam da porta e do orgulho de não ter sido pego pelo "descobridor". Aproximou-se da porta, esticou seu corpo até alcançar a maçaneta de bronze, puxou-a para baixo e verificou que ela não cedia. Ele fez força total agora com as duas mãos; usou os pés, pensando que a porta estava emperrada, mas ela não cedeu um milímetro sequer. Então percebeu que um pesadelo estava prestes a se iniciar: estava sozinho preso e trancado na torre dos fantasmas e das corujas, que de noite todos podiam ver de suas casas e do gramado da igreja.

Apreensivo, sentiu na pele o que a mãe falava a respeito do nervosismo presente em todos da família: o coração começou a bater fortemente dentro do seu peito, suores repentinos saíram-lhe de todos os poros, principalmente nas axilas, no pescoço e nas mãos... Um quadro de horror foi lhe desenhado na mente antecipando o seu tormento. O sol se pôs definitivamente naquele canto do planeta e a escuridão tomou conta da escadaria. O menino, então, começou a berrar por ajuda, no mais alto que podia. Mas ninguém o escutou, pois, além da espessura da porta, as paredes da torre eram sólidas também. Havia alguns vitrôs coloridos que serviam para iluminar a escadaria e, depois, só as três aberturas no alto da torre, ao qual por medo nunca havia se habilitado a ir, sabendo daquelas informações por meio das bocas dos meninos mais velhos que por lá tinham estado. O máximo que havia conseguido fazer, antes daquele dia, era ter dado uma olhada na escadaria pela porta que vez ou outra esqueciam entreaberta. Além do que, o padre Antônio pedia à molecada para que não utilizassem a escada para qualquer tipo de brincadeira. Mas, pelo que se lembrava, também nunca tinham fechado aquela porta com a tranca antes.

Consequentemente, veio-lhe logo à mente ser o que estava pensando, um castigo do Céu por ter desobedecido ao padre, que pedia para não utilizarem a torre em suas brincadeiras. Um acesso de loucura, recheado de maldizeres, murros no ar e pontapés na parede, fez-se presente; depois mais racional, percebendo que nada daquilo adiantaria, acalmou-se e afirmou para si, resoluto: "Sei que a família da mamãe é toda nervosa, mas uma vez eu falei que comigo não seria assim. Agora é hora de você provar isso, senhor Jaime".

Feito isto, ele tomou coragem e iniciou a subida da escadaria apalpando as paredes laterais, e aproveitando os últimos raios do sol que entravam pelos vitrôs azulados. Ele conseguiu chegar assim até o armário onde tinha estado anteriormente e ficou por ali sentado, encolhido atrás do móvel e pensando sobre o que faria. A fim de que o medo não dominasse seus pensamentos e fazer passar o tempo, começou a rebuscar na memória algumas coisas boas que havia tido além das que já tinha pensado. Lembrou assim de uma recente fase boa que tivera, até que tivesse o fruto dos seus méritos perdidos, que por não ter tido explicações, resolvera deixar, na sua inocência, que o tempo respondesse.

Ele tinha resolvido junto a Deus que ganharia o concurso do programa de televisão de sábado de manhã da TV Globo, e, fiel à sua vontade ferrenha, tratou de procurar por um envelope e selo dos Correios, que a mãe lhe cedeu logo, diante de sua convicção. Faltando o papel para as respostas requisitadas pelo programa, Jaiminho retirou a última folha do seu caderno de matérias escolares, cujo segundo ano primário chegava ao seu final, e nela escreveu o que se pedia para o sorteio. Depois, lembrou-se do conteúdo na carta que, além da folha com os dados do concorrente e do porquê gostava de assistir a "todos os sábados aquele programa", deveria conter duas embalagens do produto "Massas Nápoles para pastéis". Nisto a mãe, cooperando com sua intensa vontade, pôde comprar com sacrifício e lhe dar somente uma das embalagens que cobria a famosa massa para pastéis.

Por lembrar-se de que dona Abgail usava muito aquele produto para fazer os seus maravilhosos pastéis de carne moída, ele tratou de bater na porta da casa dela e pedir-lhe pela embalagem que faltava. Contudo, não foi feliz na hora do pedido, recebendo dela a resposta que não as tinha mais, pois que havia jogado junto com os demais lixos no Lixão. Como Lixão, entendia-se o cantão utilizado pelos moradores da rua entre o fim do campo de futebol e a parede da igreja para jogar o lixo que deveria ser recolhido pelo caminhão da Prefeitura uma vez por semana. Jaiminho dirigiu-se para lá, então, apressadamente, antes que o caminhão recolhesse a embalagem, que poderia ser, para sua fatalidade, naquele dia.

Chegando ao Lixão com suas fronteiras com cerca de quatro metros desproporcionados no raio, ele encontrou dois obstáculos: primeiro, a cachorra preta nervosa de dona Gertrudes, chamada Maluca, que estava lá à cata de restos de comida no canto direito, e um fogo acabado em fumaça malcheirosa que havia queimado quase todos os restos de materiais combustíveis no canto esquerdo.

Temendo que viesse a ver o que planejara para ganhar o concurso ir por água abaixo, primeiro ele se atreveu, como nunca fizera, a pegar algumas pedras e afastar do caminho Maluca. Ela lhe rosnou perigosamente, mas, sentindo a pedra que havia lhe batido dolorosamente no quadril, afastou-se irritada. Depois, transtornado pela possível perda da segunda embalagem, ele correu até a sua casa, próxima dali, pegou dois baldes, encheu-os de água e lançou-a sobre a área fumegante, sob os olhares curiosos de alguns vizinhos e as risadas dos colegas mais velhos e de similar idade que observavam ao longe. Ele retornou à sua casa, encheu de novo os dois baldes com água e escaldou o restante da área que havia sido consumida parcialmente pelo fogo.

Em seguida, Jaime retirou a camiseta que estava usando, passou-a sobre o nariz, amarrou-a atrás no pescoço e começou a revirar o lixo fedorento com um pedaço de madeira, até que, finalmente, encontrou a embalagem de plástico desejada, infelizmente, com boa parte chamuscada pelo fogo e envolta com uma gosma da gordura de restos de comida. Mesmo assim ele a pegou, levou-a para o tanque no fundo do quintal de sua casa, limpou-a com água e sabão de coco, secou-a com um pano de chão e, falando de si para si que de qualquer forma serviria, foi até o quarto pequeno, que repartia para dormir com o irmão mais velho, os sobrinhos e a irmã do meio. Lá, pegou do envelope a ser enviado para o concurso e a introduziu nele, que continha a carta-resposta e a primeira embalagem.

Acomodado sobre a cama de baixo do beliche em que dormia, ele abriu a parte de uma das quatro gavetas que lhe cabia da velha cômoda envernizada com asa de barata, pegou a bisnaga escolar de cola branca, passou a cola sobre a orelha do envelope e fechou-o. Em seguida, levantou sua cabeça na direção do teto e, falando direto com Deus, pediu com fé: "Senhor, vai ter de dar certo, mesmo com parte da segunda embalagem queimada. Eles vão ter que aceitá-la assim mesmo, me ajude nisso. Amém". E saiu do quarto, com a certeza no peito de que a vitória viria a seu encontro e levando consigo o envelope e o selo postal que a mãe tinha-lhe dado, indo, cautelosamente para que não o vissem, na direção dos Correios, onde a carta iniciaria seu percurso até o endereço em que se localizava a famosa rede de televisão.

Entretanto, sem que Jaime percebesse, os olhos curiosos de Paulinho, que o havia espreitado no Lixão junto com outros colegas, o seguiam, passo a passo, depois que descobriu parte do que o tinha motivado tanto junto a dona Abgail. Ela, sendo verdadeira, revelou-lhe a intenção do pequenino para o uso da embalagem que tinha recolhido no lixo visando a um concurso, embora não tivesse entrado, propositadamente, nos detalhes. Ela achava justo ser desta forma, pois, enquanto Jaiminho assistia todos os sábados ao programa infantil em sua casa, as demais crianças estavam a brincar, sem se interessarem por ele.

Movido, então, pela curiosidade, Paulinho, procedendo como os detetives nos seriados que passavam na televisão, seguiu Jaime, escondendo-se atrás dos muros, dos postes e das árvores, no caminho entre a casa do colega e a loja dos Correios.

Jaime entrou na loja repleta de clientes com suas cartas e seus pacotes. Aguardou pacientemente a sua vez na fila conversando com um e outro conhecido. Chegando a sua vez, ele cumprimentou gentilmente o despachante que o conhecia bem por causa das diversas cartas dos vizinhos que trazia frequentemente para postar, desfez-se da preciosa carga junto a este e saiu feliz da loja retornando à sua casa.

Paulinho, com a tempestade da curiosidade instalada na mente, entrou na loja apressadamente e, sem precaução, adiantou-se na fila até o despachante, deixando para trás as pessoas na fila revoltadas. Diante do balcão mais alto que ele, que o separava do despachante obeso, cujo umbigo estava abaixo da blusa a mostrar-se acima do nível do balcão, desferiu diretamente ao funcionário do governo a pergunta que estava engasgada na sua garganta a respeito do destino que seria dado à carta de Jaiminho.

O homem de meia-idade, de cabelos áureos, com porte de origem alemã desproporcional aos de média altura, vendo o filho daquele a quem tinha altos índices de antipatia, adquiridos por situações anteriores de mau entendimento na loja entre os dois, olhou para Paulinho e para as demais pessoas e deu como primeira resposta:

– **Enterres** *primeiro na fila, menino, para* **poderres serres** *atendido depois* – advertiu o despachante com sua fala carregada na língua-mãe.

Foi totalmente aprovado pelos demais seis clientes que estavam na fila aguardando a sua vez, os quais haviam conseguido entender o que o alemão queria dizer. Isso irritava bastante o pai de Paulinho, que achava que ele estava tomando o lugar de trabalho de algum brasileiro.

O menino, desconcertado, abaixou de seu porte ostentoso e, obedecendo ao despachante, se encaminhou irritado para o fim da fila, aguardando sua vez de ser atendido.

Chegada a sua hora, ele detonou na direção do despachante a mesma pergunta anterior, recebendo de volta:

– **Primeirramente** *não podemos revelar nada a respeito das correspondências dos outros, pois, além da falta de ética, é contra as Leis* **Federrais Brasileirras** *de postagem. Depois, se não tem correspondência ou* **mercadorrias** *a* **serrem** *despachadas, não posso atendê-lo* – respondeu com seu português peculiar que o havia ajudado muito na obtenção de sua naturalidade brasileira, conseguida dez anos depois que havia deixado para trás a Alemanha depois da Segunda Guerra Mundial.

Paulinho saiu da loja xingando o despachante e prometendo ao alemão que contaria para seu pai o maltrato recebido dele, coisa que não faria com medo de saber que o pai tinha sido mais uma vez esculachado pelo alemão naturalizado.

Somente dois dias mais tarde, Paulinho conseguiu saber com sua irmã, que se infiltrara mais uma vez, sonsamente, nas conversas entre os membros da família do senhor Jorge, o segredo que Jaime carregava sobre as embalagens, levando esta informação para outros ouvidos. Logo, toda a meninada da rua, que antes não havia se interessado ou se motivado para o concurso, tratou de preparar suas cartas para enviar pelos Correios ao Programa Infantil.

Luizinho, o filho de dona Abgail, brigou com a mãe por não ter lhe falado sobre o concurso e mais ainda por ter dado uma embalagem a Jaiminho, fazendo com que os pais comprassem para ele quase todo o estoque da famosa massa para pastéis existentes no armazém do senhor Domingos e na quitanda do senhor Manoel, e deixando os outros possíveis concorrentes na mão. Os outros concorrentes da redondeza, por sua vez, tiveram de recorrer às embalagens já compradas por seus pais, ou tentar consegui-las nos outros armazéns e quitandas do bairro e vizinhança.

O assunto chegou aos colégios e espalhou-se como doença contagiosa pelos outros colégios dos bairros vizinhos, do Rio de Janeiro e fora dele.

Nas rodinhas de amigos e rivais de concurso, cada qual começou a contar suas vantagens pelas quantidades de cartas enviadas e sua grande possibilidade de ganhar o concurso.

Luizinho contava que tinha enviado 20 cartas; Serginho, dez; Celso, cinco, para o seu irmão mais novo; Paulinho e sua irmã, quatro cada um; tinha gente no colégio que havia enviado 15 e outras famílias mais abastadas que haviam enviado 30, 40, 50 cartas, em virtude dos prêmios tentadores anunciados no programa infantil.

De noite, ao ir dormir, Jaiminho rezava com muita fé e humildemente pedia aos céus que acolhesse a sua única carta entre tantas outras, se fosse de seu merecimento, mas que, se não lhe fosse possível, que outra criança pobre, assim, ganhasse, então.

O tempo correu em dois meses, desde o anúncio do concurso, até que o dia de indicação do premiado, finalmente, para alívio de todos os pais, chegou.

Recolhido no canto da sala de dona Abgail, Jaiminho guardava sua certeza no coração, diante das fanfarronices dos outros concorrentes de corações agitados, presentes na única sala da rua que tinha televisão.

Dona Abgail, sentada junto ao marido e ao filho no sofá de triplo lugar, sentia-se satisfeita vendo a garotada quase toda da rua espalhada, com seus pais ou não, sentadas no chão do cômodo espaçoso, após ter lhe servido alguns pastéis de carne feitos com a massa do produto que patrocinava o concurso e Ki-Suco de groselha, não se importando com a sujeira que teria de limpar na sala após o término do programa com o retorno de todos para suas casas.

O programa avançava nas suas atrações circenses, de crianças prodígios nas mais diversas formas de arte, de recomendações e educação familiar saudáveis, naquele sábado frio, cinzento e chuvoso, até que o grande momento chegou, fazendo com que todos os corações envolvidos com o concurso, que estivessem ali ou não, disparassem.

Então, uma câmera, que antes focava a figura de baixa altura do apresentador do programa, focou o seu rosto magro com nariz delgado, cabelos negros rentes e enrolados, depois o acompanhou saindo do palco principal até um vão anexo. Em seguida, a câmera focou neste vão a montanha de cartas que haviam sido enviadas pelos concorrentes de todo o país, pois, em razão da grande quantidade de cartas existentes, não coubera sobre algum canto do palco.

O apresentador, magrinho, de baixa estatura, trajando um impecável terno e sapatos brancos, com vários de seus auxiliares usando as calças e camisas estampadas com o *slogan* do programa mexeram e remexeram a montanha de cartas jogando-as para o alto e, aclamando a hora exata, com ar de surpresa, ele pegou uma no ar... Neste exato momento, Jaiminho automaticamente gritou: "Foi a minha, eu tenho certeza disto!", trazendo risos e deboches dos que torciam para si ou para seus pretendidos.

E o apresentador com um olhar de fascínio, dando efeito ao natural suspense, leu silenciosamente o nome e o endereço do remetente da carta, abriu-a, leu a folha resposta e, conferindo as duas embalagens, falou pausadamente para despertar a curiosidade dos espectadores:

– O conteúdo escrito da carta procede ao solicitado – afirmou dando uma pausa para aumentar o suspense –, entretanto – prosseguiu enigmático – uma das embalagens está chamuscada como se tivesse sido queimada. – Olhou e revirou a carta e a embalagem danificada como se estivesse em dúvida, para a satisfação dos que não tinham sido sorteados, depois aumentou o tom de sua voz. – Contudo é válida, pois está intacta na parte que identifica o produto, que é o principal... e assim o ganhador é...

Então, uma só voz passou a gritar e a pular, enquanto outras, principalmente uma, olhavam na direção dela de queixos caídos, não acreditando no que tinha acontecido, com evidentes surpresas pela única carta enviada e sorteada no meio de milhares de outras... Depois a razão despertou, e a felicidade de que o ganhador fosse alguém conhecido fez com que as diferenças orgulhosas de todos os concorrentes e os que lhes apadrinharam deixassem de existir.

Dona Abgail foi a primeira a pular junto com Jaiminho e a cumprimentá-lo pelo concurso ganho, depois foram os outros presentes, mais além, os que não estavam na casa de dona Abgail: a mãe de Jaime que deixara o cozinhar do almoço, o pai e os demais parentes que não acreditavam ainda na sua tremenda sorte, os vizinhos e os outros tantos que tinham sido atraídos pela informação que se espalhara pela rua e proximidades, rapidamente.

Dali em diante, Jaiminho começou a sentir na pele os proveitos do que era ficar famoso do dia para a noite. Não bastando a fama adquirida entre os amigos e conhecidos ao ganhar o concurso, passou também a ser reconhecido por onde andasse, após ter aparecido na televisão para receber os prêmios, como se fosse um artista famoso.

"O que faria agora com todos os prêmios que recebeu?", pensou Jaime caindo na real, assim que viu os prêmios chegarem à sua casa, trazidos por uma caminhonete da TV Globo, que atraíram os olhares de todos os vizinhos e transeuntes que passavam na sua rua. O carro movido a pequeno motor à gasolina, imitando o famoso "rabo de peixe" dos filmes hollywoodianos, com lanternas que acendiam, e o relógio de pulso, ele tinha certeza de que utilizaria, naturalmente, para benefício próprio; entretanto os demais presentes como os carrinhos de fricção, a bola de futebol, o conjunto de roupas e os três tênis de marca, a mesa de pingue-pongue, a mochila, a coleção de livros de Monteiro Lobato e outros com as mais diversas histórias infantis, o jogo de damas, o dominó, o boliche, os pacotes de doces, os de balas, os de bombons e outras coisas menores ganhas no concurso, ele não sabia o que fazer ou se iria distribuir, pois todos, cada irmão ou parente, cada amigo ou conhecido, desejavam que ele não se esquecesse deles.

Acordou assim, no dia seguinte ao da chegada dos prêmios, encolhido na cama no canto entre a parede lateral e o armário à sua frente, agitado, perdido no tempo e no espaço, assustado, com as vozes a reconhecê-lo como o menino que havia ganhado o concurso no Programa Infantil da televisão nos sábados pela manhã, na escola, nas ruas, nas esquinas, nas conduções. Assustado com os parentes e colegas a pedir que repartisse com eles os seus prêmios; assustado com as iras e os rancores, por saber que não poderia dar tudo a todos, sem que faltasse alguém, mesmo diante do seu egoísmo pessoal querendo ficar com tudo.

Dois meses depois ficou mais agitado ainda com o carro com motorzinho movido à gasolina que logo danificou, ficando parado num canto do quintal porque seu pai não tinha dinheiro para mandar consertá-lo; ficou agitado com o relógio de pulso que sumira de uma hora para outra de dentro da sua gaveta na cômoda; ficou contente com os brinquedos que pôde dar a alguns, inquieto quando enraiveceu a outros; agitado com as meninas que passaram a olhá-lo com outros olhos, para inveja de tantos outros olhos; agitado com sua indisciplina pelas horas gastas nas brincadeiras com seus prêmios, que quase o fizeram repetir de ano.

Aquilo tudo o fez acordar ainda mais perturbado, principalmente ao ver-se diante da realidade à sua volta, escutando os ruídos que vinham do alto da escadaria e da torre, podendo distinguir, perfeitamente, os pios das corujas, os rufares das batidas das asas dos morcegos e resfolegares dos fantasmas que arrastavam suas vestes esfarrapadas pelo chão da torre. Olhou com muito receio para o alto da torre cuja escada helicoidal rodopiava até o seu topo, e pôde ver que uma claridade vinda das aberturas na torre iluminava boa parte da escadaria até certa altura. Ele pestanejou a princípio, mas, logo em seguida, empenhado da mesma coragem que o trouxera da porta de entrada ao armário, e esquecido das recentes lembranças sobre o concurso e o medo que o havia dominado, arrastou seus pés nos primeiros degraus que o separavam do armário ao alto da torre e, mais convicto, começou a deslocar-se degrau a degrau na direção da claridade, afirmando consigo: "Que se danem os fantasmas, os morcegos e as corujas, mesmo porque não deve ser meia-noite ainda, hora em que eles podem fazer com a gente o que quiserem". E assim prosseguiu rumo ao seu destino traçado.

Já na torre iluminada pela claridade da lua que penetrava pelas três aberturas que a rodeavam, sem fantasmas e corujas, mas repletas de morcegos esvoaçantes no teto, ele pôs o máximo de seu tronco que comportava na altura da parede de uma das aberturas e olhou primeiro para os apartamentos de três andares construídos pelo INPS para os operários, que ficavam à direita, rezando para que alguém o visse, e depois para os da esquerda, mas ninguém o percebeu lá. Ficou assim perambulando entre as três aberturas indo de um lado para o outro delas, e nada aconteceu além de um menino que apareceu na janela de um dos apartamentos logo à frente, confundindo-o com os muitos fantasmas que já tinha visto outras vezes, que estava um deles agora elevando os seus braços ao alto para dar mais medo a quem o via, e assim fechou a janela, pois que não adiantaria nada falar com seus pais que nunca acreditavam no que ele dizia ter visto.

Jaime, verificando que não adiantaria muito fazer o que estava fazendo, e que o resultado não lhe seria favorável, desistiu de agitar-se para chamar a atenção das pessoas à volta e sentou-se no chão úmido e frio, ficando encostado na parede da torre, enquanto ao longe escutava o movimento dos ônibus e automóveis nas ruas, as conversas e falas mais altas das pessoas próximas nas suas rotinas noturnas, latidos de cães, o vento que cantava entre as aberturas da torre; via as diversas entradas e saídas dos morcegos no ponto mais alto entre as aberturas da torre e sentia na pele o frio que aumentava conforme a noite avançava.

Depois ele olhou com mais detalhe e viu que tinha um pequeno banco de madeira num dos cantos da torre. Entusiasmado com certa ideia tida, ele pegou o banco, arrastou-o para próximo de uma das aberturas, subiu nele e pôde olhar para baixo na direção do gramado da praça que rodeava a igreja, onde dias antes junto com outros colegas tinha feito vários buracos no chão, colocado cocô de cachorro fresquinho no fundo, tapado superficialmente com jornais, espalhado alguns capins por cima, onde namorados afoitos pisavam e sujavam seus sapatos, liberando o odor pertinente. De lá ele procurou enxergar, perigosamente, com a metade do seu corpo acima da mureta da abertura, alguns daqueles namorados que, deitados no gramado ou sentados nos bancos, o pudessem ver. Contornou todo o campo com a visão que tinha e só enxergou um casal, talvez por ser muito tarde, sentado em um banco próximo a árvore do Tarzan, de onde tinha pulado diversas vezes por uma corda amarrada, de um galho para outro. Começou então a gritar e a fazer gestos para chamar a atenção do casal até que, sem querer, tocou com seus braços ao alto, de leve, na corda principal que pendia dos sinos, fazendo com que um deles vibrasse acidentalmente, baixo, mas suficiente para que o casal direcionasse seus olhos para o alto da torre. Embaixo, o casal percebeu que algo estranho acontecia na torre por causa do leve, mas perceptível bater do sino naquela hora da noite, quando os ponteiros do relógio se aproximavam da meia-noite. Eles perceberam que no alto da torre uma sombra se agitava como a querer lhes colocar medo. Assustados e com receio de que fossem os tais fantasmas da meia-noite de que tanto falavam, os namorados trataram logo de sair dali, pois não tinham mais vontade de completar suas intenções, estando a sós aquelas horas da noite, no fim de uma segunda-feira de sereno congelante.

Jaime, desapontado, viu o casal levantar do banco, afastar-se do gramado, sair pelo portão de acesso que separava a praça da rua e olhar, assustado, mais uma vez, para o alto da torre, antes de apressar seus passos na direção de seus destinos.

Triste e desconsolado, Jaiminho pensou consigo: "Agora mesmo é que danou tudo. Como vou sair daqui?". Então, repentinamente, como as grandes ideias que surgem de uma hora para outra, o que lhe pareceu difícil tornou-se óbvio: "Seu burro de uma figa, você só tem de tocar o sino, ora essa! O banquinho deve ser para as pessoas baixas, que não alcançam as cordas, poderem tocar o sino".

Então, ele aproximou mais o banco de madeira para ficar mais perto da corda principal dos sinos, esticou-se todo e conseguiu tocar com os dedos maiores a ponta da corda fazendo com que um dos sinos tocasse levemente. Repetiu de novo e de novo. Achando que não era suficiente, pensou que se pudesse pular do banco poderia alcançar um pouco mais de altura da corda, puxando-a, fazer o sino vibrar com mais intensidade, e assim o fez por quatro vezes até que seus pés começaram a reclamar de dores.

Em sua casa, dona Helena, sentada no sofá amarelado pelo desgaste do tempo, não conseguia fechar os olhos mareados de aflição por não saber onde o filho menor estava. Depois de ter há pouco procurado por ele pelas redondezas com os outros filhos e colegas, ela aguardava o retorno do marido do trabalho para ver o que mais poderiam fazer. A calmaria das águas plácidas, como a de um lago sobre o efeito do vento leve, que lhe era quase constante na personalidade, estava a ponto de transformar-se para as águas agitadas de um mar em tempestade.

Na estante da sala, o relógio de corda marcava com suas badaladas exatamente 20 horas. Às 21 horas, o senhor Jorge chegou do trabalho, soube da história e, culpando dona Helena pelo desaparecimento do filho menor, reiniciou com a esposa e os outros filhos a procura do menino desaparecido. Eles falaram com os vizinhos sobre novas informações que pudessem lhes dar pistas do sumiço do garoto; retornaram ao pároco da igreja, que já tinha se recolhido para dormir, e, não achando vestígios do filho, eles acabaram na polícia dando parte do desaparecimento do menor de idade; a polícia iniciou suas investigações.

Às 23h30, eles se recolheram na casa e permaneceram vigilantes.

Às 23h55, eles escutaram o leve som do sino principal, achando que era normal em razão do vento forte que começava a soprar.

Às 24 horas exatamente, o sino principal repicou quatro vezes, chacoalhando nos demais, o que despertou a atenção deles e os fez sair à rua para ver o que estava acontecendo, juntamente com alguns vizinhos.

O padre acordou assustado esfregando as vistas, separou os ralos cabelos que lhe cobriam os olhos para poder enxergar melhor na escuridão e levantou seu peso pesado de 50 anos do colchão, que rangeu, calçando a sua tamanca. Ele ligou o interruptor da luz do cômodo sem problemas por causa da altura compensada de sua tamanca e olhou para o relógio pendurado na parede, pensando: "Que diabo é esse que está tocando os sinos justamente às 24 horas? Tá querendo nos perturbar é?", reclamou olhando para o chão como se estivesse no inferno conversando com o próprio diabo. Ele vestiu, em seguida, o sobretudo, que estava pendurado numa cadeira ao lado de sua cama, sobre o pijama suado, saiu de seu cômodo, abriu a porta que o separava da parte externa da igreja, deu alguns passos e direcionou seu olhar para ver o que estava acontecendo no alto da torre.

Em volta da igreja, várias luzes de apartamentos próximos ligaram-se e seus moradores foram até a janela também observar a torre para ver o que estava acontecendo àquela hora da noite.

Alguns motoristas passantes pararam seus veículos para ver o que tinha feito várias pessoas terem saído de suas casas à rua tão tarde da noite.

As pessoas, algumas perplexas, outras assustadas, saíram de suas residências e se dirigiram até onde estava o padre, que já tinha iniciado suas orações para afastar o demônio que deveria estar no alto da torre, pedindo ao mesmo tempo calma aos que se aproximavam dele apavorados com a situação, enquanto as demais pessoas em seus apartamentos acompanhavam a pequena multidão formada na praça logo abaixo da torre, tentando adivinhar o que estava acontecendo.

Finalmente, todos acompanharam os olhos do padre convergindo seus olhares para o alto da torre onde os sinos tinham tocado. Após diversas argumentações, deduziram alguns, procurando a solução do caso, que poderia ter sido o vento; outros, que foram algumas corujas que esbarraram nos sinos; outros, que poderia ser mesmo os próprios fantasmas da torre, ou o próprio diabo querendo incomodar a todos, como argumentava o pároco como opinião pessoal ao que estava acontecendo.

O padre, mais calmo, descartou passo a passo as duas primeiras possibilidades, depois que fantasmas não existem, e reforçou a quarta possibilidade.

Enquanto isso, o pai de Jaiminho percebeu que um vulto se agitava entre uma das aberturas da torre e chamou a atenção de todos para verem aquilo. Apavorados, alguns recuaram alguns passos, outros ficaram paralisados e se benzeram. O padre aumentou a força de sua reza iniciada a princípio sem muito fervor, sendo acompanhado por algumas mulheres. Mas lá da torre dois bracinhos se agitaram querendo chamar a atenção dos pais que estavam lá embaixo; Jaime gritou seus nomes a plenos pulmões ainda não totalmente formados.

O senhor Jorge, no mesmo instante sentindo a presença do filho lá no alto da torre, aproximou a esposa e os filhos e gritou para todos: "Gente, é meu filho! Tenho certeza de que é ele! Por favor, calem-se e escutem. Ele está me chamando e a mãe lá do alto da torre. Silêncio, por favor!".

Dona Abgail, com o senhor Edmar, ao lado dos vizinhos amigos, exaltou com seu sotaque gaúcho:

Guris, só pode ser o diabinho do Jaime.

– Então todos correram, na mesma direção que o padre Antônio traçou junto com o seu roupão esvoaçante, lembrando a figura de um galo garnizé quando bicado por outro, como Jaiminho gostava de se referir a ele, entrando por uma porta lateral ao seu cômodo, passando para o interior da igreja e, a passos largos, indo para abrir a porta da escadaria que levava à torre.

Jaime, notando que pelo menos o pai o tinha visto e escutado a sua voz gritando por ele e pela mãe, desceu o mais rápido que pôde a escadaria que o separava dos braços dos pais e os encontrou quase próximo ao armário onde tinha estado inicialmente, cuja escadaria se iluminara por meio do interruptor que o padre habilmente encontrara na escuridão, tão logo conseguiu abrir com sua chave a fechadura da porta trancada por fora.

No aconchego dos braços da mãe, após o abraço seguro dado pelo pai, os vizinhos à sua volta, olhos outros que não conhecia, os do padre, todos interrogativos, Jaime falou resoluto, tentando demonstrar a tranquilidade que nem por todo o tempo foi capaz de ter:

– Desculpem-me se incomodei a todos. Mas não tive culpa. Eu tive de fazer o que fiz, pois se não teria de passar o restante da noite aqui nesta torre fria... O bom é que posso dizer-lhes que não existem fantasmas como o padre Antônio sempre falou – acrescentou, olhando para a expressão que este faria. – É tudo besteira de nossa imaginação. Eu estive aqui por horas e não vi nada mais que morcegos e corujas. E, padre Antônio, o senhor tem é de tomar cuidado com o monte de namorados que visitam o gramado toda noite, isto sim! – disse sentindo-se a atração do momento.

Em volta, todos da pequena multidão que havia se formado riram, mesmo os circundantes da noite que foram arrastados pela curiosidade e começaram a compreender parte do que havia acontecido.

Finalizado o motivo pelo qual tinha levado cada um ali e quase expulsos da igreja pelo padre que bocejava sem parar, todos tomaram os seus caminhos impregnados cada qual com seus pensamentos:

O padre: "Amanhã a gente fica sabendo dos detalhes. Não tiro a mão do capeta querendo nos incomodar. Mas, agora é hora de irmos dormir. Se deixar, essa turma não sai daqui hoje".

Dona Abgail, com seu roupão aveludado: "É um capetinha como dos montes. Sempre aprontando alguma".

O senhor Edmar, com seu pijama fino de seda: "Que bagunça esse moleque aprontou!".

O pai de Jaime, que continuava com a mesma roupa que havia saído para trabalhar: "Bem, agora não é hora de fazer-lhe certas perguntas. O importante é que o achamos. Mas, amanhã, ele que me aguarde!"

A mãe, com suas vestimentas simples: "Que bom que achamos você, meu filho! O restante é menos importante. Eu lhe agradeço, Senhor, mais uma vez!".

O senhor Macedo, pai de Paulinho, vestido com seu pijama listrado e amarelado pelo tempo, alisando seus cabelos finamente enrolados à base de toucas e henês: "Esta história ainda vai ser mais bem contada".

A senhora Macedo, com a touca e vestimenta de dormir, sempre precavida com as atitudes do marido, acompanhando os seus passos nos chinelos de couro que lhe dera no último natal: "Enfim todos nós poderemos ir dormir tranquilos".

Alguns transeuntes que passaram e motoristas curiosos pela cena que tinham se juntado ao grupo: "Que pessoal mais esquisito! Afinal, o que aconteceu para terem saído de suas casas altas horas da noite? Foi por causa do garoto que veio lá de cima da torre?".

Os colegas de Jaime perguntavam-se como aquilo foi acontecer e eles nem perceberam nada, só mais tarde quando todos sentiram a falta de Jaiminho.

Os irmãos de Jaime pensavam que ele certamente no dia seguinte levaria do pai uma sova daquelas de doer a bunda a semana inteira.

Paulinho, com seu corpo cadavérico dentro de um apertado pijama surrado, que viera junto com os pais e a irmã, mas ficando longe da vista direta de Jaiminho, saiu com um ar sorridente e rosto matreiro no retorno à sua casa, consagrando dentro de si a vitória alcançada.

※

— Afinal, conte-me logo o que aconteceu, menino? — perguntou dona Helena ao filho, na manhã do dia seguinte, tentando antecipar-se ao marido. — O que passou pela sua cabeça para ter feito o que fez, ter desaparecido sem nos ter falado nada? Sabia que seu pai deu parte na polícia do seu desaparecimento e teve de chegar mais tarde ao trabalho para ir lá e avisar que você já havia aparecido? Vamos, meu filho. Fale logo, tudinho, para mim, antes que seu pai chegue do trabalho e lhe peça por explicações. Quem sabe se eu não possa amenizar esta situação? — tentando acalmar Jaime, assustado com a repercussão do que passara, pediu, carinhosamente, para o seu próprio bem, que lhe contasse tudo.

Jaiminho escutou o pedido materno com os olhos voltados para as andorinhas que voavam ziguezagueando em bandos, próximas ao poste de luz em frente da sua casa, onde vez ou outra paravam e pousavam enfileiradas sobre os fios elétricos, de repente se dispersando em nova revoada. Ele as comparava com o que estava lhe acontecendo e desejava fazer naquele momento. Caindo em si de que não poderia fazer como as andorinhas, acabou narrando à mãe o que se lembrava do acontecido, detalhando até o ponto de não saber como é que a porta que abria para a escadaria da torre tinha sido fechada por fora, e de como tinha sido burro de não ter procurado logo pelo interruptor da luz perto da porta e, piscando-a, chamar a atenção dos que olhassem na direção da torre.

A mãe ficou satisfeita com a resposta do filho, confiou no que lhe tinha sido descrito, pois conhecia-o bem como criança brincalhona, mas não mentirosa e, afinal, como poderia ter se trancado na torre, se para travá-la só se consegue mecanicamente por fora ou com a chave da fechadura, que não se encontrava na porta? Por último, sobre o interruptor da luz, ela o animou dizendo: "Filho, você foi forte e destemido em fazer sozinho o que fez, não se cobre por mais coisas que poderia ter feito!"

Dona Helena, mais tarde, contou ao marido a versão do filho. O pai, menos irritado, depois deu alguns avisos a Jaiminho, umas boas batidas com a vara de marmelo na íntima região traseira do menino, deixando-o de castigo sem sair do quarto após as aulas pela manhã, por duas semanas.

Durante as duas semanas seguintes, o irmão mais velho passou a relatar ao irmão mais novo as novidades acontecidas entre a meninada da rua, deixando-o atualizado sobre o que ocorria.

Paulinho não o visitou naquelas duas semanas e fugiu-lhe do convívio nas aulas, deixando Jaime somente mais desconfiado. Na terceira semana, Paulinho chegou perto dele, lamentou o ocorrido e, incentivado pela reação neutra do dito amiguinho, negociou espertamente alguns pontos que favoreceriam a Jaiminho, nas questões dos jogos de bola de gude, bandeirinha e demais brincadeiras. Ajustados, eles voltaram, no início da terceira semana, a conviver como de costume.

Entretanto, o senhor Jorge, empenhado e insistente junto ao padre, que parecia tratar do assunto do filho preso na torre como se fosse de confissão, interpelou o pároco, que achou por bem revelar-lhe o que sabia a respeito, informando-lhe que o seu colaborador, no fatídico dia, havia subido à torre, lembrando que, sem sombra de dúvidas, não havia fechado com chave ou travado por fora a porta da torre naquela segunda-feira; que também nenhum outro de seus fiéis o fez, e muito menos ele, pois nunca trancavam aquela porta nos dias normais da semana por não haver necessidade disso, só aos domingos, após a missa da tarde; completou acrescentando constatar que, na madrugada do mesmo dia, o molho de todas as chaves da igreja não tinha saído de sua gaveta.

O senhor Jorge, percebendo que algo cruel havia sido feito por alguém, talvez por brincadeira, ao pequeno Jaime, ficou de esclarecer melhor aquela história, pois, no fundo de sua alma, não era um pai relapso como os filhos mais novos lhe figuravam; havia histórias em sua vida que o prendiam ao passado e tinham lhe trazido o amargor, que somente a esposa e os dois filhos mais velhos entre os cinco conheciam.

Dois dias após, o marido de dona Helena ficou mais satisfeito, depois que interrogou, pessoalmente, o colaborador do padre, o qual afirmou que havia se lembrado de ter visto um vulto de menino magro escuro ter chegado perto da porta que levava para a torre da igreja, na noite em que Jaiminho havia ficado preso na escadaria.

Jaiminho havia escutado às escondidas uma conversa entre sua mãe e o seu pai a respeito da suspeita de que alguém por brincadeira ou crueldade havia travado a porta por fora, deixando-o preso na torre da igreja, o que foi suficiente para ele tirar as conclusões a respeito de certas dúvidas que tinha, confirmadas por meio daquela escuta clandestina entre dona Helena e o senhor Jorge.

No dia seguinte, na escola primária, a cabecinha do antigo preso da torre da igreja fervilhava em pensamentos, contrastando momentos de prazer ao olhar os movimentos dos quadris perfeitos da professora, de altura mediana, escrevendo no quadro-negro e, com revolta, sentindo ainda dolorida a parte do corpo que lhe servia de amortecimento no assento, diante da suspeita ao "antigo amigo de fé" de mesma idade, tamanho e corpo franzino, que estava sentado três cadeiras adiante na fileira à esquerda onde ficava, com o seu montinho de cabelo na frente da cabeça, resolvendo que tiraria aquilo a limpo, naquele mesmo dia.

Ao movimento do corpo perfeito e cabelos louros longos soltos e cacheados de sua professora indo para lá e para cá, pensava: "Será que, se eu falasse com ela, ela esperaria me formar para ser alguém na vida e casar comigo?".

Na visão ferrenha sobre o "antigo amigo", vestido num uniforme malpassado doado pela prefeitura para os alunos das escolas primárias do estado da Guanabara, resfolegava-se agitado: "Cabelinho ridículo cortado rente à cabeça para economia do pai... não adianta colocar a camisa branquinha, não, pois só esconde parte do seu corpo magricelo, seu neguinho safado; espera que eu vou logo te pegar".

Seu pensamento estava tão disperso, encarando vez ou outra o olhar apreensivo de Paulinho na sua direção, que não percebia o olhar fascinado de Glorinha pairando sobre ele, uma menina de pele da cor do bronze por causa da mistura temperada entre as cores do pai bem moreno e da mãe muito branca; de cabelos pretos lisos forçados pelas chapas quentes e cremes de henê, mas bem tratados, cuidados e sedosos; de mesma idade que a dele, possuidora de um lindo nariz afinado, e um furinho sedutor nas bochechas quando sorria, sentada quatro cadeiras à esquerda, na mesma fileira que a sua, e ao lado da cadeira de Paulinho que forçava sempre sua aproximação ao lugar onde ela estivesse.

Como se os pensamentos de ira de Jaiminho tivessem sido arremessados contra Paulinho junto com seus olhares, o recente inimigo se arrepiou, sentindo na pele o sentimento hostil.

A aula terminou e as 45 crianças, que tinham estado sentadas nas últimas quatro horas na sala pobremente iluminada, de pintura envelhecida e carente de obras, que mal comportava 30, saíram apressadas descendo a rampa inclinada que as separava dos pais ou das ruas que as conduziriam até suas casas, arrastando seus sapatos, desviando dos buracos do piso que o tempo fizera aparecer pela fricção dos milhares de calçados que a tinham percorrido, onde também centenas de joelhos e cotovelos haviam se ralado ao tropeçarem nela caindo no piso que lembrava lixas ou raladores... Contrastando assim o bom ensino dado pelos professores com o péssimo estado de conservação das escolas da época.

Jaiminho e alguns outros meninos não tinham responsáveis para pegá-los na saída da escola e retornavam para suas casas por conta própria.

Paulinho seguia à frente, na mesma rua, com o grupo de alguns amiguinhos sorrindo com as brincadeiras faladas, mas sem tirar os olhos de Jaiminho, que seguia alguns metros atrás de seu grupo. Ele percebeu quando Jaime começou a apressar os passos e, despedindo-se dos amigos que não entenderam nada, tratou de apressar os seus também. Depois viu que Jaiminho, verificando a aproximação de suas casas, parou o passo apressado e iniciou uma corrida em sua perseguição; ele tratou de fazer o mesmo para salvar a sua pele, pois, das brigas que já tinha tido com Jaiminho, ele sempre tinha levado o pior. As casas à volta agora passavam com maior rapidez com o acelerar das quatro pernas finas ao máximo que podia render cada par, pelos motivos próprios. Por onde eles passavam os conhecidos sorriam acreditando que estavam brincando de "Quem chega primeiro". O pipoqueiro da rua sentado num banco em frente a sua casa, diante da cena, acrescentou para estimulá-los: "Quem chegar primeiro eu dou grátis, logo mais à noite, um saco de pipoca!".

No entanto, mesmo diante do desempenho até então não conseguido, Paulinho com pernas mais longas voou e conseguiu chegar primeiro até sua casa, agarrando-se aos braços do avô, que sempre o esperava no portão de entrada da residência depois das aulas, sentado no seu banco de madeira reforçado para suportar o seu peso, com o tradicional e gasto boné do Vasco na cabeça. Quase careca, com somente alguns fiapos de cabelos brancos que relutavam em cair, Jaime comparava-o, por isso, a um velho galo de briga com esporas arriadas.

Jaiminho, vendo que não era mais o momento para ratificar as dúvidas que lhe martelavam a cabeça, disfarçou, cumprimentou o senhor Jonas, perguntou-lhe sobre a saúde nos seus 80 anos de idade, escutou-lhe as corriqueiras reclamações das dores no corpo; deu-lhe recomendações à esposa e à senhora Macedo, quando percebeu que os espreitavam entre as frestas das cortinas da porta da sala; o velho retribuiu com o mesmo para seus pais. Jaime disse tchau aos dois direcionando um olhar matreiro ao neto do idoso como se estivesse falando para o colega de classe: "A gente se vê por aí, Paulo". O velho despediu-se dele também e encaminhou-se com o neto para dentro da casa do genro, passando pela porta da sala entre a esposa e sua filha, na direção da cozinha onde o almoço os esperava.

Daí por diante começou uma briga de gato e rato entre os dois, como nos desenhos de Tom e Jerry que Jaiminho e Paulinho tantas vezes viram juntos na televisão de dona Abgail, até que, finalmente, uma das pedras maliciosas lançadas às escondidas pelas mãos de Paulo atingiu, em cheio, a fronte da cabeça do filho mais novo do senhor Jorge, trazendo, de imediato, mais brigas entre pais e irmãos das duas famílias, iniciadas desde uma certa partida de futebol acontecida no Maracanã, anos atrás... curativos na farmácia local patrocinados pelo senhor Macedo... depois nova pedra lançada agora por Jaime, que atingiu, em cheio, a nuca da cabeça de Paulo abrindo enorme ferida e fazendo sair sangue que pareceu não terminar de escoar... Pontos dados na nuca no pronto-socorro local e curativos na farmácia patrocinados agora pelo senhor Jorge e, mais brigas entre os pais e irmãos das duas famílias... E as coisas pareceram ficar quites entre os dois meninos. Jaime sentiu-se satisfeito, mesmo não obtendo a confissão direta de Paulo, o que deixou as dúvidas do caso da torre na mente, que persistiram ainda por muitos anos.

2. Fogo!

Era uma tarde de terça-feira, durante o período de férias de início do ano, e a meninada, logo após o descanso do almoço exigido pelos pais, iniciou o futebol consagrado semanalmente à disputa entre as principais ruas locais, estando o primeiro time da rua A com camiseta Hering tingida de azul-marinho e os da rua B, paralela à primeira, com camiseta tingida de vermelho. Embora só tivesse 10 anos, Jaime, tinha-lhe sido permitido participar no time dos grandes da rua maiores de 14 anos, porque o Jailton, goleiro titular do time da rua A, estava doente.

A pelada no campo do "Rala-Coco", cujo nome provinha da quase total falta de grama e das várias coxas e joelhos ralados nas áreas carecas, transcorria normalmente com habilidosas defesas do goleiro Jaime, saudadas pelos reservas do time que estavam sentados atrás do gol, cujas traves estavam representadas por dois chinelos Havaianas; o time em que Jaime jogava sem camisa estava ganhando do adversário de 2x0.

No ar, podia-se sentir o cheiro forte do piche vindo das ruas à volta sendo asfaltadas e do depósito de latões de óleo e piche estocados nos barracões pela empresa municipal de obras, em local ao fundo do campo principal, cerca de 30 metros do gol de onde Jaime estava. A obra consistiu em aberturas de valas por meio das ruas locais, a colocação de manilhas de concreto de um metro e meio para melhorar o escoamento das águas pluviais vindas de um rio próximo, além do reasfaltamento posterior das ruas manilhadas.

Quatro olhos brilhavam em diferentes situações, dois em completo deslumbramento pela oportunidade do sonho realizado de poder agarrar no time principal e dois de inveja por sequer ter tido qualquer oportunidade no time, até então. A cada bola defendida e prontamente reposta em jogo, Jaime percebia o olhar de orgulho do irmão do meio que jogava há muito tempo no time principal, como também os tapinhas nas costas que recebia como congratulação dos reservas atrás de si. Paulo, a cada um destes gestos, fervilhava-se de ira e retrucava chamando a atenção dos reservas, aferindo a oportunidade dada a Jaime ao favorecimento e influência que o irmão tinha com os outros jogadores do time, esquecendo mesmo o trato feito tempos atrás para reconciliar-se com ele.

Em volta do campo vários espectadores acompanhavam o jogo, que superava as peladas normais, mesmo algumas de adultos nos fins de semanas, em razão do desempenho dos dois times; podiam-se ver nas janelas dos prédios de dois andares vários olhares direcionados para o jogo, como também alguns dos trabalhadores da obra municipal, que paravam o que faziam, vez ou outra, para assistir às cenas principais do futebol que corria majestosamente.

O jogo havia passado rápido e encontrava-se no seu segundo tempo. O calor daquela tarde de início do verão carioca estava insuportável. Jaime às vezes confundia a imagem da bola chutada em sua direção com o vapor da água saída do terreno árido e da lâmina fluídica que escorria dos latões de piche espalhando-se pelo chão e aproximando-se a poucos metros de distância de seu gol; mas mesmo assim não falhava, segurando sempre firmemente a bola com seus braços pequenos, porém precisos.

E foi assim, depois de uma dessas ações bem executadas, que Jaime percebeu o palito de fósforo aceso na mão de Paulo, muito próximo à fina camada do piche que escorria pelo chão, cujo fluido evaporava bem rente. Gritou para Paulinho e outros meninos menores que ele, que o rodeavam, fascinados pelo brilho do fogo faiscante que saía do palito:

– Você está maluco, moleque! Quer botar fogo no campo todo, seu doido? Apague logo isso! – gritou o pequeno goleiro, ao mesmo tempo em que não perdia a visão do atacante adversário driblando o seu meio de campo, aproximando-se da área de sua meta.

Mas, não querendo escutar ou entender o que Jaime esbravejava, Paulo lançou o palito na fina linha combustiva, que imediatamente começou a pegar fogo.

Jaime, com um olho na bola que rolava próxima e o outro no ato imprudente do menino ardido de inveja, viu uma velha lata suja escondida no capim, pegou-a e abafou com ela a chama iniciada que tentava alastrar-se. Isso deixou Paulo irritado, fazendo-o repetir o ato insano.

De repente, uma bola chutada, fortemente, pelo ponta-direita do time adversário, veio na direção de Jaime com a força de um torpedo, e, como um momento de difícil definição, a irrupção do grito de gol do adversário confundiu-se com uma terrível explosão. Fascinantemente, os olhos antes de alegria dos adversários transformaram-se em medo e os abraços fraternos em dispersão e correria geral. As explosões eram provenientes dos vários barris de piche armazenados sob uma simples cobertura de telhados de zinco, perto dos barracões da obra municipal, que começaram a explodir e subir aos céus como foguetes espaciais. Os olhos das pessoas que estavam nos prédios e casas vizinhas passaram a contemplar, perplexos, depois do jogo terminado às pressas, o poder das chamas que consumiam rapidamente os barris de piche, perigosamente próximos aos barracões, onde combustíveis mais voláteis estavam armazenados.

Refletida em seus olhos, Jaime viu a luz do sol que começava a desaparecer e voltar rapidamente clareando e aquecendo de forma assustadora o local; trabalhadores, torcedores, passantes e moradores próximos da chama, apavorados, afastaram-se rapidamente do espaço perigoso, enquanto alguns trabalhadores da obra, mais próximos do inferno ardente, tentavam inutilmente fazer alguma coisa para interromper as chamas que prosseguiam sem cessar.

Quando percebeu, Jaime estava sozinho, atônito, apavorado e sem entender direito o que havia acontecido, só sentindo, de repente, uma mão que o agarrou e o arrastou para longe do gol improvisado onde permanecia estático. Sem ver quem o tinha auxiliado, depois de alguns metros percorridos, desvencilhou-se da mão que o socorrera, correu na direção de sua casa e entrou pelo pequeno galpão construído pelo pai, na lateral da casa, para que a irmã mais nova pudesse dar aulas particulares. A irmã, vendo-o apavorado a esgueirar-se para entrar logo na casa e diante do inferno que viu acontecer no campo, deduziu: "Moleque sem-vergonha, dou minha cara à tapa se não foi você quem fez esta merda!!! Cada vez mais eu fico desconfiada de que você também colocou fogo naqueles jornais na cozinha".

Laura, nos seus 16 anos de pele branca cheia de pintas, cabelos pretos em cachos, baixinha, gordinha, de pernas com manchas de queimaduras do joelho para baixo, ocasionadas em um incêndio na cozinha da casa e com as trevas da nervosa doença provinda da família da mãe registradas nos lábios que mordia constantemente e nas veias estufadas do pescoço, pegou-o pela orelha direita e, quando já estava pronta para lhe dar logo os primeiros "cascudos", viu-o escapar de suas mãos para o quintal, entrar e trancar-se no banheiro externo da casa.

No campo, logo após alguns minutos, diversos caminhões dos bombeiros com suas sirenes barulhentas, chamados às pressas, se posicionaram estrategicamente contra o vento e começaram a luta contra as chamas na tentativa de extingui-las, lançando espumas sobre elas, diante dos olhos aflitos e atentos dos moradores e das demais pessoas que rezavam para que o tormento passasse logo.

No ar, um cheiro insuportável de piche e óleos queimados fazia arder os narizes desprevenidos, e a claridade inicial do fogo deu lugar à escuridão ocasionada pelas grossas fumaças pretas provenientes da queima, que vedaram definitivamente, naquele dia, a passagem dos últimos raios solares, lembrando os dias de eclipse total do astro principal da vida.

No banheiro externo da casa, Jaiminho, terrivelmente assustado, principalmente com a acusação da irmã do meio e do barulho das diversas sirenes, mantinha-se calado e imóvel, sentado sobre o vaso sanitário com intenso frio e suores a escorrerem por todo o seu corpo, diante da agitação externa e das vozes que lhe pediam para abrir a porta do banheiro:

– Moleque, abra logo a droga desta porta, antes que papai chegue e a derrube a marretadas – pediu-lhe Laura com os dentes cerrados, preocupada com a situação, e mais uma vez incriminando Jaime pelo que lhe ocorrera. – Como é que você conseguiu fazer isto, moleque, quando estava jogando bola. Você é pirado mesmo! Tá todo mundo dizendo que foi você que botou fogo na grama seca do campo, que espalhou atingindo os barris de piche e óleo diesel, perto dos barracões. Você adora botar fogo nas coisas. Como fez comigo, colocando fogo nos jornais na cozinha, que queimaram a minha perna toda – afirmou Laura.

–Você estava querendo fazer também como fazia com os seus foguetes espaciais é, seu cientista maluco? – perguntou Pedro, com a pressão máxima na voz, nos seus 14 anos de bom futebol, com sua altura de mais de 1,70 metro, de corpo moreno bem modelado pelos pesos pendentes de duas latas de leite Ninho concretadas numa barra de tubo de ferro que usavam ele e Célio para se exercitarem diariamente, preparando-se para ingressarem futuramente no Exército. Jaiminho comparava os dois a gorilas sempre prontos a baterem suas mãos no peito, dando seus gritos abafados, como forma de intimidar seus inimigos, sem que precisassem sequer usar a força de seus poderosos músculos, destacados pelas camisetas apertadas que usavam corriqueiramente.

Aquelas acusações deixaram Jaime enraivecido. A primeira acusação, por ter sido culpa da própria irmã quanto ao incêndio na cozinha que lhe queimou as pernas, deixando cicatrizes definitivas. Jaiminho não poderia ser culpado se a irmã pediu que ele juntasse na cozinha os jornais com restos de cera passada no piso de madeira da sala, se ela não viu que os jornais estavam perto do botijão de gás, que ela tivesse riscado um fósforo para acender uma das bocas do fogão e que tivesse jogado o palito ainda aceso sobre o monte de jornais acumulados. Quanto à segunda acusação, com relação às suas experiências junto aos outros meninos de sua classe, no Clube dos Foguetes Espaciais, no qual era sócio-fundador e presidente, projetando, desenhando e fabricando com os sócios os protótipos dos foguetes movidos à pólvora, nos quais três dos 15 primeiros protótipos haviam explodido em virtude do uso excessivo de pólvora obtida dos "cabeções de negro", comprados por meio de "vaquinhas" feitas entre eles e outros colaboradores interessados, ele se sentia lesado pela irmã por ela tê-lo entregado ao pai, infelizmente logo depois que o quarto foguete, com êxito, tinha subido aos céus. Seu pai e os dos outros meninos proibiram o prosseguimento naquelas experiências e o clube foi fechado definitivamente.

– Jaiminho, diga à sua mãe, querido, o que realmente aconteceu. Filhinho, eu acredito em você e acho que não seria capaz de ter feito tal atrocidade. Abra a porta e confie na mamãe, que não deixarei ninguém o tocar – pediu-lhe a sua progenitora, tentando passar-lhe palavras de consolo e confiança a respeito da proteção que teria dela.

– Cara, tem carro de polícia, bombeiros e repórteres querendo saber como é que tudo começou; se foi acidental ou não. Mas você pode ficar tranquilo, que ninguém de nossa turma vai falar nada. Confie na gente – disse Célio, o "Negão", lateral esquerdo do time da rua, amigo do peito, de porte atlético, mesma idade, altura e ideais que Pedro, centroavante do time, a quem mais tarde Jaime agradeceria pelo resgate que o tirou de um desastre iminente.

– Jaiminho, eu conheço você, guri, sei que és travesso, mas sei também que jamais farias o que foi feito. Quero que saibas que podes confiar em mim – afirmou dona Abgail com sua voz firme que saiu de sua casa para estar com Jaime, a fim de dar-lhe ânimo e coragem, relembrando certa passagem muito semelhante a sua, quando ainda era menina nas terras gaúchas e tinha "sem querer" colocado fogo numas folhas secas das árvores, no quintal de sua casa, cujo fogo espalhou e começou a queimar um enorme matagal mais ao fundo da residência, necessitando dos bombeiros para extinguir o incêndio.

– Jaiiiimeeee! O que passou pela sua cabeça, moleque, quando fez o que fez? Saia logo deste banheiro, pois, quanto mais tempo ficar aí, mais irás apanhar!!! – afirmou o pai com o timbre de voz peculiar, um tempo mais tarde, depois de ter sido chamado às pressas no trabalho e tomado conta da situação no campo em frente da sua casa, previamente relatada por Laura ao telefone, a quem confiava muito e acreditava convictamente, mais do que em dona Helena.

A próxima a chegar perto da porta do banheiro, já com a noite caída, foi Heloísa, a irmã mais velha e bonitona da família, chegada mais a feições, peso e altura do senhor Jorge, pedindo-lhe com carinho:

– Mano, pode sair que eu te garanto. Ninguém vai bater em você não! – disse encarando o pai que a respeitava muito, mesmo porque dentre os filhos era a única que o ajudava com o seu trabalho nos gastos da casa.

Vários outros enfileiraram-se diante da porta do banheiro, até mesmo o senhor Edmar com seu olhar assustado, que havia saído cedo da sua fábrica de calçados preocupado com a situação do incêndio. Mas nada afastou o temor residenciado, momentaneamente, na cabeça do pequeno apavorado para que viesse a abrir a porta que o protegia do meio externo perigoso. No seu peito ardia a apreensão maior pela possibilidade de ser levado pelos policiais para o Juizado de Menores, de ter a sua foto impressa no jornal *O Dia*, com os dizeres: "Menino Cientista Maluco põe fogo em depósito de piche de obra municipal sendo executada em seu bairro".

Somente aos poucos, depois de muitos minutos de pura apreensão, quando a fumaça pesada do incêndio cessou, os barulhos das sirenes dos carros dos bombeiros e da polícia de diversos bairros terminaram com o retorno aos seus locais de origem, o barulho das vozes da multidão também com a noite que chegava, é que as batidas do coração do menino aprisionado no banheiro por conta própria desaceleraram-se, chegando quase ao normal, e os suores frios desapareceram.

Do lado externo do banheiro, vários amigos solidários com a agonia do menino tentaram acalmá-lo com palavras para reconfortá-lo, mas foi a irmã viúva que mais o tranquilizou com suas palavras positivas: "Mano, pode acreditar no que dizem seus amigos aqui, tanto os bombeiros quanto os policiais concluíram que foi tudo um acidente. Ninguém soube dizer como começou e que não foi provocado propositadamente por alguém. Fique, então, tranquilo, que não o incriminarão pelo que aconteceu".

Então Jaime ficou mais calmo com a afirmativa da irmã que estava sempre pronta a aconchegar sob suas asas os seus pintinhos, porém não se habilitou a abrir a porta do banheiro, nem mesmo sob as ordens do pai e o consolo da irmã mais velha, pois ainda lhe restavam sombras de dúvida do que estava sendo dito a ele, lembrando as terríveis cenas que já tinha visto na televisão e escutado nas rádios a respeito dos menores de idade infratores, aprisionados na Funabem.

A claridade do dia foi afugentada, a noite chegou com muita facilidade cobrindo o quintal da casa e a lua apresentou-se satisfeita com seu brilho por ter podido triunfar diante das densas nuvens pretas do incêndio que por algumas horas haviam impedido o seu surgimento, naquele pequeníssimo canto do planeta azul. Com elas chegando, cansados, os amigos e vizinhos dispersaram-se da frente da porta do banheiro, dando boa-noite a todos, principalmente a Jaime, seguindo na direção de suas casas, onde chuveiros, refeições quentes e camas aconchegantes os aguardavam para o restabelecimento de suas energias para o dia seguinte, após o dia tão agitado que tiveram.

Procedendo ao seu pensamento firme de não abrir a porta para ninguém, o menino acusado injustamente aceitou somente que a mãe lhe passasse por meio de uma abertura entre a porta e a laje do teto uma manta, uma colcha e um travesseiro para que não ficasse a noite deitado sobre o piso frio do banheiro, ou sentado no vaso sanitário; também lhe passou pão com manteiga, frutas e um copo de leite.

Noite avançada chegando à madrugada, seus pais, irmãos, tios e sobrinhos se despediram dele indo também para seus chuveiros e camas. E Jaime ficou só refletindo sobre as consequências do desastre e o ato certamente impensado executado por Paulinho, e lembrou o tempo passado às escuras na torre da igreja, fortalecido por não estar lá, naquele momento, na mesma escuridão junto aos morcegos, corujas e fantasmas. Havia uma luz no teto do banheiro a iluminar-lhe os pensamentos, enquanto engolia, quase sem mastigar, os alimentos deixados por dona Helena, e por final em casa, mesmo que fosse do lado de fora.

Uma barata cascuda passou por baixo da porta; uma lagartixa estava pendurada de cabeça para baixo ao lado da lâmpada no teto e ele escutou pequenos passos de roedores a sondar a passagem apertada entre o piso e a porta, talvez sentindo o cheiro do resto das migalhas dos alimentos e pingos do copo de leite caídos no chão, mas ele estava preparado para todos eles que poderiam incomodar a sua solitária noite. Jaime matou a barata com seu chinelo de dedo e jogou-a dentro do vaso sanitário, acionando a cordinha da caixa de descarga, ficando fascinado pela coragem que tempos atrás havia lhe faltado no pedido feito por Laura para matar outra barata no seu quarto; colocou panos de chão que estavam no banheiro para tapar a abertura sob a porta para impedir a entrada desses e de outros bichos e a friagem da noite; ajeitou a pesada manta no chão, o travesseiro sob sua cabeça; cobriu-se com a colcha e já ia dormir, quando pensou em fazer a oração que fazia todas as noites, antes de deitar, expressando mental e sinceramente: "Senhor, perdoe-me se cometi muitos erros... Eu perdoo o Paulinho pelo que ele fez e está me deixando passar. Mas não fique bravo comigo, se eu der uma 'moca' na cabeça dele, depois que tudo isso acabar. Amém!".

Olhou em seguida para o teto procurando a lagartixa ao lado da lâmpada; ela tinha acabado de pegar um dos mosquitos que tinham estado a zumbir no seu ouvido. Agradeceu-lhe ao mesmo tempo em que refletia consigo: "Será que se eu pedisse a ajuda do meu irmão mais velho ele viria, mesmo eu tendo sido o seu *atrasa lado*?".

Então, ainda sem sono por causa da confusão mental em que se encontrava, começou a repassar na mente o motivo de tal apelido patrocinado por Osmar.

Era dia do casamento dele com Ênia, a noiva loura, média estatura, bonitona, de corpo esbelto e vaidosa. O pai havia feito o que pôde para ser uma grande festa. Um salão tinha sido alugado para o festejo, após o matrimônio na igreja local, num bairro chique da zona sul onde moravam, na época de ouro da família. Orquestra, cantores, violinistas e mesmo um completo bufê havia sido encomendado para aquela noite. A igreja estava toda engalanada com flores de diversas cores e matizes, cujas figuras sacras nas paredes e teto pareciam sorrir diante de mais uma união de casal que estava preste a acontecer; um piano tinha tocado no fundo da igreja algumas músicas de Mozart, Beethoven e iniciou a marcha nupcial com a entrada da noiva aguardada pelo noivo no altar. Os convidados levantaram-se seguindo o roteiro e para observarem melhor a felicidade estampada no olhar da noiva vestida num magnífico vestido branquíssimo, rendado, sobressaindo flores bordadas a fios da cor do ouro nas partes mais baixas.

Osmar era só orgulho pela beleza da noiva registrada na íris de todos os olhos presentes. O senhor Jorge, portando um terno de estimado valor, sorria satisfeito ao lado da esposa grávida pela quinta vez, dentro do seu vestido de seda tenuamente azulado. Os irmãos do futuro Jaiminho comprimiam-se para ver melhor a cena exuberante da noiva se aproximando do altar. Os olhares de todos os convidados percorreram o mesmo caminho feito pela noiva da porta da igreja ao altar; o noivo a recebe beijando-lhe a fronte; os padrinhos cumprimentam os dois e se posicionam para o início da cerimônia juntamente com os pais do noivo e da noiva; o padre inicia e prossegue com a cerimônia sob o sorriso constante dos noivos e convidados. Mas, de repente, logo após a entrega das alianças e o beijo dado pelo noivo nos lábios da noiva, algo começou a acontecer de anormal: a mãe de Osmar em pé ao lado do marido começou a sentir-se mal por causa da emoção de ver o filho casando, e perde suas forças, precisando sentar-se para ter o fôlego restabelecido, patrocinado por diversas mãos próximas em abano. Padrinhos, o senhor Jorge, demais parentes e amigos, todos ficaram preocupados querendo ajudar de alguma forma dona Helena que, sentindo o aperto na parte baixa do ventre e percebendo que a hora de dar à luz seu novo bebê se aproximava, repetia inconsolada: "Agora não! Agora não!" Um carro foi imediatamente providenciado e, em virtude da situação iminente, a mãe do noivo foi conduzida às pressas para a maternidade onde havia passado os 17 últimos seis meses fazendo exames, em razão dos cuidados necessários pela maternidade na sua idade avançada.

Na igreja, a cerimônia matrimonial foi acelerada e encerrada. Apreensivos, os futuros irmãos de Jaime seguiram em comboio para a maternidade; vizinhos e outros parentes e amigos mais chegados seguiram também com os noivos e familiares para o mesmo destino.

No salão de festas a orquestra tocava freneticamente e os cantores cantavam a plenos pulmões, por não conhecerem a situação, as músicas da moda para os que estavam sentados às mesas, aproximadamente 40% dos que tinham sido convidados, descompromissados que estavam diretamente com a futura maternidade da mãe do noivo e mais preocupados em curtirem a festa.

Os que estavam presentes fartaram-se nas comidas e bebidas servidas à vontade, sem a presença da maioria dos parentes e amigos da mãe do noivo e do próprio noivo que, preocupado, foi à maternidade à procura de informações da mãe que estava dando à luz seu mais novo irmão.

Na maternidade, a verdadeira felicidade chegou sem haver comida e bebida à vontade para festejar, mas com o surgimento no mundo de um novo ser e a saúde da mãe constatada. Porém, não ficou em branco, pois Pedro e alguns de seus amigos do peito, entre eles Célio, haviam sequestrado sorrateiramente algumas das comidas e bebidas da festa e levado para a maternidade, que não ficava muito longe da igreja. Usaram-nas, sem fartura, para comemorarem o nascimento do filho mais novo do senhor Jorge e de dona Helena, a quem mais tarde chamariam de Jaime.

Contudo, aquele pequeno grupo de verdadeiros amigos não pôde demorar muito por lá, estando todos com a responsabilidade de deixar a mãe do recém-nascido descansar para restabelecer as suas forças, após a vitória em um difícil parto normal. Aos poucos, então, quase todos foram seguindo alegres no retorno para seus lares, depois que o ponteiro principal que marcava as horas em cada relógio começou a se aproximar das 24 horas. Porém, Pedro, a irmã e demais amigos, na energia de suas juventudes, retornaram ao salão de festas e acabaram ajudando a consumir o que muito sobrou de comidas e bebidas, que serviram de motivos não só para eles como para os garçons e convidados também terem no dia seguinte outro farto dia de alimentos e bebidas grátis.

Osmar não estava de todo triste, pois o que mais o preocupou foi a saúde da mãe e o bem-estar dela. Mas uma coisa era certa: o irmãozinho que não chegou na hora certa era um verdadeiro "atrasa lado", pois tinha acabado com a sua festa de casamento e mesmo com o primeiro dia de sua lua de mel, esperado com fervor por longos quatro anos de namoro e noivado. Fato este que, sempre que podia, agulhava na pele de Jaiminho, para que ele não esquecesse o que tinha lhe ocasionado no dia de seu nascimento.

Jaime ainda estava rememorando o que tantas vezes o irmão mais velho contava, como se fosse piada, nas reuniões com os amigos e parentes, quando suas pálpebras cansadas começaram a querer fechar. Ele olhou ainda para o teto, onde a lagartixa digeria na barriga cheia sua janta saborosa constituída de alguns mosquitos, apagou a luz e deixou que o sono lhe viesse pesadamente, depois daquele dia cheio de apreensões e medos.

Ele acordou assustado, no dia seguinte, ainda com seus temores nos pensamentos, com os latidos da cachorrada da rua conversando entre si. Podia destacar, entre vários, nitidamente, os latidos de Macaca, a cachorra da vizinha da esquerda, e de Rex, o cão policial do senhor Edmar; também, vez ou outra, destacava entre os pios da passarinhada agitada no início da manhã o cacarejar do velho galo de dona Judite, três casas à direita depois da sua. Ele olhou, então, para a lâmpada no teto do banheiro à procura da companheira de noite, mas não a achou mais lá; esfregou os cantos dos olhos liberando as remelas acumuladas durante o sono; sentiu o gosto amargo da boca carente de escovação dos dentes desde o almoço do dia anterior, cuspiu a saliva amarga no vaso sanitário, levantou a tampa, sentou-se nele e fez o número um seguido do número dois. Depois, puxou a cordinha da caixa de descarga fazendo o conteúdo do vaso sanitário sumir de vista, e deixando no ar um cheiro desagradável. Aguçando o ouvido, ele ouviu passos apressados de sapatos pesados arrastarem-se no piso grosseiramente cimentado aproximarem-se da porta do banheiro. Em seguida, outros passos e várias vozes atropelaram-se em perguntas a querer saber como ele tinha passado a noite, realçando a do seu pai, a da sua mãe, a estridente de sua irmã mais nova, a agitada do seu irmão do meio, de sua irmã viúva que preocupada com ele não tinha ainda ido trabalhar, e as de seus dois sobrinhos.

Olhando pela fresta entre a parte da porta com dobradiças e a parede, ele pôde ver parte das silhuetas dos parentes e, elevando a visão, a de dona Abgail debruçada sobre o muro que separava as duas casas recomendando a todos calma e paciência na situação, pois o pior já tinha passado.

Aos poucos, seguindo as recomendações de dona Abgail, as vozes foram se acalmando e começaram a pedir gentilmente a Jaiminho que abrisse a porta, pois não havia mais motivos para o que estava fazendo. Mas, lembrando do puxão de orelha dado por Laura no dia anterior e das palmadas em seu traseiro de semanas atrás dadas pelo pai, que ainda lhe queimavam o orgulho, Jaime não a abriu, porém pensou numa forma como poderia negociar naquela situação e sair sem ser muito penalizado por algo que não fez. Ele pediu, então, a presença do irmão mais velho para ser o intermediário na negociação.

O pai, a princípio, não aceitava negociação, mas acabou cedendo diante dos argumentos dos outros, que apelaram ao seu bom senso, em vista da necessidade de serem liberados para retornarem às suas ocupações diárias.

Osmar, que morava em bairro chique distante graças ao dinheiro ganho no mercado de ações e imobiliário, que a princípio soubera da situação, mas não quisera interferir deixando a solução do problema por conta dos parentes e do pai que muito respeitava, foi chamado às pressas e, surpreso com o pedido do caçula da família, chegou o mais rápido que pôde com seu fusca vermelho zero quilômetro, mesmo estando já a meio caminho de seu trabalho.

Jaime viu pela fresta entre a porta e a parede quando Osmar chegou, quase 50 minutos depois, com seu porte aprumado, cabelos castanhos lisos separados no meio da cabeça, seu rosto oval magro como o restante do corpo, orelhas de abano bem salientes do rosto, queixudo, bigode ralo, unhas das mãos bem cuidadas e pintadas com esmalte incolor, olhar aguçado e compenetrado, a altura beirando os 1,80 metro de Heloísa, barriguinha saliente como a dos levantadores de muitos copos de cerveja e *whisky*, nos seus experientes 34 anos de idade, usando um dos diversos ternos que vestia para ir trabalhar; trazia na mão o jornal do dia aberto numa página secundária noticiando o incêndio ocorrido. Jaime, em suas comparações, o definia como o que tinha a sapiência representada pela coruja, sempre pronto a negociar. Como um bom advogado, ele habilmente utilizou os argumentos do repórter do jornal que cobriu o incêndio, defendendo o irmão, argumentando pelo que estava escrito, que fora um desastre já previsto há muito tempo tanto pelos trabalhadores da obra como pelas pessoas que atentas avisaram as autoridades, pelo perigo de ter-se finas linhas de piche derretido escorridas dos barris se propagando em várias direções dentro do campo de futebol, que a qualquer descuido poderia ocasionar um acidente. Logo deduziram que poderia ter ocasionado o acidente qualquer simples fagulha, como, por exemplo, a da ponta de um cigarro aceso ou mesmo provocado pelo calor do sol quente daquele dia. Com seus argumentos firmes e suas palavras persuasivas, ele logo conseguiu o apoio necessário à causa de defesa do irmão, colocando-o como mera vítima das circunstâncias que se apresentavam tão claramente.

Conseguindo em pouco tempo ter o apoio de todos, inclusive o do senhor Jorge, ele chegou-se depois à fresta onde podia ver parte do rosto de Jaime e perguntou-lhe sorrindo:

– Satisfeito agora, atrasa lado? No que mais posso te ajudar para poder voltar logo para o meu trabalho? Mas antes me conte, exatamente, o que aconteceu, sem mentir, heim moleque!

– Jaime, então, lhe narrou toda a verdade, quase sussurrando; depois pensou um pouco mais e lhe pediu algumas coisas em troca para que ele pudesse abrir a porta do banheiro, pedindo também, com medo das consequências sérias que derivariam se Osmar fosse se confrontar com o senhor Macedo – o gigante da rua –, que deixasse que ele, sozinho, resolveria a questão junto a Paulinho.

Osmar, com o olhar de triunfo estampado no rosto, voltou ao pequeno grupo formado no pátio do quintal da casa, fascinado internamente pela esperteza do irmão mais novo, achando mesmo que já poderia deixar de chamá-lo de "Jaiminho". Sem entrar nos detalhes do que eles haviam conversado, e possuidor de novos e hábeis argumentos, retornou na defesa do réu junto aos demais, exemplificando que ninguém consegue chupar cana e assobiar ao mesmo tempo e que, sendo assim, Jaime não poderia nunca estar alerta no gol e simultaneamente com uma caixa de fósforos acender o palito e o atirar no piche derretido. Também havia os que viram Paulinho e não Jaime fazendo isso.

Portanto, tinha sido Paulinho o incendiário e não Jaime; Jaiminho ao invés de criminoso era vítima.

Logo vozes de concordâncias apoiaram os argumentos de Osmar, e, em vista disso, ele, aproveitando o momento favorável a Jaime, iniciou imediatas negociações ao que o irmão menor tinha lhe barganhado, usando o seu perfil reconciliador, entre o promotor e o advogado de defesa, e conseguindo, após os devidos acertos com os outros e ele mesmo, sentenciar como um pretor, para que aquela situação chegasse logo ao seu fim:

- Jaime era inocente, não causando o início do incêndio, pois como poderia se estava totalmente absorvido na pelada, nas tentativas desesperadoras de gol do adversário, reforçou;
- Ao contrário, havia tentado evitar o início do incêndio quando Paulinho tentou pela primeira vez colocar fogo na língua de piche, exaltou o irmão como herói;
- Laura, em virtude da acusação não procedente e o puxão de orelha dado, deveria lhe fazer, como compensação, durante 30 dias, sempre que Jaime lhe pedisse, o manjar de maizena, ameixas e coco, de que tanto ele gostava, e ela sabia fazer maravilhosamente;
- O pai deveria lhe dar no Natal a tão sonhada bola de couro nº 5, como compensação pelas acusações falsas;
- Da mesma forma a mãe lhe faria macarrão com carne moída, no mínimo uma vez por semana;
- Pedro lhe daria cinco das dez bolas de gude de bilha que tinha;
- Osmar, daí em diante, não o chamaria mais de "atrasa lado".

Tudo foi dificilmente negociado, a princípio com muitos "isso não!". Mas, no final, todos cederam, para que a vida voltasse ao seu normal.

Concluídas as negociações para a sua soltura, finalmente Jaiminho abriu a porta do banheiro e em liberdade pôde correr para os abraços aconchegantes dos pais, dos irmãos e dos vizinhos presentes, como resultado de um julgamento que o havia inocentado.

Ao final, Osmar curioso e caído pela vivacidade do irmão, chegou bem próximo do menino e perguntou-lhe com a voz baixa, quase sussurrando:

– Atr... Jaime, por que você pediu que eu fosse o seu interlocutor, se tantas vezes, eu reconheço, não fui legal contigo?

– Mano, foi justamente por causa disto. Eu estava apavorado e não conseguia pensar numa saída. Mas, quando me acalmei e comecei a pensar melhor, concluí uma coisa: você seria o meu Salvador. Eu tinha certeza de que você seria a pessoa certa para me ajudar. E não errei. Você foi muito legal comigo, mano.

– E, espertinho, você aproveitou para conquistar algumas coisinhas, não é?

– Eu sabia que você não me negaria esta oportunidade – disse com olhar maroto – e foi a melhor oportunidade que tive, até hoje, para lhe pedir que parasse de me chamar de "atrasa lado", pois eu odeio isso.

E, como nunca dantes acontecido, o irmão mais velho abraçou o mais novo que tinha quase a mesma idade de seu filho mais velho.

Entretanto, nem tudo tinha transcorrido plenamente, pois, quase despercebida entre as outras pessoas, estava a irmã abelhuda de Paulinho, de pele mais clara que ele, de cabelos escarrapichados, trançados, baixinha como a avó e gordinha como o avô, nos seus 12 anos de idade, de pernas desengonçadas. Ela, ouvindo acusações sobre Paulinho, esquivou-se entre as pessoas e foi imediatamente contar ao pai e ao irmão o que tinha ouvido, que repercutiu horas mais tarde, naquele mesmo dia, em desavenças e acusações mútuas entre os membros das duas famílias, com promessas de não se falarem mais. Tempos depois, Jaime passou a comparar Sandra com uma abelha: sonsa, sorrateira e entregadora, que à menor irritação ferroava.

3. A primeira namorada

Agora restava o que fazer com Paulo que, mais uma vez, o havia prejudicado. Daquela vez não haveria dúvidas, pois Jaime tinha visto com seus próprios olhos que ele é quem tinha iniciado, propositadamente, o princípio de incêndio no campo de futebol. Uns tapas na cara, alguns cascudos, uma pedrada na cabeça dele, não compensariam em razão do desgaste maior que proporcionaria entre as duas famílias. Tinha de ser algo que o deixasse muito atormentado. Fervilhava a mente de Jaime tão logo ele acordou naquele dia, enquanto perambulava para lá e para cá no seu quarto, no pequeno vão que existia entre os dois beliches, quase criando uma trilha no piso de tábuas de madeira enceradas.

Então escolheu um novo caminho, que com certeza afetaria mais o seu atual arqui-inimigo.

Glorinha sentava a apenas três cadeiras à direita da dele, naquele quarto ano do ciclo primário. Ele já a tinha fixado em suas pupilas por diversas vezes, provocando nela intensa curiosidade do porquê ele, de repente, a estar paquerando, justamente agora que ela havia se decidido a odiá-lo e aceitar o namoro proposto por Paulinho, não porque ela o achasse bonito, mas pela popularidade que tinha diante de todos.

Jaime a achava uma branquela feinha, filhinha de mamãe e puxa-saco de professor, até então, mas, depois de paquerá-la por três vezes, e observá-la melhor, começou a achar que ela não era tão feia assim, e afinal valeria pela desforra com Paulo. Ele reparou nos quadris finos dela, nas bonitas pernas cheinhas, nos seus recentes seios querendo despontar sobre a blusa fina do uniforme escolar, quando ela levantou da cadeira e foi ao quadro a pedido da professora responder aos trabalhos de casa; reparou nos seus olhos amendoados, no seu rosto fino com duas covinhas que se realçavam quando sorria; reparou nos seus cabelos castanhos cacheados; reparou na forma educada como tratava a todos. Tudo aquilo reforçou o seu pensamento positivo a fim de seduzi-la. Por fim, de uma veadinha desengonçada ela havia se transformado numa linda gazela.

Na hora do recreio, em um dia no meio da semana, ele se sentou no banco do pátio perto de Glorinha. Enquanto a molecada das diversas turmas aproveitava aquela meia hora de folga para fazer o lanche e os entretenimentos diversos, ele propôs e trocou a sua tenra pera pela tangerina que ela tinha trazido e iniciou junto a ela as primeiras investidas relativas a diversos elogios, preparando o pedido de namoro que não tardaria a acontecer nas próximas horas ou no máximo no dia seguinte, dependendo da melhor acolhida ou não dela.

De fato, no dia seguinte, no recreio, sentados no mesmo banco da véspera, após vencer nela, finalmente, as barreiras existentes, Jaime fez a investida final, recebendo um sim, sacramentando com um beijo rápido na boca, às escondidas, o namoro iniciado. Olhando depois, maliciosamente à sua volta, Jaime constatou, como queria, o olhar irritado do rival, disparando faíscas e raios de ódio sobre eles.

Na face de Paulo esburacada em alguns pontos pela catapora malcurada, descontrolada e descompensada, podia-se perceber o olhar vingativo de um garoto precocemente envelhecido pelo tempo, ao qual junto a outras coisas que lhe atormentavam a mente, estas serviriam de propósitos futuros.

Algumas de suas investidas foram tentar por diversas vezes forçar incompreensões entre Jaime e alguns de seus amigos, para humilhá-lo diante de Glorinha, na esperança de tê-la para si em seguida. Paulo alcançou certo êxito numa delas, quando Eduardo, o mais forte dos seus amigos, esmurrou Jaime próximo ao portão de entrada da escola, por ter Paulo espalhado maldoso boato a respeito dele como se tivesse saído da boca de Jaime, que a princípio deixara Glorinha em dúvida quanto à verdadeira face do namorado, cuja impressão só foi desfeita quando Jaime sangrando no canto da boca demonstrou com firmes palavras a Eduardo que nunca ou jamais faria tal coisa, comprovando que tudo não tinha passado de uma situação criada por Paulo para provocar suas inimizades.

Eduardo pediu-lhe desculpas pelo erro cometido, mas o golpe certeiro no rosto de Jaime já tinha sido dado e nada removeria a marca deixada por ter caído ao chão humilhado, diante de Glorinha e de seus outros colegas, que o condenaram no início, antes da defesa feita a seu favor por ele mesmo, deixando Paulo ainda mais encrencado junto aos colegas de escola, pelas maldades feitas, que acabaram indo de volta para ele.

A partir daquele momento humilhante, Jaime passou a não se culpar mais pelo namoro forçado com Glorinha, o qual tinha planejado para incomodar Paulo, pois viu-se diante de uma cândida criatura que o levantou do chão, limpou, beijou a marca rocha deixada no rosto por Eduardo e secou com seu lenço o sangue escorrido da boca, demonstrando, sinceramente, sua paixão por ele.

Paulo perdeu a amizade de Eduardo – o moreno alto fortão do grupo, cujas mãos em punho fechado lembravam um tatu-bola enrolado no casco encrespado e duro feito pedra –, que o deixou a fazer bochechas com Malvona nas gengivas inchadas, provocadas por dois dos seus golpes certeiros no rosto dele.

O namoro de Jaime com Glória durou três anos, até que terminou, para infelicidade de ambos, por necessidade de trabalho do pai dela em outro estado.

Então, como o tempo faz na sua passagem deixando para trás tanto as coisas boas como as ruins, as rivalidades aparentes cederam, dando lugar a fortes razões para que o refazimento se apresentasse. E nada melhor para reavaliar as posições do que um grande susto passado juntos.

4. Caídos na lama

A tarde caía com o sol julino cansado indo descansar por trás das montanhas, depois de consumir seu combustível na forma de calor e luz para alimentar aquela parte do pequeno Planeta Azul, naquele dia.

Era quase noite, a lua e algumas estrelas já se apresentavam no firmamento, e a bola rolava solta junto à molecada até os 16 anos, no campo improvisado na lateral do campo de futebol principal onde os mais velhos jogavam. Eram 18 horas. Os sinos da igreja onde Jaiminho estivera preso há cerca de cinco anos repicavam ao sabor da "Ave-Maria!" de Gounod, tocada nos alto-falantes localizados no alto da torre. O sereno começava a cair mostrando as primeiras gotículas de água sobre a relva baixa e indicando que a noite seria de muito frio, quando uma bola perdida passara fulminantemente rápida pela lateral do gol, onde Paulo agarrava satisfeito, e projetou-se para longe, após um relevo, no qual tempos atrás haviam sido construídas galerias pluviais para captar e escoar melhor as águas até o rio mais próximo.

Como era a função do goleiro pegar a bola de volta após ter saído do campo, Paulo com seu cabelo acompanhando a moda dos Jackson Five, porte magro, mas atlético e aprumado alcançado no decorrer do último ano junto aos exercícios feitos com Pedro e Célio, dentro de uma camiseta sem mangas rente ao corpo e short bem curto para que sobressaíssem os músculos trabalhados do peito e das coxas, foi atrás dela para resgatá-la.

Jaime e os demais jogadores do campo improvisado, cansados, estiraram seus corpos sobre a relva úmida e ficaram a aguardar o retorno da bola para que a partida de futebol continuasse. Nesse ínterim, algumas mães nas casas próximas começaram a chamar por seus filhos para que tomassem banho e se preparassem para o jantar. Por causa disso, ao frio que aumentava conforme a noite avançava, e por terem começado algumas nuvens ameaçadoras de chuva a esconder os astros celestes que mal haviam se apresentado, tanto os jogadores mais velhos como os mais novos desistiram de continuar nas respectivas partidas, e foram aos poucos destinando-se para as suas casas.

Pedro e Célio, saídos do time dos mais velhos como os reforços do Exército Brasileiro, reuniram-se a Jaime, deitado na relva, acomodando cerca de 1,5 metro do capim sob si, com seu corpo ossudo, de brancura molestada pelos raios solares daquela tarde, e fixando seus olhos pretos como dois jamelões na direção das montanhas à sua frente, fascinado contemplando os derradeiros raios alaranjados do sol projetados fascinantemente nas primeiras nuvens pesadas, formando belíssimo quadro, que muitos pintores tentaram captar fielmente no papel com suas tintas e pincéis, quando perceberam que uma voz ao longe começou a pedir por ajuda.

O pedido de socorro vinha da direção de um monte formado de terra e mato alto, onde Paulo tinha ido à procura da bola fortemente chutada naquela direção. Os três levantaram-se e apressados percorreram o espaço entre o campo e o monte; escalaram-no passando entre as moitas de capins e, do outro lado, na descida, viram-se diante do nada, na penumbra provocada pela parca de luz.

Como o pedido de socorro não estava longe demais, Jaime adiantou-se aos dois percorrendo e afastando do caminho o mato alto, seguindo na direção de onde a voz de Paulo vinha. Ele só pressentiu a situação perigosa quando seus pés deixaram de pisar no solo firme, escorregou em lama e caiu num buraco por meio de uma fenda existente ou aberta talvez pelo peso do corpo do próprio Paulo, aumentada agora pelo peso dele. A queda foi como se tivesse descido uma rampa bem inclinada num carro da montanha-russa, sentindo seu estômago vir parar na boca; depois sentiu uma estranha massa extremamente mole fazendo descer seus pés que, quanto mais ele se mexia, mais afundavam, na direção do nada, enquanto muita lama começou a cair sobre ele.

Todo o pavor do mundo de uma provável morte apavorante sob a lama percorreu a mente excitada de Jaime, piorando quando sentiu que pedaços de terra molhada começaram a cair sobre si cada vez mais, até que, quando achava que tudo estaria perdido, sentiu uma mão a agarrar-lhe o braço direito, puxando-o para o lado. Com a puxada da mão veio uma voz medrosa que lhe falou:

– Cara, quase que eu morri!

Era a voz de Paulo. Ainda com os últimos raios de luz pôde perceber o buraco mais ao lado em que provavelmente cairia, caso não tivesse descoberto aquele pequeno patamar entre a parte de cima e o buraco abaixo, podendo daquela mesma forma salvar Jaime.

– Paulo, é você, cara? – perguntou a voz amedrontada de Jaime na escuridão completa.

– Sim. Sou eu, Jaime.

– O que foi que aconteceu, cara? – retornou Jaime, procurando localizar na escuridão o rosto de Paulo.

– Eu acho que caímos numa fenda da obra antiga de esgoto que passa nesta rua. Mas tenho certeza de que mais ao lado de onde estamos há um enorme buraco que não pude saber a profundidade, porém é profundo pra caramba. Sente só.

E juntando Paulo com os pés alguns pedaços de terra e cascalho, empurrou-os com a sola de um dos pés até que sem o apoio do chão começassem a cair. Demorou alguns segundos e escutaram o barulho do material espatifando-se sobre uma provável massa instável, como a mistura de barro e muita água.

– Em que merda grande nós nos metemos desta vez, cara! E eu, burro como sempre, ainda vim atrás de você sem tomar o devido cuidado – falou Jaime reavivando velhas e recentes lembranças de rivalidades.

– E agora, o que vamos fazer? Quem é que vai nos tirar daqui? – falou Paulo amedrontado e dando pouca importância à crítica de Jaime.

– Calma! Vamos começar a gritar, pois meu irmão e o Célio estavam vindo comigo quando eu caí.

Então, juntos, começaram a gritar a plenos pulmões juvenis pelo nome dos dois: "Céeeelio, Peeedro... nós estamos aqui!".

Célio foi o primeiro a escutá-los, afastado cerca de 20 metros de onde os dois estavam.

Pedro, escutando os dois também, lembrou imediatamente a Célio que agora é que era hora de botar em prática o que estavam aprendendo no Quartel do Exército.

Então os dois, estrategicamente, foram percorrendo o perigoso terreno que os separava dos dois infelizes despreparados para aquela situação, xingando a cada melaço de lama que lhes cobria os pés sem a botina de soldado, e por não terem ali uma lanterna que iluminasse o caminho escuro à frente.

Quando estavam próximos, as vozes nervosas que os chamavam aumentaram. Célio, encorajado por isso, quase acabou caindo também no mesmo buraco ardiloso em que se meteram os dois desprevenidos. Imediatamente chamou a atenção de Pedro sobre o perigo e sugeriu a este que arrumassem uma corda e lanterna para verem melhor, antes que acabassem se metendo na mesma encrenca em que o seu irmão e Paulinho tinham se metido, porque, além deles, mais ninguém sabia o que estava acontecendo ali.

Pedro, então, deixou Célio no local dando forças para Jaime e Paulo e correu à procura do material pensado e na ajuda de outras pessoas.

Dentro do buraco escuro e apertado, os dois acidentados estavam a equilibrar-se num pequeno patamar, entre a superfície a alguns metros do solo e o fundo do buraco formado, Deus sabe lá como e a que profundidade. Como que moldado pelo destino, no patamar só tinha espaço para se apoiar dois pés, e os dois aprenderam juntos que, agarrados um no outro, revezando seus pés, poderiam sustentar-se sem que perdessem suas forças, até a chegada do socorro.

Para piorar a situação, as pesadas nuvens observadas anteriormente deram lugar a derramarem suas lágrimas com a chuva aumentando ainda mais o perigo no lugar onde os três estavam. Célio, molhado, sentindo seus pés escorregarem na direção do buraco, tratou logo de retirar-se para um local mais seguro, afastando também a aba do seu boné, que junto com os pingos de água não lhe permitiam ver melhor. Santificou a bendita jaqueta impermeável do Exército, da cor do abacate, que usava sempre que podia, como estava usando naquele momento, diminuindo a umidade no corpo e o frio que poderia estar sentindo por causa disso.

Jaime e Paulo, sem poder fazer alguma coisa a mais, começaram a rezar pedindo que a ajuda viesse logo. E a situação começou a piorar para os dois, um agarrado no outro, quando começaram a sentir que o patamar onde pisavam começava a ceder, e pedaços de barro e lama começaram a cair mais ainda sobre suas cabeças e no fundo do buraco. Eles gritaram para Célio sobre a situação que, sem saber o que mais poderia fazer para ajudar aos dois, tratou de lembrar como se rezava o "Pai-Nosso", oração que há muito tempo esquecera de fazer todos os dias, como recomendado pelo padre Antônio, na época da Comunhão.

O desespero dos três tinha atingido o ápice quando, graças ao bom Deus, escutaram a voz de Pedro e de outras pessoas se aproximando do local.

Pedro, revestindo agora os pés com suas botinas e tendo nas mãos sua lanterna, trazia, além de todo o material necessário e o aprendido com os treinamentos de salvamento no Exército, os pais dos dois infelizes, com alguns outros vizinhos, preocupados com o que lhes foi relatado pelo prudente recruta.

O pequeno grupo de salvamento transpôs os obstáculos que o separavam do local acidentado e logo tomou conta da situação catastrófica que os filhos dos senhores Macedo e Jorge tinham se metido.

O soldado Pedro, com seu aliado Célio, tratou logo de garantir a sobrevivência dos acidentados jogando-lhes uma corda até onde estavam, pedindo que a amarrassem em suas cinturas, de modo que, se escorregassem, não caíssem na direção do buraco fundo. Feito isso, sobre os olhares atentos dos demais e os fachos luminosos de muitas lanternas que traziam a luz à escuridão completa, Pedro pediu que todos fizessem força e puxassem a corda trazendo a primeira carga humana a ser salva: Célio, que, quando chegou à terra firme, suspirou aliviado.

Empenhados na mesma tarefa de salvação, facilmente o caminho de alguns metros foi percorrido pela corda trazendo à superfície Jaime e depois Paulo, que chorosos agradeceram a todos pelo salvamento, principalmente a Pedro e Célio, os heróis da aventura.

No chão firme e sob os grossos pingos de água que caíam sem cessar das pesadas nuvens, os dois meninos, naquele mesmo instante, não esqueceram de agradecer aos céus por ter a equipe de socorro improvisada às pressas, conseguido chegar a tempo de salvá-los da queda iminente no perigoso buraco fundo.

Reunidos com parentes e vizinhos que os aguardavam apreensivos e sob o olhar de contemplação do padre Antônio sobre os dois moleques de muitas travessuras, as orações ao Alto foram reforçadas, os quatro jovens afagados e conduzidos para o recolhimento de seus lares quentes e suas camas confortantes, longe da pesada chuva que caía e da lama fria e úmida que lhes havia descido pelos corpos.

No dia seguinte, chamados pelos senhores Gomes e Jorge que haviam se juntado em vista do bem comum de seus filhos, os bombeiros com a luz do dia e demais facilidades que possuíam constataram o perigoso local onde, principalmente, os dois jovens tinham se salvado quase por milagre, não caindo no profundo buraco mais abaixo, no qual verdadeira lama movediça os teria engolido. Por causa da chuva que persistiu a noite toda e continuou pela manhã, os bombeiros isolaram completamente o lugar, perigoso até mesmo para eles, prosseguindo no trabalho somente no dia posterior com o sol aparecendo.

Ao fim de exaustivo trabalho, quando começavam a tapar com cascalhos e terra o buraco profundo, um dos bombeiros percebeu que alguma coisa no fundo do buraco brilhava com a luz do sol chamando sua atenção. Alertando os demais colegas, um deles propôs descer com cordas até a parte onde certo objeto reluzia. Descendo com muita cautela e sob o olhar e atenção dos colegas, o voluntário chegou até a parte mais funda do buraco, gritando de lá a pleno pulmões maduros:

– Cara, tem um corpo aqui embaixo... que fedor!

Outro bombeiro desceu para ajudar o primeiro. Descobriram surpreendentemente, remexendo a lama, os corpos em estado de putrefação adiantada de um menino e de um homem negro de meia-idade, um abraçado ao outro. Os corpos foram içados e os bombeiros concluíram que o brilho visto por um deles tinha sido proveniente da fivela de metal do cinto que o homem usava, que, por milagre, tinha refletido a luz de alguns poucos raios do sol que brigavam a romper as profundezas do buraco.

Mais tarde, com os fatos mais bem apurados pela polícia que foi chamada em seguida, constatou-se que o homem deveria ter atraído para o local o menino vestido com o uniforme do colégio próximo, e juntos, por acidente, acabaram caindo naquele inferno lamacento sem volta, atraiçoados pelo terreno inseguro e irregular, entre o mato alto, afastado do campo de futebol.

O menino era uma criança de cor com aproximadamente 8 anos, morador de uma favela próxima, cujos pais tinham denunciado o seu sumiço à polícia, logo após a saída do colégio, há cerca de dois meses, e que tiveram, infelizmente ou felizmente, um corpo a sepultar.

Sobre o homem, não souberam sua identidade, pois não trazia nada nos bolsos, somente que algumas pessoas o tinham visto perambulando pelo local, às vezes bêbado, mas trajando roupas boas, como a que tinha usado no último de seus dias na face da Terra, e que havia a suspeita de ser ele o molestador de outras crianças desaparecidas em bairros próximos.

Cinco dias após o acidente com os dois jovens e a descoberta dos dois corpos, finalmente as autoridades responsáveis pela obra não concluída fecharam adequadamente o buraco profundo, removeram o monte de terra e mato alto que tinham ficado ali desde o término das obras de esgoto da rua há quase dois anos. Finalizaram o serviço, como deveria ter sido feito na época, asfaltando o trecho de rua deserta entre a igreja e o campo de futebol do Rala Coco.

No fim daquela semana, no domingo, com igreja cheia, o padre Antônio rezou missa em prol dos que tinham morrido e dos que tinham sido salvos pelas mãos de Deus, encomendando as almas dos que se foram e agradecendo pelos que ficaram.

Parte II

Algumas Explicações

1. Mudanças

Era noite no bairro chique da zona sul do Rio de Janeiro, titular do time das cores preta e branca, onde residiam nas proximidades os que pela natureza da vida se entrelaçariam pelos tempos futuros.

Os postes mal-iluminados nas ruas pouco revelavam os contornos dos objetos à sua volta, dificultando os passos dos transeuntes bem como dos privilegiados motoristas que dirigiam os seus possantes automóveis, servindo também como argumento para o que viria a acontecer.

José, um trabalhador da construção civil, após a saída do trabalho no fim daquele dia, tinha estado com os amigos no bar da esquina até altas horas da noite, jogando sinuca e tomando umas e outras. Após o oitavo gole da famosa cana destilada, podia-se confundir a sua idade 42 anos com os 60, tal amarrotado estava o seu rosto, inchado seu abdome e as roupas sujas de manchas provocadas pelo excesso de bebida e restos das linguiças fritas mastigadas que lhe caíram pelo canto da boca, entre as atropeladas palavras pronunciadas; sua pele era escura como aquela noite sem lua, seus cabelos crespos e negros como as nuvens que se acumulavam no céu pesadamente.

As bolas da mesa de sinuca de tecido esfarrapado e sujo, antes precisas nos seus destinos, giravam agora à procura do que tinha sido malcalculado pelo cérebro no comando das mãos de quem não mais lhe respondiam, batendo sobre as rivais, mas acabando matando uma das companheiras de mesmo lado, acelerando o desastre da aposta malfeita.

De bolso vazio, amaldiçoado pelo parceiro de jogo e mente frustrada pelo início cheio de vitórias e o final repleto de derrotas consecutivas e risos de deboche do seu oponente, José tentou com o dono do bar o último gole, que lhe foi negado. Diante de sua frustração, ele tentou também nova aposta fiada, que lhe foi negada por aqueles que antes tinham ansiado pela posse do dinheiro que possuía no bolso quando chegara.

Inconformado, relanceou o Cristo Redentor que reluzia no alto do morro do Corcovado à frente e pensou, colocando toda sua irresponsabilidade nos ombros do Salvador: "Por que não me destes sorte hoje, Senhor? Gastei o que podia e não podia. O que vou falar para a minha mulher agora? O que os moleques vão comer amanhã? Me ajude, Cristo!".

Ficou ainda parado por muito tempo a encarar o Cristo Redentor como se aguardasse uma resposta. Entretanto, em retorno, veio-lhe a visão do monumento sendo turvado pelas nuvens que começaram a envolvê-lo, caindo, em seguida, pequenas gotas de chuvas. Ele olhou para o lado e viu que numa das mesas havia um resto de bebida deixada por alguém num copo de duvidosa origem. Mecanicamente pegou-o e sorveu, limpando depois com as costas da mão direita o resto da bebida no canto da boca, sendo observado e chacoteado pelos que antes o tinham chamado de irmão. Sentindo-se humilhado, lançou-lhes algumas palavras desconexas, pegou sua maltratada mochila de trabalho e, imerso no seu mundo de desilusão, apanhou sua bicicleta enferrujada e quase sem freio, encostada numa das pilastras do bar, que há muito tempo não via uma pintura ou lubrificação, subiu nela, deu a primeira pedalada, enfurnando-se pelas ruas escuras do bairro, com movimentos ziguezagueantes iguais aos de sua mente, a caminho da casa humilde de quarto, sala, cozinha e banheiro, na periferia pobre do bairro rico.

A noite de sexta-feira tinha sido de total prazer para Jorge ao lado das violas que tocavam os sambas e boleros mais cantados na época. Seus dedos doíam por ter corrido por horas as cordas no seu instrumento musical, prestando sua ajuda nas músicas, no conjunto do qual fazia parte, tocando como lazer.

Entre cervejas e algumas bebidas quentes sorvidas nos intervalos de uma música e outra, havia acompanhado com seu instrumento algumas vozes famosas que cantaram sucessos na noite alegre e festiva, na famosa casa noturna do bairro.

Seu terno, que no início do dia estava impecável e bem arrumado ao corpo, agora aparentava total desalinhamento, com pontas da camisa interna sobressaindo ao cinto mal-apertado, após a última ida ao banheiro. O seu espírito estava alegre, mas o seu corpo estava cansado em razão da semana de trabalho pesado.

Noite adentrada na madrugada, alguns sentiram a hora de retornar para suas casas, enquanto os amigos menos compromissados com o retorno ao lar pediram aos componentes do conjunto de violas por mais algumas músicas. Jorge e os amigos cederam por mais duas canções, mas, percebendo que as mãos não acompanhariam mais aos impulsos do cérebro, os mais conscientes fecharam as bagagens de seus instrumentos e deram por encerrados os seus préstimos à noite musical de chegada ao fim de semana.

A poucos metros da casa noturna, Jorge e outros amigos pegaram seus automóveis de lataria pesada pintados de preto, deram caronas a alguns, colocando seus instrumentos musicais nos porta-malas apertados, e cantando canções seguiram seus caminhos de retorno para as suas casas.

Depois da primeira esquina de entroncamento, os automóveis dividiram-se em rotas diferentes, seguindo alguns na direção dos subúrbios, outros para os bairros chiques próximos, e o de Jorge para bem perto, na direção da sua bem moldada e mobiliada casa.

Jorge estava ao volante de seu carro e com ele seguia antigo amigo de conjunto musical, cantarolando: "Amélia, mulher de verdade...", entretanto, desbaratando o momento alegre, entre uma curva e outra na rua apertada, mal-iluminada e prejudicada pelos paralelepípedos da estrada molhados pela chuva fina, de repente, surgindo do nada, um vulto ziguezagueando defronta-se com o capô do automóvel. Jorge tentou frear o veículo a baixa velocidade e o amigo parou de cantar ao verem uma bicicleta com seu ocupante passarem sobre a parte dianteira do carro, adentrar pelo para-brisa, rompendo-o, fazendo com que pedaços de vidros fossem atirados para todos os lados, indo ao encontro de seus rostos e corpos.

O automóvel finalmente parou; seus ocupantes e o que o ocupara forçosamente estavam inertes. Passaram-se alguns minutos e ninguém se moveu. Não houve testemunhas oculares diretas do acidente, somente algumas pessoas que depois de escutarem a freada do veículo chegaram às janelas do prédio onde moravam para ver o que ocorria; constatado o acidente, alguns ligaram pedindo uma ambulância e outros desceram para prestar a ajuda necessária.

Sérgio, o carona, foi o primeiro a recobrar os sentidos e verificar que se ferira pouco, quase enlouquecendo ao ver o estado ensanguentado do amigo e do homem que passara por cima do capô e varara o para-brisa do carro, agradecendo ao mesmo tempo a Deus quando percebeu que a ajuda de estranhos fez-se logo presente. Aos poucos, as pessoas imprudentemente retiraram os dois feridos de dentro do veículo e, como milagre para a época, poucos minutos depois uma ambulância encostou, verificando a gravidade dos dois acidentados e da necessidade de cuidados do terceiro, levando-os para o atendimento urgente no hospital mais próximo.

O colega com ferimentos superficiais recuperou-se e foi liberado logo no hospital Souza Aguiar; Jorge e José, por terem ficado muito feridos, permaneceram lá por muito mais tempo. Jorge perdeu uma das vistas e teve a saúde do restante do corpo restabelecida, entretanto, nunca mais a da alma, atormentada pela culpa da imprudência que o avassalava junto a José, que permaneceria para o restante de sua vida entrevado uma cadeira de rodas.

Nunca mais Jorge foi o mesmo: a vista perdida; o carro que não quis mais dirigir; a vida bem regada ao materialismo para com os cinco filhos foi modificada pela falta de entusiasmo no trabalho e para com os três últimos filhos e a esposa; os tempos da vida boa não voltaram mais com a aposentadoria.

"Esta é a história de papai", disse certa vez Osmar a Jaime com mocidade avançada, quase homem, para que pudesse compreender melhor o pai quase sempre incomodado e irritado, mas que nunca havia deixado de ser um bom pai, apesar das dificuldades da alma atormentada e do lado político que lhe aflorava, às vezes, tempestivamente. Sentindo-se em obrigação, ensejou e dedicou a sua vida à religião auxiliando aos seus semelhantes, bem como, no que podia, ao cadeirante do acidente.

2. A partida de futebol

Todos aguardavam o trem na estação empilhada de gente, disputando os melhores espaços, espremidos entre os bancos encardidos totalmente ocupados e as paredes de pintura desbotadas pelo tempo, cheias de propagandas políticas ou não coladas nelas, cheirando a urinas recentes e antigas, pisando o chão preto ressecado de chicletes despojados das bocas cansadas de mastigá-los e depositados ao longo dos anos; alguns estando perigosamente próximos à fronteira da plataforma e os trilhos logo abaixo.

Entre aqueles passageiros estavam o senhor Jorge e seus dois filhos, mais os vizinhos Célio, Serginho e Paulinho, os dois últimos convidados por Pedro e Jaiminho. Pedro e Célio, que por já terem passado dos 1,2 metro de altura, tiveram de pagar passagens; já os três outros não, pois não conseguiram driblar a altura da roleta enferrujada da estação de trem da Central do Brasil, do bairro espremido entre o de Padre Miguel e Magalhães Bastos. Célio e Serginho tiveram logo suas liberações para o passeio dadas por seus pais; para Paulinho foi mais difícil, por relutância do pai desconfiado pela cortesia, mesmo antes de as coisas mais sérias terem acontecido. Liberou o filho mais por insistência da esposa.

Havia dois motivos para tal aglomeração na estação de trem: o primeiro, a viagem que seria feita pela última vez da perseverante maria-fumaça, velha guerreira que estava a sabotar as novas locomotivas a diesel, que rebocavam com frequência os trens elétricos importados, os quais frequentemente entravam em pane; o segundo, a ida ao Maracanã assistir ao glamouroso jogo entre Flamengo e Bangu, no qual o que ganhasse estaria em casa, pois a maioria torcia para os dois times: um pelo coração e o outro pelo time localizado próximo ao bairro onde moravam.

Embora fosse sábado à tarde, o passeio seria repleto de alegria, pois dentro da antiga máquina a vapor estava a famosa bandinha do "Bangu Futebol Clube", charanga formada pelos populares do bairro de origem têxtil, cuja fábrica tinha o nome do clube, fundadores dele. As atrações eram muitas para alegrar um pouco o povo que estava passando por tantas atrocidades que delimitavam suas liberdades durante a ditadura militar. E o senhor Jorge não deixaria de poder saborear aqueles instantes, carregando consigo os pequenos para observarem aqueles momentos e formarem suas opiniões entre a alegria e as atrocidades que perceberiam à sua volta. A única regra básica era que não usassem a camisa de nenhum dos dois times, a fim de evitar qualquer tipo de constrangimento entre os torcedores; que não se metessem em nenhum tipo de confusão e ficassem sempre pertos uns dos outros para não se perderem.

Ao redor dos passageiros, aglomerados, podiam-se perceber nitidamente os penetras que se infiltravam para reprimir qualquer tipo de inconveniência, como também os que vestidos nos uniformes verde-caqui ostentavam seus fuzis, posicionados nos seus pontos estratégicos da estação de trem, fazendo brilhar os olhos fascinados de Pedro e Célio, acompanhados de perto pelos olhos atentos de Jaiminho e Paulinho, agarrados às pernas do senhor Jorge.

Mas nada abalava aquele povo que só desejava naqueles minutos ter o prazer de viver alguns momentos de tranquilidade e felicidade, após tantas represálias cometidas por aqueles que o conduziam à força, pelo poder da opressão e das armas.

Então foi grande a comoção das criaturas mais altas chamando a atenção das mais baixas, quando puderam começar a ver ao longe o rolo das fumaças que eram despejadas pela chaminé da máquina a vapor. Mediante os pedidos irrecusáveis das crianças menores, os maiores as colocaram sobre os seus ombros ou colos, permitindo que pudessem também saborear aqueles momentos. Aos poucos, pode-se escutar o apito da cansada máquina chegando; depois foram os rolos de fumaça que se aproximavam e ofuscavam os raios do sol, afastando os pássaros que desprevenidos voavam ao redor, e ardendo os olhos das pessoas por causa da grossa fuligem que despejava junto com a fumaça. Sentia-se no ar o cheiro forte de lenha queimada; os narizes começaram a arder e o calor da própria fumaça salpicava no contato com as peles, mas ninguém se importou muito com isso; o povo se comprimiu mais ainda, faltando espaço para que todos pudessem apoiar sobre o chão os seus dois pés. A máquina soltou seu gemido férreo e as rodas foram freadas soltando faíscas no atrito com os trilhos e, finalmente, parou... As pessoas sorrindo, sedentas de aventura, penetraram esprimidas feito gado a entrar no curral, no interior dos vagões; entre os apertos e desapertos, todos se acomodaram em pé no espaço ainda menor do que o da estação, pois que sentados somente estavam os que tinham pegado o trem nas primeiras estações. Pedro e Célio estavam agarrados aos braços do senhor Jorge, cuidadoso com as crianças; Jaiminho e Paulinho nas pernas dele.

Próximo dali, em outro vagão, estava a Charanga do Bangu, levando ao ar as notas musicais dos instrumentos de sopro, as batidas dos tambores, chocalhos, pandeiros, e as vozes a cantar as músicas de carnaval que faziam o povo vibrar de emoção e contentamento: "... se a canoa não furar, olé olé, olá!...".

A velha máquina apitou e sacolejou, informando que ia partir; um tranco ajustou a todos dentro dos vagões, corpos e pés; ela partiu mansamente rumo ao destino da carga humana que preenchia todos os seus espaços; tomou fôlego e corajosa foi avançando nos trilhos com suas janelas abertas por onde penetravam os resíduos da queima de seu combustível vegetal, fazendo arder ainda mais as vistas das pessoas, que não estavam nem aí para aquilo. Vencia lentamente os espaços que a separavam de cada estação, onde novos passageiros ocupariam mais à frente os poucos espaços faltantes, fazendo cair por terra a sentença que "dois corpos não ocupam o mesmo lugar no espaço". No final daquela viagem, seu destino será um lugar de destaque, pelos bons serviços prestados, no Museu Ferroviário da Central do Brasil.

Estação após estação, finalmente, a máquina que tinha servido por muito tempo aos brasileiros nas suas mais diversas etapas de vida chegou ao destino final, na estação e bairro cujo nome era a do maravilhoso estádio de futebol, onde jogadores famosos do mundo todo já tinham usado o gramado como instrumento de seus trabalhos, para a alegria da multidão que pode vê-los, representando seus times de futebol ou países. Depois daquela viagem ela receberia sua esperada aposentadoria, descansando, confortavelmente, no museu do trem, perto do famoso estádio de futebol.

A máquina resfolegou, parou seus rodeios sobre os trilhos, abriu suas portas, aquelas que já não estavam abertas, e despejou o seu conteúdo sobre a estação. Pessoas aceleradas para se desfazerem do lugar sufocante onde tinham estado viram-se livres para contemplar diante de si o monumento ao longe. Pedro, Célio, Jaiminho e Paulinho, então, deixaram para trás as cenas preocupantes dos últimos acontecimentos e começaram a maravilhar-se com a visão azulada e branca da espetacular obra de engenharia nacional, onde se destacavam os vãos suspensos das coberturas que rodeavam todo o estádio, protegendo boa parte das arquibancadas da chuva e do sol. Era a primeira vez que estavam ali, até mesmo para o senhor Jorge, que, por não ser torcedor fanático, nunca antes havia desejado assistir a uma partida de futebol lá, em virtude da distância e dificuldades de transporte. O que o motivou daquela vez foi levar as suas crianças e os amigos destes da vizinhança na última viagem da velha máquina e da inédita decisão no campeonato carioca, cujo resultado, qual fosse o vencedor, agradaria a quase todos, pela neutralidade e simpatia do time suburbano alvirrubro.

Todos juntos e agarrados ao senhor Jorge, diante da multidão de torcedores que assustavam as crianças, tal a vibração e os gritos de louvores por seus times, na sua maioria do Flamengo e simpatizantes do Bangu, conseguiram comprar os ingressos e foram arrastados pela rampa de acesso até a entrada nas arquibancadas, onde ficaram impressionados com o coro das 110 mil vozes que abalavam a própria estrutura do estádio. Entre os pedidos de desculpas e os perdões, o senhor Jorge, já preocupado por ter trazido as crianças para dentro daquele enorme vulcão prestes a entrar em erupção, estrategicamente procurou por lugares neutros na arquibancada entre os torcedores dos dois times; porém, ali não era somente um time contra o outro, era o menor número de torcedores diretos do Bangu e dos outros clubes cariocas que apoiavam o time suburbano contra o arquirrival rubro-negro, ou seja, uma potência existente contra outra reunida por interesses e rivalidades.

Era o dia 18 de dezembro de 1966. A arquibancada já estava lotada quando o senhor Jorge e seu pequeno grupo entraram; embaixo na geral estava pior do que o espaço no trem, não cabendo mais nenhum pé novo que chegasse; as bandeiras dos diversos times, até mesmo algumas de São Paulo, oscilavam com as do Flamengo concentradas em quase três quartos ao redor do estádio.

Antes da entrada dos times, as brincadeiras nas formas de provocações revidavam-se entre os grupos formados de torcedores representantes de cada time, enquanto aparentemente os torcedores sentados entre as forças inimigas achavam-se protegidos pela neutralidade.

A alegria estava presente e tudo era motivo de surpresa para o grupo liderado pelo senhor Jorge, elevando seu nível quando os times iniciaram suas entradas no gramado verdejante perfeito. Com suas entradas, misturaram-se entre o coro dos torcedores os trovões dos fogos de artifício, iluminando ainda mais as bandeiras pequenas, médias e gigantes dos grandes clubes, rivais do Flamengo, que tinham, naquele jogo, as mesmas cores do Bangu, contrastando com o vermelho e preto das bandeiras oscilando do outro lado das arquibancadas. Aos poucos, a claridade deu lugar às sufocantes fumaças provenientes dos fogos, que lentamente foram se dissolvendo na atmosfera, levadas ao céu pelas correntes de ar que circulavam por todo o estádio. O sol de verão da tarde fazia-se fraco, diante das nuvens que se concentravam ao redor e da noite que chegaria logo.

Nos olhos de Jaiminho, Serginho e Paulinho, via-se o brilho das paixões diante das novidades; nos de Pedro e Célio, a visão pessoal dos que tinham visto aquelas cenas, até então, pelos olhos dos outros; nos do senhor Jorge, misturavam-se o arrependimento de não ter vindo ao Maracanã em outras oportunidades e um certo incômodo que o desagradava, diante das forças presentes naquela multidão.

Seus olhos brilharam ainda mais quando a partida começou, fazendo com que o tom das vozes dos coros dos torcedores atingisse o ápice nos avanços e nos ataques de seus times no campo do adversário.

Como uma panela de pressão, a temperatura no interior do estádio foi aumentando a cada minuto que avançava, a cada ataque e defesa, com as provocações de cada torcida, revezando-se entre si, de lado a lado. Até que, quase na metade do primeiro tempo, o jogador do Bangu chamado Ocimar avançou espetacularmente, driblando a defesa flamenguista, penetrando próximo à área e, por meio do seu tiro certeiro, a bola atravessou os três paus da trave indo ao encontro da rede que balançou com sua força, retendo-a no seu emaranhado de fios. Com isso, a torcida vermelha e branca explodiu em contentamento e felicidade enquanto a do outro lado da arquibancada calava o grito do seu bicampeonato, forçosamente. Os torcedores alvirrubros, incluindo nossos cinco torcedores neutros, entregaram-se à pura euforia por alguns minutos, retornando depois ao estado de crise de identidade, pois que três deles eram flamenguistas doentes, banguenses por proximidade de bairro. Mas a tristeza dos torcedores rubro-negros causada pelo gol do adversário durou pouco, pois, inflamados pela fé que os consumia por dentro, retornaram, quase imediatamente, com o incentivo aos jogadores do clube que torciam na esperança de minutos melhores e mesmo uma virada que lhes desse o bicampeonato.

    A partida transcorria emocionante para os dois lados, até que, quase ao final do primeiro tempo, quando uma chuva forte tinha começado, outro jogador pouco conhecido chamado Aladim fez o segundo gol do Bangu, fazendo vibrar uma das grandes massas e calando a outra, perigosamente.

    O primeiro tempo terminou e quase todos se levantaram para refrigerar os seus bumbuns amassados no assento duro de cimento. O senhor Jorge, contente, comprou e distribuiu para a molecada refrigerantes e sacos de pipoca, cujos caroços no fundo do saco serviram para jogar nas carecas de alguns desprevenidos de boné sentados nas arquibancadas mais abaixo, entrando no clima da maioria que fazia isso costumeiramente, enquanto a rivalidade e os xingamentos entre as duas torcidas se avolumavam.

    Sentados de novo para o início do segundo tempo, eles assistiram emocionados ao transcorrer da partida, entre um e outro riso da criançada que assistia a sacos de plástico cheios de urina voando de um lado para outro e caindo sobre os mais diversos desprotegidos, fosse nos que estavam sentados na arquibancada ou em pé na geral.

    De repente, aumentando histericamente a alegria da torcida vermelha e branca em razão da baixa improbabilidade do fato, um quase desconhecido jogador de futebol dos que moravam na zona sul carioca, chamado Paulo Borges, driblou a defesa do adversário e lançou a sua bola poderosa ao encontro do gol adversário, fazendo a rede balançar, depois que o goleiro tentou esticar todo o seu corpo para pegar a bola, não conseguindo. A torcida banguense explodiu seu grito de gol pela terceira vez, incluindo os nossos cinco da torcida neutra, fazendo calar agora, totalmente, a torcida inimiga inconformada com a derrota iminente e a perda do campeonato registrada em cada mente do torcedor do Flamengo como certa, por causa da pequenez do time rival.

Um pouco mais à frente, a ira dos jogadores do Flamengo era visivelmente percebida contra os jogadores oponentes do bairro suburbano, concretizada com uma verdadeira bofetada de revide de um jogador banguense desferida contra o rosto de um dos principais jogadores rubro-negros, fazendo com que um vulcão adormecido lançasse seus trovões e suas chamas de ira e raiva para todos os lados. Lavas rancorosas vermelhas e pretas começaram a ser arremessadas, indo, primeiramente, de encontro aos inimigos no campo, depois não se via mais a quem. Em pouco tempo, do campo chegou à arquibancada e à geral. Rapidamente os torcedores tornaram-se o povo que corria fugindo do perigo iminente, na tentativa de alcançar as saídas da arquibancada e rampa de acesso ao exterior mais espaçoso; pernas fracas de crianças e idosos dobraram-se ao chão, escapulindo dos braços que estiveram a agarrar-lhes em proteção; gritos e choros fizeram-se ouvir por todos os caminhos escolhidos para a fuga. A partida terminou bem antes do fim programado.

Entretanto, antes que a bomba explodisse, o senhor Jorge, percebendo que o pavio tinha sido aceso, juntou a sua turma e conseguiu escapar a tempo do desastre iminente, provocado pela ira de muitos torcedores, inconformados de perder o campeonato estadual para um suburbano time de baixo escalão, diante do poderoso Flamengo da zona sul.

O senhor Jorge, percebendo o que ocorreria, juntou a turma que tinha trazido consigo, envolvendo-os em proteção e levando-os logo para a saída da arquibancada. Contudo, isto não foi suficiente, pois outras muitas pessoas receosas tinham tido a mesma ideia e fizeram o mesmo, ocorrendo, daquela forma, o que se chamava estouro da boiada. Empurrados e puxados para todos os lados pela multidão enlouquecida que se avolumou rapidamente, o grupo do senhor Jorge conseguiu chegar unido até o final da primeira rampa de descida. Entretanto, na curva para se entrar na segunda rampa, Paulinho tropeçou e acabou caindo, sendo pisoteado por alguns e levantado por um senhor que sentiu pena do garoto caído, que acabou se perdendo do grupo de seus amigos.

Ao acontecido, no rosto do senhor Jorge e de seus acompanhantes, fez-se a presença do desespero na procura do menino envolvido e arrastado para longe deles pela multidão enlouquecida para safar-se do tormento. Por todos os lados, viam-se outros rostos desesperados à procura de suas perdas ou na proteção dos que lhes eram caros de sentimento ou responsabilidade. Assim, viam-se velhos, crianças e mulheres empurrados e arrastados para longe dos seus, como os que fracos caíam, eram pisoteados ou ficavam pelo caminho, sem terem de volta o rumo e a direção correta a tomar.

Depois de percorrer todas as rampas, a massa humana, enfim, encontrou espaço maior e dispersou-se, cada qual procurando o seu melhor refúgio. Ao redor, vozes desesperadas chamavam pelos seus companheiros de passeio frustrado, muitos os encontrando de imediato, para seus alívios. Outros persistiram em suas procuras até verem findar o trovão dos passos alucinados e a calmaria retornar ao estádio de futebol, quando poderiam melhor procurar pelos que haviam se perdido ou infelizmente tinham ficado feridos ou machucados.

Quanto à massa enfurecida, prosseguia no seu furor até o espaço externo ao estádio, brigando junto a seus adversários, que encontravam para recepcioná-los os cassetetes dos soldados que os aguardavam, incrementados pela sede recente, não terminada, de surrar os que não tinham se acomodado com a situação do regime de ditadura militar.

O grupo do senhor Jorge enquadrou-se na situação dos que restavam ir até as autoridades para saber o destino dos que haviam se perdido.

Assim fizeram, chegando à enfermaria do estádio onde muitos ensanguentados estavam sendo cuidados; foram até as autoridades policiais e, caso não encontrassem o menor desaparecido, lhes restariam os hospitais onde muitos tinham ido parar com graves ferimentos.

Adentraram desta forma ao posto policial local onde tinham sido recolhidas as pessoas que haviam se perdido, encontrando vários que, chorosos, procuravam os olhares dos que chegavam e que lhes poderiam ser íntimos. Foi naquela situação que, felizmente, encontraram Paulinho, lamentoso e choroso sentado num banco do canto, perto do balcão de atendimento.

Ao vê-los, o menino perdido correu a abraçar os amigos que o vieram socorrer, sentindo-se de novo seguro, enquanto outros olhos invejosos da alegria dele de ter reencontrado os amigos continuariam, por muito tempo, na esperança também de serem reencontrados.

Jaime nunca tinha sentido tanta emoção ao rever o amigo de fé, reforçando com ele a amizade que, provavelmente, nunca terminaria, segundo o que pensava naquele momento. Fugindo daquela visão de Jaime, o senhor Jorge, entretanto, dali a alguns minutos deveria estar diante dos parentes de Paulinho para as devidas explicações, que, nunca compreendidas por eles, seria motivo para abalo definitivo na amizade entre as duas famílias.

No percurso de volta para a saída do estádio, já escurecido e abandonado pelos torcedores que o tinham ocupado, puderam ver os estragos provocados pela massa humana endoidecida que tinha descido as suas rampas encharcadas pela chuva que começou a cair, deixando jardins e proteções danificados; pelo caminho, chinelos, roupas, bonés, garrafas de refrigerante e cervejas, e restos de outras vestimentas, perdidas por seus donos, espalhadas, sujas e esmagadas.

Ansiosos, saíram logo do estádio e atingiram a estação de trem mal-iluminada, onde seu Jorge, reflexivo, prometeu consigo nunca mais voltar, enquanto Pedro e Célio pensavam na maior prevenção para o futuro, mas de retornarem tão logo pudessem, tal a festa vista e vivida. Jaiminho e Paulinho, passado o momento de susto, visualizaram também o retorno, em situação mais calma para as torcidas.

Diferentemente da vinda, a estação do Maracanã estava quase deserta, pois o grosso da massa que viera e que não tinha sofrido perdas já havia retornado para suas casas, muitos minutos atrás. Contrariamente à vinda, ao redor havia mais do que espaço para colocar os pés, por causa dos poucos passageiros que restaram do jogo e alguns outros que retornavam para suas casas provenientes do trabalho, visitas a hospitais e parentes.

Diferente também foi o trem elétrico que parou na estação, levando os passageiros cabisbaixos, reflexivos com seus pensamentos voltados para suas aflições e últimas ocorrências; somente as crianças continuavam felizes a brincar em suas inocentes reflexões.

Na mente do senhor Jorge fervia o pensamento: "O motivo é a falta de liberdade dos tempos atuais, que, quando sentida, acabou sendo extravasada".

A noite tinha avançado. O frio da noite que iniciara chuvosa afastava o calor do verão e restavam apenas algumas nuvens, deixando aberturas no céu para a penetração das luzes da lua e de algumas estrelas cintilantes.

Longe dali, dona Helena e dona Irda, em suas casas, deixavam transparecer aos demais membros da família a preocupação pela hora de retorno dos seus menores e dos outros dois menores das vizinhas que já tinham também manifestado as suas preocupações, cuja previsão de retorno já tinha há muito sido ultrapassada; nos quatro lares os nervos afloravam-se pela noite que adentrara, sem terem algumas camas não ocupadas. Esperavam elas também, ansiosamente, que o único telefone da rua, o de dona Abgail, tocasse trazendo notícias sobre todos, mas ele só ficou mudo, durante o tempo todo de espera.

Porém, antes que o ponteiro menor dos relógios iniciasse a sua queda, após sua subida noturna, o senhor Jorge chegou e entregou os torcedores de sua responsabilidade em cada uma das suas casas, preferindo deixar as maiores explicações do ocorrido para o dia seguinte naquele momento bastavam por si as preocupações decorrentes. O mais importante agora era o alimento e a cama para o descanso dos seus corpos cansados.

Contudo, não tinha sido da mesma forma o pensamento do chefe da família Macedo que havia dormido inquieto feito um elefante selvagem recentemente enjaulado, querendo romper com as suas trombas as barras de ferro que o encarceravam; ele incomodou a esposa a noite inteira, colocando-lhe a culpa do ocorrido por tê-lo forçado a liberar o menino. Tão logo percebeu o nascer do sol, antes mesmo de ir comprar o pão e o jornal dominical, ele estava a bater na porta da casa dos Silva, com seus 1,90 metro, quase cem quilos, nos seus quarenta e muitos anos, na sua pele cor de jambo e corpo musculoso mesmo depois de ter se aposentado assim que pôde do Exército. Acompanhava-o o restante da família, acordada às pressas... Ele deu uma, duas pancadas no portão sem grande fixação na parede do muro, fazendo-o estremecer, quase caindo... Na terceira pancada no portão, o senhor Jorge, no seu 1,70 metro, 60 quilos, 58 anos de pele amorenada, abriu a porta da sala e apareceu com seu pijama branco amarrotado e amarelado na parte mais íntima, para atender ao pai de Paulinho extremamente nervoso, indelicado e impaciente para saber exatamente o que tinha acontecido com o seu garoto.

– Pois não, senhor Macedo. No que posso lhe ser útil nesta manhã de domingo, tão cedo? – perguntou o senhor Jorge, procurando ter calma, ao perceber a inquietação que consumia o vizinho por dentro. Mas não foi nada fácil... Só não rolou sangue porque dona Irda, conhecendo o seu elefante, e dona Helena, o seu leão sem aparência de um, se meteram entre os dois, para que isso não acontecesse.

E, desde então, as coisas começaram a se complicar mais no relacionamento entre as duas famílias, que tinham a mesma parede a separar as duas casas, idênticas na construção mais simples e barata para o Sistema Nacional de Habitação do governo, servindo este último motivo como razão final para que de uma hora para outra uma bomba de desentendimentos explodisse entre as famílias Silva e Macedo. Antes eles tinham os motivos dos ciúmes junto às esposas, aprofundados pelas questões políticas presentes constantemente entre ambos; agora havia o senhor Macedo quase perdido o filho.

O senhor Silva não conseguiu dar as devidas explicações ao acontecido; as suas esposas e dona Maria, a octogenária mãe de dona Irda, humildes no tratamento, revezavam-se em desculpas entre si. Jaimeson, o marido rechonchudo de dona Maria, complicava-se com suas falas ferrenhas na defesa e preservação dos direitos de convidado do neto; Jaiminho, Célio e Pedro ficaram em expectativa para tomarem suas decisões quanto à defesa e ataque; Laura e Sandra, que há algum tempo já cantavam suas canções para irritar uma à outra atrás das paredes geminadas das duas casas, não se contiveram naquela situação e, diferentemente dos seus pais, iniciaram o rasgar de roupas de dormir e puxar de cabelos, arranhando-se, feito duas gatas desnorteadas, rolando pelo chão ainda molhado da chuva do dia anterior, como duas cadelas tentando cravar seus dentes uma na outra, enquanto Paulinho, que poderia ter amortecido a situação, nada fez.

A separação das duas foi dramaticamente feita pelo senhor Edmar e sua esposa gaúcha, trajando os seus exuberantes roupões de puro algodão sobre pijamas de seda; acordados pelo tumulto, trataram de vir para a rua a fim de acalmar a situação, primeiramente para interromper fisicamente as agressões e, depois, usando palavras de bom senso, acalmar a todos.

Laura e Sandra, com seus cabelos totalmente desarrumados e roupas de dormir rasgadas, prostraram-se, cessada a luta, uma ante a outra, como duas lutadores de boxe a aguardarem a campainha tocar para reiniciarem um novo *round*.

Os senhores Macedo e Jorge, acalmados pelas palavras reconciliadoras dos vizinhos do lado direito da rua, diminuíram seus ataques e trataram de puxar suas filhas, cada qual para o seu lado da casa. Findo o alvoroço que já havia movimentado os outros moradores da rua e chamado a atenção dos passageiros das lotações cheias e transeuntes que passavam pela rua, todos das duas famílias recolheram as suas vantagens e desvantagens e retornaram para dentro de suas casas.

Dali em diante as brigas ficaram constantes entre as duas famílias; as tréguas diminuíram, principalmente nos cantarolares das duas filhas dos casais, que se tornaram sérias por muito tempo, fazendo com que as duas mães, que tanto se entendiam anteriormente, evitassem se falar na presença de seus maridos e se cumprimentassem só com seus olhares. Os maridos sequer se olhavam e seus filhos, embora continuassem suas brincadeiras e frequentando as casas um do outro, pouco se respeitavam diante do menor dos conflitos.

Laura e Sandra aumentaram seus repertórios, cantando as canções de irritar uma à outra por trás das paredes únicas de cômodos semelhantes, diante de situações suas do dia a dia, com provocações:

– Estou amando loucamente "o namoradinho" de uma amiga minha. Sei que estou errada, mas... – cantava uma, enquanto ajudava a mãe lavando as louças usadas no café da manhã, na velha pia de ferro da cozinha de paredes pintadas de azul-marinho, mal-iluminada pela única lâmpada incandescente de 40 watts no teto; apertada e quente, com telhado sem forro, possuía um armário de madeira bruta fixado na parede sobre a pia e outro improvisado sob ela, dois bancos grandes e mesa de madeira posicionados no centro no fundo para caber a família de seis membros, um velho fogão de pintura esmaltada de preto com duas bocas com seu botijão de gás, um paneleiro exprimido no canto direito e o velho ferro elétrico de passar dividindo o espaço com uma fruteira, uma moringa e um filtro de barro sobre uma pequena bancada de madeira recostada no canto esquerdo.

– Se você quer brigar e acha que com isso estou sofrendo, pois se enganou, meu bem, pode vir quente que eu estou fervendo... – respondia a outra, ocupada na mesma tarefa que a vizinha na cozinha ao lado, de idêntica proporção de dimensão, móveis e utensílios semelhantes a ocupar todo o espaço possível, diferenciando na pintura rosa da parede, na falta da fruteira, no fogão com quatro bocas e na quantidade maior de membros da família, que tinham de se revezar para sentarem-se à mesa na hora das refeições, com a presença de todos nos fins de semana.

– Fogo! Fogo!... Ninguém me ama. Ninguém me quer! – cantava Sandra para aborrecer a Laura melindrada quanto às suas duas pernas queimadas na altura dos joelhos, quando pegaram fogo os restos de jornais em volta do botijão de gás, fazendo com que quase explodisse a casa toda. Ela tinha vergonha de mostrar as pernas, usando frequentemente calça comprida.

E Laura, por sua vez, revidava cantando partes de músicas que pudessem mexer com Sandra.

Aquela situação persistiu mesmo depois que os chefes das duas famílias se tinham ido e após diminuírem os motivos para desentendimento entre as duas, pelas brigas constantes entre seus irmãos menores, entre seus pais, que alimentaram suas próprias desavenças. Durante o processo de maior agravamento entre os irmãos e as duas famílias, a briga prorrogou-se por muitos anos e meses, até que, certo dia, numa manhã de hora adiantada, quando as duas já casadas e com suas próprias famílias, uma estava a varrer a frente de sua casa e a outra a se desesperar com o choro do seu bebê possuído de dores, Laura condoeu-se com a situação da outra; ação patrocinada pelo futuro promissor, necessário.

3. O assalto que quase aconteceu

A rua estava molhada pela chuva que havia caído, completamente deserta, e o estudante do curso pré-vestibular tinha acabado de descer do último ônibus noturno da linha Cascadura-Senador Camará. Ele carregava no semblante o desejo ferrenho de querer ser alguém na vida em vista das dificuldades para tal; a fé em Deus e nos pais que estavam no céu para protegê-lo contra os males que rondavam a noite fria de inverno carioca prestes a sair da ditadura; e algumas poucas moedas que lhe tinham restado de fim de mês do trabalho assalariado que tomava-lhe parte da tarde de todo dia e varava muitas vezes as noites.

Estavam-lhe como testemunhas naquela noite fria e completamente deserta de pessoas algumas corujas que piavam ao longe, alguns morcegos que voando rente quase lhe tocavam a cabeça, vez por outra alguns automóveis fora de hora que passavam pela rua principal do mesmo bairro suburbano em que morava desde criança. As nuvens que começavam a dar passagem para algumas estrelas, permitindo que a luz do disco prateado melhorasse a artificial proveniente das lâmpadas dos postes da rua por causa da neblina que descia pesadamente até o chão, e a velha torre da igreja que sobressaía sobre as copas de todas as árvores.

O jovem, nos seus 19 anos, meia estatura, branquelo e magricelo, com aspecto de exausto e andar apressado pelo medo do ambiente desértico, percorria assim quase todas as noites o espaço desde o ponto de ônibus que havia descido até a sua casa, cerca de 500 metros de distância.

Naquela noite ele desceu do ônibus, atravessou a avenida principal, alcançou a calçada do outro lado e, quando estava na parte mais escura do trajeto, no meio do caminho da praça recheada de árvores que separava a avenida principal de sua rua, repentinamente, para um grande susto seu, percebeu a presença de três outros jovens mal-encarados, que passaram a lhe interromper a passagem, ameaçadoramente.

Dois deles tinham gorros pretos na cabeça, abaixados sobre o nariz e com dois furos para seus olhos, ocultando a metade de seus rostos e, praticamente, as suas identidades; no terceiro só podiam se perceber os olhos cuja identidade estava mais ainda oculta por um gorro marrom que lhe cobria todo o resto da face. Os dois primeiros eram brancos, altos e magros e, pelo acentuado volume sobre o pano do gorro na cabeça, cabeludos à moda dos Beatles; o terceiro era muito negro e gordinho, como indicava sua acentuada barriga sob a blusa e casacos curtos, porém, mais baixo que os outros dois.

Podia-se sentir pelos bafos esbranquiçados da neblina, feito fumaça que lhes saíam da boca quando falavam, um cheiro forte e desagradável da erva proibida enrolada em papel e usada como cigarro, que lhes recobria de coragem no uso necessário das facas que traziam sob as roupas cujos cabos estavam propositadamente à amostra, e nas suas palavras de perda e roubo de tudo o que possuía ordenadas pelos três ao jovem perdido na noite solitária.

Mas o que poderia o jovem dar além das parcas moedas no bolso, da japona que lhe protegia do frio, da calça Lee, do tênis kichute velho e surrados, do relógio de pulso recheado no interior com gotas de água da última chuva e da pasta tiracolo onde levava o caderno de anotações e os livros do cursinho pré-vestibular? Provavelmente levaria alguns socos e pontapés por ser metido e estar desprevenido ao andar sozinho naquela noite fria e chuvosa, ou mesmo uma facada de leve ferimento, só para lembrar que da próxima vez trouxesse coisas razoáveis para serem roubadas, e sustentar os seus vícios.

– "Irmão! Perdeu tudo, cara. O que tu tá fazendo perdido nesta noite errada? Quer ser assaltado, mano? Ou tu acha que é valente demais?" – despalavreou o jovem negro coçando a cabeça quase sem parar, com um canivete apontado para o peito do vestibulando. – "O que tu tem aí para nos oferecer, meu chapa?" – completou indo diretamente ao propósito do pequeno grupo estar ali diante dele naquela noite fria.

Na altura daquele jogo de palavras ameaçadoras, o assaltado não sabia o que dizer que não piorasse ainda mais a sua situação e, pronto, preparou-se para o que desse e viesse, mas não se esqueceu de orar naquele momento, pedindo: "Meu Deus, se é para acontecer, que aconteça. Mas, se pode me livrar, que me livre desta situação".

Então, depois de já lhe ter sido tirado o relógio, a japona e o tênis, sob o olhar todo avermelhado do jovem negro enfermiço na droga básica e atenção constante sobre si dos outros dois, eis que da sombra da noite neblinada, por detrás de uma das árvores, surge uma nova figura com as mãos no bolso de uma jaqueta Lee, com aparência de uma ave de rapina muito semelhante aos outros três, perguntando com autoridade:

– Bem, o que temos aqui?

– O mano aí perdeu feio, veio. – antecipou-se o negro gordinho com ares de satisfação, com a arma em riste na mão direita enquanto continuava coçando a sua cabeça cheia de pequenas feridas, dirigindo-se ao homem que chegara.

Então, a nova figura, de pele morena, bem mais alto e mais velho que os outros, que havia chegado com os novos pingos de água da chuva que começaram a lhe molhar os cabelos escovados à força, desprotegidos de um gorro, e sua face à mostra somente no lado iluminado pelo poste da rua, onde se destacava uma feia cicatriz com a forma de uma ferradura na sua pele morena, virou-se para a vítima. Já pronto a enfiar as suas garras, ao mesmo tempo em que a observava melhor, sobressaltou-se, refletindo e falando pensativo para o rapaz de cor:

– Mano, vê se você dá um jeito nessa piolhada toda, caramba! Você não se cuida, não é? Vê se não chega perto de mim, tá? Passe logo nessa cabeça de vento aquela pasta inseticida, cara!

E fixando o seu olhar melhor sobre o rosto do rapaz já sem seus pertences, foi transformando, paulatinamente, o seu rosto de poder supremo e zombaria em estado de perplexidade e mal-estar, transfigurando o seu olhar rude e cruel em agradável para a presa e de desprezo para os seus comparsas, falando e lhes reprovando duramente:

– Meus camaradas, vocês não dão uma dentro mesmo! – disse irritado. – Vocês não reconheceram este cara aqui, não é? Este aqui, seus otários, é o Jaiminho – falou sorrindo tocando no ombro do rapaz, como se lhe fosse um velho amigo –, irmão do Pedro que joga bola comigo até hoje, mano velho de peladas... grande centroavante! –

enfatizou. – Filho do senhor Jorge, gente finíssima! E este cara aqui – fez apontando para Jaime – me deu uma grande lição de moral um dia, quando eu ofereci, certa vez, erva a ele e ao Pedro – deu uma pausa continuando –. E vocês sabem o que ele, um guri muito mais novo do que eu, me falou? Que gostava de mim, mesmo usando o que estava usando. Que cada um fazia o que queria de sua vida. Que me respeitava. Mas que eu o respeitasse também, por não querer experimentar a erva. Vocês entendem isso, manos? Um molequinho...

E cheio de trejeitos no corpo, nos braços e na voz, sentenciou:

– E sabem o que ele está fazendo aqui nesta noite fria e chuvosa? – inquiriu aos outros três, que balançaram desconcertados suas cabeças, negativamente. – Ele está voltando de um cursinho pré-vestibular, em que estuda à noite para tentar passar na m... deste vestibular ingrato para os pobres no nosso país de m... e ser médico, depois de ter trabalhado durante o dia todo e de ter pegado um monte de lotações e trens cheios. Vocês sabem o que é isto, seus panacas de uma figa? Então, devolvam logo o que é dele! E outra coisa: se vocês o virem por aí, eu quero que o respeitem como ele merece pela coragem que tem de querer mudar esta vida ordinária que levamos.

Assustados com a bronca dada pelo chefe do bando, os três, mesmo contrariados, pediram desculpas à vítima; desconcertados, devolveram os pertences do jovem pré-vestibulando e, sob a ordem de comando do rapaz com a marca da ferradura em uma das faces, acompanharam-no até a entrada de sua casa, conversando o chefe com ele, descontraidamente, como se nada houvesse acontecido.

Em frente à casa de Jaime, despediu-se dele o velho conhecido de peladas com Pedro, dando-lhe tapinhas no ombro, pedindo que enviasse recomendações ao senhor Jorge e ao irmão; piscou os olhos, encarou Jaime prevenidamente pedindo que esquecesse o ocorrido e, dando um aceno de despedida, adentrou na neblina densa junto com os outros três, desaparecendo dentro dela e deixando o rapaz admirado com a forma como tudo começou e terminou.

Ao entrar em casa, com sua cara cheia de espanto e perplexidade, Jaime precisou de alguns minutos para estabilizar as suas emoções por causa da situação passada, somente se acalmando aos poucos. Ele poderia ter falado logo sobre o que lhe tinha acontecido com os seus familiares ou com os colegas, mas, precavido com a recomendação dada pelo chefe do grupo, no qual se lembrara do nome, resolveu fechar a boca.

Mais tarde, como se descrito pelo destino, três daquelas quatro figuras se encontrariam, em situações de semelhança, num mesmo lugar.

4. As suspeitas

O avô, em virtude da contenção urinária, tinha passado pela porta de seu quarto logo com os primeiros raios de luz daquela manhã e descarregado todo o conteúdo do urinol, que deixava sob a sua cama, no vaso sanitário do banheiro. Depois Paulinho escutou o barulho dos gases saindo de dentro do avô, e, quase simultaneamente, o vaso sendo recheado pelo senhor Jaimeson. O processo se repetiu por duas vezes; o rolo de papel higiênico foi puxado e o papel usado foi jogado na lixeirinha por várias vezes; a descarga foi acionada e Paulinho escutou o barulho na tubulação levando o conteúdo pelo esgoto.

Aquela foi uma ligeira distração a seus olhos que estiveram durante boa parte da madrugada sem sono, a sondar as manchas formadas pela pouca luz no teto do quarto quase escuro, com seus pensamentos turvados de perguntas e dúvidas, desde a hora em que havia escutado certa discussão entre seu pai e sua mãe que, junto a outras coisas que já tinha ouvido sem querer, o fizera demorar a dormir e acordar pouco tempo depois que o cuco do relógio de pêndulo da sala cantara por 24 vezes seguidas. Foi quando a mente de Paulinho, com apenas 8 anos, começou a fervilhar com suspeitas, dúvidas e respostas que nunca poderiam ser respondidas pelos pais a ele, pois não tinha petulância ou coragem para fazê-las, principalmente ao pai, e à mãe, pela provável dor que poderia causar nela. O motivo das suspeitas provinha do início de sua própria existência e a de Jaiminho, em que a suspeita de seu surgimento na vida misturava-se à do surgimento do próprio amigo, quando escutou as palavras saídas da boca do pai iroso de ciúmes pela esposa com o pai de seu ex-melhor amigo, como também quando palavras saídas da boca do pai de Jaiminho gritando aos berros para dona Helena, quando ele entrou certo dia, furtivamente, na casa do vizinho amigo: "Tá pensando que não sei que você teve um caso com o seu Macedo, antes de termos ficado noivos?".

Por isso olhava para si e percebia sempre os olhos do senhor Jorge a sondar-lhe, enquanto sentia o medo do pai sondando Jaiminho; o senhor Jorge arredio a ele e o pai, ao amigo, e as esposas de ambos sempre cheias de receios e apreensões nas constantes farpas geradas entre eles por qualquer motivo. Afinal, o pai dele tinha sido namorado da mãe de Paulinho, antes de ter casado com o senhor Jorge, e este, namorado de sua mãe, antes de ela ter se casado com o senhor Macedo; depois as reflexões pela diferença de idade e a situação racial entre os casais os fizeram se separar por causa das pressões existentes em muitas partes.

Como seu pai sempre falava, a senhorita Irda tinha sido uma bela jovem morena de não se jogar fora; como dizia o senhor Jorge, dona Helena fora a mais linda branquela de todas que conhecera. Além do mais, quais foram os motivos que levaram o senhor Jorge a mudar-se para bairro tão distante, enquanto pôde, e voltar depois? Por quê? Só devia ser por causa da antiga namorada. Ele tinha alguns traços do senhor Jorge, como dizia o pai à sua mãe quando estavam brigando. E ele já tinha também escutado o pai do amigo falar para a sua esposa quando estavam brigando que o Jaiminho tinha traços firmes do senhor Macedo.

Então, depois daqueles dias em que escutou os argumentos acusatórios dos dois pais às suas esposas, duvidando da sua e da paternidade de Jaime, a sua mente fez-se de repleto interrogatório, passando a atormentá-lo todos os dias, indo desde a felicidade de ter o grande amigo como provável irmão, até a ira de tê-lo como o rival que poderia estragar a vida dos pais, fazendo-o às vezes ser dentro de sua mente desarrumada o melhor amigo, como também o pior inimigo.

Afetado pelo ciúme dos dois pais, contagiou-se com suas dúvidas, atingindo também com seus tormentos a mente da irmã, que sempre em sua defesa estava para defendê-lo, atritando-se com a irmã de Jaime todas as vezes em que surgisse qualquer tipo de oportunidade para isso em virtude da febre da dúvida passada pelo irmão, ambos por medo de fazer a pergunta direta ao pai, temendo a sua reação.

À volta, a vida de Paulo passou a fluir com suas dúvidas, arrastando consigo, furtivamente, os que o rodeavam, mexendo com vidas, principalmente a sua, o que culminou, determinado dia, numa decisão febril, por não ter suportado certa situação.

Parte III

Ganhos e Perdas

1. Maureen

Jaime estava feliz abraçado à pessoa que aprendera a amar, desde que havia perdido, há cerca de nove anos, o amor de Glorinha que havia se mudado para outro Estado por causa mudança de emprego do pai. Desde Glorinha, ele tinha tido alguns namoricos apenas; agora, com Maureen, era diferente, depois que a conheceu melhor, do início interesseiro que teve por ela, voltado somente para o lado externo das coisas.

Sentado no banco de madeira envernizado da praça da igreja, numa tarde gostosa de um domingo de primavera recheada de flores à volta, quase em frente de sua casa, ele olhava ao redor contemplando cada canto e lembrando as brincadeiras dos velhos tempos de criança, vez por outra relatando a Maureen alguns casos engraçados como o que, observando uma velha árvore cheia de fortes galhos vertentes para todos os lados, achando que fosse o próprio Tarzan, agarrou um desses galhos e pulou gritando: "Tarzan...". Acabou se esborrachando no chão, o que lhe causou duas fraturas nas costelas e um braço quebrado; olhando a velha torre da igreja, recordou-se de quando ficou preso nela se escondendo de um pique-esconde; olhando o campo de peladas, do incêndio nos barris de piche da obra da prefeitura... E sorrindo incontidamente, olhou ao longe a casa dos pais e lembrou-se da vez em que Pedro, numa tarde chuvosa, acabou se acidentando terrivelmente. Isso despertou em Maureen a curiosidade, pedindo ela que contasse, então, como fora a situação.

Jaime olhou o céu lindo daquela tarde-noite com somente algumas nuvens, em que o sol misturava nelas seus tons incendiados entre o amarelo, o laranja e o vermelho, preparando-se para acomodar-se no leito de seu repouso diário, e iniciou o relato daquela história que ficara registrada na sua mente de menino pequeno:

– Aquele tinha sido, pela manhã, um dia muito quente de verão – asseverou Jaime para Maureen. – Após termos eu, meus irmãos do meio e meus sobrinhos almoçado, como de praxe, nosso pai exigia-nos o recolhimento na cama para que descansássemos por pelo menos uma hora, para facilitar a digestão, acreditava ele. Tal coisa dificilmente fazíamos, pois acabávamos usando aqueles minutos para lembrarmos de fatos engraçados acontecidos, rindo sem parar, e fazendo com que, às vezes, o velho levantasse da cama, irritado com os nossos risos que não o deixavam dormir junto à mamãe que também se recolhia, empunhasse seu cinto de couro e o utilizasse em nós para nos fazer parar e "dormir" também. Certamente, ficávamos mais quietos, mas quase nunca dormíamos. Controlávamos somente mais os nossos risos.

Depois do repouso decretado pelo senhor Jorge, tínhamos saído à rua para as nossas brincadeiras, após as obrigações do colégio pela manhã e o almoço, quando, para nossa decepção, o dia antes ensolarado, virou com a chegada de pesadas nuvens, não demorando muito para que um vento muito forte levantasse poeiras, varresse os chãos de nossa e, todas as outras ruas, fazendo com que sacos de plástico e papéis começassem, encantadoramente, a voar pelos ares, telhados mal fixados se soltassem, galhos secos das árvores quebrassem, caíssem pelo chão, sobre muros ou telhados; raios pesados começaram a despejar suas iras entre as nuvens, saindo delas na direção dos para-raios ou sobre as áreas desprotegidas no chão. Uma chuva fina começou, transformando-se rapidamente em forte torrente aquosa que lavava os telhados dos prédios e casas, e encharcava o solo seco. Com aquela tempestade, todas as mães chamaram seus filhos de volta para suas casas, tal como fez também a nossa, assustada com o temporal.

Dentro de casa nossa mãe – prosseguia Jaime no seu relato para Mauren, com a expressão no rosto revivendo o antigo dia de forte tempestade em sua meninice – pediu-nos ajuda e começamos a cobrir todos os espelhos e vidros expostos da casa, desligamos todos os aparelhos eletrônicos e guardamos os metais à vista dentro das gavetas, "para que não atraíssem para eles nenhum raio da tempestade"; depois ela sentava e rezava para que São Jerônimo e Nossa Senhora protegessem a nossa casa, solicitando-nos o máximo silêncio como respeito. Findo este ritual, já com o pior do temporal passado, e com somente algumas gotas a caírem do céu, nós crianças ficávamos uma olhando a cara da outra, até que fôssemos saindo de fininho e, sem que pudéssemos nos conter dentro da casa fechada, para agonia de nossa mãe, iniciávamos loucas correrias entre os cômodos.

Dando uma pausa para reflexão, como se uma culpa antiga tivesse sido despertada em sua consciência, Jaime prosseguiu descrevendo a cena que culminou no acidente, quando numa das correrias ele acabou empurrando Pedro, na sala, próximo à estante do rádio do pai e entre os dois sofás menores revestidos com uma capa de napa preta, na direção da "cristaleira" onde a mãe guardava todas as suas preciosas porcelanas e louças de café e jantar, jarros e travessas, cuja maioria tinha sido ganha de presente no seu casamento.

– Empurrei meu irmão "sem querer"– afirmou para Maureen. – Com os pés descalços e o chão molhado, ele iniciou um verdadeiro "derrapão" indo de encontro ao delicado móvel constituído de quase 80% de vidro e o restante de madeira, rompendo todos os vidros, desde os da porta até os que formavam as prateleiras e as louças, e fazendo imenso barulho, que competiu com os provocados pelos raios da tempestade que havia acabado de cair. Depois dos barulhos dos vidros sendo quebrados, estacionado sobre os vidros estilhaçados que o envolviam todo, da cabeça aos pés, Pedro iniciou um barulho tão ensurdecedor quanto os dois anteriores, perfeitamente compreendido por nós que o víamos do lado de fora do móvel onde ele se encontrava totalmente alojado. Para meu pavor, como para o de meu irmão, por todo o corpo dele começaram a surgir manchas de sangue. Enquanto Pedro gritava alucinado, eu o via e não conseguia me mexer de onde estava a alguns metros. Mamãe foi a primeira a se aproximar dele e depois Laura. Logo em seguida, surpreendentemente, chegou dona Irda, menos surpreendente dona Abgail, atraídas pelo barulho. Elas delicadamente o foram livrando dos estilhaços de vidros; tiraram-no de dentro do móvel completamente destruído, mas, quando tentaram colocá-lo sentado em uma das poltronas menores, por meio do grito estridente de Pedro é que perceberam o mal maior que havia acontecido: meu irmão jamais conseguiria sentar, pois um grande pedaço de vidro tinha-se cravado na sua bunda, bem no meio do lado esquerdo.

Juro a você, Maureen – descreveu Jaime convicto –, que eu não queria fazer aquilo, mas era cômica a situação, e danei a querer rir, colocando minha mão sobre a boca para tentar impedir. Por isso, minha mãe, ao ver-me assim e percebendo que as demais feridas já limpas eram mais arranhões, também, nervosamente, iniciou um pequeno riso incontrolável, sendo seguida por nossa vizinha e meus demais parentes... Só Pedro é quem falou irritado: "Vocês estão rindo porque não é na... de vocês".

Passado o momento de susto, começamos a procurar saber como é que faríamos para transportá-lo ao hospital mais próximo, pois não tínhamos recursos para tirar o pedaço de vidro encravado na traseira de meu irmão. Não tínhamos carro. Como disse dona Abgail, o marido havia ido com o seu automóvel fazer uma entrega de calçados em outro bairro distante e demoraria a retornar. Logo, só tínhamos a velha bicicleta Mercury do papai para levá-lo até o pronto-socorro. E aí é que se iniciou o verdadeiro pesadelo para o meu irmão, pois toda a vizinhança já havia tomado notícia do que tinha acontecido com ele, e ninguém queria perder a cena.

Nossa irmã Laura havia cuidadosamente envolvido a área prejudicada com uma toalha de rosto por baixo do short que Pedro estava usando, e por fora cobriu com outra toalha maior a ponta do vidro quebrado que sobressaía uns dez centímetros da nádega para tentar evitar os olhos curiosos. Ela o acomodou o melhor que pôde sobre o quadro do carona na bicicleta e fomos nós todos ao lado deles, a pé, até o hospital que ficava a uns cinco quilômetros dali.

Minha irmã sentia-se como sua protetora, quase engendrando uma briga no início do percurso com a filha de dona Irda, que olhava curiosa e com cinismo no rosto, vendo-nos passar diante de sua casa.

Pedalando, lentamente, ela foi conduzindo orgulhosamente a bicicleta pelo caminho, enquanto eu, minha mamãe e três vizinhas fazíamos a composição dos que acompanhavam o cortejo de ajuda ao ferido, cortando os olhos curiosos dos que passavam na rua pela gente. Alguns dos transeuntes chegaram a nos perguntar o que tinha acontecido e se apiedavam, mas outros acabavam rindo da situação, para ira maior de meu irmão, entre um e outro gemido que ele dava pela posição que o incomodava, sentado na garupa da bicicleta, por causa dos solavancos ou buracos existentes pelo caminho, nas calçadas e ruas.

Entre uma caminhada e outra, eu percebia sobre mim o olhar de revolta de meu irmão, nos seus 14 anos, vaidoso, já com os pensamentos voltados para ser futuramente o herói do Exército Brasileiro, como a querer dizer: "Você me pagará pelo que estou passando!".

Eu engolia a saliva do arrependimento e prosseguia junto à caravana na direção do hospital, cada vez mais distante, vez ou outra tentando confortá-lo, o que pouco lhe adiantava.

Finalmente chegamos à Emergência do hospital do bairro e logo formou-se à nossa volta muitos pacientes e outros curiosos desejando saber como havia acontecido aquilo. E, como das outras vezes, muitos se apiedaram e muitos riram, para maior tragédia de meu irmão.

Uma junta médica foi formada em seguida para saber o procedimento correto a ser feito, pois o pedaço de vidro em forma de um triângulo estava alojado junto a uma das veias que, se fosse cortada, poderia ocasionar muito sangramento, conforme revelava a radiografia tirada.

Definido o procedimento, meu irmão foi levado para uma sala de pequenas cirurgias e o pedaço de vidro, retirado com os devidos cuidados para que não se atingisse a tal veia. Pedro levou alguns pontos na área acidentada, e, para a alegria, principalmente, de meu irmão, chamado às pressas por dona Abgail que ligou do hospital para a sua casa, o senhor Edmar transportou a maioria de volta para nossa casa na sua Brasília seminova; eu e Laura retornamos para casa na bicicleta do papai, de quem levei uns cascudos naquele mesmo dia à noite. Meu irmão ficou sem sentar direito por alguns dias, mas jamais voltou a comentar o acidente que lhe provoquei, depois dos muitos perdões que lhe pedi, a não ser, muito tempo depois, passado o sufoco, como ainda pouco eu estava, rindo muito sobre a situação constrangedora que havia passado.

Olhando para Maureen, que se entristeceu e sorriu com o desenrolar da história do acidente engraçado acontecido com seu irmão, Jaime também refletia no que havia acontecido, entre o riso inicial e a face séria em razão do mal que acabou acidentando Pedro. Observou consigo contemplativo os mecanismos de vida daquela época e os de agora, cujos rumos não estavam totalmente vinculados na previsão da precariedade eterna, em vista do mau uso que fazemos de nosso livre-arbítrio. Ao seu redor as coisas tinham mudado muito! A sua casa agora parecia quase com a da vizinha gaúcha, com um muro de tijolos no lugar da cerca viva; uma garagem coberta para proteger do tempo um fusquinha verde-escuro 69 comprado pelo irmão do meio que, atendendo ao chamamento interior, se aventurara com Célio pela carreira militar. Possuíam um veículo que eles usavam para os seus passeios charmosos com as jovens escolhidas a contento, para as compras e para transportar alguém doente ou acidentado da família, e um telefone na sala para se comunicar; tudo graças ao trabalho dos irmãos e o seu próprio, ajudando nas despesas da casa, antes de fonte única da aposentadoria medíocre do pai afastado voluntariamente das atividades depois do acidente com o automóvel. A sua casa agora não tinha os dois andares nem o porte colonial como a do senhor Edmar e dona Abgail quando vivos, mas começava a parecer-se aos poucos com ela, com as frequentes obras de melhorias que modificavam, progressivamente, o seu velho aspecto de casa do INPS. Na casa ao lado, entretanto, antes soberba quando seus donos a alegravam e tinham recursos para mantê-la, estava agora em decadência, pelo mau uso que o único filho do casal fazia dela.

O velho campo do Rala Coco possuía agora grama em quase três quartos de sua área, e mesmo a baliza de ferro com rede e tudo, em vez da de madeira sem rede. Grandes partidas de futebol aconteciam nos finais de semana e com as garotadas das ruas vizinhas ao longo de toda a semana. Diziam mesmo alguns que a grama boa começou a crescer depois do incêndio, quando a prefeitura revestiu o campo com terra boa para encobrir os restos dos piches derretidos que tinham sido raspados superficialmente, após a obra ter sido concluída às pressas por determinação da Lei.

As paredes externas da velha igreja de pinturas brancas desbotadas receberam santos ladrilhados e cores verdejantes e brancas muito agradáveis, com a vinda de um novo pároco, amigo do bispo, no lugar do velho padre Antônio, que ninguém soube mais do destino que lhe deram dentro da Igreja. Algumas línguas maldosas diziam que era porque ele tinha se metido com uma das beatas, nas coisas que fogem ao religioso, chegada ela ao lado humano que desviavam alguns padres do cumprimento sacerdotal. Aproveitando a boa fase da mudança, os sinos da velha torre que tinham ficado mudos por muito tempo também foram reformados e passaram a sonorizar as batidas na hora da *Ave--Maria*, bem como a todos os outros eventos que fossem solicitados.

As ruas tinham agora o trânsito pesado, com direito a semáforo e tudo. O próprio morro que o garoto Jaime encarava a aproximação a cada dia de manhã decidiu estabilizar-se, em face do homem que se pronunciava afastando a mente de menino, pois que já não sabia rezar mais com o mesmo fervor com que o fez ser ganhador dos prêmios num sorteio de certo Programa Infantil.

A família de Maureen, que havia mudado para o local dois anos atrás, após as mudanças citadas e outras mais chegadas aos tempos da democracia, não conheceu aquela fase ruim, só a boa que começou com os recursos melhores sendo implementados pelos prefeitos eleitos democraticamente. Aquele sistema era ainda novo e falho com as pessoas eleitas, mas tinha sido suficiente, por exemplo, para que o velho canto para depósito do lixo das casas das ruas tivesse sido acabado, com grandes caçambas sendo colocadas para o lixo, que caminhões levavam de três em três dias.

Sentado ao lado de Maureen, o tempo parecia não passar, entre alguns beijos e abraços, suspeitados por olhares curiosos de vizinhas entre as cortinas, como também pelo da mãe dela, que espreitava o casal longe dali ainda era portadora de suspeitas quanto às verdadeiras intenções do rapaz, em vista da perda que tivera ao que havia planejado para a filha.

Olhando para Jaime, podia-se ler nos seus pensamentos o que pensava a respeito da menina que mexera com o seu coração; além do que tinha visto como fascínio, estavam também os defeitos: ela tinha a felicidade estampada no seu rosto oval e suave, no seu corpo bem modelado por causa da união bem ajustada da composição genética dos pais; sua pele era alvíssima pela falta de sol; os seus olhos castanhos repuxados e adocicados necessitavam de óculos para enxergar melhor, apoiados no seu nariz longo, como longas eram as suas pernas, mas recheadas; os seus lábios eram perfeitos, como os seus seios que enchiam bem qualquer blusa que usasse, mais ainda a que estava usando; seus cabelos pretos eram longos e sempre bem perfumados; todo o restante do seu esquivo corpo de 22 anos de idade estava muito bem encaixado na saia de seda levemente azulada que usava; mas, acima de tudo o que fosse relacionado ao lado material, estava a parte emocional que o seduzira no olhar compenetrado e lúcido, na segurança dos sentimentos e provas de apoio que obtivera dela diante das circunstâncias desagradáveis da vida, mesmo no pouco tempo em que se conheciam.

Ela, abraçada ao namorado mais novo dois anos, pensava confiante numa promissora união com aquele rapaz que lhe parecia o certo para a sua vida, enquanto escutava as histórias dele de tempos passados, em que, com propriedade absoluta de intenção, prestou atenção e ainda se divertiu, desde que o sol se pôs e a noite se apresentou e avançou forrando-se de estrelas.

Com a noite chegando quase ao máximo que uma moça de respeito poderia se permitir aos olhos vulgares, chegou a vez de Maureen falar a respeito de suas experiências, cobradas por Jaime naquela noite prateada pela luz do satélite natural da Terra, desejoso de conhecer-lhe melhor a história contada por ela mesma, que não tivesse os enxertos das visões captados por outros olhos junto com as suas verdadeiras intenções.

Ela iniciou contando suas histórias de menina, muito próximas às que Jaime havia escutado de suas duas irmãs; a morte dos avós que tanto ela amava e que haviam se casado cedo, aos 16 anos, e tinham chegado juntos aos 55 anos de casados; a do irmão mais velho que depois de muita luta tinha se formado sargento da aeronáutica na Academia Militar, especializando-se no reparo de aeronaves; voltou a sua como secretária de um escritório de advocacia a querer se dedicar mais às causas depois que se formasse como advogada na faculdade que fazia; acrescentou que havia namorado somente duas pessoas antes dele: um menino no ginasial, iniciado no primeiro beijo e terminado no segundo e Paulo... – afirmou insegura –, a quem não resistira, pois viu-se envolvida por ele por seu encanto inicial, por seu jeito brincalhão e também pela vontade de ser aceita pelo restante da turma, quando cedo poderia logo ser incorporada ao grupo dos que moravam na rua e no bairro há mais tempo, ela recentemente chegada, ele estimado por todos.

Ela continuou o relato dos tempos de namoro com Paulo e, percebendo não estar sendo agradável a Jaime saber dos detalhes que ele conhecia de longe, ela tentou se explicar:

– Jaime, achei que seria bom que você soubesse do que aconteceu pela minha boca, e não pelas bocas maldosas das amigas e dos amigos de Paulo, conforme já lhe falaram, espalhando coisas inverídicas como praga contaminante.

E prosseguiu: – O meu namoro com Paulo não passou de três meses, pois, não sei bem o porquê, mas eu não me sentia bem com ele, como se alguma coisa o forçasse a estar comigo, que a princípio, não consegui resistir. Você sentia que ele estava e não estava contigo. Uma sensação muito estranha, sabe!

Mamãe e papai sempre apostaram que iríamos começar um namoro firme, mesmo considerando as circunstâncias raciais de algumas pessoas, pois eles apreciavam muito o futuro que viria com a dedicação de Paulo junto ao Exército, no qual mamãe espelhava como a melhor e mais segura profissão de todos os tempos. Já papai era receoso disto, pois acreditava que outra guerra poderia vir a acontecer logo por causa dos conflitos secos da Guerra Fria entre as duas potências mais poderosas do planeta. Mamãe ficava também orgulhosa de relatar para suas amigas que teria na família mais alguém da área militar para proteger todos nós, filho de um respeitável sargento reformado do Exército.

No início, eu achei que, influenciada pelos meus parentes, pela aparente segurança e pelo estado brincalhão de Paulo, havia me apaixonado por ele. Contudo, conforme ia me aproximando de sua intimidade, algo começou a me dizer do perigo de sua atmosfera interior pesada. Ele era cortês com toda minha família, meus pais, meu irmão e minhas irmãs, principalmente a mais nova que o adorava; ele era também muito gentil e educado com todos que nos rodeavam. E as meninas do grupo o achavam o máximo. Entretanto, com o tempo, comecei a perceber certas frivolidades nele que começaram a me incomodar. Eu tentava conversar com os meus pais a respeito e eles me diziam que era pura bobagem.

Certo dia, porém, ele me convidou para irmos ao cinema e acabei aceitando.

Repleto de gentilezas de sua parte, entramos no cinema e lá dentro comecei a sentir, na escuridão, certa insegurança por me achar só com ele, quando, ao contrário, deveria me sentir protegida e confiante com a presença dele ao meu lado. Contudo, uma forte sensação de antipatia revestiu-me todo o ser, quando em determinado momento, talvez impulsionado pela cena de beijo trocado pelos personagens principais do filme *E o Vento Levou*, ele pegou em minha mão e, em seguida, aproximando do meu rosto o seu, tentou dar-me um beijo. Lógico que já o havia beijado antes, quando estava junto aos colegas ou outras pessoas; entretanto, naquele instante, quando pude estar com ele, pela primeira vez a sós e no escuro, percebi que o que deveria ser normal passou a ser-me quase repugnante. Não por ele em si, nem por ser de cor, pois é um homem bonito e atraente, mas pela antipatia emocional que, de repente, tomou-me a mente e a alma. Algo nele descrevia-me insegurança, que gostaria, no íntimo, de não compartilhar. E um temor enorme envolveu-me toda, deixando-me fragilizada.

Passamos o restante do filme de mãos dadas, mas, de repente, os meus pensamentos se transportaram para longe, visualizando outro rosto que mal conhecia, depois que o olhar desse rosto me foi lançado certa vez. Um rosto novo no grupo a quem ainda não tinha sido apresentada – lançou ela um olhar malicioso fixado sobre Jaime.

– Referindo-se a você – ela olhou nos fundos dos olhos de Jaime –, seus amigos me disseram que era muito ocupado com os estudos para o vestibular. Mas o seu único olhar bastou para que o meu coração estremecesse. Juro, amor – confessou Maureen com seu olhar apaixonado fixado sobre os olhos de Jaime.

– Antes, os beijos que havia trocado com ele, por puro interesse de ser aceita pelo grupo, tinham sido normais – retornou ela à cena no cinema. – Depois, naquele instante no cinema, transformou-se em rejeição, em algo asqueroso a que não conseguia fingir ou suportar, pois meus pensamentos estavam voltados para outra pessoa, como os sintomas de antipatia por Paulo me eram evidentes. Aquele foi o último dia de nosso namoro – Maureen afirmou.

– Desta forma, Jaime, depois do que você me relatou em suas várias histórias junto ao Paulo, eu começo a acreditar que o meu sentimento estava correto com relação a ele. Eu jamais poderia ser a namorada dele ou muito menos a esposa. Jaime, o seu olhar teve participação ativa naquela situação, mas, sinceramente, não foi fundamental, pois acredito que mais cedo ou mais tarde, com a sua presença ou não na minha vida, eu o teria rejeitado de qualquer maneira, pois uma imensa força instintiva fazia com que me protegesse dele, a cada toque dele em mim. Nem sei bem a razão!

– Continuou: Então, Jaime, sem entender direito a sensação que havia tomado conta do meu corpo e da minha alma, quando me lembrei do seu olhar sobre mim, eu o rejeitei ali mesmo, pedindo licença a ele para ir ao toalete para entender melhor o que estava acontecendo. Permaneci ali por alguns minutos pensando na forma como, sem ser indelicada, pudesse dizer para ele que não o poderia namorar mais, e que somente gostava dele como um amigo.

Depois, cheia de coragem, retornei até a poltrona onde ele estava sentado; suportei estar ao seu lado até que o filme terminasse, para que não fosse totalmente indelicada, e pedi para que me levasse para casa. Assim, sem que entendesse muito a situação, ele me trouxe de volta para casa. Durante o caminho, dentro do automóvel do pai dele, totalmente constrangida aos toques de sua mão livre sobre o meu pescoço, aos poucos fui conduzindo a conversa, tentando ser da maior delicadeza possível. Pedi-lhe um tempo no namoro, por estar me prejudicando no estudo, chegando a vontade de ser-lhe somente uma amiga e não a namorada que ele queria.

Logo de início ele deixou transparecer a sua irritação e sua insegurança, quanto a não querer entender a separação, falando-me com grosseria, mas, como demonstrei-lhe que não havia qualquer tipo de causa pessoal e que, ao contrário, eu o achava um homem bonito, inteligente e brincalhão, ele aparentemente aceitou e entendeu que eu gostaria realmente de dar um tempo para o estudo na faculdade. Contudo, assim que ele estacionou o veículo em frente à minha casa, para o meu alívio, ao notar-lhe a veia pulsante em sua testa durante o restante do percurso, ele demonstrou a sua impaciência e total descontrole, deixou transparecer nitidamente sua frustração ligando o fato a coisas raciais, por ser eu branca e ele negro, o que tive de tentar desfazer. Entretanto, por mais que eu dissesse que não tinha nada a ver, como não tinha, ele deliberava razões de sua mente para sê-lo, enquanto esmagava uma de minhas mãos prensadas sob as dele, fazendo-o apresentar-se como realmente era.

Desesperada e aflita, libertei as minhas mãos da dele, abri a porta do veículo e saí apressada na direção do portão de minha casa. Ele veio atrás de mim rogando-me desculpas, alcançando-me, e segurando-me pelo braço. Ele implorou que o desculpasse e que nos despedíssemos como amigos. Como o meu pai apareceu no portão de nossa casa, eu aceitei. Enfim, despedimo-nos como bons amigos.

Mais tarde eu fui totalmente reprovada por meus pais e irmãos quando lhes falei do fim do namoro. Mas eu acredito piamente, Jaime, que fiz o certo. Embora pense que Paulo não aceitou ou compreendeu o que fiz visto o que maliciosamente lançou depois para alguns rapazes a respeito de nossa convivência, o que nunca foi verdade – afirmou na direção de Jaime, quanto às facilidades das mãos de Paulo no seu corpo, concedidas deliberadamente por ela, pelas vozes daqueles rapazes espalhadas aos quatro ventos.

– Acho que ele se serviu disso como raiva, depois que descobriu que eu o estava namorando, querido. Você virou o rival dele no amor – ela sorriu para Jaime, enquanto lhe contemplava o corpo de jovem esbelto, embora branquelo e de altura mediana como a dela, isento de musculatura, com bigode felpudo cultivado recentemente; contrabalançando, tinha nos olhos a serenidade e nos gestos a determinação; para completar tinha os cabelos curtos lisos e castanhos, repartidos em uma das extremidades, pertencentes a uma cabeça quadrada, com um nariz pequeno, orelhas curtas e afinadas, e uma boca sempre sorridente realçando os dentes muito brancos e os lábios finos.

– Acredito que logo que soube do nosso namoro – continuou ela – ele ligou isso ao desmanche do meu namoro com ele. Eu não sei o que ele pensa agora. Só sinto que isso mexeu muito com ele. Sinto também que, embora Paulo sorria na nossa direção, no fundo ele não se sente bem com a nossa presença ao seu lado. Eu tenho muito medo do que possa estar passando na cabeça do Paulo, amor. Tenho realmente muito medo dele, Jaime – confessou Maureen com olhar perdido de compaixão por aquele que, acima de tudo, era amigo de ambos. – Sinto que não podemos mais confiar nele totalmente – confidenciou Maureen a Jaime, comparando nos seus pensamentos os lados opostos existentes nas personalidades dos dois jovens: Paulo tinha um olhar petulante e temeroso, era orgulhoso, egoísta e vaidoso; estava sempre prestes a explodir como um vulcão diante de qualquer coisa que o contrariasse; era irrequieto feito um tigre enjaulado; estava sempre alerta e inseguro. Jaime, ao contrário, apresentava humildade e compaixão nos seus gestos, possuindo uma vontade quase obsessiva de querer ajudar o próximo, como se precisasse muito disto; era calmo e muito observador.

– Querida – disse Jaime em resposta –, faço esta pergunta há anos para mim mesmo, se ainda posso confiar tanto no Paulo assim. Eu convivo com ele, baseando-me nas nossas relações de passado. Paulo foi o melhor amigo que tive e, às vezes, sinto-o como se fosse também o pior inimigo, aquele mais perigoso, que cerceia a nossa vida em comum, ocultamente. Já se passaram seis meses desde o início de nosso namoro. O que para você representa meses de dúvidas, para mim lá se vão anos, pois sempre elas me perseguiram. Até hoje eu não sei direito o que pensar sobre ele. Sinto-o mesmo a querer estar sempre a competir comigo. Sei lá... Paulo é uma grande pergunta em meu coração, porque a mente tenho ocupada para a precaução. Já me salvou... Eu o salvei de muitas situações... Ele me traiu... Ele me desprezou... Foi sempre um imprevisto... Foi um amigo... Foi um inimigo... Não sei por que é assim. Ele já me foi manso feito uma pomba, mas, também, já me foi ardiloso feito um lobo. Quanto às maledicências que ele espalhou por aí, mentindo em relação a algumas intimidades que teve com você durante o namoro, não se preocupe, pois, se já não acreditava em nenhuma, agora, depois de suas explicações sinceras, é que não acredito mesmo, porque, conhecendo-a como conheço agora, eu sei que jamais lhe permitiria tais intimidades. Não passa tudo de raiva dele por ter me querido no lugar dele. Mais uma vez eu acabo sentindo nele o intuito de me prejudicar. Só consigo ainda conviver com ele pela velha amizade que lhe tinha. Mas eu não sei até que ponto poderei ainda suportar as investidas dele em sua direção.

Na volta do casal, a noite tinha chamado o sereno que já havia molhado as folhas das árvores e toda a grama ao redor do jardim da igreja, bem como umedecido as roupas das pessoas que se encontravam expostas a ele. Os pássaros já tinham se aninhado há muito tempo e emudeceram seus últimos pios, enquanto os morcegos animavam-se nos seus voos cada vez mais rasantes sobre as cabeças dos namorados que estavam nos outros bancos ou mesmo deitados sobre o gramado molhado. Também a lua lutava no céu para fazer-se presente, embora as nuvens tentassem ocultá-la. Nas casas ao redor, raras luzes permaneciam ainda acessas, tendo a maioria de seus ocupantes já procurado o refúgio de suas camas e das cobertas para o descanso final, para terem forças para continuar suas tarefas no dia novo que se aproximava.

Maureen, então, precisava voltar para sua casa. Não só porque seus braços estavam gelados, mesmo estando envolvidos pelos braços do namorado, mas porque tinha seu horário de retorno para casa, e seus compromissos no trabalho e na faculdade para serem cumpridos no dia seguinte.

O casal saiu do banco onde esteve sentado por algumas horas, trocando suas histórias e suas reflexões sobre as vidas que ambos levavam, e os dois começaram o pequeno percurso de volta para suas casas. No caminho Jaime a envolveu ainda mais com seus braços na tentativa de aquecer os dela um pouco mais, dando-lhe segurança. Em frente à casa de Maureen, na mesma rua, cerca de quatro para a direita depois da sua, Jaime a chegou toda para perto de si, enlaçando-a pela cintura, e sentindo o calor do corpo dela no contato com o seu. Beijou-a delicadamente sentindo o gosto adocicado que lhe saía dos lábios, enquanto ela sentia nos lábios dele o sal que temperava a sua vida. Neste instante, dona Jurema chegou à varanda da casa de originária construção como as demais da rua, exalou um medíocre sorriso ao ver os dois abraçados e felizes, acenou para Jaime uma despedida obrigatória e entrou de volta à sua casa, encetando no gesto que a filha fizesse logo o mesmo.

Jaime, consciente da hora que chegara, embora cedo demais para a sua vontade de estar com a namorada, recobriu quase todo o rosto de Maureen com beijos; ela retornou-os em maior quantidade, demorando-se mais no último dado nos lábios de Jaime, e afirmou todo o seu amor por ele com palavras recheadas dos mais puros sentimentos. Ele retornou também em palavras e ações os tantos sentimentos que tinha por ela, achando no fundo do coração que nenhuma palavra conseguiria exprimir o tanto que a amava, com a mais absoluta das certezas. Depois os dois se despediram já cheios de saudades pela semana em que pouco ou nada se veriam em razão de suas ocupações diárias, que começavam cedo e acabavam muito tarde da noite.

Enquanto no céu diversas nuvens começavam a encobrir as luzes lunares e estelares que adornavam os objetos na escuridão, um rosto escondido entre as cortinas da sala, na casa geminada à de Jaime, que tinha contemplado irritadamente cada cena dos dois namorados na praça, aguardava impacientemente o retorno de seu rival, satisfeito quando o viu passar logo de volta, projetando a sombra negra de seus pensamentos no cômodo principal da casa, completamente sem luz. Aquela sombra o acompanhou até o seu cômodo, onde na cama esteve por minutos com os olhos abertos olhando para o teto, planejando os seus próximos passos.

2. A casa dos pais

Os irmãos estavam reunidos conversando sobre as últimas ocorrências que haviam movimentado as suas vidas pesadamente. Conversavam sobre a forma tão rápida com que o tempo tinha desestruturado os rumos normais de suas vidas, envolvendo todos os membros da família, com a perda dos dois entes principais em pouquíssimo tempo entre cada partida, pela doença terrível que consumia as vidas, rapidamente, entre o conhecimento dela e o fim evidente.

Jaime, rapaz, adulto pela natureza da situação precipitada da orfandade, olhava parado em pé para o teto de concreto pintado de azul-celeste, imaginando as antigas telhas francesas. Sentado sobre o banco de madeira, na cozinha dos anos de sua infância, procurava pela velha e conhecida lagartixa; não a achou, porém o fez relembrar dos tempos movimentados naquele ambiente, quando estava ali pelas manhãs, durante o café, antes de ir para a escola primária; o pai indo para o trabalho e a mãe fazendo o possível para agradar a todos com o que tinha para oferecer de alimento no dia.

No fundo, era como se estivessem ainda ali; mesmo não os vendo, sentia que não estavam longe.

Todos estavam preocupados com a ocupação da casa e do terreno grande ainda não preenchido e com as dificuldades da vida e dos aluguéis que alguns tinham de pagar, tornando as suas vidas menos prazerosas. Viria muito a calhar se não precisassem mais pagar esses aluguéis.

Discutido sadiamente, justo e acertado o acordo entre eles, Jaime permaneceria com o quarto dos fundos que usava na casa dos pais, para ficar até que desse rumo à sua vida. Pedro, o irmão do meio, terceiro-sargento, dono do fusquinha 69, enrabichado agora com uma branquela sardenta, iria morar sem problemas com ela numa casa construída a duas quadras da casa dos pais dela. Laura passaria a morar também na casa dos pais, resolvendo sua vida com o marido recente que não aguentava pagar o alto aluguel do apartamento apertado onde moravam. Heloísa, a irmã mais velha, com os dois filhos, construiria uma casa no terreno dos fundos; quanto a Osmar, o irmão mais velho não desejava nada, pois tinha poder aquisitivo maior do que todos os outros reunidos. Enfim, todos os espaços seriam ocupados e utilizados por aqueles que ainda não tinham casa própria para morar com suas famílias.

Dividida a posse do terreno e da casa, todos os irmãos pensavam sobre o rumo a ser tomado, com seus interesses voltados para a manutenção ou criação de suas famílias, quase não percebendo quando a velha panela querida de alumínio de dona Helena despencou "sozinha" do paneleiro ao chão, fazendo barulho ao cair nele, ecoando pelas paredes dos outros cômodos e fugindo ao ar pelas aberturas nas janelas e portas abertas. Chamou a atenção de todos que compreenderam o recado de quem se tranquilizava com a situação da divisão feita, lá do outro lado. Uns levaram os aparelhos elétricos e algumas panelas; outros, algumas colchas, lençóis e almofadas; o relógio de pulso do pai ficou com Pedro e o da estante de cordas com Jaime; as roupas e sapatos dos pais falecidos foram doados a pessoas carentes e a uma instituição de caridade, tal como os dois sempre desejaram.

Na tarde daquele domingo, depois que os irmãos se despediram, o céu estava cinzento e triste com o temporal que tinha acabado de cair.

As gotas incessantes, que caíam dos telhados nas calhas que recolhiam as chuvas, vindas pelo telhado para a parte da frente da casa, tinham uma cadência que parecia se sincronizar com os pensamentos de Jaime, sentado em um dos sofás da sala, com os olhos fixos no teto da cozinha. Refletia a respeito do rumo que deveria tomar na vida com o namoro sincronizado com Maureen. Por um pequeno pedaço de tempo, ele viu a casa dos pais se esvaziar, depois que cada irmão deu rumo à vida com seus casamentos, ficando ele só com os pais adoentados, até que partiram, não cabendo com isso que ficasse morando sozinho na casa. Pensava ele assim poder dar rumo também à sua vida, entretanto o que ganhava como enfermeiro numa casa de saúde era suficiente somente para pagar o transporte, a alimentação diária e gastos junto à faculdade do Estado onde passara no vestibular há cerca de dois anos. Refletindo junto com os pingos-d'água que caíam da chuva, ele pensou: "Será que juntando o meu salário com o que Maureen recebia no escritório de advocacia, daria para pagarmos um aluguel, casarmos e morarmos juntos?"

Como todo pensamento voltado para as verdadeiras necessidades das criaturas do Criador voam, tal como Ele alimenta os pássaros sem salários e os ventos que entoam nos lírios do campo os cantos da esperança, o seu pedido foi escutado e atendido.

Como o velho pai havia lhe dito: "Deixe-me com a dor que me pertence. Faça a sua felicidade hoje". Então, planejara conversar com Maureen a respeito, pois teto para morar não lhes faltaria.

Deus lhe concederia o necessário para estar com a mulher amada. Mas nem tudo acontece exatamente como tentamos escrever, quando outras mãos, juntas com as nossas mesmo, escreveram outra história, necessária e justa, porém malcompreendida no início.

3. O noivado

Nada teria sido possível se não fosse a sua competência, pois o Céu não faz milagre se não O ajudarmos.

Com a notícia recebida no dia seguinte à reunião familiar, pela boca do seu chefe para um melhor posto no trabalho como encarregado da enfermaria, o jovem prometido a Maureen refestejou-se, radiante com a possibilidade chegada de se casar com a sua amada, mal esperando que o dia chegasse logo ao seu fim para pedir aos pais a mão da amada em casamento.

Depois do trabalho e sem que pudesse esperar o término do último turno que muitas vezes varava a madrugada, preferindo neste caso Jaime ir direto de lá para a faculdade, diferentemente destes outros, ele pediu a um colega que cobrisse o seu turno final, pegou um ônibus espremido até seu bairro, desceu dele, cumprimentou alguns conhecidos que saíam da padaria que fechava as suas portas, atravessou a escuridão da noite nublada e seguiu com seus passos firmes e decididos rumo à casa de Maureen. Eram quase 11 horas da noite quando ele parou diante da casa dela, deteve seu ímpeto, soprou sua pressa fortemente para o ar e tocou a campainha no portão de entrada, repassando as palavras que falaria aos pais dela ao pedir Maureen em casamento.

Dentro da casa a luz da sala foi ligada, e Sheik, o cachorrinho pequinês da família, de pelos brancos e manchas marrons, latiu freneticamente balançando o rabo, sentindo o cheiro do conhecido que nunca esquecia de afagá-lo atrás de suas orelhas. Um rosto moreno gorducho de homem baixo de meia-idade, desprovido da cobertura superior dos cabelos, apareceu no meio das metades das cortinas afastadas, com a voz embaçada de quem estava cochilando ecoando na direção da campainha tocada no portão:

– Quem é?

– Sou eu, senhor Afonso, o Jaime. Desculpe-me se os estou incomodando a esta hora da noite. Mas é que eu gostaria muito de falar com a Maureen um assunto que não posso deixar para amanhã.

– Mas, Jaime, é muito tarde e Maureen já foi para a cama dormir, pois acorda muito cedo.

– Eu sei, senhor Afonso. Mas é que eu preciso falar com ela, urgentemente.

Não demorou muito a porta da sala se abriu. O senhor Afonso, usando um pijama bem usado e muito amarrotado e tendo nos pés chinelos de dedo de borracha, arrastou seu corpanzil até o portão, destrancando-o; cumprimentou e convidou Jaime a entrar e esperar a jovem, sentado em uma das cadeiras de ferro da varanda, retornando onde estava na sala.

Enquanto Jaime ficou aguardando a vinda de Maureen na varanda de pequena dimensão, com diversas samambaias que pendiam dos três vasos improvisados das embalagens de latas de gordura de banha das

Casas da Banha, penduradas por arames nos caibros do teto de telhas francesas, e também afagando uma das orelhas de Sheik, ele pôde iniciar uma observação maior sobre a construção da casa da namorada, visto que sempre chegava apressado, saía apressado, e no tempo intermediário só tinha os olhos voltados para Maureen. Assim ele pôde constatar, então, que não tinham acontecido muitas mudanças nela com relação ao padrão de construção de todas as outras casas. Continuava com somente o andar térreo, as mesmas janelas de madeiras com venezianas e porta de entrada da sala também de madeira pintada de azul-marinho, destacando, entretanto, dois telheiros de madeiras envernizadas e telhas coloniais, protegendo, o primeiro, o portão da entrada principal e o segundo, o portão da garagem que abrigava a Brasília do senhor Afonso, sempre bem limpa por dentro e por fora. Entre a garagem e o calçamento de acesso do portão à varanda, existia um jardim com muitas plantas e flores, muito bem cuidado pelos pais de Maureen; também havia um telheiro do mesmo tipo sobre cada uma das duas janelas dos dois quartos da casa, separadas uma da outra por alguns metros. De resto, a casa estava bem conservada, bem pintada de um azul-celeste com faixas brancas nos relevos do muro e paredes, não se vendo lixo acumulado nem folhas de árvores espalhadas pelo chão. Destacava-se de outras casas cujos donos não tinham o mesmo tipo de conservação, com pinturas ainda originais, janelas, portas e chãos maltratados pelo tempo.

Maureen apareceu alguns minutos depois, envolta em um penhoar azul com estampas do Mickey, tendo nos pés um chinelo fechado felpudo, com os cabelos descabelados e o rosto amassado pelo travesseiro, sem os óculos, esfregando os olhos recentemente acordados do sono e surpreendendo-se com a presença do amado. Falou-lhe:

– Jaime, o que você está fazendo aqui a esta hora, fora do trabalho?
– Emendou:
– Desculpe-me, mas você sabe que meus pais não gostam que namoremos durante a semana.
– Eu sei, Maureen. Eu já me desculpei com seu pai. Mas é que não conseguiria aguardar até amanhã para falar o que tenho para lhe dizer.

Então Maureen sentou-se em outra cadeira ao seu lado e deu-lhe um rápido beijo nos lábios, receando que o pai ou a mãe pudessem ver.

Jaime segurou as suas mãos macias entre as dele e, sem demora, pois sabia que o tempo que o pai dela lhe tinha dado seria curto, contou-lhe sobre o aumento de salário que tinha recebido naquele dia e que poderia antecipar a sua previsão inicial de ter condições para se casar com ela, perguntando-lhe o que achava daquilo.

Assim que soube da novidade, os olhos adormecidos de Maureen se abriram com vivacidade e luz, apertando mais os dedos de Jaime envoltos nos seus.

Entretanto, na porta da sala surgiu a figura branca, baixa e magricela de dona Jurema na sua meia-idade, envolta num camisolão de seda rosa, com lenço e rolos sobre a cabeça, tendo nos pés chinelos caseiros feitos de pano grosso. Cumprimentou rapidamente Jaime e pediu de forma resoluta que Maureen entrasse logo de volta para a cama.

Sendo esperto, para não arrumar confusão com os pais dela, ele a beijou na testa, esqueceu-se, propositadamente, do pedido de mão aos pais de Maureen que tinha ensaiado fazer naquele mesmo dia e se despediu de todos, deixando atrás de si um rastro de felicidade que se esticou até a cama de Maureen; o mesmo rastro seguiu Jaime até o banheiro onde tomou o banho merecido, até a cozinha onde esquentou e comeu apressado o jantar, depois até a sua cama, fazendo com que demorasse muito a dormir naquela noite repleta de planejamentos para a sua vida futura junto à sua amada.

No entanto, diferentemente dos olhos da filha que fitou o teto por muito tempo vendo as cenas de sua futura vida junto a Jaime, os de dona Jurema não conseguiam se fechar para o sono, preocupada com a notícia recente dada pela filha cheia de alegria; ao lado dela o marido dormia tranquilamente, depois de ter recebido a mesma notícia. Nos seus pensamentos sombrios acobertados pelo escuro da noite, ela começou a arquitetar um eterno adiamento do casamento, usando como argumento serem dois anos de namoro pouco tempo para unir eternamente duas pessoas.

No domingo seguinte, Jaime foi convidado a almoçar na casa do senhor Afonso, quando pôde pela primeira vez ter uma impressão melhor do interior da casa, comprovando a mesma simplicidade e asseio da entrada no restante da residência, visto que, até então, o acesso ficara restrito da entrada para a varanda e sala, da sala para a varanda e o portão de saída.

Conversando mais diretamente com os pais de sua amada, sentados num banco de madeira, numa pequena área coberta antes da entrada da cozinha, enquanto Sheik se acomodava aos seus pés dando as boas-vindas, Jaime pôde perceber claramente que o pai agora lhe dava mais atenção, puxando conversas além do que podiam permitir as palavras rotineiras dos encontros anteriores: Olá! Como vai? Bom-dia! Boa-tarde! Boa-noite! Por outro lado, reforçando o que já tinha percebido desde o início do namoro, dona Jurema não o tratava cordialmente, fazendo sua conversa voltar-se quase sempre para o lado da profissão militar, no que ele compreendeu de imediato o motivo, depois que Maureen lhe revelou a simpatia que a mãe sentia pelo seu antigo namorado e não ter gostado quando ela terminou com ele.

Sentados à mesa de madeira revestida de fórmica branca, comprida para ser ocupada por oito pessoas, rodeada de cadeiras confortáveis forradas também de fórmica branca, Jaime e o senhor Afonso aguardavam a mãe e Maureen acabarem de preparar a mesa com talheres, travessas, pratos e copos para as ocasiões especiais, conforme havia sido orientado pelo chefe da família. Exatamente às 12 horas o almoço foi servido, sob um teto de telhas francesas recobertas por um forro de tábuas de madeiras pintadas de branco, tendo ao fundo da cozinha um ventilador de ferro de coluna da Faet a refrescar o ambiente do ar quente vindo de fora da casa.

As duas colocaram sobre a mesa as travessas, os pratos e jarros contendo um frango grelhado com farofa, arroz, feijão, batatas coradas, saladas verdes com rodelas de tomates e azeitonas pretas, refresco feito de cerveja preta Malzebier, que a família toda adorava tomar aos domingos.

Falando pouco e comendo mais, todos saborearam a comida preparada por dona Jurema, bebendo o refresco adocicado de cerveja preta, que facilitava a descida e a digestão dos alimentos comidos, conforme acreditava o senhor Afonso.

Como sobremesa, serviu-se pudim de pão com calda de ameixa, preparado pelas mãos de Maureen.

Passado o tempo sobre a mesa, e enquanto dona Jurema e Maureen tiravam e lavavam as louças, Jaime, o senhor Afonso e o cachorrinho Sheik se deslocaram para a sala e sentaram-se: ele, no sofá-cama; Jaime e o cachorrinho, na poltrona lateral.

O pai da namorada ligou a televisão de duas cores no seu programa favorito de domingo à tarde, enquanto falava dos motivos aos quais os demais filhos não estavam lá, por estarem cada qual na casa de seus namorados. Não demorou mais do que dez minutos de conversa fiada sobre o programa de auditório passando na televisão, e o senhor Afonso foi aos poucos se esparramando sobre o sofá-cama, resfolegou e começou a roncar alto, balbuciando algumas palavras sem sentido, sendo logo acompanhado por Sheik que, saindo de perto de Jaime, acomodou-se entre as pernas de seu dono.

Durante aquele período de repouso do seu pai, Maureen, revestida desde a cintura até as canelas com um avental, atravessou algumas vezes o corredor que separava a sala da cozinha e, de mansinho para não acordar o pai, chegava perto do namorado e beijava-lhe o rosto, deixando no ar o cheiro de gordura da cozinha.

Somente às 16 horas o senhor Afonso acordou, sorriu sem graça para o namorado da filha que coçava sem parar as orelhas de Sheik novamente acomodado no seu colo, e iniciou conversa a respeito dos jogos de futebol que tinham acontecido ou aconteceriam. Ele torcia para o Fluminense e Jaime para o Flamengo, times que se digladiariam pelo Campeonato Carioca no próximo fim de semana; dona Jurema e Maureen eram vascaínas, como os demais filhos; Sheik era tricolor, de acordo com o desejo do dono da casa.

Quando finalmente o esposo de dona Jurema parou de falar sobre tudo o que pensava para manter a conversa, foi que o pretendente às mãos de sua filha começou com palavras trêmulas a falar de suas intenções para com Maureen.

Jaime se encontrava a meio caminho das falas a respeito de salário, estudo e seu futuro, quando entraram na sala Maureen e a sua mãe trazendo biscoitos, refrescos e outras guloseimas para o lanche da tarde, retraindo por mais meia hora as palavras do propenso futuro marido de Maureen.

Quando Jaime conseguiu, finalmente, retornar ao assunto onde tinha parado e se preparava para fazer o pedido final, dona Jurema, como percebendo aonde a conversa chegaria, tossiu e pediu a palavra, seguida dos olhares de apreensão dos demais a respeito do que falaria. O senhor Afonso gostava de ser respeitado pela família, mas para não se incomodar muito deixava a esposa ter a sua opinião própria e se pronunciar a respeito, desde que não viesse a ferir a boa educação e os bons costumes.

As palavras de dona Jurema foram simples e objetivas, voltadas para o seu propósito, chamando a atenção de que Jaime ainda teria de se formar, que passariam pelo menos mais quatro anos de faculdade para isso, se não repetisse nenhum semestre ou ano, o que seria demais penoso para sua filha, ao ter de trabalhar de dia, estudar à noite, tomar conta da casa, sem contar os filhos que viriam em seguida; que seria importante para a filha se formar antes de se casar e ter filhos somente alguns anos depois de formada.

Percebendo a malícia nas palavras que conhecia bem em dona Jurema, mas respeitando-a, o senhor Afonso tomou a palavra dela e impetrou defesa sobre o pretendente, esclarecendo que o mais importante é que os dois visivelmente se amavam; que o restante, o amor verdadeiro a tudo suporta, lembrando que ele e a esposa iniciaram suas vidas tendo somente uma cama para dormir, um fogão de duas bocas e duas panelas de ferro para cozinhar os alimentos, uma moringa de barro para refrescar a água que bebiam e um caixote de madeira para guardar as roupas que não estavam usando no corpo e, finalmente, que tinham para se abrigar uma casa alugada de somente três cômodos com uma cozinha, um banheiro e uma sala de dia que virava quarto à noite.

As palavras do chefe de família foram suficientes para fazer calar as demais que dona Jurema gostaria de falar, como as de Maureen que não precisaria pronunciar em defesa da vida que pertenceria a ela e ao seu futuro marido.

Completando sua fala, o pai de Maureen, procurando aproveitar a fala da esposa, reforçou quanto ao suporte positivo de ambos em relação ao estudo, e em preferência às vidas novas que trariam ao mundo, que, sugeria junto com a esposa, fosse quando tivessem melhor suporte financeiro para tal.

Depois de outros pontos de vista positivos e negativos, fugindo um pouco às intenções iniciais de Jaime, os namorados solicitaram permissão dos pais para ficarem noivos, planejando a duração do noivado para uns dois anos, aproximadamente, antes de se casarem, conforme eles tinham planejado.

Satisfeitas todas as partes, assim foi feito, com o lado maior torcendo para que tudo desse certo e o lado menor que durante o tempo de noivado algo acontecesse para que a filha preferisse seu escolhido, de futuro militar com maior garantia do que a de um enfermeiro ou mesmo médico que passaria a sua vida dentro das Emergências dos hospitais do governo, recebendo uma mixaria por isso.

4. Mudança de plano

Seis meses haviam se passado de noivado entre Jaime e Maureen, que estavam felizes planejando diminuir o tempo inicialmente previsto de noivado e anteciparem o casamento, quando o inesperado aconteceu mexendo com a vida daquelas duas criaturas que se amavam, e outras mais.

Um certo vulto, que nas noites de fim de semana espreitava por meio dos seus olhos e por outros o que podia do namoro do casal de amigos na praça; que depois, sabendo do noivado, os reforçou procurando por brechas que pudessem interferir e interromper suas felicidades, conseguiu arquitetar, planejar e executar friamente a situação que fatalmente os separaria, abrindo-lhe a porta para o que pretendia junto a Maureen; seu interior fervilhava pela perda que nunca aceitaria, diante de Jaime que sempre estava a atrapalhar os seus planos.

Uma inveja ferrenha e ciúmes disfarçados diante daqueles que se consideravam seus amigos dominavam o espírito de Paulo à procura de recuperar o que havia perdido, sob o juízo de sua mente desatada da razão e do bom senso. Outro fator preponderante nas suas conclusões era o descontrole com relação à sua infância, juventude e mocidade que o acompanhou na convivência com o amigo vizinho e as dúvidas que o atormentaram, desde as palavras suspeitosas do pai à mãe sobre a sua origem materna e a de Jaime; já adulto, foi-lhe adicionado na falta de bom senso a perda de Maureen, culpando Jaime por mais aquela perda, entre outras que lhe havia causado na vida.

Ele não havia suportado nenhuma das batalhas vencidas pelo amigo, que brilhava naturalmente nas brincadeiras simples, como nas peladas, no jogo das bolas de gude, no pique-esconde; nos olhares das meninas por onde passassem, desde as escolas, até clubes e festas que tinham frequentado; concursos em que participaram, mas que ele nunca ganhou, ao contrário de Jaime; as posições de A, A+ nas fileiras das carteiras escolares conseguidas pelo vizinho, destinadas para si como D, D- conforme pensava, passando de ano sempre rasteiramente; o vestibular que não havia passado; e, finalmente, quando havia conquistado o Exército, a carreira militar que fazia brilhar os olhos de qualquer menina, que Jaime foi incompetente em não conseguir, e que o tinha deixado numa posição superior à dele, não lhe serviu de nada para conquistar o coração da mulher desejada.

Aquela perda foi-lhe o peso maior que não conseguiu suportar, servindo de forte argumento para as razões do que acabou fazendo: Jaime havia lhe tirado muitas coisas em sua vida, mas Maureen ele não tiraria assim, sem mais nem menos.

Somente quando criança, Paulo sentiu-se sempre superior a Jaime, mandando e ele obedecendo, até que Jaime, ao ver que de nada ele tinha de superior, passou de mandado para líder natural para todos os meninos da rua, o que deixou Paulo irado pela primeira vez; o resto foi surgindo como consequência dessa situação e das falas escutadas dos pais das duas famílias.

Jaime mal havia chegado altas horas da noite em casa naquela quarta-feira, após a faculdade de medicina e o trabalho, quando viu sobre a mesa da sala a "Intimação", convidando-o a comparecer à delegacia local para prestar alguns esclarecimentos na manhã do dia seguinte. A princípio, tranquilizou-se, pois tinha certeza de que era algum engano. Ele tomou o seu banho, esquentou e comeu a comida que a irmã casada do meio lhe deixava todas as noites e, exausto, recolheu-se à cama reconfortante, após mais um dia exaustivo.

Jaime acordou no dia seguinte, um pouco mais tarde que o normal, pois precisaria estar na delegacia às 8 horas, no mesmo horário que precisaria estar no primeiro tempo da faculdade estadual, no bairro da Tijuca. Ele colocou sua inseparável calça Lee, uma camiseta Hering branca com a foto dos Bee Gees estampada, calçou seu kichute, pegou a mochila e se encaminhou para a delegacia, um pouco distante de onde morava, mas era um trajeto que podia fazer caminhando.

Ao sair de casa, ele encontrou a irmã acordada no banco do jardim alimentando no peito a sobrinha recém-nascida, que lhe interrogou a respeito da carta estranha que um oficial de justiça tinha lhe entregado no dia anterior. Jaime respondeu que não se preocupasse com isso, pois deveria ser besteira. Ele beijou as duas no rosto e saiu na direção do posto policial. Pelo caminho, viu a futura sogra que o cumprimentou por dever, cumprimentou a irmã de Paulo que lhe deixou um olhar estranho e vago e o próprio Paulo que o cumprimentou também, tendo no rosto um olhar sagaz.

Pelo caminho foi observando os gozados desenhos que as nuvens faziam com suas danças no céu, os cães conhecidos dos vizinhos que lhe abanaram os rabos quando o conheceram passando na rua, os magníficos lírios que ornavam os jardins em volta da igreja; sentiu no ar o restante do cheiro deixado na noite pelas damas-da-noite plantadas por alguns vizinhos e os bons-dias que ia dando às pessoas no trajeto.

Após cerca de 20 minutos, Jaime entrou pela primeira vez pela porta da delegacia do bairro que se encontrava repleta de gente no seu interior, onde reparou a parca luz no ambiente com cheiro de mofo, os corredores com poeira acumulada e pedaços de papéis pelos cantos, dirigindo-se até o balcão de recepção pintado com tinta a óleo marrom. No balcão de recepção apresentou a intimação ao responsável, o qual consultando um livro de anotações, indicou-lhe uma sala adiante à sua esquerda. Ele deu mais alguns passos e entrou nessa sala, percebendo logo de início os móveis mal-arrumados e a iluminação fraca, sentindo antecipadamente o ambiente hostil que o aguardava. Um inspetor de calças jeans desbotada, com camisa amarela amarrotada feita de algodão falseado, de cabelo rente encaracolado, moreno, gordo, baixo, barbudo e pançudo, sentado numa cadeira alta atrás de uma mesa entulhada de pastas e outros papéis, recebeu-o friamente, pedindo que sentasse à frente de sua mesa numa velha cadeira de madeira colonial forrada com tecido já bem gasto pelo tempo. De imediato, Jaime percebeu que a sua cadeira formava um conjunto com a do inspetor e outras duas ao lado da que estava sentado.

Jaime o cumprimentou com um bom-dia confiante, que o policial não respondeu, e lhe entregou a Intimação. A autoridade pegou o papel lendo-o rápida e silenciosamente, depois pegou uma das pastas sobre a mesa, retirou uma folha de anotações e leu-a também em silêncio, detalhadamente por alguns minutos. Levantou seus olhos cansados pela noite maldormida na direção dos de Jaime e falou:

– Muito bem, senhor Jaime Oliveira da Silva. Precisamos conversar. O senhor é universitário, né?

– Sim, senhor – respondeu sem hesitar o jovem que havia vencido as dificuldades de passar no vestibular para estudar a carreira que desejava.

– Está com 21 anos?

– Sim.

– Confirma a rua em que recebeu a carta como sua residência atual?

– Sim.

– Muito bem, então. Sinto dizer para o senhor que há uma acusação que paira sobre sua pessoa – falou diretamente o policial a Jaime, fixando seu olhar de novo nos olhos do rapaz e atingindo-o em cheio nas pernas que fraquejaram pela falta de sangue momentânea no cérebro.

– Como assim, senhor inspetor? De que estou sendo acusado?

– O senhor conhece a senhorita Sandra, moradora na mesma rua que a sua?

– Sim. Mas o que tem ela a ver com isso?

– Pois ela o está acusando de ter roubado a bicicleta dela.

– Eu, senhor inspetor? Eu não tenho tempo para isso! Passo a semana inteira trabalhando de noite e estudando de dia; trabalho muitas vezes aos sábados e domingos e estou na faculdade todos os sábados pela manhã.

– O roubo da bicicleta aconteceu num domingo de manhã, senhor Jaime, quando o senhor não estava trabalhando – frisou com entonação na voz. – Diz dona Sandra que tinha deixado a sua bicicleta encostada numa árvore em frente à sua casa, na praça da igreja, onde num campinho acontecia uma pelada, quando necessitou ir até a sua casa. O senhor não esteve acompanhando aquela pelada naquele dia?

– Sim. Mas... foi por pouco tempo.

– Sim, exatamente o tempo em que a bicicleta sumiu, quando a senhorita Sandra retornou de casa e viu que a sua bicicleta tinha desaparecido – retornou a palavra o inspetor asperamente e com certa maledicência na voz.

– Mas não fui eu, senhor inspetor, pois tinha saído "rapidinho" de casa só para refrescar um pouco a cabeça, porque estava estudando para uma prova no dia seguinte e tinha algumas dúvidas.

– Mas o senhor não retornou para casa não foi? – afirmou, antecipando a resposta que já conhecia.

– É verdade, pois resolvi tirar as dúvidas que tinha sobre algumas questões de anatomia procurando a ajuda do dr. Edson que mora em uma rua um pouco afastada de onde moro.

– O senhor disse que seria "rapidinha" a sua saída de casa. O senhor já se esqueceu disso? Mas tudo bem... E o senhor esteve com ele?

– Não, pois ele não estava em casa.

– Hum! Sim... E alguém viu o senhor lá?

– Não, pois ele mora sozinho. E não me lembro de ter visto alguém conhecido pelo caminho, pois dificilmente eu vou para aquelas bandas onde o doutor Edson mora. Creio que ninguém me conhece lá.

– É, suas respostas estão sempre muito arrumadinhas – encarniçou o inspetor ironicamente.

– Mas foi o que eu fiz!

– Porém, não é o que outras pessoas estão afirmando, senhor Jaime – retornou aumentando o tom áspero de sua voz. – O senhor foi visto por duas pessoas pegando a bicicleta da senhorita Sandra: dois colegas do irmão dela.

– Dois colegas... do Paulo? – gaguejou Jaime.

Sem dar a mínima atenção para a interrogativa do acusado, perguntou o inspetor, maliciosamente, como andava a situação financeira dele.

Ainda zonzo pela situação sufocante imposta pelo homem que o interrogava, Jaime respondeu-lhe:

– Está apertada, mas tenho o suficiente para levar minha vida modesta.

– O senhor estuda de dia e trabalha à noite, não é mesmo?

– Sim. Já lhe falei. E o que tem isto a ver?

– O senhor não está também envolvido com alguns grupinhos dentro da faculdade?

– Como assim, grupinhos?

– Grupinhos... senhor Jaime. Grupinhos subversivos... tramando desestruturar a ordem política existente.

– Não, senhor inspetor. Nunca me envolvi com essas pessoas.

– Mas dentro de sua faculdade o senhor já foi visto conversando clandestinamente com alguns deles.

– Clandestinamente? O máximo que posso ter feito é conversar naturalmente com os colegas de mesma faculdade.

– O senhor quer tentar me parecer que "*esses seus colegas*" – frisou o policial com cinismo na voz – são pessoas normais? Muitos deles, saiba o senhor, não são nem alunos da faculdade, estão ali parecendo ser, porém seus objetivos são outros. Estão ali para arregimentar membros para suas facções criminosas, contra o governo. E sem sombra de dúvidas o senhor já foi visto com eles, como apontam as observações que coletamos do pessoal de lá. Saiba o senhor que temos também a informação da Polícia Ferroviária Federal que o senhor participou de uma parada forçada de um trem da Central do Brasil, numa tarde de sexta-feira – abril de 1974 – para perturbar a ordem, além de escreverem na parede lateral do veículo a expressão: "Fora a Ditadura Militar!". Mas não nos importa muito isto agora, pois que o tempo "*apertado*" já passou – frisou. – O que queremos saber é sobre o dinheiro que o senhor arrecadou com a venda da bicicleta, que lhe beneficiou muito para sanar as dificuldades que está passando, para poder casar logo, não é?

– Mas eu só estava no mesmo vagão do trem indo para a escola de enfermagem. Eu não fiz nada daquilo. E como os que fizeram isto escapuliram pelas portas abertas do vagão daquele trem, os policiais ferroviários que estavam à paisana pegaram a mim e outros garotos que estavam no mesmo vagão como bode expiatório... Eles nos agarraram pela camisa e nos levaram feito prisioneiros para interrogatório na Central do Brasil; como não encontraram provas conosco, chamaram nossos pais que nos libertaram depois... Eu não sabia que isto é motivo para terem feito um registro nosso lá. Quanto ao resto, o senhor está pretendendo dizer que eu roubei a bicicleta da Sandra só para ter um dinheiro para comprar coisas para o meu casamento? Como o senhor sabe disso tudo?

– Isto e outras coisas mais. Eu sei de tudo, senhor Jaime. Muito mais do que pensa que eu sei – afirmou tentando desestruturar mais ainda o acusado.

– O que o senhor quer dizer com isto? – perguntou Jaime confuso.

– Que o senhor está numa bela enrascada, pois aquelas testemunhas que o viram roubando a bicicleta naquele dia o seguiram e o viram vendendo-a a certa pessoa da favela perto de sua casa, recebendo o dinheiro pela venda. Depois constataram que o senhor utilizou aquele dinheiro para comprar coisas para o seu casamento, como um ventilador, um jogo de louças de jantar, um de panelas, um de toalhas e outro de cama e mesa, numa loja perto de sua casa. Você desmente isso? Nós confirmamos essa compra feita pelo senhor na loja.

– Claro que desminto. Eu nunca roubaria a bicicleta da Sandra para comprar qualquer coisa para que meu casamento começasse de forma errada. E também não estive na favela naquele dia – tentou convencer.

– Eu lhe falei de pessoa da favela e não que foi na favela. O senhor não esteve com alguém da favela naquele dia? – perguntou o inspetor quase impondo a situação.

– Sim. Acho que sim. Mas foi na rua próxima à favela e não na favela, por pouco tempo, pois eu o cumprimentei, apertando a sua mão estendida porque o conhecia de peladas no campo de futebol perto de casa – respondeu Jaime já tonto por tantas interrogações, sem ter tempo de respirar entre uma e outra pergunta feita maliciosamente pelo policial, formado pela experiência adquirida na época da ditadura.

– O senhor nega, também, que não comprou esses objetos na loja?

– Não, isto é verdade. Mas não foi com dinheiro conseguido por roubo. Foi com o do meu trabalho.

– Não foi o senhor que disse para alguns colegas que estava com problemas de dinheiro para pagar o que devia e para comprar as coisas para o casamento?

– Sim, pois estava com certo aperto para pagar o que tinha comprado parcelado para o casamento. Mas nada que não pudesse pagar. Era só apertar um pouco mais no gasto com alimentação, que eu daria um jeito.

– Pelo visto, o jeito dado foi outro. Além do mais, se o senhor não tem o dinheiro suficiente para as despesas de agora, como poderá ter quando se casar?

– Eu comprometi boa parte do dinheiro do meu salário nas despesas parceladas para adquirir as coisas mais pesadas para o casamento, como a geladeira, a televisão, o fogão, a cama, a estante e o sofá. Essas prestações terminarão daqui a dois meses. Quando elas terminarem, o valor delas corresponderá àquilo de que necessitarei para pagar o aluguel de uma casa simples e as despesas normais para a vida de duas pessoas. Além do mais, minha futura esposa me ajudará com o que ganha com o trabalho dela – respondeu Jaime perturbado com as interrogações improcedentes e ferrenhas do inspetor, que no seu íntimo de interrogador no regime militar acostumara-se a perguntas maliciosas e cheias de pressão para intimidar, até que a vítima se declarasse culpada, mesmo diante de provas não contundentes.

O inspetor anotou algumas coisas na ficha procedente do interpelado, concluindo:

– Bom. Não tenho mais o que lhe perguntar. Por enquanto, o senhor pode ir para sua casa. Mas aguarde que será chamado para novo depoimento, agora não mais comigo, mas com o delegado. Saiba que o senhor está impedido de ausentar-se do estado por qualquer tipo de motivo, sem consentimento nosso.

Jaime, louco para ver-se longe daquele homem truculento e ambiente tão hostil, não questionou mais nada, preferindo ir direto para casa, tirando o dia para pensar no assunto que abalara rudemente sua vida de uma hora para outra.

Dentro da delegacia, cuja fachada parecia mais com uma casa de detenção, o inspetor apressado para poder resolver outros casos que o aguardavam naquela manhã fez seu relatório cruel para que o delegado o lesse e, diante das provas existentes, tomasse as providências cabíveis. Ele levantou-se de sua cadeira e, como a querer justificar-se pelas conclusões diante dos colegas de trabalho à sua volta, manifestou:

– Essa gente força a barra para entrar para uma universidade sem ter condição financeira para bancar isso, depois se atropela e acaba fazendo besteira. Conheço vários desses casos, de rapazes que saem da pobreza querendo algo mais e defrontam-se com aqueles que têm grana para isso. Acabam achando que podem ter também a mesma condição, envolvem-se em situações que podem lhes dar grana fácil, quando não se envolvem com os filhos dos bacanas que os usam como bodes expiatórios. Esses cretinos, que por não terem algo melhor para fazer, tornam-se membros de facções e perturbadores da ordem pública.

⁂

    Naquele dia, Jaime, por causa da hora avançada e sem cabeça para ir à faculdade e ao trabalho, preferiu retornar para sua casa com seus pensamentos pesados a eclodir sem descanso pelo cérebro, como tempestades atrozes, depois de dias de céu limpo e alegres só pensando nos retoques para o seu casamento com Maureen, que planejaram acontecer dali a seis meses, antecipando a data inicial prevista.

    No caminho de retorno para casa, sua mente desgastava-se com perguntas inquietantes que o atormentavam procurando por respostas; nem mesmo reparou nas pessoas conhecidas que o cumprimentaram pelo caminho, ou na frondosa dama da noite do vizinho da rua, nos lírios do jardim da igreja, nos cachorros que o reconheciam lhe abanando o rabo nem nas nuvens que dançavam no céu formando lindas figuras.

    Ele tinha na mente somente os rostos de Sandra e Paulo pela manhã: a primeira, com olhar estranho e vago; o segundo, com o de satisfação e triunfo, que Jaime já tinha visto em outras situações. Aquelas visões fizeram com que ele se desequilibrasse e pensasse febril, concluindo que os dois sabiam, perfeitamente, o que o aguardava ao sair de casa naquela manhã, atormentando-o a ponto de querer de imediato ir tomar satisfação com os dois. Mas o pouco de sensatez que lhe restava o fez frear naquela atitude impensada, que poderia lhe agravar a situação.

    Depois, veio-lhe a vontade imensa de procurar o colo da mãe que certamente o acolheria, e os conselhos do pai, se ainda estivessem vivos, e em seguida pensou no colo da mulher amada que o receberia, certamente, para consolá-lo, o afagá-lo, para procurarem juntos uma saída para a situação terrível que lhe estava sendo imposta pela maldade de outras pessoas. Ao final, decidiu que não ligaria para ela aquela hora no trabalho nem para sua casa mais tarde depois da faculdade, a fim de não a incomodar, após mais um dia cansativo de trabalho e estudo. Assim dividiu, tão logo que chegou em casa, as suas preocupações somente com Laura, que teve como reação imediata a vontade de correr até a casa ao lado e arrancar os cabelos da infeliz vizinha que ousadamente culpava o seu irmão pelo roubo de sua bicicleta, tendo de ser controlada pelo irmão que a segurou e pediu-lhe calma para a forma a proceder, pois aquela atitude poderia prejudicá-lo ainda mais. Laura, mesmo mordendo os lábios, que lhe era peculiar quando ficava tensa, deu-lhe razão. Para se acalmar, ela saiu da sala onde estavam, preparou dois copos com água e açúcar e, não se contendo, gritou bem alto para que a vizinha a escutasse: "se acontecer alguma coisa com o meu irmão, vai acontecer alguma coisa com alguém também". Retornou para a sala, sentou no sofá arrastando Jaime para junto de si, bebeu de uma só vez o conteúdo do primeiro copo e deu o segundo para que o irmão o bebesse e se acalmasse também; em seguida, pegou o irmão, abraçou-o e o trouxe ao encontro de seu colo tentando consolá-lo, falando que estaria com ele para o que desse e viesse. Depois, tomada de uma decisão, pegou e trouxe o telefone pesado até o seu colo e começou a discar para o irmão mais velho, uma, duas, três vezes, conseguindo completar a ligação na quarta vez. Após ligou para os outros, o que demorou mais um pouco por causa da linha congestionada. Terminado o inferno das ligações familiares, ela começou a tentar ligar até conseguir completar a ligação para o trabalho de Jaime. Gritou primeiro para a telefonista o ramal desejado, depois para a secretária do chefe dizendo que ele estava doente e que naquele dia não poderia ir trabalhar. Escondeu o motivo verdadeiro que poderia vir a prejudicar o irmão em sua carreira.

 Assim a manhã passou rápido. Quando o relógio herdado do senhor Jorge posicionado na estante da sala bateu as cordas duas vezes, eles se levantaram do sofá, deixando na poltrona as marcas de onde estiveram sentados por horas, trocando ideias a respeito do problema que os incomodava. Dirigiram-se para a cozinha e comeram o que tinha sobrado do jantar da noite anterior; vindo do outro lado da parede podia-se sentir um cheiro de feijão queimado, próprio de quem se descuida da ação principal por estar prestando atenção em outra.

 A noite chegou e a casa do falecido senhor Jorge ficou repleta de gente, de parentes e amigos vindos de seus trabalhos, revoltados, apreensivos e pensativos com a situação comentada aos quatro ventos. Incomodava-lhes mais o fato dito de existirem testemunhas que afirmavam ter visto o roubo e a venda da maldita bicicleta da vizinha do lado, do que observarem que na casa vizinha cantarolavam velhas canções bem altas a fim de romperem, propositadamente, as fronteiras existentes entre as paredes das duas casas, objetivando com isso aumentar ainda mais o desespero e aflição dos vizinhos. Laura, ao contrário dos que só avaliavam as circunstâncias das acusações sobre Jaime, precisou ser contida inúmeras vezes, tal a sua vontade de sair de sua casa, varar o portão da residência ao lado e fechar à força a boca dos que cantavam as impropriedades.

Como se Deus os escutasse na súplica de fazer calar o canto infernal da vizinha, escutaram vindo do outro lado da parede uma voz firme a pedir com determinação:

– Sandraaaa! Paulooo! Parem de cantar desta maneira, por favor, pois quero sossego, após um dia de trabalho pesado – era Rui, a voz sensata do marido de Sandra, que a conhecia muito bem, como também o irmão que o respeitava muito. Conhecendo a mulher como conhecia, não gostava de se irritar para não transformar os momentos que tinha ao lado dela também num inferno.

Não havia dúvidas de que tinham armado uma arapuca para Jaime cair – concluíram os irmãos, os amigos e os vizinhos mais próximos, visto que os vizinhos mais afastados se acautelaram diante das provas existentes. Mesmo o irmão mais velho, que tinha maior esclarecimento e conhecimento, sentiu-se temeroso pela situação, pois sabia que o peso de duas testemunhas seriam provas que dificilmente um advogado pudesse vir a derrubar para inocentar Jaime.

A noite prolongou-se com discussões, argumentos e pontos de vista que viessem a beneficiar ou não o acusado; entretanto, tinha avançado muito para o dia seguinte normal de trabalho, fazendo com que a maioria dos vizinhos retornasse a suas casas e os próprios irmãos iniciassem também seus preparativos para voltarem para as suas.

No instante em que a casa estava quase vazia da pequena multidão que a havia ocupado, cuja prova se podia ver na pia da cozinha congestionada de pratos e xícaras de café, um rosto completamente transtornado entrou pela porta da sala, com os olhos repletos de lágrimas e o coração perigosamente saltando em picos incoerentes à saúde do corpo. Era o olhar de que Jaime mais tinha sentido a falta.

Assim que a viu, Jaime procurou logo por seus braços que o envolveram ternamente. Passado algum tempo no maior aconchego que poderia dar e, não se contendo mais, ela lhe perguntou por que não a avisara no trabalho, dando ele os motivos do porquê não o tinha feito.

Jaime abraçado a Maureen e com todos os outros que restaram estavam agora pensativos numa solução para o caso, não faltando soluções como a de Pedro e Célio de pegarem Paulo e darem-lhe uns sopapos para o fazer confessar diante de um gravador; a óbvia de Laura, fazendo o mesmo com Sandra; a de descobrirem quem eram as duas testemunhas e fazerem-nas desmentirem o que afirmavam; outras e outras, finalmente chegando à conclusão, de solução imediata e rápida, de se contratar um advogado para a defesa do acusado, sugerida por Maureen, que, quanto ao custo o escritório onde trabalhava, poderia amortecer em várias parcelas.

A noite assim findou, com aquela primeira e imediata decisão de contratarem de imediato um bom advogado, com os que restaram retornando aos seus lares.

Jaime, ao deitar naquela noite na cama do cômodo que lhe restara de herança deixada pelos pais, querendo puxar pelo sono que não lhe vinha, lembrou-se de período semelhante quando o tinham acusado de ter colocado fogo nos barris de piche da obra de sua rua, imaginando como seria estar entre quatro paredes dentro de uma cela real, ou pior, dentro de uma cela com vários criminosos; não ter mais a sua liberdade; não ser mais senhor de suas vontades e estar sujeito às vontades dos outros.

Mas existia uma grande diferenças entre aquela vez e esta, faltando-lhe, nessa noite, a companhia da lagartixa da vez anterior. Ele estava só, com sua cama, com os pensamentos aterrorizantes de se ver numa prisão lotada, cercada de maus elementos que poderiam lhe contaminar o jeito certo de ser.

Entretanto, depois de remexer-se na cama, desejando que o raiar do dia não demorasse, ele lembrou que, se quisesse, poderia não estar só. Pensou primeiro em Maureen, em como estava tão bonita ao vir vê-lo tão logo soube da péssima notícia, saboreando a beleza de sua amada à sua volta, o que afastou por alguns minutos os pensamentos aflitivos.

Depois pensou em algo muito maior, que há muito tempo não fazia por estarem as coisas transcorrendo normais. Entrou assim em contato com Deus, fazendo a oração dominical, em seguida rogando-Lhe que não o abandonasse, que lhe desse força, fé, coragem e sabedoria para enfrentar aquele e os próximos momentos de tormenta que lhe roubariam a paz no coração, caso viesse a ser incriminado... E como mágica adormeceu logo, mal concluindo o amém.

A trilhões de quilômetros dali o seu pensamento alcançou os ouvidos dos que estão para escutar as orações simples, puras e verdadeiras. Como nem tudo pode ser atendido como queremos e no tempo que desejamos, em vista de Leis Superiores presentes em todo o Universo, o atendimento inicial foi por meio das duas criaturas casadas na casa ao lado, gerando outra criaturinha que auxiliaria a restabelecer o início da paz e a harmonia no conflito que ia mais longe do que os olhos humanos conseguem enxergar, na mesma cama que consome o ato de amor e serve de repouso.

5. Estratégias para defesa

Maureen chegou a sua casa após a última hora do dia, sob o olhar recriminador da mãe e conciliador do pai, e dormiu, tão logo pôde ver-se livre das palavras tormentosas da mãe, do banho indispensável e do alimento apressado.

No dia seguinte Maureen foi acordada pela mãe, antes mesmo da hora prevista, para dar-lhe as recomendações necessárias, com finalidades de ver a filha não envolvida no escândalo que agitava toda a vizinhança.

Ela se levantou assustada, temendo que a mãe a tivesse acordado para dar-lhe a notícia da prisão de Jaime. Mas não, ela tinha na mente somente as palavras para que se afastasse daquele que acusavam de roubo, condenando-o sem que pudesse ter chances da prova ao contrário. E aquilo a irritou, deixando na mente da mãe as palavras duras, que mexem com a fibra de qualquer coração materno.

Enlouquecida pela opinião acusatória desfavorável ao seu amado, Maureen pulou da cama beliche que compartilhava com a sua irmã mais nova e lançou na direção da mãe a palavra segura e absoluta: "NUNCA! Nunca o deixarei, mãe. Prefiro deixá-los, se pensam assim, a deixá-lo. Admiro você, mãe, acreditar nestas mentiras que estão fazendo contra o pobre do Jaime. Não posso acreditar que você, tão cedo, já deu seu voto de condenação a Jaime, sem que ele possa se defender. Não quero acreditar! Justamente você, a pessoa em que eu mais confiava no mundo".

Feito isso, sem lhe dar mais atenção, dirigiu-se para o banheiro, tomou o banho matinal, arrumou-se e saiu de sua casa na direção da de Jaime. Quando estava chegando lá, sentiu um olhar perturbador sobre ela, vindo detrás de uma abertura entre as cortinas da casa vizinha à de

Jaime, a qual imediatamente foi cerrada, assim que a pessoa viu que estava sendo observada.

Maureen entrou na casa antiga de dona Helena, que pouco conheceu, sendo mais pelas falas de Jaime, e encontrou Laura chorando pelos cantos do corredor com a filha também chorosa no colo. Ela pediu à cunhada a licença que não precisava mais ter para adentrar na casa, atravessou a sala, o corredor e penetrou na cozinha onde encontrou Jaime conversando com Pedro e Célio. Escutando as últimas palavras que os dois haviam dito prontificando-se a atuarem de uma forma mais rápida para resolver a situação, colocando em prática os seus conhecimentos de luta adquiridos no treinamento do Exército, diante da falsidade das testemunhas do mentiroso roubo, ela se alardeou, gritando-lhes enraivecida:

– Graças a Deus que Ele me trouxe a esta casa a tempo! Vocês não façam, por favor, esta besteira, pois é tudo que o inimigo está esperando para efetivar a acusação. Vocês não perceberam que precisamos fazer com que as nossas ações sejam feitas daqui para a frente com muita cautela?

Neste instante, Jaime, aturdido e enraivecido pela situação, que começava a aceitar o plano traçado pelo irmão e o melhor amigo dele, virou-se e confrontou-se, surpreso, com uma Maureen que não conhecia: fera ferida, cautelosa e vivaz, sabendo reconhecer sua fraqueza de hora, procurando se aquietar no momento em que precisa se fortalecer, fortalecendo-se e aí, sim, com prudência, defendendo-se e defendendo aos que amava com todas as forças que tivesse ao alcance. Aquela era a mulher que ele desejava para si, para auxiliá-lo nos momentos conturbados como aquele – pensou Jaime com os olhos orgulhosos, repletos da fortaleza encontrada na mulher que amava.

Assim, com a prudência de Maureen, instantaneamente instalada no seu coração, ele a abraçou e se refrigerou nos seus braços, enquanto escutava atento ao plano que havia se instalado na mente dela, traçado para Pedro, Célio, alguns amigos e ela mesma. Afinal, ela estudava para ser uma boa advogada e sua opinião deveria ser bem-aceita.

Eles tinham como base a suspeita relevante, por parte de alguns conhecidos da favela de Pedro e Célio, de que um tal de Neguinho é que havia ganhado dinheiro de Paulo para testemunhar contra Jaime sobre o rouba da bicicleta.

Passados dez minutos da exposição de Maureem à estratégia que deveriam tomar, o dever os chamou para a vida que continuava, fazendo com que saíssem da casa apressados e se dirigissem para o ponto de ônibus que os levaria para suas obrigações diárias, deixando para trás o desalento e a falta de fé que haviam lhes dominado a razão, quase completamente em quatro deles, incluindo-se a irmã que, antes chorosa, sorria agora pela estratégia que adotariam para defenderem o irmão.

No trajeto da sua casa ao ponto de ônibus, Jaime, mais confiante, afagou os cães conhecidos da rua, deu bom-dia aos vizinhos mais chegados, percebeu que os vizinhos menos chegados não o cumprimentaram e lhe viraram os rostos, mas não se deixou abalar com isto; ao contrário, mostrou aos demais que o acompanhavam as nuvens no céu formando maravilhosas figuras, os lírios nos jardins onde passaram e sentiu com eles o restante do perfume das damas-da-noite. Chegaram ao ponto e pegaram os seus ônibus de destinos diferentes.

Dois dias mais à frente, num sábado, pela manhã alta, Pedro e Célio juntos com outros colegas de pelada aventuraram-se a entrar na favela, cujo nome não valia um vintém, para a inédita pelada no campo do adversário, habilmente agendada e planejada pelos dois. Conforme iam avançando na direção do campo do adversário, mais a confiança lhes dominava o ânimo.

Portavam suas 11 camisas azuis com três faixas verdes para adornar-lhes os corpos, identificando o time de futebol, sem que houvesse as camisas extras para os eventuais reservas; à medida que iam avançando pelas ruas, sentiram sobre eles a responsabilidade do ato corajoso.

Conforme iam penetrando os espaços na direção do campo, foram constatando a pobreza do lugar, o cheiro sufocante das valas negras que escorriam a céu aberto, o mau odor proveniente dos chiqueiros de criação de porcos, o do feijão e arroz sendo feitos sem tempero, entre outros.

Cerca de dez minutos depois, chegaram ao pequeno campo de peladas de dimensões, aproximadamente, de um terço comparado a um campo profissional, com suas laterais confundindo-se com as portas de entrada de algumas das simples casas com tetos de folhas de zinco, paredes de tijolos sem reboco ou madeira e barro amassados; com as balizas dos gols constituídas de duas toras de madeiras pintadas de cal e sem o travessão superior.

Os componentes dos dois times se cumprimentaram, retiraram as suas camisas de uso diário, colocaram as de seus respectivos times e entraram no campo desprovido totalmente de grama, com somente alguns nichos de capim lá e cá. No outro lado da metade do campo, os jogadores do time da casa ostentavam em seus corpos orgulhosamente as camisetas sem mangas tingidas de vermelho, com números costurados provenientes de outros panos de cores diferentes daqueles das camisetas.

Em volta do campo, sentada nos meios-fios das calçadas perto das casas e bancos de madeiras, posicionada nas laterais e fundos, estava a grande torcida do time da casa; ao fundo do gol dos de camisas azuis e verdes, a sua torcida era formada por aqueles que eram os próprios jogadores reservas e algumas meninas e meninos mais ousados.

Sem que houvesse contrariedade por parte do time visitante, o juiz foi escolhido entre os moradores.

O jogo começou com as duas torcidas agitadas, como o trovão que ocupava os dois terços das laterais do campo e o sussurro da pequena torcida que ocupava menos do que um terço ao fundo do campo.

Logo que foi possível, aos dez minutos do início do jogo, seguindo a estratégia traçada inicialmente pela mente ardilosa de Maureen, Neguinho, o centroavante do time adversário, que carregava a bola dominada e chegava perigosamente à linha superior frontal do gol adversário, foi derrubado por Pedro, caindo dentro da área. O juiz sem dúvida apitou a penalidade máxima. Neguinho pegou a bola orgulhosamente, posicionou-a sobre um montinho de areia formado por ele, coçou algumas vezes a sua cabeça, deu alguns passos para trás e chutou a bola. Ela disparou feito bala de canhão na direção do gol, passando longe do goleiro e entre as duas balizas laterais, fazendo com que a torcida da casa vibrasse euforicamente. Nos botecos em volta do campo, imediatamente, o lucro aumentou com a venda de bebidas; os meninos que soltavam suas pipas e as mulheres que estendiam suas roupas nos varais nos arredores pararam as suas atividades principais e vibraram acompanhando os demais moradores.

O primeiro tempo terminou com o placar positivo para o time local. No segundo tempo, logo aos cinco minutos, foi a vez de Célio agir da mesma forma com o mesmo Neguinho, que acabou marcando o segundo e último gol, incontestavelmente afirmado pelo juiz, mesmo sob suspeita de que a bola tivesse passado acima do ponto maior da baliza esquerda imaginária.

Terminado o tempo da partida, a torcida do time da camisa vermelha se regozijava. Alguns dos jogadores do time de Pedro, desavisados, para que o plano desse certo, retornaram para as suas casas completamente insatisfeitos com o placar, que dois de seus melhores jogadores tinham, praticamente, entregue.

Pedro, Célio e outros dois colegas avisados previamente começaram a elogiar o bom futebol de Neguinho e do time local, enquanto estavam sentados com boa parte do time da casa tomando algumas cervejas num dos botecos, podendo-se contar oito as garrafas da famosa cerveja Brahma sobre a mesa grande de madeira que compartilhavam amigavelmente, pagas pelo irmão de Jaime e pelo amigo de Pedro.

Neguinho e dois outros colegas de mesmo time gabavam-se pelo feito, enquanto os do time oposto confirmavam a vantagem que tinham tido naquele dia, jogando para os cachorros famintos que se estabeleceram no chão de terra em volta da mesa alguns pedaços dos sebos das liguiças fritas que comiam como tira-gosto.

O ponteiro menor dos relógios já tinha passado das 13 horas, quando estrategicamente Célio e Pedro, percebendo que a hora tinha chegado, em vista da embriaguez em que se encontravam os três adversários principais, proporcionada pelas dez garrafas vazias de cerveja sobre a mesa, começaram a direcionar o papo sobre a dificuldade de vida que levavam.

Neguinho e os dois outros colegas de favela e time riam sem parar e, contrariamente às inteligentes destrezas no futebol, não percebiam o labirinto no qual iam se metendo, principalmente o primeiro que era o alvo, objetivo dos companheiros de bebida do time verde e azul.

Célio, sorrindo sem parar, simulando também a sua embriaguez, perguntou a Neguinho, olhando para o seu pulso, onde tinha conseguido o relógio folheado a ouro que tinha comprado; recebeu como resposta seca dele ter sido de uma "parada".

Marcos, um dos amigos de Pedro e Célio, também rindo muito, sarcasticamente, referiu-se ao dinheiro obtido com a venda da "erva danada", que o outro desmentiu aborrecido dizendo não se meter naquelas "paradas furadas".

Eduardo, outro dos amigos de Pedro e Célio, chamou também a atenção sobre o tênis novo que Neguinho estava usando, que ele esclareceu ter sido comprado pelo ganho tido na mesma parada.

As coisas iam muito bem quando Pedro, não contendo a sua irritação pelo que já havia sido compreendido, pelas respostas de

Neguinho, a sua venda pelo testemunho falso na acusação a seu irmão, partiu direto para a pergunta que não queria ficar calada, fazendo com que fosse despertado no jogador que havia feito os dois gols da partida o pouco de inteligência hábil que possuía longe dos pés.

Então, Neguinho, com seus 1,60 metro, agora com as pernas e os braços descarnados pelo uso exagerado da maldita, coçando descompassadamente a cabeça, lançou de seus olhos pretos como duas ameixas raios fulminantes na direção de Pedro e dos seus amigos, dizendo sarcasticamente:

– Manos, acho que o nosso papo aqui terminô. Se vocês forem esperto é melhô sumirem daqui rapidinho, pois já saquei onde vocês querem chegá. E aqui não tem nenhum otário, não.

Pedro, levantando-se do banco onde tinha estado segurando a raiva que sentia e sob o olhar atento do dono do boteco e de duas outras figuras de aspectos suspeitos, chegou bem próximo ao rosto de Neguinho e falou alto chamando a atenção de todos:

– Eu não sei o que vocês acham de pessoas que delatam outras falsamente por qualquer dinheiro, mas, de onde venho, essas não nos são mais de confiança. Esse cara aqui – disse com o dedo polegar na direção de Neguinho – vai testemunhar falsamente contra o meu irmão dizendo que ele roubou uma bicicleta de uma amiga, recebendo uma grana por isso. Se ele faz isso falsamente por dinheiro contra alguém inocente, ele poderá algum dia fazer o mesmo por outro daqui, ou entregando também alguém daqui – disse desabafando sua ira, ao mesmo tempo em que tentava chamar a atenção dos moradores para os cuidados que deveriam ter com Neguinho, enquanto Célio, Marcos e os demais amigos o puxavam pela camisa, para que não viesse a falar mais do que já tinha falado, podendo colocar em perigo as suas vidas, pois estavam em terras estranhas, longe das deles.

Feito isso, o pequeno grupo de intrusos levantou da mesa e retirou-se do boteco, cautelosamente, encaminhando-se na direção da saída da favela, sob os olhares atentos de vários tipos de pessoas, como de algumas respeitosas que haviam escutado as últimas palavras de Pedro acusativas, mas sinceras e sucintas.

Pedro e seu pequeno grupo de amigos corajosos não tinham conseguido tudo o que haviam planejado, mas já sabiam o necessário.

6. Conhecer e conviver

Rui conhecia bem a esposa que tinha e a amava mesmo assim, pois, salvo o que detinha a mente de Sandra presa quanto ao tratamento prejudicial aos vizinhos, sentia que ela o amava também e era dedicada aos seus afazeres domésticos, e como esposa era a amiga e a amante que todo homem desejava.

Contudo, diante do que vira a esposa fazer para prejudicar o suposto inimigo de seu irmão, não se contentava com isso e a cravava de perguntas procurando respostas adequadas sobre o roubo da bicicleta. Ela se esquivava, declarando-se fiel à verdade e aos fatos, em total apoio ao proceder do irmão e ao seu próprio de denunciar o vizinho, o qual, afirmava, havia roubado a bicicleta que o pai quando vivo havia comprado com sacrifício e lhe dado de presente no seu aniversário de 15 anos. Mas deixava-se conduzir quando a esposa ardilosa o revestia de carinhos e afagos, e levava-o para os assuntos finais na cama, fazendo-o esquecer das dúvidas quanto à incriminação de Jaime, por algo que achava ele nunca faria. Por isso Rui, longe das atividades físicas e maliciosas da esposa e amante, sentia-se constrito a tentar ajudar o rapaz vizinho, que nunca havia lhe dado motivo para qualquer tipo de ato maldoso.

Aguardava ele, assim, a oportunidade de poder desta forma proceder, mas de modo que o seu casamento não se consumisse com isso, pois não gostaria de perder a pessoa que, afinal, amava, mesmo com tantos defeitos, e que seria a mãe de seus filhos.

Mas, para aliviar-se das tensões quando voltava para casa e encontrava a esposa irosa, passou a beber algumas cervejinhas com os amigos no bar.

7. O interrogatório final

Três dias depois, Jaime recebeu nova intimação para comparecer à delegacia, daquela vez diante do delegado, e prestar depoimento junto com os que o acusavam do roubo.

Ele chegou à delegacia na hora marcada; estavam ao seu lado Maureen, Pedro, Célio, Laura e outros tantos amigos e vizinhos, que tinham ido, mesmo sem terem sido intimados, para apoiarem o irmão ou amigo acusado injustamente.

Jaime foi recebido, de imediato, pelo sorriso maledicente do inspetor que o havia inquirido inicialmente, que com ar de envolvimento pessoal no caso o conduziu, sem os amigos, até o delegado.

Diante da sala pequena e apertada do delegado, Jaime sentiu o mal-estar que o acompanharia pelas próximas horas ao observar, tal como no resto do prédio, o péssimo asseio do lugar, o qual deveria dar, ao contrário, o maior exemplo de limpeza: num canto perto de um armário de aço com portas amassadas e fechaduras soltas repousava uma barata degustando um resto de pão dormido, batendo vez ou outra no ar as pernas serradas; no mesmo canto, um pouco mais acima de onde estava a barata se deleitando com sua refeição, uma pequena aranha tecia sua teia sem ser incomodada entre um monte e outro de pastas de processos antigos; repousando ao lado do armário havia, numa cadeira de perna quebrada, um ventilador GE de ferro, antigo e empoeirado, com alguns pontos de ferrugem na grade com aspecto de duvidosa segurança; sobre uma estante de madeira rústica envernizada e cheia de marcas de pontas de cigarros queimados, estava, no canto esquerdo, uma xícara com resto de café com uma ponta de cigarro mal fumado dentro dela, e no lado direito da estante havia um porta-lápis com vários lápis sem pontas e algumas canetas Bic. Rodeando a mesa retangular do delegado, havia quatro cadeiras de madeira envernizada que formavam um conjunto com a mesa, duas delas no centro da mesa estavam ocupadas com um policial e um escrevente. Na primeira cadeira da extremidade esquerda, sentou-se Jaime, ficando a quarta vazia.

O delegado estava sentado numa cadeira cujo apoio almofadado da cabeça ficava muito além da altura da sua quase desprovida de cabelos, deduzindo Jaime, assim, que ele deveria ser de baixa estatura; contrastando com a falta de cabelo, sua barba encaracolada, apresentando diversos pontos brancos, era pesada revestindo-lhe todo o rosto já bem marcado e muito pálido por causa da falta que lhe fazia o sol; ela deixava somente aparecer a abertura da boca com os dentes amarelados pelos cigarros fumados um atrás do outro. O nariz era pontudo; as orelhas, de abano; tinha uma protuberante verruga na parte superior direita da testa do tamanho de um grão de bico; tudo lhe indicando uma idade entre 40 e 50 anos.

O inspetor apresentou Jaime ao delegado, chamando-o de doutor Geraldo. O doutor Geraldo sequer levantou os olhos na direção de Jaime, ocupado que estava em ler os documentos sobre o caso numa pasta pesada de papelão com uma etiqueta adesiva colada ao lado com o número do processo.

Depois de quase dez minutos de completa leitura silenciosa, o delegado levantou a cabeça na direção do acusado e, envolvido que estava com as informações que tinham sido registradas e repassadas friamente pelo inspetor, falou, somente, sem que houvesse sequer apertado a mão do acusado, apresentando-se:

– Muito bem! O senhor chama-se Jaime Oliveira da Silva? Confirme o endereço...

Feito isso, e com as respostas afirmativas de Jaime, ele deitou seus olhos de novo sobre as demais informações na pasta, releu algumas partes que tinha sublinhado com lápis, detendo-se mais sobre os pontos das acusações e, de forma contundente, mandou que um soldado negro de porte atlético chamasse a pessoa prejudicada no roubo.

Sandra entrou na sala do delegado acompanhada pelo soldado truculento e por Rui, chamando a atenção de todos os presentes em razão de sua jovem morenice e o restante que a acompanhava bem distribuidamente no corpo, depois que fizera uma rigorosa dieta. Ela usava um vestido de seda azul muito bonito que mostrava suas lindas pernas e colado ao corpo realçava as suas curvas, ostentando o seu busto, com mangas curtas deixando transparecer os seus belos braços; nas orelhas delgadas pendiam dois brincos prateados com a forma da lua; nos lábios, que dali a instantes pronunciariam palavras contra a liberdade de Jaime, ela tinha passado um batom de cor vermelha e forte; nos pés usava as mesmas sandálias prateadas que um dia haviam pisado algumas vezes, amigavelmente e com livre acesso, o chão da casa dos Silva, em vários eventos e festas.

Rui, com os olhares direcionados à esposa, com sua cara querendo voltar à calma que sempre procurava ter, bem barbeada, com sua pele claríssima e de altura chegada a 1,90 metro, superior à da mulher em quase 30 centímetros, vestia uma camiseta com mangas de algodão branca da Hering, uma calça Lee e sandálias de couro presas pelos calcanhares, e permaneceu em pé ao lado de Sandra.

O delegado, impressionado com a beleza de Sandra, não contendo os gestos de agrado em sua direção, convidou-a a se sentar na quarta cadeira vazia à sua frente, não poupando esforços também para que fossem as perguntas feitas muito objetivamente e as mais breves possíveis, para não ocupar o tempo precioso da dona de casa, que tinha ao seu lado o marido trabalhador e honesto, como a sombra que a acompanhava, fato muito bem registrado pela autoridade policial máxima da delegacia, fazendo-o desviar mais os olhares sedentos para o lado do que na direção de Sandra, com medo de que percebessem as suas reais intenções.

Rui, constrangido pelos olhares diretos sobre a esposa, tentou por diversas vezes forçar o olhar na direção de Jaime, que de cabeça baixa preferiu não encarar o seu nem o de sua mulher.

Prosseguindo, o delegado começou a fazer a Sandra perguntas objetivas sobre o caso, conseguindo as respostas diretas da mulher de Rui que, imediatamente, colocaram Jaime numa situação quase sem volta:

– Meu irmão, senhor delegado, viu, junto com outra testemunha, quando o Jaime – disse sem conseguir encará-lo – pegou a bicicleta que eu tinha deixado perto da árvore, no campo de futebol na praça da igreja, naquele domingo, e a levou para vender lá na favela, onde outra pessoa o viu recebendo o dinheiro por ela.

Jaime ficou aturdido pelo que ouvia, pois jamais acreditara que uma pessoa que convivera a infância com ele e os irmãos daria tal declaração um dia, prejudicando-o daquela forma. Depois registrou a contradição sobre as duas testemunhas, pois pelo que foi dito pelo inspetor não era Paulo uma delas.

Depois de fazer mais algumas perguntas triviais a Sandra e alguns apontamentos numa folha sua que anexara ao processo na pasta, o senhor Geraldo levantou-se, agradeceu educadamente a Sandra e ao marido pela importante declaração e a dispensou, não conseguindo tirar os olhos sobre as últimas partes dela rebolando, até que desaparecesse pela porta.

Mal Sandra havia saído, o inspetor, a pedido do delegado, trouxe a outra testemunha, o principal jogador de futebol do time de camisa vermelha da favela local, que se sentou no lugar ainda quente onde a irmã de Paulo havia estado sentada.

Neguinho, com o cabelo cortado à máquina zero para afastar a piolhada, com o vício de coçar a cabeça, com seu porte baixo e agora com o peso bem abaixo do seu normal por causa das constantes peladas e o uso da erva maldita, usava sua nova calça Lee, sua nova camisa Lacoste de domingo de cor creme e seu novo kichute; ria a cada pergunta do delegado, mostrando seus dentes brancos e com cárie em dois da frente, antes de dar as respostas gaguejadas junto com o seu "palavreado próprio". Denunciou a presença do acusado próximo à bicicleta, antes do roubo, a ação de pegar e sumir com ela, como também a de receber o dinheiro pelo objeto, o que seria confirmado pelo colega, o próximo a testemunhar este ato ocorrido perto da favela.

O delegado solicitou os registros devidos ao escrivão que habilmente conseguiu traduzir o palavreado da testemunha ocular, agradeceu e o dispensou. O nome da testemunha era Edvandro da Silva, simplesmente registrado assim pela mãe porque, quando do seu nascimento, não tinha mais nada para acrescentar, além da parte de seu próprio sobrenome.

Depois o doutor Geraldo levantou-se e caminhou até o móvel antigo de madeira, pegou um copo de vidro de limpeza duvidosa, encheu-o com a água contida num filtro de barro e a bebeu, sem oferecer a ninguém. Parou por alguns instantes diante da janela que dava para um corredor, olhou algumas plantas, reclamou do calor que começava a tomar conta do ambiente, aproximou-se do ventilador e ligou-o na velocidade máxima. O duvidoso aparelho rangeu seu motor elétrico emperrado, que, como alguém que tinha acabado de ser acordado, começou os seus movimentos lentos, indo aos poucos atingindo a velocidade máxima longe da sua antiga capacidade; ele oscilava, porém a cada volta e retorno seu pino e buchas vibravam feito uma metralhadora disparando suas balas.

Naquele momento, Jaime justificou seus pensamentos iniciais, primeiro sobre o ventilador, depois sobre o restante do que era composto o senhor Geraldo: ele estava recoberto por um terno cinza de tecido de linho desgastado pelo tempo de uso; a calça estava suportada por suspensórios, deixando as suas meias brancas se destacarem abaixo da bainha da calça, e os sapatos pretos que usava estavam com o brilho vencido pelo pó acumulado; como o inspetor, a camisa interna branca sob o paletó tinha os botões da parte inferior distanciados entre si, possibilitando fosse visto o seu umbigo encaracolado, semelhante ao casco de um caramujo; finalmente, quando se virava e mostrava o seu traseiro, tinha-se a impressão de se estar diante do traseiro de uma tanajura. Ainda se podia ver que o funcionário público tinha estado sentado em sua cadeira sobre uma almofada, utilizada para ocupar o espaço menor vazio em virtude de um rasgo no assento de couro, onde acomodava o seu bumbum de vantajoso volume, fazendo-o lembrar o de Neguinho, muito parecido com o do delegado.

Quando o delegado virou o olhar em sua direção sentindo que seus olhos o sondavam, Jaime a tempo o desviou para a parede lateral, onde chamava a atenção alguns quadros de figuras políticas conhecidas do governo atual, pendurados nela, indicando daquela forma a sua adesão à ordem vigente.

O delegado retornou ao seu lugar e chamou a próxima testemunha de acusação.

Para seu espanto e susto, e após alguns minutos de reflexão, Jaime verificou que conhecia aquela voz e o rosto que identificou por meio de sua testa alta e suas sobrancelhas pesadas. Tratava-se de um dos outros que o haviam tentado assaltar quando retornava do cursinho vestibular, naquela noite chuvosa e solitária, quando Zeca-ferradura, amigo de pelada de Pedro, evitou que aquilo se consumasse. Era justamente aquele branquelo, alto, magro e desengonçado feito uma girafa, que estava ao lado do escuro feito a noite, gordinho e baixinho igual a uma jaca redonda – Neguinho –, que estava à sua frente para testemunhar contra ele, portando calça branca de brim e camisa verde de linho, sapatos de couro da mesma cor da camisa; na camisa tinha fixado um broche da Mocidade Independente de Padre Miguel; no pescoço pendia até a altura do coração um pesado cordão de ouro com uma imagem de São Jorge; tinha um anel pesado também de ouro no dedo mindinho, e sobre a cabeça escondendo os cabelos crespos esticados pelo henê tinha um chapéu panamá.

De imediato, Jaime pensou que logo que tivesse uma oportunidade o relembraria do que seu chefe tinha dito naquele dia: "Nunca mexam com esse aqui, pois é irmão do meu camarada Pedro". Mas desanimou-se logo ao lembrar que Zeca-ferradura – apelido dado a ele em razão de um coice de égua que havia lhe marcado o rosto definitivamente, procedendo do seu nome José Carlos – estava preso pela primeira vez por tráfego e assalto armado.

João Paulo, vulgarmente chamado de Paulinho do Tamborim, em função de tocar esplendidamente um tamborim, na escola de samba do primeiro grupo, do bairro vizinho, aproximou-se de Jaime e cochichou com sua voz estridente: "Nunca fui com a tua cara mesmo! Desde aquele dia, meu".

Ao lado, um pouco afastado, o delegado, percebendo que ele havia falado algo com o acusado, e por, talvez, não ter ido com a cara do Paulinho do Tamborim, ou percebido nele um rival por ser portelense, perguntou a Jaime:

– O que o cidadão aí lhe perguntou? – afirmou com convicção. – Pode falar!

Para Jaime, aquela poderia ter sido uma grande chance para delatar o assaltante, e também para que escutasse melhor a sua defesa, mas não o quis à custa de ter que entregar de bandeja ao delegado aquele que um dia quase o tinha assaltado e consequentemente a Zeca-ferradura, podendo botar em risco depois seus familiares e amigos, pois a criatura de olhar malígno parecia não temer nada.

Por sua vez, Paulinho tremeu por causa de sua consciência perpetrada de erros, diante daquela possibilidade dada pelo delegado, mas acalmou-se com a resposta de Jaime de ter sido conversa de rivais de peladas, e ao mesmo tempo se sensibilizou perante sua personalidade em não entregá-lo. Contudo, estava ali pelo dinheiro que precisava para pagar dívidas de jogo e pelo consumo da verdinha, que não conseguia se livrar de usar. Afinal, Jaime era branco como ele, e nada lhe aconteceria, se tivesse um bom advogado para livrá-lo da cadeia, enquanto a vida dele estaria em perigo, caso ele não tivesse pago, de imediato, as dívidas que tinha contraído junto aos traficantes da favela onde morava.

As palavras de João Paulo Albuquerque, embora de duvidosa origem, foram as daquele que viu Jaime recebendo o dinheiro de um conhecido receptador de objetos roubados da favela.

Embora voltada a sua vontade contra o elemento que tinha à sua frente, o senhor Geraldo não teve como arrebatar o seu testemunho, que aparentemente tinha a ficha limpa, não havendo, portanto, nada que o impedisse de testemunhar, e o dispensou em seguida, depois dos registros devidos do escrivão e dele mesmo.

Por fim, o delegado chamou o irmão da principal acusadora que, acompanhado do inspetor, se sentou ao lado de Jaime, encarando-o de lado com olhar de sarcasmo, contrastando com a irmã que evitou encarar o antigo colega de infância.

Jaime, então, pôde observá-lo de muito perto, coisa que não fazia havia muito tempo: estava muito mudado, ostentando um bigode felpudo, com cabelos encarapinhados cortados rente à cabeça e que desciam espessamente como costeletas, permitindo que lhe sobressaíssem mais ainda as orelhas retorcidas no topo. Estava usando, para impressionar o delegado, o seu uniforme cáqui de sargento do Exército, cuja camiseta apertada realçava a musculatura do peito e a calça comprida frouxa deixava-o menos magro; nos pés usava suas botas marrons com solado de borracha e cadarços amarrados até a altura das batatas dos pés, e sobre a cabeça usava o tradicional boné verde, fazendo realçar o seu nariz embatatado.

Diante do olhar orgulhoso de Judas Iscariotes, Jaime não soube definir em sua mente se sentia raiva, pena ou dó do que o companheiro de várias épocas boas estava prestes a fazer com a sua vida.

O delegado, conhecedor de parte da história dos dois, informada pelo inspetor na pasta do processo, ironicamente dirigiu a palavra à nova testemunha, visto que no fundo não gostava muito do que tinham feito os militares, na época da ditadura:

– Muito bem, senhor Paulo de Tarso Macedo. Ambos foram vizinhos e amigos de infância e juventude. O senhor confirma o que deixou registrado no primeiro interrogatório? – perguntou olhando para ele diretamente nos olhos.

– Sem sombra de dúvida, senhor delegado.

– E, se é da minha conta, o que faz um amigo de infância e juventude chegar a acusar o outro por um roubo?

Paulo não esperava tal pergunta e, embaraçado, demorou alguns segundos coçando a sua cabeça para respondê-la:

– Inicia quando a gente percebe que o outro não é aquele que pensávamos que fosse – desferiu suas palavras mais diretamente para Jaime do que para o doutor Geraldo, deixando à mostra todo o ressentimento que o tinha deixado, por anos, amargurado, e havia gerado seus pensamentos febris de revide.

– Como assim? O senhor pode me explicar melhor isto?

– Senhor delegado, o que o senhor faria se um amigo seu roubasse a bicicleta de sua irmã? – desviou-se Paulo do assunto, fugindo do motivo principal que só sua mente conhecia.

– Senhor Paulo, quem pergunta aqui sou eu. Mas se o senhor quer saber, sem que eu entre em outros méritos, primeiro consideraria uma traição e depois algo muito triste feito por alguém em quem confiamos, mas... – interrompeu sem concluir, com olhar condenatório na direção do acusado e do acusador – vamos ao que nos interessa efetivamente. O senhor confirma o que registrou como testemunha de que viu o acusado perto da bicicleta de sua irmã e depois roubando-a, correto?

– Não, senhor delegado, eu não disse que vi. Disse que estava assistindo ao jogo e que estava lá com a bicicleta da minha irmã. Quando me dei conta ela tinha sumido e aí outra pessoa viu quando o sujeito aqui, - disse apontando com seu dedo indicador na direção de Jaime – a levou de mansinho; depois outra pessoa o viu recebendo dinheiro pela venda dela perto da favela.

– Péra lá. Foi o senhor que conduziu a bicicleta até o local do roubo ou foi a sua irmã?

– Foi a minha irmã, senhor delegado.

– E ela deixou a bicicleta lá, por quê?

– Porque eu ia precisar dela depois – respondeu rapidamente Paulo, evitando maior questionamento.

– Mas a sua irmã disse no depoimento anterior que retornou para buscá-la.

– Sim, senhor delegado. Ela se esqueceu de que havia me emprestado.

– Aqui nas informações o senhor também está afirmando que viu o suspeito roubando a bicicleta. O senhor viu ou não viu? Pense bem sobre a resposta, pois está sob testemunho e, se o senhor estiver mentindo, poderá mais tarde sofrer as consequências por isso, principalmente sendo militar.

– Não, senhor delegado. Eu não vi.

Então o senhor Geraldo, balançando a cabeça por contrariedade, abaixou-a e registrou as novas informações que se contrastavam com as anteriores registradas pelo inspetor no interrogatório inicial.

– Muito bem. O senhor está dispensado, senhor Macedo. Pode ir.

Enquanto o delegado estava de cabeça baixa, Paulo saiu e ainda deliberou um olhar cínico e de superioridade na direção de Jaime, percebido somente pelo acusado e os dois policiais colocados pelo delegado no centro separando os que estavam nas cadeiras das extremidades, que numa postura neutra nada tinham que se intrometer, a não ser se houvesse algum atrito entre estes.

Agora chegara o momento de o delegado perguntar para o acusado o que já lhe tinha sido questionado anteriormente no interrogatório inicial, daquela vez perante o seu advogado de defesa.

Do outro lado da porta da sala do delegado, no pequeno saguão lotado de diversas pessoas entrepostas com suas causas diferenciadas, as pessoas que vieram apoiar Jaime começaram a manifestar suas irritabilidades diante de tão grossa forma de levar o amigo na direção de um interrogatório final na delegacia, sem que mesmo nenhuma delas o pudesse acompanhar, nem mesmo terem aguardado a presença do seu advogado de defesa, arregimentado por Osmar a contragosto de Maureen, que ainda não tinha chegado. Por que a diferença se foi concedida a ida do marido de Sandra junto com ela? Questionavam-se.

Dentro da sala do delegado, ele aguardou o máximo que pôde a chegada do advogado, até que não podendo esperar mais iniciou a sua entrevista junto ao acusado.

Jaime declarou a sua verdade, que consistia em não ter testemunhas para provar onde estivera no momento do roubo da bicicleta, já descrita por ele anteriormente; as testemunhas que o poderiam ajudar eram o próprio receptador e Neguinho, que teria de acusar cada um deles, formalmente, para poder se livrar da prisão, e Zeca-ferradura que estava preso, que faria, talvez, Paulinho voltar atrás no seu testemunho, se não estivesse naquela situação. Mas ele contestou sobre as divergências nas declarações prestadas por Sandra e o irmão sobre quem estava com a bicicleta na hora do roubo. Porém, foi como que dito ao vento. O delegado já concluíra aquilo de que precisava.

Meia hora depois o advogado de Jaime chegou apressado e agitado por ter perdido a hora engarrafado no trânsito, com informações de pouca importância para livrá-lo da acusação. O delegado, por seu lado, tendo as informações necessárias para indiciar Jaime, cumpriu com o seu papel, lavando as suas mãos no que lhe havia tocado com relação às testemunhas. Não caberia mais a ele o julgamento final. Haveria um juiz e um júri para isso. Bastava-lhe agora cumprir com o seu dever de proceder à prisão de uma pessoa que havia roubado o bem de outra, como decisão impessoal.

Entrementes a revolta dos amigos e parentes, Jaime recebeu voz de prisão e foi conduzido a uma cela da delegacia, ainda não acreditando no que lhe estava acontecendo.

Laura gritava seu ódio aos vizinhos de parede conjugada; Pedro e Célio proclamaram a vontade de esmurrar a todos que testemunharam contra o irmão mais novo; e Maureen sentia um ódio contra o antigo namorado que, tinha certeza, nunca havia aceitado o não quando ela desmanchou com ele, sabendo ser este o principal motivo que o fez chegar àquela situação de vingança contra Jaime.

Entretanto, não tinham mais o que fazer em frente à delegacia, depois que a noite, aparentemente, começou a devorar a luz, naquele dia. Cada um voltou para sua casa e sua cama confortável, enquanto Jaime deitava sobre uma esteira de palha, sob o olhar severo de quatro antigos moradores da mesma cela úmida, fria e suja, no direito que achavam de dormirem sobre os colchões dos dois únicos beliches existentes, enquanto aguardavam os seus julgamentos.

Na madrugada, quando todos na cela dormiam aconchegados pelas experiências adquiridas, Jaime acordado pensava no pior que ainda lhe poderia acontecer.

A cerca de cinco quilômetros dali, a sua amada pensava no melhor que pudesse lhe dar ou fazer para tirá-lo do ambiente hostil em que se encontrava, inconformada por ter permitido que Osmar tivesse tomado as rédeas contratando um advogado conhecido seu para defender o irmão; também os outros irmãos de Jaime e amigos se remexiam em suas camas, intranquilos quanto ao destino que poderia tomar a vida dele.

Contudo, em outra casa, próxima àquelas, onde a vingança e o ódio se impuseram, em vez do entendimento e esclarecimento, a consciência fazia arder os menores movimentos sobre o colchão das duas pessoas titulares da situação insólita que elas tinham criado para se verem livres de seus oponentes, cujo preço teriam de pagar um dia.

―⸎―

8. O julgamento

Como o relógio da felicidade que corre apressadamente, o tempo da infelicidade, ao contrário, arrastou-se entre a prisão provisória e o julgamento do caso do roubo da bicicleta de Sandra.

Mesmo com as diversas tentativas feitas pelo advogado de defesa de Jaime para libertá-lo da prisão e aguardar o julgamento em casa, seus pedidos foram indeferidos pelo juiz que pegou o caso, mesmo relatando as divergências nos relatos de Paulo e sua irmã.

Jaime ficou preso na cela da delegacia, nos quatro meses que precederam ao julgamento, por não terem como transferi-lo para as penitenciárias do estado por estarem lotadas.

Durante sua estadia lá entraram e saíram criminosas de diversos tipos, fazendo com que Jaime fosse ultrajado moralmente nas mais diversas formas de tratamento, tendo de se submeter às condições impostas por estes, a fim de manter sua integridade física. Dentro das celas, a lei que imperava era a do mais poderoso, como a do Leão na selva diante dos outros animais mais fracos.

Para poder manter-se vivo, Jaime precisou dar ou repartir com os irmãos de cela, como os detentos falavam, algumas de suas camisas, bermudas, cuecas, sandálias de dedo, sabonetes, escovas e pasta de dente, além das comidas e sobremesas que as irmãs, a noiva, os amigos e parentes lhe traziam nas visitas.

Para consolá-lo tinha a presença de Maureen, sempre que lhe era possível. Naqueles momentos de dor e desespero é que Jaime percebeu os poucos verdadeiros amigos que tinha, pois, se logo no início muitos dos vizinhos e ditos amigos já não o foram visitar mais, os demais foram se extinguindo com o passar do tempo, restando os fiéis. Entre esses estavam a infatigável Maureen, seus irmãos do meio e Celso.

Todas as demais tentativas que Jonas, o advogado contratado pela família, indicado por Osmar, fez para a liberdade provisória também foram em vão, pois parecia que o juiz era um dos de linha-dura daquela realidade, ainda viciados no modelo da ditadura militar.

Durante o julgamento propriamente dito, mesmo tendo sido adotado como critério de defesa o suborno de Paulo sobre Neguinho e João Paulo, no que se referia à mudança nos seus estilos de vida que viesse a comprovar o pagamento feito a eles pelo irmão de Sandra, contrariamente ao que acreditava Maureen a esse respeito tirando proveito do que tinham conseguido apurar na estratégica pelada dentro do campo do time inimigo, esse princípio não funcionou diante do pensamento endurecido do magistrado. Também de novo nada adiantou a observação registrada por Jaime de ter sido Paulo que estava usando a bicicleta e não a irmã como descrito anteriormente por Sandra.

O advogado de acusação foi enfático no crime cometido contra amigos de família, que mostrava o grau de sarcasmo do acusado, comprovado também quando ele parou um trem sem motivos aparentes, simplesmente porque queria descer numa estação em que o trem não parava, junto com outros parceiros, pouco se importando se incomodariam a vida de outras pessoas e seus compromissos.

Doutor Anderson, o Durão, conforme o chamavam no fórum, era daqueles juízes que detestavam estudantes metidos à besta que tinham feito muitas provocações e transtornos públicos, principalmente no abuso de se parar um trem, mexendo com a vida cotidiana de outras pessoas, simplesmente para provocar as autoridades. Isso para ele teve um peso enorme, contribuindo muito no seu julgamento pessoal ter tido o acusado quatro testemunhas no cometimento do crime, contra uma suposta evidência sobre a posse de quem estava usando a bicicleta no momento do roubo. Segundo ele, toda pessoa era inocente até o momento em que cometia o primeiro roubo, qualquer que fosse o roubo, sendo daí em diante totalmente desprezado por ele, por saber em sua experiência que um criminoso no Brasil nunca se recuperava e só piorava.

Doutor Jonas também atentou para o fato de o acusado ser trabalhador, estudante, vir de família pobre e honesta, ter bons antecedentes criminais, no que o magistrado, confiante no seu entendimento, voltava a descrever o seu dizer anterior a respeito, enfatizando:

– Só se deve meter a fazer alguma coisa aquele que sabe ter condições para fazer. Iniciar sabendo que não se vai conseguir acabar e ainda pensar em casar... tudo ao mesmo tempo... dá no que deu; a vontade acaba virando cobiça e a cobiça leva o homem a fazer besteiras, sem precedentes.

Doutor Jonas, entretanto, conseguiu arrancar duas coisas do magistrado durão, depois do julgamento concluído: que o rapaz não fosse demitido sem justa causa pela sua ausência no emprego, por estar preso; também conseguiu que não perdesse a sua vaga na faculdade.

Maureen e Laura, chorando sem parar em razão da covardia aprontada em cima de Jaime, ainda o viram com o olhar de desespero entrar no rabecão da polícia militar que o conduziria direto para a penitenciária da Frei Caneca, onde cumpriria a pena determinada pelo juiz.

9. Dois anos depois

Maureen tinha passado mais uma noite de espírito oprimido e choroso pela falta que lhe fazia o seu amado afastado dela naqueles primeiros dois anos de reclusão, após ter sido sentenciado.

Parecia-lhe que a voz do juiz com a decisão do julgamento, ecoando em sua mente, a perseguiria para sempre:

– Por ser réu primário e ter bons antecedentes, o júri, a meu ver complacente com isto, determina, e eu aprovo, seja ele condenado a cinco anos de prisão, podendo a pena ser reavaliada daqui a três anos, conforme o comportamento do mesmo, durante a sua reclusão.

Para ela, palavras simples definidas por pessoas que não conheciam bem Jaime para terem o direito de julgá-lo daquela forma, mas tão poderosas que estavam destruindo, indiretamente, algumas vidas e, diretamente, a de seu amado e a sua própria.

Essas coisas fizeram Maureen se transformar da cândida pombinha para a mais prudente das serpentes, despertando nela reações muito antigas registradas em sua alma.

Entretanto, a vida continuava. Era um domingo, e ela podia sentir ser realmente aquele dia por causa do jogo de futebol que rolava no campo do Rala Coco e as vozes dos jogadores como das duas torcidas, pedindo por passes ou agitadas pelos ataques e defesas, como também pelos erros que o juiz cometia.

Seguindo o seu instinto, ela afastou a cortina da janela de seu quarto que dava para a frente da rua e metade do campo, e ainda pôde observar a última cena que agitava as duas torcidas: tinha sido falta contra o time que imitava a camisa tricolor das Laranjeiras. Um jogador com a camisa do time oposto com as cores listradas de vermelho e branco estava de costas para a sua janela. O jogador deu distância para a bola; o juiz apitou; ele chutou a bola fortemente na direção do gol do adversário; o goleiro se esticou ao máximo que pôde dentro da elasticidade de seus músculos e ossos de atleta, mas a bola acabou entrando, bem no cantinho direito, roçando ainda de leve a trave pelo lado de dentro e fazendo com que o juiz apitasse o gol. A torcida do jogador que fizera o gol pulou emocionada; Maureen esboçou um sorriso pelo gol bem-feito. Porém seus lábios relaxados se retesaram e se fecharam, rangendo os dentes, quando percebeu que o rosto do jogador que tinha feito o gol lhe era conhecido, e pior, era o de Paulo.

Paulo correu na direção dos seus colegas jogadores do mesmo time e eles o envolveram alegremente comemorando o feito; dentre eles estava Neguinho, que tinha sido o responsável pela passagem da bola a Paulo, surgindo em seguida à falta que deixava o time em situação de muita vantagem, naquela decisão do campeonato de futebol local.

Passando da alegria ao ódio, Maureen fechou a janela revoltada, sentou-se em sua cama, agora não mais dividida com a irmã mais nova que ganhou o quarto que antes pertencia ao irmão mais velho que se casara, e chorou convulsivamente, culpando a Deus pelo fato de o noivo estar injustamente preso enquanto outras criaturas perversas estavam soltas a gozar plenamente a vida.

Depois, mais calma, ela enxugou as lágrimas, olhou para o relógio cujo ponteiro menor indicava 10 horas e o maior 15 minutos, e resolveu sair do quarto para escovar os seus dentes e tomar o seu banho; voltou para o quarto e se arrumou, ficando pronta para ir ao encontro da visita a Jaime, na prisão.

Ela escolheu apressada no armário o mais bonito de seus vestidos, que Jaime gostava tanto, a fim de dar-lhe alegria aos olhos e ao coração, já que o corpo e a mente dele estavam desgastados com os dias sofridos na prisão. O vestido era de seda azul-celeste, engomado na parte de baixo; chegava até o joelho, e era ajustado com uma fita branca enlaçada na cintura, com rendas coloridas na parte de cima; era branco o tecido das mangas do vestido que lhe desciam do ombro ao meio do braço; usava sandálias brancas de meio salto; tinha uma bolsa pequena cinza atravessada do ombro esquerdo ao lado direito da cintura onde colocou seus documentos e dinheiro. Para completar a ornamentação que a agradava, usava brincos dourados em forma de argola, que salientavam suas belas orelhas; pulseiras douradas entrelaçadas no pulso direito e um precioso relógio de metal inoxidável dado de presente pelo seu amado, antes de ele ser preso.

Antes de sair do quarto, ela pegou uma bolsa que havia preparado na noite anterior com algumas coisas para Jaime e outras necessárias para a visita; dirigiu-se até a cozinha onde faria a primeira refeição do dia, reforçando-a, pois não sabia a que horas faria a segunda, visto que deveria sair de imediato para pegar duas conduções escassas naquele dia que a levariam até a penitenciária, no centro da cidade, a fim de não chegar atrasada à hora prevista para a visita, que começaria às 14 horas e se encerraria às 16.

A mãe e o pai estavam sentados à mesa, muito tempo depois do horário normal do café da manhã, quando ela chegou e sentou-se ao lado deles, percebendo, de imediato, que falavam dela.

Ela se aproximou, deu-lhes bom-dia, afastou para o lado as páginas do jornal que o pai já tinha lido e beijou-lhe o rosto; depois fez o mesmo com a mãe que tentou disfarçar junto ao marido na leitura do jornal.

Antes, ao vê-la chegar arrumada e bonita, a mãe, sem que Maureen tivesse visto, chutou o pé do marido por baixo da mesa, resmungando: "Tá vendo, lá vai ela de novo ver aquelezinho!". O pai gemeu antes do beijo da filha, mas não se manifestou com aparentes sinais positivos ou negativos no rosto, pois, no fundo do seu coração, agradava-se com a coragem e determinação da filha e, por outro lado, preocupava-se com ela frequentando ambiente tão hostil como o de um presídio.

A primeira coisa que a mãe falou para ela depois de responder ao bom-dia foi:

– Você escutou, filha, o alvoroço feito por causa do gol do Paulo? O jogo acabou em 1x0, e ele foi considerado um herói por ter dado o campeonato ao seu time.

– Mãe, eu, sem querer, vi o gol e a princípio achei legal para o time de nossa rua. Mas eu não posso ficar alegre com a felicidade dos que levaram tristeza para quem não merece. Ver o Paulo abraçado ao Neguinho, rindo, enquanto o Jaime está sofrendo injustamente numa prisão, não pode me trazer alegria.

Assim que a filha terminou seu oportuno comentário, um leve sorriso despontou no rosto do senhor Afonso, deixando dona Jurema irritada com isso. Prosseguiu ela para a filha:

– Filha, não seja tão severa assim. O Paulo não pode ser culpado por ser o irmão da pessoa que teve a bicicleta roubada, nem o Edvandro a culpa de ter sido um dos que viram quem roubou a bicicleta.

– Mãe, como a senhora tenta inverter os papéis! A senhora ainda não percebeu que o Paulo e a irmã dele armaram isso tudo para incriminar o Jaime, achando que com isso o caminho estaria aberto para as nefastas pretensões dele? Afinal, mãe, para que time a senhora torce? Para o da felicidade ou infelicidade de sua filha?

O pai levantou da mesa, sorriu para a filha, beijou-lhe o rosto e falou sucintamente, olhando severamente para sua esposa:

– Filha, faça o que o seu coração está mandando fazer e não deixe que a vontade de outras pessoas possa interferir na sua.

Sensibilizada com os dois lados de situações referentes às opiniões claras dos pais, Maureen mal tocou no pão e café com leite, levantou-se da mesa, por obrigação beijou o rosto da mãe e por agradecimento e pela sinceridade o do pai, saindo para se encontrar com aquele que se encontrava longe dos seus abraços diários.

Quando Maureen saiu à rua, acompanhando de longe a sua passagem, os olhos obcecados de Paulo registraram a direção tomada por ela para o ponto onde pegaria o ônibus que a levaria ao encontro de seu rival, enquanto sua boca cheirando forte a cerveja falava para os colegas ao seu lado num barzinho ao largo do campo de futebol improvisado para as comemorações:

– Lá vai ela mais uma vez ver aquele sujeito, sem saber o que está perdendo. Um dia ela vai entender que o homem da vida dela sou eu; cansa-se dessas visitas na prisão e eu estarei pronto para ela – gabou-se, fazendo com que os que lhe estavam junto rissem com prazer, alimentados pela cerveja e tira-gostos patrocinados por Paulo. Com ele estavam, entre outros, Neguinho e Paulinho do Tamborim.

10. Achados nas perdas

Jaime tinha estado aquela manhã de domingo, na hora do banho de sol, concentrado, meditando, sobre certo livro que havia pegado alguns meses atrás na biblioteca da penitenciária, que descrevia vários ensinamentos deixados por aquele que chamavam de Salvador do Mundo. Tinha lido algumas passagens que descreviam sobre a caridade e o perdão aos erros do próximo, o que o tinha deixado irritado, de imediato, fazendo-o fechar o livro revoltado, ficando quatro dias sem voltar a lê-lo, cerrado que estava diante da sua situação de ódio para com os seus inimigos – de cordeiro brando havia se transformado em lobo feroz prestes a atacar implacavelmente os seus inimigos, diante da situação a que fora forçado estar. Contudo, após o quinto dia, brigando consigo mesmo em devolver ou não o livro à biblioteca, decidiu continuar a lê-lo sem parar, o que o fazia refletir naquele momento sobre aquele período tão difícil na sua vida, enquanto aguardava a hora tão esperada de ter a visita de sua amada.

Pensava sobre a maneira como agora podia ver melhor a situação em que se encontrava depois que leu tal livro e outros, que começaram a ajudá-lo naquele entendimento. A terrível ira e a vontade de vingança que carregou pesadamente nos quase 525 mil minutos passados no primeiro ano de prisão haviam se amenizado e seu coração não mais transbordava só o fel que durante cada um daqueles minutos o tinha atormentado, deixando a sua mente doentia e alucinada. Assim, gradativamente, o azedume deu lugar à compreensão sobre os erros dos outros, acalentando a ira aos poucos com a brandura descrita, principalmente, pelo Salvador, e transformando a vontade da vingança na indulgência e alteridade para com os que haviam desviado o rumo da sua vida, fazendo com que lhe fosse voltando pouco a pouco as virtudes do cordeiro que lhe assinalava o caráter. Aprendeu que o ódio e a vingança quando aplicados só trazem mais ódio e vingança; que o perdão às ofensas não são coisas dos fracos e sim dos fortes; que ninguém neste mundo tão inferior tem condições de julgar o outro, por não conhecer toda a história de que se compõe a criatura.

Desta forma, paulatinamente, veio conseguindo transferir as energias negativas que empestiavam o seu ser com outras benfazejas, que começavam a revitalizar o seu interior.

Ele se contaminou com os infelizes companheiros de cela na delegacia que o haviam obrigado a dormir muitas vezes no chão frio, sujeitando-o a diversas humilhações; com o inspetor que tomou seu depoimento já travado nas suas opiniões pessoais para com o delegado que, por sua vez, embora os fatos observados diante das testemunhas duvidosas, fez como Pilatos lavando as suas mãos entregando-o ao juiz, que, azedo com os que tentaram revolucionar a ditadura militar, condenou-o de antemão a cinco anos de prisão pelo roubo de uma bicicleta; ele passou pelos caminhos entre os dentes brancos de Neguinho feliz com as roupas novas adquiridas por meio do seu falso testemunho; destemperou-se no sentimento oportunista de João Paulo para livrar-se das dívidas de sangue provocadas pelas perdas nos jogos de azar e pelo consumo da erva daninha; adentrou pela impaciência mental da mãe de Maureen; percorreu os caminhos do ódio irradiado irremediavelmente pelos lados de Sandra; e finalmente chegou até Paulo, o motivo principal de suas aflições, que de amigo de infância vacilante passou a ser o seu pior inimigo.

Ele não sabia direito os motivos que levaram Paulo a cometer tantas atrocidades contra ele: a ação, a traição, a inveja por estar com Maureen e ser o preferido dela no coração. Era só isto, ou tinha mais coisas por trás que o incentivaram a tomar tantas atitudes ruins contra ele?

Alguns outros livros também lidos ao longo do segundo ano descreviam que muitas respostas não se encontravam nos motivos desta vida, e sim em outras: os pais de ambos que nunca se entendiam; as irmãs também; entre eles mesmos que viveram suas infâncias sempre conflitantes e tensas entre o amor e o ódio. O que tinham feito para estar em semelhante situação?

A pergunta que o estava atormentando, naquele momento, era: como proceder, se a princípio queria perdoar os seus dois principais inimigos, quando a mente ligada aos ensinos lidos indicava para o perdão sem condições, enquanto o seu coração amargurado não o conseguia plenamente? Somente querer acreditar não lhe estava sendo suficiente, ele queria vibrar positivamente no entendimento de que o amor tudo resolve, que o dente por dente, olho por olho, aprendido tantas vezes como possibilidade e razão para o revide, não tinha sido mais que condições criadas por Moisés para controlar o seu povo rudimentar, pelos meios da educação básica.

Ficava apreensivo por não possuir ainda os ácidos no seu organismo brutalizado para digerir os alimentos pesados que a vida tinha lhe imposto. Naquela digestão, brigava o seu organismo indisciplinado com as razões para lhe facilitar a quebra dos pesados alimentos que fora obrigado a comer e que mal conseguira engolir, que lhe queimavam a mente e causavam dores.

Estava duro fazer parar aquelas dores que o atormentavam. Os remédios que havia tomado, até então, somente o tinham aliviado por alguns momentos. Ele pensava e queria descobrir os meios de fazê-las passar para sempre, mas a fórmula para isso ainda não tinha conseguido.

Perdoar Sandra o incomodava muito; entretanto, perdoar Paulo, ele sabia, seria muito mais difícil. Por isso procurava, cada vez mais, conhecer as fontes de estudo e, principalmente, compreendê-las, para poder aplicar verdadeiramente na vida o que o senhor Jerônimo havia lhe orientado como receita para o retorno ao bem-estar de sua alma.

― ⚜ ―

Maureen finalmente chegou à penitenciária entranhada entre o centro da cidade e a Tijuca, um lugar mal localizado, perigoso e tenebroso, onde se podia sentir o cheiro da cervejaria Brahma perto dali, e também o movimento dos homens e da meninada sedentos pela posse das mulheres que pagavam para ter. A cada vez que ia lá, ela sentia as carnes de seu corpo fraquejarem e seus pensamentos mergulharem sempre nas maneiras com que tinha sido tratada pelos guardas, quando iniciou suas visitas a Jaime: maus-tratos, constantes impedimentos, palavras ásperas, provocativas e inconvenientes toques no corpo sem necessidade.

Ela desceu do segundo ônibus que a deixava quase em frente da penitenciária, com seus portões de entrada altos e pesados, cuja fachada de cores fúnebres e desgastadas pelo tempo de sua construção, em 1850, mais lembravam uma casa de perdição do que uma de recuperação. Faltavam dez minutos para que liberassem a vistoria de entrada para a visita aos detentos. Ela, então, dirigiu-se à fila para a liberação e vistoria, onde encontrou algumas visitantes conhecidas ao longo do primeiro ano que visitava Jaime, todo domingo; ela cumprimentou-as e passaram a trocar as mesmas palavras de sempre sobre as dificuldades existentes para entrarem no presídio, enquanto a fila andava na direção do portão de entrada.

Finalmente chegou o momento da vistoria, humilhante pelos olhos dos visitantes, mas necessária pelos olhos da prevenção. Ela nunca se adaptara àquela permissão para acesso à casa de detenção, em vista sempre das mãos bobas que, por obrigação, permitia vasculhassem seu corpo e objetos pessoais, fossem as vistorias feitas por guardas homens ou guardas mulheres.

Rebelar-se sobre aquela situação só prejudicaria, pois sempre haveria a próxima vez, com o mesmo sujeito ou outros confessos entre si, com o poder de liberar ou não para a entrada.

Passados dois anos, aprendeu a não ter medo das mãos bobas, que enjoavam com o tempo, e para os que impõem respeito, o respeito chegava com o tempo, os ultrajes passavam; a amizade e a familiaridade também chegavam com o tempo, por acabarem fazendo parte da rotina.

Dessa forma, Maureen cumprimentou e foi cumprimentada pelos guardas; a vistoria respeitosa foi feita, seus objetos checados cordialmente, sem privilégios, e sua liberação foi dada para a visita daquele domingo, após algumas pequenas lembrancinhas que ela sempre dava, cordialmente, como amizade.

Maureen, corajosa, a tudo suportou, suporta e suportará para estar perto do homem que ama. Nada a impediria de ver Jaime todo domingo: as dificuldades para poder entrar na penitenciária; as palavras severas e opositoras da mãe; os olhos desconfiados dos vizinhos maledicentes; as horas de lazer e descanso que deveria aproveitar na sua juventude, entre outras coisas. Para os venenosos, ela era a mulher vulgar de vida que visitava o seu homem e estava pronta a atender a todos os seus pedidos, usando o seu corpo para satisfazê-lo sexualmente, trazendo a arma de defesa contra os seus inimigos, ou o tóxico que lhe saciava o vício; para a sua mãe, aquela que estava perdendo a oportunidade de casar-se com um excelente partido; para outros, aquela que todo mês o prisioneiro tinha direito; finalmente, tinha os que viam como amor o fato de ela perder a sua juventude ligada às visitas ao presídio, todo o domingo, fizesse chuva ou sol, calor ou frio.

Felizmente o pior já tinha passado para ela e, aos poucos, o respeito graças à sua dedicação e fidelidade acabou revelando a sua verdadeira identidade moral.

Jaime a viu quando entrou pelo portão do pátio de visitas usando o seu vestido favorito; local destinado aos prisioneiros de menor perigo, onde poderiam tocar suas mãos, sentirem o cheiro um do outro, afagarem os seus cabelos e falarem-se diretamente, sem o uso de aparelhos e paredes de vidro a intermediá-los como acontecia nas visitas aos prisioneiros de maior periculosidade.

O pátio onde se encontravam estava bem iluminado pelos raios do sol morno que penetravam através das aberturas com grades nas paredes superiores, aquecendo as pessoas e afastando o frio que começava a aumentar naquela tarde de inverno carioca. À sua volta, podiam-se ver diversos vasos com flores comuns, samambaias choronas penduradas nas madeiras de sustentação do telhado e ipês que aguardavam a primavera para sua floração. Contornando o pátio, tinham-se diversos bancos de madeira sob os tetos de telhados de amianto em forma de canaletas. Os dois se sentaram num daqueles bancos e tão logo a noiva pôde estar mais próxima a si, Jaime a beijou no rosto, afagou-lhe os cabelos, aspirou o perfume que usava – tudo aos olhos atentos da vigilância que a todo movimento suspeito intercedia –, pegou-a pelas mãos, acariciou seu próprio rosto com elas e, fixando seu olhar sobre o dela, confessou-lhe:

– Querida, a cada semana que passa a vejo mais linda; seu perfume; mais cheiroso; suas roupas me maravilham os olhos – falou-lhe sem tirar os olhos do vestido de seda azul –, fazendo-me ficar cada vez mais apaixonado por você.

– Seu bobo! Não estou usando nada mais que já não tenha usado outras vezes. São os seus olhos que estão vendo mais e seu nariz que estão sentindo mais – respondeu Maureen sorrindo e deliciando-se com as palavras doces de seu amado, que, mesmo oprimido pela situação que vivia, não estava mais a lamentar-se com suas dificuldades, como tantas vezes anteriormente tinha feito. Aquilo chamou sua atenção, fazendo perguntar-se onde ele estava encontrando tanta força.

Em seguida, observando as roupas normais que todo preso como Jaime tinha de usar, abriu de sua bolsa já vistoriada pelos guardas e retirou de dentro dela um conjunto de moletom para que ele pudesse dormir mais aquecido e um casaco de lã para usar sobre o uniforme nas noites mais frias.

Enquanto via o seu noivo experimentando por cima do uniforme que usava as roupas que tinha trazido, passou-lhe pela cabeça algumas lembranças para que pudesse chegar àquele estágio de poder presentear ao seu amado, por meio de imagens de aprendizado adquirido com as experiências das mulheres e mães dos presos mais antigos, do ceder para poder dar, trazendo lembrancinhas que agradavam aos guardas que, mais complacentes, as deixavam passar com os objetos permitidos para uso dos seus entes aprisionados, pois, caso contrário, eles poderiam ficar com tudo ou quase tudo que traziam, sem que fossem perturbados por ninguém. Muito difícil de ser executado no início dos primeiros meses de visita, por estarem os guardas desconfiados de qualquer agrado a mais, pois só o tempo proporciona a segurança mínima.

Mas Maureen, refazendo-se de imediato, afastou de sua mente aqueles momentos tão mais difíceis e retornou à vida presente, prestando total atenção à conversa iniciada por Jaime, que sabia era muito importante para ele, pelo pouco de tempo que teria para conversar com alguém de sua total confiança, durante a visita.

– Querida, você não imagina como fico contente em vê-la! – ele reforçou feliz. – Você é o conforto que Deus me proporciona a cada semana, para poder enfrentar todas essas minhas dificuldades. Contudo, amor, eu acho que você não precisava vir aqui toda semana, por ser isto injusto e sacrificante demais. Acho que, se você viesse quinzenalmente, já estaria muito bom. Você tem de aproveitar melhor o seu tempo livre – justificou.

– Jaime, querido, eu não conseguiria ficar longe de você. Seriam duas semanas, 14 dias sem vê-lo, amor. O meu coração explodiria de saudades. Por favor, nunca mais pense nisso, Jaime – implorou ela ao noivo, com os olhos mareados. – Além disso – acrescentou –, quem mais o escutaria sobre o que passa durante a semana, com tanta atenção e carinho? Quem mais? Você poderá dizer até que Laura e Pedro, mas duvido que eles te amem mais do que eu te amo. Quanto a Osmar e Heloísa, quantas vezes eles vieram aqui te visitar neste primeiro ano? Acho que o Célio e alguns de seus vizinhos vieram mais vezes do que eles – argumentou.

Jaime balançou a cabeça, pensativo, concordando com alguns pontos colocados por ela e, refletindo ao mesmo tempo, já pondo em prática algumas das coisas que havia aprendido com as leituras dos livros da biblioteca, respondeu-lhe:

– Maureen... O meu irmão Osmar é muito ocupado junto à atenção com a família e viaja muito... Quanto a Heloísa, tem os filhos e o namorado novo para cuidar.

Então, Maureen, com a sapiência que tinha adquirido na sua vida prática, não dando tempo para que ele pudesse refletir mais sobre aquele assunto desagradável, que ela considerou por si só um comentário infeliz de sua parte, perguntou-lhe passando por cima daquele tema:

– Bem. E aí, conte-me o que lhe aconteceu esta semana, querido.

Jaime sorriu, compreendendo a manobra da noiva e acrescentou nas suas falas:

– Maureen, só você mesmo para poder suportar as histórias cotidianas de um preso: o café da manhã, o banho de sol no pátio, a leitura de livros na biblioteca ou na cela, o almoço na cantina, novas leituras, o banho higiênico e o café à tarde, a janta e o sono agitado, para tudo começar igualzinho no dia seguinte, assim que os primeiros raios de sol entram pelas frestas nas janelas de nossas celas. Não há muito o que mudar, querida. Entretanto, as coisas podem mudar radicalmente, de uma hora para outra, como aconteceu na terça-feira desta semana – descreveu Jaime com ar de mistério levando a noiva a ficar em expectativa. – Aqui a calmaria se transforma em tormenta, de repente, basta que os ingredientes para formá-la estejam prontos – falou com voz de suspense, deixando Maureen muito curiosa.

– Nesse dia, Maureen, logo cedo, todos começaram a perceber, pelos movimentos das pessoas, certa agitação durante o café; perdurou no banho no pátio, no café da tarde e acabou mal na hora do banho antes da janta, quando um rapaz recém-chegado à penitenciária foi duramente apunhalado na barriga.

Maureen estremeceu.

– Ninguém viu – continuou Jaime. – Ninguém sabe como foi, por que foi e quem foi. E o ferido ficou estendido no chão do banheiro por muito tempo, até que, não percebendo nada, eu entrei conversando junto com um prisioneiro antigo com quem comecei certa amizade alguns meses depois que aqui cheguei no local dos chuveiros, e o vimos no chão, sozinho, desmaiado, jorrando sangue de uma facada na barriga e também no meio de sua cabeça, proporcionada, talvez, pela sua queda ao chão. Sem saber primeiramente o que fazer, pois os guardas poderiam nos acusar do crime, resolvemos ajudar o pobre coitado assim mesmo. Com a experiência que eu tinha como enfermeiro, e pelos dois primeiros anos cursados na faculdade de medicina antes de ser preso, eu tratei logo de procurar estancar com a toalha que trazia enrolada no corpo o sangue do rapaz ferido, no melhor que podia, enquanto o companheiro que estava comigo foi procurar ajuda.

De imediato, eu vi que a ferida na barriga tinha sido feita por um instrumento cortante, mas não estava não muito profunda, talvez a pessoa tenha usado um pequeno estilete ou canivete curto, que não mataria o rapaz, caso não fosse estancado logo o sangue que lhe jorrava da barriga, na área próxima ao rim direito; quanto ao sangue na cabeça, ele coagulou logo.

O companheiro de cela retornou trazendo um guarda e o enfermeiro do plantão noturno com uma maca. Nós o colocamos sobre ela e o levamos para a enfermaria, distante dali alguns corredores. Tão logo chegamos lá, o enfermeiro, na sua experiência de anos de trabalho na penitenciária, tratou logo da desinfecção devida e suturou a ferida na barriga muito eficientemente, e o ferido pode sair do perigo imediato de perder a vida, quanto à ferida provocada pelo instrumento cortante; entretanto, sentia-se inseguro quanto ao ferimento feito na cabeça do rapaz provocado por sua queda ao chão.

Naquela noite, Arthur, nome do enfermeiro de meia-idade, baixinho, branquelo e gordinho – esclareceu Jaime a Maureen –, convidou-me a ajudá-lo no tratamento feito no jovem, do qual nem mesmo sabíamos o nome, assim que ele soube que eu tinha certa experiência de enfermagem e estudado medicina. Eu me prontifiquei de imediato a ficar, visto que havia aprendido algumas coisas na faculdade e praticado os primeiros socorros como enfermeiro, pois tinha me decidido, até aquela época, a fazer clínica geral. O outro companheiro também se prontificou a ajudar.

Sob o olhar atento, o primeiro guarda que chegou olhou para os outros dois guardas que tinham vindo para auxiliá-lo, e disse-lhes que poderiam ir, pois ele se encarregaria de ficar vigiando os dois prisioneiros que ficariam para ajudar o enfermeiro.

Nós dois balançamos a cabeça afirmativamente e acabamos os três cuidando do rapaz, enquanto o guarda acompanhava com o olhar a certa distância atento a qualquer surpresa proveniente de nós dois.

Assim procuramos logo limpar a ferida na cabeça do jovem de cor negra, com aproximadamente 25 anos, e fizemos um curativo, procurando também por alguma evidência de alguma hemorragia interna na cabeça dele, o que, graças a Deus, aparentemente não constatamos, observando-lhe o fundo dos olhos, nariz e ouvidos. Então, Arthur depois deu-lhe uma injeção antitetânica e outros medicamentos para auxiliá-lo a não sentir dores e ter possível infecção posterior.

Depois de quase duas horas, tínhamos feito o que era possível pelo ferido. O restante estaria por conta dos medicamentos dados, o acompanhamento dele durante as próximas horas de maior perigo à sua vida, o atendimento no dia seguinte pelo médico da penitenciária, bem como os exames necessários.

Depois de alguns minutos em que estivemos auxiliando o ferido, acabamos observando que no canto da sala, sentado sob uma cadeira de ferro branca da enfermaria, o guarda roncava tranquilamente com as duas mãos sobre cada apoio lateral da cadeira.

O primeiro a rir da situação frágil do guarda foi Arthur, calmo, como se estivesse na companhia de dois grandes amigos, e nós o seguimos felizes e gratos por sua confiança.

Acabamos ficando acordados a noite toda conversando animadamente sobre diversos assuntos e situações ocorridas dentro e fora da penitenciária, sem que tivéssemos percebido o tempo passar.

Com os primeiros raios de luz que começaram a passar pelas janelas da enfermaria, o guarda acordou assustado por sua falta de precaução, e ao mesmo tempo para não se sentir reprovado, e falou, como se nada de diferente tivesse acontecido:

– Bom-dia, senhores! E como vai o nosso paciente? – disse Jaime imitando a voz do guarda tentando se recompor.

– Nós lhe respondemos sobre sua situação e em menos de cinco minutos estávamos tomando o café da manhã juntos, alegremente, tendo em nossa companhia o mais velho dos prisioneiros, dito até certo tempo atrás como um dos mais perigosos existentes lá; à nossa volta não faltavam instrumentos que ele poderia usar para fugir, caso assim quisesse, como eu mesmo.

Quando o dr. Felipe chegou, por volta das 8 horas, ficou satisfeito com os primeiros socorros que tínhamos dado ao ferido, acabando mais tarde por elogiar o nosso trabalho para o diretor do presídio.

Só quem não gostou muito, provavelmente, foram os que tentaram matar o rapaz. Mas também ninguém se pronunciou como o autor do crime, e pelo que os outros prisioneiros me falaram quem fez aquilo deu-se por satisfeito com a dura dada no jovem que tinha sido sentenciado a sete anos de prisão por roubar e bater numa velhinha, quase a matando dentro de sua casa; o que lhe valeu como aviso.

Eu e o companheiro de prisão fomos visitá-lo na enfermaria algumas vezes. O seu nome é Alberto. Por meio dele é que comecei a compreender melhor a vida atual desse velho prisioneiro, que já havia se transformado num grande amigo para mim, admirando-o ainda mais.

Depois desse dia, os prisioneiros e os guardas, independentemente da turma a que pertenciam, passaram a me chamar de doutor, e o médico, o senhor Felipe, a partir daquele dia passou a me chamar quando precisava de minha ajuda na enfermaria, que dou com a maior satisfação do mundo, pois acabo aprendendo muito com ele e o Arthur; comigo vai sempre que pode o senhor Jerônimo, o mais antigo dos prisioneiros.

Portanto, amor, esta semana foi diferente para mim – expressou Jaime com todo o seu contentamento, que ia além do que havia contado. – Eu comecei a estudar medicina, mais do que antes, pelos livros que o doutor Felipe vem me emprestando; também eu tenho me dedicado muito estudando algumas religiões, os seus conceitos e as suas filosofias, influenciado que fiquei pelo conhecimento e a sabedoria que o senhor Jerônimo tem a respeito. Ele vem tentando me ensinar sobre essas coisas já há algum tempo. E tempo é o que não nos falta aqui. Engraçado foi como tudo começou junto a ele – declarou Jaime a noiva, refletindo profundamente, enquanto Maureen permanecia com seus olhos atentos sobre os dele, visto que nunca tinha falado sobre o tal companheiro, orgulhosa em poder ouvir aquelas suas histórias que a deixavam fascinada.

Em certo dia, longe dos primeiros meses quando aqui cheguei, mas ainda confuso com o que me acontecera, eu resolvi ir até a biblioteca. Estava lendo um livro na biblioteca onde o senhor Jerônimo trabalhava, e ele, vendo-me melancólico, triste e reclamando de tudo para com os outros a minha volta, disse-me sugestivamente com sua voz estrondosa, tocando-me no ombro: "Por que você, em vez de lamentar-se tanto gastando o seu tempo pensando nos erros daqueles que o levaram a esta situação, não usa este tempo estudando, aprendendo e fazendo alguma coisa mais útil? Quem sabe com isso você não acaba esquecendo esses que lhe fizeram tanto mal, termina perdoando-os e, principalmente, desfazendo-se desse ódio que o está consumindo?".

Eu, querida, te juro que senti naquele primeiro contato direto que tive com ele uma tremenda repulsa, como se estivesse diante de um grande inimigo; estremeci todo quando sua mão me tocou e senti imenso temor ao tê-lo bem perto de mim. Eu refleti, procurei uma resposta imediata para aquilo estar acontecendo comigo, e não a encontrei, nem tentei entender mais. Eu somente, até então, o conhecia de vista na penitenciária como o preso vivo mais antigo que estava lá, mas nunca tinha estado com ele tão próximo como daquela vez. Aparentemente eu não lhe devia nada, nem ele a mim. Mas um enorme mal-estar me surgiu assim que ele me tocou, tal como acontece quando levamos um choque elétrico. Uma grande antipatia por ele me veio de imediato. Somente aos poucos é que foi cedendo mediante as palavras de esperança que sempre me trazia.

Eu quase fui totalmente grosseiro com ele quando me sugeriu as leituras e o trabalho. Mas, estranhamente, quando as palavras rudes estavam para sair de minha boca na direção dele, que talvez tivesse mudado o rumo daquele primeiro encontro, algo me fez engoli-las, dando-lhe a liberdade de continuar a falar, incentivando-o a me contar parte da história de sua vida, conforme me relatou, sentando ao meu lado na mesa de leitura:

"Eu nunca tive nada a perder. Logo cedo a não ter mais pai e mãe a controlar a minha vida de entrada na juventude, senti a liberdade de perto, na rua, junto a outros colegas de perdição. Enquanto meus pais estavam vivos, eu mantive o sonho extremamente persistente, até ali, de ser bombeiro, e estudei ferreamente para isso. Porém, depois que eles morreram, fui perdendo o entusiasmo, aos poucos, e o sonho de ser bombeiro foi esquecido pelas forças das novas circunstâncias. Desorientado, eu cheirei cola, fumei maconha, fui aviãozinho de traficante, roubei e assaltei para comer e poder me viciar nessas drogas leves. Mas uma coisa foi boa, eu nunca fui otário de me meter em drogas pesadas, livrando-me logo das mais perigosas que usava. Por ter irmãos mais velhos que pouco tempo tinham para mim, pois também tinham de se virar na vida, me juntei cedo com alguns caras barras-pesadas do morro onde vivia, com quem passei a roubar carros dos bacanas e executar assaltos à mão armada nas ruas, até que, num dia, depois de muitos anos de praça, um dos meus colegas de trabalho não conteve a mão e acabou atirando num senhor dentro do carro que iríamos roubar; ao lado do senhor estava a sua esposa que começou a gritar desesperada por ver o marido agonizando e o meu parceiro acabou atirando nela também. Vendo a besteira que tinha feito, ele correu, acabou tropeçando e deixando a arma cair no chão perto de mim; levantou e se mandou, largando-me lá. Diminuindo a história, de repente, chegou gente de tudo quanto era lado; eles me pegaram com a arma; apanhei muito deles; eles me entregaram para a polícia e disseram que eu é que tinha atirado no homem e na esposa. Conclusão: peguei 40 anos de cadeia por assalto e morte das duas pessoas. Como eu tinha na época do assalto 27 anos, hoje sou este homem maltrapilho que você está vendo aqui do seu lado, faltando cinco anos para que eu possa sair daqui, depois que decretaram o máximo de 35 anos para alguém ficar preso no Brasil.

No começo, nos primeiros anos de prisão, eu xinguei muito aquele desgraçado; me enraiveci por minha falta de sorte e tentei de todas as formas provar que não tinha sido eu, mas não adiantou nada, porque ninguém, na época, queria dar atenção ao meu caso. Por causa disso, o ódio, a raiva e a ira foram os meus companheiros de cela durante muitos anos e com minhas falas afastei quem não as suportava escutar", ele confessou com os olhos fixados no vazio, acrescentou Jaime. "Eu sentia que existia dentro de mim um demônio que urrava, um touro traiçoeiro e assassino, até que, certo dia, eu resolvi dar uma volta até a biblioteca do presídio, onde revirei alguns livros sem maior interesse e acabei achando um que falava sobre Pitágoras, o matemático e filósofo grego, que dizia em cerca de 600 a.C.

- Educai as crianças e não será preciso punir o homem.
- Não é livre quem não obteve domínio sobre si.
- Pensem o que quiserem de ti; faz aquilo que te parece justo.
- O que fala semeia; o que escuta recolhe.
- Ajuda teus semelhantes a levantar a carga, mas não a carregues.
- Com ordem e com tempo encontra-se o segredo de fazer tudo e tudo fazer bem.
- A melhor maneira que o homem dispõe para se aperfeiçoar é aproximar-se de Deus.
- A vida é como uma sala de espetáculos: entra, vê-se e sai-se.
- Ninguém faz o mal involuntariamente, mas por ignorância, pois a sabedoria e a virtude são inseparáveis.
- É preferível sofrer injustiça a cometê-la.
- Jamais se deve responder a injustiça pela injustiça, nem fazer mal a outrem, nem mesmo àquele que nos fez mal.

Aquelas sentenças me fizeram refletir muito sobre a vida que tinha levado. Pitágoras levou-me ao filósofo Sócrates; li os ensinamentos que este último deixou pelo seu discípulo Platão e comecei a compreender melhor sobre o que poderia estar acontecendo em minha vida.

Para isso, elucidou-me entre outras o descrito por esses dois grandes filósofos:

- Nunca se deve retribuir com outra uma injustiça, nem fazer mal a ninguém, seja qual for o dano que nos hajam causado. Poucos, no entanto, serão os que admitirão esse princípio, e os que se desentenderem a tal respeito nada mais farão, sem dúvidas do que se votarem uns aos outros mútuo desprezo.
- É pelos frutos que se conhece a árvore. Toda ação deve ser qualificada pelo que produz: deve-se qualificá-la de má, quando dela provenha o mal; de boa, quando dê origem ao bem.
- As mais belas preces e os mais belos sacrifícios prazem menos a Divindade do que uma alma virtuosa que faz esforços por se lhe assemelhar. Grave coisa fora que os deuses dispensassem mais atenção às nossas oferendas do que a nossa alma; se tal se desse, poderiam os mais culpados conseguir que eles se lhes tornassem propícios, mas não: verdadeiramente justos e retos são só os que, por suas palavras e atos, cumprem seus deveres para com os deuses e para com os homens.
- A virtude não pode ser ensinada; vem por dom de Deus aos que a possuem.
- O corpo conserva bem impressos os vestígios dos cuidados de que foi objeto e dos acidentes que sofreu. Dá-se o mesmo com a alma. Quando despida do corpo, ela guarda, evidentes, os traços do seu caráter, de suas afeições e as marcas que lhe deixaram todos os atos de sua vida. Assim, a maior desgraça que pode acontecer ao homem é ir para o outro mundo com a alma carregada de crimes. De tantas opiniões diversas, a única que deve permanecer inabalável é a de que mais vale receber do que cometer uma injustiça e que, acima de tudo, devemos cuidar não de aparecer, mas de ser homem de bem.
- A alma se transvia e perturba, quando se serve do corpo para considerar qualquer objeto; tem vertigem como se estivesse ébria, porque se prende a coisas que estão, por sua natureza, sujeitas a mudanças; ao passo que, quando contempla a sua própria essência, dirige-se para o que é puro, eterno, imortal, e, sendo ela dessa natureza, permanece aí ligada por tanto tempo quanto possa. Cessam então os seus transviamentos, pois que está unida ao que é imutável, e a esse estado da alma é que se chama sabedoria.

Depois, foi como se uma voz interior me convidasse, sempre, a estudar e me esclarecer melhor, um Deus a querer salvar-me.

Comecei, então, a sentir no peito um alívio e uma liberdade nunca sentida, que nem mesmo as grades deste presídio podem me conter.

Uma voz dentro de minha cabeça pedia-me estudo e educação moral. Com esses pensamentos a inundar-me o cérebro e o coração, eu comecei a ceder quanto ao perdão aos meus opressores a princípio amarga e depois docemente; quase em paralelo surgiu o entendimento sobre o que acontecera em minha vida tão sofrida e oprimida, natural como os ensinamentos iniciais de Sócrates e outros que vieram depois dele, que me trouxeram as razões, os porquês de tudo o mais e aclararam-me a mente.

Por ter tempo de sobra, após Sócrates, estudei Aristóteles, depois os ensinamentos deixados por Buda – o Sidarta –, encontrando o perdão para o meu interior; estudando os ensinos do Cristo, as verdades que nos conduziriam para o Ser Supremo Misericordioso; estudando os ensinamentos de Lutero e Calvino, revertidos para a essência, a Supremacia das Verdades longe das locuções das bocas dos interesses dos homens; estudando Santo Agostinho, o que devo fazer para livrar-me das ideias do homem velho e adquirir as virtudes que nos conduzem ao homem de bem; conhecendo a vida de São Francisco de Assis, vi como me libertar das tentações das coisas materiais e me dedicar mais ao bem de meu próximo; estudando os ensinos dos livros do francês Kardec, aprendi as consolações e as verdades sobre a vida e a morte; estudando Gandhi, aprendi a não ser mais violento; no exemplo de vida praticada por irmã Teresa de Calcutá, a verdadeira caridade; na candura do papa João Paulo VI, a sabedoria de lidar e compreender todas as religiões; nas obras de Chico Xavier, a doçura e a bondade e os mecanismos para libertar-me dos erros cometidos.

Desde então, ouso buscar que Deus me permita ajudar para que eu possa ser ajudado; perdoar para ser perdoado e tento amar para um dia ser amado e não desprezado como ainda sou por muitos. Aos poucos, o touro brabo dentro de mim foi cedendo lugar a um manso corcel negro, mas que ainda preciso controlar para que vez ou outra não dê coices quando sujeito a algum maltrato.

Naturalmente, como aconteceu, depois de tanto tempo estudando na biblioteca, fui convidado a trabalhar nela, e atualmente me sinto muito feliz com isso, como poder ajudar aos que me chegam aflitos e, vez ou outra, eu dou meus pulinhos até enfermaria para ajudar algum doente. Por isso, amigo, sinta-se convidado a fazer o mesmo, para que a sua prisão não tenha tantas grades".

– Assim sintetizou o senhor Jerônimo para mim a sua história antiga e recente, oferecendo-me um convite a um verdadeiro banquete de sabedoria e amor – completou Jaime à Maureen, com seus olhos radiando esperança e luz, deixando-a contagiada pelo otimismo de seu amado, já desejosa de conhecer o tal companheiro.

– Ele é um presidiário, da cor da noite e traz consigo os crimes que cometeu, mas na bagagem atual de sua alma traz a alvura do perdão e da misericórdia, que está tentando me ensinar, para que eu possa me livrar também dos meus pesadelos e das minhas aflições. Pelo que me contou sobre si mesmo, achei a comparação que fez para si entre o seu passado e seu presente perfeita: um touro feroz, traiçoeiro e perigoso, transformado num corcel negro nos seus gestos, precisando se controlar, pois ainda sabia dar os seus coices; também o vejo como aquele que possui a sabedoria da coruja, no trato as questões da vida, mas que não se esqueceu de bicar, quando o tentam machucar. O seu corpo, embora a idade, é de um atleta forte e musculoso, mas os seus pensamentos e o seu olhar são dóceis; suas falas e seus gestos, generosos.

Com ele, querida, eu estou aprendendo a domar as minhas iras por meio de todo o tipo de trabalho que posso fazer por aqui; lendo, aprendendo muito, não só no que concerne à medicina que tanto amo, mas, principalmente, sobre tudo, todas as religiões, pois que juntas formam uma só, contidas nos Ensinamentos Supremos: "Amar a Deus, de Todo o Nosso Coração, de Toda Nossa Alma, de Todo o Nosso Espírito; Amar ao Nosso Próximo Como a Nós Mesmos".

– Com o que você me falou, amor, eu compreendo agora o porquê de o guarda e de o enfermeiro não estarem apreensivos com a presença na enfermaria de um prisioneiro tão perigoso. Mas como é que ele acabou indo ser seu companheiro de cela? Você nunca tinha me falado dele, assim, dessa forma! Você se referia a ele como um companheiro qualquer dentro da prisão – ela lhe perguntou curiosa.

Mas ele não pôde responder, pois naquele instante a sirene tocou, indicando o fim da visita, com os guardas imediatamente se empenhando em levar os prisioneiros de volta às suas celas.

Maureen, ainda envolta naquela atmosfera consoladora e benéfica e com a pergunta engasgada na garganta, despediu-se de Jaime com um beijo salgado provocado pelo sabor de seus lábios molhados pelas lágrimas que haviam descido de seus olhos mareados pela história fascinante e cândida da vida do senhor Jerônimo, ligada agora à de seu amado. Conclui consigo sobre os dois: "Eles tiveram no peito os demônios que urravam e agora passaram a ter um Deus que salva".

Ela saiu pelo portão do presídio levando consigo a saudade que sentia de Jaime, emocionada por tantos ensinamentos adquiridos em tão pouco tempo e com algumas folhas de papéis colocadas por ele, na hora da despedida, no bolso da blusa que carregava no braço direito junto à sua bolsa.

Maureen passou pelos guardas que, atentos aos objetos que retornavam de dentro do presídio, revistaram a sua bolsa. Liberada, ela caminhou mais alguns metros até o ponto do ônibus que pegaria para retornar para sua casa. Ela sentiu frio e colocou a blusa de manga comprida, apalpando curiosamente o bolso e sentindo o volume do papel ali posto por Jaime.

Um vento gelado começou a esfriar o seu rosto quando, depois de esperar alguns minutos, chegou o ônibus. Ela entrou nele com algumas outras visitantes. Por ser uma tarde de domingo, o ônibus não estava cheio e ela pôde escolher o lugar e sentar-se num canto perto da janela, no meio do veículo. Ansiosa, ela retirou logo as folhas de papéis que estavam no bolso da blusa e começou a ler o que Jaime havia escrito nelas.

O escrito começava com alguns fatos que Jaime já lhe havia retratado na conversa tida, contudo, depois da segunda página, novas revelações surgiram:

"Querida Maureen.

Como você sabe, meus pais eram religiosos, mas eu acabei duvidando da fé que tinha ao ver como o meu pai tantas vezes tratou mal a minha mãe, a mim e aos meus irmãos também. Na verdade, ele tinha procurado na religião o que lhe faltou quando, por acidente, tirou a vida de um homem, deixando-o amargurado para o resto da vida, com a culpa que lhe queimava a mente e o coração. Ele encontrou o consolo nela, mas faltou-lhe vivenciá-la melhor consigo mesmo, melhor com os que estavam à sua volta no lar; contudo, embora tenha praticado mais a caridade com os de fora de nossa casa, ele sempre esteve presente em nossas vidas quando nós precisávamos dele, não sendo um pai relapso.

Por isso o meu endurecimento na procura da fé que a tudo suporta. Como o tempo é sempre o nosso melhor remédio, foi necessária a dor me chegar para me fazer acordar, na forma mais dura, como aconteceu comigo.

Com o tempo livre na prisão e as recomendações dadas pelo senhor Jerônimo, eu resolvi estudar a fundo, como lhe falei, seguindo os seus conselhos, os livros religiosos e os ensinamentos deixados pelos homens que os escreveram ou pelos seus seguidores. Li os ensinamentos dos mestres chineses, como Lao-Tsé, Me-Tie, da China; Zaratustra, da Pérsia; Pitágoras, Aristóteles, Sócrates e Platão, da Grécia; Buda, da Índia; li o Velho Testamento dos profetas, de Moisés, dos hebreus e do judaísmo; li o Novo Testamento dos cristãos Mateus, Lucas, Marcos e João; procurei o conhecimento das verdades presentes na verdadeira Igreja de Pedro, o fundador da pedra do Catolicismo; procurei ensinamentos na simplicidade de São Francisco de Assis e Santo Antônio de Pádua; e também procurei no Protestantismo de Lutero e Calvino; compartilhei a Terceira Revelação deixada nos livros de ensinamentos do francês Allan Kardec; atravessei os tempos chegando às essências dos ensinamentos das virtudes do amor, da paciência e não violência presentes na vida de Gandhi; a caridade e doçuras das madres Teresa de Calcutá e irmã Dulce e estou me adocicando, atualmente, com os exemplos da verdadeira caridade deixada por Chico Xavier em seus livros e em sua prática de vida.

O que aprendi com todos esses ensinamentos lidos? Aprendi que todos os ensinamentos que contêm as verdades têm no Ser Supremo as suas origens, conduzindo as criaturas para o mesmo fim e objetivos traçados por Ele para que cada um, em caminhos diversos conforme o uso de seu livre-arbítrio, distinguindo o que é de essência Divina e Universal do que é da essência dos homens voltados para os seus interesses mundanos, alcance a majestade na sua evolução. Umas religiões iniciaram, intermediaram e outras estão completando, mas todas conduzem ao mesmo Criador e ao mesmo Pai.

Estudando as Leis dos Carmas, das Causas e Efeitos, Ação e Reação, presentes nas obras de Buda, Sócrates e Kardec, compreendi que não se pode interpretar na vida de hoje tudo o que é o nosso Ser; nem julgá-la somente com base no que conhecemos nesta vida; que precisamos entender que somente Deus conhece toda a história desenrolada nas vidas de cada um de nós, e definir o que é melhor para a evolução de cada filho seu.

Portanto, compreendi, finalmente, que não tenho mais condição de não perdoar, pois preciso de perdão. Sinto, somente, que precisarei lutar muito contra as minhas impaciências, contra o dragão que ainda tenho dentro de mim, para poder chegar a tal beatitude de pensamento e gestos verdadeiros voltados para isso, diante dos meus verdugos de hoje.

Por isso, querida, sei que vejo nos teus olhos e de minha irmã as mesmas iras que se encontravam nos meus. Não tenho condições de lhe pedir nada, pois não tenho moral para isso. Mas peço-lhe: pense no que escrevi, pois foi por este caminho que encontrei um pouco de paz para o meu coração atormentado; estude também e procure perdoar. Perdoe sempre, pois só erram os que são ignorantes no verdadeiro conhecimento das Leis de Deus. Os aparentes triunfos de hoje, dos faltosos, ser-lhes-ão a desgraça no amanhã. Se puderes divida isso com Laura.

Pensemos que o futuro nos sorrirá, quando tivermos o coração e a mente livres do ódio, do rancor e da vingança: nós conseguiremos; eu consegui logo em casa, e estou trabalhando para poder realmente aplicar o que aprendi junto aos que erraram comigo, nesta vida; estou procurando, efetivamente, considerar o amor e o benefício, para ir ao encontro dos que me faltaram.

Falta pouco, amor. Dois anos se passaram, tão rapidamente... E tenho certeza de que seremos muito felizes. Tenhamos paciência. E para lhe animar o pensamento, o senhor Jerônimo, considerando o respeito que lhe foi outorgado com o tempo na prisão e seus exemplos de vida, solicitou uma audiência com o diretor do presídio no final desta semana e, sem que eu soubesse, apresentou-lhe as minhas credenciais de bom trabalhador na penitenciária, disciplinador, estudioso, portador de boa conduta e ajuda aos que precisam dela e solicitou que eu pudesse, com base nestes itens e como bom homem que era, interceder junto ao juiz do caso, para me conceder a possibilidade de continuar meus estudos na faculdade de medicina trancada, com o comprometimento de ir e voltar à penitenciária todos os dias.

Segundo o senhor Jerônimo, o seu pedido foi bem acolhido pelo diretor que ficou de conversar com o juiz sobre essa possibilidade, em vista da ajuda que dava a ele na biblioteca, além de outros pequenos serviços, bem como do auxílio que passei a dar na enfermaria. Daí, querida, quem sabe o bom Deus não me ajude a conseguir isto! Não é esta uma boa notícia?".

Maureen leu emocionada o texto entregue às pressas por Jaime na saída do presídio e ficou refletindo alguns minutos sobre o seu conteúdo inicial e depois sorriu sobre a possibilidade ingênua de Jaime quanto ao juiz durão liberá-lo para voltar a estudar na faculdade. Em seguida, observando as três folhas retiradas de algum bloco de notas com o timbre da enfermaria da penitenciária, ela pensou a respeito do perigo que seria junto aos guardas se Jaime as tivesse colocado dentro de sua bolsa, que lhe poderia causar adiamento de sua saída, até que tivessem a certeza de que não se tratava de nenhuma mensagem secreta. Mais uma vez ela creditou isto não ter acontecido ao fato de os guardas nunca a terem pego com qualquer tipo de situação que pudesse levá-la a alguma desconfiança. Por esta razão, Jaime teve a certeza de que não a incomodariam na saída com o papel que havia colocado no bolso da blusa de sua amada e não em sua bolsa.

Quando ela já estava para guardar as folhas, observou que ainda havia uma nota deixada por Jaime no canto da última página, descrevendo: "Obs.: como a conheço bem, imagino sua curiosidade a respeito do senhor Jerônimo. Logo depois que ele falou comigo na biblioteca pela primeira vez, eu me vi alguns dias depois com ele dentro da mesma cela, trocando de lugar com um companheiro que achava um dia qualquer me enfiaria uma faca nas costas na menor contrariedade, colado a mim como um carrapato, no que, a princípio, me incomodou muito aquele contato, mas depois passou, sentindo-me hoje muito seguro ao seu lado.

Acho que me referia a eles somente como companheiros de cela, sem maiores detalhes, pois, na verdade, eu tinha medo de que, falando a respeito deles, eu viesse a lhe revelar as minhas fraquezas e medos, quando gostaria de lhe falar somente de coisas boas para não a deprimir mais, amor. Mas agora estou mais seguro de mim e não tenho mais essas dúvidas.

Te amo".

Naquela noite, Maureen mal dormiu refletindo a respeito do conteúdo principal do texto sobre o perdão aos seus inimigos escrito por Jaime, mesmo que fosse ainda somente em palavras, bem como tinha sido bom para ele a convivência direta com o senhor Jerônimo.

11. Conviver e conhecer

Em razão das constantes brigas que tinha com a esposa, girando em torno sempre do mesmo assunto com relação ao irmão e a rivalidade junto a Jaime, Rui passou a ser aquele que passava a maior parte do seu tempo livre, depois do trabalho, nas mesas dos bares tomando todas as cervejas que podia, para evitar aquelas brigas. Em casa, nos dias úteis, o seu tempo restringia-se ao café da manhã, o beijo obrigatório na esposa, corrido para ir pegar o ônibus sempre cheio, e a volta altas horas da noite, tomando seu banho e jantando, em seguida, ao dessabor das palavras alucinadas de Sandra.

A vida de Rui se tornara um inferno, e a mulher a quem tanto amara um dia estava se transformando num objeto que somente lhe dava o prazer e fazia a comida para se alimentar.

Ele não tinha mais na saúde abalada do corpo alto e magro, e na mente frágil, a fortaleza para enfrentar os argumentos da esposa sempre a impor-lhe o que queria, mas tinha no coração a pureza a ser encontrada para poder ajudar a esposa a se libertar de suas aflições. E foi por esse caminho, aliado a outros acontecimentos, que aquele casamento não chegou ao seu fim, fazendo com que Sandra começasse a perceber que precisaria mudar muita coisa na sua vida para que aquilo não se concretizasse.

12. Maureen e Laura

Laura tinha acordado muito cedo naquela manhã, bem antes da hora de dar o café com leite e pão ao marido antes de ele ir para o trabalho, antes mesmo de o sol ter surgido.

Depois de ter passado muito tempo com os olhos no vazio, estava agora cumprindo com o seu dever de esposa atenciosa junto ao esposo no café da manhã, tensa com os seus pensamentos de revolta com a situação do irmão asfixiando-lhe o peito, sentada no banco em volta da mesa da cozinha, com as mãos agitadas, observando o marido comendo ao seu lado, quando, surpreendentemente, escutou a voz de Maureen chamando-lhe o nome no portão de entrada. Imediatamente ela respondeu, convidando a futura cunhada para entrar em sua casa.

Em poucos segundos, a visitante passou pela passagem lateral de sua casa e foi ao seu encontro na cozinha.

Assim que entrou na cozinha, escutou Mauro a preveni-la:

– Maureen, cuidado com a Laura que ela hoje acordou naqueles dias de ira total, querendo esganar a vizinha aí do lado. Tomara que ela hoje não venha a cantar as suas maledicências, pois encontrará imediato retorno do lado de cá da parede. Ainda bem que não é fim de semana e eu estou indo trabalhar, pois não suportaria isto.

– Mauro, Laura é minha melhor amiga e sei que ela vai superar esta fase. Nós é que precisamos ter mais calma com ela e com a situação terrível que está passando – respondeu Maureen a ele, começando a entoar o que aprendera junto a Jaime no dia anterior. Ela, talvez, depois de Jaime e a própria Laura, tinha estado a odiar, principalmente, Paulo e Sandra pelo prejuízo que haviam causado em suas vidas. Por isso compreendia perfeitamente o que Laura estava passando, como entendia também o lado de Mauro, cansado das cantorias e revides entre a sua esposa e a vizinha. Mas, depois do que tinha sido revelado por Jaime a ela no dia anterior, ele, como o maior de todos os prejudicados, começou a iniciar uma reforma íntima na direção do perdão aos que lhe tinham imposto o sofrimento da acusação e a penalidade injusta, convidando a todos que estavam envolvidos no drama a fazer o mesmo. Por isso ela, que havia acordado cedo como Laura, estava ansiosa para contar-lhe aquelas novidades, visando dividir com eles o mesmo frescor que teve depois que terminou a leitura das folhas escritas por Jaime.

Mas não houve muito tempo para isso junto a Mauro, que se despediu das duas beijando a esposa amada nos lábios ressequidos e o rosto de Mauren, recomendando às duas:

– Se ela começar a cantar, finjam que não as incomoda. Deixem ela cantar até que o bico seque! O melhor meio para o grito do ignorante é o silêncio que faz o ouvinte. A parede só cria eco quando algum som repercute nela.

As duas escutaram as experientes frases de Mauro, que aparentava dentre eles todos o que possuía a maior calma diante dos entraves das pessoas, e se despediram dele que seguia para o seu trabalho levando consigo a sua madura calmaria interior, dentro de um corpo muito jovem.

Estando a sós com Laura e aproveitando a oportunidade do silêncio vindo do outro lado da parede, e por estar a filha da cunhada ainda dormindo, Maureen iniciou contando para ela o que havia escutado de

Jaime durante a sua última visita na penitenciária, e também o contido nas folhas escritas pelo noivo, atraindo totalmente a atenção da irmã de seu amado.

Maureen contou-lhe as histórias passadas por Jaime, desde seus tormentosos estados de ira total contra os seus agressores; o seu contato com o senhor Jerônimo e a possibilidade da ajuda junto ao rapaz ferido; os ensinamentos deixados por aquele homem sofrido pela aparente injustiça; os estudos nos vários livros de filósofos e diversas religiões e suas conclusões, que o haviam levado a uma maior compreensão sobre o que lhe acontecera e as formas de se consolar com bases voltadas ao não revide, à vingança, ao ódio e à ira que consomem os que as têm na mente e no coração; que o ódio, a ira, o revide, a vingança geram mais ódio, mais revide, mais vingança, mais ira, sem parar.

Continuou ela contando a Laura, surpresa e atenta à sua locução, que Jaime lhe confessara na tarde anterior que já não sentia tão pesados esses horríveis sentimentos contra Paulo e Sandra, menos ainda com relação aos que lhe testemunharam contra, muito menos contra o inspetor, o delegado, o juiz e os colegas de infortúnio dentro das celas por onde passara.

A cada palavra de Maureen, podia-se perceber no semblante de Laura o bem que aquilo ia lhe proporcionando passo a passo, aliviando-lhe a pressão que antes lhe estava sufocando o peito, e deixando-se levar pelo mesmo caminho empreendido pela noiva de Jaime.

– Laura – continuou ela –, o perdão que Jaime me descrevera vindo de sua parte, imediatamente, me tocou o coração e começou a aliviar-me a revolta que estava me consumindo todos os dias. O perdão descrito por ele, por ser simples e sincero, me levou na direção da paz e da harmonia que há muito tempo eu não sentia. Laura, eu nunca tinha sentido seu irmão tão bem e seguro – acrescentou serena Maureen. – Logo ele, que deveria estar se derretendo na questão do olho por olho, dente por dente, estava me relatando o perdão incondicional. Não poderia ser de melhor procedência aquilo, de quem foi o maior prejudicado, de quem vive longe do lar e na presença contínua do mal à sua volta 24 horas por dia. Ele ainda se sente inseguro sobre o real momento da aplicação desse perdão, mas só de pensar nisso já está mais tranquilo e perdeu a irritabilidade e o inconformismo que o revestiam nos primeiros meses de prisão.

— Maureen, o que você está me dizendo me conforta, mas dói muito saber que o meu irmão está vivendo nesse inferno, sem ter feito nada – respondeu-lhe Laura, tentando justificar os seus sentimentos negativos que estavam visivelmente perturbando a ordem normal de sua vida e de seu próprio casamento.

— Querida amiga, aprendi com o que Jaime me relatou que o bem pode estar dentro da gente independentemente do local que tenhamos à nossa volta – esclareceu Maureen, muito consciente do que havia refletido com os ensinamentos de vida trazidos até ela pelo noivo.

— Maureen, inferno é sempre inferno; o mal, sempre o mal – realçou Laura.

— Engana-se, Laura. Eles podem estar à nossa volta, mas não a nos pertencer, quando não sintonizamos com eles. Veja, por exemplo, essa infeliz que temos aqui ao lado – falou com voz baixa mostrando com o dedo indicador direito a parede da cozinha fronteiriça às duas casas. – Se você quiser e colocar isto na sua cabeça, ela não mais a incomodará com suas musiquinhas atrozes, tal como aconselhou o seu marido.

— Impossível, Maureen. A voz dela entra, penetra profundamente pelos meus ouvidos, por todos os meus poros, e a vontade de revidar é imediata, sem que mesmo possa refletir nas consequências.

— Pois, então, aja ao contrário. Não revide mais. Quando ela começar a cantar ou falar coisas que venham a irritá-la, saia da cozinha e deixe-a cantando ou falando sozinha.

Amiga, como eu te falei, estive com seu irmão ontem e ele me entregou este bilhete – apontou-o a Laura – no qual descreve estar muito preocupado comigo e com você, pelo estado de raiva em que nos encontramos, e pediu-me apreensivo que pudéssemos reverter este quadro, que muito o preocupa. Por isso, por ele e por nós peço que possa pensar um pouco mais sobre o que ele nos pediu. Ele não nos pede o perdão incondicional que só com o tempo virá, mas, por ora, aquele que nos alivia e não nos amarra.

— Amiga, como eu gostaria de ter estado ontem com ele e com você. Acho que pelas suas palavras isso teria me feito muito bem, como está me fazendo agora, depois dessa conversa que estamos tendo. Suas palavras me confortaram tanto! – disse aconchegando-se no ombro amigo da cunhada, enquanto grossas lágrimas desciam dos olhos das duas.

Elas ficaram assim, transferindo boas energias de uma para a outra até que Maureen olhou para o seu relógio de pulso dado de presente pelo noivo, levando enorme susto ao ver a hora avançada. Ela pegou sua bolsa, despediu-se de Laura e dirigiu-se para o ponto de ônibus iniciando a sua peregrinação para o trabalho no centro da cidade.

Naquele mesmo dia, Laura teve a oportunidade de colocar em prática o que mal havia conseguido absorver do que tinha sido contado pela noiva de seu irmão, e mesmo as palavras sábias do seu marido.

13. Laura e Sandra

Maureen havia saído para o seu trabalho, deixando Laura reflexiva sobre tudo o que ela tinha lhe contado a respeito da conversa com Jaime no dia anterior, e mal havia conseguido compreender parte do que lhe tinha sido revelado, quando escutou que do outro lado um choro forte de criança incomodava a vizinha cruel. Aquele choro ficou persistente e, como a querer fugir daquela aflição, Laura foi até o quarto onde sua filha dormia tranquilamente, pegou uma vassoura no corredor entre a cozinha e o portão de entrada e dirigiu-se até a calçada em frente de sua casa para varrer as folhas e outros objetos deixados pela ventania da noite anterior. Ela começou a varrer a sua calçada, amontoou o lixo num canto e retornou para dentro de casa para pegar um saco de lixo.

Dentro de casa percebeu, pelos passos arrastados indo e vindo de um canto ao outro de sua cozinha, que a vizinha estava muito nervosa com a situação do choro persistente do seu filho de poucos meses.

Retornando à calçada, sem perceber, veio-lhe à mente a música "Amigo" do cantor, Rei da Jovem Guarda, Roberto Carlos, e começou a assobiá-la, descontraidamente, como não fazia há muito tempo. Ela recolheu todo o seu lixo e olhando para o lado condoeu-se pela situação da sujeira na calçada da vizinha e de sua impossibilidade de varrê-la por causa da circunstância do choro do filho. Ainda deu uma olhada à sua volta para ver se ninguém a estava observando e começou a varrer também a calçada ao lado da sua. Pegou de seu próprio saco de lixo, completou-o com o lixo retirado da calçada de Sandra, amarrou-o e o colocou no lugar apropriado ao recolhimento do lixo pelo caminhão da prefeitura.

Porém, sem que Laura pudesse notar, por trás das cortinas de sua casa os olhos de Sandra, admirados, tinham contemplado toda a cena, surpreendida com o ato tomado pela vizinha inimiga.

Laura, depois de ter depositado o saco de lixo, entrou em sua casa, agora habitada somente pelo marido e a filha, visto que Heloísa havia se mudado da casa construída nos fundos para uma maior junto com o seu novo namorado; continuava a assobiar a mesma canção de antes, e entrou na sua cozinha agora ampliada com laje, bem ventilada por duas grandes janelas de alumínio e um exaustor de parede; móveis embutidos recheados de panelas e talheres de inox, louças de porcelana, mesa e cadeiras de fórmica, filtro de água na torneira e geladeira duplex da Brastemp completavam as recentes aquisições.

Do outro lado da parede da cozinha também com os benefícios semelhantes à evolução dos tempos, estava Sandra que não sabia mais o que fazer para que o seu bebê parasse de chorar, ao mesmo tempo se sensibilizando com a música cantada pela antipatizante vizinha, pensando: "Como ela pode assobiar esta música, enquanto eu aqui estou sofrendo tanto com o meu bebê?".

Naquele mesmo instante, coincidentemente o choro do pequenino transformou-se em copioso por forte dor, fazendo com que Laura, afastando o ódio que havia perdurado junto com o pior sofrimento imposto a Jaime e abrandado pelo que havia escutado de Maureen, ficasse condoída pela aflição da vizinha e lhe perguntasse insegura pelo seu lado da parede:

– Sandra! Desculpe me meter na sua vida, mas quer que eu a ajude?

No que a outra do outro lado da parede, orgulhosamente, respondeu:

– Não. Obrigada, Laura. Logo, logo ele vai se acalmar! Eu dou conta desta situação – respondeu a mãe com a voz prepotente e orgulhosa.

– Acho que não será tão fácil assim, Sandra, pois está me parecendo ser a dor provocada por violenta cólica. Deixe-me ajudá-la, pois eu tenho mais experiência que você nestas coisas!

Como a boca de Sandra não se motivava a dizer sim, Laura não esperou pela resposta, olhou para a sua filha que bem alimentada dormia no berço tranquilamente, e saiu de sua casa já com uma fralda requentada no ferro de passar em suas mãos e um frasco contendo um devido medicamento ensinado pela mãe. Ela entrou sem vacilar, depois de alguns anos, na casa da rival; chamou-lhe o nome na porta da frente. Sandra abriu-lhe a porta, confusa com a atitude tomada pela rival de longos anos, e a deixou entrar sob o efeito da falta de controle sobre si mesma. Maureen pediu licença em voz alta para que a outra escutasse bem, a fim de evitar qualquer tipo de surpresa posterior por parte da vizinha, atravessou a sala bem mobiliada pelos sofás de couro, a televisão Philco colorida de 24 polegadas, a estante de mogno e o equipamento de som estéreo Phillips; avançou um pouco mais e entrou no quarto do bebê pintado de azul-celeste e recheado de figuras de Walter Disney coladas pelas paredes; pediu permissão e, gentilmente, tomando a criança do colo de Sandra, trouxe-a ao encontro do seu, colocando a fralda aquecida sobre o ventre do pequenino que chorava copiosamente, e lhe pingou na boca algumas gotas do miraculoso medicamento que trazia... Aos poucos o pequenino foi se acalmando, o choro foi cessando, e, embalado pelo colo da rival da mãe, dormiu docemente.

Sandra, que a tudo acompanhou sem interferir em nada, pasmou vendo o filho tranquilizar-se no colo de Laura; após, não se contendo de emoção, chorou emocionada, liberando de sua boca agradecimentos na direção da sua antiga inimiga e revivendo um passado muito distante na qual as duas se entendiam perfeitamente, antes das situações que as tinham levado à total inimizade.

Depois as duas acomodaram a criança no berço, deixando-a bem agasalhada e confortável, fecharam a porta do quarto, dirigiram-se à sala da casa, sentaram no sofá duplo, fixaram seus olhares por alguns instantes, sem saber o que falar; seguraram suas mãos umas sobre as outras, até que Sandra pegou álbuns e outras fotos dentro da estante e passou a compartilhar com Laura, lado a lado, algumas das sublimes imagens fixadas no papel, que nunca tinham tido ou visto juntas.

Logo foi a vez de Laura ir até a sua casa pegar de seus álbuns fotográficos, olhar a filha dormindo harmoniosamente no berço e voltar para a casa ao lado. Juntas viram as fotos do casamento de Laura e Mauro; riram e saborearam de novo cada foto e cada momento do passado que haviam compartilhado na infância, longe das rivalidades e das dores do presente, não percebendo que haviam atravessado a última hora matinal.

Aquela total entrega ao entendimento só foi quebrada quando do outro lado da parede da sala de Sandra, Carminha, a filha de quase 2 anos de Laura, manifestou seu choro pela falta da presença da mãe. Laura correu apressada, tendo ao seu lado Sandra, que a acompanhou, com o instinto materno aflorado nas duas. Elas atravessaram apressadamente os cômodos que as separavam do quarto de Carminha e, tão logo chegaram ao berço, Laura a envolveu em carinho e atenção sob o olhar atento e compreensivo da vizinha, enquanto a criança acalmada percebeu a presença do rosto que sentia ser o que tantas vezes havia incomodado a mãe e iniciou um novo choro, assustada. Laura, percebendo a situação, pediu que a filha se acalmasse e, refletindo, rapidamente, chegou-se para perto de Sandra e a abraçou, dizendo:

– Esta é a amiga da mamãe, a gente não se encontrava há muito tempo.

Sandra, percebendo a intenção de Laura, sorriu amigavelmente e aproximando-se beijou a antiga rival no rosto, depois a sua filha, que, verificando instintivamente a reação positiva da mãe, não reagiu mais de forma negativa.

Como Laura, que não pisava há anos o chão da casa da vizinha, fazia tempo que Sandra não pisava no chão da casa ao lado da sua também, saboreando aquele momento a cada segundo, manifestando suas palavras comovedoras, com sons abafados: "Laura, quanta besteira... Eu gostava muito de seus pais, de vocês, de você... Como é que deixamos as coisas chegarem à situação que chegou? Quanto arrependimento! Desculpe o que fiz a vo...

Laura tocou-lhe nos lábios com as mãos, como a querer que Sandra não completasse a frase. E aquelas foram as palavras finais que bastaram a Laura para deixar definitivamente o ódio que sentiu por ela de lado e aceitar seu arrependimento. Os detalhes, as perdas sofridas pelos erros dela e de seu irmão, pensou consigo, naquele mesmo instante, o tempo solucionaria. Ela precisava agora fortalecer a sua vontade e o desejo sincero de perdoá-los, o resto o bom Deus ajudaria.

Acabaram almoçando juntas na casa de Laura, que providenciou o almoço com a mesma rapidez dos velhos tempos da mãe, conforme lembrou Sandra, que por muitas vezes, no passado distante, comia com a família vizinha, por adorar a comida de dona Helena.

As duas lavavam as louças do almoço, enquanto Carminha brincava no chão da cozinha, recoberto por uma esteira de praia, quando escutaram pelo outro lado da parede o choro do filho de Sandra, que sorrindo timidamente, enfatizou:

– Puxa, Laura! Deve ter sido horrível para você este tempo todo ter estado a escutar, por essas paredes tão finas, as minhas cantorias raivosas.

As duas riram com suas gargantas nitidamente engasgadas pelo remorso, sendo completado por Laura:

– Acho que foi pior para você, pois a minha voz de cantora é terrível!

Então ainda rindo da situação, as duas correram para a casa ao lado, indo ao encontro do choro de Bentinho, o filho de 6 meses de Sandra, um ano e meio mais novo que Carminha. Com a mesma atenção e carinho dado por Laura à sua filha, Sandra deu a seu filho, percebendo e agradecendo a Deus por o menino ter melhorado.

Acomodando confortavelmente as duas crianças no chão acarpetado da sala de Sandra, entre brinquedos que os divertiriam por muito tempo, as duas vizinhas sentaram-se de novo no sofá duplo e começaram a confabular sobre seus arrependimentos, cada uma se achando no direito maior de ter sido a pior; desfrutaram dos pedidos mil de desculpas e perdões pelos erros cometidos. Acomodadas na amizade crescente, trocaram receitas de comidas, de doces e convidaram-se para almoços alternados na casa de uma e de outra, livres das falsas acusações anteriores, das canções cheias de intrigas, orgulhos e vaidades.

Algumas vezes Sandra tentou manifestar enorme vontade de retornar com Laura ao assunto principal que as havia afastado definitivamente, proveniente das intrigas provocadas por seu irmão ao irmão dela, o que foi rejeitado pela irmã de Jaime, com absoluta certeza de que aquilo nada traria benefício para a amizade ainda frágil que reiniciava.

A tarde avançou com a rapidez dos tempos de bem-estar, paz e harmonia entre as duas famílias; os últimos raios do sol de inverno caíram sobre aquela parte do planeta Terra, e nenhuma das duas percebeu quando Rui entrou com cara de espanto pela porta da sala de sua casa, ao ver, primeiramente, as duas antigas amigas confabulando pacífica e alegremente, e os filhos brincando de forma harmoniosa.

Mauro chegou à sua casa quase dez minutos depois, encontrando-a vazia. Preocupado, gritou pelo nome da esposa e ficou surpreso quando escutou a resposta dela vindo da casa ao lado, e depois a de Rui e Sandra, dizendo:

– Mauro, estamos aqui!!!

A trajetória de paz, harmonia e amizade entre as famílias de Laura e Sandra fez-se crescente depois daquele dia, mesmo diante das vidas de Jaime, Paulo e suas famílias, ainda recheadas de incertezas, motivadas pelo orgulho e falta de humildade presentes no coração do irmão de Sandra.

Mauro e Rui encantaram-se com aquela nova trajetória de vida entre suas esposas, quando já não precisariam mais virar o rosto por causa dos olhares acanhados e os cumprimentos frágeis que se davam um ao outro, em respeito aos desentendimentos de suas esposas e ao acontecido com Jaime. Agora poderiam desfrutar de suas amizades sem restrições, mesmo ainda não estando tudo resolvido quanto às questões pendentes, mas que já não traziam desentendimentos entre suas próprias famílias.

Rui, aos poucos, deixou o hábito das bebidas pesadas junto aos amigos para poder estar mais com sua família, agora aconchegante e harmoniosa, não com a perfeição existente no paraíso, mas como um lugar bom para se estar.

---

14. O sofrimento de Sandra

Sandra esperava por tudo naquele dia, menos ocorrer o que aconteceu tão prematuramente à sua vontade. Agora ela estava como numa sinuca de bico, ou melhor, com a obrigação de amainar a situação em que se encontrava perante o irmão e aqueles a quem havia muito prejudicado. Antes ela tinha o ódio contra os vizinhos para fazer-se crédula diante das acusações do irmão contra Jaime quanto ao roubo de sua bicicleta, mas, com a situação de amizade retornada com a família da vizinha ao lado, as coisas começaram a ficar confusas em sua mente; cobranças pessoais reclamavam os acertos devidos.

A sua bicicleta tinha sido roubada. Isso ela tinha certeza. O irmão lhe apresentou Jaime como aquele que, irrefutavelmente, a tinha roubado, que na situação irosa em que se encontrava na época, aceitou sem gerar grandes dúvidas. Mas a consciência de agora lhe reclamava confirmação e talvez duvidar do que o irmão lhe havia apresentado. Coisas que naquela madrugada a tinham feito ficar acordada, pensando e pensando, numa possível solução, sem levar prejuízo para o irmão e a ela mesma, que estariam envolvidos até o pescoço, caso Jaime fosse considerado inocente algum dia, e eles acusados por falso testemunho.

Entrelaçados com aqueles pensamentos duvidosos, ela lembrou vendo-se sorrindo junto à antiga inimiga, o que não fazia há muito tempo; deslumbrou-se com o carinho de Laura para com seu filho na hora da dor; aconchegou-se junto ao dorso do marido deitado ao seu lado, sem o cheiro do álcool na boca, relembrando com ela a admiração quando a viu junto à vizinha, em paz e conversando animadamente com ela, como também sua felicidade ao ver as duas crianças brincando tranquilamente e sua liberdade ao cumprimentar Mauro entrando em seu lar confuso à procura da esposa e da filha; com tudo isso, ela concluiu que nada poderia ser melhor que ter essa alegria de volta à sua vida e de sua família, mas a que preço seria?

Então, enquanto ela enroscada no corpo de Rui escutava o seu ronco suave, a respiração tranquila do filho no berço e os pingos de chuva forte que começaram a cair sobre o telhado da casa, decidiu lutar por manter e fazer crescer aquela amizade, e também procurar pela verdade, mas de modo que não viesse a prejudicar a si mesma e ao irmão. Ficou pendendo, assim, entre a possibilidade de ter prejudicado muito Jaime, caso confirmasse os falsos testemunhos arrumados pelo irmão e dos que diziam terem presenciado o roubo da bicicleta, e o prejuízo que teriam ela e o irmão, caso isso fosse verdade.

15. De volta ao passado – Paulo e sua estratégia

Paulo havia levantado da poltrona onde assistia à programação noturna na televisão, Foi até a cortina, espiou a rua, retornando e sentando de novo, por várias vezes, até que, finalmente, viu Maureen voltando da casa de Jaime, após ele ter recebido a intimação para comparecer no dia seguinte à presença do delegado, quando pensou triunfantemente:

– Consegui o que queria. Com o tempo as coisas ficarão diferentes. Maureen não suportará a terrível situação, enjoando-se de Jaime por isso, terminará o noivado mal começado e acabará sendo minha de novo. Para isso, terei tempo de sobra para fazer mudar-lhe o pensamento na minha direção, presa que estará à insuportável forma de vê-lo como prisioneiro, como também terei ao meu favor dona Jurema que, tenho certeza, fará de tudo para convencê-la a optar por retornar e casar-se comigo.

Depois daquele dia, ele aguardou pacientemente pelo momento certo para iniciar as suas investidas na direção da noiva de Jaime, deixando que dona Jurema, enquanto isso, trabalhasse junto à filha a seu favor.

Finalmente, passados alguns meses depois da prisão de Jaime, o momento tão aguardado por ele chegou. Era um domingo, 10 de abril de 1982, dia do aniversário de Maureen. A mãe dela havia providenciado uma grande festa para animar-lhe o dia, convidando todos os seus amigos, não esquecendo de Paulo, de sua irmã e demais vizinhos chegados. Haveria para isso, também, outro bom motivo a incentivar-lhe o ânimo: ele tinha sido promovido de sargento para tenente, após ter estudado e se preparado para conseguir a estupenda patente, na visão apurada da mãe de Maureen. Favorecia-lhe as boas investidas que dona Jurema tinha feito durante toda a semana junto à filha quanto ao futuro certo e seguro que teria ao lado de Paulo, na nova situação, que proporcionaria um lar com conforto, que qualquer mulher desejava para si e para os seus futuros filhos, em vez de estar ligada ao futuro incerto e duvidoso de um presidiário.

Como numa lavagem cerebral, povoavam a mente de Maureen, constantemente proporcionados pelos ataques da mãe e de outras pessoas, todos os tipos de maus pensamentos relativos à situação de presidiário de Jaime, trazendo a ela as consequências aflitivas quanto ao que esperava da vida junto ao noivo, a ponto de fazer estremecer-lhe as certezas quanto ao seu amor por ele. Maureen, como toda mulher que pensa no seu futuro, enevoada com as investidas da mãe, acabou ficando insegura, por ter de esperar pela saída de Jaime da penitenciária, depois de longos cinco anos. Afinal, ela estava com 23 anos e, quando o noivo saísse, ela estaria com 28, já velha e solteirona, como titia para a sua época, caso Jaime viesse a não desejar casar-se mais com ela; ainda teria também pela frente a má reputação de Jaime que poderia não só prejudicar-lhe a carreira, como também, na melhor das hipóteses se ficassem juntos, ter de sustentá-lo para o resto da vida, por ele não conseguir um bom emprego fixo por causa da ficha policial suja. Assim lhe fervilhava a mente, provocada pelas sugestivas da mãe.

Então, na noite de festa do aniversário de Maureen, como se fosse uma jiboia, Paulo preparou ardilosamente o seu bote e o enrosco que traria, definitivamente, a sua amada para bem perto de si, a se realizar tão logo terminassem de cantar o "Parabéns para Você".

Maureen sabia que Paulo e Sandra estariam em sua festa, pois não havia como desrespeitar o desejo da mãe. Embora fosse de sua vontade original não tornar a vê-los, tantas foram aquelas investidas que ela, atordoada, se deixou levar por aquele caminho gerado pela mãe, diante de sua fraqueza.

Tudo à volta favorecia os desejos da mãe, que lhe preparara uma grande festa, adornando o ambiente da casa com lindos enfeites e deixando Maureen surpresa e enfeitiçada com o que via, além da felicidade aparente.

Sob o olhar atento dos que concordavam com aquela situação, acreditando que seria o melhor para ela, Paulo entrou no auge da festa, de modo triunfante, pelo canto da casa elegantemente vestido, deixando a sua jovem musculatura transparecer entre a blusa branca de cetim e sua calça boca de sino de linho preta, indo na direção do centro da área coberta no quintal onde todos estavam a cantar "Parabéns para Você" e, por trás de Maureen, passou suas mãos sobre os olhos dela, falando em seus ouvidos, para deleite dos que o ouviram: "Parabéns, meu amor!".

Maureen ficou emocionada com a surpresa, pois, mesmo acreditou, momentaneamente, serem as mãos de seu amado a fechar-lhe os olhos, no mesmo instante em que seu cérebro indicava a improbabilidade de isto estar acontecendo, acabou virando-se ao encontro da pessoa que a envolvia agora nos braços, apertando o seu corpo contra o dela, cujo perfume lhe era familiar.

Paulo, revelando-se, visivelmente emocionado e com lágrimas nos olhos, falou-lhe, sem se despregar dela com a mão esquerda, e portando uma caixa de presente em sua mão direita:

– Maureen, receba este presente com muito carinho e amor – falou Paulo sugando com os olhos o belo corpo de Maureen, acomodado dentro de uma calça jeans bem justa e uma blusa branca de cetim que lhe destacava o contorno dos seios.

– Neste momento em que todos nos servem de testemunha – continuou ele –, eu peço por favor para você não ficar mais zangada comigo, pois não suporto mais o seu desprezo. Quero que saiba que, infelizmente, tomei a atitude que tomei com relação ao Paulo por ter me visto traído por aquele em que mais confiava. Tanto pelo que fez com relação à bicicleta de minha irmã, como quando ele tirou você de mim. Perdoe-me, mas não pude suportar o que ele me fez, nestes dois itens.

Eu sei que você ainda sofre muito pelo que aconteceu a ele, entretanto acho que Jaime é que escolheu este caminho.

Eu fiz isto porque quero muito o seu bem. Nunca a magoaria, acredite. Você precisa procurar ver as coisas com os olhos normais, que tantas outras pessoas já enxergaram e só você é que não. Pense, então, um pouco em você. No seu futuro. Em mim. Na vida que sempre quis lhe dar. Por isso lhe entrego esta caixa, pedindo que leia o que está dentro dela e reflita sobre o que ela também contém – ele disse.

Maureen, embaraçada, agradeceu-o, prometendo, diante da maioria das pessoas que aprovavam com seus olhos a atitude tomada por Paulo, que leria o que ele tinha escrito e veria com atenção o presente que ele lhe tinha dado.

Percebendo que o irmão tinha sido bem recebido por Maureen, Sandra aproveitou a oportunidade, aproximou-se dela e lhe desejou um feliz aniversário, enquanto observava, atenta, os olhos de Laura e do marido sobre ela e o irmão, não prestando atenção que também os olhos do senhor Afonso acompanhavam tudo ao longe, apreensivo e com muita tristeza no coração, pelo que estavam fazendo à sua filha.

Maureen, deixando a curiosidade de lado, preferiu abrir a caixa quando estivesse a sós no seu quarto, após o término da festa, que visivelmente havia lhe renovado os ares, depois de tanto sofrimento diante das dificuldades e humilhações que teve de enfrentar para poder acessar a penitenciária e visitar Jaime, em ambiente tão tenebroso. Coisa que fazia todo domingo, desde que ele tinha sido condenado, há cerca de três meses.

Antes de abrir a curiosa caixinha presenteada por Paulo, ela preferiu refrescar-se com um banho de chuveiro, não fazendo muito barulho para não acordar a irmã que dormia na mesma cama ao seu lado. Após, passou seu perfume de cheiro suave e doce sobre todo seu corpo, que Jaime sonhava um dia poder ver por inteiro; colocou sua camisola preferida de dormir, de cor rosada e rodeada de margaridas e nuvens repletas de ursinhos pandas, sentou-se na cama puxando o seu travesseiro para perto do travessão da cama, observou a irmã que dormia pesadamente, pegou a caixinha e começou a abri-la. Dentro dela havia um bilhete envolvendo outra caixa menor, como a querer fazer que a pessoa não a pudesse abrir sem que antes tivesse lido o bilhete. Ela percebeu e sorriu da estratégia tomada por Paulo. E, não se importando, partiu para isso começando a lê-lo, como desejado pelo antigo namorado: "O meu amor por você está muito acima do valor da joia mais cara do mundo. Lutei por você e lutarei eternamente para que um dia possa estar ao meu lado para sempre. Eu quis você como minha namorada; quero agora como minha noiva; desejo como minha esposa. Soube esperar e saberei esperar para que você possa estar pronta para mim. Te amo, mais que a mim mesmo".

Maureen ficou fascinada com aquelas palavras. Qual das mulheres não ficaria?

Depois abriu a caixinha, onde estava um caríssimo anel de brilhante de noivado. Ela o admirou e seus olhos possuídos pelas vontades materiais se arregalaram de fascínio pela joia; pegou-o, retirou o que ali estava, colocou-o no dedo da mão direita indicador de compromisso firmado, antes ocupado pelo anel de noivado simples dado por Jaime. Ela elevou aquela mão à altura da cabeça e comtemplou o anel onde alguns feixes de luzes vindos da lâmpada de seu quarto fizeram a pedra de brilhante ficar mais linda, com matizes azuis e rosa, ofuscando totalmente o antigo anel de noivado.

Neste instante a mãe entrou no seu quarto, pegando-a no ato de admiração, e falou sussurrando satisfeita, com seus olhos brilhando de alegria, pela sua boca pequena e bicuda:

– Filha, desculpe. Não sabia que estava abrindo o presente dado por Paulo. Mas, aproveitando e não querendo me meter, pense querida na vida que ele poderá lhe dar, e não essa vida de dor e sofrimento que você esteve levando até agora.

Aquilo, de repente, ao contrário do que pensava dona Jurema, foi como uma ducha de água fria sobre Maureen, que lhe respondeu com lucidez:

– Mãe, eu prometo que vou pensar muito sobre isso!

Dona Jurema saiu radiante do quarto da filha ingrata a seus conselhos até ali e, retornando para o seu quarto, pisando levemente, confessou sua alegria para o marido deitado na cama pronto para dormir, que ficou com seu olhar vago no teto do quarto, perguntando-se: "A vida é de minha filha... Mas será que ela se deixou levar pelos benefícios da vida que Paulo pôde lhe dar em vez do amor verdadeiro, de sacrifícios, junto a Jaime feito prisioneiro? Se for assim, acho que não tenho direito de me meter na vida dela, pois, realmente, quem aguentaria cinco anos de sacrifícios com o noivo na prisão? Talvez Jurema tenha razão!".

Maureen não mentiu para a mãe, pois pensou, refletiu e falou para si mesma: "Obrigada, dona Jurema, por me fazer acordar enquanto há tempo!".

Sentindo o anel presenteado por Paulo apertar-lhe o dedo como se fosse o aperto da cobra sobre sua presa, retirou-o logo e, acariciando o outro anel de noivado com Jaime, confessou:

– Querido, perdoe-me o momento de fraqueza, que jamais saberá que tive. Quando eu lhe disse que nunca o esquecerei, fosse na hora da tristeza, fosse na hora da alegria, é a mais pura verdade na minha vida; que sempre o amarei; são coisas do coração que nenhuma riqueza do mundo irá poder comprar para si. Tranquilize-se, querido. E lhe prometo que nunca mais este coração e esta mente se abalarão com as estratégias de quererem destruir este nosso amor. Hoje feito de lágrimas, mas tenho certeza de que será de paz e harmonia no futuro.

Com aquele pensamento, ela pulou da cama decidida a desfazer os últimos apertos da jiboia esperta que lhe havia sufocado o sentimento puro no seu peito, trazendo-lhe a submissão, momentaneamente, às vontades de Paulo e aos caprichos da mãe.

Sufocando um grito para não acordar a irmã, ela pronunciou um NÃO baixo, mas que foi escutado pelo seu pai no quarto ao lado, que sorriu satisfeito, enquanto sua esposa dormia com ares de triunfo no rosto.

Não se contendo de alegria, o senhor Afonso levantou com esforço o seu peso da cama, escorregou para o lado direito o pouco de cabelo que tinha na frente, encaminhou-se até o quarto da filha, bateu de leve com as pontas dos dedos da mão direita na porta para avisar a Maureen que chegava, abriu a porta mansamente e ainda viu quando ela arremessou o anel longe batendo de encontro à parede à sua frente e parando sobre o piso. Em seguida, ela rasgou o bilhete de Paulo em pedacinhos, pisando com o pé direito sobre eles como a querer esmagá-los contra o chão.

Neste instante a irmã se mexeu na cama, virou para o lado, abriu levemente os olhos e continuou a dormir.

O pai, caminhando mansamente, aproximou-se dela; vendo-o, agarrou-se ao seu peito amigo, dizendo baixinho:

– Pai. Ninguém pode comprar alguém assim, desta forma. O meu amor por Jaime não pode ser comprado. Não será comprado nunca. E mamãe não entende isso – desabafou.

– Filha. Isso! Faça o que for melhor para o seu coração! Mesmo que tudo esteja contrário. Lute pelo seu amor! Pelo que acredita nesse rapaz. Se você confia nele, eu confiarei nele também. Conte comigo, mas não me faça brigar com sua mãe por isso, pois eu sei que ela só pensa no que acredita ser o melhor para você. Um dia ela perceberá. Por enquanto ela não consegue enxergar isso. Mas um dia enxergará. Perdoe-a, filha, pois ela não sabe o que faz – asseverou o pai de Maureen também com a voz baixa, completando suas últimas palavras como aquele que a utilizara com autoridade.

Maureen, necessitada de um colo amigo, desfez-se em lágrimas, molhando o pijama do pai no ombro onde havia encostado sua cabeça. Ela permaneceu assim sem falar enquanto escutava as palavras de conforto do pai, mais querido do que nunca, enquanto o senhor Afonso lhe afagava os cabelos sedosos e perfumados.

Em seguida, ela se refez e falou-lhe em reflexão:

– Pai, eu tenho ideia de quanto esta situação é difícil para o senhor. Afinal o senhor ama a mamãe, acima de tudo, mesmo ela sendo como é. Eu a amo também, mas não posso permitir que ela mexa com a minha vida da forma como quer. Hoje, por exemplo, ela quase conseguiu me conduzir para os braços de Paulo. Se o meu amor por Jaime não fosse tão grande, eu me teria deixado levar pelos planos dos dois. Pois nada me tira da cabeça que isso não foi elaborado somente pelo Paulo ou somente pela dona Jurema. Eles se aproveitaram do momento de minha maior fraqueza para dar o bote sobre mim, como cobras a sufocarem sua presa indefesa.

Eu me senti envergonhada, pai, por ter deixado isso acontecer. Mas, graças ao amor forte que tenho por Jaime, consegui acordar a tempo, e pude desfazer esse nó que estava apertando minha mente, fazendo-me quase desfalecer.

Mas, agora, senhor Afonso, acredite em mim, não falharei mais. Nada mais vai me desviar do caminho que me leva à vida em comum junto a Jaime. Haja o que houver, eu me submeterei sempre a este sentimento, que me estruturará e me revestirá, para o que der e vier, dando-me forças para superar todas as agruras desta vida, para ficar ao lado de quem amo.

O senhor Afonso, admirado com o ponto de vista ferrenho sobre a fortaleza maior construída pela filha para proteger o seu amor por Jaime na hora em que estava mais prestes a cair, disse-lhe convicto:

– Querida Maureen. Tenho certeza disso, e que você e o Jaime possam ser muito felizes. Acredite em mim que sua mãe um dia compreenderá isto e que nós dois abençoaremos juntos esse casamento. O tempo tudo acerta.

Mas agora, minha pequena, acho que é hora de irmos dormir, pois está ficando tarde demais; amanhã é dia de trabalho para mim e para você, e também se continuarmos com essa conversa acabaremos acordando a sua irmãzinha.

Assim que o pai saiu de seu quarto após desejar boa-noite e beijar-lhe o rosto com muito carinho, Maureen pegou no chão todos os pedaços do bilhete rasgado; pegou também o anel jogado contra a parede, vendo que felizmente não o havia danificado, pois não lhe seria de direito, mesmo não o querendo; juntou-os e colocou-os de volta na caixinha; reembrulhou-a no papel de presente amarrotado; acomodou-a sobre a sua mesinha de cabeceira, desligou o abajur, e calma consigo deitou sonolenta para o descanso necessário ao corpo, dando antes um beijo no rosto da irmã.

Mais tarde sua alma contemplaria o prazer de estar ao lado da de seu amado.

16. A frustração de Paulo

No início da noite do dia seguinte ao aniversário de Maureen, ela pediu a sua irmã mais nova que devolvesse a caixinha de presente a Paulo, com um bilhete anexado a ela.

Paulo estava a serviço e quem recebeu a caixinha na sua casa foi Sandra, que, vendo o retorno do presente dado pelo irmão, se irritou ao prever a derrota iminente do irmão, em sua estratégia de noivado e futuro próximo casamento. Quem sofreu as consequências imediatas sobre a situação foram os ouvidos de Laura e depois os de Rui casado recentemente com ela. Mas Laura deixou-a cantando sozinha na cozinha e Rui tratou de sair de casa para bebericar com os amigos no botequim perto de sua casa, estratégia que passou a fazer desde que começou a tomar conhecimento do que acontecia na sua ausência naquele lar, começando cedo a desgovernar-se.

Sandra ficou, então, sozinha com sua raiva a lhe queimar o estômago e os neurônios, a sua mente. Ela só conseguiu acalmar-se algumas horas mais tarde, quando serviu o jantar ao marido calado, que tinha chegado empanturrado de cerveja. Aquilo ele tinha de bom, pensou Sandra, ao contrário dos demais bêbados.

Depois ela tomou um banho, deixando que a água lhe esfriasse o corpo febril. Antes de se recolher à cama para o descanso necessário, martirizou-se ainda com a visão da caixinha sobre a mesa da sala.

Mas voltou a agitar-se no dia seguinte, quando entregou a caixinha para Paulo assim que ele chegou do serviço no quartel.

A princípio, ele achou que seria uma resposta de Maureen positiva, retornando-lhe a caixinha com um bilhete favorável dentro. Porém, viu logo que ele havia se enganado, quando, separando o bilhete, abriu a caixinha e deteve-se com o anel de brilhante, que lhe tinha sido caro comprar, dentro. Não sabendo direito o que pensar, junto com as veias do pescoço e na lateral da testa que começaram a pulsar perigosamente, ele tratou logo de ler o texto escrito por ela numa folha de caderno: "Obrigada, Paulo, por querer o melhor para mim. Mas pensei bem e vejo que o melhor para mim é estar com aquele que amo e não somente com o que me ama. Um dia você entenderá o que quero dizer, quando encontrar quem também te ama".

Após ler o bilhete e constatar o fracasso de sua empreitada, ele pegou o anel e jogou-o longe contra a parede; xingou e mal disse o nome de Maureen por três vezes e das entidades espirituais que havia contratado para trabalharem para que a antiga namorada voltasse para ele. Depois, parado com os olhos voltados para a parede onde havia arremessado o anel, arrependeu-se, pegou-o de volta, constatou que estava intacto e falou conclusivo, indignado:

– Chega de te esperar, Maureen. Se não serve para você, em outra servirá.

17. Cláudia

Cláudia surgiu cedo na vida de Paulo. Ela era aquela cuja sombra do amor por Paulo a acompanhava desde que o conhecera no curso ginasial, logo após o primário, por meio de uma forte atração, incontrolável, que sentia por ele. Mas se comportara, esperando a sua vez entre as tantas que ele namorou. Ela jamais teria ousado revelar-se para Paulo no colegial, pois sabia que ele havia se apaixonado por Maureen, tão logo a viu, como um pássaro macho formado a cativar a fêmea, mostrando as suas asas coloridas e seu canto perfeito para impressioná-la.

Ela poderia ter tido tantos namorados quanto quisesse em vista da sua beleza física e interior, entretanto, tinha estado sonhando, desde os primeiros tempos, com o momento em que poderia se mostrar para ele, com o seu amor verdadeiro e simples, que demorou a ter partida no retorno, personagem ofuscada que se sentia naquela história.

Ela se contentou quando aquele belo pássaro começou a voltar suas asas para ela, depois da última e frustrante tentativa com Maureen, que pouco conhecia, pessoalmente, por morarem em bairros diferentes. Conhecia também os motivos que levaram mais tarde o noivo de Maureen para a condenação e reclusão numa penitenciária, uma das mais cruéis que existiam. Ela não o conhecia, pessoalmente, só de longe, também no colegiado por onde tinham passado em turmas diferentes, já que Paulo nunca o apresentou a ela.

Mas ela soube esperar que o tempo fizesse com que o amor que sentia por Paulo fosse um dia correspondido. Como num labirinto de várias entradas e um só destino, assim aconteceu pela força da vida.

Foi rápido o galanteio de Paulo sobre Cláudia logo depois da frustrante tentativa de resgatar Maureen; treze meses de namoro, outros nove de noivado após certificar-se de que nada mais conseguiria com a noiva de Jaime e, pronto, estavam casados, como se Paulo tivesse pressa de deixar para trás todos os fantasmas que o tinham acompanhado desde que havia nascido, começando uma nova vida em um bairro afastado do de sua infância e mocidade.

18. Renovando as esperanças

O senhor Jerônimo, sabendo que não precisava mais esperar, no fim da mesma semana que haviam salvado Alberto, tomou a decisão de ir ter com o diretor do presídio a pedir-lhe um favor.

Assim que o senhor Jerônimo deixou a sua sala, o diretor do presídio, achando justa a solicitação, tratou de não esperar e pediu para sua secretária datilografar o pedido a ser encaminhado ao juiz Anderson, para analisar a questão apresentada pelo seu mais antigo detento, como por conta sua a do próprio Jerônimo, que julgava o senhor Djalma também ser de direito, mesmo que ele não tivesse pedido isso. No conteúdo simples e objetivo, o documento descrevia os bons trabalhos e serviços daqueles que eram os objetos da sua solicitação, tendo como justificativas o excelente comportamento dos dois na prisão e a ajuda voluntária que prestavam junto aos demais prisioneiros.

Do senhor Jerônimo descrevia a trajetória de todo tipo de ajuda que dava para com os demais detentos, fossem amigos ou rivais de grupo; da sua bondade para com todos que dele necessitassem; do trato e cuidado de transmitir aos presos o caminho do bem e do bom conviver; o caminho do perdão às ofensas, que poucos praticavam na realidade, mas que ele fazia, para que pudessem pensar mais a respeito e assim travar-lhes na direção quanto aos novos atos de revides e vinganças. Pedia por ele a liberdade provisória, antes que completasse o período de punição.

Do senhor Jaime, descrevia como se fosse um excelente auxiliar de Jerônimo, ajudando todos com humildade e simplicidade; relatava a forma como tinha socorrido um detento ferido, com grande possibilidade de ter morrido, caso não tivesse sido ajudado por ele e pelo senhor Jerônimo; por último recomendava a possibilidade de o juiz poder liberá-lo diariamente para poder destrancar a faculdade de medicina, que ficava próxima dali, voltando a estudar oficialmente, o que na prática, reforçava o pedido, ele estava fazendo por meio dos livros de medicina que vinha lendo nos últimos 13 meses de detenção. Para isso, ele poderia ir e voltar todos os dias da faculdade para a penitenciária; o diretor dava o seu parecer e aval favoráveis a respeito, deixando claro para o juiz que não tinha dúvida de que seria uma forma de poder auxiliar alguém que havia se arrependido amargamente do ato insensato que cometeu, e estar pronto para redirecionar a sua vida para o caminho de ajuda aos seus semelhantes pela medicina.

Quando o senhor Jerônimo retornou da sala do diretor naquele dia, foi direto dar a boa notícia a Jaime, não sabendo que o diretor tinha pedido para ele algo também. Ele o encontrou lendo mais um dos livros de medicina, entre uma pausa e outra no atendimento aos prisioneiros que frequentavam a biblioteca, onde ajudava no controle da distribuição, saída e retorno dos livros. Jaime, vendo o senhor Jerônimo entrar pela biblioteca, falou-lhe:

– O senhor sabia, senhor Jerônimo, que, quando estiver alguém em vias de um ataque cardíaco e não se ter recurso à vista, a pessoa deve ficar respirando rapidamente até que chegue o medicamento emergencial ou o socorro imediato?

– Não. Não sabia. Mas agora eu sei como fazer quando acontecer comigo ou com outra pessoa, graças a você – disse cortesmente. – E é por isso que tenho à certeza de que logo você estará aprendendo mais, estudando diretamente numa faculdade – desferiu o senhor Jerônimo atingindo o alvo com efeito retardado.

– Para isso, senhor Jerônimo, eu precisarei esperar por mais quase dois anos para ter direito à condicional. Mas saberei esperar para chegar lá.

– Não precisará de tanto tempo assim, Jaime – afirmou Jerônimo entusiasmado.

– Como não? Só se eles me libertarem antes, homem – registrou Jaime surpreso ainda com os olhos sobre o livro que lia, enquanto corriqueiramente passava os seus olhos sobre os prisioneiros sentados nas mesas lendo seus livros.

– Jaime, deixe de ler este livro, de se preocupar com os outros prisioneiros, e preste atenção em mim – frisou o senhor Jerônimo, chamando para si toda a atenção de Jaime.

– Pera lá, senhor Jerônimo. O senhor não quer dizer que...

– Não. Não ainda, rapaz. Mas posso lhe garantir que será em breve.

Jaime saiu da cadeira e pulou o mais alto que podia, gritando vivas de alegria, chamando a atenção do guarda sentado na entrada da biblioteca, que pediu silêncio em respeito aos demais leitores.

– O senhor conseguiu! O senhor conseguiu! Muito obrigado, meu amigo!

– Calma, Jaime, que ainda não foi deferido o pedido. Ele só foi emitido ao juiz pelo diretor. Eu só falei que tenho certeza disso. Mas não sou o juiz que vai decidir.

– Eu sei, senhor Jerônimo. Mas agora sou eu que tenho a confiança plena em Deus de que isso vai acontecer.

Um mês após aquele dia, a liberação para que Jaime pudesse voltar a estudar na faculdade de medicina onde havia interrompido os estudos saiu. O pedido feito para o detento Jerônimo ficou para outra ocasião.

Assim que Jaime pôde estar com Maureen, ele lhe relatou a respeito da permissão concedida pelo juiz, deixando-a radiante diante da felicidade presente nos olhos do seu amado, fato este que ela tinha duvidado de que pudesse acontecer, tal a frivolidade que pensava existia no coração do magistrado.

Desde então, Jaime saía da penitenciária quase sempre às 7 horas da manhã para estudar na faculdade de medicina no centro e retornava às 17 horas, dependendo do horário de estudo de cada dia. Agora ele levava consigo não somente a sua magreza, o bigode e os cabelos lisos castanhos penteados no meio da cabeça, mas também os óculos de grau de miopia que conquistara lendo os livros na cela à noite, com pouca luminosidade. Ia contente fazer o que mais gostava de fazer na vida: estudar medicina.

19. Unidos para sempre

O senhor Jerônimo foi o mentor da ideia: "Para que esperar tanto tempo se vocês podem começar a ser felizes agora? No leite derramado é que o gato faz a sua melhor refeição, porque provém do inesperado".

A ideia foi lançada quatro meses posteriormente à concessão para Jaime poder voltar a estudar, ocasionando enorme alvoroço entre todos, quer fossem na casa da noiva, na casa do noivo, nas falas dos vizinhos a favor e contra, ou entre os guardas e presos da penitenciária que estimavam o casal. Contudo, o mais importante foi o parecer favorável do diretor do Estabelecimento de Correção que, animado com a situação que modifica os hábitos corriqueiros, providenciou o juiz e a pequena festa para o casamento; também para que o casamento se consumasse entre os noivos, providenciou uma cela especial para a lua de mel, longe dos olhos curiosos.

No local do casamento repleto de ramos de flores, numa refrescante tarde – noite de sábado, 10 de abril de 1983, num dia especial, no mesmo pátio onde Maureen e Jaime tantas vezes haviam matado suas saudades –, a celebração oficial foi feita por um juiz emocionado, com alguns convidados escolhidos pelos noivos sentados nos bancos, antes esparsos no pátio e, para aquele momento, enfileirados na direção do local improvisado onde ocorreria o ato civil.

Entre os convidados estavam os parentes mais próximos da noiva e do noivo; alguns vizinhos mais chegados; o diretor e sua esposa; dr. Felipe e o seu assistente; alguns guardas e presidiários.

Maureen trajava um maravilhoso vestido branco de seda, não como os trajes normais de noiva longos, mas simples para a situação, chegando um pouco mais abaixo do joelho; seus cabelos estavam presos no meio da cabeça com uma fita azul-clara também de seda, finalizando as pontas sobre a nuca; estava maquilada sem exageros, revelando seu rosto bem moldado e lábios bem-feitos; acompanhava-lhe na mão esquerda um buquê de rosas brancas e nos pés usava um sapato simples, também branco.

Jaime deixou seus trajes oficiais de prisioneiro, colocou um terno de cor cinza com camisa amarela ao fundo, gravata preta e sapatos de couro também pretos; havia cortado os seus cabelos bem curtos e trazia na mão esquerda uma caixinha com os anéis para a concretização cerimonial do casamento civil.

O senhor Jerônimo, com seu cabelo sarará bem arriado e escasso, repartido na lateral esquerda, no seu considerável 1,90 metro de musculatura envelhecida, mas ainda vigorosa, de negritude amarronzada invejada pelos seus de raça, colocou o seu melhor sapato tamanho 42, a sua melhor camisa e calça de tergal, sentindo-se muito bem, momentaneamente, depois de ter estado há muito tempo condicionado ao uso do uniforme obrigatório do presídio; e para que o frio não o incomodasse na cabeça, ele colocou o seu exuberante boné à la Sherlock Holmes.

Os dois guardas, um homem e uma mulher que estavam ali representando os outros que simpatizavam com o casal, portavam os seus mais novos uniformes.

Quatro outros convidados presidiários, mais chegados a Jaime, entre eles Alberto, o rapaz salvo por ele, também usavam suas melhores roupas, alguns visivelmente incomodados com aquelas roupas apertadas, depois de tanto tempo sem usá-las.

Dr. Felipe e seu assistente portavam os seus uniformes brancos de trabalho, limpos e bem passados.

O senhor Djalma e sua esposa portavam trajes de fina estampa, como se estivessem num luxuoso casamento, porém se comportando entre os demais nos mais e absolutos gestos de simplicidade.

Quanto aos demais convidados, todos trajavam suas melhores roupas propícias à cerimônia.

Com um roçar de garganta, o juiz chamou para si a atenção a início da cerimônia, começando suas falas:

– Senhores, estamos aqui reunidos para celebrarmos o casamento civil de Jaime e Maureen. Honra-me muito poder estar nesta celebração incomum, entre estes dois jovens que verdadeiramente se amam, em face da situação que todos conhecem, necessitando de muita coragem e vontade por parte deles para tomarem esta atitude. Com certeza, muitos dirão que está sendo uma loucura, principalmente para a jovem Maureen – disse apontando na direção da noiva. – Mas eu lhes digo na minha experiência de casamenteiro, e por conhecer a vida de cada um deles, no interesse que tive para tal, que, justamente por serem jovens e com tanta força de vontade, não haverá barreiras que possam impedir a concretização desse amor, numa vida que logo será plena, fora destas paredes que aprisionam a vontade deste jovem – disse apontando agora para Jaime –, repleta de muitos voos de alegria, satisfação, paz e harmonia, na direção do bem para com a sociedade... Por isso eu tenho a certeza dessa convicção e deposito confiança nestas duas criaturas. Uma sendo a verdadeira companheira de todos os momentos e todas as horas e o outro, aquele que a completará não só como companheiro, mas também pelo serviço de amor ao próximo, na dedicação plena da medicina. Eu acredito neste rapaz aqui, que já salvou uma vida e salvará muitas outras, eu tenho certeza disso... Que Deus abençoe esse casal e seus propósitos de vida – afirmou o juiz, reportando a todos o que acreditava para os dois noivos. – Bem mais deixemos de blá-blá-blá e iniciemos o casamento – asseverou.

Assim a cerimônia continuou com as cenas do assentimento um ao outro; o sim e os anéis colocados nos dedos anelares esquerdos.

A pequena festa estendeu-se desde a tarde que caía até às 8 horas da noite, quando, como teto máximo concedido, os convidados foram retornando para suas casas, para seus afazeres no trabalho, para suas celas, e os noivos, para a lua de mel.

Na cela, especialmente preparada para os noivos, finalmente Maureen e Jaime puderam conhecer as suas intimidades e os momentos sublimes de estarem aconchegados um ao outro.

No dia seguinte, um domingo à tarde, Maureen retornou da lua de mel breve no presídio para a sua casa, folgando dois dias no trabalho, enquanto a vida continuava costumeiramente para Jaime entre o presídio e a faculdade, sobrando-lhe tempo somente para alguns beijos que podia dar na esposa, um pouco antes do seu retorno para a penitenciária, controlado pelas autoridades no cumprimento certo de seu horário.

Eles marcaram um encontro de poucos minutos na terça-feira seguinte, no fim da tarde, depois da saída do horário de término da faculdade de Jaime, local em que olhares de alguns alunos que lhes conheciam a história os acompanhavam com admiração ou reprovação, com comentários favoráveis ou desfavoráveis à situação.

Eles se abraçaram e se beijaram avidamente, durante aquele pequeno espaço de tempo, matando suas saudades de alguns dias sem se verem, não se importando com o que os outros estavam pensando à volta deles.

Como esposos, suas vidas ficaram divididas depois entre os dias que conseguiam se ver após a faculdade, nas visitas ou encontros oficiais pessoais como casados no presídio e nos de intervalos longos que não conseguiam se encontrar.

E se sentiam felizes por Deus ter-lhes sido tão bom, para que pudessem ter aquela vida, na situação em que se encontravam.

Outros tinham tanta liberdade e não souberam ou não aprenderam a viver bem com ela.

Parte IV

E a Vida Continua

1. Paulo, a esposa e o primeiro filho

Cláudia, assim que pôde, começou a ajudar o marido com o seu trabalho na manutenção das despesas de casa. Além dos trabalhos como dona de casa, ela trabalhava como enfermeira numa clínica perto de sua residência, a qual haviam comprado pelo B.N.H. (Banco Nacional de Habitação) e estava localizada a alguns metros da famosa fábrica de tecidos Bangu.

Podíamos vê-la naquele momento com o porte das belas louras altas de pele clara, nos seus 24 anos, com o seu olhar azul-cândido, paciente e tolerante, virtudes alcançadas com a prática junto ao marido diante das costumeiras falta de humor e insatisfação dele.

Ela estava lavando as louças do almoço dominical com extrema habilidade nas mãos e usava um vestido simples longo colorido feito de tecido de algodão. Quem a observasse por trás, veria o balanço de sua cintura acompanhando as pontas de seus longos cabelos louros em um rabo de cavalo, amarrados no topo da cabeça com uma fita de seda azul-celeste, conforme ia fazendo os gestos próprios do serviço que executava.

Sobressaía na sua mão o anel de casamento de ouro maciço no respectivo dedo esquerdo.

Ela estava trabalhando eficientemente na limpeza das louças, roçando vez ou outra a enorme barriga com mais de oito meses de gravidez, adquirida pela segunda vez após o casamento, contra a pia de mármore verdejada, quando sentiu as primeiras pontadas no ventre, indicando que o momento havia chegado. No entanto, para confirmá-lo, e não preocupar o marido antes da hora exata por causa da experiência que lhe cabia como enfermeira, ela esperou que outros espasmos viessem a acontecer. Não demorou muito e outras pontadas logo aconteceram, sucessivamente, levando-a a sentir fortes dores em seguida. Ela largou imediatamente o que estava fazendo, sentou-se numa das cadeiras da cozinha e gritou pela ajuda de Paulo, que assistia a um jogo de futebol entre o Flamengo e o Botafogo, torcendo freneticamente para que o primeiro ganhasse.

Ao escutá-la, ele gritou com má vontade na voz:

– Cláudia, por favor! Não me incomode justamente agora que eu estou assistindo ao jogo.

– Mas, Paulo, é que a hora chegou! Acho que vai ser hoje!

– Hoje o que mulher?

– A hora de eu ir para a maternidade – respondeu-lhe aflita, perdendo as forças e quase desmaiando.

– Ah! Isto é mais uma daquelas impressões erradas que você já teve, iguais às de outro dia.

– Não, Paulo. Agora é pra valer. De verdade... E você sabe que não podemos brincar com isso!

Paulo levantou do sofá irritado por ter de perder grandes momentos da partida, mas lembrou-se do que aconteceu com a gestação do primeiro filho perdido por ela no terceiro mês. Aquilo a havia traumatizado muito por causa da visão que tivera, em pé, na cozinha, depois de uma forte pontada, e o feto se esvaindo pelas pernas feito pasta sangrenta. Aquela mesma visão o fez apressar os passos na direção da voz da mulher para ver o que acontecia, encontrando-a completamente vermelha e sufocada com a dor que sentia, com um líquido pardacento a correr-lhe pelas pernas. Preocupado com o estado dela totalmente muda e estarrecida, em vista do que acontecera com o primeiro filho, ele a pegou no colo e a levou até a garagem, onde estava o seu automóvel. Abriu a porta e a colocou no banco de trás dos passageiros, correu até a sala, desligou a televisão, pegou as chaves e os documentos, trancou a porta saindo do jeito que se encontrava, retornou até a garagem, ligou o veículo, acelerou e disparou o seu Chevette quase do ano na direção da maternidade Carmela Dutra, a alguns bairros dali, cujo nome ele detestava dizer, por considerar no seu entendimento ser algo que alguém adotou por ter comido mal alguma fruta de casca dura.

Com o porte de militar no volante, transpôs diversos sinais fechados pelo caminho e conseguiu chegar, após alguns minutos, a salvo na maternidade, com a esposa e o filho que ela trazia na barriga.

Em frente à clínica, disparou a buzina do seu potente carro 1.6 pedindo pela ajuda urgente. Uma enfermeira acostumada com a situação chamou dois enfermeiros que de imediato pegaram uma cadeira de rodas, colocaram a paciente nela e a levaram para a Urgência.

Quarenta e cinco minutos tinham se passado desde que Paulo havia começado a contar as flores que estavam estampadas nos azulejos azuis da parede da sala de espera e os pisos brancos no chão, repetidas algumas vezes por ele, chegando às centenas. No auge de sua espera, irritado foi até a enfermaria, apresentou-se como militar para impor maior respeito e exigiu para uma enfermeira negra baixinha e parruda que desse a informação sobre a situação da sua mulher e do filho que estava para nascer.

A enfermeira, defrontando-se com tanta petulância dentro de um traje de bermuda, camiseta amassada sem mangas, chinelos de dedo e boné do mengão na cabeça, respondeu-lhe, grosseiramente, que aguardasse que iria procurar saber. Voltando, sem pressa, alguns outros tantos minutos depois com a notícia de que o parto estava acontecendo, deixando de lhe contar, se tivesse sido gentil, que o médico estava fazendo na cirurgia todo o possível, diante da dificuldade encontrada para um parto normal.

Três horas depois, Paulo pôde ir ver a esposa junto com sua irmã que chegara afobada. Eles encontraram Cláudia adormecida, sob o efeito da anestesia geral, com a face de mãe visivelmente estafada da cesariana que necessitou ser feita às pressas para salvar a criança mal acondicionada no seu ventre, inadequadamente para o parto normal.

Quatro horas depois Paulo estava com o médico a explicar-lhe o acontecido, diante do vidro transparente que separava o setor onde ficavam os recém-nascidos, provocado pela má-formação do feto na sua parte facial e no tubo digestivo superior, por ter se alojado inadequadamente sob as costelas da mãe, durante a gravidez.

Após as explicações do médico, Paulo, com seu olhar apreensivo, observava o bebê que a mesma enfermeira negra, agora com olhar melancólico, lhe trouxe do berçário, afastado para próximo do vidro, a fim de que o visse de perto. Suas pernas cambalearam e seu estômago se revoltou, quase imediatamente, quando constatou a deformidade no rosto da sua filhinha recém-saída do ventre tranquilo da mãe para a sua vida externa agitada, em provação.

Embora os lacinhos rosas enfeitassem os seus parcos cabelos, a roupinha e a manta branquinhas adornassem o seu corpinho, o seu rostinho era muito diferente do de uma criança normal, defeituoso e sem contornos normais: os olhos eram disformes e desiguais, parecendo ser um maior que o outro; a face retorcida sem poder distinguir-se o que era nariz e o que eram as bochechas, as cavidades dos olhos e o ressalto da testa; tudo era reto, encruado e sobreposto; a boca estava retorcida, a cabeça pendente e contida para um lado só, e a orelha do lado pendente, tal como o nariz, amassada sobre o pescoço.

A pequenina chorava sem cessar, até que a enfermeira a colocou de volta ao berço com a cabeça voltada para o lado que pendia, fazendo, com isso, que diminuísse o choro e dormisse.

Mais tarde o médico explicou a Paulo que ele deveria ter muita paciência e cautela com a mãe após a cirurgia delicada, e com a filha haveria, no futuro muito próximo, a necessidade de algumas cirurgias para melhorar a condição de sua aparência e absorção dos alimentos pela cavidade bucal e digestiva superior. Entretanto, os primeiros meses com o bebê seriam de importância vital para que sobrevivesse – enfatizou o pediatra –, em virtude da condição deficiente na boca e garganta da filha para a sua alimentação adequada, que proporcionariam refluxos constantes que poderiam engasgá-la.

Depois das explicações, Paulo, desconsolado e com as pernas ainda bambas, foi ao encontro da esposa tão logo soube que ela havia acordado.

Cláudia, que estava com Sandra ao seu lado na cama, o recebeu com o enorme sorriso aliviado da mãe que espera estar tudo certo com o seu bebezinho, e com vontade imensa de vê-lo logo. Contudo, por recomendação do médico prudente, em vista da necessidade de recuperação da cirurgia delicada sofrida pela mãe, ela precisou ser sedada, logo após ter visto o marido, só acordando no dia seguinte.

Sandra, percebendo que algo não estava bem, obteve logo de Paulo as respostas grosseiras de que sua filha era um verdadeiro monstrinho, que teria sido melhor que tivesse morrido.

No dia seguinte, Paulo chegou à maternidade com a manhã avançada, depois de ter saído bem cedo de sua casa e de ter passado no cartório para registrar a filha, dando-lhe o nome de Rita de Cássia Macedo, tal como havia pedido à esposa, anteriormente, caso a nascida fosse menina. No dia anterior, ele não quis comemorar nada, nem sorriu ao ser cumprimentado pelos amigos e parentes por ter sido pai, coisa que, só algum tempo depois, vendo o infeliz bebezinho, eles conseguiram entender, diante da mudez do pai quanto ao verdadeiro estado da recém-nascida.

No quarto que pouco observou, a não ser que tinha o piso, as paredes e uma cama, todas brancas, com respiradores artificiais e outros equipamentos próximos para qualquer emergência, um suporte para o soro e outros medicamentos injetáveis, um sofá para acompanhante e um banheiro, ele enfrentou a verdade diante da esposa deitada ainda atordoada pelos efeitos da anestesia geral e sedação forçada, mas acordada e esperançosa em ver a filha recém-nascida. Ele trazia no colo a filhinha envolta no enxoval branco comprado pela esposa com a incerteza do sexo que seria e a colocou cuidadosamente sobre o colo da mãe, tomando o cuidado de evitar a região abdominal que tinha sofrido a cirurgia.

Cláudia pegou a filhinha no colo. Paulo viu quando a esposa, por meio da expressão em seu rosto, percebeu que diante dela não estava uma criança normal. Mas Cláudia nada lhe perguntou a respeito, surpreendendo-o ao dizer apenas:

– Que Deus abençoe a nós e a esta criança! Obrigada, Senhor, por ela! Obrigada, minha Santa Rita! Que se faça a Sua vontade – disse beijando a Santa, que trazia pendurada num cordão de prata no pescoço.

Neste instante Paulo confirmou o porquê de Cláudia ter pedido a ele que lhe colocasse o nome de Rita de Cássia, se fosse menina.

Em seguida, ela perguntou à enfermeira que tinha vindo do berçário acompanhando ao pai, preventivamente, como poderia alimentar a sua filha, pois sentia os seus seios fartos, e a enfermeira recomendou que, por causa da impossibilidade de pôr o bico de seu seio direto na boca da filha, que ela retirasse o leite com uma bombinha e a alimentasse depois pelo canto da boca no lado direito, já que, do meio ao lado esquerdo dela não existia a abertura normal, por estarem os lábios desta parte ainda presos e malformados.

Cláudia assim o fez sob o olhar de suspense da enfermeira e do marido, retirando, pacientemente, com uma bombinha o leite no seu seio direito, que, abundante do líquido precioso, imediatamente encheu o pequeno recipiente da mamadeira.

Depois, ela levou um enorme susto quando tentou, na primeira vez, colocar o bico bem fino da pequena mamadeira no canto livre da boca da filha, em razão de a criança ter se engasgado, tossido e ficado sem fôlego, necessitando do auxílio da enfermeira para que levantasse a recém-nascida, a fim de que o fluxo do alimento descesse pelo canal do esôfago malformado, sem retornar, para que não causasse um novo refluxo, tosses e engasgos.

Mais tarde, com o devido treinamento, Cláudia faria aquele tipo de alimentação para manter a vida da filha naturalmente, acostumada que ficaria com a situação aflitiva a cada alimentação feita, mas totalmente necessária à existência da criaturinha. Aquela seria a sua segunda provação junto à filha e ao marido.

Após o décimo mês de vida da filha, a situação melhorou um pouco por ter Ritinha sofrido a sua primeira cirurgia para liberar totalmente a abertura da boca e refazer a parte superior do esôfago malconstruído na formação intrauterina.

Entretanto, Ritinha cresceu com suas outras deformidades faciais e o canal digestivo superior não recuperado plenamente, trazendo enorme sofrimento para ela e para os pais, com os constantes engasgos e dores gástricas que a acometiam, ao longo e após os períodos de alimentação.

Cláudia, como enfermeira eficaz e mãe dedicada, fez, ao longo do tempo, verdadeiros milagres que tinha ao alcance de suas mãos, aliviando por meio dos exercícios de fisioterapia e massagens faciais as deficiências no rosto da filha, principalmente a relacionada à cabeça pendente para um lado, só que fazia Ritinha chorar muito, como também o retorno aos poucos das reentrâncias faltantes na face e refazimento do nariz e da orelha defeituosa. Contudo, a parte digestiva superior e algumas deformações no rosto que incomodavam ainda muito a pobre criança, por recomendações médicas, só deveriam ser recuperadas mais tarde por cirurgias, talvez depois dos dez anos.

Como verdadeira mãe, Cláudia, se sofria, sofria calada, mesmo diante das acusações do marido de que não tinha se cuidado adequadamente durante a gravidez, tal como acontecera com o primeiro bebê perdido; de que não sabia cuidar direito da filha deficiente; de não ser uma esposa competente no trato com o lar; de não lhe ter dado uma filha sadia, entre outras acusações. Ela suportava aquilo tudo por causa da grande fé que tinha na sua igreja, e principalmente em Santa Rita de Cássia, a santa dos casos desesperados e causas impossíveis, a quem, desde cedo, recorreu nas horas de aflição, nunca se esquecendo dela nas horas de agradecimento.

Paulo pouco fez pela melhora da filha; pouco teve contato e pouco saía com ela a passear pela rua, a fim de evitar os olhos curiosos sobre suas deficiências e os refluxos constantes que tinha. Ele desejava somente que a esposa ficasse logo grávida de novo e lhe desse um filho sadio que pudesse estar com ele, correndo e brincando, sem medos, acompanhando-o nas partidas de futebol. Para poder suportar aquilo tudo, de homem descrente na existência de Deus, ele procurou pela ajuda externa em casas ligadas aos cultos afros, comprometendo-se com trocas que fazia para lhe proteger o corpo e beneficiar-lhe na vida profissional e pessoal. Ele começou usando esses recursos na tentativa de atrair Maureen para si de novo, assim que tinha conseguido incriminar Jaime, porém, ela, tendo no amor a sua força maior, soube afastá-lo do seu caminho definitivamente. Para piorar-lhe o comprometimento na vida, desejos enormes apagados com o tempo foram lhe retornando, envolvendo-o numa atmosfera perigosa dos apetites e casos extraconjungais sucessivos.

2. O Reencontro de Jaime com os inimigos da noite

Jaime tinha tido uma noite difícil de sexta-feira para sábado na sua cela, relembrando em sonho os maus-tratos que o pai vez ou outra teve com a mãe e os irmãos, justamente na madrugada do primeiro dia que teria durante a semana de folga na faculdade, após vários dias de pura luta.

Até o acidente com o carro que tirou a vida de outra pessoa, mesmo não lhe sendo de culpa direta, tinha o pai vivido uma vida de boemia entre seus músicos, nas horas de folga do trabalho em que poderia estar com a família.

Depois do acidente, a sua vida se transformou muito, afastando-se da música e dos músicos, complicando-se entre a política que o incomodava sempre, a falta de paciência com os filhos e com a esposa, que pacientemente o amava muito. Nesse meio-tempo se debandou lá para os círculos do Cristianismo procurando a si, acabando por ajudar muitos necessitados da fé cristã, voltado para o conhecimento da doutrina do além-túmulo.

Nessa noite maldormida, pôde relembrar, claramente, por meio dos olhos da mãe, a suspeita e os ciúmes das noitadas de música do esposo. Pôde relembrar também a enorme paciência que teve diante dos ciúmes e suspeitas infundadas de Jorge trazidos do tempo de namoro dela, por pouco tempo, com o senhor Macedo. Pôde ver a tolerância dela quando os pratos de refeição esfriavam na hora de ele comer, e eram arremessados contra a parede, e ela os refazia de novo, sem reclamar. Pôde ver as várias vezes que ele e os irmãos sofreram nas costas, nos braços e nas pernas, as dores de suas incompreensões diante das situações corriqueiras da infância e da juventude. Mas também pôde ver que o pai os acudiu e a muitos outros nas tempestades da vida, os bons conselhos que lhes deu e o amor que afinal tinha por eles e pela esposa. Pôde ver, finalmente, a expressão de dor no rosto do pai quando dona Helena partiu pela mesma doença que o levou mais tarde, deixando-o sozinho; pôde ver a sua própria expressão de dor quando o viu durante o percurso final do câncer que o consumiu inteiro por dentro.

Então, com os olhos vagos naqueles pensamentos, tendo ao seu lado o som dos atabaques e cantos proporcionados por alguns jogadores de capoeira, cujo esporte o atraía, embora algo no fundo do seu ser o fizesse rejeitar a prática, e um pouco mais longe uma torcida faccionada num torneio de futebol que acontecia no campo improvisado na área reservada para o banho de sol, com Jerônimo praticando o seu bom futebol no time de camisa vermelha e branca, ele logo sentiu quando cinco olhos novos no presídio, carregados de energias pesadas, o identificaram e dirigiram-se até onde estava.

Os cinco olhos eram de Zeca-ferradura, Neguinho e um terceiro que não conhecia, este último carente de uma das vistas, mas que, em termos de energias ruins, se equivalia aos outros quatro juntos.

Imediatamente, aos vê-los, veio à mente de Jaime uma visão comparativa às três figuras do trio de fora da lei representadas por Bafo de Onça e seus companheiros de crime, retratados nas revistas do Mickey e do Pateta, de Walt Disney, só que com suas hierarquias invertidas. Além disso, fora o asco sentido pelos dois primeiros, comparando Zeca a uma hiena e Neguinho a um roedor selvagem esperando pelas sobras dos que se alimentavam primeiro, Jaime sentiu enorme arrepio ao contemplar a figura arqueada de Peleu, de olhar fixo como se tivesse sempre a espreitar a sua próxima vítima, comparando-a à de um abutre prestes a começar a devorá-la viva, tão logo a sentisse enfraquecida e desprovida de qualquer reação.

– Caramba, bicho! Como você engordou! A vida de detento e de homem casado está lhe fazendo enorme bem. Que vidão, heim? – falou Zeca nos seus irreconhecíveis 27 anos, aproximando-se de Jaime com seus passos lentos e preguiçosos, que se admirou com a presença surpresa do antigo peladeiro e quase seu assaltante. – Lembra do Neguinho da cor do carvão aqui – apontou para o parceiro que estava em sua companhia no dia do assalto quase acontecido com Jaime, caso Zeca não tivesse chegado a tempo e o reconhecido. – Ele está menos parrudinho, desde que você o viu pela última vez no seu julgamento, curtindo agora esta barbicha e bigodinho ridículos, e este cabelo de Bombril pintado de ruivo cujos piolhos teimam em residir, parecendo ser mais velho que os 24 anos que tem, mas por dentro continua o mesmo, ou pior. Quanto a este branquelo gigante, é o Peleu – apontou para ele –, companheiro também de luta na sobrevivência da vida – enfatizou. Se me perguntar por que do apelido dele, eu te direi que é só olhar para o couro cabeludo dele todo falhado, pelado por feridas provocadas num atropelamento de carro alguns anos atrás, que entenderá. Ah! A falta de um dos olhos foi provocada pela troca de tiros com "os homens", há pouco tempo, num assalto malsucedido. Mas diga lá, mano, conte-me as novidades no presídio, pois somos novatos aqui e precisamos saber o que acontece – falou pedindo com a voz entrelaçada entre o favor e a obrigação.

Jaime, pego de surpresa pelo trio que lhe adentrara no momento errado, quebrando os seus pensamentos sobre a noite passada, sentados ao seu lado no primeiro andar na improvisada arquibancada feita de madeira com três andares, só soube dizer diante da surpresa:

– Zeca – cumprimentou-o Jaime, estendendo a mão e respondendo ao seu cumprimento, enquanto Neguinho o olhava, simplesmente. – Prazer vê-los. Mas me digam: o que estão os dois fazendo aqui? Eu não sabia de suas presenças no presídio. Você foi preso por falso testemunho, Neguinho? – alfinetou Jaime.

Zeca retorceu a cara bexiguenta recheada de fiapos espalhados imitando uma barba, no alto de seu aproximado 1,80 metro, deixando--a mais feia do que era pelas distorções na área registrada pelo coice da égua, cuspiu no chão e respondeu azedado:

– Jaime, são coisas do nosso ofício profissional – disse sorrindo maliciosamente, fazendo com que os outros três rissem à vontade. – Pois é, nessa profissão, estas coisas acabam acontecendo. Como você sabe, eu fiquei preso um tempo atrás, mas fui inocentado por causa do trabalho de um bom advogado. Desta vez fomos pegos, eu e os dois aqui, depois de um assalto malsucedido. Quando vimos, Peleu teve uma bala passada muito perto de um dos olhos, que acabou perdendo por uma infecção, após uma cirurgia fracassada num pronto-socorro cheio de carniceiros – disse com a voz macerada pelo inconformismo da situação.

Jaime olhou com a visão de estudante de medicina para o olho danificado do rapaz de pele clara pintada de amarelo pelo fígado preguiçoso, com ralos cabelos russos enroladinhos entre as marcas deixadas no acidente de carro sofrido; magro, de aparência duramente envelhecida pela vida que levava, que o deixava longe dos 22 anos que tinha. Certificou-se de que ele tinha na região do olho perdido uma pele a cobrir-lhe o local, e depois que, se pudesse, um dia, quem sabe não poderia melhorar aquela área tão feia, colocando-lhe um olho artificial – vislumbrou consigo refletindo sobre o futuro que o aguardava. Mas, desviando a atenção sobre o que pensava e o que lhe havia sido perguntado, relatou para Zeca, maliciando quanto ao Neguinho:

– Bem, Neguinho. Ainda não foi dessa vez que te pegaram, então, por falso testemunho. Mas deixemos isso para lá, e vamos ao que você quer saber, Zeca. As coisas aqui estão ficando complicadas quando começaram a inventar as facções para dividir os grupos. Também misturaram presos políticos com outros prisioneiros! – afirmou, sem ter pensado direito o que falava, tentando endireitar depois. – Mas não está acontecendo só aqui. E eu não consigo vivenciar esta situação, a não ser pensar que todos são meus irmãos e que quero viver bem com todos, independentemente do que sejam.

– Mano, tu é maluco! – disse-lhe Neguinho irritado, não se contendo, coçando desesperadamente a cabeça. – *Aqui ou em qualquer outro lugá não se vive em cima do muro, cara. Todos têm que tomá o seu partido e se protegê"* – enfatizou sob o olhar de afirmação de Peleu, sentindo-se incomodado com a presença de Jaime, por ver-se em débito com ele, enquanto Jaime percebia de novo o analfabetismo presente à sua frente, perante o linguajar pobre de Neguinho, que pelo jeito não gostava de falar ou desconhecia a necessidade da letra *r* no fim de muitas palavras, entre outras coisas.

Nesse ponto Zeca interferiu, mudando de assunto em seguida para que a conversa não descampasse para o lado da discussão:

– Ih!, manos. Vamos parar com essa besteira, pois vamos acabar brigando logo no primeiro dia de convivência com o amigo Jaime – disse tocando com as mãos o ombro do irmão de seu companheiro de algumas peladas, jogando juntos no mesmo time. – Por falar nisso – continuou –, como anda o seu irmão Pedro? Cara, há muitos anos que não o vejo!

Jaime respondeu-lhe, descrevendo a sua vida de casado com um filho e militar do Exército.

– Cara! Todo mundo agora quer ser milico! – frisou.

Em seguida, por ficarem alguns minutos sem assuntos que lhes fossem comuns, Neguinho com sua inteligência suprema perguntou para Jaime, olhando para algumas nuvens que cobriam o sol, derramando, temporariamente, a sombra no local:

– Você soube que o Paulinho do Tamborim morreu, cara?

– Não – respondeu Jaime, dando corda para que ele continuasse no assunto que o interessava, observando, entretanto, que aquilo não havia agradado a Zeca.

– Pois, é. Ele fez m... e foi apagado – retornou Neguinho, já sob um olhar severo de Zeca como a querer dizer com os olhos que não deveria ter comentado aquele assunto com Jaime.

A conversa, em seguida, foi desviada maliciosamente por Peleu, que tinha estado calado, até então, levando sua conversa pelos caminhos das curiosidades triviais acerca da vida de cada um, demonstrando que pessoalmente não tinha nada contra Jaime, até que o apito final do juiz fez parar a partida de futebol.

Com o fim da partida, chegou até eles Jerônimo resfolegando e tossindo muito com sua camisa que exalava forte cheiro de suor na direção de Jaime, tentando se justificar quanto a não estar jogando bem enquanto franzia a face por não reconhecer os três rostos dos homens em volta de Jaime:

– Cara! Eu não me lembro de ter jogado tão mal em toda a minha vida! Mas também ninguém me ajudou! Um boi não forma uma manada!... Também essa tosse não ajuda – falou.

Jaime brincou um pouco com ele dizendo-lhe que devia ter sido por causa das cores da camisa, pois afinal como é que um flamenguista podia jogar com a camisa vermelha e branca do Bangu, referindo-se à derrota do Flamengo para o Bangu no Campeonato Carioca de 1966, que incomodava muito aos rubro-negros, trazendo para ele, também, pessoalmente, má recordações.

Jerônimo não se abalou nem um pouco com a brincadeira de Jaime deixando o seu semblante impassível, e, como não conhecia as pessoas que estavam na companhia do amigo, esperou que Jaime os apresentasse.

Jaime, percebendo essa situação, tratou logo de os apresentar a ele:

– Jerônimo, este aqui é o Zeca, este o Neguinho e este o Peleu – apresentou-os, seguindo uma ordem prioritária na hierarquia existente entre eles imaginada por ele, não confirmada mais tarde.

Jerônimo, apertando a mão de Zeca e Peleu, sentiu logo uma coisa estranha, por meio de uma faísca elétrica que lhe percorreu todo o corpo na forma de uma vaga lembrança empedernida de sua alma, numa mistura de saudade e temor; quando apertou a mão de Neguinho, diante do perigo que percebeu ter à sua frente, ele sentiu, imediatamente, como se um alarme tivesse sido acionado no seu interior, indicando que deveria ter o máximo de cuidado com os três, fazendo a sua tosse aumentar sensivelmente. Porém, um pensamento maior veio-lhe logo à mente: todos são filhos de um mesmo Pai, e o dever que tinha de orientar para que saíssem daquela situação de crimes. Eles eram as ovelhas desgarradas do rebanho que precisava trazer de volta, tal como tinha feito o Mestre dos Mestres nos seus exemplos, quando por aqui esteve. Não obstante o alarme, ele viu-se diante de três opressores que deveriam receber a sua atenção. Mas estranhou aquilo tudo.

Quase simultaneamente ao término do aperto de mãos entre Jerônimo e Neguinho, uma sirene no alto de um poste no pátio indicou o término do banho de sol, fazendo com que os guardas acompanhassem o retorno de todos os presos para o interior do prédio.

A pequena multidão, então, estando em sua maioria vestida com seu uniforme penitenciário de mesma cor, diferenciando dos demais nas cores das camisas vermelhas com listras brancas do primeiro time e vermelhas com listras azuis do segundo, se dirigiu para o banho diário, depois o almoço e após estaria de volta às suas celas.

Jaime saiu daquela conversa achando que poderia cutucar Neguinho para lhe informar mais sobre a morte de Paulinho do Tamborim, longe dos olhos de Zeca e Peleu. Levava consigo também a certeza de que o último tinha sido o quarto dos que quase haviam lhe assaltado, na noite em que voltava do trabalho.

Zeca e Peleu saíram xingando Neguinho baixinho por ter falado demais, dando-lhe uns tapas na nuca como castigo; os três com a mesma sensação de estarrecimento quando foram apresentados a Jerônimo.

E Jerônimo saiu tossindo como nunca, com seu pensamento turvo, e com a impressão de que conhecia Zeca, Peleu e Neguinho de algum lugar que não conseguia se lembrar.

3. A Testemunha confessa

A vida dentro da prisão se arrastava a passos curtos para Jaime, modificada somente pela presença de novos moradores, entre eles alguns moleques delinquentes recém-saídos da menor idade, de Zeca e seus dois companheiros.

Até então, a presença destes últimos, juntos, na vida de Jaime não tinha lhe modificado muito a ação sobre ela. Entretanto, certa vez, Jaime teve a oportunidade de poder estar a sós com Neguinho que, longe dos olhares de Zeca e de Peleu, ficava mais aberto às informações. Jaime não pretendia prejudicá-lo junto a Zeca, pois conhecia a sua fama de intolerável, contudo via que por seu intermédio poderia conseguir algumas respostas que jamais os outros dois lhe dariam. E isto só foi possível quando, em certo dia, percebeu que Neguinho estava indócil num canto, coçando interminavelmente a cabeça, dopado por alguma droga pesada, que se questionada ninguém saberia dizer como tinha entrado no presídio.

Neguinho estava confuso e perdido, sentado em um dos bancos de concreto, bem afastado do centro do local para o banho de sol onde a maioria estava. Seu olhar fixo num ponto vazio no espaço celeste, agitando os dedos das duas mãos sem parar no cabelo, remexendo constantemente os pés para lá e para cá como se uma música alta estivesse ecoando no seu cérebro, indicava de cara que não estava bem.

Jaime sentiu, a princípio, ser inconveniente a sua aproximação naquele momento, mas pensando que outra oportunidade igual poderia não acontecer mais, pediu perdão a Deus, aproximou-se, disse olá e sentou-se ao lado da criatura perdida no tempo e no espaço, acrescentando:

– Neguinho, a coisa está preta hoje, heim, irmão?

– Irmão? Eu não sou teu irmão, *mano! Meta-se com a tua vida e deixe a minha. Se você tá a fim eu posso providenciá que fique igual a eu. Se não, sai de fininho que não tou para escutá titica de conversa fiada.*

– Neguinho, eu não estou aqui para recriminar ninguém. Cada um faz o que acha melhor para a sua vida.

– É. Mas não é isso que alguns estão falando por aí – afirmou Neguinho indicando que já sabia de muita coisa, mesmo diante do pouco tempo de estadia no presídio. – *Tão dizendo que você, meu chapa, que dá aqui uma de Cristo, junto com aquele tal de Jerônimo, querendo aju-*

dá os outros, como se bonzinhos fossem. Vocês são iguais àqueles pastoris lá da favela: falando de Deus com fala mansa para nos convertê e depois pegá o dízimo de nós, que é o objetivo principal deles. Por isso, não vem não com esses papo manjado, meu camarada.

– Mano – respondeu Jaime tranquilamente tentando igualar a condição do papo –, não vou negar que não seja verdade que isso aconteça. Mas não são todos que procedem assim. Quanto a mim, eu não sou igual ao Cristo, não. Nem sequer chego perto dos anos-luz de distância na Sua perfeição para a minha que se arrasta. Também não quero ser pastor. Mas sempre que posso, procuro ajudar sem cobrar nada por isso. Vendo o estado em que você se encontra, eu pensei que poderia te ajudar. Eu posso te ajudar em muitas coisas – afirmou Jaime não pensando somente no lado religioso, mas também no educativo.

– *Mano, eu não quero que me ajude em nada, pois não quero ser salvo por esse papo careta. E se você continuá com esse papo furado eu vazo daqui* – deu uma pausa não fixando os seus olhos nos de Jaime, mas no chão, completo de diversas cusparadas que tinha dado na tentativa de aliviar a garganta irritada, na cabeça já tendo feridas provocadas pelas unhas dos dedos. – *Eu quero ficá sozinho mesmo, curtindo a minha onda, tu compreende ou eu devo explicá mais? O Zeca já tinha me falado de sua caretice, mas eu achava que tu era menos. Então, irmão. Tu não tem nada para ensiná a eu. Portanto, não perca o teu tempo comigo, pois daqui não vai saí nada. Vai lá para aqueles lá* – disse apontando na direção de outros prisioneiros, concentrados em outro canto oposto ao que estavam.

– Mano, eu sei que as coisas estão difíceis de se aturar. Veja, por exemplo, o que venho passando desde que fui preso há quase três anos, sem ter feito nada para isso.

– *Jaime, você é que diz isso* – gaguejou na sua fraqueza Edvandro que, desde cedo, aprendeu a ganhar a vida na marra do trabalho fácil junto à malandragem da favela onde nasceu e viu-se órfão, fugindo das Funabens por onde passou diversas vezes, até ficar adulto, mal tendo sentado nas cadeiras de estudo das primeiras letras. Mas era uma criatura que, sem as grandes malícias dos grandes criminosos, pecava nas suas ingenuidades. Poderia se dizer que, se não fossem as más companhias, que sempre teve, e se tivesse nascido em outras condições, poderia ter sido um homem de bem.

– Quem sabe eu não possa ajudá-lo a sair dessa em que se encontra?

– E qual a que eu me encontro, cara? Tá querendo me convertê também?

– Nada disso, homem. Eu quero dizer que a gente não precisa deixar se influenciar e entrar nessa que você está agora. O que o incomoda tanto para continuar fazendo as besteiras que faz mandando essas coisas brabas para dentro do teu organismo?

– Cara, me deixa, que eu não tou para papo furado; me deixe curtir estes momentos em que posso dá uma fugidinha.

– E isso resolve tudo? E depois dessa onda, vai pegar outra?

– Irmão, não foi a primeira vez e não será a última. Eu tô ferrado, manjou? As besteiras que eu fiz são as que não podem ser apagadas, manjou? Isto não é de agora! Tu acha que é fácil levá na consciência tantos erros cometidos? Não é mole não, mano! – confessou Neguinho, começando a se abrir.

– E o que te incomoda tanto?

– Eu não deveria nunca falá para tu o que vou falá agora, mas vamos lá. Talvez seja isso que estou precisando agora: fala besteira pra burrru... Pelo menos contigo eu acho vou podê me aliviá um pouco, pois tu é gente boa... Não esses m... todo que tão aqui. Então, dane-se o resto. Mais ferrado que eu já estou é que não vou ficá. Eu mando o Zeca-ferradura para a m... e todos os mais lá da favela, e os panaca daqui também – deu uma pausa, duas cusparadas no mesmo lugar no chão cimentado marcado por outros cuspes secos, e continuou com sua voz adoidada:

– Tu sabe por que o Paulinho do Tamburim foi apagado? Não foi pela turma de cá. Foi pela turma de lá – disse enroscando as palavras. – É isso mesmo, Jaime – reforçou. – Os "poliça" o apagaram. Os cara da favela só deram um empurranzinho nisso. Tu sabia que ele é que pegou a bicicleta da irmã de Paulo e ficou com ela, arrumado com Paulo para que os outros achassem que tinha sido você, recebendo de Paulo uma grana preta por isso? Nem a demente da irmã dele descunfiou disso direito no início; acho que descunfiá ela descunfiou, mas deixou pra lá, porque tinha uma raiva danada de tu e da tua irmã. Só que o panacão – fungou e, não conseguindo conter mais, mandou para o chão o que tinha no estômago comido pela manhã junto com parte da bile do fígado, infestado pela droga que deveria estar lhe queimando o esôfago, respirando fundo e continuando – não se contentando com isso, foi pego usando aquela bicicleta, tentando assaltá um casal de velhios, numa rua lá perto da favela. O velhio se atracô com ele, derrubando a bicicleta e a faca que estava na sua mão. A velhia, doida feito mulhé de *cangacero*, vendo o marido batendo no assaltante, o pegou também de jeito e, Paulinho, sem a faca, e sentindo que iria apanhá muito, puxou do trabuco preto que tinha na cintura embaixo da bermuda e mandou o primeiro pipoco nela e depois nele. Vendo a besteira que ele tinha feito, pegou a bicicleta e se mandou do lugá pedalando, e fugindo feito diabo quando vê a cruz.

O velhio ficou internado por duas semanas num hospital, por causa dos murro que o Paulinho tinha dado na barriga dele antes de se libertá e fugi, e uma bala na couxa, porém a velhia não teve a mesma sorte e morreu.

Depois que o velhio ficou bom e cheio de ódio por te perdido a esposa de mais de 40 anos de casado, ele, pelo que me disseram, entrou um dia na favela sozinho e pediu para falá com o chefe de lá, ruim para caramba que, para dar o bom exemplo, pediu para os companheiro batê no Paulinho até se cansarem. Como os cara são tudo parrudo, nunca que a cansera chegou, quase matando ele, e o expulsaram de lá. Dizem alguns otário da favela que eles acabaram entregando ele para os home, que concluíram o trabalho.

Antes de terem acabado com o Paulinho, o velhio foi convocado pela polícia dando a descrição do assaltante e que ele tinha usado uma bicicleta para o assalto, fugindo depois com ela.

Os tiras depois disso tudu, mole mole, deduziram quem era o assaltante e correram atrás dele, sem dó ou piedade devido ao crime que havia cometido contra os velhinhos, e por ter sido descomungado pelo chefão da favela.

Três dias depois, encontraram o corpo de Paulinho num matagal perto de uma rua deserta, dois bairros distantes do nosso, todo arrebentado e com furos no corpo feito peneira.

Só que até hoje ninguém descobriu a bicicleta que tinha sido usada pelo Paulinho no assalto. Ninguém quis sabe dela, embora muita gente saiba que era roubada, e, se tivessem corrido atrás, que tinha sido a de Sandra roubada.

Então, mano. Eu sei que estou doidão para caramba... E sei que, se um dia você quisé me prejudicá, eu vou me ferrá por ter lhe revelado isto que acabei de lhe contá. Mas eu digo para você agora, cara, está me fazendo um bem danado, pois me aliviei contigo, que eu sei – frisou, espaçando as palavras e colocando seu dedo indicador no lado esquerdo do peito de Jaime, comprimindo-o fortemente – *que tu é inocente e está preso aqui erradamente.*

Mas veja bem. Nunca tu peça para mim testemunhá isso, pois é querê que eu perca a minha vida. Se quise corra atrás disso, corra, mas, por favor, nunca diga que foi por eu que tu soube dessa história. E sabe de uma coisa: chega que eu já falei demais. Eu vou é cai na cama agora mermo e só vou acordá amanhã. Trato feito, meu chapa? Posso confia em tu?

– Trato feito, meu chapa. Pode confiar – afirmou Jaime, cambaleando entre a sua prisão e a sua liberdade, podendo conseguir a última, se quisesse, a preço de uma ou mais vidas.

Jaime ficou parado, repassando toda a história contada, enquanto olhava Edvandro ir caminhando a passos sôfregos na direção de sua cela, passando por um guarda que, vendo a situação em que ele se encontrava, permitiu se retirasse do pátio antes da hora certa.

Ele estava pensando em adiantar-se também quando percebeu a presença ao seu lado de Zeca com sua voz estridente, que furtivamente tinha chegado pelo lado oposto em que Jaime tinha se encontrado sentado no banco ao lado de Neguinho, surpreendendo-o e fazendo-o pensar se Zeca tinha escutado parte da conversa.

– Olá, Jaiminho! Tava doutrinando o Neguinho, cara? – perguntou, maliciosamente, Zeca.

– Pô! Assim você me mata de susto, cara... – pulou Jaime de lado ao sentir a presença dele. – Não. Eu não estava doutrinando o Neguinho. Eu estou é com muita pena dele, por estar na situação em que se encontra: doidão, feito coisa maluca.

– E você se aproveitou dele, não foi?

– Cara, uma coisa que eu não sei é me aproveitar de quem não sabe o que está fazendo. Mas isso não quer dizer que não podemos escutar alguém que queira desabafar conosco.

– E o que foi que ele desabafou contigo? Fala para o teu parceiro aqui.

– Coisas da vida dele, Zeca. De como acabou entrando nessa vida doida e outros fatos que acontecem dentro de uma favela. Mas fique tranquilo, que o que eu ouvi, dependendo de mim, não irá prejudicar nunca a ele ou a qualquer outro. A verdade tem pernas curtas, mas não serei eu que a revelarei, mesmo que esteja me prejudicando com isso.

Jaime falou a sua verdade de que jamais prejudicaria a outro, mesmo que estivesse sendo prejudicado, podendo colocar em prática, verdadeiramente, o que havia aprendido nos ensinamentos ao caminho do homem de bem, em vias de aprendizado.

Zeca, aturdido com as palavras contendo muitos sentidos que havia escutado de Jaime, não conseguiu refletir afinal o que poderia ter o Neguinho contado. Poderia ter sido tudo. Poderia ter sido nada, além de sua história de vida, como contara Jaime.

Dois minutos depois a sirene de término de banho de sol tocou e Zeca, ainda confuso sobre o que Neguinho tinha verdadeiramente contado a Jaime, saiu abraçado ao irmão de Pedro, na direção da porta que os conduziria à sala de refeições para o almoço.

Zeca sabia que ao seu lado caminhava um sujeito que estava preso inocentemente, mas que, segundo as regras do tráfico da favela, não poderia revelar nunca a verdade, e esperava que Neguinho não tivesse feito esta besteira, pois, enquanto ele poderia perdoá-lo, outros não o fariam.

Neguinho dormiria a tarde e a noite toda de estômago e fígado enfermiços. Zeca e Jaime, que se encontraram com o senhor Jerônimo no refeitório, se alimentaram bem no almoço, no café da tarde e no jantar, e dormiram a noite toda. Neguinho, ao contrário, deixou ainda no chão de sua cela o pouco de alimento que havia comido no café da manhã misturado a entorpecentes ingeridos juntos, deixando-lhe o estômago revirado e proporcionando-lhe uma noite maldormida e cheia de fantasmas.

4. Quando pensava que tudo ia bem...

– Às vezes achamos que Deus é injusto – dizia Jaime à irmã que o visitava na penitenciária. – Quando pensamos que tudo começa a ir bem, vem uma pancada e nos derruba de novo. Se não tivermos o pensamento firme na justiça de Suas Leis, acabamos perdendo a razão e fraquejamos na fé que depositamos Nele.

Veja, mana, o que aconteceu, por exemplo, com o Neguinho. Ele se arrependeu muito de tudo que me fez e do que tinha feito aos outros. Sinto ainda as emoções dele quando me confessou tudo de errado que tinha feito desde que se viu como gente. Iniciou o pobre coitado contando-me a miserável vida que começou logo após ter saído do ventre da mãe alcoólatra, que nem sabia direito quem tinha sido o homem que a engravidara, confessado por ela a Neguinho logo que começou a entender alguma coisa na vida de menino novo.

O coitado mal teve tempo para começar a entender os ensinamentos do Cristo que em apenas três semanas comecei a lhe revelar a seu pedido, o que surpreendentemente o emocionou, dando-lhe imenso consolo e aliviando-lhe diante do mal que havia praticado, acabando por tornar-me como aquele a quem poderia confessar seus crimes. Contudo, dois dias depois desse último momento, na semana passada, ele foi encontrado muito queimado dentro de sua cela, com os colchões dos dois beliches completamente destruídos pelo fogo. No chão, ao lado de seu beliche inferior, estava um exemplar da Bíblia e outro do Evangelho do codificador Allan Kardec, muito chamuscados pelas chamas, indicando que os estava lendo por causa das páginas marcadas, talvez identificando os ensinamentos de um livro no outro.

Logo foi suposto pelos guardas que Neguinho tinha usado uma vela para ler à noite, após as luzes terem sido apagadas, que deve ter caído e começado a queimar o colchão do beliche de baixo, onde estava dormindo; o fogo propagou-se queimando logo em seguida o colchão do beliche de cima sem ocupante. Ele foi encontrado desmaiado com o corpo queimado em 70%.

Na enfermaria onde fui vê-lo no dia seguinte, podia-se ver o corpo completamente queimado, um galo enorme na sua cabeça, que alguns disseram ter sido ocasionado por um escorregão que ele sofrera no piso do banheiro durante o banho da tarde, antes da noite fatídica, que, entretanto, acho não era verdade, pois parecia-se muito como um golpe com uma barra de ferro, ou algo assim.

Ele ficou desacordado entre a vida e a morte por quase duas semanas. Todo dia eu ia lá para ajudá-lo, passando-lhe todo o tipo de pomada e uns unguentos experimentais preparados por mim a partir de umas literaturas de medicina, que comecei a usar pela primeira vez, dando bons resultados na recuperação dos tecidos externos queimados. Suas mãos, seus pés, enfim, todo o seu corpo que tinha sofrido terríveis queimaduras começou a apresentar uma grande melhora. Entretanto, os maiores danos tinham acontecido nos seus órgãos internos.

Ele despertou no fim da segunda semana do coma que estava, o que não lhe foi bom, pois passou a sentir muitas dores internas e externas, necessitando de altas doses de morfina para se aliviar. Eu nunca tinha visto alguém sofrer tanto – declarou Jaime a irmã. – Contudo, mesmo naquela situação, ele me confessou sussurrando a primeira frase completa sem erros de português: **"Eu mereço isto, Jaime. Deus está se** compadecendo de mim, de todas as besteiras que eu fiz, mano. E você me ajudou muito nisso".

Eu já tinha lido sobre os sofrimentos enfrentados por todos esses que tiveram na história de resgatar os seus erros, mas vivenciar um destes sofrimentos nunca – continuou Jaime. – Eu o alimentava, limpava-o, passava-lhe as pomadas, os unguentos com a maior satisfação do mundo. E aprendia a cada dia que ele conseguiu ficar vivo a sentir a sua coragem de enfrentar, sem se lamentar, as dores que com certeza sentia, mais no final, quando os medicamentos tomados um atrás do outro começaram a perder o efeito desejado na prevenção da dor, e por terem os órgãos internos danificados pelo calor, que já tinham sido prejudicados pelo uso das drogas que tomou, ele acabou morrendo.

Ele morreu nos meus braços, Laura, confessando o restante que ainda não tinha me falado e pedindo que orasse por ele para que Deus o perdoasse, e pelos que lhe tinham feito aquilo. Eu lhe perguntei sobre como tinha acontecido o incêndio, mas ele sempre me enrolava e não me revelava se tinha sido ele que se acidentou ou alguém que provocou o acidente, talvez tentando me proteger. Como se fosse um padre, eu lhe disse que Deus o perdoaria com certeza. E assim ele foi em paz consigo. Eu nunca tinha visto alguém que tivesse em tão pouco tempo assimilado com tanta rapidez os ensinamentos deixados pelo Cristo, praticando-os efetivamente para com os seus inimigos junto ao perdão para si e para com esses. Pela história cristã, acho que foi como Paulo de Tarso quando encontrou Ele, no caminho da estrada de Damasco – confabulou Jaime com a irmã, deixando-a emocionada e perplexa não só com a história da vida de Neguinho, mas também admirada com a sinceridade cristã instalada eficazmente no coração e na mente do irmão.

– Eu fiquei com a visão dentro da minha experiência de médico quase formado – continuou Jaime – de que o machucado na cabeça de Neguinho tinha sido feito na quina de um dos suportes de madeira do beliche e não como se tivesse escorregado, caído e batido com a cabeça no chão sujo do banheiro; eu fiquei também com a impotência do médico que vê a pele, os membros e órgãos retorcidos e muito danificados de um queimado, que algum dia eu terei de aprender a lidar e tratar, sem deixar tantas marcas e sequelas, como nos tratamentos atuais; prometi a mim mesmo, depois daqueles dias passados cuidando das queimaduras de Neguinho, que me especializaria como médico no tratamento de queimados.

Deixando essas reflexões dentro da mente de Laura, e retornando sobre o assunto que havia propositadamente interrompido sobre a vida da infância e juventude de Neguinho para descrever sobre a morte dele, Jaime prosseguiu na sua narrativa:

– Dona Romilda, a mãe de Neguinho, saía de casa cedo para passar roupas nas casas das madames próximas à favela, deixando-o com uma vizinha, que mal lhe tirava as fezes e o xixi depositados na fralda feita de pano de sacos de farinha de trigo, depois de horas rolando de choro dentro de um berço feito de restos de madeira de caixas de bacalhau, e também mal lhe dando o que comer, pois quase sempre não tinha o que lhe oferecer.

A mãe chegava do trabalho, sempre deprimida e alcoolizada, não tendo condições de alimentar a si mesma ou ao filho, nem de fazer qualquer tipo de limpeza no pequeno barraco de um cômodo só, onde no mesmo espaço ficavam a cozinha, o banheiro e o quarto separados por uma cortina, tal o estado de embriaguez que chegava à sua casa; muito menos tinha a coragem para reclamar alguma coisa com a vizinha, pois pouco tinha para oferecer em troca de olhar o filho.

Quando Neguinho se viu moleque e fora das grades do berço, a primeira coisa que fez foi misturar-se com o resto da molecada local, que de estudo não queria nada, mas tinha aprendido nas malandragens da vida a se virar logo cedo. Da primeira entrega de drogas aos consumidores até o vício foi um pulo só.

Depois, crescido, para garantir o pagamento no consumo da erva danada, começou a fazer outros servicinhos para os chefes das gangues. Quando as despesas se avolumaram, ele tratou de fazer biscates, em que um deles foi o serviço mole com pagamento certo oferecido pelo tenente Paulo, como testemunha no roubo da bicicleta de Sandra.

Ele me disse que mal me conhecia e, pelo que Paulo tinha lhe falado, eu era encrenqueiro e não valia nada. Depois que soube que eu e Pedro éramos "um protegido" do Zeca, e ligando a situação atual à de um certo assalto malsucedido do passado, é que ele viu a confusão em que tinha se metido, mas era tarde, pois já havia testemunhado, e voltar atrás seria a maior burrice.

Depois, enroscado com o que sabia a respeito do roubo da bicicleta e da morte posterior de quem a havia roubado, o Zeca, a pedido dos grandes lá da favela, calou-se para sempre com relação àquele assunto. E depois do que ele me contou, provavelmente os traficantes deram ordem para alguém matá-lo aqui – obtemperou Jaime.

Antes de morrer nos meus braços, ele me pediu um papel e escreveu, o que mal conseguia fazer, tudo o que sabia a respeito da farsa do roubo da bicicleta de Sandra, e assinou embaixo.

– Mas então, mano. Pega logo isso e entrega para a polícia o safado do Paulo que o prejudicou esse tempo todo – interferiu Laura, enraivecida e indignada, no relato do irmão a ela.

– Mana, acho que não posso fazer isso agora. Talvez se tivesse sido há cerca de três anos valeria a pena, mas, agora que falta tão pouco para eu sair daqui, não sei.

– Mano, você passou o pão que o diabo amassou desde que foi acusado do roubo, quase perdeu a noiva, teve interrompida a faculdade de medicina, e quase foi morto, enquanto o safado está numa boa. Isto não é justo! E afinal quem é que roubou a bicicleta de Sandra? – questionou finalmente Laura muito curiosa, querendo descobrir o autor do sumiço da bicicleta.

– Laura, eu nunca falei desse assunto com ninguém, nem com a Maureen, mas eu sei dessa armação já faz um tempo. O Neguinho me confessou isso, num dia em que estava doidão. Ele me revelou que tinha sido o tal do Paulinho do Tamborim, que foi assassinado por policiais, lembra?

– Sim, Jaime. Como lembro... Refletiu Laura.

– Pois é, Laura. Os policiais o levaram para o outro mundo, justamente porque sabiam que ele tinha tentado roubar os dois velhinhos, baleado o marido e matado a esposa dele. O que não se falou, entretanto, é que ele tinha usado uma bicicleta para chegar e fugir do assalto.

– Então, mano. Vamos sair daqui e imediatamente falar isso tudo para o diretor da penitenciária, que amanhã você estará solto.

– Não, Laura. Eu não posso fazer isso assim desta forma, pois implicará mexer com a vida de muitas pessoas.

Ele deu uma pausa, muito pensativo, e continuou:

– É que quem dedurou o Paulinho para os tiras foram os traficantes que ficaram irritados quando souberam que ele tinha tentado roubar os velhos, e usado a bicicleta de Sandra para isso.

Você pode imaginar a confusão que vai dar quando eu falar isso tudo para o diretor, que falará com o juiz, que quererá apurar tudo, inclusive sabendo que o Paulinho foi morto pelos tiras? Um monte de gente vai para a cadeia por falso testemunho; e os policiais, que sabemos estão de combinação com os traficantes, o que não poderão fazer?

Disso tudo o pior é que ficará a sua vida em perigo, a da sua família; os outros de nossa família; a de Maureen; a do próprio Paulo; a de Sandra; a do Zeca. Para completar, a coisa piorará muito quando souberem que mataram o Neguinho aqui na penitenciária, por saber demais. Dá então para você perceber o que poderá acontecer depois que eu revelar essa complicada história para a polícia? Vai ter gente querendo saber mais sobre a morte de Neguinho, que até agora está acomodada como se fosse um acidente. Acho que nem mesmo o Zeca poderá escapar como suspeito do assassinato do pobre coitado.

– Jaime, que encrenca nós nos metemos! É como se estivéssemos numa sinuca de bico, ou coisa pior. Sabemos de tudo para te libertar e pelo menos, por ora, não podemos fazer nada. Você está certo, mano! Você tem razão! A vida de muita gente ficará em perigo, se revelarmos o que sabemos sobre o roubo da bicicleta de Sandra, e o desenrolar disso envolverá muitas pessoas. Pelo menos por enquanto é melhor que fiquemos calados – sinalizou Laura refletindo profundamente.

5. A vida de Jerônimo fora da cadeia

Quatro meses depois da morte de Edvandro, o senhor Jerônimo recebeu a informação, pelo diretor do presídio, de que cumpriria mais quatro meses e seria colocado em liberdade, em razão de uma lei nova que beneficiava aqueles que já tinham cumprido mais de dois terços de sua pena, dando-lhes a liberdade condicional.

Aquela notícia o deixou muito entusiasmado e, após, triste, pois deixaria de estar com os que haviam compartilhado com ele a vida de prisioneiro por mais de 20 anos.

Passado aquele tempo só restou ao envelhecido prisioneiro retirar o uniforme do presídio, tomar um banho que fizesse escorrer de seu corpo todas as dores sofridas ali, colocar a camisa, a calça *jeans*, as meias e os sapatos novos comprados numa vaquinha por alguns de seus alunos do bem de dentro do presídio, pegar na sala do diretor o documento oficial de sua liberdade, recolher seu dinheiro acumulado ganho no trabalho executado na biblioteca do presídio, seus antigos e novos pertences, colocar tudo numa sacola, despedir-se dos amigos e dos inimigos dizendo que viria sempre que possível visitá-los, passar pelo portão de acesso à rua, respirar um ar que não tinha respirado nos últimos 23 anos, constatar a sua volta os mesmos imóveis mais envelhecidos e o tanto de construções novas que haviam surgido desde que entrou preso, dar uma última olhada no presídio da Frei Caneca e dirigir-se ao ponto de ônibus onde pegaria um que o levaria para a casa de parentes próximos, que tinham parado de visitá-lo, pelo menos nos últimos dez anos.

O sol já estava para derreter naquela manhã de início de fevereiro, trazendo logo manchas de suores na camisa nova de linho amarela do senhor Jerônimo; as plantas e árvores por onde ele passava pareciam pedir por um pouco de água, tal a secura observada em suas folhas; por isso o povo na rua parecia apressado, procurando todos por uma sombra rápida.

Pela primeira vez, depois de tantos anos na prisão, o antigo prisioneiro sentiu-se verdadeiramente livre, constatando que ninguém à sua volta o reprimia, empurrava-o, xingava-o ou dava-lhe ordens.

Aquilo o deixou preocupado, pois, mesmo sendo daquela forma, dentro da prisão todos o conheciam, e lá fora ninguém o conhecia, ou mesmo olhava para ele. Nem mesmo ele sabia se ainda tinha os dois irmãos ou qualquer dos antigos vizinhos que o reconheceriam em razão do longo tempo sem terem informações dele, mas se lembrava do ônibus e onde os irmãos moravam e tentaria sua pousada junto a eles, até que pudesse dar um rumo novo a sua vida.

Ele chegou completamente molhado de suor ao ponto de ônibus que demorou a encontrar, perguntando muito às pessoas a sua localização, pois não era um só como antigamente; havia três, cada um para cada tipo de bairro.

Após esperar cerca de 20 minutos no ponto do ônibus, com uma visão sem nitidez, ele viu o ônibus de número conhecido se aproximar e parar atendendo à mão que havia estendido e esticado o dedo indicador. Três coisas o haviam deixado confuso naquela situação: a sua visão cansada necessitada de óculos, as cores do ônibus que não eram as mesmas e se a antiga maneira de fazer um sinal para que a condução parasse ainda prevalecia, após ter ficado tantos anos afastado das ruas, em vista da modernidade que avançava a cada dia.

Depois que o ônibus parou, ele ainda confuso e desacostumado a pedir e a ser atendido, perguntou a um motorista negro e gordo, portador de um recheado bigode crespo e escuro, com uma camisa estampada fora da calça, completamente suada, manchada e puída no colarinho, se aquela condução iria para o bairro de Mangueira, pois as cores de faixa verde e vermelha de pintura do ônibus não eram como as de antigamente, azul e branca.

Possuído de muita má vontade, inquieto e retorcendo uma das pontas do seu bigode, o motorista demonstrando maus-tratos com os passageiros idosos e possuidor também da falta de conhecimento das formações dos verbos e das palavras, respondeu-lhe:

– *Velio, se tu que i pro morro da Mangueira está no ônibus certo, mas se tu que sabe as cores pintadas na lataria eu não sei não, e não posso largar aqui a direção, desce do ônibus para i ve esta coisa que o senhor está me perguntando. Sobe aí se te interessa, se não pega um próximo depois. O que o velio que faze, que i ou fica esperando o outro?*

O senhor Jerônimo, aturdido com as palavras rudes do motorista, e sentindo-se mais velho do que realmente se sentia por dentro, lembrou logo do seu tempo de juventude transviada, e em como teria tratado aos que agissem com ele daquela forma. Mas, cansado, e conhecedor dos novos rumos que traçou para sua vida que exigiam o seu afastamento de qualquer tipo de encrenca, somente sorriu, agradeceu ao motorista, subiu no ônibus constatando que havia poucos lugares vagos. Ele deu dois passos no degrau de subida, mais dois no piso do veículo tomado por papéis de balas e bombons, restos de chicletes colados nele e pequenas garrafas de refrigerantes rolando para lá e para cá, e sentou-se num banco de assento duro com pequenos rasgos aparecendo a espuma do estofamento, logo atrás do local quente do banco desconfortável do motorista, cheio de pedaços de madeira que usava para não afundar o seu traseiro entre as molas do assento, pedaços de papelão e uma almofada muito surrada para acomodar melhor suas costas na parte superior do assento.

Assim que se viu acomodado no seu assento também muito desconfortável, chamou logo a atenção do senhor Jerônimo a alavanca para passar a marcha do veículo, toda retorcida e desalinhada, na qual o motorista urrava a cada troca de marcha mal-engatada, e a quentura que vinha do motor instalado ao lado do condutor; com tudo aquilo, o antigo prisioneiro, compreendendo a vida dura diária que o pobre trabalhador passava para poder sobreviver, perdoou de imediato os maus-tratos recebidos por ele.

Observando mais, viu à sua volta muitos passageiros com suas pastas, sacolas e bolsas coloridas femininas, sedentos do ar fresco vindo das janelas abertas, disputando para isso entre si a melhor localização para recebê-lo plenamente em seus corpos, aliviando assim o calor que sentiam.

Jerônimo a tudo observava e prestava atenção, desde os gestos das pessoas até o comportamento de cada um, na tentativa de perceber se os hábitos das pessoas continuavam os mesmos, carente que estava também do contato com gente que tinha suas vidas normais fora de um presídio.

Ele estava entretido naquelas observações, quando percebeu que o motorista grosseiro puxou conversa com ele, talvez na tentativa de amenizar suas palavras rudes:

– *Amigo, desculpe, mas por que o senhor só sabe a respeito da cor dos ônibus? É curioso por que ninguém mais liga pra isso, já que se ligam mais no número e destino descrito nos letreiros.*

O senhor Jerônimo, depois de refeita a surpresa pela conversa reiniciada que o outro anteriormente havia rudemente interrompido, tendo entendido quase tudo que o motorista havia falado, por ter sido por algum tempo o tradutor e intérprete oficial das palavras de Neguinho, ajudando-o mais tarde nas palavras e sentenças corretas, lhe retornou com perspicácia, aproveitando o momento para breve ensinamento:

– Amigo, desculpe-me se acabei o incomodando. É que eu passei quase 30 anos preso na penitenciária da Frei Caneca por ter tirado a vida de um casal durante um assalto, e fiquei, por isso, afastado por muito tempo do convívio com as pessoas aqui do lado de fora e, desde então, nunca mais peguei nenhum ônibus. Hoje é o meu primeiro dia de liberdade depois desse tempo todo preso. Na verdade, só tem alguns minutos que sai de lá – Jerônimo deu uma experiente pausa e completou para o motorista já com o olhar assustado:

– *O senhô que perguntá mais alguma coisa?*

De repente, as pessoas que estavam no ônibus atentas à conversa se agitaram e duas mulheres preocupadas com um possível assalto ou briga entre os dois tocaram, imediatamente, a sirene de parada e acabaram descendo do veículo, sem terem mesmo chegado aos seus destinos. O motorista, experiente naquelas situações, não perguntou mais nada pelo resto da viagem, tranquilizando-se quando percebeu que o passageiro que estava sentado logo atrás dele acionou, finalmente, a sirene de parada. Ele tratou de frear o veículo com a maior delicadeza no ponto solicitado, deixou-o descer, sem forçar a aceleração do motor em vazio para apressar a descida dos passageiros, cumprimentou-o educadamente com um bom-dia e colocou o veículo em movimento, sem dar os arrancos desnecessários.

O senhor Jerônimo ainda sorrindo, por ter utilizado a sua recente experiência de vida na prisão de forma prática, logo que desceu do ônibus tratou de identificar o ambiente à sua volta: haviam reformado o viaduto; muitos prédios tinham sido construídos embelezando a velha Tijuca ao fundo; o Maracanã estava machucado nas suas cores azuis e brancas, porém continuava orgulhoso nas suas formas, esperando que logo pudesse se desforrar da partida final perdida para o Uruguai na Copa do Mundo de 1950, como só se ergueu depois que se tornou tricampeão; ao fundo pôde ver o velho morro da Mangueira, arriado na sua coluna vertebral, depois dos pesos adicionados pelos novos barracos construídos nele, desorganizadamente.

O velho presidiário tomou, então, o rumo certo à procura da casa de um dos irmãos, subindo em seguida os primeiros degraus do morro que o levaria até o meio dele, onde, antigamente, era a casa da mãe e, talvez, fosse, na atualidade, a do irmão mais velho, que a ocupou, como soube na última visita dele ao presídio, bem depois da morte rápida dos pais, um em seguida ao outro, com certeza em razão de tantos desgostos que os filhos lhes haviam dado. Outra coisa que não tinha certeza era também quanto ao destino do irmão mais novo, pois que Flávio calara-se sobre ele naquela vez.

A cada degrau que avançava, ele podia sentir sobre si os olhos atentos dos que não o conheciam e não desejavam viesse alguém para interferir nas vendas proibidas das drogas que lhes mantinham o sustendo e o poder forçado. Até mesmo sentiu sobre si os olhos das mães que passavam com seus bebês nos colos e dos meninos seguros em suas mãos, como dos idosos e meninos, pois conheciam bem as regras do morro para os desconhecidos que se aventuravam nele, sem a devida permissão.

Ele passou por um grupo de garotos de 10 a 16 anos, aproximados, que estavam praticando capoeira numa pequena área aberta entre um patamar de escadas e outro, sob a orientação de um jovem professor, e ficou fascinado olhando-os, lembrando os velhos tempos em que longe do comprometimento com o tráfico fazia o mesmo junto a colegas do morro e um velho professor daquela arte. Era-lhe o momento sublime da semana, depois que saía da escola às quintas-feiras; nela, sentia-se feliz e plenamente realizado, como se no sangue aquela vontade fervesse sem parar, revelando-lhe o destaque entre os demais meninos praticantes. Mas aqueles bons tempos acabaram logo, quando a miséria bateu à porta da casa dos pais, fazendo-o correr atrás de sua subsistência e de seus irmãos.

Ele estava observando, reflexivamente, aquela cena que lhe refrescava a mente, enquanto ao mesmo tempo ganhava fôlego para continuar subindo os degraus que lhe faltavam, quando escutou alguém chamá-lo pelo nome:

– Jerônimo! É você mesmo, cara?

O velho detendo reconheceu aquela voz e, virando-se, retornou:

– Flávio! Que bom que o encontrei logo! – disse olhando diretamente para dois moleques que havia percebido há muito o seguiam.

– Mano. Quanto tempo! Quanto tempo!

– Sim, Flávio. Quanto tempo! – retornou ao irmão, como que a perguntar-lhe por que não o havia visitado mais na prisão depois dos primeiros dez anos.

– Mano, eu estou tendo de trabalhar muito para manter a condição de vida da mulher e dos dois moleques que nasceram; eles comem para caramba e estudam – tentou argumentar, como se tivessem nascidos os seus filhos há pouco tempo. – Isto tudo gasta muito dinheiro! – registrou Flávio na tentativa de justificar as suas faltas nas visitas ao irmão mais velho no presídio.

– É, o tempo voa... Mas, cara, você engordou muito desde que o vi pela última vez – observou Jerônimo, fixando seu olhar na barriga calejada do irmão do meio, despontando da magreza do seu corpo e média altura, nos seus 44 anos, e depois em sua face morena, com uma pequena verruga no lado direito perto do nariz, que lembrava muito a do pai falecido; observou com detalhes a camiseta simples que usava, em seguida, descendo os seus olhos abaixo da cintura, percebeu logo a sua humildade diante da bermuda maltrapilha e dos chinelos de dedo que estava usando, que o deixou satisfeito, por ser sinal de que Flávio era um trabalhador honesto, e não estava envolvido com a venda de drogas no morro.

– É... – respondeu Flávio olhando para o seu umbigo que despontava vez ou outra na parte baixa da camiseta, conforme levantava ou abaixava os braços – a gente tem de refrescar a vida de alguma forma – falou referindo-se à cervejinha que tomava nas horas de lazer.

Entretanto, Jerônimo, colocando em prática o que aprendera de perdoar infinitamente, aproximou-se do irmão que tinha deixado de visitá-lo, beijou-o na face e abraçou-o fortemente, enquanto observava que os dois moleques que o haviam seguido até ali tomavam outros rumos.

Jerônimo esclareceu, imediatamente, ao irmão, para que este não tivesse dúvida e qualquer tipo de receio, que tinha sido contemplado com um benefício do governo, podendo com isso ter a liberdade condicional, que lhe seria definitiva se não se metesse em nenhuma encrenca.

Flávio então percebeu a sacola que o irmão trazia pendurada sobre o ombro e logo o convidou para descer junto com ele um pouco mais dos degraus até a padaria, onde compraria o pão do café da manhã.

Jerônimo a nada questionou, por ser uma segunda-feira, 10 horas da manhã. E seguiu com o irmão no caminho por ele traçado até a padaria e depois até o seu barraco, ou melhor, o que tinha sido de seus pais.

Pelo caminho, entre uma conversa e outra com o irmão, ia observando a miséria que via ao redor, a qual não havia mudado muito desde o último dia que tinha pisado ali, antes de ser preso: degraus de concreto improvisados, umedecidos, musguentos e perigosos de andar, repletos de gente subindo ou descendo, carregando suas sacolas, bolsas e bagagens, seus latões de água vazios ou cheios do líquido preciosos à vida, suas compras, seus botijões de gás adquiridos no mercado no pé do morro, suas televisões e ventiladores comprados ou sendo levados para consertos ou para serem vendidos, e tantas outras coisas mais. Viam-se os barracos de madeira ou com tijolos aparentes, cada vez mais espremidos entre um e outro, no qual cada pedaço de espaço era disputado entre os vizinhos, tanto para cima como para os lados; notavam-se os esgotos aparentes e sentiam-se os cheiros tanto deles quanto dos xixis ressecados nos recantos e cantos das vielas; vez ou outra também se sentia o cheiro mais forte dos cocôs de cachorros, de comida estragada e outros provenientes dos lixos acumulados por todos os cantos e nas ribanceiras, onde se podiam ver também restos jogados de sofás e outros móveis esgotados ao máximo de suas utilizações.

Eles subiram conversando animadamente, juntinhos, os degraus faltantes para chegarem ao local onde estava o barraco da família. Chegando perto dele, Flávio o apontou para o irmão. Para Jerônimo, foi como trazer de volta antigas aflições ao se lembrar do ambiente e da vida de criança que passou lá e nas ruelas ao redor. Ele se viu como o irmão mais velho que aprendeu a ceder os alimentos para os irmãos mais novos, disputando o que sobrava com seus pais que tinham pouco carinho para lhes oferecer depois de concluídas as suas tarefas diárias; ele viu ao longe a escola que desejou frequentar cedo junto com as demais crianças, que só lhe foi possível iniciar aos 8 anos, mesmo assim parcamente, por causa da necessidade de ter de ajudar os pais nos gastos da casa, quando vendia balas e amendoins nos asfaltos próximos ao viaduto. Ele também relembrou o banho que só conseguia tomar duas ou três vezes por semana, pois, quando retornava do trabalho pesado, chegava à sua casa tão cansado que nem comia direito, indo direto para o seu canto no chão revestido de papelão e saco de estopa, entre o espaço da cozinha e do banheiro malcheiroso. Ele se lembrou, quase imediatamente, do dia em que decidiu largar aquela vida de trabalho miserável e abraçar a vida fácil e de boa renda garantida no trabalho no tráfico apresentada a ele por Evandro, um amigo de infância, moleque familiarizado com ela. Ele se recordou também dos primeiros assaltos que fez junto aos motoristas desavisados do sinal vermelho fechado, perto do viaduto da Mangueira; lembrou-se dos assaltos feitos com o comparsa aos casais transeuntes desavisados das noites nas ruas desertas e escuras próximas ao morro; recordou das primeiras experiências com o cheiro da cola que se tornou hábito e logo menosprezado diante do fácil acesso à maconha; lembrou também de sentir-se como uma mula levando as drogas até os vendedores do asfalto e trazendo os soberbos pagamentos feitos por elas, recebendo em troca a sua rica parte que lhe proporcionava as roupas e tênis caros que podia comprar; mas lembrou-se também quando, felizmente, ele rejeitou o uso das drogas mais pesadas e usando de grande vontade livrou-se das mais leves, trazendo a desconfiança de alguns dos traficantes. Finalmente, ele se recordou mais uma vez quando Evandro, inesperadamente e sem motivos aparentes, atirou no esposo e depois na esposa do último casal que estavam assaltando em um automóvel, numa rua movimentada na Tijuca. Ao perceber que diversas pessoas se aproximavam para ver o que estava acontecendo, ele largou a arma ao chão e fugiu, deixando Jerônimo perplexo e paralisado, sendo pego por algumas pessoas que o entregaram à polícia, como o autor do roubo e dos disparos que haviam tirado a vida do casal assaltado. Lembrou-se, finalmente, quando foi condenado e levado para a penitenciária.

Naquele momento, ele percebeu algo que, mesmo com todo o tempo livre na cadeia, não havia pensado, concluindo: Evandro, com certeza, fez aquilo seguindo a orientação dos traficantes que, provavelmente, não queriam que ele continuasse trabalhando para eles, porque a maior parte do pagamento que lhes interessava ser em drogas tinha agora de ser em dinheiro. Evandro não havia tropeçado ao tentar correr do local, como lhe tinham dito, ele se desfez da arma no chão, de propósito.

Jerônimo foi despertado com a voz do irmão que o convocava à realidade, diante de sua casa, agora com as paredes externas emboçadas e pintadas de marfim, e janelas e portas simples de madeira pintadas com tinta a óleo azul-marinho. Na frente da casa, Jerônimo viu dois guris branquelos de cabelos e olhos muito escuros feito azeitonas pretas, com seus aproximados 12 e 10 anos, sentados no degrau de entrada da casa, aguardando o pai com o pão para o café da manhã; ficaram logo curiosos em saber quem era aquele que estava ao lado do pai.

Assim que Flávio chegou perto deles e apresentou Jerônimo como seu irmão, as crianças se aproximaram vacilantes, mas deixaram que ele as abraçasse e beijasse no rosto; depois olharam para o pai, aguardando os seus próximos procedimentos para saberem como também procederiam com o tio recentemente conhecido, condizente com a educação que recebiam de seus pais, e os alertas deixados por eles a respeito do parente feito prisioneiro.

Tão logo concluíram esses gestos que deixaram Jerônimo emocionado por constatar a família sadia que tinha à sua frente, Lourdes surgiu na porta da casa atraída pelas vozes dos filhos e do marido. Logo chamou a atenção de Jerônimo a sua estatura um pouco maior que a do marido, os seus cabelos longos e louros, o esbelto corpo de mulher nos seus trinta e poucos anos, aproximadamente, tendo pendurados nas orelhas brincos em forma de argolas de metal dourado; nos braços, tinha braceletes também do mesmo material dos brincos. Era a esposa de Flávio que, mesmo usando um vestido simples com margaridas estampadas, mostrava a sua beleza branca exterior, ricamente demonstrando também a beleza do seu interior quando se dirigiu ao marido:

– Querido, a mesa está feita para tomarmos o café – e percebendo Jerônimo ao seu lado, convidou-o, gentilmente, a tomar também café com eles, achando que era um simples amigo do marido.

– Querida, acho que ele vai aceitar sim – disse Flávio olhando orgulhoso para o irmão.

– Seja bem-vindo, então, senhor...
– Jerônimo. Meu nome é Jerônimo.

– Jerônimo... – frisou Lourdes, tentando se lembrar daquele nome, enquanto estendia a mão para cumprimentá-lo.

– Sim, querida... Jerônimo. O meu irmão que estava preso... – completou definitivamente Flávio.

Lourdes percebeu quando suas pernas fraquejaram fazendo-a quase desmoronar ao chão, mas refazendo-se procurou traços no rosto de Jerônimo que o ligavam ao que conhecia das fotos, e retornou ao marido com a voz perceptivelmente embaçada:

– Flávio, este então é o seu irmão que você não via há tanto tempo! – exclamou surpresa.

– Sim, amor. Eu já tentei me justificar junto a ele do tempo que passamos trabalhando muito. Acho que um dia ele me perdoará por isso – disse fixando os seus olhos nos do irmão na tentativa de ver neles qualquer tipo de bondade que confirmasse o seu pedido de perdão.

– Lourdes, meninos. É um grande prazer conhecê-los! – exclamou Jerônimo, realmente contente pela família que tinha à sua frente, não demonstrando qualquer tipo de ressentimento em virtude de o irmão não ter ido mais vê-lo na prisão. Ele pôde perfeitamente compreender os porquês.

Em seguida, tio e cunhado para lá, sobrinhos e cunhada para cá, conhecendo-se, abraçando-se com mais intimidade, e depois tomando seus primeiros cafés da manhã juntos, rindo e chorando seus sentimentos de ganhos e perdas.

6. Jerônimo e a família de Flávio

O pequeno barraco dos pais de Jerônimo estava agora aumentado, com três cômodos para cima do andar térreo. Na parte de baixo ficava o quarto de Flávio e esposa, uma cozinha simples com uma pequena área de serviço, uma sala do tamanho suficiente para caber o sofá, a televisão e uma mesa de fórmica branca de quatro lugares de abrir e fechar; um banheiro apertado, mas bem cuidado; na parte de cima ficavam os quartos dos filhos e um banheirinho em obra não acabada, tudo isso numa área que somada não passava de 50 metros quadrados entretanto, um luxo diante dos demais barracos à volta.

Era, portanto, uma casa pequena e pobre, mas que Jerônimo logo percebeu ser um lar feliz. Tudo indicava humildade, contudo exemplificando que pobreza não queria disser falta de limpeza e mau gosto, estando tudo à volta bem asseado e decorado no melhor que podia se fazer, coisa que o visitante identificou logo que entrou naquela residência.

Lourdes, como uma pessoa de bom gosto, tinha transformado, por exemplo, o velho e desgastado sofá de três lugares, ganho dos pais de Flávio numa doação, em outro bem forrado e arrumado; as panelas na cozinha tinham ganhado seus lugares num pequeno mas bem arranjado paneleiro feito de caixas de madeira de transportar frutas, pintado com cores agradáveis; no banheiro, as águas provenientes do banho encontravam uma cortina de plástico para retê-las e não esparramarem pelo chão, como tinha cada objeto o seu lugar de permanecer, usar e depositar adequadamente, como muitas outras coisas que se podiam ver dentro e fora da casa, que suas mãos miraculosas tinham transformado do feio para o bonito.

Flávio também fazia a sua parte, usando as horas vagas que tinha para deixar a sua casa a melhor possível. Dentro da casa, podiam-se ver muitas coisas melhoradas por ele, como a estante de madeira velha do pai que ele lixou e envernizou de novo, deixando-a novinha em folha e servindo para acomodar a televisão colorida usada de 20 polegadas, que ele havia comprado recentemente. Ele fez também algo que era um luxo para quem não tinha água encanada da rua, construindo sob a laje do primeiro andar uma caixa-d'água feita de tijolos, areia e cimento que armazenava toda a água da chuva que caía sobre a laje dos cômodos de cima, levando água encanada ao banheiro de baixo, tanque e pia da cozinha, tendo antes uma pequena caixa de concreto, com pedras e areia servindo de filtro básico para separar as pedras mais pesadas que vinham junto com as águas das chuvas; aos poucos, ele foi pintando as paredes internas e colocando piso cerâmico em todos os cômodos da casa.

O irmão trabalhava duramente numa fábrica de aparelhos eletrodomésticos, em um bairro próximo dali, como estoquista, nos dias úteis, e muitas vezes nos fins de semana para garantir o sustento e as despesas que dois filhos e a esposa davam. Lourdes o ajudava fazendo unhas de algumas madames tijucanas, num salão de beleza, durante o tempo em que os filhos estavam no colégio.

Os dois eram pais exemplares e educavam os filhos com rigidez quando necessária, sabendo adocicar conforme seus merecimentos no comportamento caseiro e deveres escolares. Também os filhos podiam brincar com os filhos dos vizinhos de confiança, mas não tinham liberdade total para estarem junto aos outros meninos da comunidade, cuja educação os pais não sabiam dar nem tinham controle sobre eles.

Observando aquilo tudo, Jerônimo ficou logo admirado com a conduta exemplar do irmão e de sua mulher que, morando dentro de uma comunidade repleta de violência, sabiam conduzir-se e aos filhos, sem se deixar contaminar com aquele ambiente hostil, soberbamente fazendo aquilo de modo a não passarem como orgulhosos diante dos vizinhos.

Em gostoso tempo de papo prolongado entre familiares, repentinamente, Lourdes verificou que a hora do almoço se aproximava, pedindo licença e dirigindo-se para a cozinha, convidando antes Jerônimo para almoçar com eles.

Enquanto as crianças foram liberadas pelo pai para assistirem à televisão pulando alegres feito dois cabritinhos, os dois irmãos retornaram às falas pessoais:

– Flávio, como a sua esposa e seus filhos são espetaculares! Eu estou me sentindo como se fosse uma pessoa normal, pois nenhum deles me questionou sobre a vida na prisão nem mesmo vocês se sentiram deprimidos ou receosos com a presença de um criminoso como eu fui, dentro da casa de vocês – registrou Jerônimo emocionado com a recepção que tivera pela cunhada e pelos sobrinhos.

– Mano, eu sei que não tenho como lhe pedir perdão por não tê-lo visitado na prisão por tanto tempo. Mas, acredite, foi melhor assim para a minha família. Eu posso lhe confessar agora que fiz de propósito para que nunca soubessem o que é na realidade uma penitenciária. E eu, mesmo lhe sendo ingrato, disse para mim mesmo que só gostaria de vê-lo depois que tivesse a sua liberdade de volta. Pode ser egoísmo meu para proteger a minha família, mas eu não suportei mais vê-lo em tal situação e de novo disse para mim que jamais um filho meu iria um dia chegar a ser um criminoso, pois tudo faria para protegê-los e levá-los a uma vida de cidadãos honestos – esclareceu Flávio, deixando o irmão mais satisfeito ao ouvir as suas razões por não tê-lo visitado nos últimos dez anos. – Preferi, então, não vê-lo mais, a vê-lo sofrendo naquela miserável penitenciária – continuou o irmão do antigo detento com a sinceridade na voz. – Se você me odiou por isso ou ainda tem raiva de mim, eu não o recriminarei. Entretanto, quero que saiba que criei os meus filhos e tive uma vida com minha esposa sempre dizendo o melhor de você; nunca o descrevi como um criminoso vulgar, mas como um homem que acidentalmente se envolveu com o crime, por não ter outra opção melhor; que se arrependeu disso e que acabou sendo traído pelo próprio parceiro, que tirou a vida de um casal, deixando-o sozinho e culpado, sofrendo você as consequências disso na prisão. Desculpe-nos se os meninos se assustaram com a sua presença, no início; foi recomendação nossa, caso eles o encontrassem um dia, pois não sabíamos como você sairia da penitenciária.

Eu lhe garanto, irmão, que todos da minha família o respeitam e você será bem-vindo em nossa casa, se desejar morar conosco. Não se preocupe, pois que, onde comem quatro, cinco comem. Quanto ao lugar para dormir, os garotos darão um jeito de ficarem num cômodo só, enquanto você ocupará o outro do lado. Depois Deus nos ajudará quando o nosso terceiro filho vier a chegar, o que por ora não pretendemos.

Assim que Flávio concluiu sua fala, lá da cozinha pode-se escutar a voz de Lourdes dizendo:

– É isso mesmo, amor. E, Jerônimo, você que não seja doido de não aceitar, hem! Você e nossos filhos são os parentes que nos restaram, já que não tenho irmãos e nunca conheci os meus pais, pois vivi em orfanato até completar 18 anos. Foi o doido do teu irmão que um dia entrou na sapataria no centro da cidade onde eu trabalhava e me conhecendo nunca mais me largou. Em menos de um ano ele casou comigo, pediu para eu sair do emprego miserável em que estava, da espelunca que dividia morada com outras duas colegas, casou comigo e me trouxe para cá.

Depois veio o casal de crianças correndo da sala, aproximando-se do tio e dizendo-lhe, candidamente, que ficariam muito contentes em tê-lo na casa.

– Afinal – disse a mais nova com os cabelos encaracolados presos em duas tranças, sorrindo –, vamos ter mais um a nos contar histórias antes de dormirmos! – o que acabou tirando grossas gargalhadas de todos.

Jerônimo, simplesmente, ficou grato ao irmão, cunhada e sobrinhos, pois que nem sequer precisou pedir pela moradia que não tinha, evitando com isso constranger-se, caso tivesse tido uma resposta negativa ao seu pedido de asilo.

Naquele mesmo dia, assentado confortavelmente na cama improvisada do cômodo ao lado do dos sobrinhos que dormiam docemente, o velho detendo da Lemos de Brito, não conseguindo dormir de tanta felicidade que sentia, pensava e pensava naquele Deus que ele aprendera a confiar, dando-lhe uma nova oportunidade de vida, junto a uma família tão boa, que o estava resgatando para ser mais um membro dela.

Depois de quase duas horas repletas de pensamentos sadios, e algumas poucas tosses, ele fez a sua oração da noite e dormiu feito um cãozinho que, de tanto tempo perdido na rua, havia encontrado uma casa para morar.

7. Jerônimo e a dificuldade do irmão do meio

Jerônimo acordou no dia seguinte com os primeiros barulhos dos sobrinhos no quarto ao lado do seu. Eles cantavam e desciam as escadas rusticamente construídas pelo lado de fora da casa, tendo como teto de proteção uma cobertura feita de telhas de amianto onduladas, apoios e ripas de madeira.

Ele escutou quando os meninos deram bom-dia e beijaram os pais, recebendo deles o mesmo em troca. Após, ouviu o barulho do xixi dentro de suas latinhas sendo despejado no vaso sanitário do banheiro e a torneira da pia sendo aberta; ele entendeu pelo barulho da água caindo que os sobrinhos lavavam os seus rostos e escovavam os seus dentes, coisa que o deixou também muito emocionado, pois, quando criança, raramente tinha feito isso, acordando e saindo cedo de casa para a rua, na forma que estivesse; finalmente escutou a cordinha da caixa de descarga sendo acionada para levar para longe o xixi e talvez outras coisas.

Com isso, refletiu mais uma vez na direção da vida que escolheram ele e o irmão mais novo e a escolhida pelo irmão do meio. Flávio indiferentemente à vida rude que havia se pronunciado para os três irmãos, preferiu a mais trabalhosa, porém a mais honesta que podia almejar, estudando duramente e conseguindo completar o ginasial, enquanto ele e o irmão mais novo mal tinham conseguido a conclusão do primário.

Vendo-se o único que não havia se levantado e ficado pronto para o café da manhã, Jerônimo tratou logo de sair da cama, trocar de roupa, pegar a latinha contendo o seu xixi, a escova e a pasta de dente ainda de uso na penitenciária, descer as escadas e fazer o mesmo que os sobrinhos tinham feito.

Ele só notou que o café da manhã era servido de propósito bem tarde, quando o almoço daquele dia foi servido também quase na hora que seria o café da tarde, e este servido na hora que seria a da janta, facilitando a vida da cozinheira da casa e o bolso do marido, pelo que se economizava com isto. Nos dias fora das férias dos garotos, a coisa melhorava, por eles tomarem o café da manhã na própria escola, na hora da merenda às 9 horas, conforme confessou a cunhada em outra oportunidade.

Dois dias depois, Jerônimo, sem perguntar nada, soube por Lourdes que Flávio estava em casa naqueles dias porque a empresa onde trabalhava se viu em dificuldades para pagar os empregados e resolveu deixá-los em casa, até que as dificuldades financeiras que estavam atravessando fossem resolvidas. Ele já estava assim há duas semanas.

O irmão mais velho de Flávio, sem esperar escutar mais nada, foi até o seu quarto, pegou dentro de sua bolsa uma parte das economias que havia juntado, recebidas pelos trabalhos feitos na penitenciária; um valor que daria para concluir a obra no banheiro de cima e poderia garantir os gastos da casa por, pelo menos, uns dois meses, e ele o deu à esposa do irmão que, soluçando aliviada e não tendo como recusar, agradeceu-lhe do fundo do coração. O cunhado de Lourdes propôs somente uma condição para fazer aquilo: que Flávio jamais soubesse daquele dinheiro cedido por ele para a manutenção da casa, deixando que a parte da obra no banheiro de cima ele mesmo falaria ao irmão; fato que Lourdes aceitou, incondicionalmente, em razão da precariedade que estavam passando, com o dinheiro escasso pela falta de salário na empresa do marido.

Com isto, Jerônimo sentiu-se outra vez o mais feliz dos homens por poder estar ajudando o irmão, na sua dificuldade momentânea.

---

8. Jerônimo encontra-se com Evandro

Finalmente depois de três dias saboreando o máximo do convívio com seus familiares, Jerônimo, aproveitando a ida do irmão chamado às pressas à fábrica, pediu licença à cunhada e saiu de casa alegando a necessidade urgente que tinha para comprar algumas coisas e reconhecer à volta os locais de sua infância e pouca juventude.

A primeira coisa que Jerônimo fez, assim que se viu diante de um pequeno comércio na parte mais baixa do morro, foi comprar um boné à moda dos velhos malandros, uma bengala simples de madeira envernizada para sustentar melhor as pernas que lhe começavam a querer fraquejar, completando desta forma a roupa leve que usava. Seguindo um pouco mais adiante, encontrou uma pequena óptica onde fez exame, constatou a sua miopia de quase quatro graus e encomendou os óculos.

Tão logo saiu da óptica, ele pôde apreciar os mesmos jovens da outra vez junto ao instrutor habilidoso praticando a arte da capoeira numa área aberta maior; atraíam os olhos das pessoas que passavam, fazendo-o daquela vez lembrar-se dos tempos iniciais no presídio quando impulsionado por sua raiva havia facilmente dominado aquela técnica, servindo-lhe de válvula de escape, até que em certo dia acabou extrapolando suas energias na perna de um dos lutadores, deixando-o inválido por muito tempo, só se recuperando após algumas cirurgias. Jerônimo, então, ali, tomou a decisão, definitiva, de abandonar a capoeira, direcionando as suas energias para o lado mais construtivo do seu ser.

Em seguida, Jerônimo prosseguiu subindo os degraus da enorme escadaria, indo na direção certa, como se um ímã o atraísse para lá.

Fê-lo tomar aquela decisão a conversa particular tida com Flávio sobre o destino de Cláudio, o irmão mais novo dos três irmãos, que o deixara abalado.

Jerônimo, no íntimo, sentia-se culpado pela decisão tomada por Cláudio para trilhar o mesmo caminho criminoso feito por ele anteriormente.

Sem pais sadios que o pudessem conduzir para caminhos honestos, e o irmão mais velho desencaminhado, Cláudio desorientado concluiu ser mais fácil para as suas necessidades não tomar o caminho cheio de dificuldades do irmão do meio, e sim o caminho do primeiro irmão, que só aparecia em casa, vez ou outra, para trazer dinheiro para os remédios dos pais, e para ele as roupas e tênis da moda e um pouco das muitas notas que trazia no bolso, já que Flávio se recusava a receber de Jerônimo qualquer tipo de coisa.

O mesmo sol quente do verão das férias escolares cariocas que o havia acompanhado na saída do presídio, fazia-o também agora, queimando-lhe os braços e as outras regiões desprotegidas. Contudo, ele seguia resoluto subindo a escadaria na direção de seu propósito. Vez e outra a garganta lhe queimava, o peito escovado ardia, a rouquidão e a tosse o afligiam, a perna esquerda teimava em queimar e os olhos a falharem, mas ele prosseguia resoluto.

Como da primeira vez que começou a subi-la, logo após ter sido lhe dada a liberdade da rua, ele percebeu vários olhares sobre si, embora ouvidos mais atentos já tinham escutado a informação de quem era. No meio daquelas criaturas ocultas pelas vielas e becos da favela, entretanto, existia o respeito por aquela figura que havia pertencido ao mesmo meio e que estivera na prisão da Frei Caneca convivendo com manos ilustres, tendo salvado a vida de um deles e auxiliado muitos outros mais, além de outro fator de predominância incondicional.

Assim, por ordem superior vinda do chefe dos traficantes do morro, ouviram os de baixo escalão que deixassem o velho prisioneiro transitar livremente pela favela, somente observando o que pretendia e fazia.

Chegando ao ponto máximo da escada, cansado e suado, Jerônimo encontrou o primeiro obstáculo visível, na forma de um jovem amarelado de aspecto horrível pelo rosto desfigurado pelo uso demasiado de drogas pesadas, portando uma submetralhadora israelense na mão e dois revólveres na cintura, posicionado numa área descoberta em cima de uma enorme pedra, tendo atrás de si um profundo precipício, depois de outra área com mato alto e uma cobertura em forma de concha inversa, construída para a proteção dos que vigiavam o morro, naquela parte mais alta dele.

– *Mano veio. O que tu desejas aqui? Tu não sabe que só chega até aqui os que tivé autorização do chefão? Tu é maluco ou que se fazê de maluco?* – falou o jovem drogado acobertado por outros dois que, saindo de um matagal próximo, se apresentaram também, portando suas potentes armas.

– Mano, eu sou de paz, vocês me conhecem. Vim aqui pedir somente uma coisa: gostaria de saber onde posso encontrar o meu irmão Cláudio – argumentou Jerônimo, deixando-os perceber que o conheciam, perfeitamente.

– Cláudio? Quem é Cláudio?

– Meu irmão Cláudio. Irmão também de Flávio, casado com Lourdes, morando aqui na favela, na casa que era dos meus pais.

Então no fundo daquela cena, o velho Jerônimo aguçou os ouvidos na tentativa de escutar o cochicho dos dois traficantes que estavam mais atrás do primeiro que se apresentara.

Um deles, tendo uma arruda pendurada em uma de suas orelhas, se destacou, passou pelo primeiro e, posicionando-se à frente do velho presidiário, lhe falou:

– Velho, vai para a casa do teu irmão que é melhor. Vai descansar que o senhor ficou muito tempo preso. Muitos de nós aqui conhecemos a tua história, desde que entrou até quando saiu da penitenciária e o respeitamos por isso. O teu irmão tá bem conosco e não quer saber de vocês não. Vai embora e não o incomode, homem. Respeitem a decisão dele de querer esta vida, pois gosta que seja assim e nunca sairá dela. Só morto, como nos disse um dia.

– Eu agradeço o respeito que vocês têm por mim – afirmou o cunhado de Lourdes – e, por esse respeito, eu lhes peço o favor de falarem para o meu irmão somente algumas palavras: diga que o amo muito e que ele me perdoe se acabei levando-o para esta vida. Que perdoe também o nosso irmão Flávio, e que tenha a certeza de que ele também o ama muito. Que ele tem uma família que o espera.

– Está bem, mano velho. Eu darei o seu recado a ele. Mas agora vá. Que, se ele quiser, eu lhe retornarei a resposta – acrescentou o segundo rapaz, alto, magro e branquelo, parecendo estar lúcido, de melhor aparência e educação que o primeiro, cuja forma final de chamar a Jerônimo acabou pegando mais tarde entre a bandidagem.

Jerônimo agradeceu e, segurando a aba de seu boné, despediu-se dos três responsáveis pela vigilância do alto do morro, pela forma com que fora tratado por eles, acrescentando nas suas palavras que o Pai do Céu os protegesse.

Em seguida, ele desceu as escadarias com maior leveza do que quando a subiu, por ter deixado lá em cima uma parte do peso enorme que estava carregando por muitos anos, inclusive boa parte das tosses.

Após, tomou novo rumo, agora para baixo, descendo a escadaria na direção de certo barraco onde, conforme a informação de Flávio, encontraria acamado aquele que foi o seu maior inimigo.

Ele foi descendo degrau por degrau as escadarias que derivavam na direção dos vários becos com seus barracos, em trechos que mal davam para passar duas pessoas ao mesmo tempo, sentindo sobre si, sempre, alguns olhos ocultos que o seguiam. Ele passou por um trecho mais largo onde alguns meninos rolavam uma bola feita de meia e jornais amassados que, ao vê-lo, pararam a pelada improvisada e manifestaram suas surpresas, comentando entre si em voz baixa: "É o tal velho que era daqui e que ficou preso por mais de 30 anos".

E, enquanto Jerônimo ia caminhando com dificuldades na direção dos meninos com o auxílio de sua bengala, eles pararam o jogo, abriram passagem e o deixaram passar com o maior respeito. Para não perder a chance de tal oportunidade, ele puxou a bola que lhe estava perto com a perna melhor, trouxe-a para si e, arriscando a artrite que havia começado há alguns meses a incomodar-lhe a perna esquerda, tentou fazer algumas embaixadas. Conseguiu executar 50, contadas uma a uma pelos aprendizes de jogador de futebol admirados com isso. Depois ele levantou a bola na direção da cabeça, acomodando-a entre o pescoço e a nuca, o que deixou os garotos enlouquecidos; para terminar, fez a bola escorregar da nuca para o braço direito, do braço para o joelho e do joelho para os pés, onde fez mais 25 embaixadas com a perna pior, entregando-a depois a um dos meninos com as mãos. Os garotos ficaram deslumbrados, fazendo com que um deles, o menor, sarará, usando um short bem maior para sua idade, de cabelos arruivados, lhe dissesse:

– Velho, o senhor é bom de bola mesmo! Ensine para a gente como o senhor aprendeu a fazer isso!

– Meninos, não é nada demais! Todos vocês podem fazer isso também. É só terem vontade, treinar e treinar. Só isso – respondeu entusiasmado.

– Pô, se o senhor faz isso com uma bola de meia e de bengala, imagine se fosse uma bola de verdade e não precisasse da bengala! – Exaltou outro menino de altura intermediária aos demais, muito parecido com Neguinho, deixando seus dentes muito brancos sobressaindo entre os lábios carnudos.

– Fazia como vocês fazem agora. Na minha época, não tínhamos dinheiro para comprar uma bola de couro ou plástico e fazíamos igual a vocês as bolas de meia de mulher com jornal amassado – informou Jerônimo alegremente.

Outro menino, mais escuro que o próprio parecido com Neguinho, de olhos virados para a vermelhidão dos que já tinha provado a maldita naquele dia, o maior deles com aproximadamente 12 anos, de péssimo aspecto, se adiantou aos demais e lhe falou arrogantemente:

– Não sei o que vocês viram nesse velho. Se eu tivesse o mesmo tempo de sobra que ele teve na prisão, eu também faria tudo o que ele faz e, mais ainda, com 30 anos sem fazer nada, eu viraria até equilibrista, manos – riu sarcasticamente levando os outros meninos forçosamente a rirem também.

Jerônimo, pego de surpresa, teve de respirar fundo e fazer com que seus neurônios trabalhassem muito mais rápido que o normal para que pudesse ter uma resposta à altura, retornando menos para o moleque petulante e mais para os outros:

– Meninos, nunca queiram saber ou experimentar o que é ficar preso por alguns dias ou meses, muito mais por anos ou quase 30 anos, como eu fiquei. Existe tanto tempo para não se fazer nada, que o que acabamos fazendo fica sem muito mérito, como o nosso amiguinho aqui afirmou – respondeu o velho prisioneiro passando a mão sobre sua cabeça, refletindo naquele instante que a sua vida voltada para o crime tinha começado na mesma idade do rapazinho atrevido.

– Se eu tivesse escutado mais os meus professores, estudado e trabalhado honestamente, hoje eu não seria tão hábil com a bola nos pés, mas teria uma vida onde o arrependimento de não a ter feito não me queimasse tanto o coração – argumentou Jerônimo. – Eu tive as duas opções e escolhi a pior delas, por isso fiquei preso por tanto tempo.

Depois ele pegou a sua bengala e retornou à sua caminhada mancando um pouco com a perna pior dolorida pelo esforço feito, deixando atrás de si quatro meninos pensativos com suas palavras, que no futuro os ajudariam muito em suas reflexões sobre o caminho que desejariam para as suas vidas.

Perto dali, numa janela aberta num dos barracos, dois olhos cansados de uma mãe de idade média sorriam satisfeitos com o que tinham acabado de escutar nas conversas travadas entre o velho e os meninos, acreditando que com elas o seu filho menor tinha aprendido alguma coisa boa.

Finalmente, depois de descer pelo menos mais uns cem degraus, quase chegando a um terço da altura do morro, ele defrontou-se com o barraco descrito pelo irmão casado. Um pouco diferente de sua época, o barraco muito humilde estava pintado de verde e rosa quase apagado nas paredes de tijolos salpicados de cimento e areia, esquecidas pelo tempo desde sua última pintura, e tendo musgos quase por toda sua pequena extensão, revelando na sua aparência quando fora o apogeu e a queda financeira do provedor pela manutenção dela.

Naquele instante ele sentiu sobre si, como nunca até ali, olhos que o sondavam, ansiosos em querer saber o que ele queria ali também. Sem se intimidar com isso, ele bateu com a bengala na porta do barraco, cujas frestas entre a parede e as duas dobradiças deixariam passar facilmente os roedores da rua; não demorou e uma senhora muito alta, curvada, de idade muito avançada a abriu, fitando-o com as vistas cansadas e perguntando com uma voz também muito cansada o que desejava. Jerônimo a cumprimentou, dizendo com uma voz bem pausada:

– Dona Alzira, como vai a senhora? Não reconhece mais um dos seus meninos?

A velhinha negra, de ossos mais que pele, de cabelos recheados pelas neves do tempo de vida caídas sobre eles, com seus movimentos trêmulos e com a memória a fraquejar, em vez de dar uma resposta fez outra pergunta e um pedido:

– O senhor quem é? Se for para cobrar algo de meu Evandro, por favor, respeite a doença dele.

– Dona Alzira, sou eu, o Jerônimo, amigo do seu filho de infância, lembra-se?

Ela colocou todos os neurônios sadios que lhe restavam para funcionar, fixou os olhos desanimados sobre a figura à sua frente, forçou a vista e soltou um imenso sorriso depois, revivendo, naquele instante, os poucos bons momentos que tinha para recordar na sua vida de agora ainda mais triste e atribulada nos serviços para manter a casa e na ajuda ao filho adoentado.

– Jerominho, é você, meu filho? É você, filho... é você mesmo... É você! – afirmou ligando o tempo bom de infância e amizade grande entre os dois meninos, por meio da voz eloquente inicial, e o de desastre por parte de seu filho para com o seu maior amigo da juventude, repleta de desapontamento na direção do filho ingrato que mesmo assim ela nunca abandonara.

Enquanto se abraçavam, preenchendo seus corações de filho e mãe não gerados pela natureza, na porta de entrada do barraco, uma voz curiosa depositada de cansaço, vinda do único quarto, perguntou à idosa:

– Mãe, quem está aí?

E a voz de Jerônimo, dispensando a de dona Alzira, despontou até os ouvidos do acamado:

– Sou eu, Evandro. Seu velho amigo, Jerônimo!

Escutando aquela voz tão conhecida e que lhe trouxera muitos pesadelos e noites sem dormir, Evandro remexeu-se deitado na cama, sem forças sequer para se levantar, aterrorizado, achando que o demônio irado e cheio de vingança tinha vindo, pessoalmente, para lhe acabar com a vida que lhe restava.

Dona Alzira, possuidora de mais força que o filho adoentado, sequer conseguiu mexer qualquer um de seus músculos de movimento do corpo, tal a rapidez com que Jerônimo entrou pela porta da sala e avançou pela casa na direção do quarto que conhecia bem.

Quando seu corpo apareceu na porta do quarto do filho de dona Alzira, contornado pelos raios do sol que vinham da porta da sala aberta, na forma de uma figura totalmente negra, com a bengala na mão e o boné sobre a cabeça, Evandro não teve mais dúvida de que era o diabo em pessoa com a foice da morte na mão a visitá-lo, exclamando completamente agoniado:

– *Vade retro*, Satanás!! *Vade retro*! Deixe-me em paz!

Jerônimo aproximou-se dele apoiando-se na bengala, com o pensamento entre a cruz e a espada, falando-lhe com duplo sentido:

– São a vida e a morte que lhe chegam para visitar, Evandro. Trago comigo a espada que pode tirar a sua vida como tirou a minha, mas trago também a vida que poderá nos chegar de novo depois de perdida.

Evandro, tremendo desesperadamente, não entendeu nada, tentando, somente, proteger com suas mãos o rosto seco e ossudo, e a cabeça rarefeita de cabelos, aguardando a pancada que lhe tiraria o sopro de vida restante no corpo descarnado. Mas a pancada não veio e, assustado, ele conseguiu, depois de muita desconfiança, perceber que ainda estava vivo. Aos poucos, foi retirando suas mãos sobre sua cabeça e abrindo os olhos vacilantes e sem brilho, vendo, aos poucos, à sua frente, o antigo amigo sentado calmamente ao seu lado na cama, tendo próximo a si a mãe em pé com o olhar apreensivo diante da situação.

Jerônimo, sem precisar falar nada, somente olhava fixamente o amigo com que havia deliciado muitos momentos alegres na infância e o inimigo que na juventude o havia traído e trazido o inferno para a sua vida, que, naquele instante, inspirava-lhe dó pelo estado em que se encontrava. A vida fugitiva, as bebidas e as drogas pesadas tinham-lhe retirado quase toda a saúde do corpo; suas últimas energias estavam voltadas para o essencial na manutenção da vida, resfolegando e forçando ao máximo os músculos da respiração para captar o mínimo de ar; a bomba motora da vida trabalhava arduamente para poder levar o sangue aos órgãos vitais; nenhuma comida sólida podia mais comer e os líquidos pouca estadia encontrava no estômago ou nos outros órgãos necessários à digestão, o mesmo acontecendo com os que expeliam os componentes indesejáveis; seus braços e pernas eram ossos puros e no seu rosto havia a aparência da caveira, tendo diversas feridas abertas espalhadas pelo corpo todo.

Se algum pensamento restante de ódio, ira e raiva ainda sobrevoava a mente de Jerônimo, este se desfez imediatamente com aquela visão, trazendo-lhe enorme compaixão por aquele que um dia tivera extrema energia de viver, cuja força tinha utilizado para o benefício próprio.

Evandro percebeu a compaixão brilhando nos olhos do antigo amigo e com isso foi se apacentando, paulatinamente.

Os dois ficaram minutos a fixarem-se, sem pronunciarem quaisquer palavras desnecessárias ao momento; quando findos, avançaram suas mãos à procura umas das outras, entrelaçando-as na esperança da reconciliação.

Nesse exato momento, com um barulho parecido com o trote de alguns equinos, entraram pela porta da sala da casa duas figuras portando suas armas estendidas e prontas para serem disparadas, estagnando-se de frente às três figuras dentro do quarto de Evandro ao verem as duas antigas mãos inimigas grudadas uma sobre a outra, tendo dona Alzira como testemunha tranquila daquela cena. Tratava-se de duas figuras que sorrateiramente tinham acompanhado Jerônimo desde que saíra do local no alto do morro. Elas automaticamente pararam seus gestos reativos voltados para o acionamento do gatilho de suas armas e aguardaram pelos próximos movimentos a serem feitos pelas mãos do mano veio, atentas a qualquer outro por parte dele que fosse inseguro à vida de Evandro.

Dona Alzira tomando à dianteira aproximou-se dos dois homens conhecidos, colocou suas mãos sobre as armas deles e as forçou na direção do chão, acomodando-as lá e mostrando que não havia a necessidade delas para ajustar no assunto que competia somente aos dois resolverem.

Jerônimo, sem demonstrar qualquer tipo de medo na sua expressão fácil de entender, sorriu para uma das figuras que haviam entrado no quarto. A primeira era a do rapaz educado que tinha deixado o recado no alto do morro para seu irmão; a segunda era a do próprio irmão de aparência muito diferente da que se lembrava, quando ainda saído da meninice, agora com um cabelo longo encaracolado, rosto forçosamente endurecido e envelhecido por causa das constantes surpresas, suspenses e noites maldormidas.

Cláudio buscou por conclusões condizentes com os seus temores. Não tendo em seu rosto qualquer indicação de alegria pelo sorriso recebido, percebendo pela situação encontrada que o perigo não rondava aquela casa, e ter sido a invasão imprópria, mesmo a contexto de medida de segurança à vida de Evandro, e por achar que nada mais o impelia de estar ali junto ao irmão mais velho, Cláudio convocou o outro companheiro a se retirar da casa. Antes ele deu uma última olhada na direção de Jerônimo que pensava havia deixado de amar há muito tempo, e em poucos segundos retornou à escadaria, junto com o seu companheiro, que os levaria para o alto do morro, onde se refugiavam.

Em seguida, dona Alzira se retirou do quarto do filho e deixou-os juntos para que acertassem suas diferenças, acreditando ela na figura do perdão e compaixão que tinha visto no rosto de Jerônimo, assim que constatou a realidade da vida atual de seu filho.

O irmão mais velho de Flávio precisou aguardar alguns minutos para que a tosse de Evandro, que havia eclodido assim que viu os antigos companheiros de tráfico entrarem pelo seu quarto adentro, diminuísse, bem como a sua própria, para, em seguida, direcionar suas primeiras palavras livres de ressentimentos para Evandro.

– Caro Evandro – iniciou Jerônimo falando candidamente –, você deve estar a estranhar pelo que esperava de mim, depois de tudo. Entretanto, esta bengala que trago agora para sustentar as minhas pernas que fraquejam a toda hora, que poderia ser também o cajado que cortaria sua cabeça sem pesar, não passaria dela mesma, se não tivesse compreendido que o melhor remédio para as dores e a ira é o perdão. Por isso se acalme, pois não há mais o inimigo temido à sua frente, mas o amigo de outrora. Trago-lhe, então, meu irmão, o perdão que sei você vem querendo me pedir. Eu vim trazer esse perdão pessoalmente, pois poderia trazer-lhe por meio de outras pessoas, mas que não seria a mesma coisa, por não ser o verdadeiro trazido por outras mãos.

– Perdão, amigo... Perdão. Não tenho como lhe mostrar quanto me arrependi do que eu lhe fiz ou quanto este erro me fez mal... Acredite somente, meu amigo, que necessito reparar o mal que eu lhe fiz, essa ideia de reparação começou mesmo antes da dor e da doença que me consomem dia a dia... Perdoe-me... Perdoe-me. É o que lhe peço – implorou Evandro, intercalando as falas com a tosse que teimou em não parar, necessitando da intervenção da mãe que retornou apressada, tendo nas mãos os medicamentos pesados para aliviá-la.

O câncer que estava destruindo o seu pulmão proveniente das drogas pesadas e do uso do fumo do cânhamo ressecado e triturado já havia se propagado para outros órgãos e ele não teria mais do que alguns dias de vida, que o bom Pai lhe dera para que pudesse se reconciliar com o inimigo do passado. Quanto ao restante das dívidas que havia contraído com os outros semelhantes, teria novas oportunidades para se ajustar, não mais naquela vida.

A morte lhe veio cinco dias depois que Jerônimo saiu de sua casa pela primeira vez. O irmão de Flávio o visitou em todos os outros quatro dias que Evandro ainda teve de vida, quando o doente, por não poder falar muito, escutou do antigo companheiro de infância as breves passagens engraçadas e terríveis que haviam passado juntos, como outras passagens de ensino às Leis da Vida, que serviram para refrescar-lhe as dores ocasionadas pela terrível doença terminal.

Por não poder ir parar em algum hospital público, pois seria imediatamente preso em razão dos crimes que tinha cometido, Evandro tivera do chefe do tráfico local a assistência médica e os medicamentos necessários; as dores foram aliviadas naqueles últimos dias pelas drogas pesadas agora usadas para o objetivo principal e pelas conversas tidas com Jerônimo.

Jerônimo foi para Evandro, naqueles últimos dias, o enfermeiro, o irmão, o amigo incansável e inseparável das horas difíceis: fosse o banho; fosse o alimento; fosse a troca dos fraldões; além de suprir-lhe os melhores alimentos líquidos que ainda podia comer, exemplificando com aqueles gestos o que o Cristo falou na sua hora de maior dor: "Pai, perdoe-os, pois não sabem o que fazem".

No último dia com a pior das dores sentidas, pela manhã, Evandro ainda riu muito com as histórias penitenciárias preliminares de Jerônimo e se deixou envolver depois com as histórias sobre as consolações da vida futura, aprendidas nos ensinamentos religiosos de todos os tempos. Partiu três horas depois enquanto dormia com o semblante mais calmo, como um aprendiz daquelas artes da vida sadia voltada para o bem, que lhe serviu para amenizar as visões terríveis na sua hora derradeira.

9. Jerônimo com o seu irmão mais novo

Como se tivesse esperado passar a morte e os dois dias de luto de Evandro, por quem tinham imensa gratidão pelo trabalho bem-feito, o chefão do morro mandou chamar Jerônimo, concedendo-lhe o encontro desejado.

Antes de ir a esse encontro, Jerônimo foi até a óptica, pegou o seus óculos e começou a enxergar melhor a vida à sua volta. Depois, ele entrou em uma loja local e, cumprindo um desejo que tivera, comprou alguns presentes e, passando por algumas casas, deixou nelas alguns deles. Finalmente, levando embaixo de seu braço o principal, chegou aos mesmos moleques de pelada, quando pegou de propósito a bola de meia que usavam e trocou-a, para deleite da garotada, por uma de couro número cinco, novinha em folha, deixando a mente do menor deles ofuscada. Ele deixou claro para cada um dos garotos que poderiam receber muito mais da vida, caso eles se dedicassem aos estudos, que os fariam tornar-se homens de bem, com família a construir.

Jerônimo subiu depois os degraus da escadaria, daquela vez levando consigo o irmão do meio, pois, para que o assunto pendente pudesse ser resolvido, deveria ser no encontro entre os três, deixando para trás uma Lourdes muito apreensiva.

Novamente Jerônimo sentiu sobre si olhos ocultos que acompanharam todos os seus passos e os do irmão.

Flávio, agoniado, perguntava ao irmão mais velho o que deveriam ou poderiam falar para aquele que nunca mais o quisera escutar, deixando que seu coração pulasse perigosamente ao máximo que sua pressão suportaria; ao contrário do irmão, Jerônimo trazia a consciência do que deveria falar, doesse a quem doesse, mas sem ofender, pois não trazia consigo toda a verdade que suspeitava, pudesse lhe faltar diante das verdades que encontraria no cara a cara com Cláudio, nas suas réplicas.

Aquele domingo que tinha sido de manhã clara e quente começava a se transformar numa tarde nublada de ares temperados. Ao longe se viam alguns relâmpagos faiscando de tempo em tempo. Ventos fortes faziam voar pelos ares as folhas dos vegetais e de jornais usados, dobrando as árvores de caule fino e, por isso, precavidamente alguns pássaros começavam a procurar pelos seus refúgios, enquanto a maioria das pessoas que haviam trabalhado a semana toda via suas televisões em suas casas aparentemente protegidas do temporal prestes a cair. Contudo, Jerônimo e Flávio, não imunes à situação revoltada da natureza, mas determinados, prosseguiam firmes em suas caminhadas ao lugar onde travariam a luta junto ao irmão, condenado pelas leis da sociedade, na tentativa de afastá-lo da vida do tráfico, pois que ainda havia tempo. Se conseguissem persuadi-lo, talvez Cláudio precisasse passar alguns anos na cadeia, mas depois teria ainda muito tempo de vida pela frente, conforme as contas que os dois faziam, visto que, até ali, Flávio nenhuma vida havia ainda tirado e pouco a polícia sabia a seu respeito, pessoalmente, no envolvimento do tráfico local.

Conduzindo o irmão, Jerônimo ia com sua bengala à frente na subida da escadaria, entre um relâmpago e outro que enunciava a chuva forte que estava prestes a descer do Céu, enquanto outras pessoas apressadamente desciam ou subiam as escadas direcionando-se para suas casas ou prováveis abrigos, sem se incomodarem muito com as suas presenças. Finalmente os dois alcançaram o topo da escadaria, no mesmo lugar onde Jerônimo tinha estado há alguns dias atrás, procurando por um encontro com o irmão mais novo. Os mesmos dois rapazes que o haviam recebido na primeira vez os receberam agora também; um educado e o outro não, conduzindo-os até o chefão que, por previdência, poucos conheciam a face, somente o apelido: Alicate.

Os dois chegaram ao refúgio, construído por encomenda com as paredes bem espessas para proteger contra balas e artilharias mais pesadas, com a forma de uma meia concha concretada, com aproximadamente uns 60 metros quadrados, tendo várias aberturas em seu contorno com cerca de dez por 80 centímetros cada e duas portas, uma de entrada e outra de saída para os fundos de um capinzal que se perdia numa das faces de descida do morro.

Os dois irmãos foram convidados a entrar no refúgio de poucas aberturas para a ventilação do ar. Ao contrário do que se poderia pensar do lado de fora, não estava calor no seu interior, fresco e aerado por dois possantes ventiladores giratórios de colunas. Havia, no primeiro ambiente, duas poltronas duplas e uma simples formando uma meia-lua entre elas, uma televisão de 20 polegadas colorida posicionada sobre uma estante dupla de madeira e mais ao fundo uma geladeira duplex branca; num pequeno corredor, tinha-se um banheiro; via-se uma cozinha, e, mais à frente, outro ambiente com um local para descanso com uma cama de casal e dois beliches posicionados, individualmente, ao lado da cama de casal; no restante, à volta, percebia-se certo conforto, como se fosse um apartamento apertado onde muitos moravam.

Jerônimo e Flávio foram revistados assim que chegaram e convidados pelo rapaz mais educado a entrarem naquele recinto e sentarem-se num dos sofás duplos existentes. Eles não aguardaram muito e viram quando saiu de uma área reservada separada por pesadas cortinas, no segundo ambiente, um jovem alto de olhares perdidos, desconfiados e incertos nas suas decisões, com dois revólveres na cintura, um em cada lado, e tendo grudada a ele como se fosse um carrapato uma menina com seus 16 anos aproximados, branca e loura; depois de lá também saiu o irmão mais novo de Flávio e Jerônimo.

O primeiro homem, tendo um rabo de cavalo oscilando sobre os ombros, branco, alto, magro e de aparência esdrúxula, apresentou-se e disse aos dois:

– Vocês sabem o perigo que estão correndo estando aqui conosco, né? – falou querendo impor primeiro respeito e depois receio aos convidados. – A qualquer momento, a polícia pode subir até aqui e, como vocês estão conosco, serem tomados como bandidos iguais a nós e serem presos. Vocês pensaram nisto antes de subirem até aqui? – sorriu, levando a sua carrapata a sorrir também, bem como ao rapaz mal-educado e dois outros mais afastados que se encontravam vendo televisão, cujas imagens tremeluziam com os raios que cortavam o céu.

– Marcão, pare de falar asneira e deixe que os dois digam o que querem comigo, pois não temos tempo a perder – disse Cláudio, nos seus 32 anos de mulatice, de vida jingada entre o nascimento depois dos pais quase envelhecidos, irmãos distantes da sua idade e vida sozinha após os pais terem morrido, repleto de ira e raiva por todo o sofrimento que teve de passar por isso. – Afinal, o que vocês querem comigo? – perguntou Cláudio, grosseiramente, aproximando-se.

– Nós queríamos conversar a sós com você – falou Flávio com a voz embargada e vacilante.

– Vocês podem falar por aqui mesmo, pois todos são da mesma família – asseverou Cláudio, sarcasticamente.

– Pois bem. Que todos ouçam, então, o que temos para lhe falar. Como sabemos, Cláudio, que o tempo que temos é curto, como nos pediram para termos junto com você antes de nos liberarem para estarmos aqui, nossa família só lhe pede que nos perdoe pelo que o fizemos passar, mano – falou Flávio, ainda inseguro e imprevidente com a imposição da frase no momento inicial da conversa.

– Aqui não tem nenhum mano não, meu camarada. Há muito tempo sei que não tenho irmãos, a não ser estes aqui. São esses aqui – disse apontando para os companheiros de tráfico –, que são minhas unhas e meus dedos, os meus verdadeiros irmãos. Se alguma coisa incomoda vocês com relação a mim, podem ficar tranquilos, pois não me devem nada e, se é importante para vocês que eu os perdoe, eu não tenho motivo, pois ficou tudo por conta do passado distante. Não tenho mais irmãos, a não ser estes aqui – reafirmou Cláudio. – Portanto, acho que é perda de tempo vocês estarem aqui. Vocês não me devem nada e eu também não lhes devo nada. Fica assim, então – afirmou cheio de trejeitos nos braços e na voz, deixando transparecer nos olhos a fúria que tinha dentro de si.

— Carlos, acho que eles não têm mais nada a falar. Pode levá-los de volta ao caminho pelo qual vieram — ordenou Cláudio para o rapaz mal-educado, que o atendendo se dirigiu aos dois irmãos para executar o que tinha sido pedido. Entretanto, sentindo certa inspiração, Jerônimo que, até então, tinha ficado calado, falou resoluto na direção de Cláudio, sentindo que, se conseguisse abrir a mesma brecha que vira nos olhos do irmão quando adentrara na casa de Evandro, ele poderia demover parte da blindagem que o irmão se revestira para proteger o seu lado humano.

— Cláudio, seu cabeça-dura! Por que tenta ser tão ignorante assim conosco? Querendo ou não nós seremos sempre os seus irmãos. Pense o que quiser de nós — falou como irmão mais velho, deixando Cláudio desconcertado e seus amigos enrijecidos, prontos a reagirem. — Dê-nos o direito de querê-lo como nosso irmão. Mesmo que não tenhamos sido aqueles de que você precisava, na hora em que mais necessitava de nós. Nós sabemos quanto você esperava de nós, que nada lhe oferecemos, quando papai e mamãe faleceram, deixando-o à mercê do mundo em que vivíamos. O que eu poderia fazer mais além do que pude fazer depois que fui preso? E antes nada fiz por você? — argumentou olhando para o irmão mais novo com determinação e candura.

— Quanto a Flávio, estava ele errado quando me viu preso ao crime e tentar não desejar esta vida para ele? Ele ficou sem me ver na cadeia nos últimos dez anos, no entanto eu não o condenei por isso, pelos motivos que ele tinha, e os entendi. Não lhe serve ver Flávio hoje com uma família que desejaríamos ter?

E você, que nunca me visitou? Não teria eu motivos de sobra para ter mágoas de você?

E o que há de errado não ter vindo aqui antes, dizer por mim e pelo Flávio que o amamos, lembrando-o de que tem uma família?

Que mal há de querermos que você largue essa vida enquanto há tempo, por amá-lo e desejarmos que acerte suas contas com a justiça e depois volte a viver conosco em família? De eu vir lhe dizer que me sinto culpado pela vida que lhe trouxe pela minha muito malconduzida?

Enfim, que mal há em nós virmos lhe pedir perdão? — perguntou, encarando sem temor o irmão mais novo, impondo mais uma vez a sua autoridade como irmão mais velho. – O nosso pedido de perdão o ofende tanto assim?

Todos os comparsas de Cláudio tinham ficado mudos, mas, depois desta última verdade e vendo Cláudio cabisbaixo, inseguro e em profunda reflexão, quase derrotado pelas argumentações de seu irmão mais velho, Marcão tomou frente na conversa vendo que era hora de acabar com aquilo e, antecipando-se na direção de Jerônimo, disse-lhe com tom ameaçador, na forma de gíria local analfabetizada:

– *Mano veio. Nós te respeitamos pelo passado que tu teve, mas acho melhô vocês se mandá daqui, antes que percamos a paciência. Carlos, faz o que Cláudio pediu. Tira esses cara daqui, que já falaram demais pro nosso gosto.*

Entretanto, Cláudio, percebendo profundamente as intenções do irmão mais velho, que o havia abandonado sem querer, que lhe fora o modelo a seguir na desesperançada vida sem rumo que lhe surgiu com as mortes dos pais, mas derramava ali suas verdades e o pedido de reconciliação, se aproximou dos dois irmãos, afastando Carlos, gentilmente, com o braço, colocou suas mãos sobre os ombros deles, encarou-os e disse-lhes que pensaria muito sobre aquilo tudo, mas que em seguida fossem embora, pois era o melhor que poderiam fazer naquele instante de ânimos exaltados.

Marcão, com seus dois revólveres na cintura e altura de quase 2 metros que dava medo a qualquer um, afirmou na direção de Cláudio, balançando nervosamente o seu rabo de cavalo para lá e para cá:

– *Alicate, nunca te vi tão manso como agora, mano. Vê se te mancas, chefe. Manda logo esses troxas ir embora, pois teus verdadeiros manos somos nós que damos nossas vidas para te proteger. Não é assim?*

E, adiantando-se, ele ordenou, com o poder de segundo na hierarquia do grupo, que Carlos e os outros os levassem dali, ainda recomendando:

– *Vê se vocês se manca e não saia dizendo por aí quem é o Alicate, por vocês gostar do seu irmão traído, porque, num caso contrário, quem vai fazê o papel de Alicate aqui é eu. Mano veio, Flavinho, presta atenção, caras; presta atenção* – disse, sacudindo seus braços e mãos como mania própria dos traficantes.

E os dois irmãos tristes por um lado ao perceberem estar nas mãos do irmão mais novo o poder principal do tráfico local, mas alegres por outro por terem feito o que era possível fazer, naquele instante, por ele, e percebendo no último ato do irmão que nem tudo estava perdido, saíram daquele refúgio, deixando que a chuva forte que caía molhasse as suas roupas, lavando e levando junto com a água que escorria no chão barrento os temores que tinham trazido quando ali chegaram.

Duas horas depois, Cláudio, o Alicate, chefe dos traficantes, deixaria suas mágoas nos braços de uma linda morena completamente viciada, delirando nos pesadelos proporcionados pelas bebidas alcoólicas, drogas e pelo sexo desloucado. Seguindo o exemplo estariam os outros na mesma situação do prazer sem limites e sem compromissos, para terminarem bem o fim de semana, já que a polícia nunca subiria o morro num domingo de noite fria e chuvosa.

10. A Reconciliação com Cláudio

No dia seguinte, ao acordar bem tarde, Cláudio tinha no rosto a expressão do drogado. Sua boca reclamava volumes de água; seu estômago, antiácidos; sua mente e seu espírito, entendimentos para aquilo tudo.

Quanto a este último, refletia sobre sua vida e sobre o que vieram lhe dizer seus irmãos, ligando uma situação a outra, enquanto despejava no vaso sanitário considerável quantidade de água contaminada saída de dentro de si.

Sua miserável vida o tinha levado à condição de aviãozinho; que, bem-sucedido, à condição de vendedor ambulante; que, bem-sucedido, à de vigia; que, bem-sucedido, à de sócio; que, bem-sucedido, à do segundo no comando; que, com a morte do primeiro pela polícia, como primeiro chegou, assim permanecendo nos últimos cinco anos. Quanto aos seus crimes, refrescava-se ao pensar que nunca tinha matado alguém, resolvendo suas questões de chefe, líder e autoridade no morro, com julgamentos de expulsão do morro, quebras dos dedos, dos braços, das pernas e, principalmente, arrancando as unhas, desde uma só para os crimes mais leves, como desobediência, até todas as unhas das mãos e dos pés para as maiores faltas, como estupros de crianças e mulheres, e assaltos a idosos e gente do morro. Para tanto, havia regras e leis no morro a serem seguidas por todos. Ele era um dos homens que compunham o grupo dos que julgavam os que moravam ou se aventuravam no morro, desde as intrigas entre vizinhos até os crimes mais violentos. Poderia deixar o faltoso quebrado, surrado, sem as unhas ou pedaço da língua ou da orelha, mas deixava-lhe a vida para repensar, no que no entender de quem morava no morro, diante de outros chefes cruéis que tinham passado pelo domínio do morro, era justo, pois a polícia de nada tinha para opinar ali.

Somente os traficantes que pertenciam ao primeiro escalão sabiam quem realmente era o chefe entre eles, apelidado de Alicate. Isso não só para confundir os moradores e os compradores das drogas, como a própria polícia. Agora também os irmãos de Alicate sabiam disso.

Refletindo sobre tudo, Cláudio analisou e viu que tinha possibilidade ainda de ter um dia uma vida normal em família, depois que pagasse pelos seus crimes, que poderia mesmo sair sem qualquer tipo de pagamento, visto que, na polícia, não existia qualquer julgamento ou crime condenando Cláudio Vieira da Silva; havia somente a informação de que o chefe do tráfico no morro da Mangueira era feito pelo traficante vulgarmente chamado de Alicate. O dinheiro que tinha juntado serviria para tocar a vida num negócio honesto qualquer, também para melhorar a vida do irmão do meio, e quem sabe eles não poderiam ajudá-lo em seus negócios num bar, num restaurante, numa loja de roupas. Quem sabe?

As suas intenções voltadas para o aconselhamento dado pelos irmãos eram por demais boas; no entanto, ele sabia que quem entrava naquele tipo de vida criminosa dificilmente saía dela ileso por saber demais; também ele havia jurado para si mesmo que só sairia daquela vida se morto, defendendo as causas do grupo a que pertencia.

Entretanto, superando os seus medos, e sem acrescentar qualquer outro motivo de incentivo artificial no seu organismo, resolveu que naquele dia iria visitar os seus familiares, no começo da noite, quando Flávio retornasse do trabalho e estivesse junto a sua família.

Primeiro foi o espanto dos comparsas ao vê-lo sair do refúgio sem pedir qualquer tipo de proteção, muito bem-arrumado, dispensando também a presença da namorada drogada ao seu lado por pouco poder ajudá-lo naquela situação, e levando somente uma pistola 32 na cintura para qualquer eventualidade, além de uma pequena sacola pendente no ombro direito. Na escadaria, surpreenderam-se os transeuntes ao verem-no passar descendo a escadaria e dando boa-tarde a todos; aquela figura, poderosa no morro, de baixa altura e parrudinho, usando roupas e sapatos claros, com seus cabelos brilhantinados para aderirem sobre a cabeça, e um perfume forte que, por onde passava descendo as escadas, deixava as adolescentes enlouquecidas e seus namorados preocupados.

Ele sentia que estava sendo aquele um dos raros dias de real felicidade, sem a necessidade de qualquer droga para isso, a não ser as que o próprio organismo produzia normalmente. Por onde ele passava, além do perfume no ar, deixava um rastro de bem-estar, muito diferente daquele deixado quando estava acompanhado de seus comparsas armados até os dentes, causando tremor e medo.

Em volta de si se derramavam os últimos raios mornos de um sol que nascera naquele dia depois da tempestade caída na noite anterior, que se preparava para descansar naquela parte do mundo, aquecendo-lhe a alma decidida a perdoar os irmãos, e o astro lunar começava a surgir ao centro do céu dando-lhe as boas-vindas, ao mesmo tempo em que algumas estrelas começavam a piscar se aconchegando ao redor dele.

Cláudio parou em frente à casa dos antigos pais e, antes de bater na porta, ficou refletindo sobre os bons tempos em que ali esteve jogando bola de gude com os outros de sua idade, sem as preocupações dos dias passados e atuais. Tomando coragem, ele bateu na porta, sendo acompanhado por diversos olhos que o estavam vigiando e vizinhos surpreendidos com o que viam.

A porta do barraco, privilegiado pela quantidade de cômodos que possuía com relação aos demais, foi aberta pela dona da casa, que sentiu, imediatamente, as suas pernas fraquejarem quando viu de quem eram as batidas na porta, e só não desmaiou porque tinha apreendido a ser forte nas situações semelhantes àquela. Ao contrário, demonstrando toda a força de superação do mundo, Lourdes segurou na mão estendida ao cumprimento daquele que tinha portado nela armas pesadas, deixou que os lábios do irmão do marido tocassem, gentilmente, a sua mão direita e o convidou a entrar, encaminhando-o até onde estavam os seus irmãos e sobrinhos sentados à mesa da sala tomando o café da tarde, envolvidos num agradável clima familiar.

Assim que Jerônimo o viu, ficou surpreso. Percebendo que o irmão mais novo vinha em paz, os seus pensamentos se voltaram em agradecimento ao Senhor do Universo, e como reação imediata suas pernas o fizeram se erguer e seus braços automaticamente se abriram para receber entre eles o irmão mais novo, que tinha ficado afastado deles por tanto tempo.

Flávio, ao vê-lo, não acreditando muito, engasgou-se por causa da falta de fé que tinha em jamais voltar a ver o irmão mais novo, depois de estarem no refúgio e ter-lhe falado Jerônimo as verdades, doesse a quem doesse.

Ana Cláudia e Fernandinho, os sobrinhos de Cláudio, percebendo o sinal positivo da mãe e do pai, se aproximaram e abraçaram também o famoso tio, que o pai, até então, lhes tinha, somente, apontado de longe.

Lourdes juntou-se aos cunhados e filhos; Flávio foi o último a juntar-se a eles, reticente que ainda estava à chegada, na sua casa, do irmão, o chefe do tráfico no morro.

Entretanto, todos, deixando de lado seus temores e suas preocupações, pensaram somente na alegria de ter de volta na família Vieira da Silva o último membro que estivera afastado dela por tantos anos.

Assim que terminaram os cumprimentos, Cláudio, com os olhos ansiosos, puxou uma sacola que trazia ao lado da sua roupa mais bonita, retirando algumas coisas de dentro dela, deu aos sobrinhos alguns brinquedos simples, doces e balas que sempre tinha em seu refúgio; para a cunhada deu um dos perfumes que tinha comprado para presentear futuramente a namorada transloucada; para Jerônimo, deu um cordão de prata com um santinho de São Jorge que sempre carregava junto a si, e para o irmão do meio deu um tênis de marca novinho que nunca havia usado.

Lourdes e Flávio, acompanhados pelos demais, trataram logo de apresentar a Cláudio a casa antiga dos pais e o que tinham feito nela, deixando-o maravilhado com o que haviam conseguido fazer no espaço anteriormente existente e os novos construídos.

Em seguida, com todos sentados à sala, em completo acolhimento ao membro recentemente empossado no seio da família, Jerônimo contou algumas histórias animadas de sua infância passadas com os irmãos, e outras que tinha vivenciado na penitenciária, recapituladas nas conversas com Evandro. Deixou as tristes para ficarem somente na sua memória, enfatizando que na penitenciária não se tinha somente o terror à volta a todo instante, mas também momentos alegres, como alguns que narrou por quase uma hora.

As crianças também contaram as suas histórias simples passadas na escola, recebendo a atenção de todos, sob um olhar de muito carinho de Cláudio, que se surpreendeu consigo mesmo ao perceber como a felicidade pode ser feita de coisas tão simples, como o bom convívio familiar.

De repente, aproveitando o momento de alegria, Flávio adiantou para todos que tinha sido promovido naquele dia a coordenador do almoxarifado da fábrica onde trabalhava, no mesmo dia em que sua empresa voltava às suas atividades normais, depois de quase duas semanas de paralisação, por falta de pagamento aos seus funcionários.

Após jantaram em volta da mesa, depois de Lourdes ter feito seus milagres com o que havia sobrado do almoço, foi a vez de ela colocar em dia os acontecimentos que os dois cunhados não tinham passado junto a eles a respeito da apreensão do marido diante dos dois partos feitos com muita correria e preocupação, e outras histórias referentes à infância dos filhos.

Entretanto, a noite alta chegou para interromper aquele momento maravilhoso, e Cláudio decidiu ir-se, já arrependido de não ter usufruído antes daquele convívio maravilhoso. A muito contragosto, ele fez suas pernas se arrastarem até a porta de saída da casa, e abraçou a todos prometendo voltar tão logo lhe fosse possível.

Feitas as despedidas, e assim que colocou seus pés do lado de fora do barraco, como se tivesse saído do paraíso e retornado para o inferno, Cláudio percebeu que sua agitada e temerosa vida imediatamente retornou ao constatar que dois seguranças fiéis de seu grupo o aguardavam para escoltá-lo até o refúgio.

Flávio, no interior do barraco, viu-os e dentro de si preocupou-se com o que poderia vir depois, relacionando suas preocupações com a sua vida, a vida dos filhos, da esposa e do irmão saído recentemente da prisão, todas ligadas à do irmão que chefiava o tráfico local.

Jerônimo entregou suas preocupações nas mãos de Deus, que havia trazido até ali o irmão mais novo.

Lourdes, desconfiada ainda com a mudança repentina do irmão mais novo de Flávio, preferiu pensar na alegria da reconciliação e das crianças brincando docemente com o tio afastado, mas que trataria de esclarecer melhor aos filhos quem ele era realmente; que não deveria ser visto como um ídolo, e sim como aquele que poderiam ajudar na recuperação da vida errada que levava, mas com cautela. Pediu-lhes isso no dia seguinte, e que também, por precaução, jamais conversassem com os colegas ou qualquer outra pessoa sobre quem era o tio Cláudio.

Todos omitiram das crianças que ele, na realidade, era o chefão dos traficantes, o famoso Alicate.

De volta ao refúgio, Cláudio foi recebido na porta de entrada para o seu interior por Marcão, que lhe recomendou:

– *Cara, na nossa profissão não podemos ficar moles de coração. Tu tá entrando numa dessa. Como é que ficará o teu respeito e tua moral diante dos outros companheiros e dos nossos inimigos, mano? Quando a gente se mete nessa que nos metemos, não podemos ter rabo preso com família, para não amolecer a caxola.*

Cláudio, sem dar muita atenção ao que Marcão dizia, mandou-o dormir que era melhor, e recolheu-se ao seu canto, junto de uma mulher que decidiu não querer mais. Desejava agora uma que lhe pudesse dar o verdadeiro amor que havia encontrado junto aos seus familiares, tendo ao seu lado, também, não um corpo jovem de mulher que poderia usar a hora que quisesse, mas uma que pudesse lhe dedicar um sentimento sem interesses. Por isso, no dia seguinte, ele a despachou logo cedo.

Ele se sentiu muito feliz aquela noite, com seus pensamentos e suas lembranças recentes passadas junto à família real que tinha agora. Diante dessa felicidade, ele prometeu para ele mesmo que tudo faria para não ser mais atraído para as drogas e que deixaria nas mãos de outros as decisões sobre os julgamentos no morro. Ele tentaria também, de todas as formas possíveis, se desligar do que o prendia ao tráfico, o que de certo incomodaria muitas pessoas que dependiam dele naquela estrutura criminosa.

Parte V

Apesar de Tudo, Vidas que se Renovam

1. Jaime e a sua liberdade

No presídio, as coisas andavam dentro de suas normalidades com muitos chegando e poucos saindo, superlotando as suas dependências, até que Jaime recebeu do diretor da penitenciária a notícia de que no máximo em uma semana chegaria do Tribunal Federal de Justiça do Rio de Janeiro uma ordem despachada pelo mesmo juiz, que o havia condenado, dando-lhe a liberdade condicional, cujos termos diziam que, se fosse cumpridor das obrigações referentes, poderia lhe ser restituída a liberdade total dentro de um ano. Para tanto, ele teria de se apresentar às autoridades locais, dando-lhes a satisfação de sua vida pessoal e profissional, todos os meses, durante o período de liberdade condicional.

Depois de receber a excelente notícia, Jaime, imediatamente, pediu permissão e telefonou para a esposa dando-lhe a boa-nova, que como num efeito dominó foi sendo passada de um para o outro, chegando aos ouvidos dos que se alegraram com a notícia e dos que não.

O dia tão esperado demorou uma eternidade para chegar, mas chegou e com ele o documento que permitia a liberdade condicional de Jaime.

Sentindo-se maravilhosamente alegre e ao mesmo tempo triste ao sentir que deixaria outros lá na penitenciária, a maioria por muitos anos, Jaime resolveu se despedir de todos que pudesse. Começou por Alberto, que havia se transformado num estudioso das questões religiosas, tendo aplicado, para satisfação de Jaime e de Jerônimo, o que aprendeu com eles na boa convivência com todos, mudando com isso, completamente, as fronteiras de convivência com os que o consideravam seus inimigos, candidatando-se a provável substituto dos dois nos estudos junto ao grupo. Depois de Alberto, ele foi desfilando suas despedidas com os outros que pôde ajudar com sua medicina e com os remédios dos ensinamentos espirituais aos que os desejaram receber, nas tardes de toda quinta-feira, que era a tarde livre que tinha da faculdade. Finalmente chegou aos mais endurecidos, como Peleu e Zeca-ferradura, que se destacavam de outros, por suas ferrenhas obsessões ao modelo voltado para o carma de suas vidas, o destino abrasador que os fez nascer na total miséria, reservando-lhes o caminho do crime como única alternativa possível para sobreviverem e não acreditando que eles poderiam mudar aquele quadro terrível, se acreditassem na ajuda do Céu e fizessem por onde para revertê-lo, trazendo-lhes novas esperanças para uma vida melhor.

Peleu, com seu cabelo agora maior e cheio de falhas, como se um cortador de grama tivesse iniciado o seu corte com lâmina afiada num gramado alto e fosse perdendo o seu corte nas partes mais baixas; com seu olho direito tamponado à moda dos piratas e com o esquerdo bom falhando na visão por conta de uma precoce catarata, disse a Jaime na hora da despedida: "Mano, vá em paz que isso não é pra mim não, que os fantasmas não me deixam tranquilos. Mas, se puder, reze, então, de vez em quando para que Deus perdoe os meus erros e me dê uma vida melhor na outra, se existir".

Zeca, cuja cicatriz no rosto, no lado esquerdo, na forma de uma ferradura, que estava ficando mais evidenciada com a pele relaxada por causa da idade que avançava, falou-lhe na despedida:

– Cara, eu sabia que um dia você se daria bem na vida. Apesar de tudo, acredite, eu torço por ti, irmão de Pedro. Aprendi muita coisa contigo e sei que devo muito para o Homem lá de cima, mas, podes crer, o que pude fazer para te proteger aqui eu fiz, embora nem tudo aponte para esse lado. Se Ele não foi bom comigo, que seja bom para você – disse referindo-se a Deus, como culpado por aquela vida miserável iniciada num barraco de dois cômodos, feito de barro e bambu onde morou com os pais na infância. – Vá em paz, irmão, e vê se não esquece da gente. Se puder, reze por mim também, para que eu não vá para o inferno. Diga para Ele em suas orações que eu não fiz só coisas ruins; que eu também fiz algumas coisas boas, que ninguém viu. Que Ele não se esqueça disso e me dê uma vida melhor da próxima vez, e se possível ainda nesta.

Pessoalmente o senhor Djalma, como autoridade maior do presídio, e o doutor Felipe vieram se despedir de Jaime, rogando-lhe nunca mais voltasse ali como prisioneiro, e sim como visita, ou melhor, como médico formado.

O doutor Felipe pediu-lhe:

– Pense na oportunidade de um dia vir a me ajudar aqui – falou dirigindo suas palavras para o diretor da instituição, que desenhou no rosto total concordância.

O senhor Djalma, percebendo as intenções do médico, afirmou-lhe:

– Só dependerá da vontade dele. Pois sou-lhe muito grato, não só por ter nos ajudado na enfermaria, mas por ter tentado colocar nos corações desses criminosos alguma coisa de bom, com os ensinamentos que lhes deu sobre as Leis do Pai que está no Céu – afirmou o diretor da penitenciária que era evangélico, mas que nunca interferira nos ensinamentos tanto de Jaime quanto de Jerônimo, quando ensinavam aos detentos que queriam sobre as coisas espirituais.

Livre, Jaime viu-se, então, de volta a uma realidade que o alegrava e o deprimia, por ter de deixar ali os companheiros que por alguns meses pôde ajudar com a palavra consoladora e libertadora.

Ele retornou da sala do diretor olhando cada palmo dos lugares por onde havia passado os últimos anos preso, relembrando todos os momentos, dos mais tristes, como a morte de Neguinho, aos mais alegres, como do seu casamento com Maureen.

Dentro da cela, pela última vez, ele retirou o uniforme de prisioneiro e colocou a roupa que mais apreciava, consistindo em calça *jeans* Lee e uma camisa azul com o desenho de um jacaré imitando a original Lacoste que a esposa havia lhe dado para usar naquela hora. Ele olhou para o beliche e os cantos da cela onde havia passado seus anos de prisão e procurou pela lagartixa amiga que tinha sido sua companheira de muitos dias e de muitas noites e despediu-se deles; pegou suas bagagens, que eram seus pertences pessoais guardados quando entrou para o presídio, os Livros Sagrados de Ensinamentos voltados para a sabedoria e a religião, e os livros voltados para a ciência da medicina; os primeiros dados como presentes por Jerônimo e os demais lhe foram doados pela biblioteca do presídio. Ele olhou pela última vez para o interior da penitenciária, antes de sair pela porta gradeada da cela, e seguiu seu rumo no corredor junto a um guarda que o acompanhava, despedindo-se dos companheiros de presídio e encontrando em muitos olhos a inveja que fervia dentro deles; no fim do corredor próximo ao portão de saída ele deu uma olhada em tudo à sua volta pela última vez; cumprimentou com um aceno de cabeça o guarda que o havia acompanhado e os demais mais próximos com apertos de mão e saiu dali ganhando a rua para a vida de liberdade, sem que precisasse retornar todo dia à sua cela após a faculdade.

Na rua, o ar de liberdade que sentiu entre os transeuntes agitados era muito diferente daquele que sentia nos dias que saía para estudar e ter de voltar. Todo o seu corpo experimentou, naquele momento, o que era estar realmente livre, desde os seus membros que lhe davam o movimento até os órgãos do pensamento; o que bombeava seu sangue; os que o faziam respirar aquele ar mais leve; os que digeriam os alimentos; os que processavam os resíduos; os que lhe traziam aquelas visões de liberdade; os que lhe proporcionavam o olfato; os que faziam sentir o vento no rosto e escutar os pássaros nas árvores, os sons das buzinas e os carros se movimentando nas ruas próximas; tudo lhe parecia melhor diante da verdadeira liberdade restituída na sua vida.

Estava ele concentrado nas coisas boas que proporcionavam a liberdade, procurando por Maureen que ficou de vir pegá-lo para irem para a casa da irmã onde dariam um rumo à sua vida, quando escutou uma buzina vinda de um automóvel próximo dali. Ao fixar sua visão na direção de onde vinha o som da buzina, ele se deparou com Maureen sentada no lugar do motorista dentro de um fusca do início dos anos 1970, azul e bem cuidado, que lhe chamava sorrindo:

– Venha, amor, que a partir de agora você não andará mais só de ônibus!

Jaime, surpreso, acelerou seus passos até o velho fusca azul da cor do céu e já perto, alisando as laterais da lataria do carro, exclamou:

– Mulher, você nunca me disse que tinha aprendido a dirigir e muito menos que tinha um fusca!

– Querido, você ainda não viu nada! Deixe sua surpresa para quando for ver a casa onde iremos morar!

– Casa! Que casa, Maureen? – surpreendeu-se Jaime mais ainda. – Eu não falei ainda com a Laura se poderia nos ceder a casa dos fundos com a saída de Heloísa e os filhos de lá para ir morar com o novo companheiro em bairro distante! – retrucou Jaime, confuso.

– Jaime, não vamos começar a brigar, querido. Nós já podemos ter a nossa casa, longe das más lembranças. Esta é outra das surpresas que estava para lhe falar – asseverou Maureen com sua voz cheia de alegria e vibração, enquanto abria o porta-malas colocando as bagagens do marido dentro. – Eu aluguei uma pequena casa no Engenho de Dentro. Eu achei que ainda demoraria um pouco mais para que você fosse libertado. Ela ainda não está exatamente como gostaria que estivesse, mas já dá para começarmos a nossa vida de casados juntos nela; nosso lar, querido, já tem cama, fogão, geladeira, panelas e sofá – disse entusiasmada. – O restante Deus nos dará com o tempo. Nós temos onde ficar, onde cozinhar e onde dormir. E, se quisermos mais tarde, existe a possibilidade de a comprarmos do proprietário.

E assim iniciou a liberdade condicional de Jaime, cuja prisão fora indevida, mas cujo aprendizado tido dentro dela fora-lhe demais compensador por tudo de bom que aprendeu e praticou dividindo os seus conhecimentos com outros detentos, tão mais necessitados do que ele. Uma prisão que aos olhos dos homens e dele foi injusta, mas que, aos olhos de Deus, foi necessária para que alcançasse a liberdade.

2. Jaime e a casa nova

Saindo da penitenciária, Maureen, não podendo aguentar por esperar mais tempo, levou Jaime diretamente para conhecer a casa deles alugada, não muito longe do centro da cidade.

Sentado no lado do carona do fusquinha, Jaime sentiu-se apertado contra o banco a cada freada e virada que a motorista precisava fazer. Desabituado a andar de carro dirigido por uma mulher e por não saber dirigir, ele sentia-se orgulhoso pela esposa ter conseguido aprender e mesmo comprar um veículo, durante o período em que esteve preso, mas, ao mesmo tempo, sentia-se terrivelmente incomodado com aquilo. A surpresa ficara por ela não lhe ter revelado estes dois acontecimentos nas conversas que tinham. Talvez mesmo por culpa que sentia, pela necessidade de alugar o ouvido dela o tempo todo durante as visitas na penitenciária e os encontros apertados fora dela após o horário da faculdade, dando-lhe poucas oportunidades para falar sobre sua vida; mas o pior de tudo era um inimigo que ele tinha por dentro, que não conhecia bem e não havia ainda aprendido a controlar.

Maureen parou o carro em frente a uma modesta casa, localizada a duas ruas paralelas à estrada de ferro da Central do Brasil, de onde se podiam escutar os chiados provenientes dos atritos das rodas de ferro dos trens com os trilhos, freando ao se aproximar da parada na estação toda acobertada.

Jaime saiu do carro cheio de indagações na mente, com pensamentos próprios dos homens que se sentem inválidos diante da condução exercida pela mulher, ainda carregado dos velhos hábitos que encharcam o coração dos homens orgulhosos, por se acharem os diretores na condução da vida em comum.

Maureen lhe apresentou a pequena casa, primeiramente, por fora, posicionada num terreno de dez por 18 metros, lembrando as de velhos modos de construção com paredes grossas feitas de tijolos de concreto, rebocadas com ressaltos na forma de pétalas de flores, pintada de verde pelo lado externo, ocupando menos de 50% do terreno; telhado com grande caimento para os dois lados, formado com telhas francesas, tendo um cata-vento no formato de um galo fixado na quina da frente do telhado; com janelas retangulares de madeira pintadas de azul-escuro, com metades em venezianas abrindo para os dois lados; um calçamento feito de concreto, com cerca de um metro de largura rodeando a casa toda, sobressaindo uma varanda à meia altura revestida com pisos cerâmicos vermelhos.

Feita a apresentação externa da casa modesta, Maureen abriu a porta da sala e apresentou para Jaime a casa por dentro: as paredes da sala e do corredor tinham sido pintadas recentemente à meia altura com tinta a óleo na cor gelo, ressaltadas do meio até o teto com desenhos de nuvens feitos com massa corrida pintadas de azul-celeste; as paredes do único quarto, da cozinha, da pequena área de serviço e do banheiro tinham sido pintadas também do mesmo azul-celeste; nestes cômodos havia somente os móveis e demais aparatos essenciais, escolhidos por Maureen e já declarados por ela.

Entretanto, em vez de alegrar-se, tudo isso fez realçar em Jaime a sua impotência de não ter podido participar na realização de nada daquilo. Ele, sem perceber, por mais que se achasse impossibilitado de vir a sentir tal sentimento em razão dos ensinamentos tidos e das conquistas alcançadas, começou a expressar a sua irritação como homem melindrado e ofendido na sua potencialidade, por não ter podido participar de nada daquilo pelo tempo que ficou preso, e passou a questionar o porquê de ela ter escolhido uma casa tão longe do bairro onde moravam quando solteiros. Outro ponto que lhe fazia fervilhar a vaidade era que, enquanto esteve preso, tinha feito vários esboços de casas a ser construídas dentro do terreno enorme junto à casa dos pais, que havia guardado com ansiedade para que um dia, fora das grades, pudesse mostrar à esposa.

Não precisando de espelho para refletir a sua imagem, via-se, nitidamente, olhando para Jaime, por meio dos registros no seu rosto desfigurado pelo mau-humor, o desconforto que sentia diante de sua incapacidade de ex-prisioneiro e marido desempregado.

Maureen, percebendo o grau de irritação que começava a embaçar o pensamento sadio do homem que escolhera para compartilhar a sua vida, e a quem conhecia bem, e com as virtudes das grandes mulheres, se aproximou dele e o abraçou carinhosamente dizendo o porquê do segredo feito na compra do veículo e aluguel da casa, revelando-lhe também suas intenções pela casa longe das de seus parentes:

– Querido, é uma casa pequena com quarto, cozinha, sala, banheiro e uma pequena área de serviço, mas suficiente para começarmos a nossa vida... longe de tudo que possa nos lembrar dos anos de tormentos que passamos. Nós merecemos uma vida nova! – enfatizou. – Com isso não deixaremos de amar nem mais nem menos os seus irmãos, cunhados, sobrinhos e amigos – asseverou. – E, querido, você vai concordar que precisaremos na nossa nova vida ficar longe dos olhos de algumas pessoas insensatas em seus julgamentos... Você me entende? – obtemperou suas ideias, afagando-lhe os cabelos lisos e suas têmporas cujas veias haviam se dilatado com o mal-estar que sentia.

– Vamos começar a nossa vida longe de tudo que nos lembre dos momentos tristes que passamos no início, principalmente dos que você diretamente passou, amor. Por favor... – implorou a ele.

– Desculpe-me se optei por não lhe falar da compra do veículo, sobre o aluguel da casa, sobre os móveis, pois sei que, conhecendo-o como eu o conheço, você não me deixaria fazer o que fiz. Por isso é que, neste começo real de nossa vida, preciso que confie em mim, e será necessário que você seja humilde em aceitar o que agora tenho condições de fazer por nós dois. Eu me formei antes de você. Tenho um trabalho que está me permitindo pagar as prestações deste fusquinha antigo, alugar esta pequena casa, ter adquirido estes móveis e as coisas básicas para iniciarmos verdadeiramente o nosso casamento. Portanto, peço-lhe, querido, não estrague a minha satisfação de ter podido fazer isto; por favor, não se sinta ofendido nem humilhado, pois eu sei que você tem uma cabeça para entender isso. Quero que saiba que acredito que tudo que eu possa fazer por você e por nós eu farei, assim como sei que assim que você estiver em condições fará o mesmo para mim e por nós, mais e melhor. E, quando estiver em condições de trocar isto tudo, que o faça! Não podemos é iniciar a nossa vida com você melindrado e ofendido – registrou Maureen, olhando agora no fundo dos olhos de seu amado.

– Eu confio em você como o homem que me dará a vida de que toda mulher precisa. Você tem capacidade e triunfará nela. Não pense em se incapacitar porque alguém com ódio o levou à prisão. Você se formará e será um grande médico. Confie na sua capacidade; eu estou apostando nela – registrou sorrindo. – Um dia o seu salário será tão maior que o meu, que poderá me humilhar, mas não se sinta humilhado se hoje estou com um salário que pode nos manter nas necessidades iniciais de nossa vida.

Jaime deixou-se cair no único sofá de dois lugares da sala recentemente comprado pela esposa, aturdido pelas falas de sua mulher, que lhe caíram feito uma ducha fresca a aliviar o orgulho e a vaidade que lhe teimavam arder por dentro, proveniente do lado tradicionalmente figurado para os homens. Desde que saiu pelo portão da penitenciária, entrou no fusca comprado pela esposa, penetrou na casa alugada por ela e viu tudo que ela fez sem que precisasse dele, sem qualquer compartilhamento proveniente do fruto do seu trabalho, ele foi se deixando envolver por pensamentos perturbadores, culminando quando se sentou no sofá pesadamente, como era o seu orgulho. Entretanto, assim que se viu sentado, e começando a refletir melhor, imediatamente lhe veio à mente o que tantas vezes o senhor Jerônimo lhe recomendara:

"Quando as coisas começarem a ficar tenebrosas em sua vida, lembre--se do ORAR E VIGIAR que o Mestre dos Mestres nos ensinou, para que se conscientize dos seus erros e, pedindo perdão a Deus, ore para afastar de você os maus pensamentos, pois, com certeza, não é coisa que lhe pertença".

Então, revelando-se, como quem dirige os refletores dos erros cometidos para si mesmo, de quem orgulhoso acha que a tudo já havia aprendido, Jaime almejou e fez que começasse a lhe retornar a humildade natural que precisava implantar com urgência, verdadeiramente, dentro de si, começando por se retratar com Maureem, a quem deveria agradecer, pelo desejo veemente de procurar os meios necessários para que pudessem iniciar suas vidas em comum: pela casa, pelo carro, pelos móveis... pelo seu amor.

Aquilo o levou a pequeno esforço para dissipar as nuvens do pesado temporal que quase caíra sobre si e seu lar recém-criado, fazendo com que o sol ressurgisse e pudesse com isso olhar nos olhos de sua esposa para lhe dizer, modestamente:

– Maureen, amor. Desculpe-me se me viu orgulhoso; fui grosso com você, pois me foi difícil entender logo o que fez por nós. Perdoe-me, querida, o orgulho e a vaidade que me embaçaram os pensamentos por alguns minutos, voltados somente para o homem de meu passado ofuscado. Eu lhe agradeço por tudo que fez por nós até agora, mas permita-me, sem querer ofendê-la, que eu possa ajudar daqui para a frente, pois tenho guardado alguns recursos ganhos pelos serviços que prestei na penitenciária; não é muito, mas poderá nos ajudar, por enquanto. Depois vamos ver. Deus nos ajudará. Afinal, falta pouco para que eu me forme também e consiga um emprego melhor do que a residência que tenho feito como estágio profissional.

Nunca Maureen havia se sentido tão pesada antes daquela conversa e tão leve depois dela, pois ela não sabia, na verdade, como Jaime iria receber aquela situação, que para muitos homens não seria jamais aceita. Mas, graças ao bom senso de Jaime, ele começou a compreender as suas intenções, voltadas somente para o amor na construção do lar que repartiriam dali para a frente. Por final, tudo aquilo lhe serviu para mostrar duas coisas: que se casara com o homem certo e que o seu esposo era um grande homem, mesmo depois de ter lhe sido imposta pelos homens a vida por mais de três anos numa prisão perigosa para a mente e o coração.

3. Paulo, Cláudia, Ritinha e Robertinho

Paulo soube das notícias da liberdade condicional de Jaime e da festa que Maureem havia proporcionado na casa em que viviam no bairro afastado, pela irmã, agora amiga de Laura. A maioria dos antigos vizinhos curiosos e toda a parentada do casal foram para lá a fim de comemorar o evento duplo: a festa de casamento que não havia acontecido na sua verdadeira época e conhecer-lhes a casa onde moravam. Mas nada daquilo importava mais para ele que, aparentemente, se interessava somente pela nova promoção no Exército, que o passaria para tenente, e a vontade de ver logo nascer o segundo filho que a esposa trazia na barriga, depois de muitas tentativas de fecundação após o nascimento da filha.

Quanto a Ritinha e à mulher, Paulo dava-lhes o conforto necessário, e o restante das obrigações como pai e marido fazia dentro das formalidades necessárias. No mais, importava-lhe assistir ao futebol de todos os fins de semana na televisão, as farras nas peladas com os amigos e a esperança de passar para o filho, que com certeza nasceria homem, custasse o que custasse, tudo o que sabia quanto às habilidades da bola nos pés para se tornar um jogador profissional.

Ritinha estava naquela época com três anos e começava a tomar os primeiros conhecimentos sobre suas diferenças com relação às outras crianças, perguntando à mãe, vez ou outra, sobre elas.

Cláudia tentava a todo custo melhorar no marido a percepção diante de seus problemas e da filha que crescia com suas dificuldades, mas era em vão, não repercutia na mente dele e, rebatendo feito o som que encontra uma parede rígida, refletia como o eco e dispersava-se no ar.

Cláudia, completados os nove meses de total cuidado em vista das dificuldades que teve durante toda a gestação, para não ouvir do marido mais acusações do que já escutava, teve o segundo filho. Como desejado por Paulo, nasceu um garoto com três quilos, carequinha, bonitão e morenão, pouco chegado às feições da mãe ou de sua família e muito mais às dele, com as feições do senhor Macedo; comilão e chorão. Mas para ela aquele seria o último filho, como foi recomendado pelo seu médico.

Cláudia passou a sentir no marido toda a atenção voltada para Robertinho, coisa que nunca tivera para com Ritinha, a não ser no que se relacionasse a dizer, frequentemente, que gastava muito com o médico a clinicar e tentar reparar as suas deformações. Desde logo cedo, Paulo deu a Robertinho tudo de que precisava e muito mais. Assim que ele saiu do estado de bebezinho instalado junto ao quarto da irmã, ele continuou por lá, enquanto Ritinha era transferida para o quarto de empregada do apartamento novo que compraram em Madureira.

Mesmo com aquelas diferenças, podia-se perceber que, em raros momentos, Ritinha havia ficado magoada pela indiferença dada pelo pai a ela, embora a percebesse quase diariamente; a mãe não mais do que ela percebia o privilégio do marido de um com relação a outro filho, entretanto ela procurava não piorar a situação.

Mas como nem tudo é o que se deseja ter na vida, e que ela segue uma Lei Natural, irrestrita e compromissada com o seu seguimento fiel, Paulo viu-se, depois que o relógio do tempo deu uma grande acelerada, diante de outro problema familiar a querer lhe chamar a atenção, na razão da evolução e do comprometimento que temos quando dela nos afastamos.

O fato aconteceu em uma tarde de outono em que o vento que batia nas folhas amareladas das árvores as fazia soltarem-se e flutuarem pelo ar, deslizando e deslizando, até se encontrarem com o chão. O mesmo chão cujo pé direito de Robertinho, na tentativa de dar o drible ensinado pelo pai no adversário, retorceu-se, comprometendo muitos ligamentos e tendões. Na arquibancada do campo de futebol, o pai de Robertinho assistia junto a outros pais ansiosos à partida teste que poderia dar uma oportunidade a seus filhos de treinarem na escola de futebol infantil do clube vermelho e preto da zona sul, quando percebeu o que havia acontecido; saiu apressado para socorrer o filho, já envolto com o médico e o maqueiro que o tirou do campo.

Depois do gelo e pomada aplicados sobre a área afetada, que imediatamente inchou, Robertinho foi transferido para um hospital onde, depois dos respectivos exames e raios x, os médicos constataram a gravidade do problema. A dor que Robertinho sentiu na hora foi tão intensa quanto a que Paulo sentiu, antes e depois do hospital, pois foi necessário muito tempo, muito dinheiro, muitas cirurgias que não deram os resultados esperados, deixando, mais tarde, Robertinho, nos seus 7 anos, com o pé defeituoso para os grandes dribles para quem queria ser um grande jogador de futebol, puxando de uma das pernas e necessitando de sapatos especiais para poder andar com dificuldades.

Do nascimento de Robertinho ao acidente, Paulo viu a sua filha transformar-se numa linda princesinha digna dos contos de fada, do ombro para baixo, e de um lado do rosto, graças à atenção e à dedicação de Cláudia que soube verdadeiramente cuidar da filha esquecida pelo pai, que só tinha se dedicado ao filho para transformá-lo em um grande jogador de futebol. Colocando na balança da criação dos filhos o peso da desigualdade, dedicação e amor, Paulo tinha sido o pai que adicionava peso em um lado só da balança; pelo defeito no outro lado do rosto de Ritinha, Paulo só conseguia perceber em si dó e falta de atenção, brigando contra um amor que verdadeiramente tinha por ela e não sabia demonstrar.

4. Cláudio, Jerônimo, Flávio e seus destinos

Nunca Lourdes, Flávio, seus filhos e Jerônimo tinham estado tão contentes como naquele dia de visita de Cláudio a suas casas. Não que, nas outras vezes, ele não tivesse preenchido as suas vidas com menos alegria; naquela visita, especialmente, ele superou as demais, em alegria e amor ao estar com sua família. Quem o tivesse conhecido só pelo ângulo do rosto fechado e tenso que o fez tornar-se o chefão do tráfico local jamais suporia em vê-lo como estava: feliz e totalmente descontraído.

Jerônimo ainda lembrava, cerca de dois anos atrás, quando o viu empunhando suas armas na cintura junto aos companheiros de crime, no alto do morro; ao vê-lo agora brincando em paz junto a sua família, surpreendia-se consigo mesmo, por perceber que tinha participado da ação que havia trazido o irmão mais novo de volta à vida familiar.

Junto aos familiares, Cláudio sentia-se como um homem que tinha somente uma família, esquecendo a outra lá de fora, comprometido com ela até os dentes; uma família que começou a existir a partir de um tal de William da Silva, ladrão de banco com fins políticos para arrecadar fundos para patrocinar os atentados contra a ditadura militar. Preso na Ilha Grande junto ao convívio com ladrões, assaltantes e traficantes normais, ajudou a levar para os morros a maneira inteligente de planejar e administrar um grupo criminoso, originando as facções criminosas que daí para a frente controlaram, inicialmente, o roubo a bancos, e mais tarde o tráfico de drogas nas favelas do Rio de Janeiro/RJ, em que ele, gostando ou não, pertencia a uma delas, e para qual tinha seus deveres e compromissos.

Embora Cláudio se sentisse em verdadeira família a que tinha pela hereditariedade do sangue dos pais, a outra começou a reclamar sua efetiva participação nela, em vista dos comentários que rondavam as mentes dos companheiros e do grupo rival, denotando nele fraqueza pela ligação fervorosa com a família natural, com a qual passava mais tempo, ultimamente.

Naquele dia, Cláudio havia almoçado junto com a família dos irmãos; aprovado e elogiado a comida feita especialmente pela cunhada naquele domingo; tinha brincado com os sobrinhos, rolando com eles pelo chão, como se criança ainda fosse; e discutido com os irmãos os assuntos peculiares sobre o futebol carioca, em que ele, contrariamente aos irmãos, era torcedor fanático do Flamengo e eles, do Botafogo. Ele tomou o café da tarde próximo ao jantar, e viu-se, infelizmente, diante da hora constrangedora de ir embora, depois que o sol quente tinha se ido; uma Lua Nova surgia no céu e uma brisa refrescante soprava lá do Alto da Boa Vista, de onde se podiam ver as primeiras luzes das casas isoladas sendo ligadas, começando a piscar como se fossem vaga-lumes com o avançar da noite.

Se Jerônimo pudesse, ele o teria amarrado dentro do barraco para não sair dali naquele dia, principalmente depois que o irmão confidenciou-lhe que não aquentava mais aquela vida, pensando seriamente em largar tudo aquilo, talvez até com chances de não ser pego pela polícia, mesmo porque, se fosse preso, por pouco tempo seria, pois não havia nenhum crime pesado que poderiam lhe incutir diretamente; além do que havia uma cabrocha nova de que gostava e queria ter uma vida normal com ela.

Então, Jerônimo, sem compreender direito a intuição que recebera, viu Cláudio sair pela porta do barraco do irmão do meio, pela última vez, sentindo um mal-estar tremendo quando viu o vulto do irmão mais novo voltar-se para eles, deixando o seu último adeus, antes de virar numa esquina da escadaria que o levaria para o seu refúgio no alto do morro, onde um rosto novo de uma jovem apaixonada o esperava, não como as tantas outras que ao estalar dos dedos se arrastavam até ele, mas uma que, como ele, se deliciava ao estar do lado de quem gostava, sem precisar do convívio alucinante dos sentimentos artificiais.

Entretanto, tudo aquilo incomodava alguns que desejam o mesmo uso e direito visto no chefe, além das demais ambições de que se orgulha o ser humano, mesmo que para isso tivesse de entregar para substituir.

Cláudio, após as despedidas prolongadas, começou a subir a escadaria parcamente iluminada pelas luzes fugidias dos barracos à volta e mais pelos raios da Lua Crescente pendurada no Céu, ainda sorrindo e relembrando as últimas cenas tidas com os sobrinhos. Virou na primeira curva após o barraco dos parentes, quando, sem que pudesse reagir puxando o revólver que trazia preso nas costas sob o cinto, sentiu um movimento repentino vindo do canto mais escuro da curva próxima e o som seco do estampido de uma arma sendo disparada; muito rapidamente ele sentiu a dor do projétil quente e certeiro entrando pela sua barriga; sentiu outro que lhe atravessou o peito na altura do coração e mais um que lhe penetrou no ombro esquerdo; sentiu suas pernas fraquejarem, sua mente perder o seu brilho e seus olhos cansados teimaram em querer abrir forçosamente a cada fechamento diante da falha de seus órgãos mantenedores da vida, até que se fecharam definitivamente deste mundo, contemplando, pela última vez, a cena de algumas nuvens no céu ocultando a lua que foi sumindo aos poucos. Seu corpo caiu pesadamente sobre o chão fazendo um barulho parecido como um saco de cereais caindo ao solo.

A figura sombria que havia estado oculta após a curva da escadaria que subia para a parte de cima do morro, esperando pela vinda de Cláudio, após chegar próximo de sua vítima, para ter a certeza de sua morte, ainda deu mais dois tiros, e da mesma forma que havia surgido desapareceu ao perceber que passos apressados descem a escadaria, na direção do som inconfundível do revólver. Daquela vez não houve nenhum olhar sequer oculto que estivesse acompanhando as pegadas do chefe para protegê-lo de algum perigo, como sempre se fazia quando deixava o refúgio e ia visitar os seus parentes.

Jerônimo, como se já tivesse sido avisado sobre o que poderia acontecer ao irmão que havia ousado demais em desejar uma vida normal e sair daquela, sem volta, assim que ouviu o primeiro disparo, correu logo para a porta e viu quando Flávio e a esposa atrás dele o arrastaram para fora do barraco, gritando:

– Ai, meu Deus! Jerônimo! Atiraram no Cláudio!

Flávio, precavido, trancou os filhos dentro do barraco, pedindo que não saíssem de lá. E os três seguiram na direção de onde tinham escutado os tiros e, chegando à primeira curva da escadaria depois de suas casa, sobre um pequeno patamar, encontraram Cláudio caído e desfalecido ao chão, tendo ao lado esquerdo do seu corpo uma enorme poça de sangue, formada, principalmente, da ferida fatal feita na região cardíaca.

Lourdes se desesperou, e sem qualquer tipo de cuidado, se ajoelhou, segurou o cunhado pelo pescoço procurando vida no seu rosto, não encontrando; se o que lhe aconteceu fosse há cerca de alguns meses, pouco se importaria com ele, mas, desde que demonstrara carinho e amor dedicado junto a seus filhos e parentes, passou a gostar e aprendeu a amá-lo como a um irmão, junto ao seu convívio com a família dela; entretanto, não era só no rosto que não havia mais vida, era em todo o corpo, dentro e fora dele.

Flávio se ajoelhou ao lado da esposa e começou a chorar, principalmente pela sua ordem interna que lhe revelava a falta de coragem que tivera em não ter dito ao irmão para que ficasse com eles em sua casa naquela noite, por causa de um mau pressentimento que também tivera, mas que, por motivo de segurança para a sua família, não o fez.

Jerônimo, que vinha um pouco mais atrás do que o irmão e a cunhada, se ajoelhou também ao lado dos dois, não sabendo que o que se passava na cabeça de Flávio era o mesmo que se passava na dele, corroendo-o por dentro, fazendo-o derramar mais do que lágrimas sobre o corpo inerte do irmão mais novo, que escorrendo aumentaram o volume do sangue empoçado no chão.

Os três tentaram em vão escutar dos lábios cerrados de Cláudio as suas últimas palavras, mas nunca mais deles sairia uma palavra sequer, ficando em suas recordações para sempre somente as suas últimas de boa-noite, na despedida, antes de virar a primeira curva da escadaria, na direção do alto do morro.

Além daqueles seis pés vivos, nenhum outro se apresentou, de imediato, para juntar-se aos do cadáver de Cláudio estendido no chão sujo, revestidos por um tênis de marca famosa; nenhuma porta e nenhuma janela dos barracos à volta se abriram, indicando perfeitamente que dentro deles pessoas inseguras e preventivas preferiam acovardar-se a ter de verificar o que havia acontecido; era a lei do morro que imperava absoluta, impondo que seus moradores se alienassem junto àquelas situações, pois a verdadeira polícia ali não chegava, e o poder era daqueles que dominavam o morro pelo medo.

Somente depois de quase dez minutos passados do barulho provocado pelos tiros, é que os três parentes do homem assassinado escutaram passos vindos da escadaria superior, surgindo algumas figuras na mal-iluminada noite, tendo à frente Carlos – o mal-educado; Arruda, o magrelo bem-educado, com sua eterna arruda murcha pendurada na orelha; outros dois companheiros de tráfico e uma jovem mulher loira, branca, com seus presumíveis 19 anos, que ao ver Cláudio estendido no chão correu; assustada e nervosa se jogou sobre o corpo dele abraçando-o desesperadamente, chorando drasticamente sua perda e deixando suas belas roupas claras ficarem avermelhadas pelo contato com o corpo ensanguentado do morto. Ela era o amor de Cláudio, que junto aos pedidos de seus familiares o fez repensar sobre a vida que levava, passando a refrescar-lhe a vida tão cruel e amarga, trazendo-lhe novas esperanças para uma vida melhor, ainda possível de conquistar.

Arruda, tomando a frente dos outros companheiros, vendo o que tinha acontecido com o seu chefe, falou irritado e descontrolado, demonstrando toda a sua raiva e esquecendo mesmo de sua aparente educação:

– Seus panacas, vocês não fizeram a segurança do Alicate? – disse na direção das duas figuras estranhas aos olhos de Flávio, Jerônimo e Lourdes. – Ninguém desceu para acompanhá-lo desde a casa dos irmãos até lá em cima no refúgio? Que bando de parceiros vocês são, heim? E agora, seus m... ? Alguém vai pagar muito caro por isso! Ah! vai – frisou revoltado e se aproximando do corpo de Alicate, constatando, estarrecido, a sua morte.

– Cadê o Marcão? – indagou em seguida aos outros comparsas.

– Estou aqui, cara – disse Marcão, chegando do alto e descendo a escadaria com o seu carrapato grudado nele, completamente suado.

– E onde é que você estava que não mandou gente para proteger o Alicate? A segurança dele é sua responsabilidade, Marcão.

– Ué, eu mandei. Estes dois panacas que estão aí ao lado de Carlão – falou apontando os dois desconhecidos da família de Cláudio, que deveriam ter feito a segurança do chefão do morro.

– E vocês, seus panacas – gritou Arruda para eles mais uma vez, ameaçadoramente, com imenso olhar de ódio dirigido para os dois –, onde é que estavam vocês que não viram isto acontecer? Isto é que dá entregar responsabilidade a novatos como vocês!

– Arruda, foi tudo muito rápido. Nós estávamos um pouco mais aqui em cima da escadaria esperando o chefe e só percebemos o que aconteceu quando escutamos os três primeiros tiros e corremos para cá. Depois vimos um vulto que se mandou lá para o alto do lado oposto do nosso refúgio, saindo da escadaria e entrando pelo matagal. Foi tão rápido que não deu para fazermos nada, Arruda – afirmaram .

– Corremos para cá e, quando vimos o Alicate caído, saímos atrás do tal sujeito que atirou nele, mas ele fugiu e sumiu feito coelho sendo caçado no mato – tentou justificar um dos dois novatos.

– E você, Marcão, onde estava que não o vi? – Arruda repetiu-lhe a pergunta.

– Eu... Eu estava com a gatinha aqui. Não é, meu bem? – respondeu Marcão a Arruda, garantindo-se de qualquer suspeita com o sim pronunciado baixo pela garota morena que o acompanhava com o olhar perdido e assustado, incapaz de contrariá-lo no que fosse.

– Isso não vai ficar assim, não. Não vai não – afirmou Arruda, esfregando sem parar seus dedos da mão direita nas arrudas penduradas em sua orelha direita, coisa que fazia sempre que ficava muito agitado, esfarelando-as quase totalmente.

Mas aquela conversa não pôde continuar, pois, de repente, querendo ser maior que os raios da lua, um enorme clarão começou a iluminar o morro na noite, vindo da direção abaixo da curva na escadaria.

Jerônimo foi o primeiro a dizer assustado:

– Deus! Nossa casa!... Os meninos! – E os três familiares assustados correram na direção do barraco, olhando temerosos pelo que podiam ver sobre os tetos dos barracos próximos, confirmado após cruzarem a curva da escadaria, em virtude do clarão provocado por um incêndio que, agora, iluminava toda aquela parte do morro e chamava já a atenção dos que moravam mais abaixo, e mesmo dos que estavam mais perto do asfalto.

Depois deles correram Arruda e os outros três que trabalhavam para o tráfico, ficando somente Ana, a namorada de Cláudio, a velar pelo cadáver, não conseguindo sair de perto dele.

A cena que viram era de arrepiar, pois constataram, realmente, ser do barraco de Flávio e Lourdes que vinham as chamas assustadoras, trazendo, para os olhos, o horror; para os ouvidos, o estalar da madeira queimando; para o nariz, o cheiro da fumaça empertigada de gases malignos, que intoxicavam e tonteavam; e para a pele, a sensação da quentura vinda do fogo furioso.

Flávio, Lourdes e Jerônimo procuraram alucinados pelas crianças, na pequena multidão que, naquela nova situação, havia se formado; perguntaram aos vizinhos se as tinham visto saindo de lá, mas ninguém respondeu ao sim esperado; contudo, todos preocupados com seus próprios barracos trataram logo de pegar seus baldes, encheram de água e começaram a jogá-los, infrutivamente, sobre as chamas altas, pois que só dependeriam deles tentar apagar aquele incêndio, que, naquela altura do morro, os bombeiros quando, e se conseguissem chegar, só teriam respaldos da chama a fazer.

Flávio e Lourdes berravam transloucados pelos nomes dos filhos presos nas chamas com a fechadura da porta da sala trancada, enquanto as demais pessoas trabalhavam na tentativa de apagar o incêndio feroz, mesmo com os traficantes que haviam se misturado a eles, naquela hora de sofrimento; mas Jerônimo fez mais, sem pensar em si e sim na vida dos sobrinhos, derrubando a porta de entrada do barraco como se fosse um elefante, mergulhou na chama à procura das duas crianças que muito amava.

Dentro do barraco, Jerônimo sentiu como se estivesse no inferno que pensava o aguardava, tão logo saísse desta vida para a outra. Em sua imaginação, viu o próprio demônio com seu terno e cartola pretos a lhe sorrir dando as boas-vindas, tal como lhe acontecera certa vez, vagamente relembrado naquela hora. Contudo, foi em frente e passou por aquela imagem, pronunciando, na sua certeza, que poderia ir depois com ele para o inferno, mas que os sobrinhos ele não levaria, pois naquele instante ele rogava a Deus pudesse lhes salvar a vida, levando a sua, se quisesse.

Ele atravessou a sala onde tantas vezes havia sido feliz com a convivência da família, cujos móveis e eletrodomésticos o fogo agora devorava; viu assim, naquela situação terrível: a televisão, onde várias vezes assistiu junto com Flávio aos jogos de futebol, nas noites de quarta-feira, nas tardes dos sábados e domingos; o sofá onde por várias vezes rolara com os sobrinhos em brincadeiras animadíssimas; a estante simples na qual se apoiava a televisão, alguns retratos da família e, dentro dela, as porcelanas ganhas como presentes de casamento da cunhada com o irmão, a que não pôde assistir por estar preso; as almofadas onde viu Cláudio recostar sua parte superior do corpo cansado junto a algumas delas, no sofá ou no chão, dormindo no sossego e na paz que só encontrava naquele lar.

Seus olhos e seu nariz ardiam terrivelmente, provocando-lhe a desistência. Mas ele continuava resoluto à procura de encontrar os sobrinhos. Depois ele começou a gritar por eles, recebendo como resposta duas vocês chorosas e assustadas lhe dizendo estarem no quarto de cima. Ele atravessou bravamente as chamas que consumiam velozmente a escada que levava para o andar superior onde ficava os quartos seu e os das crianças, sentindo que, além da sua pele, outros órgãos como os olhos, o nariz, o pulmão reclamavam do ambiente hostil em que se encontravam, mas foi em frente, destemido quanto ao futuro de sua própria vida; percebeu quando a primeira chama o atingiu nos braços e nas pernas, ardendo-lhe muito, mas continuou seguindo; percebeu quando o pulmão se sentiu queimado e massacrado pelos gases quentes, forçando demasiadamente a respiração, mas continuou, conseguindo chegar até onde estavam as crianças. Ao vê-las, as abraçou e pediu que tivessem calma, pois ele iria tirar elas dali. Seguindo seu instinto de defesa, arrancou a cortina da janela do quarto delas e, subindo até a parte superior onde estavam as caixas de reserva de água, abriu sua tampa e encharcou a cortina no precioso líquido; sem perder mais tempo, envolveu-as nos sobrinhos, que ainda reclamaram para que ele se envolvesse também nela, mas não havia espaço para três, muito menos para um adulto, e ele as conduziu feito um condutor a cegos, descendo pela escada já toda tomada pelo fogo, para o inferno na parte inferior, como única saída que existia para saírem dali.

Jerônimo as abraçou protegendo-as da chama, da melhor forma possível, e atravessou com elas o pequeno corredor que os separava da sala, sentindo todo o seu corpo interno e externo se derretendo no calor terrível. Ele passou com as crianças pela sala, onde só se viam as chamas como último vestígio dos aparelhos eletrônicos, móveis e demais utensílios que a haviam adornado, na sua simplicidade. Ele sentiu imensa dor em todo o corpo, como se fosse carne de churrasco sobre a brasa; uma chama atingiu os seus cabelos e suas roupas queimando-os rapidamente; as solas do tênis que usava derreteram, queimando terrivelmente seus pés; suas pernas queimadas fraquejarem no caminhar; não sentiu mais os seus braços já totalmente queimados a envolver os sobrinhos sobre aquele manto sagrado; mas, totalmente contrário às forças que o arrastavam para cair e ficar inerte ao chão, ele conseguiu atravessar a porta da sala, chegar até a rua empurrando os sobrinhos para fora daquela fogueira, salvando-os. Somente quando os viu salvos e sendo ajudados por outras pessoas é que permitiu deixar o seu corpo cair sem mais forças ao chão lamacento, totalmente esgotado e sem sentidos.

Ao vê-lo, constatava-se que nunca sobreviveria em razão do corpo severamente castigado pelas chamas, mais parecendo com o próprio carvão escaldado do que o que fora um dia: um ser humano.

5. Doutor Jaime

Assim que soube da tragédia trazida pela boca de um menino do morro a pedido de Flávio, por intermédio de um orelhão de rua, já que não existiam telefones na comunidade do morro, exceto raras exceções, no dia seguinte ao do incêndio ocorrido, Jaime e Maureen correram logo para ajudarem Jerônimo e sua família.

O velho amigo e seus sobrinhos haviam sido hospitalizados para tratarem de suas queimaduras: milagrosamente o primeiro, em situação gravíssima na UTI, e os segundos, com queimaduras leves pelo corpo no CTI.

Eles percorreram, na velocidade maior que a média que o fusca de Maureen permitia, as ruas que separavam o Engenho Novo do hospital Salgado Filho, no Méier, não se incomodando se alguns guardas de trânsito registrassem o excesso de velocidade do veículo apressado.

Vencido o espaço, eles entraram com a maior potência dos seus passos pela portaria do hospital, perguntaram na recepção pelos pacientes a uma funcionária negra idosa e de olhar cansado e, de posse da informação, retornaram à capacidade máxima de seus passos na direção do interior do hospital, onde um truculento guarda de meia-idade, branco feito cera, sardento, também com a aparência cansada e com voz autoritária, os deteve para a devida identificação, só os liberando após terem se certificado de que Jaime tinha a credencial de médico, indicando-lhes o local onde estavam os doentes desejados.

Maureen e o esposo percorreram mais alguns metros de corredores escuros do hospital estadual, cruzando com diversos doentes largados com suas dores em várias macas, e chegaram ao local de uma enfermaria, onde outro guarda mais autoritário que o primeiro lhes barrou a entrada. Mais uma vez necessitou Jaime apresentar suas credenciais médicas, liberando o guarda somente a passagem dele, pois que Maureen deveria esperar pela hora prevista de visita. Pacientemente, Maureen sentou em um banco somando-se às muitas outras pessoas sentadas nos bancos laterais aos corredores, aguardando a hora da visita que se aproximava. Ela achava justa aquela situação, pois, além de Jerônimo, quase nada sabia a respeito dos demais familiares dele, de quem ouvira pouco a respeito pela boca do marido, que também pessoalmente tivera uma única oportunidade em encontrar.

Jaime a beijou, sob o olhar curioso das demais mulheres à volta, pelo seu destacado porte masculino, prometendo vir buscá-la tão logo pudesse. Ele acelerou seus passos não hesitantes e percorreu rapidamente o espaço que o separava do CTI onde estavam os sobrinhos de Jerônimo. Ele já tinha estado antes em outros hospitais, mas naquele, olhando os pacientes espalhados pelos cantos dos corredores lotados, podia sentir suas almas pulsantes no desespero e na dor aguardando pelo atendimento que tardaria a chegar.

Prosseguindo nos seus passos apressados, mal havia dobrado a última curva de camas da enfermaria reservada aos pacientes comuns, quando ele encontrou o CTI reservado aos pacientes em estados mais graves; um ambiente diferenciando dos demais pela sua limpeza e claridade, dividido em setores de adultos e crianças, onde, neste último, encontrou Flávio e Lourdes com os semblantes carregados de dor em virtude do que acontecera aos filhos e a Jerônimo.

Jaime os abraçou com reservas, diante da pouca intimidade que tinha com eles, pois os conhecia pouco, condicionado a única vez que tinha ido visitar Jerônimo, na casa deles.

Passados os rituais de cumprimentos formais, atendendo prontamente às perguntas de Jaime, eles lhe fizeram um relato completo da última situação sobre o estado de saúde dos parentes internados, passado pelos médicos que os socorreram, considerando que o estado das crianças requeria cuidado urgente, mas não se encontravam em perigo de vida; contudo, com relação a Jerônimo, a situação era muito grave por causa do alto grau de temperatura a que seu corpo ficou exposto, danificando muito não só a sua pele, membros, como também órgãos internos, principalmente os pulmões e demais vias respiratórias e digestiva.

Lourdes apreensiva, mas não se esquecendo das histórias que Jerônimo havia lhe contado passadas junto ao amigo presidiário, pegou Jaime pelo braço e o conduziu até as camas onde estavam os seus filhos.

A filha dormia numa cama e em outra, ao lado, o filho lia com dificuldades no manuseio uma das revistas do Pato Donald que o pai havia lhe comprado para passar o tempo e amenizar as dores que sentia. Quando o menino viu o homem que se aproximava dele sob a condução da mãe, como esquecendo por ora o que havia passado junto com a irmã e o tio, perguntou-lhe:

– Tio Jaime! O senhor veio nos visitar. Que legal! Cadê a tia Maureen? – exclamou e perguntou Fernandinho com intimidade, surpreso com a visita do melhor amigo do seu tio, conforme o próprio lhe confidenciou inúmeras vezes.

– Sim, Fernandinho. Eu e a tia Maureen viemos imediatamente para cá tão logo soubemos do acidente – respondeu ao menino, surpreso por sua receptividade, olhando com pesar para ele e depois para seus pais, como a justificar com o olhar as suas ausências na casa do casal.

– Eu estava esperando que vocês nos visitassem outra vez, já que na primeira foi rápida demais, para o senhor me contar as outras histórias lá da prisão, que o tio não gosta de nos contar – disse, inocentemente, chamando a atenção dos outros doentes. – Lembra-se do que o senhor me prometeu? – retornou Fernandinho, na sua sinceridade de menino, debaixo dos lençóis e, em seguida, ficando em pé na cama com algumas dificuldades por causa das queimaduras pelo corpo, e as gazes que lhe revestiam as partes queimadas, fazendo despertar a irmã na cama ao lado e levando a maior bronca do seu pai, por ter quase conseguido retirar os tubos que lhe traziam o soro e medicamentos das bolsas penduras num pedestal até as suas veias, bem como os tubos dos instrumentos do balão de oxigênio que lhe injetavam ar puro, diretamente no nariz. No seu corpo percebiam-se, sob as gazes, algumas bandagens com medicamentos amarelados para suavizarem as queimaduras, mas, além disso, aparentava estar bem, demonstrado pela vitalidade nos seus últimos gestos.

Neste ínterim Ana Cláudia despertou do pesadelo onde ainda se via no incêndio, com um olhar vago e assustado, esfregando suas vistas por encontrar-se longe da situação do terrível sonho e querendo, curiosamente, entender o que se passava à sua volta. Ao perceber a presença de Jaime ao lado dos pais próximo à cama de Fernandinho, alegrou-se de imediato, contagiada pelo contentamento verificado nos olhos do irmão.

– Tio Jaime! O senhor veio nos visitar! Cadê a tia Maureen? – exclamou e perguntou a menina, como se fosse uma cópia fiel do irmão. – Eu gostei muito da tia Maureen. Ela é muito boazinha e me trouxe uma boneca de pano linda, naquela visita rápida que vocês fizeram na nossa casa que pegou fogo – completou a menina na sua ingenuidade. – E fala para a tia que eu dei um nome para a boneca: Vandinha.

– Que nome bonito você deu a ela, Aninha! Mas você poderá agradecer pelo presente diretamente a Maureen, que está esperando somente a hora da visita, que será daqui a pouco, para poder vir vê-los, querida – respondeu Jaime a ela enquanto acariciava os seus cabelos e procurava no seu corpo com seus olhos pesquisadores qualquer outro sinal de maiores queimaduras que não fossem as das três bandagens que via nos dois braços e na perna direita.

Tranquilizado por suas visões diante do estado de menor cuidado das crianças, Jaime acercou-se de Flávio e perguntou-lhe em voz baixa qual era a situação real dos filhos e do seu irmão, recebendo como resposta as boas condições das crianças ditas pelos médicos do hospital, e com pesar e desesperança na voz quanto à situação de Jerônimo, que, infelizmente, era muito grave, ocasionada, principalmente, pelas queimaduras internas nos pulmões, na via digestiva e estômago, provocadas pelos gases tóxicos quentes que respirou durante o salvamento dos dois sobrinhos.

Com a resposta de Flávio, e não se contendo em querer ver logo de perto o amigo que sofria e precisava dele, o próximo futuro doutor Jaime procurou pelo colega responsável daquele setor encontrando-o, após reportar-se à enfermeira-chefe do setor atrás de um balcão de fórmica branca, que lhe verificando as credenciais o conduziu até a sala do seu imediato.

Jaime entrou na sala do médico-chefe toda pintada de branco, parando em frente a sua mesa empoeirada e, enquanto aguardava pela sua atenção, notou o ambiente apertado e com cheiro de mofo, contendo uma mesa, um arquivo com muitos pontos enferrujados e gavetas semiabertas abarrotadas de velhas pastas suspensas, ambos de metal pintados de branco, tendo ao fundo um cabide de madeira pintado na mesma cor onde se podiam ver alguns jalecos brancos, algumas roupas normais e um boné pendurados; mais ao fundo, via-se um velho ventilador de ferro pintado de azul-celeste preso na parede, forçosamente trabalhando, vencendo os seus últimos dias de vida conforme indicava o barulho do motor cansado de trabalhar e o arrastar preguiçoso de um lado para o outro feito pelo oscilador.

 O doutor Jacoff, como indicava o nome gravado no seu crachá pendurado no botão de seu jaleco branco surrado, com sua idade avançada a enriquecer sua experiência, cabelos brancos como a neve a lhe revestirem a cabeça, corpo idoso, mas de porte atlético e rapidez nos movimentos dos braços, parecia estar muito ocupado em suas tarefas olhando as fichas médicas de alguns dos seus pacientes entre as outras que estavam espalhadas sobre a sua mesa; nem sequer levantou a cabeça para ver quem o aguardava, em pé diante de si. Contudo, forçado a este movimento por um roçar de garganta, provocado por Jaime para chamar a sua atenção, o experiente médico emitiu suas primeiras palavras na direção de Jaime, ao mesmo tempo em que levantava a sua cabeça e percorria o seu interlocutor com seus olhos dos pés à cabeça, observando um sapato de couro marrom, uma calça *jeans* que ele detestava usar por considerar ser coisas só para jovens, uma camisa amarela de cetim que o agradava, um bigode ralo que também detestava, e, finalmente a cabeça de Jaime portando um rosto branco, magro e sorridente, com seus cabelos lisos castanhos cortados bem rentes e separados por uma linha de escova no centro, como os jovens da época usavam. Ele não gostou, mas também não desgostou do que tinha visto.

 – Pois não. No que posso o ajudar, senhor? – perguntou abaixando de novo a cabeça na direção dos papéis sobre a mesa.

 – Por favor, doutor Jacoff. Eu gostaria de ver o paciente Jerônimo Gomes da Silva, internado na UTI do setor de queimados. Eu poderia saber qual é o estado dele, bem como das duas crianças também queimadas que estão no CTI? Todos são meus amigos – reforçou.

 – Amigo, muitas outras pessoas também desejam ver seus doentes, contudo existe horário para isso, que acontecerá daqui a exatos 20 minutos – olhou no seu relógio de pulso. – Peço ao senhor que espere por este momento. Por favor, vá até a recepção e aguarde como os demais. Não insista – e abaixou a cabeça de novo, retornando a ver as fichas de seus pacientes, resmungando, baixinho, impropérios em razão de a enfermeira-chefe ter trazido aquela pessoa até ele, sem ter feito a devida triagem, causando-lhe perda de tempo. Porém, por capricho do destino, naquele exato momento, ele puxou uma nova ficha, que revelou ser a do próprio senhor Jerônimo. Enquanto ele meditava sobre isso, uma credencial de médico apareceu na mesa à sua frente estendida pelas mãos do rapaz, fazendo-o parar o que estava fazendo e retornar a conversa com aquele que se apresentava agora como colega de profissão

– Por que o senhor não falou logo que eu estava diante de um colega de medicina? Se puder me desculpe, pois muitos se apresentam a mim desejando privilégios nas visitas. E o meu tempo é muito precioso... Estas enfermeiras nunca aprendem isso – tentou se justificar, esticando sua mão na direção da de Jaime já esticada. No toque de suas mãos os dois sentiram enorme relaxamento espiritual, como se suas energias fossem de simpatia recíprocas.

– Doutor, desculpe-me também. Eu ainda sou apenas um ex-enfermeiro estudando medicina e fazendo residência num pequeno hospital. Eu me identifiquei junto à enfermeira-chefe, mas ela se esqueceu de me apresentar como tal. Como estudante, este caso me interessa muito e, como amigo dos pacientes, a impaciência de vê-los me fez vir até o senhor. Desculpe-me se o incomodei – obtemperou. – Mas se o senhor quiser eu posso esperar pelo horário da visita. Entretanto, seria muito importante para os meus estudos se o senhor pudesse me dizer sobre o estado de saúde deles, e o tratamento que vêm tomando, pois eu já me decidi, doutor, que vou me especializar em queimaduras.

– Doutor Jaime – disse para retirar qualquer tipo de desnível profissional que pudesse existir entre os dois –, fique, então, à vontade para visitar o senhor Jerônimo na UTI e os meninos na CTI. Só lhe peço, não force o senhor Jerônimo a falar, pois encontra-se em tratamento intravenoso com anestésicos pesados para aliviar-lhe as fortes dores provocadas pelas queimaduras externas e internas. Quanto às crianças, o senhor pode ficar tranquilo que estão bem. Caso o senhor queira ver a ficha dele, coincidentemente a tenho em mãos. Só me retorne essa ficha. E se tiver alguma dúvida pode me perguntar depois – feito isso o doutor Jacoff entregou a ficha para que Jaime visse o que estava registrado nela sobre as conclusões médicas e os medicamentos sendo usados no paciente da UTI.

Jaime pegou a ficha estendida pelas mãos do médico-chefe até ele, leu-a do início ao fim e perguntou-lhe, em seguida:

– Doutor Jacoff, embora o senhor não me conheça, pois nunca tinha estado neste hospital antes, eu e meus colegas de faculdade conhecemos a sua grande experiência nesta área, o que me deixa enormemente contente por estar diante do senhor, a quem veneramos tanto – falou Jaime humilde e sinceramente, revelando em seguida estar estudando e praticando no hospital que estagiava, na Emergência, bem como na própria faculdade e, vez e outra, apresentando-se para ajudar, no tempo livre que tinha, na penitenciária onde esteve preso nos últimos quatro anos, no atendimento a pessoas com queimaduras. Falando daquela forma e sem receio quanto ao seu recente passado tenebroso, ele despertou enorme interesse nos olhos do idoso médico que passou a dar-lhe maior atenção. – Eu e outros colegas de classe admiramos e aprendemos muito com os livros editados pelo senhor, na área de queimaduras e cirurgia plástica, o que me incentivou muito a vontade de dedicar-me e especializar-me nestas duas áreas da medicina, tão carentes de especialistas no Brasil – asseverou Jaime entusiasmado.

O doutor Jacoff, vendo-se reconhecido e deixando seu lado vaidoso fluir, lançou um grato olhar de orgulho e de admiração na direção do jovem estudante de medicina, ficando contente de ver que Jaime tinha vontade de se especializar naquela área, a que muito poucos procuravam se dedicar, principalmente os que, em vez de começarem a ganhar dinheiro em seus consultórios com suas profissões no início da carreira, teriam de se dedicar no atendimento aos enfermos, e os terríveis casos de queimados que chegavam aos hospitais públicos, em estados lamentosos de dores e sofrimentos.

Logo após, motivado pelo que lhe dissera o rapaz, o doutor Jacoff levantou-se de sua cadeira, pegou pelo braço de Jaime, como que se grandes amigos fossem, e dirigiu-se com ele para a UTI onde o paciente Jerônimo se encontrava, trocando pelo trajeto com ele palavras próprias de suas funções e os medicamentos novos que usava no tratamento das pessoas queimadas, na tentativa de explicar melhor o que se passava com o paciente gravemente atingido pelas chamas, gerando, inclusive, novas esperanças quanto à vida daquele que estavam para ver. Contudo, foi incisivo com Jaime, preparando-o para o que iria ver, cuja visão estaria muito longe da figura de Jerônimo vista na última vez.

Após dobrarem à esquerda da porta do escritório do chefe do setor de queimaduras e cirurgia plástica do hospital, eles chegaram à UTI, a apenas alguns metros, abrindo o velho médico a porta que possuía duas metades, cujas metades inferiores eram formadas de madeiras pintadas de branco, na parte mais baixa, e com vidros foscos da metade para cima, dando acesso à enfermaria dos pacientes com queimaduras graves. Depois de mais alguns passos, eles se detiveram em frente ao local reservado onde o senhor Jerônimo estava acamado, entre os biombos que separavam uma cama da outra. A visão do paciente era muito desagradável, o cheiro de carne queimada entranhada no ar era quase insuportável, merecendo estômago forte de quem estivesse lá: fora as gazes que revestiam algumas partes do corpo de Jerônimo, as outras em maioria estavam expostas em carne viva purulenta, estando sob a ação de ventilação branda para lhe refrescar o corpo que deveria estar ardendo e doendo terrivelmente; fios de equipamentos com terminais lhe monitoravam as batidas do coração e a pressão sanguínea; tubos finíssimos de equipamentos entravam no interior de seu nariz levanto-lhe o ar forçado, outros lhe penetravam na veia levando-lhe o soro, medicamentos, como antibióticos, anestésicos, e alimentos líquidos. Seus pulsos estavam amarrados com gazes para que não pudesse no desespero da dor tentar mexer nas áreas afetadas.

    Jaime compadeceu-se logo de início com o estado crítico do amigo, cujos braços, pernas, peito e costas estavam com a maior parte deles desprovida dos revestimentos naturais das peles; outras áreas estavam envoltas com ataduras e medicamentos para as queimaduras mais profundas; sua cabeça, praticamente sem os cabelos devorados pelo fogo, estava envolta em faixas de gazes feito um turbante indiano; as cavernas dos olhos, suas orelhas, seu nariz e sua boca estavam repuxados, como plástico liso que tinha se derretido sob a ação do fogo, deformando-se após ter sido esfriado e ficando repuxado em várias direções; podia-se imaginar o pior que não estava exposto; em quase nada podia-se identificar mais a pessoa Jerônimo; em sua maior parte externa do corpo, podia-se ver a carne queimada e deformada a revestir-lhe os ossos, grudada a eles, contornando-os; por dentro, principalmente as vias respiratórias e partes superiores digestivas estavam muito danificadas pelos gases quentes respirados, e, finalmente, seus olhos talvez não voltassem a enxergar mais, por causa da exposição ao calor.

    Na ficha, o futuro doutor Jaime pôde ver os medicamentos usados no tratamento, dos quais alguns ele desconhecia, o que lhe aumentou a curiosidade.

A tudo o doutor Jacoff observava, com os olhos atentos experimentando o jovem médico em todas as suas reações, gostando do que percebia: dó, piedade e amor, misturados com ação, determinismo e vontade, nunca frieza.

O doutor Jacoff aproximou-se do paciente e, conforme procedimento habitual, verificou a última condição dele registrada na prancheta pendurada ao lado da cama, apertando levemente o lábio inferior com o superior, ao verificar que, a cada hora, ao invés de melhorar as suas condições pioravam.

Jaime, atento aos movimentos do velho mestre autor de alguns livros de medicina que havia estudado, aproximou-se dele e quase implorando pediu-lhe que informasse se teria o paciente condições de se recuperar ou não, e quais eram as chances de sobreviver.

O velho médico, profissionalmente e portador de sua experiência, lhe revelou que, infelizmente, seria melhor para ele que não sobrevivesse, pois, caso contrário, além da experiência desagradável que teria ao ver-se, sofreria muito com as dores pelo corpo todo, como no próprio ato de respirar, beber líquidos e engolir alimentos sólidos. E, para completar o quadro clínico do paciente, ele sinalizou sobre a visão provavelmente perdida. Contudo, como era de sua obrigação e dever, ele e sua equipe estavam e iriam fazer de tudo para salvá-lo, ou manter-lhe a vida, ao máximo que pudessem. Mas caberia a maior parte ao paciente, em reagir e querer melhorar. Ele ainda falou dos novos medicamentos que estava usando e que dariam ao paciente, também, novas chances para sobreviver.

Aquelas palavras bastaram para que, além do que percebia e compreendia pelas palavras do doutor Jacoff, Jaime visse que o amigo do tempo de presídio não teria muito tempo de vida, se não reagisse. Naquele mesmo instante, sob o olhar atento do idoso médico, ele segurou de leve as ataduras que cobriam a mão do lado do coração do amigo, prendeu-a entre as suas e, aproximando de seu ouvido, cochichou:

– Querido amigo, é o Jaime. Estou aqui com você nesta hora de tanta dor, e estarei sempre que tiver oportunidade. Seja forte e continue a viver, se não for por você, seja por nós que o amamos tanto; não entregue o jogo, lute, por favor, eu lhe peço, meu irmão, meu amigo. Coloque em prática agora, também, tudo o que me ensinou para me fortalecer na hora em que eu estava para me entregar. Lute como me ensinou a lutar! Pense na família que o espera de volta. Seu irmão Flávio, sua cunhada e os filhos deles o esperam. Graças a você os meninos não morreram queimados e estão bem. Pense agora em você, na sua sobrevivência.

Todos nós precisamos de você. E sua missão aqui na Terra ainda não acabou. Ainda tem muito o que ensinar.

No mesmo instante, Jerônimo, reconhecendo a voz que lhe falava, sorriu no canto da boca, observando Jaime com os olhos semiabertos.

Satisfeito em ter visto a reação favorável do paciente reabrindo os olhos pela primeira vez desde que tinha chegado ali e percebendo o estado íntimo que se encontravam os dois amigos, o doutor Jacoff batendo de leve no ombro do jovem médico se afastou, deixando os dois aprendendo a se comunicarem da melhor forma possível, pois aquilo beneficiaria o paciente. O próprio doutor Jaime saberia também aonde poderia ir e chegar, para não desgastar o doente.

O senhor Jerônimo tentou de todas as formas forçar a sua fala, ou mesmo conseguir mexer os seus braços agora desamarrados na direção de Jaime, mas não o conseguiu; sua vontade emitia a intenção para o cérebro, mas seus músculos não respondiam, seus lábios em carne viva não conseguiam se mexer e os dedos das mãos se mexiam com dificuldades, nada mais.

Jaime a princípio pensou que ele pudesse escrever, depois encostou seu ouvido perto da boca de Jerônimo, mas também não deu certo. Então resolveu poupá-lo com respostas sim e não, apertando ou não, levemente, os dedos da mão dele na altura do seu pulso. Aquela foi a melhor forma, acabando por se comunicarem bem daquela maneira, diante da fragilidade do acamado.

Por intermédio desse jeito e pelas perguntas nos olhos do amigo, Jaime lhe deu água diretamente na boca, sorvida em poucos goles, sofríveis em cada gole, engasgando-se e tossindo muito mais que o normal. Depois Jaime falou ao queimado sobre as suas condições de saúde, realçando que estava nas mãos do melhor especialista do Brasil em queimaduras; sobre os medicamentos sendo usados nele; sobre as dores que sentia; em seguida falou sobre a saúde boa dos sobrinhos, graças aos medicamentos experimentais usados pelo velho médico, o que o deixou com os olhos com brilhos de felicidade; falou sobre as apreensões do irmão e da cunhada quanto aos três; falou sobre Maureen, que estava ali para visitá-lo; falou sobre a sua vida profissional; falou sobre a vida na penitenciária onde estiveram presos e sobre a sua vida em liberdade, lembrando fatos que fizeram o doente sorrir pelos cantos da boca.

Sob o som de uma sirene vinda do pátio externo, os dois passaram a observar, curiosos, o movimento de passos apressados atravessando os corredores do hospital em busca de suas visitas, até que, alguns deles, acelerados, diminuíram, estancaram e penetraram no local onde eles estavam enchendo de felicidade os olhos do enfermo. Maureen foi a primeira a se aproximar e sem qualquer tipo de asco beijar a testa em carne viva do acamado, deixando nos lábios dela o gosto salgado de pele tentando se refazer.

Jerônimo, com todas as dores do mundo dentro e fora de si, sentiu naquele beijo todo o conforto do amor da esposa de seu melhor amigo, que dispensava quaisquer palavras de conforto ditas pela boca dela, fazendo-o lembrar-se, no mesmo instante, da primeira vez que foi apresentado a ela, quando se arrepiou todo, como se a conhecesse, mas não conseguia se recordar de onde.

Não ficou só nesse ato carinhoso. Maureen havia trazido algo a mais para lhe diminuir o sofrimento: dois bilhetes, um de Aninha e outro de Fernandinho, com quem estivera antes, depois de ter fugido das enfermeiras; estavam repletos de desenhos de flores e borboletas, envolvendo as frases que as crianças tinham escrito para ele. No de Fernandinho estava escrito: "Tio, a sua dor nos salvou. Deus abençoe o senhor pelo que fez por nós. O senhor já era o nosso ídolo, agora é o nosso herói!". No de Aninha estava escrito: "Tio Jerônimo, o senhor mais que sempre será o herói que salvou a nossa vida. Nós te amamos muito, nosso salvador. Nós estamos pedindo ao Pai do Céu para que tire a dor que o senhor deve estar sentindo, que fique logo bom para ficar conosco. Não temos mais nenhuma casa para morar, mas aonde formos o senhor vai junto com a gente. Te amamos muito. Obs.: não se preocupe comigo e com o Fernandinho, pois estamos bem. Se preocupe somente com o senhor. Assim que pudermos andar, nós vamos aí visitar o senhor".

Dos olhos de Jerônimo correram lágrimas de felicidade fazendo arder o rosto queimado, por onde as lágrimas escorriam; depois de percorrer o caminho no rosto, algumas lágrimas continuavam deslizando, caindo ao peito e ardendo-o. Jaime, observando a situação, pegou a ponta do lençol térmico que o protegia do frio e secou as demais lágrimas que desciam pelo mesmo caminho, até se esgotarem.

Jerônimo, naquele mesmo instante, fez sua oração de gratidão a Deus pela oportunidade que lhe tinha sido dada para salvar os meninos no terrível incêndio, e pelos amigos que possuía. Dentro de sua mente ele agradecia, sinceramente, a Ele por isso, não se importando consigo, com suas dores, com suas peles e pulmões queimados; se a sua vida seria breve; se iria para o céu ou para o inferno; sentia-se somente grato ao Senhor do Mundo por ter lhe permitido ajudar os sobrinhos a quem aprendera a amar, como se seus filhos fossem. Mais revigorado depois das palavras escritas pelos sobrinhos cheias de agradecimento e carinho, também pelas de Jaime repletas de incentivo, e o beijo dado por Maureen repleto de candura e dispensando maiores palavras, ele decidira que reagiria para se melhorar, com todas as forças que pudesse. Jaime tinha razão. Não era hora de se entregar, e sim de lutar. Uma luta como tantas que tivera de enfrentar para sobreviver. E aquela seria a maior de suas lutas. Não lhe importava se ficasse para o resto de sua vida numa cadeira, que seus olhos não voltassem a enxergar, ou que a sua visão exterior viesse a trazer horrores nos olhos de quem o visse queimado e deformado. Ele acreditava no Bom Pai e estava pronto para o que lhe tinha sido destinado, entregando nas mãos de Deus o que lhe estava reservado, tal como o Cristo e tantos outros Mensageiros do Bem tinham dito. Entretanto, pedia com sua Fé contagiante: "Pai, se possível, afaste de mim esse cálice". Mas estava pronto e preparado para tudo, até mesmo para a sua partida, compreendendo que não seria a última, nem a penúltima, nem mesmo a antepenúltima vida que teria neste mundo.

Atrás de Maureen vieram Flávio e Lourdes que, se aproximando do doente, encheram mais ainda os seus olhos de felicidade, deixando encharcado de lágrimas o local próximo ao seu peito. Os dois parentes se aproximaram de seu familiar doente, abaixaram-se até terem suas bocas coladas ao ouvido dele e sussurraram docemente, por duas vezes, desde que o visitaram pela primeira vez, ainda desacordado:

– Nós te amamos ainda mais por você ter salvado nossos filhos no terrível incêndio. Nunca saberemos, exatamente, como lhe agradecer por isso. Amamos você e gostaríamos de poder de alguma forma estar no seu lugar, sofrendo o que deve estar sofrendo. Seja forte e lute agora por você e por nós que o queremos ao nosso lado por muito tempo.

Mais lágrimas escorreram dos olhos do quase moribundo, que fez menção de querer puxar o rosto dos dois ao encontro do seu, e os dois percebendo abaixaram mais ainda suas cabeças ao encontro dos lábios dele, recebendo cada um o que poderia se considerar um beijo no rosto.

Enquanto estavam Flávio e Lourdes a deliciarem-se com a vida presente no corpo do irmão e cunhado, respectivamente, Maureen puxou Jaime pelo braço, levando-o até a extremidade da enfermaria e perguntando-lhe quem era o médico que tinha passado por ela no corredor, dizendo-lhe que o marido a esperava.

Jaime sorriu com a pergunta de Maureen, deduzindo que só poderia ter sido o doutor Jacoff, aproveitando para falar para ela como acabou se encontrando com aquele que era considerado o melhor dos especialistas na área de queimadura e reconstituição estética. Enquanto conversava com a esposa, ele não pôde deixar de notar como ela estava mais linda ainda do que nos outros dias, ao estar ali com ele, no momento em que passava tão sofrido instante. Se estivesse usando o seu melhor e mais bonito vestido, não poderia estar mais linda do que naquela hora, usando roupas comuns e simples.

Ela percebeu o seu olhar mais aguçado e deixou-se levar pela paixão que trazia no seu coração, pronta para estar com ele, fosse qual fosse a situação: das mais felizes às mais sofridas como aquela.

Jerônimo, ao longe, ao vê-los naquela cândida cena, parecia interpretar as sensações vindas do casal de amigos, o que o deixou mais feliz do que já estava, pois que os considerava como se fossem os seus filhos. Aproveitando aquela cena, ele levantou com dificuldades a sua mão direita e fez um leve sinal com ela para que Jaime o visse. Percebendo o movimento dificultoso do amigo, Jaime se afastou da esposa e se aproximou do acamado, perguntando-lhe apreensivo:

– Jerônimo, no que posso ajudar?

Então Jaime escutou o sussurrar com muitas dificuldades de seu amigo, pedindo para que fizesse algo para ele. Jaime perguntou-lhe duas alternativas conclusivas e teve o pulso apertado uma vez; fez nova pergunta e teve como resposta dois apertos. Ao final, falou para o irmão de Flávio que não se preocupasse, pois que de alguma forma ele conseguiria fazer o que tinha pedido.

E o tempo pareceu ser curto em suas conversas, pois a sirene tocou e, respeitando as regras de visita do hospital, todos tiveram de sair da UTI, deixando o doente, que se sentia no inferno por causa de calor que lhe fervia por dentro e lhe ardia todo o corpo por fora, refrescado de felicidade com as presenças de seus familiares e amigos, aliviando-lhe as dores e os sofrimentos. Depois daquelas visitas, as dores poderiam atormentá-lo o restante da tarde e a noite toda, que passariam despercebidas, diante das sensações maiores que recebera dos amigos que o visitaram e dos bilhetes dos sobrinhos, como se fossem anestesia de amor e bem-estar, trazendo-lhe o sono reparador em seguida, pelo restante da tarde e por toda a noite.

Parte VI

Luta, Esperança, Vontade e Realização

1. Luta

  Jaime saiu do hospital ao lado de Maureen, entraram no fusca azul da cor do céu, e, enquanto ela dirigia e o automóvel rolava pelas ruas que os levariam para casa, ele deixava seus pensamentos ficarem completamente absorvidos com a situação difícil do amigo hospitalizado, pois, pelo que vira com seus olhos médicos, as crianças logo estariam recuperadas sem sequelas, que não fossem as registradas na mente no terrível incêndio. Quanto ao amigo, verificou ser sua condição muito grave, dependendo de muitos milagres concedidos por Deus para ele poder melhorar e, assim sendo de sua vontade, recuperar-se e aprender a viver com suas sequelas.
  Outra coisa que ocupava os pensamentos de Jaime era o destino da família de Flávio depois que ficaram sem a casa perdida no incêndio; o irmão de Jerônimo e a esposa estavam morando encostados num canto de um pequeno barraco de um bondoso vizinho do morro; e até onde iria a bondade desse vizinho depois que os meninos tivessem alta no hospital e fossem morar com eles?
  Seu barraco tinha virado cinzas completamente, com tudo que tinha dentro dele. Outros dois barracos vizinhos tinham também se incendiado, porém pouco, e poderiam ser reconstruídos rapidamente.
  Flávio havia lhe revelado estas coisas, longe dos olhos do irmão enfermo para não lhe trazer mais preocupações do que já tinha, incluindo nelas que Arruda, o traficante bonzinho, conversara com ele sobre a

pretensão de patrocinarem, por conta dos bons serviços prestados por Alicate ao grupo, a construção de uma nova casa para eles; também Arruda revelara-lhe que Marcão foi identificado, junto com dois comparsas dele, os novatos, como o que planejou o incêndio e executou Alicate, e os outros dois os que fizeram vista grossa na morte do chefe e botaram fogo no seu barraco. A namorada de Marcão, cúmplice indireta, levou safanões violentos e foi expulsa do morro, não tendo mais o mesmo rostinho bonito de antes para mostrar; Marcão foi levado a confessar seus pecados no inferno e os outros dois tiveram o mesmo destino, sofrendo menos para irem para lá.

Arruda descobriu que Marcão traíra o chefão por dois motivos: o primeiro, por ter sentido a fragilidade dele no envolvimento familiar com os irmãos, a cunhada e os sobrinhos, não sendo assim mais o velho chefão de antigamente; o segundo motivo é que, usando como argumento o primeiro, começou a fazer a cabeça de outros companheiros para assumir o comando do grupo.

Como outras razões para que matassem Marcão, serviram-se também de muitas denúncias contra ele de pais, irmãos e namorados moradores do morro, por ter praticado muitos estupros contra meninas adolescentes, obrigando tanto as vítimas como seus familiares a ficarem calados sobre isso, sob pena de terem seus barracos queimados.

Arruda, imerso com a perda do amigo de luta e o sofrimento do resto de sua família, não só com sua morte como também com casa incendiada, irmão e sobrinhos queimados no incêndio, depois que apurou e comprovou os fatos contra Marcão não precisou de júri formado, batendo ele mesmo o martelo do juiz que sentencia, sendo totalmente aprovado pelos outros do grupo como também pelos moradores que respeitaram Alicate como uma boa e justa autoridade do morro, em virtude da falta daqueles que deveriam fazê-la.

Mas o que mais preocupou Flávio, conforme ele revelara a Jaime, foi exatamente a oferta do grupo de Arruda que, além da reconstrução do barraco destruído pelo fogo, patrocinaria o aluguel de uma casa para eles, até que fosse reconstruída uma casa no mesmo local, como também patrocinaria todos os gastos com o funeral de Cláudio. Ele sabia que aquilo tudo de alguma forma os deixaria ligados para sempre àqueles favores, e que um dia seriam cobrados. Flávio não queria isto para sua família, pois sabia que o poder no morro mudava de tempos em tempos, e que ninguém podia afirmar nada para sempre. Mas como evitariam isso, se mal haviam ficado com as roupas do corpo? Hoje mandava Arruda, mas e amanhã, quem será? Assim se questionava Flávio, repercutindo o mesmo pensamento na cabeça de Jaime.

Nos morros e nas favelas, a única época realmente de trégua era durante o período de carnaval, quando atos de não violência eram afirmados entre os grupos rivais, deixando que seus pobres filhos vestissem o luxo de suas fantasias e afastando de seus pensamentos, naqueles poucos dias de alegria, todos os outros, passados no constante pesadelo da sobrevivência.

Três coisas tinha, então, Jaime em mente para fazer de imediato: tentar tirar logo Flávio e sua família do morro da Mangueira para que ficassem longe do pesadelo que o tráfico lhes proporcionaria; dar a Cláudio um enterro digno, começando com a liberação do seu corpo ainda retido no IML; e, sem dúvida, especializar-se na área de queimaduras, reconstituição de tecidos e órgãos, e cirurgia plástica.

Para resolver a primeira, conversando com Laura sobre a situação da família de Flávio, ela se prontificou, de imediato, a ceder para eles a pequena casa nos fundos de sua casa, inicialmente prevista de ser usada pelo próprio irmão mais Maureen; para o segundo item, Jaime recorreu à ajuda dos doutores Jacoff e Felipe para liberarem o corpo de Cláudio no IML; para o terceiro item seria um pouco mais complicado, pois teria de mudar da área de atendimento clínico que praticava no socorro de emergência no hospital Souza Aguiar para a que desejava de queimados.

Flávio e Lourdes, tão logo souberam da oferta feita por Jaime para morarem numa casa junto à da família de sua irmã aceitaram-na com enorme gratidão e felicidade, por proporcionar-lhes a oportunidade de uma nova vida, longe do martírio e do envolvimento que o tráfico do morro lhes trazia; aceitaram, mas com a condição de que, assim que pudessem, pagariam pelo aluguel da casa.

Três dias depois da visita de Jaime e Maureen a Jerônimo no hospital, eles se mudaram para a casa nova, sem problemas, pois só tinham algumas outras roupas cedidas por amigos ou compradas às pressas, além da que traziam no corpo na hora do incêndio. Também movidos pela carência dos que chegavam, os vizinhos de Laura, conhecedores da situação da família carente, prontamente lhe deram as coisas básicas que sobravam em seus lares, mas que Flávio e sua família necessitariam para começar uma nova vida: geladeira, televisão, sofá, panelas, copos, pratos, talheres, cobertores, lençóis, travesseiros, etc. O que ainda lhes faltasse, o salário de Flávio e os recursos recentemente liberados por Jerônimo completariam.

De posse do corpo de Alicate, liberado no dia seguinte à mudança da família de Flávio, o povo do morro prestou-lhe a última homenagem, sendo ele enterrado como um grande herói, como aquele que encontraria no céu o lugar para descanso; o seu caixão e seu túmulo receberam faixas e coroas de flores, compradas pelo grupo de Arruda; para Flávio, família e amigos, ele representava a pessoa que iniciara, sem muitas alternativas, no caminho tortuoso, que reencontrara o amor junto à família e um alguém que a amava de verdade, e que, ultimamente, procurava uma forma de se desvencilhar daquele peso que o plantava no solo do tráfico de drogas; para a polícia que acompanhou o seu enterro de longe, ele era o chefão perigoso e ardiloso que atormentava a vida de muitas famílias da sociedade carioca; para os jornais sensacionalistas, ele era o herói do morro que liderou os homens que afligiam o povo do asfalto.

Com a efetivação dos dois primeiros itens, Jaime deixou Jerônimo mais calmo para que pudesse, assim, dar mais atenção à recuperação de sua saúde, que seria longa por causa das sequelas deixadas pelo incêndio no seu corpo.

Convicto do que queria, Jaime começou a procurar pelos caminhos que o levariam à destinação de médico na recuperação de corpos queimados e defeituosos e, para esta finalidade, começou a pedir ao Pai que o ajudasse nesse sentido, não deixando, entretanto, de fazer a sua parte nessa procura.

No ponto referente a Deus, Jaime, depois que estudou detalhadamente os grandes filósofos e religiosos de todos os tempos, começou a se dedicar e a estudar mais a fundo sobre as sociedades e religiões que descreviam a continuidade da vida depois da morte. Iniciou com os vedas; passou pelos sacerdotes egípcios; por Sócrates e Platão de novo; pelo hinduísmo de Buda; pelo próprio Cristo; alojou-se nas obras kardecistas e nos livros de Chico Xavier, que lhe complementaram as perguntas. Jaime adorava, amava e respeitava todas as religiões, mas como era indagador começou a se dedicar mais aos estudos desta última, que mais respondia a suas dúvidas e questionamentos.

O que mais o tinha levado a tantos questionamentos foram as formas estéreis que lhe apareciam, vez ou outra, com suas faces tristes ou risonhas, a aumentar-lhe as curiosidades, como foi quando viu as faces tristonhas, surgidas do nada, de Neguinho e de Cláudio, falecidos, quando sua mente vibrou com uma única palavra: preces. Contudo, também já tinha visto a face da mãe que, ao contrário dos outros dois, apareceu sorrindo e tranquila a lhe dizer que o ajudaria na caminhada.

Feliz pelo destino da mãe e preocupado com os de Neguinho e Cláudio, pelo que conhecia sobre as Leis de Causas e Efeitos, Ação e Reação para os de além-túmulo, ele começou a orar todos os dias por eles, a princípio, sozinho, depois, aos poucos, Maureen passou a acompanhá-lo, após ela ter deixado de lado as desconfianças implantadas no seu íntimo pelos ensinamentos temerosos aprendidos na Igreja Católica, entranhados no aprendizado religioso herdado dos pais, e recebidos desde a sua infância.

Maureen, como a maioria das pessoas que não desejavam se aperceber sobre a continuidade da vida, teve suas precauções quanto ao que professam esses aprendizados, como algo voltado para as coisas maléficas da vida, quando na verdade descrevem a continuação dos ensinamentos do Cristo, como o Consolador descrito por Ele, que viria mais tarde depois de sua partida para esclarecer o que Ele não podia naquela época falar em razão da carência de conhecimento da grande maioria das pessoas em seu tempo. Gradativamente, ela foi compreendendo, com o que ia aprendendo com os estudos junto a Jaime, que o Cristo disse para que não se preocupassem junto aos antigos ensinos trazidos, principalmente por Moisés, que Ele não viria para modificá--los, mas para implementá-los; tal como a Doutrina da continuação da vida, que também veio não para alterar os ensinos trazidos, as religiões e a fé existentes nelas, mas implementá-las, como a irmã mais velha dos ensinos das Leis Naturais e Divinas, existentes em todo o Universo, caminhar de mãos dadas com todas as outras existentes na Terra, seguindo unidas numa mesma direção ao Pai de todos, em busca da perfeição e progresso, que é o objetivo de Deus ao criar os seus filhos.

As orações de Jaime começaram a produzir os efeitos esperados, trazendo esperanças e consolação para Neguinho e Cláudio, percebidas quando retornou a vê-los mais tarde, com suas faces menos sofridas e mais serenas; quanto a ele, pelo desejo de querer ajudar os outros na sua profissão, a oportunidade lhe chegou.

2. Esperança

Jaime, sempre que podia, ia visitar o senhor Jerônimo no hospital onde se recuperava dos estragos no corpo e na alma que o incêndio na casa do irmão lhe tinha feito. Em quase todas as vezes que se encontrava com o doutor Jacoff, nas suas horas vagas, em vez de usá-las para o seu descanso, Jaime acabava acompanhando-o e ajudando no trato aos queimados, tornando-se, sem perceber, seu amigo, indo ao encontro dos caminhos perfeitos traçados pelo Criador para aproximá-los de suas missões.

Foi assim que, num inesquecível dia para Jaime, o doutor Jacoff, conhecedor da total vontade do rapaz de dedicar-se aos queimados, convidou-o a trabalhar com sua equipe, sendo alegremente aceito pelo aprendiz. Feito isto o médico, chefe do setor de queimados e cirurgias plásticas do renomado hospital no Meier, mexeu os seus pauzinhos, conseguindo que Jaime pudesse ser transferido do hospital onde estagiava para o dele, recebendo uma bolsa de custeio como auxílio.

No dia em que o doutor Jacoff lhe informou o conseguido, no fim do dia de trabalho, foi tanta a felicidade de Jaime que ele, não se contendo, abraçou-o e beijou ternamente a testa do velho médico, deixando-o embaraçado e emocionado com seu gesto, posto que ele nunca tinha sentido tal reação, por não lhe ter podido a mulher dar um filho ou filha. Sua primeira reação, tão logo sentiu ter terminado os gestos de agradecimentos do seu novo aprendiz, para que Jaime não percebesse a forte emoção que o dominava, foi desvencilhar-se delicadamente dos seus braços, constrangido, pedindo, em seguida, educadamente, que Jaime fosse para casa dar as boas notícias à esposa, tendo também como desculpa de que ele tinha ainda muito trabalho a fazer.

Após ter saído da sala do novo chefe, quase virando no corredor, Jaime escutou-o gritar:

– Não esqueça que eu o espero amanhã, bem cedo, para começarmos a traçar os trabalhos de tratamento, recuperação e posteriores cirurgias dos nossos pacientes; às 8 horas em ponto, escutou?

– Sim, doutor Jacoff! Não o decepcionarei!

Com aquelas últimas palavras, Jaime certificou-se de que tudo já tinha sido planejado e arrumado pelo velho cirurgião, para que pudesse começar a trabalhar de imediato com ele. Não precisaria jamais o velho cirurgião plástico dizer-lhe algo sobre o afeto que lhe tinha, que o gesto de convidá-lo para trabalhar com ele já não o tivesse sido demonstrado, pois se diz mais com ações do que com palavras, principalmente tendo o jovem médico um passado que faria muitos desistirem, ou mesmo escutar qualquer tipo de explicação convincente para o ato criminoso executado. Para o doutor Jacoff bastou apenas o que viu em simplicidade e bondade nos olhos do rapaz, que lhe transbordavam em atos de auxílio aos que dele necessitavam: isto falava mais do que qualquer outra explicação.

Em sua sala, o velho médico sorria junto com os botões envelhecidos do seu jaleco branco amarelado pelo tempo de uso, debruçado sobre a mesma mesa que, nos últimos 34 anos de trabalhos, só naquele hospital, havia lhe acompanhado os planos e os preparativos para o tratamento e as cirurgias que haviam trazido de volta a vida e o prazer de viver de muitos pacientes; mas que também havia deixado registradas nela as marcas de suas lágrimas, depois que ele constatava que não conseguiria trazer de volta a vida daqueles que não tinham mais chance de se recuperarem. Quanto ao velho jaleco, companheiro de muitas lutas e sacrifícios, viu-o em ação muitas vezes, nas mesas de cirurgia, quando o foco das luzes, claríssimas, iluminava o percurso que suas mãos experientes faziam na remoção das peles e carnes danificadas nos corpos dos pacientes em cirurgia, inserindo novos conteúdos que trariam uma nova recomposição e estética, que fariam os olhos do paciente, recuperado dos danos ocasionados nos vários tipos de acidentes, brilharem de alívio e contentamento, depois de tanto sofrimento e dor.

Jacoff, apoiando seu rosto enrugado e cansado pela idade sobre seus braços acotovelados na mesa de trabalho, com seus olhos umedecidos pela emoção, fixos na parede à frente onde tinha um retrato antigo seu junto à esposa amada, naquele instante, pensou: "Ele é o filho, querida, que nós não pudemos ter e gostaríamos de ter tido: cheio de vida, de vontade e de esperança. Nele depositarei a herança do que sei e gostaria de ter passado para um filho que me seguisse na profissão. Eu sinto nele o ardor da mesma paixão que tinha quando comecei como médico: pulsante, vibrante em querer conhecer, aprender, mas, principalmente praticar, auxiliando aos seus semelhantes; não somente aos que podem nos pagar pelas cirurgias plásticas particulares caras, mas também pelos que sedentos de ajuda, e carentes, não têm o que oferecer a não ser a sua gratidão, necessitados dos hospitais públicos. Ele é a pessoa certa que eu aguardava para poder passar os meus conhecimentos. Neste rapaz, vejo a possibilidade concreta de poder transferir o que aprendi nestes quase quarenta anos de trabalho na medicina. Nele confiarei a continuidade de ajuda aos humildes deste país, pois que sinto o meu corpo cansado e necessitado de buscar o descanso que não tive.

Depois eu preciso me dedicar mais a você, que soube esperar por este momento, sem reclamar das noites que não vinha dormir em casa, das noites que chegava muito tarde, dos fins de semana e feriados ausentes. Preciso dar a você mais atenção, mais carinho, mais amor que até agora não soube exprimir bem".

Assim confidenciou o doutor Jacoff para si mesmo; só para ele, para o seu anjo da guarda e Deus que o escutavam, sem precisar de qualquer tipo de punição que qualquer religioso de carreira, que não conhecesse a sua intimidade, lhe daria como penitência por ter se esquecido da esposa, para dar atenção aos seus pacientes, além das horas normais de trabalho, nas chamadas das madrugadas frias, nos fins de semana e nos feriados, que poderia estar usando para passear e curtir a vida junto à esposa.

Já longe daquela sala, Jaime corria contra o tempo, percorrendo os corredores do hospital com a maior rapidez que lhe era possível, cumprimentando a todos que lhe passavam e lhe conheciam com brevidade, na esperança de poder chegar logo à sua casa e contar para a esposa a novidade.

Saindo do prédio, lembrando o filme *Cantando na Chuva*, ele pegou seu guarda-chuva, abriu-o para se proteger das grossas gotas que caíam do céu anoitecido e ensaiou alguns dos passos feitos pelo protagonista daquele filme, Gene Kelly, quase escorregando e caindo entre os degraus da escadaria do hospital. Ele, sem perceber-se disso, tinha como auditório a sua apresentação particular os olhares curiosos dos acidentados e pacientes que chegavam nas ambulâncias, nos ônibus, nos carros particulares, nos táxis ou a pé. Alguns que a ele assistiram bateram palmas, mesmo não entendendo o porquê de sua felicidade. Entre estes estavam algumas enfermeiras conhecidas, os guardas, o pessoal da limpeza e serviços de apoio do hospital, os vendedores de doces, de água mineral e demais guloseimas posicionados à volta do prédio municipal. Todos ficaram contagiados com a sua alegria, em vista da simplicidade e espontaneidade dos seus gestos de dançarino inexperiente. Os que conheciam a sua história se entusiasmaram, compreendendo o grande significado que poderia estar por trás daqueles gestos. Muitos deles retribuíram na forma de assobios, não somente pelo ato atual de Jaime, mas também pelos outros, na sua vida cotidiana, relacionando-se com todos, dos mais simples que vendiam suas formas de sobrevivência na porta do hospital, dos que faziam a faxina e limpeza, dos que trabalhavam nos bares internos, as enfermeiras, os médicos, aos chefes de setores e diretores, que o admiravam pela vontade e dedicação de doar o tempo que lhe sobrava na ajuda que dava aos queimados, junto ao doutor Jacoff.

Seus gestos e falas não se detinham somente no bom-dia, em boa-tarde ou boa-noite; eles iam além, sobre suas dificuldades, suas alegrias, suas tristezas, suas dores, suas aflições, que bem poucos conseguem dar, pois consomem-lhes tempo, e a correria não permite gastá-los em paradas para escutar o outro; naqueles simples atos não iam somente as palavras, iam esperança e fé na vida e no trabalho duro de cada um.

Jaime, depois de agradecer, surpreso, aos aplausos e assobios direcionados a ele, com a euforia a acompanhar-lhe os passos seguintes, chegou rápido ao ponto de ônibus, que parecendo adivinhar-lhe os pensamentos também logo chegou, em vez dos quase 20 ou 30 minutos de que necessitava frequentemente aguardar para pegá-lo. Dentro do velho ônibus de motor cansado e barulhento, de piso sujo de papéis de balas e doces, no qual o condutor amargava o trabalho pesado, os passageiros, alguns conhecidos do dia a dia, parecendo que liam seus pensamentos, devolviam-lhe olhares que não eram os mesmos dos outros dias, cansados, emburrados e tristonhos; cumprimentavam-no com gestos no canto da boca ou leves baixadas de suas cabeças, simbolizando contentamento.

Nunca o caminho de volta à sua casa tinha ficado tão longo, entretanto, as ruas sujas e árvores cansadas que lhe passavam pela janela do ônibus pareciam-lhe maravilhosas, por causa do brilho que trazia nos olhos e alegria nos pensamentos, que a tudo embeleza; pouco lhe importava se estando em pé no veículo lotado os membros lhe doíam depois de tanto esforço; pouco lhe importava se o que viesse a ganhar no novo estágio cobriria seus gastos, ou se trabalharia mais, ou se teria chances de ser aproveitado no hospital após concluir o estágio; nada importava mais que não fosse ter sido o seu desejo atendido pelos caminhos dos céus.

Ele estava louco para contar a Maureen a grande novidade.

Saído do ônibus, e tomando a direção de sua casa, assim que ele chegou lá e colocou os pés na entrada da porta da sala viu Maureen o aguardando, como se os anjos lhe tivessem revelado, antecipadamente, as novidades. Entretanto, não era só ele que tinha novidades para falar, mas ela também. Os dois apressaram seus passos na direção um do outro. Eles se abraçaram e seus ouvidos se encheram das novidades que fazem o coração se rechear de confiança e fé no futuro.

A novidade de Jaime estava na sua mente alegre, no seu trabalho novo e na bolsa de custeio que os ajudariam nas despesas; a de Maureen cresceria no seu ventre nos próximos sete meses e lhes abriria o campo para a vida familiar; a primeira poderia trazer no futuro uma vida numa casa mais bonita; a segunda novidade proporcionaria o aconchego, a realização e a concretização de um verdadeiro lar.

―――・⁂・―――

3. Vontade

Se dependesse somente de Jerônimo, ele não se importaria com a aparência que outros olhos se repugnariam ao vê-la, com seu rosto deformado pelas queimaduras sofridas, corpo, braços e pernas, acostumado que ele estava por ter ficado tanto tempo recluso na prisão, longe dos olhos da sociedade. Ele poderia muito bem viver o restante de sua vida afastado dos que teriam asco de vê-lo daquela forma, mas tinha os amigos, a família em compromisso para tentar se tratar e buscar melhorar o seu aspecto; se não fosse por ele, seria pelos que amava.

Feito isto, Jerônimo aceitou se submeter a várias cirurgias feitas experimentalmente pelo doutor Jacoff aperfeiçoando suas técnicas, desde que chegou ao hospital. As primeiras foram feitas somente pelas mãos do velho cirurgião plástico; as demais acompanhadas e auxiliadas pelo doutor Jaime. Com elas, suas terríveis dores foram diminuindo; os incômodos melhoraram; melhoraram também os movimentos das mãos e dos pés cujos nervos danificados o entravavam; a forma física foi-lhe sendo retornada, por meio dos vários enxertos feitos; por final, utilizando de uma nova técnica desenvolvida por anos a fio pelo doutor Jacoff chamada de película artificial, foi-lhe proporcionada a regeneração da maioria dos tecidos danificados, onde mesmo tinha sido perdida suas consistências.

Mesmo após tudo isso, Jerônimo ainda tinha dificuldades para se locomover adequadamente, e sua aparência carecia de melhorias, por isso passaria por novas cirurgias.

Agora o doutor Jacoff e seu dedicado aprendiz iniciavam uma nova fase, depois de quase dois anos desde o incêndio na casa do irmão, que lhe traria de volta uma melhor mobilidade, a reconstituição da maioria de sua pele queimada pelo corpo e, finalmente, uma feição mais próxima do velho Jerônimo, ou mesmo melhor. Aproveitaria ele para dar uma mexida também nas cartilagens da garganta de Jerônimo, que lhe neutralizariam as constantes tosses, provocadas por uma má-formação de nascença nelas.

Na sala de cirurgia, as luzes brilhantes focavam o local do corpo do paciente anestesiado em cirurgia e deixavam os uniformes dos médicos mais brancos do que já eram, vários instrumentos que estavam apoiados na bancada de instrumentos ou que estavam nas mãos dos instrumentistas indicavam partes avermelhadas, mostrando que tinham sido muito utilizados nas suas devidas aplicações, na procura de ajudar ao cirurgião-chefe a atingir os objetivos daquela cirurgia.

Na sala, além do cirurgião-chefe e de sua equipe, havia outros médicos acompanhando cada movimento do velho mestre, desejosos de captarem as suas técnicas, visando a seus aperfeiçoamentos, contagiados com cada etapa que ele terminava, comprovando a eficácia, em cada passo, do renomado profissional.

Porém, o velho médico, longe dos fachos e dos brilhos que os holofotes da vaidade poderiam lhe proporcionar, sentia como se estivesse a sós com a sua antiga equipe, levando sua voz, a cada passo que tomava, na direção dela e, principalmente, do par de ouvidos que se encontrava mais próximo a ele:

– Jaime, veja esses tecidos que foram danificados pelo calor extremo; agora podemos retirá-los todos chegando até as camadas mais profundas onde encontraremos os tecidos desejosos da luta positiva, deixando-os expostos... Aplicando sobre eles este novo medicamento desenvolvido pela nossa equipe – disse o doutor Jacoff, mostrando o local sendo tratado nas pernas, no ombro e braço direito do paciente, e o tubo que continha um novo tipo de pomada regenerativa de tecidos danificados, a qual faria que se reconstituíssem normalmente, não deixando marcas ou vestígios da causa original, multiplicando-se e expandindo, fazendo proliferar somente as células boas. – Cobriremos, agora, toda essa região com essa película de filme de tecido artificial que poderemos deixar para que se misture com os tecidos que se regenerarão... Com os devidos enxertos retirados de algumas partes do próprio paciente, poderemos concluir a formação da área que não ficou consistente, retornando aos passos anteriores e completando o ciclo necessário – continuou o médico.

– Eis, portanto, meus caros o procedimento que tantos acreditaram não ser possível de ser feito, junto as suas ignorâncias e falta de confiança, impedindo que outros pudessem ir mais longe do que os seus estudos precoces tinham lhes levado.

Naquelas últimas palavras, o agora prestigiado médico, lançava no ar as palavras que bateriam em alguns dos ouvidos presentes, entrariam neles e lhes proporcionariam, quando alojadas na mente, reflexões sobre os atos de derrotismos, que quase tinham feito o jovem doutor Jacoff desistir de suas ideias revolucionárias no campo da reconstituição de tecidos queimados; fato que também serviria para os mais jovens, para que nunca desistissem de suas próprias ideias novas diante das vozes frequentes de desânimo ou inveja que terão pela frente, dos conformados com o que existe.

Jaime, a cada segundo que acompanhava nos movimentos e palavras de conhecimento e sabedoria do querido mestre, agradecia a Deus por ter lhe permitido estar ali ao lado daquele fabuloso homem, aprendendo tanto nos dois sentidos: o intelectual e o moral. Ele sabia que lhe restava um pouco menos do que a metade do tempo que havia passado ao lado do reconhecido cirurgião plástico para aprender com ele. Entre o início de tê-lo conhecido e o de estar trabalhando junto à equipe do doutor Jacoff, Jaime sabia que os meses logo passariam para que pudesse aprender mais, até que seu mentor se aposentasse, conforme ele falava constantemente, ficando entregue à habilidade de suas próprias mãos e conhecimentos adquiridos com o mestre. Por isso havia passado os últimos meses intermediários à gravidez de Maureen devorando todas as literaturas médicas existentes sobre queimaduras, reconstituições de tecidos, músculos e nervos, bem como sobre cirurgias plásticas, por ter trilhado antes mais o caminho da clínica geral e dermatologia, varando noites e dormindo pouco, claramente observado pelos olhos de pálpebras cansadas.

Dentre tudo o que havia estudado, impressionou-o algumas técnicas antigas a respeito de restabelecimento de tecidos queimados de um médico paulista à época final da escravidão, que tivera a oportunidade de tratar de vários pacientes escravos ou não acidentados em incêndios, cujas técnicas iniciadas coincidiam muito com as aplicadas inicialmente por seu mestre, que, ao tomar conhecimento delas por Jaime, confessou havê-las realmente utilizado como ponto de partida, até conseguir chegar ao estado atual de sua própria técnica.

Contudo, naquele momento de crucial importância para o correto tratamento dado ao paciente que repousava com seus olhos fechados e serenos, seu antigo amigo de cárcere, Jaime estava bem desperto, olhando com atenção e confiança para a mão ágil do brilhante cirurgião que separava habilmente os maus dos bons tecidos, reabilitando nervos e músculos entravados das pernas, do ombro e braço esquerdo de Jerônimo, executando como se fosse maestro de uma orquestra que tocava a sinfonia do amor na recuperação de cada parte danificada; vez ou outra a mão generosa de uma enfermeira secava a sua testa acalorada pela emoção de sentir-se eficaz na operação, prazerosa de estar sendo útil na recuperação da vida de mais um de seus pacientes. Jaime sentia isso como se estivesse conectado cérebro a cérebro com o mestre, sentindo cada movimento dele como se fosse o seu próprio, vibrando a cada passo concluído. Ele sentia-se assim, e foi com esta mesma sensação de conexão que o velho mestre lhe ordenou:

– Agora, Jaime, complete neste braço o que me viu fazer no outro, pois para as pernas já fiz o que devia.

Um burburinho soou na sala, vindo de algumas vozes mal-intencionadas no desejo de estarem no lugar do aprendiz, de outras invejosas, e outras de o acharem incapaz, torcendo para que falhasse diante da vontade audaciosa do cirurgião-chefe.

Mas Jaime, lembrando das palavras recentes do mestre, observando o seu olhar de confiança e compreensão se não quisesse fazer o que havia lhe pedido, e mesmo com as mãos trêmulas, pegou os instrumentos da mão da instrumentista, fechou seus olhos por alguns instantes, fez a sua oração ao Maior dos Mestres, desejando que lhe desse coragem e segurança nos movimentos das mãos, e iniciou agora com mãos firmes o trabalho junto ao passo seguinte que havia observado o doutor Jacoff executar recentemente: ele cortou, separou, refez e aplicou a pomada curativa; interpôs sobre a nova área o tecido natural e finalmente a isolou, concluindo o seu primeiro trabalho cirúrgico, acompanhado por muitos olhos que, mesmo obrigados, ficaram admirados pela eficácia do rapaz, contemplando o bom serviço sendo feito.

Secando a testa de Jaime que porejava suores de preocupação, a enfermeira que havia secado inúmeras vezes a testa do doutor Jacoff, naquele gesto profissional, garantiu-lhe a mesma confiança que tinha no chefe; os outros da equipe lhe sorriram confessando suas admirações por ele; o doutor Jacoff nada disse, somente confirmou com um gesto positivo de sua cabeça a confiança que havia depositado nele. A cirurgia havia terminado.

Na mesa cirúrgica, o doente do antigo corpo quase totalmente degenerado pelo fogo, de antigo rosto repugnante para quem só o enxergava com os olhos do corpo e não com os da alma, dormia, estando ainda as partes recentemente recuperadas de seu corpo sob a admiração de alguns olhos curiosos de profissionais da medicina.

Um pouco mais tarde, um dos enfermeiros da equipe do doutor Jacoff recobriu as partes tratadas com ataduras e tecidos finamente próprios e conduziu o corpo do paciente numa maca até o seu leito na CTI, onde se recuperaria nos próximos dias, preparando-se depois para uma nova cirurgia que lhe traria novas esperanças para o rosto tratado, mas ainda desfigurado.

Depois, as luzes brilhantes da sala de cirurgia foram desligadas, por aquele dia, deixando por lá os velhos fantasmas de pacientes que não haviam sobrevivido às cirurgias feitas pelas mãos inábeis de outros médicos mais preocupados com o seu próprio tempo do que com o do próprio paciente.

No corredor do hospital, vultos etéreos de inconformados ex-pacientes, proporcionados pela noite chegada, movimentavam-se para lá e para cá nas suas intermináveis atividades de procura pela perda não compreendida do corpo; vultos dos profissionais do agitado prédio público agitavam-se em suas tarefas noturnas; vultos ligados aos pacientes e doentes choravam suas perdas ou agradeciam ao socorro recebido; outros mais, depois de concluídos seus trabalhos, se dirigiam para suas residências com a certeza do dever diário cumprido. Dois daqueles últimos que retornavam para seus lares se destacavam entre os demais: um era o do doutor Jacoff; o outro, o do futuro doutor Jaime cuja vontade um dia tinha sido o de ser um médico das emergências, e que agora se evidenciava como um cirurgião plástico que, naquele dia, começou a se concretizar, por meio da aprovação certificada no olhar do seu mestre.

4. Realização

Jaime havia pedido três coisas a Deus, depois de ter conhecido e casado com a terna Maureen: que Deus lhe concretizasse um dia o primeiro desejo de ser pai; o segundo, que pudesse se tornar um médico portador dos conhecimentos que lhe dessem oportunidade de levar às criaturas sofridas com queimaduras, acidentes, quedas e demais sequelas as condições de lhes devolver a satisfação de viver sem os traumas que os afastavam da convivência com as demais pessoas; o último era que pudesse compreender melhor a si e a todos os homens, tendo neste desejo a certeza de que só se consegue compreender, realmente, os outros quando conseguimos nos compreender.

O seu primeiro desejo tinha sido concretizado com a chegada, no último dia do mês triste de junho de 1986, ano em que o Brasil havia perdido a Copa do Mundo de Futebol para a França, no México, do filho gorduchinho, de olhos e cabelos castanhos, que Maureen havia lhe dado, superando com muita alegria qualquer tipo de tristeza como brasileiro.

Maureen e Jaime deram-lhe o nome de Cláudio, em homenagem ao irmão morto de Jerônimo.

Seu segundo desejo estava se concretizando com o trabalho junto ao doutor Jacoff, perante o paciente de honra: seu melhor amigo e tantos outros que já haviam passado em suas mãos. Era tanta a confiança do chefe nele que Jaime já contabilizava algumas dezenas iniciais de cirurgias feitas sem a presença dele, nos casos de menor gravidade.

Quanto ao terceiro, ele lutava para que Deus lhe desse um dia a sabedoria para compreender todos os seus irmãos em humanidade, não só os bons, que é menos difícil, mas também aos maus, cuja compreensão dele se detinha ainda no plano da indulgência superficial. Para tanto, havia Deus colocado no seu caminho um homem que não tinha uma religião, mas praticava todas ao mesmo tempo; e outro que dizia ser ateu, mas que era um dos que mais contribuíam na obra do Criador com suas veladas caridades sem interesse no campo da medicina.

O primeiro, mesmo doente e cheio de dor, levava, aonde podia e como podia, aos doentes dentro do hospital a palavra de conforto, de esperança e consolação, estando agora na mesa a rezar pela sua sorte na cirurgia fundamental que estava para sofrer.

O segundo era o doutor Jacoff, que estava ali para operar Jerônimo, confiando em si e no Poder da Criação, que dizia não ser esse Deus que noticiavam por meio das várias religiões existentes coordenadas pelas mãos dos homens, repletas de interesses pessoais. Mas foi junto a esse Poder que fez a sua oração pessoal, pedindo-Lhe segurança e confiança para os movimentos de suas mãos e de seus auxiliares, para que pudessem dar de volta àquele que estava sobre a mesa de cirurgia o rosto que tinha tido um dia.

Esse poder o acompanhou quando trabalhou pacientemente nas cartilagens da garganta do paciente; quando deu o primeiro corte superficial na parte esquerda do rosto prejudicada pelas queimaduras;

quando retirou parte do tecido danificado e deformado restante no local, mesmo após as diversas cirurgias já feitas; quando restabeleceu os movimentos em alguns nervos inertes ou prejudicados; quando fez alguns enxertos e implantou sobre a última camada exposta da pele a película final do tecido novo regenerativo, que possibilitaria ao paciente ter sua feição antiga quase toda de volta, depois que fosse concluída a mesma intervenção cirúrgica na outra face do rosto do paciente. Por último, ele deu o retoque final na parte faltante referente aos lábios de Jerônimo, deixando-o mesmo mais bonito que na sua formação original.

Concluídas as intervenções na primeira face de Jerônimo, após quase três horas de trabalho árduo, o doutor Jacoff, exausto, entregou os instrumentos aos cuidados de seu assistente Jaime, que orando intimamente ao Criador, o mesmo Criador do doutor Jacoff, porém com nome diferente, começou a sua grande luta para ajudar na recuperação plena do rosto original do paciente familiar que estava sobre a mesa de cirurgia totalmente confiante nele e nas técnicas do velho médico. Para isso, ele deveria seguir passo a passo o caminho trilhado pelo seu mestre, de forma que o segundo lado do rosto do paciente ficasse exatamente igual ao outro.

Os primeiros suores já gotejavam no rosto do doutor Jaime quando ele procedeu com a mesma maestria do seu mentor o primeiro corte, a remoção do tecido danificado, o enxerto e a implantação do tecido novo regenerativo, na primeira área a ser tratada no lado oposto à face do rosto cirurgiado pelo doutor Jacoff. Depois vieram as demais intervenções, sequência a sequência, até que com apenas dez minutos a mais das três horas de duração trabalhadas pelo colega anterior, ele, o doutor Jaime, concluiu as intervenções no paciente naquele dia.

Ao final, os presentes, que acompanhavam o procedimento cirúrgico de alto aprendizado, bateram palmas pelo êxito alcançado pelos dois médicos, que traria novas possibilidades de recuperação para outros pacientes com traumas originados dos mais diversos tipos de acidentes, desde os queimados, acidentados com ácidos, os que sofreram quedas até os acidentados com deformações nervosas, fossem por intermédio dos mecanismos naturais causados pelos percursos da vida ou por causa de outros tipos de acidentes deformativos.

Jerônimo só acordou no CTI quatro horas depois da cirurgia concluída, em plena madrugada. Ele viu quando a enfermeira, persistente em ajudá-lo mesmo depois da sua hora normal de trabalho, que o olhava com candura quando voltou a si, lhe sorriu satisfeita e tocou uma campainha. Dali a instantes, ele viu o velho amigo entrar pela enfermaria tendo ao seu lado outro grande amigo, despertados do sono de vigilância.

Jaime aproximou-se dele e o abraçou comovido e alegre ao mesmo tempo, sendo acompanhado pelo doutor Jacoff e, em seguida, pelos demais componentes da equipe do velho cirurgião que chegaram depois. Parecia que ninguém queria dormir naquela noite, aguardando ansiosos o despertar do paciente que há quase um ano se submetera, como voluntário, a cirurgias em forma de pesquisa, feitas pela dupla e demais infatigáveis profissionais de medicina daquele hospital.

Jaime havia trazido consigo no bolso de seu jaleco, de propósito, um espelho que o apontou na direção da face de Jerônimo, fazendo-o observar a imagem projetada de seu rosto encoberto pelas faixas de gazes, dizendo-lhe em seguida:

– Meu velho amigo, olhe para esta imagem agora, pois será a última que verá com o rosto coberto de gazes; depois dela verá o que quer de volta, que é o rosto que tinha. Talvez mais bonito, pois você era feio para burro – brincou Jaime levando todos a belas gargalhadas pela surpresa em suas palavras.

Jerônimo, segurando os braços dos dois principais amigos, entrecortou as gargalhadas que lhe saíam pelo canto da boca, pronunciando como gratidão aos dois e aos demais da equipe um obrigado recheado na voz que lhe saía abafada pelas gazes, cujos lábios haviam também sido refeitos na última cirurgia, restando-lhe o canto da boca para se alimentar por meio de canudos.

Ele disse para Jaime que guardaria aquele espelho com o maior prazer, entregando-o carinhosamente para que a dedicada enfermeira o guardasse na gaveta do armarinho ao lado de sua cama, percebendo todos os presentes que algo a mais existia entre os dois.

Ela passou em seguida a alimentá-lo com um canudo pelo canto da boca, e todos respeitando o momento de íntima recuperação do paciente deixaram o CTI, partindo satisfeitos para os seus lares à procura do descanso merecido.

5. Ritinha e Roberto

Os raios do maravilhoso sol de primavera invadiam o quarto, passavam sobre os cabelos castanhos longos encaracolados de Ritinha e refletiam sobre o espelho do velho móvel rústico envernizado com asa de barata onde estava projetada a face da menina, dispersando-se pelo restante do ambiente humilde, porém bem asseado, clareando-o e aquecendo-o, depois do dia anterior nublado e chuvoso, por onde andaram fugidios, sem poderem totalmente chegar até o solo do planeta azul, refletidos que muitos eram pelas barreiras das nuvens espessas carregadas de chuva.

Se a menina de 11 anos estivesse ligada nesse trabalho diário que os raios de sol enfrentam para que pudessem trazer a luz e o calor para tudo e todas as coisas da Terra que necessitam deles, não estaria presa às suas lamentações olhando o seu rosto diferente do das outras garotas de sua idade: sua cabeça mais voltada para o lado direito que o esquerdo; opondo-se ao lado esquerdo, o seu olho, a face e o canto de sua boca estavam repuxados, seguindo a deformidade que os nervos e as musculaturas daquele lado faziam, confrontando totalmente com o outro lado perfeito, cuja face mostrava a beleza natural que teria, caso não tivesse nascido com aquela deformidade provocada na sua formação fetal.

Ela tinha acabado de acordar com sua linda camisola azul; rolara antes, por alguns minutos, no colchão de molas de sua cama de solteiro envernizada também com asa de barata, e por sentir-se invadida por alguns pensamentos de lamentação resolvera levantar logo, numa tentativa natural de não deixá-los se instalar totalmente e acabar estragando o seu domingo junto à família; nada que pudesse mudar muito o olhar de seu pai que pouco pairaria sobre ela, muito menos o do irmão, que sequer a olharia, preso que estaria às suas próprias lamentações, mas que lhe seria importante junto à mãe que a olharia com todo o amor que tinha por ela, sempre, mesmo que às vezes Ritinha lhe perguntasse por que Deus e Santa Rita tinham deixado isto acontecer com ela, como se a mãe tivesse tido o poder de ter interferido junto a Eles na sua formação dentro do ventre.

Cláudia, como a querer compensar o que tinha acontecido a ela e ao irmão, fazia, naqueles dias de descanso semanal, os pratos mais deliciosos possíveis, como a querer saciar-lhes por meio da boca que comia as perguntas que faziam, trazendo contentamento na hora daquela sublime reunião familiar à mesa, afastando que fosse por alguns minutos o que, frequentemente, conturbava as mentes de todos.

A pequena, naquele momento pós-sono, depois de ter se livrado dos pensamentos de lamentações, olhava agora investigativamente para si, preocupada quanto ao rapaz que a quereria namorar daquele jeito: confrontou seu olhar entristecido na face esquerda de seu rosto; olhando a outra face, o seu olhar iluminou-se com a beleza que via; descendo seus olhos abriu de leve a camisola sobre a parte de seus seios feito botões a quererem abrir em flor e alegrou-se com o que viu; descendo mais observou os seus quadris em formação, suas pernas, e ficou maravilhada com o que também observou; levantou-se da banqueta onde estava sentada à frente da penteadeira, rodopiou e contemplou todo o restante do seu corpo e proferiu baixinho, com sua voz embaçada pela má-formação no canto de sua boca:

– Se não fosse esse lado do meu rosto eu poderia dizer, totalmente: obrigada, meu Deus! Mas não posso, pois não sei por que eles deixaram que isso acontecesse comigo – disse olhando para o teto do quarto e a imagem de Santa Rita pendurada na parede à sua frente.

Entretanto, ela esqueceu de olhar para o seu interior, onde encontraria as respostas que Ele lhe traria, afirmando: "Filhinha minha, bem-aventurados os aflitos, os que sofrem e choram, pois que encontrarão na consolação a felicidade futura". Se ela pudesse ter acesso aos esclarecimentos que essas palavras trariam, poderia compreender os seus porquês, e da necessidade da reparação, que feita abre novos horizontes, abre as portas para a plena felicidade. O que estava passando lhe seria de muito entendimento e ajustes necessários a si e aos que estavam à sua volta; difícil de se aceitar, quando não se tem a compreensão devida, trazendo assim as incompreensões e o sofrimento puro.

A manhã já estava avançada e por isso Ritinha correu para o banheiro da casa a fim de evitar mais uma reclamação do pai quando chegasse do futebol e a visse ainda de camisola. Logo Paulo adentraria a porta da sala junto com seu irmão arrastando a sua perna defeituosa, e ela não gostaria de vê-lo mais irritado do que já ficava normalmente, repetindo as mesmas frases de sempre, de todo domingo após as peladas de futebol à que os dois assistiam no campo de futebol perto de casa.

Ela só teve tempo de sair do seu quarto, abrir a porta do banheiro no corredor, sentir o cheiro do frango delicioso sendo assado no forno do fogão a gás, fechar a porta atrás de si, retirar as roupas, abrir o registro do chuveiro, colocar-se sob os pingos da água que lhe caíam sobre o corpo, antes de escutar a porta da sala ranger, abrir-se e ouvir o pai dizendo, como já o tinha feito tantas outras vezes:

– Você viu? São todos eles um bando de pernas de pau! Se você estivesse bom, eu garanto que jogaria mais do que todos eles juntos. Pena que você se acidentou daquele jeito. Tenho a certeza de que você hoje estaria jogando no time infantil do Flamengo teria me deixado orgulhoso por isso, caso estivesse bom – frisou de propósito. – O meu mengão, com você arrasando os adversários, seria tudo o que eu queria para ser o pai mais feliz do mundo.

– Pai, esqueça isso, poxa! Você sabe que eu nunca mais vou poder jogar futebol. Por que você gosta de ficar sempre me torturando dizendo isso? O senhor faz isso para me irritar, não é? Pai, o médico disse que eu nunca mais vou poder jogar futebol, se conscientize disso! – afirmou o pequeno Roberto com quase 9 anos. – Pare de me jogar na cara a minha dificuldade, pois senão eu nunca mais vou ver as peladas no campinho aqui perto de nosso prédio, ou ir ver com o senhor qualquer outro jogo de futebol nos estádios. – E ficando mais calmo: – Pai, eu amo o futebol mais do que qualquer coisa na vida, mas, por favor, senhor Paulo – frisou com os dentes cerrados –, não me deixe mais chateado do que fiquei depois de ter dado aquele tropeção com os pés naquele maldito montinho no chão, deixando-me, assim, sem os movimentos de meu calcanhar, puxando a perna direita – falou indicando seu pé defeituoso. – E se é para discutirmos o assunto, eu digo que em boa parte é culpa sua e de mamãe que não me levaram para fazer um tratamento adequado – completou o menino, desabafando, magoado com o que seu pai sempre lhe dizia repetidas vezes, após as partidas de futebol, nos domingos, e deixando sobrar algo também para a mãe.

– Robertinho, nunca ponha a culpa disso em mim, pois fiz tudo que era possível fazer na época. Você sabe que amo o futebol acima de muitas coisas aqui nesta casa. A sua mãe é que está sempre muito ocupada e não o leva para saber a opinião de outros médicos – disse Paulo olhando de soslaio para a cozinha onde estava a esposa preparando o almoço –, mas nunca deixei de cumprir com minhas obrigações com qualquer um de vocês, filho desalmado – completou irritado, enquanto se dirigia para a televisão.

– Filho, o seu pai tem razão! Ele fez tudo o que podia – gritou-lhe a dona da casa da cozinha, fingindo que não havia escutado o comentário maldoso do esposo. – Quanto a mim, eu acho que ainda tenho um cantinho no seu coração, não é, filho? Pois longe estou de você querer metido como jogador de futebol e vê-lo sofrer como tantos que vivem dessa ilusão e se desgraçam por essa esperança. Eu prefiro vê-lo percorrendo caminhos mais sólidos, que somente o estudo proporciona, por meio de uma boa profissão, como a de engenheiro ou médico, coisa que o seu pé defeituoso a nada impedirá. Quanto ao restante, o teu pai tem razão, fizemos por você o que estava ao nosso alcance, para o seu tratamento. E se a opinião de dois médicos já não é o bastante, podemos ir ter com outros, se assim desejar – respondeu dona Cláudia, tentando aliviar a situação.

– Mãe, desculpe-me, eu não quis dizer que a culpo nem ao papai por tudo o que me aconteceu. Foi apenas um desabafo, depois que o senhor Paulo me irritou. A senhora sabe que a amo muito pelo tanto que a senhora já me ajudou. E a amarei mais ainda depois que comer este delicioso frango com farofa e azeitonas que a senhora está preparando para a gente, cujo cheiro maravilhoso está saindo da cozinha...

– Pois, então, tratem de tomar logo o banho de vocês para que não o comam frio – gritou Cláudia da cozinha, sorrindo pela malícia do filho para cativá-la e desviá-la do confronto com o pai. – Tratem os dois de irem tomar banho, pois não quero ninguém com cheiro de suor sentado à mesa no almoço.

Então o pai aconselhou que o filho fosse o primeiro a ir tomar banho enquanto ele ligava a tevê para ver as últimas notícias no telejornal das 12 horas a fim de saber o resultado da última luta de Cassius Clay, pois que depois do futebol era o boxe que ele mais gostava de ver. Nos tempos de Éder Jofre ele vibrou feito louco pelo cinturão conquistado; vibrou sempre por qualquer tipo de luta, mesmo sendo as de mentirinha como o Telecatch nas noites de sábado; chegou a aprender e lutar boxe, mas desistiu, assistindo depois às lutas onde lhe fosse possível, tanto na televisão quanto nos clubes; apostou muito, ganhou muito, mas também muito perdeu; acabou ficando só com as lutas na televisão, após o acidente com o filho, envolvendo-se, a partir daí, mais com o futebol e se esquecendo das apostas, no que dona Cláudia agradecia à sua santa por isso.

Robertinho dirigiu-se ao banheiro e, vendo que a porta estava trancada por dentro, gritou para a mãe que demorariam um pouco mais por causa de Rita que estava ainda no banho; falou em tom alto para a irmã, esquecendo que utilizara há pouco a gentileza com a mãe:

– Rita, você como sempre está impedindo que eu e o papai tomemos banho antes do almoço. Porcaria, que todo domingo é isso. Por que é que você não toma o seu banho antes? Acho que você sempre faz isso para nos deixar irritados. Trate logo de sair desse banheiro! Vou lhe dar cinco minutos, antes que comece a esmurrar a porta – falou irritado, com o poder na voz de quem teria todo o apoio do pai diante da irmã qualquer fosse à situação.

Sentado no sofá vendo a tevê, o pai retrucou alto também indignado defendendo as razões do filho mais novo. Gritou para que a filha liberasse logo o banheiro, defendendo uma causa apressada de que ele faria xixi na calça, se ela demorasse mais alguns segundos lá, enquanto não tirava os olhos do programa esportivo na televisão.

Dona Cláudia, em tom conciliador, pediu à filha que terminasse logo o banho para poder ajudá-la na arrumação dos talheres e louças sob a mesa.

Ritinha apressou-se no banho e na liberação do banheiro, mesmo que lhe custasse não ter tomado o banho adequadamente. Importava mais que não fizesse daquele domingo mais um que terminaria em briga rústica entre o pai, o irmão e ela, deixando o belo frango assado de dona Cláudia maldigerido e azedo no estômago de cada um.

Ela saiu apressada do banheiro secando apressadamente os cabelos com a toalha, vestida com seu roupão simples, tendo nos pés chinelos amarelos imitando os de marca Havaianas. Ela percorreu o corredor que a separava da sala e, aproximando-se do pai deitado no sofá, beijou-o na testa, deu-lhe um bom-dia e pediu-lhe a bênção. Não teve o retorno do beijo e escutou do pai as palavras que lhe retornavam sobre o som de dentes trincados, proferidas pela boca sem sequer levantar os olhos para encará-la, como se fugisse desse ato que lhe era de sacrifício; quanto ao irmão, ela lhe falou retornando para o seu quarto nos fundos da área de serviço, passando em frente à porta do banheiro onde ele estava, que bem que poderia ter aguardado um pouco mais, pois faltava muito pouco para ter concluído o banho adequado para uma mulher, se não tivesse tido tanta pressão.

O irmão lhe retornou dentro do banheiro, com a porta fechada, dizendo que acordasse mais cedo, pois sabia que ele e o pai estariam retornando do futebol àquela hora.

Da cozinha, dona Cláudia se meteu na conversa, atravessou-a dizendo que acabassem logo com aquilo, pois que a comida esfriaria logo se demorassem tanto, e defendendo a filha reforçou justificando que Rita estudava muito durante a semana toda e merecia descansar um pouco mais nos domingos.

Robertinho no banheiro fez suas necessidades sentado sobre o velho vaso sanitário branco de marca Celite lendo o jornal *O Dia* de domingo deixado lá pelo pai, e somente quase dez minutos depois iniciou o banho no chuveiro de águas mornas ligado desde que tinha entrado no ambiente, demorando outros dez minutos enquanto o pai continuava assistindo calmamente ao noticiário esportivo, confortavelmente instalado no sofá. Se tivesse sido Ritinha a estar com o chuveiro ligado esse tempo todo, a reclamação do pai seria muita, pelo desperdício feito de água e eletricidade, ressaltando o valor alto que pagava à Light.

Antes desses dez minutos findos, Ritinha já havia deixado seu quarto com sua calça jeans colada ao seu corpo bonito de menina-moça; vestia uma linda blusa rendada e tênis Conga, sem os detalhes que usava sempre que ia estar com outras pessoas fora de sua casa para disfarçar a sua deficiência no rosto, indo para a cozinha ao lado do seu quarto para ajudar a mãe a pôr os talheres, pratos e copos sobre a mesa.

A mãe, ao vê-la, como a querer dar-lhe a vaidade devida, assobiou-lhe um "fiu-fiu" como se fosse um rapaz e lhe ditou elogios por sua beleza, enquanto o pai, tendo a filha de costas, a observava com seu olhar orgulhoso e vaidoso, admirador confesso dentro das suas paredes que o separavam da real afetividade junto à filha, confessando consigo mesmo que, se não fosse o rosto prejudicado dela, com certeza mexeria com o coração de toda a garotada do bairro.

Robertinho enrolado em uma toalha espessa de algodão, que já tinha tido melhores dias, saiu do banheiro e chamou ao pai para tomar o seu banho. Paulo esfregou-se preguiçosamente para lá e para cá no sofá, levantou-se com dificuldades e, dirigindo-se até a televisão, aumentou o volume para poder escutar do banheiro o resto do noticiário; entrou nele, viu que do chuveiro saíam ainda muitos pingos de água por ter sido mal desconectado, mas nada falou por ter sido Robertinho o último a usá-lo; se fosse Ritinha, teria escutado umas boas. Ele tirou a roupa suada pelo esforço que tinha feito torcendo para o time de meninos do local; entrou embaixo do chuveiro e iniciou o seu banho; somente depois de quase terminado o banho é que lembrou que tinha estado com uma leve vontade de urinar, urinou um jato fraco no próprio boxe deixando que a água do chuveiro o levasse para o ralo. Concluído tudo, ele saiu do banheiro enrolado na toalha, carregando parte de sua vestimenta e deixando a camisa suada sobre o chão; foi até o seu quarto, vizinho ao de Robertinho; recolocou a mesma cueca e a mesma bermuda que só trocaria na hora de dormir; usou o seu desodorante Rexona; colocou uma camiseta com o símbolo do mengão, preparando-se para assistir ao jogo que veria mais tarde depois do almoço e da soneca; depois, dirigiu-se para a cozinha onde todos aguardavam a sua vinda para almoçarem juntos a refeição dominical.

Na mesa, estavam ao redor: o senhor Paulo sentado na ponta; em seguida, ao seu lado direito, o filho; ao seu lado esquerdo, a esposa e depois dela a filha. Assim que os pratos com as comidas e saladas, o jarro com o refresco feito a partir da cerveja preta Malzebier dissolvida em água com açúcar tinham sido posicionados, Paulo deu partida a uma atividade ferrenha de quem estava com fome e pouco se importando quanto às regras de boas maneiras sobre a mesa, onde o garfo tinha muito mais responsabilidade no trabalho auxiliar de comer do que a faca, fazendo também o trabalho da colher. As falas esportivas mais recentes de boca cheia do pai e do filho eram entrecortadas com alguns grãos de farinha da farofa e molhos que escapavam delas e projetavam-se na toalha limpa que revestia a mesa, deixando suas marcas sobre ela, nas quais dona Cláudia lutaria mais tarde no tanque de plástico para retirá-las.

Dona Cláudia e a filha, ao contrário dos outros membros da família Macedo, portavam-se como duas grandes damas conferindo aos talheres as suas devidas propriedades e regras comportamentais e de uso, conversando baixo entre si, a fim de não incomodar o papo entre os dois homens da casa.

Os primeiros a se levantarem da mesa, como sempre, foram os homens, depois as mulheres, como se existisse uma regra não falada entre eles a ser seguida. Enquanto os homens partiam para se refestelarem sobre suas partes nos sofás, as duas mulheres continuariam seus recontidos papos lavando os pratos, as louças, talheres e panelas, secando-os e reposicionando-os nos devidos lugares.

E era durante aquele momento sublime de paz e harmonia, enquanto os dois "dormiam vendo a televisão", que dona Cláudia e sua filha trocavam suas confidências:

– Mãe, como eu gostaria de ganhar na loteria da Caixa Econômica Federal e poder com o dinheiro que receberia fazer um tratamento que me restabelecesse a dignidade do olhar das outras pessoas, que desviam seus olhos ao me verem, ou o fazem por caridade, ou conformismo junto a nossa convivência – desabafou Ritinha para a mãe, mais uma vez.

– Querida! Por que tantos pensamentos ruins a rondar-lhe a mente? – perguntou-lhe dona Cláudia.

– Mãe, para a senhora tudo é lindo, pois tem um rosto lindo e perfeito. Mas, para mim, as coisas são muito diferentes, pois os que não me conhecem me olham com pena e dó; os que me conhecem, e que deveriam ser meus amigos na escola, olham-me no estritamente necessário e evitam-me constantemente; além da senhora, mãe, somente tenho duas outras grandes amigas na escola com quem posso conviver e conversar, pois, para elas, não importa o meu rosto defeituoso nem se importam com o que os outros falem ou deixem de falar; quanto aos meninos, olham-me dos pés ao ombro e veem somente o que lhes interessa, deixando suas falas de contemplação nestas partes, junto com seus "ses". Os professores tentam o que podem para demonstrar suas afeições por mim, pelas minhas notas sempre boas, incentivando todos os seus alunos a me olharem com naturalidade, o que poucos, muito poucos mesmo tentam fazer, na realidade. Mãe, é muito triste para mim isso tudo! – desabafou Ritinha.

Dona Cláudia olhou para a filha dos pés à cabeça e, condoída pelas aflições da filha, disse-lhe:

– Filha, gostaria de lhe contar a história do Cisne Negro. Você a conhece?

– Sim, mãe. Claro que já a ouvi e li.

– Pois considere que você é esse cisne, incompreendido na sua aparente feiúra de nascença, e deslumbrado e cortejado por todos, depois que sua beleza natural despontou. Acredite, filha amada. Você será este cisne um dia. Eu tenho a certeza de que Deus lhe reservou uma grande surpresa e este dia não falta muito para surgir. Confie em Deus! Nós não conseguimos entender o mecanismo do amor que Ele nos reserva. Mas acredite na sua mãe. Esta surpresa virá. Tenha convicção disso! A minha Santa Rita me falou aqui dentro – asseverou dona Cláudia, apontando seu dedo indicador para a sua cabeça.

As duas continuaram na lavagem das louças e talheres; depois as duas os enxugaram e os guardaram em seus devidos lugares no armário de fórmica de parede comprado por Paulo no dia das mães na loja Ponto Frio Bonzão.

Concluídas as tarefas domésticas daquele domingo, Cláudia foi para seu quarto em busca de uma ideia que lhe havia surgido na mente, após ter lido uma bela reportagem a respeito de um jovem médico e seu velho instrutor, que estavam utilizando técnicas maravilhosas para trazer de volta a dignidade a muitas pessoas que a tinham perdido, durante seu nascimento ou percurso de vida acidentada.

Ritinha foi para o seu quarto fazer seus deveres de casa da escola do ginasial e curso de inglês que lhe tomariam o resto da tarde e adentrariam pela metade da noite, levando consigo o ânimo que as palavras da mãe haviam lhe trazido.

O senhor Paulo e seu filho estavam a roncar no sofá quando o Flamengo fez o seu primeiro gol contra o Vasco, na partida em que disputavam o campeonato carioca de futebol; não acordaram com o barulho dos vizinhos, no primeiro gol do Vasco no final do primeiro tempo, empatando a partida; acordaram com a gritaria geral no prédio no segundo gol do Vasco na segunda metade do segundo tempo; findo o jogo, Paulo desgostoso voltou a dormir o resto da tarde e boa parte do primeiro quarto de noite.

Cláudia, tomada de forte impulso, ainda durante a partida de futebol que rolava, deixando de pensar em si e somente nos filhos, deitada sobre o colchão de molas da cama de casal, esticou sua mão direita e pegou uma revista guardada na gaveta de sua cômoda, que mostrava uma reportagem sobre o tal velho médico e equipe, que estavam revolucionando os tratamentos de acidentados por queimaduras e outros tipos de acidentes em um hospital público, sem gastos para os pacientes, firmando ela forte propósito de procurar por essa ajuda para o tratamento dos filhos.

Enquanto isso, Robertinho, de olhos fechados para o mundo de sua realidade, dormindo profundamente no sofá, enxergando-se na fantasia produzida por sua mente, viu-se dando dribles maravilhosos em dois jogadores da defesa adversária, que suas pernas de compleição e flexibilidade perfeitas proporcionavam, levando ao delírio a massa de torcedores que gritava o seu nome nas arquibancadas lotadas do estádio Mário Filho, no jogo final do Campeonato Carioca entre o Flamengo e o Vasco, com o gol espetacular no canto direito da trave, feito depois daquele drible perfeito na defesa do adversário, deixando o goleiro prostrado no chão. Ele se viu, em seguida, sendo carregado nos ombros dos colegas do time rubro-negro indo na direção da Taça, pegando-a e erguendo-a na direção da torcida inflamada, que ovacionava seu nome. Entretanto, do sonho foi ao pesadelo quando acordou com os gritos dos vizinhos, no segundo e definitivo gol do Vasco, que tirava do Flamengo as chances de ir para as semifinais do campeonato.

Ainda trêmulo pelos lados opostos a que se viu lançado, ele esfregou os olhos e, olhando na direção do seu pé direito, constatou a sua realidade de flamenguista torcedor de arquibancada e sofá. No final do jogo, verificando que o pai voltara a dormir profundamente, ele se levantou e, como a procurar consolo, correu na direção do quarto onde estava a mãe. Ela, vendo-o chegar com os olhos perdidos, o aconchegou ao colo, deitada em sua cama, perguntando-lhe preocupada:

– O que aconteceu, filho, para ter procurado a sua mãe, com esse olhar tão assustado? Por acaso quer desabafar algo comigo? Viu algum fantasma?

Robertinho vacilou entre o lado da revelação ou do fingimento de que estava tudo bem, optando pelo primeiro, contando-lhe a fantasia do sonho fascinante e o desapontamento de sua realidade.

Dona Cláudia, que compreendia suas dores muito bem, mesmo que irritasse sempre a irmã de quem tinha vergonha de apresentar aos amigos novos, meditou e respondeu-lhe com muita doçura e firmeza na voz:

– Robertinho, para todo sofrimento há uma resposta de Deus voltada para a felicidade futura. Se você confiar nisto, filho, nós encontraremos uma resposta Dele para você e seu problema que tanto o incomoda – disse contemplando a reportagem na revista que estava relendo e após as imagens de Nossa Senhora de Aparecida e Santa Rita que estavam penduradas na parede sobre a cama.

– Eu não sei se posso acreditar nesse Deus que a senhora fala, mãe! O mesmo que deixou que o acidente na minha perna tivesse acontecido e não tivesse mais jeito, sabendo que eu adoro jogar bola. Ele não está para nos proteger? Por que, então, não me protegeu naquela hora? – resmungou Robertinho inconformado.

– Filho, as coisas acontecem porque tem uma razão para acontecer, que desconhecemos. De alguma forma que não compreendemos ainda, sempre será para o nosso bem.

– Mãe, eu não posso compreender que Ele me prive do maior prazer que tinha, só para satisfazer a Sua vontade.

– Filho, a vontade Dele é para ser respeitada, pois parte de algo que precisamos acertar diante de Sua Lei infalível, para que possamos tomar novos rumos depois de acertada.

– Mãe, depois que a senhora começou a ler aqueles livros sobre reencarnações, a senhora vem sempre com esses papos esquisitos. Mas eu a respeito... Peça somente a Ele em suas orações que não se esqueça de mim – completou Robertinho, saindo do quarto da mãe frustrado, indo para o seu ao lado. Contudo, levava dentro de sua mente novas esperanças para aqueles dias melhores deslumbrados pela mãe.

No quarto, dona Cláudia refletia sobre o que o filho havia dito sobre sua imensa vontade de ler a respeito da continuação da vida, fazendo com que compreendesse o que poderia estar acontecendo com ela e sua família. Ela frequentava a sua igreja, e nunca deixaria de frequentá-la, por louvor a sua Santa Rita, mas nada a impedia de tentar entender algo a mais que viesse a lhe explicar os porquês na sua vida.

Enquanto isso, na sala, Paulo continuava dormindo no sofá, sonhando, vendo com seus olhos a filha casando-se com um belo rapaz de boa formação, longe do que tinha sido a sua própria caminhada tenebrosa da juventude, recheada de ódios e rancores, conforme lhe passava na cabeça naquele momento. No sonho, Paulo aproximava-se de Ritinha, linda dentro do seu vestido de noiva, pegava-lhe na mão e falava-lhe o que nunca tinha lhe dito na vida real, com doçura:

– Filha, como está linda! O seu rosto está parecendo o de Maria de Nazaré, de contornos perfeitos; tão perfeito que atraiu esse jovem que está ao seu lado, roubando-a de mim. Como me orgulho de ter feito uma criatura tão bonita como você, filha!

Depois, vendo a esposa chegar junto com Roberto, emendando o que disse, cortejou, declarando-lhe sua beleza, em que ela havia cedido boa parte, na construção da filha e do filho, exibindo, comedidamente, ao descrever que a beleza dos filhos poderia ter vindo da genética do lado da família da mãe, mas que, quanto ao talento e artimanhas nos dribles perfeitos do filho, famoso jogador de futebol do Flamengo, era por parte dele e de sua família.

A esposa sorriu pelas doces e gentis palavras vindas de Paulo, pegou-lhe as mãos, juntou-as com as da filha, do marido dela ao lado, de Robertinho e, despontando palavras de louvor e graças, falou-lhes de como ela e Paulo eram felizes por ter dado Deus tão preciosas e perfeitas joias que eram os filhos; e, naquele instante, mais uma que chegava para ser o companheiro de todas as horas da filha... Envolveu-os todos num grande abraço familiar.

Entretanto, justamente naquele momento de plena alegria no sonho, Paulo acabou acordando assustado por um barulho mais alto provocado por uma propaganda na televisão; ficou estático por instantes com os olhos fixos no teto da sala, até cair na sua realidade. Acontecendo isto, virou seu olhar mais para a esquerda detendo-o sobre um quadro familiar pendurado na parede, observando-o com detalhes, principalmente na direção dos pés de Robertinho já acidentado e do rosto pendente para um lado de Ritinha; depois percorreu a silhueta da esposa, vivenciando seus fantasmas nas palavras sussurradas com desapontamento para si mesmo:

– Bem que tudo poderia ser verdade: Ritinha perfeita, linda casada com um bom rapaz; Robertinho em plena saúde física jogando no Flamengo, time de coração; e a pobre coitada da Cláudia a quem tento amar e não consigo na realidade de minha vida... Eu apaixonado e louco por ela e sua beleza, no meu sonho desperdiçado.

Caindo mais em si, ele repassou os seus horrores do passado cometidos junto a Jaime; o namoro frustrante com Maureen, cuja ira por Jaime só fez aumentar; a fuga no casamento precoce com Cláudia como se fosse a solução de todos os seus problemas; o nascimento decepcionante da filha a quem nunca teve coragem de declarar o seu amor por não saber encarar a sua deformidade; o nascimento do filho perfeito, e a ira maior contra Deus quando ele se acidentou; finalmente, a raiva que tinha de si mesmo por não conseguir amar a esposa linda, fiel e dedicada que tinha ao seu lado.

A fim de não incomodar a mulher e os filhos que já tinham se recolhido para o sono sem mesmo terem feito o lanche que normalmente acontecia aos domingos mais ou menos àquela hora, no fim do "Fantástico", Paulo foi até a cozinha, correu os olhos sobre o que tinha para comer e pegou duas fatias de pão de forma Plus-Vita; voltou-se para a velha geladeira Consul tipo elefante branco, abriu sua porta e pegou o queijo amarelo, a manteiga com sal e a garrafa de leite Vigor; colocou dentro das fatias de pão a manteiga e o queijo, derramou o leite da garrafa Vigor numa velha caneca de porcelana branca escrita em relevo com tinta vermelha: "feliz dia dos pais"; pôs tudo sobre uma bandeja de alumínio, levou consigo e sentou-se num dos bancos em volta da mesma mesa onde várias vezes na sua infância havia se sentado com a irmã, os pais e os avós, bem como com o seu antigo melhor amigo – os bancos e a mesa trazidos como herança da casa dos pais para o seu apartamento –, e começou a comer e a beber o leite frio como gostava... E pensou olhando a foto sobre o armário dele e de Jaiminho abraçados sentados no banco em volta daquela mesma mesa: "Por que eu deixei que tudo acontecesse da forma que aconteceu?... Agora acho que é tarde demais para reparar tanto mal que eu fiz para nos dois", disse refletindo sobre os erros cometidos junto ao amigo na foto. "Quanta besteira!

Quanta bobagem que se fizeram tempestades, ódio, rancores, e medos, que continuam a assombrar os meus pensamentos..."

Feito isto, saciada sua fome, e disse para si: "Vida miserável que eu tenho!".

Ele retornou até a sala, desligou a televisão, percorreu o espaço que tinha até seu quarto e sua cama, não sem antes dar uma olhada para dentro do quarto dos filhos a fim de garantir que dormiam sossegadamente; ele avançou depois até o cabide de roupas, retirou de seu corpo as roupas que usava pendurando-as nele; colocou o seu pijama branco amarelado pelo tempo, aconchegou-se no contorno do corpo da mulher deitada de lado dormindo profundamente, afagou-lhe o cabelo, beijou a sua face exposta e pensou: "Como eu gostaria de saber que a amo verdadeiramente, e não só da boca para fora. Você não merece este infeliz que está ao seu lado. Você é boa demais para conseguir estar do meu lado por tanto tempo... Eu que não a compreendo... E tantas vezes sufoquei o amor que me tem". Depois ele repassou com os olhos fechados alguns fantasmas da vida atual por meio da mente intranquila, fazendo com que as horas escoassem sem o sono ter chegado. Não conseguindo dormir, ele levantou da cama, foi ao banheiro, observou detalhadamente o seu corpo sarado, abriu sua boca e checou os seus dentes, lavou o rosto para se refrescar, passou a escova algumas vezes nos seus cabelos e bigode crespos, retornou à sala, olhou a televisão e religou-a, quase ao mesmo tempo em que o velho relógio de cuco da sala cantava às 24 horas. Ele girou a sintonia passeando os olhos por algum tempo em alguns programas e, percebendo-se entediado pois nada de agradável estava passando, desligou-a e retornou para a cama, onde rolou para lá e para cá, até que acabou escutando o cuco do relógio cantar duas vezes. Então, completamente sem sono, enquanto a mulher dormia docemente, ele se levantou de novo da cama, retornou para a sala, abriu a cortina da janela, olhou para os outros apartamentos no bloco em frente ao seu, constatou que todas as luzes de todos os cômodos daqueles apartamentos estavam desligadas e, sem alternativa para aliviar-lhe o incômodo que sentia, ligou de novo a televisão. Girando o seletor de sintonia, ele constatou que, exceto a famosa emissora cujo símbolo era o do globo terrestre, as demais já tinham saído de ar. Passando nesta um filme de faroeste antigo, em preto e branco, cujo ator principal era John Wayne com seu pujante chapéu de caubói e suas famosas pistolas.

Ele voltou à cozinha, tomou outra caneca de leite frio e passou a assistir ao filme deitado no sofá grande. Aos poucos, foi ficando sonolento e começou a dormir, quase quatro horas depois de ter começado a sua consciência a se remoer. Quem pudesse vê-lo de fora constataria os seus olhos se revirando como o de um alucinado; por dentro de si, onde somente ele podia enxergar: um sonho, ou melhor, um pesadelo recheado de fantasmas vindos de outros tempos registrados na memória eterna de sua alma lhe retornavam frequentemente, em que o fogo lhe queimava o corpo e a dor o seu espírito muito comprometido com os erros cometidos em tempos passados.

No dia seguinte a mulher o acordou no sofá, quase uma hora depois da prevista para se levantar para o trabalho no quartel. O seu pijama estava banhado de suor; seu rosto apresentava as marcas desconfortáveis dos que não haviam conseguido dormir em paz.

Mais tarde, mais uma vez, dirigindo apressado na direção do trabalho o seu automóvel impecavelmente limpo, ele tentaria entender o pesadelo que tivera, mas não conseguiria.

Parte VII

As Evidências

1. O passado nunca esquece – Senzala

Era uma fazenda próspera, pequena em relação às outras bem maiores de outros estados, com seus 60 alqueires, fincada num vale entre montanhas numa região escravagista do extremo leste de São Paulo/SP, voltada para a lavoura de café e pequena criação de gado solto para engorda e obtenção de leite e queijo; equinos para carga e transporte pessoal em currais; com suínos em áreas cercadas; frangos de galinheiro; alguns patos e marrecos em lagoa localizada em frente à casa-grande, logo após o pátio. Não tinha tantos escravos como nas grandes fazendas de cacau lá para os lados nordestinos e as de cana-de-açúcar no norte do Rio de Janeiro; havia uns 70 escravos ao todo, entre os voltados para o campo, na sua maioria, que dormiam na senzala, e os demais escravos e trabalhadores administrativos que dormiam nas três casas anexas à casa-grande. O trabalho dos escravos no campo era muito mais exigido que os demais, a fim de compensar a necessidade real dos 95 antes existentes no auge do ciclo áureo do café na região, 80% desses eram para fazer o plantio, o acompanhamento e a colheita do café, e os demais para a criação de gado e demais animais.

Estava-se no fim da segunda metade do século XIX, transcorrendo a vida entre os que desejavam ou não a abolição da escravatura, mas ainda com muitos poderes de posse dos senhores de escravos. Cessaram as viagens dos navios negreiros carregados de escravos vindos da África para o Brasil, e outras Leis Governamentais proibiam a escravidão para os velhos e as crianças nascidas de escravos, decrescendo assim, cada vez mais, a quantidade dos escravos a executarem os seus trabalhos em troca da subsistência miserável de suas vidas. Por isso, os que tinham seus escravos os usavam ao limite, por não terem mais à disponibilidade outros, à revelia de suas vontades em razão do custo caríssimo nesses últimos tempos de escravidão. Também por causa disso, durante muitos anos, poderosos donos de fazenda, clandestinamente, recorriam a capturas dos escravos fujões de sua e outras fazendas, sendo-lhes fabulosa fonte de renda alternativa.

Para o Brasil, ao longo dos tempos, tinham chegado vivos quase 5 milhões de escravos, dos quase 6 milhões embarcados, vindos, principalmente, de Moçambique, Angola, Congo e Guiné; Macuas, Bacongos, Ambundos e Iorubás se misturavam entre eles. Dos escravos vivos, 46% foram utilizados na região sudeste – principalmente Rio de Janeiro; 32% na Bahia; 17% em Pernambuco; e os outros nas demais regiões.

Naquele dia o trabalho diário pesado dos escravos homens tinha sido concluído no campo, logo que o sol começou a desaparecer no horizonte, naquela tarde-noite quente de verão de janeiro. Como a distância era pouca entre a plantação de café e a sede da fazenda, eles retornaram de lá a pé sob a escolta a cavalo do feitor e seus auxiliares. Eles retiraram suas pobres roupas de trabalho no campo: calças e camisas feitas pelas costureiras escravas idosas do mesmo tecido ou panos que se faziam os sacos de farinha e milho; sandálias ou botas feitas pelos couros obtidos dos próprios animais abatidos da fazenda, confeccionadas pelas hábeis mãos dos escravos mais idosos. Eles tomaram seus banhos nos locais reservados para os homens com água vinda de uma cachoeira próxima através de dutos de bambus grossos intercalados entre si, tendo uma barreira de paredes altas na forma de um U para ficar fora da vista da casa-grande; colocaram suas roupas melhores feitas de tecido cru de algodão, apressados para que chegasse logo a hora da refeição noturna quando lhes seria servida a refeição principal, constituída quase sempre de café, broa, milho e bolo, e pudessem, em seguida, usufruírem do pouquíssimo tempo de lazer e de descanso que lhes era permitido.

Por não ser período de colheita, os escravos mais velhos não sexagenários e as mulheres escravas estavam prestando seus serviços auxiliares de limpeza externos à casa-grande, confeccionando as roupas e calçados dos próprios escravos, limpando e moendo a cana-de-açúcar, ou preparando a farinha e o fubá. No início da noite, eles fariam o mesmo que os demais escravos que haviam trabalhado no campo, tomando seus banhos, trocando as suas roupas feitas de tecidos grosseiros pelas mais leves feitas de tecidos de algodão, tornando-se quase iguais entre eles. Entretanto, as escravas e escravos ligados aos serviços dentro do casarão diferenciavam-se dos demais pelas roupas e sapatos confeccionados a partir de tecidos mais finos, leves e coloridos, tendo alojamentos próprios para estarem após os serviços executados.

Depois de parcamente alimentados, aqueles primeiros escravos foram recolhidos e trancados dentro da senzala, dispersando-se todos pelo ambiente apertado; mais tarde se juntariam a eles os escravos dos serviços auxiliares. Alguns ficaram sentados no chão apreciando os mais animados; outros se deitaram junto às suas famílias nas suas camas feitas de palha sobre o chão úmido e frio de barro batido com pedras encravadas; outros tantos, os mais animados, passaram a tocar os seus atabaques em homenagem aos orixás, cantando e dançando a capoeira, curvados sob a altura máxima de 1,50 metro, imposta pelo piso inferior da sala principal da casa-grande que lhes era o teto, com seus aproximados 15 por sete metros de comprimento e largura, respectivamente, e o piso no chão. Mal caberiam ali, naturalmente, uns 20 escravos, mas, por falta de espaço maior e por segurança, estavam ali uns 45, entre adultos, jovens, crianças e velhos, confinados naquele ambiente apertado, tendo como única saída uma pesada porta trancada por fora com uma forte fechadura e corrente com cadeado. Havia, somente, duas pequenas aberturas em cada parede lateral, rentes ao teto com as dimensões de um palmo de altura por cinco palmos de comprimento, para a ventilação do ar.

Todos os que tinham trabalhado traziam os semblantes carregados pela dor da escravidão e pelo trabalho forçado de 14 horas diárias, mas estava a maioria a se divertir como podia, a fim de afastar os fantasmas dos serviços que os aguardavam no próximo dia, tão logo o sol despontasse seus primeiros raios afastando a noite.

O calor dentro do ambiente fechado estava insuportável e o cansaço era muito, mas mesmo assim o grupo de capoeira persistia na música contagiante do berimbau e atabaques trazendo alguns instantes de momentos de felicidades em muitos olhos tristes. O cheiro de urina e fezes era insuportável para os que tinham narizes livres, mas, para aqueles desnaturados que residiam ali, já havia se tornado natural, depois de conviverem parte do dia e quase toda a noite naquele ambiente carregado de impurezas e mau cheiro; a iluminação era pouca, à base de algumas lamparinas que queimavam óleo de baleia embebido num pavio, o que era bom para evitar que mais tarde da noite os olhos dos jovens e crianças não vissem os pais na penumbra procurando-se para o festejo do amor que tinham.

Exatamente às 9 horas nos dias comuns da semana, todo o tipo de barulho devia ser cessado, pois era hora de os senhores se recolherem para a cama, porque do contrário a chibata lanharia o corpo de quem desobedecesse a essa determinação.

Entretanto, com exceção da alegria da maioria, alguns olhos revoltados recolhidos nos cantos da senzala aguardavam, silenciosos, o momento oportuno para terem suas sedes de vingança colocadas em prática.

Um deles era Izidoro, nome de batismo dado pelo senhor da fazenda. O seu nome nobre de origem africana era Nobambo, dado por seu pai, cujo avô, de origem Bacongo, capturado, escravizado, deportado e trazido para trabalhar ali, falecido há quase dois séculos, chefe de uma tribo ao sul do Congo tinha sido. No início os pais na intimidade e outros escravos de mesma origem ou não o chamavam assim em sinal de respeito, mas depois que os pais morreram, todos passaram a chamá-lo só de Izidoro, como passou a obrigar o feitor e capataz da fazenda.

Izidoro estava com 52 anos de idade, com cabelos crespos ainda pretos cortados rentes à cabeça, com quase 2 metros de altura, com tônus musculares nos braços e pernas que davam inveja a qualquer um. Era um negro forte como um touro, que rosnava feito um cão brabo quando o atiçavam. Ele era o líder do grupo que se rebelava mais uma vez por causa dos maus-tratos recebidos diretamente, ou que provocaram a morte de alguns parentes dos que compunham ou não o grupo de rebeldes. Dentre os parentes muito maltratados estavam os pais dele, que haviam morrido por doenças ocasionadas pelo excesso de trabalho em suas idades avançadas. Esta situação de maltrato extremo aos escravos idosos acontecia porque muitas vezes os capatazes das fazendas, cujos donos eram insensíveis a isso, agiam assim, de propósito, para evitar que atingissem a idade de abrandamento nos trabalhos mais pesados, na fronteira dos 60 anos, tendo de alimentá-los sem que houvesse o correspondente trabalho produtivo, o que para os donos dessas fazendas significava gastos adicionais, já que não podiam, simplesmente, se desfazer deles.

Na primeira rebelião ocorrida, Izidoro a liderara pela perda dos pais sacrificados naquela situação de trabalho exaustivo; na segunda, foi pela perda de um velho amigo da família adorado por todos; daquela vez era em razão da perda daquela que Oxalá lhe tinha reservado como a companheira naquela miserável vida, a felicidade que lhe tinha batido à porta depois de tanta dor e sofrimento, e que por algum tempo o tinha mantido sob controle.

Nas duas primeiras vezes em que se rebelara, ele havia sido recapturado pelo próprio senhor e seu feitor depois de ter tentado fugir da fazenda com outros escravos do grupo de revoltados. Todos os envolvidos na rebelião sofreram suas punições severas, entretanto, para Izidoro, por ter sido o líder e o mais forte dos escravos, além da punição que lhe castigara o corpo e lhe deixara marcas para toda a vida, foram-lhe reservados, também, a partir dali os mais pesados trabalhos braçais na lavoura, que lhe causavam, diariamente, fortes dores por todo o corpo, o que às vezes o impediam de trabalhar no ritmo exigido, sendo considerado por isso preguiçoso, como também o impediam de participar dos jogos de capoeira na senzala, que tinha sido o seu maior prazer, antes de conhecer Samira.

Quando fugia para o mato e era capturado pelas próprias mãos do senhor João Nogueira, experiente, não só na captura dos escravos que fugiam de sua fazenda, como também nas de outras, junto à equipe liderada por ele e pelos subordinados do seu ex-escravo Inálio, agora capataz e feitor da fazenda designado por ele, Izidoro recebia diversas chicotadas pelo bacalhau, que era um chicotes confeccionados com cabo de madeira e couro, tendo três pontas feitas com tiras de couro trançadas e com nós, para ele aprender a não fugir mais; era-lhe jogada no corpo água salgada que lhe ficava secando ao sol até a chegada de volta à fazenda. Era queimado e torturado com ferro em brasa; era colocado na pele, que lhe prendia com correntes e madeira do pescoço aos pés, por muitos dias na senzala, para ficar impossibilitado de fugir, até quando o senhor voltasse a lhe permitir a liberdade, recebendo, entretanto, depois do trabalho feito na lavoura, também como prêmio pela fuga, o libambo: objeto de madeira com três furos que lhe adornava o pescoço e as mãos, impedindo-o de escapar, denunciando-lhe os passos por onde passasse por causa dos chocalhos que possuía o instrumento e tornando-lhe quase impossível também dormir naquela condição.

Na sua segunda tentativa de fuga da fazenda, ele ficou por três dias na pequena gruta escura, construída por ordem do senhor João, com o espaço necessário somente para acomodar uma pessoa agachada, reservado para os escravos fujões ou que se rebelavam.

Izidoro só se acalmou depois que Samira tinha sido trazida para trabalhar na casa-grande como cozinheira particular da família do dono da fazenda, pois não conseguiu resistir aos encantos de sua formosura: cabelos negros lisos encaracolados e pele morena clara, conseguidos entre a união de sua mãe negra com um capataz branco; altura de poucos centímetros a menos afastada da sua; de seios fartos e quadris perfeitos que despontavam magnificamente sob os vestidos cedidos pela dona da casa para que a escrava estivesse adequadamente vestida, para as ocasiões de suas frequentes festas com as suas amigas e as visitas dos amigos do marido. Mas o seu charme principal era provocado pelos lenços coloridos enrolados na cabeça, os brincos grandes metálicos em forma de aros e vestidos justos ao corpo que usava recosturados por ela mesma, fazendo com que os homens da fazenda ou não vibrassem seus olhos quando ela passava.

Embora cobiçada por muitos, Samira logo se encantou com as deixas nos cantos de amor de Izidoro e seus exibicionismos, como se fosse um pavão a mostrar-lhe as plumas coloridas, quando passava por ela, cantava junto ao berimbau ou dançava a capoeira no pátio em ocasiões especiais liberadas pelo senhor para demonstrações aos seus amigos e convidados em algumas tardes de sábados festivos. Ele era mais velho do que ela quase vinte anos. Mas aquilo não a incomodava, ao contrário, a encantava, pois, por ser escrava sem a possibilidade da alforria dada por seu dono atual, ela sabia quantos anos prováveis ainda teria de vida saudável pela frente, arriscando assim alguns olhares na direção de Izidoro, mesmo sabendo do perigo que corria se o senhor João notasse tal situação.

O senhor João Nogueira, percebendo-se disso, embora dona Izadora o reprovasse, e ao contrário do que Samira imaginara, tratou logo de estimular aquela aproximação, pois lhe seria muito lucrativa para as finalidades que teria para os dois e para si mesmo. A primeira finalidade garantiria a certeza de que Izidoro sossegaria e trabalharia mais sem os percalços de ter de resgatá-lo quando fugia; a segunda finalidade serviria para esconder certo escândalo que logo apareceria se ele não tomasse as providências devidas.

Samira e Izidoro casaram-se apaixonadíssimos seguindo os preceitos da fé cristã católica, com direito a registro em papel e tudo, concedido, milagrosamente, pelo senhor da fazenda. Desde então, Izidoro sossegara e trabalhava arduamente durante o dia esperando que chegasse o momento de estar com a sua Samira e o jogo de capoeira, que voltara a praticar, permitido pelos senhores às terças e sextas-feiras à noite até às 20h30.

Samira engravidou logo no primeiro mês após o casamento.

Aninha nasceu forte e sadia, tendendo mais para o lado genético da mãe com sua aparente pele mais clara do que a escura do pai, tornando-se mais tarde outra bela morena, tal como a mãe. Izidoro fascinou-se por ela, logo que a levou aos braços pela primeira vez, tornando-se manso e pacífico antes, durante e após o trabalho na febre louca do amor e entrega total de afeição junto às duas criaturas que Oxalá lhe trouxera para aliviar-lhe a vida tão sofrida. Com isso, Izidoro começou a ceder à ira que tinha tido para com o senhor João e seu feitor, considerando primeiro a permissão que tivera para casar, e não ter sofrido ele e Samira qualquer tipo de maus-tratos durante a fase de gravidez, em que mesmo ela recebeu a autorização de não precisar trabalhar nos trabalhos pesados da cozinha, durante o último mês antes e o primeiro depois do parto.

O senhor João logo se apaixonou pela menina, que passou a não sair-lhe do colo durante esta fase, tendo, mais tarde, total liberdade para vagar pelos diversos cômodos do fabuloso palacete, despertando certa inveja nos três filhos: Euzebia, Clarinha e Pedrinho, 5, 4 e 2 anos, respectivamente, nascidos do casamento tardio dele com dona Izadora.

Indo mais à frente, veremos Samira, três anos mais velha, portadora ainda de descendente beleza africana descomunal, observando, prazerosamente, entre um intervalo e outro no trabalho na cozinha, as suas duas filhas, uma ainda de colo chamada Sabrina e a mais velha com seus 4 anos, andando livremente pela casa-grande e pelos arredores das áreas construídas da fazenda, por terem a permissão dos donos para isso, e por serem portadoras da liberdade proporcionada pela Lei do Ventre Livre, sonhada por Rui Barbosa e decretada pela princesa Isabel em 28 de setembro de 1871.

Tudo tinha estado normal na fazenda do senhor rude e exigente, não acontecendo grandes incidentes, até que as coisas mudaram quando Samira engravidou pela terceira vez, trazendo de volta o mau humor do senhor João e dúvidas que açoitaram mais que chicotadas, por muito tempo, a mente de Izidoro.

Vamos encontrar Samira assim, com a barriga despontando o quarto mês de gravidez, no início de uma tarde de sábado de verão, entravada entre a porta da cozinha secundária e o corredor que levava para dentro dela, onde os escravos tomavam o café da manhã, jantavam e almoçavam nos dias especiais em volta de uma grande mesa de madeira rústica, sob a supervisão dela nos trabalhos das demais escravas que cozinhavam para eles. Ela estava presa de encontro à porta pelo corpo branquelo e massudo do senhor João Nogueira, com seus 90 e poucos quilos conseguidos ao longo de seus 59 anos de boa alimentação e festejos frequentes com os amigos, desperdiçados os últimos anos no ostracismo da vida social, longe dos tempos em que fora exímio cavaleiro caçador de escravos fujões, com os seus poucos metros de altura que mal chegavam ao queixo de Samira. Ela podia sentir o cheiro do álcool tomado com os amigos no salão principal saindo de sua boca, do charuto de boa qualidade que havia fumado há pouco e da brilhantina que usava para fixar o topete, que cismava em lhe cair sobre os olhos, para encobrir suas áreas calvas nas partes de cima da cabeça; ela sentia o cheiro do suor que lhe saía do corpo encharcado debaixo das camisas caras de cetim, do colete, da casaca e calça apertadas, seguindo a moda dos nobres da corte, com quem ela soube conviver quando havia chegado à fazenda, ainda devedora dos favores do novo dono que a resgatou das mãos de miserável aproveitador. Mas, desde que começou a compartilhar sua vida com a de Izidoro e descobriu seu amor por ele e pela família formada, evitava, sempre que lhe era possível, cruzar com o dono da fazenda ou estar sozinha com ele em qualquer outro lugar, a fim que não a assediasse, tal como fez várias vezes quando ela ainda solteira e nas vezes seguintes, após casada, que ela não teve como escapar-lhe.

E era por isso que o senhor João Nogueira, completamente embriagado, a estava imprensando de encontro à porta da cozinha, imobilizando as suas mãos e exigindo-lhe os débitos ainda existentes pela cara compra que fizera por ela junto ao seu antigo dono. O senhor João, com os olhos famintos de desejo e quase implorando, ameaçava-a, dizendo:

– Samira, eu acho que tu estás brincando comigo, evitando-me como tens feito. Tu sabes que eu te amo loucamente e não aquele troço com que tenho de conviver acordando toda manhã ao lado dela em minha cama, desde que meu pai obrigou-me a casar com ela, pelo dinheiro polpudo que os pais dela deram-lhe em troca para sanar os pesados débitos que ele havia gerado em suas fanfarronices junto aos jogos com os amigos – afirmou querendo justificar-se. – Eu não consigo viver longe de ti como queres agora. Não esqueças que fizemos juntos e temos uma filha, que amo muito e que infelizmente não posso reconhecer como minha filha, pois seria um completo escândalo para a minha família. Mas, por favor, não me evites se queres continuar vivendo com Izidoro e eu não te venderei para outro miserável igual ao teu antigo dono – ameaçou-a tentando, desesperadamente, lhe abrir o vestido na altura de seus seios, ao mesmo tempo preocupado e nervoso no caso de alguém chegar de repente e o vir naquela situação constrangedora. Os pingos de suores que lhe caíam do rosto eram tantos que marcaram em abundância o piso de barro batido.

Samira, procurando desvencilhar-se do seu dono a todo custo e esforçando-se para que o vestido não fosse rasgado, lhe resmungou com a voz embaçada pela angústia de se ver também naquela situação:

– Senhor João, eu sei de tudo isso e respeito o seu direito como pai de minha primeira filha, no qual o deixo à vontade no trato carinhoso que tem com ela e também com nossa segunda filha, agradeço pelas roupas bonitas que o senhor dá a elas, diferenciando-as das filhas das demais escravas, mas peço-lhe, pelo amor ou temor que tem de Deus, que me deixe em paz, pois já não lhe pertenço há muito tempo, desde que conheci Izidoro. Eu o amo, meu sinhô, como as nossas filhas. Por compaixão, esqueça de mim – implorou Samira, com o maior respeito possível. – Por favor, me deixe em paz junto a minha família, pois não tenho como lhe pertencer mais. Acho que as minhas dívidas com o senhor foram pagas nas noites escondidas que me teve antes de conhecer a Izidoro e mesmo depois nas vezes que fui forçada a me entregar ao senhor, para que minha família não sofresse as consequências de suas ameaças. Mas agora basta. Se quiser, pode me matar ou me vender que eu não tenho mais coragem de enganar o homem que amo verdadeiramente. Perdoe-me por isso, mas é a mais pura verdade, e o senhor tem de compreender.

Aquelas palavras foram como punhais a atravessarem o coração do senhor João, que, sedento de raiva em virtude da clara rejeição da mulher que amava e tratando de ameaçar sua antiga amante, mesmo diante de seus esclarecimentos e súplicas, e percebendo que passos se aproximavam, enlouquecido, disparou as palavras:

– Tu me pagarás, Samira, me pagarás por isso e por todo o tempo em que te procurei sedento de teu amor e tu o me negaste. Maldita a hora em que te entreguei inocentemente nos braços do meu maior rival – disse soltando-a e empurrando-a brutalmente ao encontro do chão.

Samira, com o forte empurrão e sem ter onde se apoiar, caiu pesadamente ao chão levando ao encontro dele sua barriga de quatro meses de gravidez, enquanto o seu senhor fugia pela porta que dava acesso para o exterior da casa. Na mesma hora, ela sentiu uma forte fisgada na barriga trazendo-lhe imensa dor, com a qual, contudo, não pôde se preocupar de imediato, pois, de repente, dona Izadora entrou na cozinha com a testa enrugada como se desconfiada de algo, totalmente irritada, com os olhos esbugalhados e com a voz repleta de grosseria, como nunca lhe tinha feito antes; ordenou para a escrava, procurando com os olhos algum sinal que lhe evidenciasse a dúvida tida:

– O que tem feito, Samira, nesta cozinha dos escravos que o almoço ainda não está pronto na cozinha principal para os nossos convidados, filha ingrata da África?

– Desculpe-me, sinhá Izadora. Eu o estava concluindo na cozinha principal quando vindo para cá para supervisionar os serviços finais das cozinheiras dos escravos tropecei e caí no chão com a barriga e comecei a sentir por isso uma forte dor nela – respondeu Samira atordoada com a dor que sentia e as palavras rudes que sua dona lhe dirigira, ficando preocupada com a possibilidade de ela ter percebido ou ter escutado alguma coisa da conversa tida com o senhor João Nogueira.

–Vamos logo, menina ingrata. Trate de aprontar este almoço para os amigos que estão faminto na sala de estar, ou eu terei de tomar outras providências para conseguir isso? – ameaçou dona Izadora, olhando para a escrava com os olhos repletos de ira.

Samira saiu da cozinha secundária quase se arrastando, dirigindo-se, penosamente, para a cozinha principal, movimentando-se, apressadamente, entre os afazeres urgentes das comidas sendo preparadas nas panelas pesadas de ferro fundido, no quentíssimo fogão à lenha de seis bocas. Ela estava sozinha, pois dona Izadora só confiava a preparação de suas comidas pelas mãos limpas daquela sua melhor serva. Foi neste vai e vem apressado entre as panelas que Samira sentiu uma pontada e depois uma intensa dor no ventre, em seguida um forte espasmo na parte baixa que lhe fez descer pelas pernas um jato de água morna e avermelhada, misturada a pedaços de uma massa pastosa de sangue coagulado, que caíram no piso apedrejado da cozinha.

Samira, ao ver o que lhe descia pelas pernas e derramava-se no chão, soltou enorme grito e desfaleceu levando seu corpo a derramar-se sobre a umidade daquela massa pastosa avermelhada.

Dona Izadora, ainda muito desconfiada, observando meticulosamente alguns detalhes na cozinha secundária, voltou imediatamente a sua cabeça na direção do barulho surdo que escutara vindo da outra cozinha e, observando atentamente a situação que acontecia à sua volta enquanto se deslocava para a cozinha principal, ficou pasma ao ver a escrava desmaiada no chão, suja entre o sangue que ainda lhe escorria das pernas, e perplexa ao constatar a presença do marido ao seu lado e a rapidez com que chegara perto entrando pela porta da cozinha principal pelo lado externo, correndo ao escutar o grito de pavor da cozinheira escrava. Sem perda de tempo, motivada pelo ódio que queria lhe espumar a boca junto com as suas palavras, ela sussurrou, rancorosa, no ouvido do marido, para que os convidados e demais escravos que estavam chegando, para se certificarem do que ocorria, não a escutassem:

– Deus faz logo a justiça pelas suas mãos, pois que Ele levou daqui mais um que meu marido me atraiçoando fez junto a esta miserável, que era respeitada por mim como a uma filha. Maldita seja ela e você por quem nutre grande amor. Estúpida sou eu que confiava no seu verdadeiro amor por mim e não no dinheiro que o meu pai pagou ao seu pelo nosso casamento, para carregar no meu o seu nome nobre. Saiba, então, que, de agora em diante, mesmo que me implore um dia, não terá mais o meu corpo à sua disposição para lhe frear os maiores desejos; eu o respeitarei como o pai de meus filhos e senhor desta fazenda, somente, e nada mais que isso.

Izadora saiu da cozinha na direção dos convidados que chegavam curiosos e, aproveitando, ao passar por um escravo de confiança pelo meio do caminho, pediu-lhe que limpasse imediatamente a sujeira na cozinha principal, e que, sem que ninguém notasse, abrisse um buraco no chão da cozinha secundária, colocasse nele aquela sujeira, o tampasse muito bem sob as pedras assentando-as bem no lugar de volta, e colocasse sobre elas um pesado móvel de modo a que ninguém o descobrisse e se atrevesse a reabri-lo um dia. Chegando até os convidados que haviam corrido ao grito escutado, ela disse-lhes, friamente, ter sido um mal-estar de uma das escravas, convidando-os, sem qualquer tipo de assombro no olhar, a retornarem para o salão de estar, ordenando no caminho que outra escrava tomasse o lugar da infeliz adoentada, para terminar o jantar, e continuou, como se nada tivesse acontecido, uma de suas rotineiras falas incentivadoras da caridade para com os necessitados e os pobres do município, ação que coordenava a pedido do pároco da igreja local. No seu olhar interior, o ódio faiscava; na aparência do seu rosto cândido de incentivadora do bem, enganava; nos seus trajes de luxo acompanhando a moda da corte junto às demais damas da sociedade local que estavam ali naquele almoço fraterno se superava, mesmo diante do corpo rechonchudo de idade avançada cuja crinolina e espartilho davam jeito, aliado ao formato do vestido que lhe realçava a anca, feito de seda com estampas de flores, babados, rendas e fita na parte traseira; contudo, aos olhos de Deus nada escapava, sendo registrados todos os atos no livro da vida de cada filho Seu, sem que Ele nunca deixasse de ser misericordioso, mesmo para com aqueles que cometem os atos mais vis, sempre deixando abertos todos os caminhos da redenção.

Dona Izadora, sem que ousasse rejeitar a vontade de seu pai, teve a sua vida de esposa jovem arquitetada e construída pelas mãos dele, a princípio de obrigatoriedade, cujo amor, aos poucos, foi-se implantando junto ao marido bem mais velho: pelo orgulho, por meio do nome nobre recebido; pela ambição de ser a senhora de uma das mais prósperas fazendas da região; pela vaidade, por ter ao lado, para a inveja de muitas outras, o vistoso João, másculo, desbravador cavaleiro nas matas à procura de escravos fujões e cavalheiro entre as damas; finalmente pelo grande amor que aprendeu a lhe dedicar, depois que lhe foram aconchegados ao lado de sua vida com o senhor João os três filhos. Mas ela não sabia que o marido, por considerar-se extasiado nas suas fantasias sexuais, procurava fora do casamento outras mulheres, cansado do corpo que, livre da crinolina e do espartilho, já não o saciava mais, chegando a comprar escravas jovens de donos cruéis que em troca deveriam lhe ceder o corpo a hora que quisesse, além de ser o atormentador das jovens escravas bonitas da fazenda, que obrigava, por intermédio de Inálio, a lhe ceder às vontades. Por muito tempo ela conviveu com isso sabendo tratar-se de desejos e vontades passageiras do marido, contudo, naquele dia ela descobriu, pelas palavras escutadas da boca do próprio marido junto a Samira, que ele a tinha traído com sua principal escrava, agora não somente por sede e vontade, mas com amor, o que era muito diferente e não podia aceitar. O senhor João Nogueira, ainda trêmulo pelo que havia acontecido com Samira e as revelações da esposa, abaixou-se junto a ela e, com o auxílio de um dos escravos voltados para o trabalho da casa-grande que tinham também corrido ao escutarem o grito, pegou-a desmaiada pelos braços, passou pela porta da cozinha principal, atravessou o grande pátio externo sob os olhares curiosos dos demais escravos e a levou para dentro da senzala, onde a colocou sobre a palha no chão que lhe servia de cama. Ele pediu ao escravo que o acompanhava que chamasse o médico da família, urgentemente. Finalmente, ele passou a prestar atenção à miséria à sua volta, notando os olhares das escravas e crianças sobre ele, espantados com a presença do senhor ali auxiliando uma escrava, como algo surrealista. Ele, totalmente absorvido, somente preocupado com o estado de saúde de sua amada, pediu à mais próxima das escravas que lhe trouxesse água e uma toalha, e, atendido na água já que a toalha não existia naquele lugar, embebeu o pano de algodão grosseiro lhe dado e começou a passá-lo na face de Samira, acariciando o seu rosto e deixando junto com as suas carícias todo o amor que realmente tinha por aquela mulher; depois, afastando-se da desmaiada e dos olhos curiosos que acompanhavam atentamente cada gesto seu, ele solicitou com uma voz suave à mesma escrava que retirasse o resto de sangue coagulado e os pedaços menores que ainda estavam espalhados ao longo das pernas, dando continuidade aos primeiros socorros à desfalecida.

 Enquanto ele observava de longe a escrava limpando Samira, ia balbuciando na direção do Alto que lhe perdoasse o acontecido; que ele, se Samira sobrevivesse, prometia que nunca mais a tocaria ou a incomodaria de qualquer forma, pois sabia quando perdia e não poderia resgatar de volta o que perdera, confessando a Deus que sabia que o filho perdido não era dele, pois, apesar dos seus ataques frequentes, havia muitos meses que não tinha tido qualquer tipo de relação com ela.

 Alguns minutos depois chegou o doutor Afrânio, que por sorte fazia atendimento a outro paciente perto dali, prestando, junto à escrava desmaiada, imediatamente, o posterior atendimento ao de primeiros socorros feitos pelo senhor João, tomando-lhe o pulso, verificando a sua respiração e o dilatamento das pupilas dos olhos, acabando de limpar-lhe os demais vestígios do aborto involuntário, constatando que, fora o acidente, ela estaria bem fisicamente depois que repousasse de forma adequada. Contudo, ninguém poderia garantir quanto ao seu estado emocional posterior. Nesse ínterim, o senhor João a sós com o doutor Afrânio pediu-lhe, recorrendo a sua confidencialidade profissional, que não revelasse nunca a ninguém o que tinha acontecido realmente, sendo atendido por ele, fosse por seu profissionalismo, fosse pela amizade junto ao senhor da fazenda.

Enquanto essa cena acontecia na senzala, na cozinha secundária o vestígio principal do que tinha ocorrido ficou guardado sob a terra e as pedras que formavam o piso do ambiente, acobertado por um móvel pesado. Aquela posição estratégica somente seria revelada para outras pessoas, além das duas que a conheciam, muitos anos depois, por uma dessas partes, por meio do escravo moribundo de consciência pesada, que havia enterrado os pedaços maiores do feto abortado deformado pelas circunstâncias da queda acidental. Nem mesmo o senhor João conseguiu saber antes desse dia o local em que fora enterrado o feto malformado; fato este que, quando foi revelado, espalhou-se, rapidamente, feito mau cheiro pelo ar, ocasionando frenesi e muita curiosidade pela população local e das cercanias.

Izidoro foi chamado às pressas do trabalho na lavoura e, chegando à senzala, vendo a mulher amada deitada desfalecida na palha junto ao médico da família e seu senhor, assustou-se mais do que o que lhe tinha sido falado pelo escravo que o procurou a pedido do senhor; olhando para a barriga de sua esposa, ele perguntou ao bondoso doutor Afrânio, que por muitas vezes atendeu aos escravos surrados ou adoentados sem esperar qualquer tipo de pagamento daqueles que nada tinham para pagar, o que tinha acontecido, revelando este, à força das circunstâncias, a mentira tratada junto com o senhor João, passando o ocorrido como um acidente ocasionado pela queda da escrava no piso escorregadio da cozinha secundária. Neste tempo, Samira acabou despertando do sono acalentador ao ocorrido por causa da absorção de um medicamento levado ao seu nariz pelo médico e, voltando ao pesadelo da realidade, lembrando-se da última cena, gritou olhando na direção de seu esposo:

– Meu filho! Izidoro, onde está o nosso bebê?

Faltando muito pouco para o desespero total, Izidoro, olhando ainda confuso a face do médico e de seu amo, respondeu-lhe:

– Querida, infelizmente não o poderemos ter de volta. Ele se foi junto com o tombo que tomou.

Samira neste instante olhou para os olhos do senhor João que, não suportando encará-la, virou o rosto para o outro lado. Para ele foi uma fuga vergonhosa, mas para Izidoro foi algo mais que denunciava muitas outras coisas.

Como não era hora para tratar do que começou a duvidar, Izidoro, recobrando-se, pediu aos presentes que o deixassem a sós com a esposa, sendo atendido pelos dois homens e demais escravos que estavam no lugar.

Ele pediu a Samira que lhe dissesse o que havia realmente ocorrido, mas ela, evitando a sua pergunta e virando para o lado, pediu-lhe pelo repouso necessário. Izidoro respeitou-lhe esse direito, em vista da condição necessária de repouso e recuperação da saúde, por muitos dias, deixando suas perguntas para melhor momento posterior.

Somente dois meses depois que a esposa estava totalmente restabelecida é que Izidoro começou a sentir na carne as verdadeiras consequências da dúvida que o martirizava noite e dia, fazendo-o fugir dos braços de Samira, afligindo-se cada vez mais, descontrolando-se a ponto de começar a beber muito, ficar embriagado e voltar a levar chicotas pelo trabalho mal-executado, depois de ter estado sossegado por muito tempo.

Em certo dia de maior aflição e total descontrole da mente proporcionado pelo álcool, ele cobrou da esposa de novo a verdade a confessar, se realmente o amasse e o queria de volta.

Samira, desejando ter de volta o amor de Izidoro e o homem sóbrio que tinha sido antes, mesmo sabendo que nunca mais o teria integralmente, resolveu lhe confessar tudo, desde que fora libertada do antigo dono miserável e caíra nas mãos de outro até o acidente sofrido que motivou a perda do terceiro filho do casal, não lhe esquecendo de falar do amor que aprendera a ter por ele e das rejeições que começou a ter depois por seu sinhô desde que sentiu que amava o marido perdidamente, em tempo não muito distante da data do casamento; confessou a trama em que se viu envolvida no casamento com ele para esconder a verdadeira paternidade da primeira filha; frisou com detalhes que o segundo e o terceiro filhos eram dele e que nunca poderiam ser do senhor da fazenda, por ela não ter tido mais nenhuma relação sexual com o senhor depois dos dois anos de casada, não passando algumas vezes de beijos e apertos que cedia em vista do débito que contraíra, embora ele vivesse sempre a incomodá-la visando à sua intenção principal. Na última vez, enlouquecido de desejo por ela, completamente embriagado, tentou molestá-la, empurrando-a, naquele dia cruel, ao encontro do chão da cozinha, resultando no infeliz acidente, por ela tê-lo duramente rejeitado.

Izidoro, irremediavelmente, enfureceu-se com tudo o que tinha escutado: de ele ter sido usado por João Nogueira para esconder da família e da sociedade a gravidez de sua amante; de ter ele sido usado como escudo para facilitar os outros encontros escondidos entre os dois. Entretanto, um pouco mais à frente, refletindo melhor, sentindo-se como na pele da esposa ao ser molestada pelo senhor da fazenda, usando como nova condição o mal que faria à família se não atendesse aos seus pedidos, rejeitando-o, arriscando com isso a própria vida, demonstrando dessa forma, apesar de tudo, que amava a sua família, ele começou a compreendê-la melhor, perdoando-a; tranquilizou-se por saber que os dois últimos filhos eram seus, pois começou a acreditar na mulher franca que agora tinha pela frente; e voltou a despertar a fera que tinha dentro de si na direção do seu senhor, quando soube que não tinha sido um tombo que fizera a esposa cair ao chão e abortar, como o que a esposa de João Nogueira havia habilmente espalhado para todos, a fim de ocultar o que realmente tinha acontecido, obrigando Izadora depois, sem piedade, que Samira fosse concluir o jantar para os convidados, mesmo a vendo com fortes dores no ventre; depois que ela mesmo, friamente, ordenou a um escravo fiel que limpasse o "lixo" caído no chão, fazendo-o calar-se, sob pena de morte se viesse a revelar o local onde o tinha enterrado.

Feito isso, a fera de tempos atrás, libertada da jaula que ele mantinha sob controle, saiu escondida durante a hora de um almoço especial comemorativo ao aniversário do senhor na cozinha secundária, à procura de saciar a sua fome de vingança, deixando Samira irremediavelmente desconsolada, com o remorso de ter falado tudo ao marido mesmo a pretexto de aliviar-lhe a saúde mental e a corporal debilitadas pelo excesso de álcool, desde que perdera o terceiro filho. Não adiantou mesmo os apelos e os efeitos do som cândido das palavras de Samira, ecoadas no vazio, depois que o marido tinha se retirado: "Izidoro, perdoe-os como eu os estou perdoando. Como fez o Cristo que aprendemos na nossa religião como nas religiões dos brancos que sempre perdoou os seus ofensores...". Mas nada debelou da mente irracional de Izidoro o ódio que proliferava, rapidamente, como verme no ambiente propício, mesmo aquelas palavras poderosas relativas ao perdão, contidas nos ensinamentos do Criador para com suas criaturas, fosse ele chamado de Deus, Abraão, Jeová... Zambi.

Izidoro, desenfreado pelo álcool acumulado na mente, sorvido avidamente às escondidas, alucinado pelo que o senhor da fazenda tinha feito junto a ele e sua amada, saindo da cozinha, burlando a atenção dos capangas de Inálio, sem ter escutado as últimas palavras da esposa, esquivando-se até o matadouro dos porcos e frangos criados na fazenda, pegou um facão e dirigiu-se para a varanda da casa-grande, onde o sinhô repousava após o almoço numa das redes, abanando-se entre um cochilo e outro para afastar as moscas e o calor forte que o incomodavam naquela tarde. Ele levava junto consigo os olhares de satisfação e de vingança dos outros escravos que carregavam nos seus corpos e nos seus rostos as marcas dos abusos, das chicotadas e queimaduras a ferro que João Nogueira ordenava ou Inálio fazia-lhes como castigo às faltas cometidas.

Saindo do matadouro, como se fosse um gatuno à procura de seu objetivo, ele virou, sorrateiramente, no final da parede onde a senzala ficava sob a casa e, dobrando-a, pôde contemplar, a cerca de dez metros, o monstro que havia tirado a vida de seu terceiro filho e quase matou a sua esposa. Agora como um leão que se embrenha no mato olhando a sua vítima de perto, ele preparou o bote para pegá-la de surpresa; aproximou-se mansamente dela metro a metro, firmou bem sua única garra afiada para descê-la sobre o ventre de sua vítima e, finalizando o bote, desferiu o movimento fatal com toda a força que tinha na direção do alvo pretendido. Contudo, surgindo do nada, outra mão, com força semelhante a sua, opôs-se a seu movimento na tentativa de neutralizar o caminho descendente da arma fatal, colocando imensa força oposta para conduzir o facão para longe da vítima.

Izidoro, surpreso com a presença de Inálio, colocou naquele ato toda sua força e sua ira, mas o feitor e capataz da fazenda, no dever de salvar a vida de seu patrão a quem devia muito, conseguiu vencer a força do escravo desloucado por causa do ângulo melhor em que se encontrava e, levando a mão que segurava o facão para longe do objetivo traçado, forçou-a e torceu-a para baixo, fazendo o facão cair na direção do chão do pátio abaixo do piso da varanda. Na queda, o facão, de tão afiado que estava, fincou-se no solo, em pé, passando a reluzir em uma das suas faces principais, bem polida, os raios do sol quente daquele dia. Izidoro, enlouquecido, saiu à procura da arma fincada no chão, porém, Inálio, mais aplicado que Izidoro nas questões de desarme de armas e na capoeira de rua, gingou, em seguida, desferindo o golpe mais certeiro de suas pesadas mãos espalmadas sobre o peito de seu oponente e, invertendo as suas próprias mãos para o chão e seus pés para o alto, deu-lhe outro forte golpe com os pés na mesma região do golpe anterior, fazendo Izidoro cambalear e perder o fôlego, afastando-o da arma;

depois com os pés e as mãos rentes ao chão, aplicou-lhe uma rasteira certeira nos pés, fazendo Izidoro cair pesadamente sobre o chão do pátio endurecido pelo sol causticante dos últimos dias, desfalecendo pela queda pesada de sua cabeça contra o solo.

Inálio, não satisfeito pela luta ter de terminar tão facilmente, irado e revoltado com a pretensão de Izidoro ter tentado, traiçoeiramente, tirar a vida do seu mentor, justamente no dia do seu aniversário, pegou o facão caído no chão ao lado do desmaiado, puxou-o do solo e preparou para dar o golpe fatal no inimigo, sendo, entretanto, contido por uma mão não tão forte quanto à dele, mas que detinha força e poder na voz ao ordenar:

– Não faça isto, Inálio, pois este infeliz não merece morrer assim, tão tranquilamente. Deixo para você fazer depois o que quiser com este escravo desgraçado. Mas não vale a pena matá-lo agora – pediu o patrão à Inálio com a voz ainda trêmula, mas sabendo o que pedia, depois de ter se levantado da rede assustado e consciente do que quase tinha lhe acontecido, usando de sua vivacidade, ainda na procura de atrair para si a atenção de sua amada, por meio da evidente caridade de ter poupado a vida de Izidoro, cujos comentários referentes atravessariam logo os cantos não só da fazenda, como também das redondezas, fazendo com que o seu melhor seguidor abaixasse a arma. A sede incontrolável de ter a atenção de Samira voltada para si, como tinha sido nos velhos tempos, foi maior que a promessa que tinha feito a Deus anteriormente de não mais a molestar, caso sobrevivesse quando ela esteve desfalecida em razão do aborto do terceiro filho e sua queda ao chão. Na sua agilidade de pensar, ele imaginou que com aquele ato de bondade atrairia a compaixão e o agradecimento à vida do marido de Samira para si, e mais tarde com a evidente morte de Izidoro, mergulhada na perda, a chamaria para uma reconciliação definitiva, custasse o que custasse.

Os outros escravos estavam ao redor dos três ajuntados no chão, com expectativas, observando a cena inusitada e as próximas que viriam, quando Samira, saindo da senzala ao ouvir os gritos ecoados pelos arredores, viu o início do ato interrompido pelo senhor, que quase havia tirado a vida de seu esposo. Sem ter podido fazer nada por estar longe, ela somente viu como o seu sinhô impediu o ato fatal no qual Inálio podia ter usado o peso a favor da posição vertical e enfiado, facilmente, a afiada arma no ventre do corpo inerte caído de Izidoro desfalecido, conseguindo ela somente gritar um não, na tentativa de parar o ato do capataz da fazenda já com a arma no movimento descendente, que não garantiria nada por causa da total falta de correspondência que receberia dele de volta como resposta.

    Inálio, respirando ofegante e fora de si como se o capeta estivesse dentro dele, pouco ligando para o grito da mulher de seu inimigo que havia tentado desgraçar a vida do seu patrão, mas reconhecendo a voz de poder e subjugação do senhor João Nogueira, parou o curso da arma no seu trajeto final, com a ponta já a encostar a pele da barriga do rival. Com os olhos e o rosto queimando no rubro de sua raiva, respirando ofegantemente, ele deixou que a força das mãos do seu patrão fosse, paulatinamente, vencendo a sua, até que a neutralizasse, afrouxando a mão que segurava o instrumento de morte e deixando-o cair sobre o chão. Acalmado por seu chefe e seus capangas que chegaram apressados e assustados com a cena que viam, aos poucos a sua respiração foi voltando ao normal. Alguns segundos mais à frente ele pediu ao senhor João, fervorosamente como súplica, com as palavras do demo na boca e o fogo do seu inferno ainda nos olhos:

    – Patrão, deixe-me acabar logo com a vida deste desgraçado e dar um jeito também nesta miserável que está vindo aí – disse apontando na direção de Samira que se aproximava do marido procurando pegar de volta do chão a arma caída –, pois, acredite no que estou lhe falando, eles ainda lhe trarão novos problemas; será melhor que façamos logo isso, já.

    – Inálio, eu já o pedi! Quem toma essa decisão sou eu. Não pegues essa arma de novo! É uma ordem! – falou com autoridade e poder na voz o senhor da fazenda. – Como te disse, se quiseres, podes depois aplicar-lhe o castigo que desejares, desde que não tires a sua vida já, pois é um desgraçado que não merece o tipo de morte rápida que quer lhe dar, homem de Deus – interferiu sobre uma voz maior no seu interior que tentava dominar as ações do feitor. – Quanto a Samira, nunca ouses sequer levantar um dedo que seja na direção dela – ordenou e enfatizou João Nogueira o seu desejo para o capataz desenfreado, não se importando dessa vez o que viessem a pensar ou falar a respeito os que estavam à volta atentos aos movimentos e às falas acontecendo.

    – Pois bem, senhor. Eu farei o que deseja, mas faço afirmando-lhe que este negro fujão ainda o incomodará muito. Porém, como castigo pelo ato traiçoeiro que cometeu contra o senhor, deixe que eu escolha, então, os tipos de punições que eu possa aplicar neste escravo petulante. Quanto à ingrata que o senhor tirou das mãos de seu dono miserável, eu respeitarei a sua vontade, patrão – respondeu Inálio, respeitosamente, expelindo na sua vontade as suas malícias, captadas, imediatamente, por João Nogueira.

Em seguida, vendo que a escrava Samira havia corrido na direção do marido desfalecido e começado a limpar a sua face onde tinham brotado algumas gotas de sangue no nariz e na boca depois da queda dele penosamente ao chão, o senhor João Nogueira ordenou a Inálio, com a voz cheia de complacência por causa da aproximação da pessoa amada, que saísse de perto do escravo ainda caído e deixasse a esposa cuidar dele.

Samira, socorrendo o marido ainda desfalecido no chão, pouco se importando com o que o capataz havia lhe dito antes, sabendo que ele não tocaria em nenhum fio do seu cabelo, na presença de João Nogueira, disse-lhe, sem pensar, que, se fosse homem mesmo, que enfrentasse a Izidoro de igual para igual, para ver o que lhe aconteceria, assim que ele estivesse restabelecido.

Neste momento, houve um verdadeiro burburinho trocado entre os que estavam presentes, aflorando a atenção de todos no que poderia acontecer depois das palavras proferidas por Samira, provocativas e ressoantes.

O senhor da fazenda, escutando a provocação vinda da boca de sua ex-amante, abriu perspicazmente um leve sorriso no canto da boca prevendo o que aconteceria em seguida; nas janelas frontais dos quartos localizados no segundo andar e nos cômodos do primeiro andar da casa-grande, onde estavam dona Izadora e outros escravos prestando atenção ao que havia ocorrido e estava ocorrendo, começaram todos a fazer mentalmente suas apostas, consoantes à intenção do senhor da fazenda, prevendo o confronto entre os dois gigantes que poderia ocorrer proximamente, deixando-os eufóricos com essa expectativa.

Inálio, no auge dos seus 50 anos de puros músculos e agilidade na experiência adquirida nos seus trabalhos na fazenda, entre grande plateia no pátio, nas janelas dos cômodos do térreo e nas janelas dos cômodos do segundo andar, no pleno orgulho de sua fortaleza pessoal, no respeito dos escravos e dos patrões que o mantinham no cargo privilegiado, também conhecedor da agilidade possuída por Izidoro na capoeira, mas vaidoso por sentir-se da mesma forma ágil não somente na capoeira como nas demais lutas a mão livre também fingindo não escutar as provocações de Samira, apreciou o olhar de perto de dúvidas do patrão, dos demais escravos, de dona Izadora e dos três filhos dos patrões a quem tinha muita afeição e era considerado por eles como um herói, e aguardou o parecer final de seu mentor, que lhe chegou com um balançar afirmativo de cabeça, antes de se pronunciar. De posse desses olhares sobre si, e da afirmativa do patrão, seu peito se inflou de grandes pretensões e, afastando forçadamente a escrava Samira que não queria se desvencilhar da proteção ao corpo do esposo ainda desfalecido, pegou um balde cheio de água e jogou sobre o rosto de seu adversário. Tendo o corpo livre das mãos da mulher que o tinham estado protegendo, o capataz levantou Izidoro em estado de despertar pela gola de sua misérrima camisa, suada e suja de sangue, arrastando-o pelo chão até o tronco de torturas, no centro do pátio, deixando-o sentado com o tronco e a cabeça apoiados nele, amarrou seus pés, levantou suas mãos e as prendeu também por trás do tronco, e verificando que o rival estava desperto falou alto e em bom som para que todos que estavam por perto o escutassem:

– Serei misericordioso com você, filho do Zebu – apontou o dedo na direção de Izidoro. – Eu o deixarei recuperando as forças para que não digam que foi covardia minha quando o arrebentar todo. Mas não posso deixar de castigar esse desgraçado hoje, senhor João – afirmou olhando na direção do seu chefe. – Consinta que eu lhe aplique alguns castigos, depois eu lhe prometo que o deixarei descansando e alimentando-se adequadamente para que se fortaleça e esteja, daqui a dois dias, recuperado e pronto para ser surrado definitivamente por mim; se o senhor não tiver nada contra, pode ser depois de amanhã, à tarde, no final do dia de trabalho, e eu darei uma surra neste desgraçado da qual ninguém mais se esquecerá – prometeu, girando o seu olhar recheado de convicção na direção de todos que assistiam àquelas cenas.

Satisfeito com a situação alcançada nos seus reais planejamentos e intenções, o senhor João balançou afirmativamente a sua cabeça uma vez mais.

A um olhar de Inálio um subordinado seu se aproximou e segurou Samira nos braços para que não interferisse nos castigos que o feitor iria aplicar em Izidoro, feitos pessoalmente por ele.

Como um ator se apresentando num ato solo num palco, dentro do seu enorme corpo negro feito de músculos rígidos e ossos resistentes às antigas lutas como escravo e intempéries como feitor na procura dos escravos fugidos, Inálio iniciou sua punição dando duas fortes bofetadas no homem sem defesa amarrado no tronco e disse-lhe:

– Estas bofetadas na sua cara são pela ingratidão e pela falta de respeito que você teve junto aos nossos patrões que nos dão o pão que nos alimenta, a água que sacia nossas sedes, as roupas e os abrigos que nos aquecem do frio, nos protegem do sol escaldante e das chuvas fortes; que ainda permitem criemos os nossos filhos e professemos suas religiões, mesmo sendo nós os filhos trevosos da escuridão.

Depois pegou o pior chicote possuidor de fios cerâmicos entrelaçados entre os de couro e deu-lhe sete chicotadas sobre o dorso; pegou um ferro que havia ordenado a um subordinado trouxesse em brasa do fogo à lenha na cozinha secundária e o aplicou no lado direito e esquerdo do dorso do infeliz já maltratado, fazendo-o contorcer-se em dor, dizendo:

– Estas chicotadas, quase nada em relação às totais que damos para os casos mais severos, são pelo atrevimento de ter tentado tirar a vida de nosso patrão, pois que ele não tem culpa da sua mulher ter tropeçado, caído e abortado o filho de vocês; ele, bondoso, pediu-me que não acabasse com a sua vida, pela falta grave que você cometeu, como era do meu desejo, praticando ele a caridade e o perdão que Nosso Senhor Jesus Cristo nos ensinou – disse tentando impressionar na mente dos presentes que o patrão era um homem bom e religioso e ele, um eminente cumpridor dos castigos que vinham em nome dos céus, aos infratores das Leis Divinas.

– As marcas a ferro e fogo são para lembrar junto às outras que tem no corpo e nunca esquecer que escravo fujão, ingrato, desrespeitoso e, principalmente, atrevido contra a vida do seu senhor, será sempre tratado assim ou pior. Um bom escravo trabalhador para o nosso Senhor, ao contrário, será sempre tratado com misericórdia e poderá mesmo chegar à liberdade e a um cargo como o que consegui, sabendo agradar a quem pertence – disse desta vez olhando, primeiramente, para Izidoro cheio de dor com a cabeça pesada caída sobre o peito, para Samira e depois para todos os outros escravos que o observavam, como a adverti-los.

Neste ínterim, retornando à rede onde esteve deitado portando suas roupas de cavalheiro da época, o senhor João sentou nela muito satisfeito, aprovando o que Inálio tinha feito e falado até o momento e aumentando a sua atenção para o que viria depois. Sentiu, no registro do seu íntimo de séculos atrás, o mesmo sentimento que tinha quando sentado nas poltronas principais das autoridades, perto das do imperador romano do século II, durante os julgamentos ou idas dos cristãos culpados às feras nas arenas romanas, apreciava a tudo com muita vontade e júbilo.

Transpondo os tempos e vidas que se passaram até aquele presente, o senhor João, prazeroso ainda na apreciação de tais eventos, era conhecido no local e em cidades próximas como aquele que por várias vezes tinha patrocinado no pátio de sua fazenda lutas entre seus escravos, seus trabalhadores ou de outras fazendas, fazendo correr apostas que somadas chegavam a grandes volumes de dinheiro, movimentadas entre os próprios escravos, trabalhadores e demais serviçais, os senhores das fazendas e pessoas de posse da sociedade local e próximas. Eram amplamente divulgadas em suas ocorrências, levando-o, na maioria das vezes, a ganhar as apostas, fazendo-lhe retornar ao bolso o dinheiro que gastava com o pagamento dos ex-escravos e trabalhadores de sua fazenda, como também o de muito dos nobres que vinham assistir a tais lutas e apostavam nas suas preferências. Por isso ele ostentava o grande pátio, sua grande varanda no primeiro andar e sua varanda de visão privilegiada suspensa no segundo andar da casa de onde ele, seus parentes e convidados apreciavam as lutas que aconteciam de tempos em tempos.

Inálio sabia disso e havia participado de algumas, ganhando em todas as lutas que havia travado contra adversários especiais, sendo o favorito do senhor João e tendo também ganhado muito dinheiro, na parte que lhe cabia, por meio das apostas feitas a seu favor; também ele era o responsável designado pelo senhor João para treinar e arregimentar lutadores da sua fazenda e de outras, marcando os eventos das lutas que atraíam muitas pessoas e apostadores. Em vista da nova oportunidade que surgia, ele continuou a sua apresentação, aplicando sobre os braços e pernas de Izidoro algumas pancadas com o seu chicote especial de couro reto endurecido enrolado sobre uma haste de madeira, que lhe garantiria a fraqueza nos possíveis golpes futuros do inimigo que partissem desses membros, quebrando, de propósito, imperceptivelmente para os demais, dois dos dedos direitos das mãos de Izidoro; para completar, pegou pelo queixo do escravo quase feito assassino, levantando sua cabeça para que o vissem bem e deu-lhe uma de suas famosas cabeçadas bem no meio da testa, levando-o a desmaiar de novo. Depois, como para mostrar sua misericórdia, parou por ali e deixou o punido, ensanguentado e desmaiado, ser acordado, beber água e ser tratado pela esposa e amigos que o rodearam assim que lhes foi permitido por Inálio em suas falsas falas de compaixão, direcionadas a seus comparsas:

– Podem deixar que cuidem e tratem dele, mas que esse desgraçado não saia do tronco, ouviram bem?

Samira e amigos, assim que puderam, aproveitando os poucos minutos que teriam, correram a auxiliar Izidoro que descansava, conforme dito maliciosamente por Inálio ao senhor João, dando-lhe os socorros possíveis à parca situação, limpando-lhe as feridas, passando nelas o sumo de certas plantas e fazendo-o beber das ervas milagrosas dos velhos escravos; enfaixaram-lhe os dedos quebrados da mão direita usando talas para que calcificassem na posição correta.

O senhor João, verificando que o show particular de Inálio ficaria por ali, levantou da rede, chegou-se ao capataz, abraçou-o, agradeceu-lhe pela dedicação e proteção a sua vida, e o levou para longe dali. Conduziu-o até o interior da casa-grande, indo pessoalmente até a sua adega principal, de onde retirou a melhor de suas garrafas de vinho e passou o resto da tarde com o capataz a degustar esta e outras garrafas a mais, até que a noite descesse; ambos jantaram juntos no salão principal tendo a companhia animada de dona Izadora e seus três filhos. Com a noite avançada para o início da madrugada, as duas figuras principais, sozinhos e completamente embebedados, tropeçando nos objetos mais simples que tinham pelo caminho, recolheram-se seguindo cambaleando, cada qual na direção de suas camas.

O dia seguinte pareceu que não terminaria nunca para os habitantes da fazenda e da localidade, tal era a agitação entre todos. As apostas estavam sendo feitas nas mais diversas formas, como nunca tinha sido visto na fazenda. Como uma onda de contagiante febre, a notícia da luta prevista de acontecer na tarde do outro dia se espalhou por toda a vizinhança, fazendo aumentar as bolsas de apostas, agora entre os senhores das fazendas, seus escravos e trabalhadores, criando mil e uma expectativas e vontade de assistir àquela que seria a luta do século na região, ocasionando pedidos de trabalhadores e escravos a seus senhores para poderem ir lá vê-la. Não só a fama de Inálio ia longe, mas também a de Izidoro por ter lutado forçado e obrigado pelo seu feitor que atendia ao pedido do senhor João, antes de ter conhecido Samira, vencendo também todas as lutas de que havia participado. Mas nunca Izidoro e Inálio tinham se enfrentado: seriam dois touros brabos em luta. Por isso, pensava-se ser o confronto do século, pelo enfrentamento que ocorreria entre os dois maiores lutadores daquelas bandas.

Fora do casarão de 24 cômodos distribuídos em dois andares, tendo no primeiro andar: duas cozinhas, duas salas, dois salões, seis quartos para a família com seus ambientes próprios para a defecação e banho, e no segundo andar: um oratório, dois escritórios, dois quartos isolados para doentes contagiosos, sala das pratarias e artes, e demais quartos para os hóspedes, os escravos agilmente davam seus retoques nas limpezas da pintura de branco com faixas azuis e nas pinturas de cerâmica em azulejos de vários santos em baixa altura nas paredes, ajeitando ou completando as telhas coloniais faltantes ou quebradas nas duas varandas fabricadas pelas coxas de escravos em olaria do norte do Rio de Janeiro. Dentro do casarão, agitavam-se, apressadamente, as arrumações nos cômodos para receberem os convidados no dia seguinte, e o movimento na cozinha principal e secundária era intenso. Na extensa varanda projetada para fora da casa, no segundo andar, onde, em vez de ficar na varanda da parte de baixo, o senhor João ficaria com a sua família e seus melhores convidados, para melhor apreciarem as três lutas arranjadas que aconteceriam no pátio, duas secundárias e uma principal; a arrumação também seguia em ritmo fantástico, preparando-se as famosas poltronas almofadadas sob as cadeiras de bambu e vime, que o senhor João havia mandado importar da Índia para assistir confortavelmente àqueles eventos.

Além dessas construções, havia as três casas anexas ao casarão, usadas como moradia para Inálio, seus comparsas, demais trabalhadores e serviçais no trabalho direto da casa-grande, localizadas à esquerda depois da varanda de baixo, propositadamente no mesmo lado onde ficava a senzala, na qual também havia certa movimentação de preparação para as lutas que estavam para acontecer.

No pátio, sob o olhar sofrido de Izidoro preso ao tronco, os escravos habilitados e experientes para prepararem aquele tipo de evento davam os retoques finais na sua limpeza, passando ao final dos preparativos uma corda ao redor do que se convencionava ser um ringue, e, a dois metros dessa, outra em volta para separar os lutadores da plateia mais próxima. Nos quatro cantos do ringue, ao longo da segunda corda que o contornava e em outros demais pontos estratégicos foram colocados archotes que serviriam para iluminar bem, a noite toda, a área em volta do pátio.

Naquele dia, enquanto todos se ocupavam com as preparações e se preocupavam com suas possibilidades de aposta e permissão de assistirem às lutas, Izidoro passou penosamente sob o sol forte, parcamente alimentado e sedento da água necessária, o que foi feito de modo proposital por ordem de Inálio junto a seus subordinados, cuidando para ter o rival em condições precárias para a luta no dia seguinte.

Samira, sem poder nada fazer, aproximou-se de Izidoro nos poucos minutos permitidos ao entardecer do dia para lhe dar um pouco de água, comida e cuidar das feridas, mesmo a pedidos de um tempo maior que nunca chegaram aos ouvidos do senhor João. Após aquele momento, com a noite chegada, ela recolheu-se junto com as filhas em volta de suas pobres camas feitas de palha e, depois que as meninas dormiram, ajoelhou-se e rezou para todos os Orixás, pedindo-lhes a proteção e o fortalecimento junto ao seu amado, para que tivesse condições para a luta terrível que teria pela frente, que lhe garantiria a vida, pois ela tinha certeza de que Inálio faria de tudo para não ter mais, definitivamente, a presença de Izidoro na fazenda, ajustando à sua a vontade do patrão.

O sol daquele dia quente de verão findou, dando passagem à noite que aliviou, um pouco, o sofrimento de Izidoro, refrescando as feridas ainda abertas no corpo provocadas pelas chicotadas e o ferro quente, ajudando também para isso os emplastros aplicados e as ervas dadas por Samira para evitar as infecções e diminuir as dores. Doía-lhe a pele rachada e queimada, os dedos, o tórax e o rosto inchado; a cabeça lhe pesava sobre o tronco; além dos braços, que suportavam o peso do corpo, pois suas pernas fraquejavam a todo instante. Sob o efeito da completa exaustão de seu organismo e dos chás feitos das ervas dadas a Samira pelos Senhores da Medicina Africana, Izidoro dormiu pesadamente.

Mas o sol quente, responsável pela manutenção da vida de muitas outras pessoas e dos seres vivos do planeta, seguindo o seu destino traçado pelo Criador, chegou no dia novo mais forte do que no dia anterior, quase aniquilando a vida de Izidoro já pela manhã, sem mesmo ter ele participado da luta. Porém, como se o Céu tivesse conversado com sua natureza a favorecer com uma trégua o quase falecido, antes da tarde acabada algumas nuvens bloquearam os raios solares de todo o vale e uma chuva refrescante desceu esfriando o chão escaldante do pátio, cujo calor tinha lhe ardido as feridas terrivelmente, aliviando-lhe a sede por meio das gotas de água que conseguiu captar com a ponta da língua pelos cantos da boca e o corpo maltratado amarrado ao tronco.

Aos poucos, as nuvens que provocaram a breve chuva se dispersaram; um restinho de sol de final de tarde ainda quis ressurgir, mas a Lua pediu a sua vez de chegar e passou a reinar junto com as suas companheiras de noite, trazendo com ela uma suave brisa vinda da vegetação, refrescando ainda mais aquela fazenda encrustada ao pé daquele vale. Os últimos raios solares se projetaram sobre a parte superior das nuvens, deixando-as com um alaranjado forte, quase rubro; na parte inferior um cinza-escuro ia dominando, traçando um quadro de magnífica beleza no céu, enquanto os raios lunares prateados iam se esparramando sobre a terra, fazendo com que no pátio e em volta do ringue os archotes começassem a ser acessos pelos escravos responsáveis pelo bom desempenho do evento tão aguardado. As luzes artificiais passaram a iluminar as dezenas de pessoas comuns que iam chegando para assistirem às lutas, naquele sábado especial, vindas da própria fazenda, de outras, da cidade e das localidades próximas. Conforme chegavam, elas iam se ajeitando da melhor maneira possível, ficando em pé ou sentadas ao redor da área isolada pelas cordas onde as lutas aconteceriam. Um fato comum todas elas tinham observado, curiosas: o tronco com o escravo audacioso que havia tentado matar o seu senhor, rival do principal lutador cujas apostas o favoreciam em quantidades muito desproporcionais.

As crianças, filhos daquelas criaturas vulgares reunidas, brincavam e pulavam alegres e felizes sem tomar consciência do parco papel que seus pais tinham naquela sociedade cruel, e mesmo sobre o que estava para acontecer dali a instantes, entorpecidas que estavam somente pela oportunidade de estarem juntas e livres para se divertirem. Sem qualquer tipo do preconceito racial existente entre os adultos, elas se misturavam traçando as cores amarelas, brancas e negras, iluminadas vez ou outra pelos fachos de luzes dos archotes, nas suas correrias pelo pátio grande. Para elas, em suas ingenuidades e branduras, não havia distinções, privilégios para os brancos ricos ou pobres em detrimento dos que eram escravos; eram simplesmente crianças brincando, enquanto às suas voltas os adultos viviam as suas variadas formas de diferenças ou indiferenças, preocupados unicamente com as lutas que estavam prestes a acontecer.

Com a noite plenamente chegada e a lua tomando definitivamente o seu trono, aos poucos foram todos tomando os seus lugares. O senhor João e dona Izadora, lembrando os reis e rainhas da Roma Antiga, se aconchegaram nos seus assentos privilegiados nas cadeiras de vime almofadadas espalhadas pela varanda suspensa do segundo andar, sendo seguidos por seus filhos, pelos seus amigos nobres e filhos; chegaram também os demais vizinhos da fazenda oferecidos para assistirem à luta comentada aos quatro cantos; finalmente as últimas pessoas comuns entre trabalhadores e escravos com permissão para assistirem ao evento, disputando os lugares na varanda de baixo e no pátio; havia ainda os escravos e demais serviçais da fazenda disputando também os melhores lugares nas janelas da casa-grande e nas casas secundárias. A um gesto convencionado do senhor João, cada pai conteve as crianças que lhe cabiam e, depois de soado um berrante, o silêncio completo se fez para que fosse iniciado o evento.

Não demorou e um dos subordinados de Inálio, entrando na área referente ao ringue, fez a apresentação das três lutas que ocorreriam, sob o efeito de muitos aplausos e gritos, convocando, em seguida, os lutadores da primeira luta preliminar, que estavam livres para usar os recursos que melhor tivessem para atacar e se defender, utilizando as mãos, sem armas ou outros recursos artificiais. O próprio apresentador era o juiz da luta: mera figura que pouco interferiria durante o combate, a não ser para atender aos pedidos finais do público.

A luta era entre um jovem escravo de uma fazenda vizinha, apelidado de Pantera por causa de sua agilidade e negrura da pele, e outro de média idade chamado de Montanha, vindo de uma fazenda mais distante, não necessitando de maiores descrições para revelar a fortaleça descomunal de seu porte.

Como regra, durante a luta o povo reunido poderia gritar e berrar à vontade até o seu fim; quando o berrante tocasse para sinalizar o início da luta, todos deveriam se calar para que os lutadores se estudassem, até o primeiro golpe entre eles; a partir dali cada qual poderia torcer pelo seu favorecido, até que a luta finalizasse. No fim de cada luta, de forma semelhante às lutas ocorridas nas arenas do Império Romano, caberia a cada lutador vencedor fazer prevalecer a sua vontade, ou seguir a decisão da plateia a fim de dar o destino final ao perdedor, contentando-se o vencedor somente com o prestígio da vitória e deixando o perdedor com sua desonra, ou aplicando-lhe castigos terríveis, até mesmo levando o outro à exaustão de sua vida, conforme a plateia desejasse.

Na primeira luta, desde o silêncio da plateia antes do reconhecimento até a gritaria e finalização da luta, o tempo transcorrido não passou de cinco minutos para ter-se o perdedor prostrado ao chão do ringue, desfalecido, com o nariz e a boca sangrando abundantemente, o ombro do braço direito deslocado e algumas costelas quebradas. O escravo Montanha foi destroçado pelos golpes certeiros de Pantera, que além do conhecimento da capoeira havia aprendido com a ajuda financeira de seu dono, com lutadores do Rio de Janeiro, alguns golpes praticados no boxe, que, vindo da Europa, começava a fazer gosto entre os adoradores de luta no Brasil. Aquela vitória proporcionou ao seu dono o ganho de considerável soma de dinheiro, e a ele mesmo uma parte desse ganho que lhe garantiria no futuro a compra de sua liberdade. A luta transcorreu tão rapidamente que não precisou de decisão final nenhuma da plateia, ficando ela mesma satisfeita com o estado deplorável de Montanha.

Na segunda luta, depois que a lua festejava às 21 horas a sua permanência no céu e dava sua espiadinha no que acontecia abaixo na sua Terra amada, outro escravo novo, magro, alto e ágil da fazenda chamado Hipólito, sendo preparado há alguns meses por Inálio, a pedido do senhor João, venceu outro experiente naqueles eventos também vindo do Rio de Janeiro, forte como um gorila, chamado de Nestor. Depois de apanhar muito do segundo, o primeiro, com uma sequência de três golpes de capoeira certeiros, deixou-o caído ao chão, sem poder se mexer, com sequelas na espinha dorsal que o deixariam de fora de outras lutas para o resto da vida, bem como o tirariam também do trabalho na lavoura, servindo apenas para a execução de trabalhos mais leves em virtude do arrastar definitivo no chão de suas pernas bambas e sem forças.

Com essa luta, o senhor João e Inálio ganharam uma quantia considerável, repartida em privilégios na vida da fazenda com o escravo vencedor da luta. Quanto ao escravo perdedor, a derrota fora-lhe uma vitória por tê-lo afastado definitivamente do trabalho pesado no campo.

As duas lutas preliminares tinham deixado os espectadores agitados e tagarelas, em estado preparatório para a luta principal. Mas foi com a proximidade dela que a euforia foi tomando conta da pequena multidão, por estar sendo considerada a melhor de todas as lutas desde que o senhor João as começou na fazenda.

O público entrou em delírio quando Inálio apareceu com seus quase 2 metros de altura, 98 quilos de puros músculos, cabelo forçado nas pastas ao liso dos brancos e bigodinho crespo arrebitado para cima nas pontas, saindo de sua casa anexada ao casarão, ostentando no corpo uma calça nova de cetim branca amarrada com uma corda fina na cintura, própria para a capoeira, especialmente confeccionada para aquela luta, sem camisa sobre a parte superior, a fim de, propositadamente, mostrar para os presentes os seus poderosos músculos do peito, das coxas e dos braços.

Mostrando a sua coragem diante do adversário, para impressionar os espectadores, sozinho desamarrou do tronco as mãos e os pés de Izidoro, deixando-o livre. Mas, sabendo do perigo que isso representava, previamente ele tinha pedido a um dos seus capangas que prendesse no pescoço do escravo uma corda. Como se Izidoro fosse uma rês qualquer, ele o puxou pela corda, praticamente arrastando-o até o centro do ringue. Dentro do ringue improvisado, ele soltou finalmente a corda do pescoço de Izidoro, que cambaleou nas pernas, de tão fraco que estava, segurando-se nas cordas do ringue para não cair. Mas Inálio, para mostrar a misericórdia que tinha para com o seu oponente, deixou-o sentar num banquinho de madeira no canto do ringue, permitindo também lhe fosse dado um pouco de água e que outro escravo escolhido por Samira o auxiliasse; dirigiu-se ele para o canto oposto, sentando em outro banquinho, onde seu auxiliar passou-lhe farinha de trigo nas mãos, nos pulsos e nos pés para lhe permitir mais firmeza nos golpes dados e melhorar o apoio no chão. Concluídos os preparativos, com os espectadores em quase silêncio, Inálio, fixando agora os seus olhos vermelhos de ira na direção de Izidoro, gritou-lhe a plena voz chamando a atenção de todos:

– Filho do capeta! Vamos acabar logo com isso! Vou quebrá-lo osso por osso até que não possa mais voltar a caminhar! –, o que fez os espectadores vibrarem de prazer.

O berrante foi tocado pelos beiços carnudos de um fortíssimo escravo boiadeiro da fazenda, com som mais forte e mais estridente do que nas duas primeiras lutas, chamando os competidores para o começo do combate e pedindo o silêncio dos espectadores.

Próximo ao canto onde Izidoro se encontrava muito fraco sentindo muitas dores por todo o corpo, com suas vestes maltrapilhas, manchadas de sangue de dois dias atrás, e parecendo muito com um grande urso de pelo negro adoentado, estava Samira e alguns amigos de senzala que incentivaram, dizendo na direção do lutador já derrotado, antes mesmo de lutar:

– Vá e confie que Oxalá estará contigo!

Quase não conseguindo ficar de pé, Izidoro foi praticamente visitado no seu canto no ringue por Inálio com sua ginga nos pés e nas mãos, aplicando-lhe logo um poderoso *godeme* (soco na boca) que o desnorteou, fazendo-o cambalear; não caiu ao chão por ter se agarrado nas cordas do ringue.

Um pouco longe dali, a filha mais nova de Samira viu Euzébia vibrar quando Inálio aplicou em Izidoro, sem perda de tempo, o seu principal golpe da capoeira de rua, passando nas pernas cambaleantes do seu pai uma *rasteira* que o fez tombar pesadamente com as costas no chão, não havendo mais cordas que o segurassem.

O escravo faltoso urrou de dores, trazendo, primeiramente, enorme satisfação a Inálio, depois aos seus patrões e amigos, aos seus subordinados companheiros de caçada aos escravos fujões e aos demais espectadores que torciam a favor do feitor da fazenda, enquanto os parentes e os amigos do marido de Samira sofriam com a pancada violenta dele no chão.

Ao lado de Sabrina com os olhos cheios de ira na direção de Euzébia e seus pais, Aninha começou a chorar junto com as dores sentidas por Izadoro. Vendo-as sofrendo, condoída, Samira chamou-as para perto de si e, depois ficando entre elas, abraçou-as na tentativa de dar e receber algum conforto. Samira pediu-lhes que rezassem pelo pai, e ela própria reforçou a sua oração pedindo aos Orixás que protegessem seu amado.

Sem esperar que Izidoro pudesse se recuperar, Inálio se aproximou, pegou-lhe o braço direito e torceu-lhe o cotovelo junto com os quatro dedos da mão que estavam apoiados sobre o corpo caído, quebrando-os; chutou-lhe depois fortemente o rosto, as costelas e as pernas, já previamente prejudicados, na procura de quebrar-lhe também alguns dos ossos naquelas regiões.

A cada grito de dor emitido por Izidoro, Inálio festejava, proporcionando novos prazeres aos seus senhores, aos convidados e às demais pessoas que tinham apostado na sua vitória. Podia-se perceber com isso que, embora a maioria se jubilasse a contar com a vitória de Inálio, outros em quantidade míngua, silenciosos ou em oração, esperavam e apostavam na vitória com baixíssima probabilidade de Izidoro.

Do nariz de Izidoro começaram a sair gotas e gotas de sangue que passaram a revestir-lhe todo o peito, que, misturadas à terra do chão coladas em várias partes do corpo, formavam uma pasta viscosa; sua cabeça caída no chão girava, enquanto seu opressor gritava suas vantagens na direção do público; doíam-lhe imensamente os dedos quebrados antes e durante a luta; seus olhos inchados pouco enxergavam; na boca sentia que alguns dentes haviam amolecido e o gosto de sangue era muito, embora viesse a umedecê-la; com o nariz quebrado, mal conseguia respirar.

Inálio, aproveitando a invalidez total do adversário caído ao chão, puxou-o com as mãos pelos cabelos, levantou-o até a altura de seus ombros e deu-lhe outro forte soco no rosto já deformado pela pancada anterior, fazendo com que um dos dentes de baixo do meio da arcada dentária de Izidoro amolecesse. Como se tivesse percebido isso, Inálio deu-lhe outro soco no rosto que fez voar o dente amolecido e cair ao chão do lado de fora do ringue, levando ao delírio as pessoas que torciam por ele, enquanto da boca de Izidoro saía sangue em abundância.

 Seguindo a sequência de golpes que já tinha feito em outros adversários perdedores, Inálio, sorrindo demoniacamente para o público, aplicou outro violento *pontapé* nas costelas no lado direito de Izidoro, fraturando algumas delas e fazendo-o cair de novo pesadamente ao chão. Prosseguindo no seu êxtase descontrolado, e percebendo que o escravo fujão estava completamente vencido, Inálio segurou-o pela mão e, pegando três dos dedos bons da mão esquerda, torceu-os até sentir o estalo que sinalizava suas fraturas. Continuando ele, levantou Izidoro de novo pelos cabelos e deu-lhe uma *concha* (mão em forma de concha) nos dois ouvidos e, logo em seguida, virando-se, uma cotovelada no lado direito do queixo, fazendo-o girar sobre si. Ele quase enlouqueceu de satisfação quando escutou os gritos terríveis de dor lançados pelo seu oponente e os da plateia entorpecida com a sua iminente vitória, preparando-se ele para atender ao seu público no pedido final, fosse qual fosse. Neste momento, Inálio, totalmente envaidecido e orgulhoso por sua proeza, olhou para o senhor João que com seus dedos polegares levemente indicados para baixo lhe deu o aval para fazer o que quisesse com o atrevido escravo, quase assassino de seu patrão. Com esse ato, o senhor João se irritou com um fato: sua esposa não o havia acompanhado no ato frequentemente fatídico para o perdedor. Entretanto, os seus convidados, seguindo-o, sem qualquer contestação, também indicaram seus dedos polegares para baixo. A única pessoa que o senhor João sabia que se neutralizava sempre naquele julgamento vil era o doutor Afrânio, propriamente mais interessado no tratamento dos feridos após as lutas terminadas do que na violência das pelejas, quando tinha chance de colocar em prática alguns medicamentos experimentais no tratamento destes, conseguidos, em sua maioria, por meio das próprias ervas cultivadas pelos escravos.

 À sua volta, na torcida, que na maioria havia seguido o gesto negativo do senhor João, ouvia-se o grito descompassado: "Termine logo com ele, Inálio! Dê um *gancho* e o *martelo* para acabar de vez com esse desgraçado!... Quebre-o todo e deixe-o sem vida nos membros e nos olhos. Que consiga somente comer, beber e respirar!". E tantos outros pedidos feitos pela sua torcida... Menos o de piedade. Entre os que berravam estavam o senhor João e seus amigos, pois que, como dona Izadora, outras damas, embora acompanhassem seus maridos, pouco ligavam para a violência que eram obrigadas a presenciar, mais interessadas no que viria depois, quando juntas no salão, bebendo e comendo, poderiam colocar suas "confidências em dia".

Izidoro, caído ao chão, sentindo-se totalmente sem forças, perdido e sem esperanças, já se preparava para receber os últimos golpes que no íntimo de sua agonia pedia viessem logo, quando uma voz fina de criança vinda de perto de onde estava, que ele sabia não tinha o mesmo sangue que lhe corria nas veias e se esvaía pelo chão, pediu-lhe aos prantos e em desespero:

– Pai, eu te amo muito. Lute por nós, paizinho! Lute! Levante e lute! Você consegue! Eu te amo, pai! Vamos. Levante e lute!

Ao ouvir aquele pedido cheio de esperança e amor puro, algo mexeu profundamente em Izidoro, sacudiu-lhe como se fosse uma voz dentro de si lhe ordenando o mesmo, lembrando-o das várias outras vezes que no meio de tanta dor e sofrimento ele as suportou e se superou. Diante das parcas forças que lhe tinham restado e achando no desespero a superação, ele abriu os olhos, vendo embaçado o adversário a alguns centímetros à sua frente; com muito esforço nas mãos extremamente doídas, ele conseguiu girar o seu corpo ficando de lado, preparando-se para sua última esperança.

De repente, o público que vibrava dando a luta por encerrada, faltando somente o ato final para vê-la consumida, calou-se com a surpreendente força que fez Izidoro abrir os olhos muito prejudicados, mexer-se e conseguir ficar deitado de lado, parecendo querer levantar-se e continuar a luta.

Inálio percebeu isso e vibrou com a oportunidade de poder acabar com o seu adversário consciente, preparando-se para o ato final, sem perdão, que daria cabo de vez do desgraçado escravo, usando os seus famosos golpes chamados de *gancho* e *martelo*, que haviam em lutas anteriores dado termo à vida de dois de seus adversários; os demais que sobreviveram tinham ficado desvalidos para o resto de suas vidas.

Astutamente Izidoro arquitetou e fingiu, sob os olhos de escárnio de Inálio, que com sua fraqueza não conseguia sequer levantar uma das pernas, deixando-a cair de propósito ao chão em paralelo à segunda perna, como se estivesse desistindo de tudo, o que fez o adversário, sorrindo para a plateia, aproximar-se na tentativa de ajudá-lo a levantar-se, puxando-o pelos cabelos para depois dar-lhe novo chute nas costelas, antes de aplicar os seus dois golpes finais. Era, então, o que o caído esperava, por essa fraqueza que o excelente capoeirista de rua tinha, pois os capoeiristas de senzala como Izidoro tinham mais forças nos pés e nas mãos por causa da posição de esforço por ficarem submetidos à baixa altura. Em seguida, por menos de um segundo que os olhos humanos não conseguem acompanhar, como a cobra que aplica o bote rápido e certeiro em sua vítima, o rival de Inálio, conseguindo condensar as forças finais que lhe restavam, preparou os dedos do pé na forma de uma lâmina afiada de um machado e, detonando a força máxima de seu pé direito apoiado no chão, paralelamente ao esquerdo, lançou-o de encontro ao pescoço de seu adversário, aplicando-lhe o golpe na garganta. Inálio, totalmente surpreendido, recebeu o golpe certeiro, colocando, de forma instintiva como reflexo, a mão sobre o local atingido. O feitor da fazenda, com os olhos arregalados e desesperado pela falta de ar, começou a tossir e a se sufocar, ficando com o rosto aos poucos avermelhado pelo esforço em tentar respirar e não conseguir, cambaleando e caindo, desfalecido, pesadamente ao chão, e trazendo correria aos seus subordinados na sua direção para acudi-lo.

Na plateia, a surpresa e o emudecimento se fizeram presentes nas bocas dos que tinham estado aos gritos torcendo pela vitória de Inálio, incentivando-o a finalizar logo a luta. Depois se ouviram os gritos de revide saídos das gargantas alucinadas de alegria dos torcedores que em menor número tinham estado calados, até então, e haviam apostado na vitória de Izidoro, incentivando-o agora, por vingança, a acabar com o seu inimigo caído ao chão em tremenda aflição.

Os donos da fazenda, seus convidados, os subordinados de Inálio, os escravos administrativos e demais pessoas que tinham apostado em Inálio não acreditavam no que viam, passando a maldizê-lo por não ter acabado logo com a luta enquanto teve oportunidade.

Dos lábios de Samira, de Aninha e de seus amigos saíram somente agradecimentos aos Céus pelo milagre presenciado, que certamente havia salvado a vida de Izidoro.

Quanto a Sabrina, que também se alegrara com a surpreendente vitória de seu pai, ela se preocupara mais com seu olhar orgulhoso a voltar-se na direção de Euzébia e dos senhores da fazenda para calar-lhes a boca, constatando e saboreando as suas derrotas, pulando e chamando a atenção para ver-se notada por eles, a fim de revidar-lhes os olhares petulantes de antes, principalmente da filha mais velha do senhor João.

Desfeitas as surpresas, os gritos de vitória e os pensamentos de agradecimentos na direção do céu, Samira, suas duas filhas e os amigos perceberam que era tempo e hora de despertarem e resgatarem Izidoro duramente castigado, caído sem forças ao lado de seu adversário, enquanto fosse tempo de estarem todos ainda desnorteados com o que havia acontecido.

Samira foi a primeira a livrar-se das mãos do escravo que propositadamente, a mando de Inálio, a segurava para não interromper a luta e correr na direção de Izidoro quando estivesse apanhando dele, sendo acompanhada pelos outros amigos que a ajudaram a pegar Izidoro, levando-o imediatamente para a senzala, antes mesmo que houvesse qualquer determinação contrária do senhor João, ou aportes de vingança por parte dos subordinados e torcedores a favor de Inálio. Na senzala, Izidoro passou a ter os primeiros socorros. Lá ele repousaria, seria tratado de todas as suas dores por um bom tempo e recuperaria suas forças, sem que o molestassem durante o período de restabelecimento longo de seu rival.

O senhor João, aturdido com o que acontecera, vendo Inálio caído imponente e desvalido ao chão juntamente com as suas pretensões, imediatamente acionou o socorro do doutor Afrânio sentado a poucos metros ao seu lado; percebendo e caindo em si, em seguida, constatou que perdera mais uma vez para o negro fujão. Ainda abalado com a vitória impensada de Izidoro sobre Inálio, e com a volumosa quantia que teria de desembolsar para pagar todas as apostas feitas e perdidas, ele buscou pela força do apoio nos olhos de sua mulher antes ao seu lado esquerdo, mas não a encontrou mais lá juntamente com suas amigas, que já haviam tomado a direção da sala de jantar da casa-grande; tomando a decisão que achava mais adequada, ele se despediu dos vizinhos simples com um gesto, levantou-se da posição privilegiada que tinha ocupado na varanda da casa para ver a luta e fez os seus convidados nobres o acompanharem também até o salão principal. Ele levava consigo a decepção que sentia pela derrota de seu melhor homem, como também, no íntimo, a admiração por Izidoro pela esperteza usada para derrotar o seu oponente, quando tudo lhe era desfavorável. Com esse sentimento de respeito que tinha pelo seu maior adversário, ele chamou um escravo no canto da sala e ordenou-lhe que procurasse o doutor Afrânio e lhe pedisse que, após ter cuidado de Inálio, fosse até a senzala e cuidasse também de Izidoro, o que o caridoso médico faria com todo prazer, ficando admirado com o pedido do senhor da fazenda de ajuda a ser levada ao seu maior inimigo.

Quando o doutor Afrânio entrou na senzala, a atenção de todos foi desviada de Izidoro sendo tratado pelas mãos de Samira e seus amigos para ele. Juntos, todos começaram a prestar o socorro ao sofrido vencedor da luta, que com isso ganhara o perdão ao ato cometido, impensadamente, contra o seu dono. Inálio poderia, no futuro, incomodá-lo na vida de escravo, mas jamais por aquele ato.

Graças ao doutor Afrânio, as sequelas em Izidoro foram poucas, conseguindo ele repor adequadamente no lugar todos os dedos, as costelas e o nariz quebrados, auxiliando para isso as ervas medicinais, os sumos e unguentos feitos a partir das plantas cultivadas pelos escravos para aliviar as dores e combater as inflamações e infecções. Com isso, não só Izidoro foi beneficiado, mas também outras tantas pessoas que em pouco tempo e futuramente se beneficiariam daquele aprendizado nos medicamentos dos escravos que o doutor Afrânio aperfeiçoaria.

Mesmo com o auxílio do doutor Afrânio junto a Izidoro, o nariz quebrado do escravo nunca mais voltou ao seu devido lugar, levando ele esta marca para o resto de sua vida, atual e futura.

A luta que todos pensavam se prolongaria pelo sofrimento que seria imposto por Inálio a Izidoro não passou de poucos minutos para que, surpreendentemente, o segundo em condições extremamente desfavoráveis vencesse o primeiro, derrubando todas as pretensões e previsões nas apostas.

O golpe que Izidoro idealizou e colocou em prática, inédito até aquela época, começou a ser chamado pelos torcedores de diversas maneiras: foice, machado, mas ficou conhecido depois pelos lutadores de capoeira como *ponteira*.

Inálio só acordou duas horas depois de tratado cautelosamente pelo doutor Afrânio a checar-lhe os danos causados no interior da garganta, ainda com a poeira do barro lamacento do pátio a lhe sujar a belíssima calça branca, tossindo sem parar por causa da irritação e das dores na garganta provocadas pelo golpe surpresa de Izidoro e pela pequena intervenção cirúrgica que o médico teve de lhe fazer para poder voltar a respirar por um tubo introduzido nela, que lhe acompanharia por alguns dias, até poder o tubo ser retirado, voltando ele a respirar normalmente. Aquela irritação e impressão na garganta o acompanhariam por dezenas de anos após, em toda sua vida. Ele ficou eternamente grato ao médico que o havia salvado da desgraça maior, mas jamais se esquecera do que passara e, por isso, no que podia, corria dos médicos como o diabo corria da cruz.

Contudo, o pior de tudo foi a mancha da humilhação que fervia na alma orgulhosa de Inálio em razão da derrota sofrida na frente de todos que tinham assistido à sua luta contra Izidoro, que ele sabia se espalharia logo de boca em boca, desde os escravos até os cavalheiros e damas da sociedade como um fato inédito, surpreendente e espetacularmente ocorrido, que denegriria a sua imagem orgulhosa de vitórias espetaculares sempre alcançadas.

Aquela humilhação faria de Inálio o perseguidor incansável, a tudo que pudesse fazer de mal, mais ainda, contra Izidoro, sua mulher e filhas.

No final da luta, depois da festa nas falas inebriantes dos torcedores, todos os archotes foram sendo apagados, propositadamente, pelos escravos, à medida que os torcedores iam se despedindo daquele evento, ficando no final somente a luz da lua que havia também acompanhado o evento imprevidente, que afastava o homem do caminho da paz e da harmonia fraterna, e as luzes fracas dos lampiões dentro do casarão, que pouco iluminavam o pátio com suas marcas de sangue no chão e no tronco.

Uma hora depois, a última charrete de luxo saiu levando os últimos dos convidados nobres do senhor João; as luzes do casarão se apagaram e o pátio, antes bem iluminado e repleto de vida, agora estava silencioso, e ficaria em completa escuridão se não fosse de novo pela luz da lua a iluminá-lo.

2. O passado nunca esquece – Executando o planejado

Nossa cena volta para a senzala, onde o silêncio se fizera por conta das 21 horas, e sob a parca luz do único lampião que havia sido deixado aceso.

Espalhados pelos cantos do ambiente quente em virtude do calor de verão, os casados, depois de seus costumeiros lazeres para distrair-lhes o sofrimento diário, procuraram o aconchego junto ao lado de suas esposas e filhos cujas fronteiras se confrontavam com as esteiras dos vizinhos; os solteiros adultos se acomodavam longe dos olhares indiscretos das cenas mais quentes sobre os pares dos casados.

Izidoro estava acordado com seus olhos vermelhos ardendo de ódio abertos na escuridão, deitado com as filhas dormindo inocentemente envolvidas nos seus braços fortes, nas suas esteiras no local dos casados, aguardando ele a hora certa chegar, rememorando, continuamente, os motivos que o levaram a planejar aquela vingança junto a outros escravos rancorosos com os maus-tratos recebidos não só nos seus corpos e mentes, como também nos de parentes e amigos. Izidoro lembrava bem, mesmo antes da sua tentativa de matar o senhor João deitado na rede e da luta travada com Inálio, como as coisas foram se acumulando e pioraram depois da luta, não só para ele e sua família, mas também para os demais escravos como que se seu rival desejasse, mediante os atos insanos cometidos, aplacar a sua raiva pela derrota sofrida para ele, fazendo com que todos pagassem por isso, levando seus capangas e dona Izadora a contribuírem com suas perversas intenções.

Entre os acontecimentos ruins e bons, podem-se descrever:

- Dona Izadora, depois de ter descoberto a relação que seu marido havia tido com Samira, tornou a vida dela um inferno, dando-lhe roupas miseráveis ao invés das roupas boas que outrora lhe dava como serva principal; em vez de ser a primeira na cozinha principal, Samira passou a ser a primeira na preparação da comida pesada para os escravos na cozinha secundária e a última a comer os restos que sobravam depois que todos os escravos comiam, sendo vigiada constantemente por ela e suas fiéis escravas caseiras, para confirmar suas ordens; proibiu terminantemente que Samira e suas filhas trafegassem livremente por dentro da casa-grande como antes, ou mesmo pelas varandas, contando que com tudo isso o marido não ousaria contrapô-la em razão das iminentes consequências que viriam a partir de suas revelações para os amigos da sociedade.
- O senhor João Nogueira, descontente consigo mesmo e por sentir-se conscientemente culpado pela perda do terceiro filho de Samira, não a assediou mais; entretanto, sem ter controle sobre si e suas tempestivas vontades, passou a assediar as outras escravas mais jovens, sob a ameaça de penas e maus-tratos

a elas mesmas ou a seus parentes, obrigando-as a suprirem suas necessidades sexuais, negadas pela esposa indignada com as traições anteriores. Naturalmente isto serviu de exemplo prático a que Inálio e seus comparsas achassem que tinham o mesmo direito, levando o terror às jovens e seus pretendentes a esposos, sendo que os últimos se acharam também no direito ao devido revide.

- Entretanto, como se algo começasse a remoer-lhe a mente, João passou a ser um homem menos miserável quanto ao sofrimento direto dos escravos em geral, primeiramente não liderando mais nas buscas aos escravos que fugiam das fazendas ou na compra de novos vindos traficados clandestinamente da África, mesmo com as ordens contrárias da Córte Imperial, coisa que antes fazia como se fosse à procura de um animal; passou também a procurar não ser o responsável direto pelas decisões de punições aos escravos fujões ou rebeldes, deixando de lado as eternas vigias aos atos faltosos ou no deficitário trabalho dos escravos preguiçosos que os levavam aos castigos e punições, não interferindo, desse modo, nas decisões pessoais de Inálio ou da esposa, sentindo-se sem moral para contrapô-lo; finalmente por real respeito a si e a sua esposa, começou a aprender a controlar as suas terríveis vontades sexuais. Isso só começou a ser possível com uma revolução em suas atitudes, depois de sua consciência ter ficado pesada com a perda do filho de sua amada, cujos olhares de culpa ele começou a sentir a todo instante. Como resultado de seus remorsos a aflorar-lhe na mente, ele passou a fugir das missas e dos amigos de pureza religiosa, passando menos tempo com estes e mais em suas festas sem fim com os amigos interesseiros da sociedade, até começar a sentir-se esgotado nelas. Como contribuição a esse início de renovação espiritual e a sua maior permanência no lar, repentinamente, ele começou a visitar a sua biblioteca particular, interessando-se em ler sobre os grandes filósofos e profetas do passado, já que desacreditava, intimamente, nas descrições da Bíblia, manipuladas, segundo ele, pelos interesses dos homens religiosos de todas as épocas. Não acreditando na Bíblia, ele passou a não acreditar também na benevolência dos verdadeiros homens de bem, e sim no poder e na riqueza dos homens que se tornavam fortes, temidos e poderosos, governando o mundo segundo os seus interesses, pouco importando quanto à forma de obtê-los. Até então ele frequentava as missas na igreja local, mais como obrigação do que como dever. Porém, lendo as literaturas antigas com interesse e profunda dedicação, impressionou-se pela pureza contida em todas quanto ao caminho que levava ao homem de sabedoria. Entretanto, contrapondo a essa procura de novos valores, uma verdadeira luta travava dentro de si, que externamente era registrada por todos por causa de seus atos e ações ainda impensados, enraivecendo-se contra seu grande inimigo e o Próprio Deus ao constatar que não poderia ter o seu amor de volta nem mesmo poder cuidar de Aninha como queria, pois, em virtude das ameaças da esposa, passou a ver a menina somente longe dos olhos dela. Por isso deixou as coisas acontecerem, intercedendo pouco nas decisões que eram tomadas na fazenda, só voltando a animar-se diante do atrevimento do escravo fujão que tentou tirar-lhe a vida, com a possibilidade da luta fantástica que teria entre Inálio e Izidoro.

- Inálio, depois da luta com Izidoro, como a querer impor o mesmo respeito que tivera antes, passou a fazer da vida do outro um inferno tão ou maior do que proporcionava a Samira e filhas, como também, indiretamente, junto aos demais escravos, tendo a apoiá-lo dona Izadora.

- Por ordem de dona Izadora, Samira passou depois da luta, além dos serviços anteriores que fazia, a ter de cuidar diariamente da limpeza das latrinas utilizadas pelos escravos e demais serviços caseiros pesados fora da casa-grande. Com isso e também com a péssima comida que recebia, começou a sentir-se exausta todo dia, sem ter tempo para mais nada, a não ser o mínimo que tinha para dormir e restabelecer suas forças para o trabalho no outro dia. Dessa forma, sua impecável saúde de antes foi se esgotando, trazendo-lhe doenças que começaram a lhe corromper o corpo, enfraquecendo-a lentamente.

Samira mal tinha tempo e disposição depois do trabalho amargo e pesado para cuidar das filhas e do esposo, passando a estar sempre cansada e sem vontade para a vida. A sua vivacidade e alegria, a sua beleza que tanto tinha contagiado Izidoro, foram-se minando, ficando ela quase igual a qualquer animal que pressentindo o fim procura o seu lugar para a morte. O seu corpo belo e escultural foi, aos poucos, dando lugar aos ossos e à pele flácida; nem mesmo as comidas que lhe davam às escondidas os amigos e o próprio marido adiantavam, por causa de sua total falta de fé e esperança na vida. Em vista disso a temida doença da época, do pulmão, sem cura, foi-lhe tomando conta, tirando-lhe o fôlego que lhe restara na vida.

- Tardiamente o senhor João constatou essa situação e, caindo em si desesperado, vendo, pessoalmente, a dor de sua amada e a aflição nos olhos da filhinha diante da aflitiva doença da mãe, contrariando a vontade de dona Izadora, tomou coragem e enviou, finalmente, para a senzala o médico da família que, tardiamente, tratou a moribunda até as suas horas terminais.
- Izidoro começou a acompanhar tudo isso, absorvido que estava com os seus próprios problemas, que não eram poucos, pois, se antes da tentativa de morte do senhor João e da luta contra Inálio já executava os trabalhos mais pesados, depois delas a situação piorou muito, restando-lhe no final do dia o aconchego do álcool que lhe servia de refúgio em todas as noites; como momentos raros de felicidade, tinha os beijos das filhas antes de dormirem e as parcas noites que conseguia ficar sóbrio aconchegado ao lado da esposa em estado de progressiva doença do corpo e da alma. Contudo, chegou-lhe, finalmente, o momento do basta à sua miserável condição de perdição e entrega, fazendo-o acordar e criar força e coragem para poder cuidar da esposa doente e das filhas, com consciência e lucidez, dando um fim definitivo à possibilidade de que pudesse dali para a frente um pingo sequer do miserável álcool lhe descer pela garganta.
- Prevendo o seu fim, Samira aconchegou-se na última de suas noites no colo amoroso do marido sem vícios, para que ele amenizasse as suas exaustivas vontades de tossir seguidas de excreções sangrentas pela boca; pedindo-lhe desculpas, com a voz muito fraca, por não ter sido a esposa fiel e dedicada que esperava, rogou-lhe o perdão por isso e por tudo o mais, tendo

como resposta consoladora do marido que nunca houve o que lhe perdoar; perto da hora final aflitiva que chegava, ela beijou as filhas e pediu para as vizinhas de esteira, que a acompanhavam no drama maior da vida, que levassem as meninas para longe; solicitou ao marido lhe pudesse fazer um favor, dizendo para dona Izadora que a perdoasse, que ela já a tinha perdoado e que não levava consigo nenhum tipo de rancor para com ela e o seu marido: acidentalmente o pai de sua primeira filha por ter Samira se descuidado na prevenção, puxando assim toda a culpa para si; fez ainda a Izidoro um pedido final para ser dito ao senhor João Nogueira, a fim de que a desculpasse por ter encontrado na vida o seu verdadeiro amor junto ao marido, cujo dever e obrigação a transformou em esposa fiel a um homem só; e suplicava-lhes que ajudassem na educação das duas filhas.

- Nos momentos finais, Samira pediu que as escravas católicas lhe rezassem a oração dominical e a Ave-Maria; que as outras orassem por ela com a oração para Oxalá... Finalmente ela beijou a Izidoro no rosto e muito fraca por causa da tuberculose totalmente tomada, tossindo forte a ponto de os pulmões quererem lhe sair pela boca junto com as golfadas de sangue, ela faleceu, deixando os parentes aflitos e todos os amigos chorosos com a sua triste partida.

Depois do falecimento da esposa, Izidoro passou muito tempo completamente desanimado e sem vontade para a vida, reiniciando a bebeira que prometera não mais usar. Porém, percebendo que a vida das filhas dependia da sua, ele encontrou novas esperanças, largou definitivamente o vício maldito e graças à alimentação melhor dada às escondidas pelos amigos de senzala, e a ajuda a tempo do doutor Afrânio, conseguiu se superar e ainda vencer, algum tempo depois, a mesma doença que a esposa tinha tido. Entretanto, no lado oposto à motivação de ainda ter Aninha e Sabrina para criar, um novo germe destruidor passou a lhe corroer o pensamento quando começou a sentir, amargamente, a perda da esposa falecida de forma prematura, levando-o, aos poucos, a uma nova e cruel infecção no coração e na mente, provocada pelo rancor, ódio e desejo de vingança. Toda a noite, depois que cumpria suas obrigações no trato com as filhas, ele não tinha outros olhos ou pensamentos que não fossem para planejar a sua vingança. Com o tempo, encontrou outros com o mesmo desejo e aliando-se a eles passaram juntos a arquitetar e a executar o que fosse necessário para colocar em prática as suas intenções e depois fugirem daquele lugar de vida infeliz e maldita, livrando-os, seus familiares e os que quisessem acompanhá-los, daquela fazenda miserável.

Trazendo de volta o pensamento a si, depois de constatar a paz que envolvia o sono das filhas acomodadas por ele delicadamente no chão, e com a madrugada adentrada, Izidoro levantou-se e, a um aceno seu com as mãos, outros três escravos se levantaram: um casado e dois outros solteiros, e se juntaram a ele no fundo da senzala.

Antes de prosseguir, ao homem casado de idade avançada, chamado Benvindo, Izidoro tentou de novo persuadir a pensar melhor e desistir de envolver-se na ação que estava prestes a acontecer, tendo escutado deste homem o interesse profícuo de participar daquela ação por considerar-se totalmente lesado pelo abuso sexual cometido pelo senhor da fazenda e depois pelo feitor contra suas duas filhas recentemente saídas da adolescência.

Quanto aos outros dois escravos solteiros, ele tentou fazê-los desistir, mas não insistiu, pois já tinha lhes escutado, anteriormente, o motivo de estarem ali: os dois miseráveis e seus comparsas tinham deixado suas marcas no rosto de cada um deles, para sempre, feitas com o chicote especial e o ferro em brasa, por terem se rebelado ao trato dado às duas filhas de Benvindo, e por serem pretendentes para se casarem com as duas.

Izidoro, saindo do fundo silenciosamente, foi até um canto da senzala onde havia previamente escondido num buraco no chão um grande alicate de corte, uma serra e algumas chaves feitas por ele mesmo a partir de alguns moldes de fechaduras.

Eles avançaram até a porta trancada por uma grande fechadura e um pesado cadeado preso na corrente por fora, forçaram uma parte da madeira próxima à fechadura, previamente fragilizada pelos amotinados do barco das injustiças da escravidão, rompendo-a; pegaram uma das chaves copiadas e conseguiram, sem barulho, forçar a fechadura da porta pesada, abrindo-a parcialmente. Um deles passou uma das mãos pela fenda aberta na madeira e cortou a corrente que envolvia as duas metades da porta por fora, liberando o cadeado; juntos, forçaram a abertura das duas metades que formavam a porta pesada, abrindo-a suficientemente para passarem, voltando a fechá-la após terem atravessado por ela. Livres, Izidoro sondou o ambiente escuro à procura do vigia noturno que fazia a sua ronda; observou que seu vulto ia longe caminhando na direção oposta a que tomariam; eles avançaram, um a um, até um barracão onde haviam escondido alguns archotes feitos de gravetos e palhas de milho, previamente preparados por eles, outros materiais e acessórios necessários ao cumprimento de suas intenções, pegando-os e embebendo cada qual o seu archote com óleo de baleia. Avançaram depois, cautelosamente, na noite sem lua, metro a metro, canto a canto, e aproximaram-se do casarão próximo aos quartos onde todos dormiam. Observando que o vigia noturno estava longe de retornar por aquele lado, eles colocaram fogo em algumas velas e com elas acenderam os seus archotes, fazendo reluzir as suas pupilas obscurecidas pelo ódio. Dois deles forçaram, cuidadosamente para não fazer barulho, e abriram facilmente com uma barra de ferro pontiaguda uma das janelas dos quartos onde dormiam os seus senhores, enquanto os outros dois abriram com outra cópia de chave a porta principal da casa, entrando nela, avançando pelo corredor, parando em frente à porta do quarto de seus amos, travando por fora com uma madeira a maçaneta da porta. Prosseguindo nos seus planejamentos, os dois que haviam ficado na área externa do casarão jogaram pela janela os frágeis archotes em chamas sobre a cama do casal que dormia pesadamente. Em seguida, o segundo e o primeiro grupo fugiram seguindo na direção de outros quartos de construção contínua à casa-grande. Chegando lá, com a mesma cautela que tiveram desde o início de suas atividades bem planejadas, repetiram o que tinham feito no quarto dos seus senhores abrindo janelas e jogando os archotes restantes sobre as camas onde dormiam Inálio e seus subordinados, fugindo depois em corrida veloz e alucinante na direção da senzala, deixando para trás os gritos de terror e dor que começaram a escutar.

Dentro da senzala, aproveitando o momento de surpresa e confusão que deveria estar acontecendo com os seus inimigos, Izidoro pegou uma sacola previamente preparada com os alimentos e água que necessitariam para a fuga que fariam, acordou as filhas, que com as falas apressadas do pai, assustadas, acabaram acordando também alguns outros escravos e seus familiares. Os outros três companheiros rebelados fizeram o mesmo junto aos que amavam que, preparados, os aguardavam para a fuga, pegando suas sacolas e junto a Izidoro e sua família deram rumo à nova vida que os aguardava num quilombo no Rio de

Janeiro. Izidoro ainda convidou os que haviam acordado a fugirem com eles, pois havia provisões suficientes, além dos alimentos naturais que encontrariam pelo caminho que tomariam. Entretanto, além dos rebelados, nenhum outro escravo quis tentar fazer o mesmo, com medo das consequências que viriam.

Pelo pouco tempo que lhes restava para ficarem longe dali, enquanto estivessem os homens de Inálio ocupados para apagarem o incêndio, Izidoro e seus companheiros não puderam esperar mais pelo positivismo dos outros e trataram de apressar suas fugas, percebendo que um intenso movimento próximo à casa-grande havia começado a se fazer, na tentativa de salvar as pessoas e apagar o incêndio devastador.

Eles adentraram por um mato alto a poucos metros da senzala; andaram apressados por cerca de cem metros; chegaram até uma área de capim baixo onde encontraram dois outros escravos com alguns cavalos previamente preparados para suas fugas. Eles galoparam por quase um quilômetro, cortaram o arame farpado que os separava da liberdade e tomaram o rumo ao destino traçado, varando a mata e ficando longe dos caminhos de rotas normais, na noite quente e de céu nublado riscado por raios, prestes a desabar forte tempestade; eram ao todo 14 os fujões.

3. As explicações do futuro no passado – Parte I

Tanto dentro do quarto dos senhores na casa-grande como nos quartos de Inálio e seus capangas, os archotes frágeis desempenharam bem as finalidades desejadas, pois assim que caíram sobre as camas se espatifaram e espalharam as chamas por todo lado, fazendo com que as cobertas que cobriam as pessoas, os travesseiros, os véus de proteção contra os mosquitos e as cortinas começassem a pegar fogo imediatamente, envolvendo de modo rápido em chamas os corpos dos que dormiam, alastrando-se e seguindo o seu caminho acelerado na direção de outros cômodos.

Inálio foi o primeiro dos que estavam nos quartos anexos ao casarão a sentir as chamas a lhe queimarem as roupas e o corpo: primeiro, foram-lhe os cabelos; depois, os lençóis e suas roupas que ajudaram a queimar parte das pernas, dos braços, do pescoço e do seu dorso, antes que acordasse do sono profundo em que estava pulando da cama, afastando-se dela e dos objetos que começaram a pegar fogo à sua volta, consumindo velozmente tudo o que tinha pela frente. Ele agilmente dominou o fogo que lhe queimava parte do cabelo e, aproveitando a janela que já estava aberta, pulando-a, conseguiu, fora do quarto, pegar um balde com água jogando-a sobre suas roupas em chamas e apagá-las.

Assustado e ardendo em dor nas partes queimadas do corpo, mas percebendo que outras vidas necessitavam de sua rapidez no agir, ele correu e arrombou a porta do quarto grande onde os outros companheiros dormiam e começou a pegar um a um os que podiam ou não se movimentar, levando-os para fora do inferno em chamas.

O fogo se alastrou tão rapidamente que acabou chegando aos outros quartos ao lado dos de Inálio e seus asseclas, onde dormiam os escravos que executavam as tarefas domésticas.

Tomando a mesma decisão anterior, ele convocou os que podiam a ajudá-lo e tirou das chamas os que estavam nos quartos ao lado do seu.

Vendo o inferno do fogo que já tinha se alastrado do ponto inicial no quarto dos senhores da fazenda para os quartos laterais de seus três filhos, Inálio, mesmo sob o efeito das fortes dores provocadas pelas queimaduras no corpo, e os feridos que ainda tinham condições de se movimentar correram na direção do casarão na tentativa alucinada de retirar das chamas os seus senhores e seus filhos.

Quatro homens e duas mulheres, que tinham saído da senzala, se aproximaram do casarão em chamas, esquecendo-se de seus próprios incêndios interiores proporcionados por suas condições de sofrimento no trabalho escravo, pegaram alguns latões com água próximos a alguns barris, propositadamente posicionados para aquele tipo de emergência, e correram na direção do fogo que começava a tomar conta do quarto dos donos da fazenda e iniciava nos cômodos ao lado onde dormiam os filhos destes, separados entre si por divisórias de madeira espessa com portas internas a interligá-los: o quarto da filha mais velha de um lado e o quarto dos filhos menores do outro, posicionados em linha no mesmo corredor do casarão.

Antes de chegar completamente lá, Inálio viu quando o patrão e a patroa saíram desesperados do quarto onde dormiam com chamas nas roupas a lhes envolver o corpo, com o senhor João tentando proteger com o seu o corpo de dona Izadora das chamas no cômodo, sem se conscientizar do estado pior em que o seu próprio corpo se encontrava. Todos então correram apressados e jogaram seus latões com água na direção dos corpos dos dois, apagando as chamas que tinham queimado seus pijamas e camisolas, e começado a queimar superficialmente algumas partes de seus corpos, além de outras mais profundamente.

Sentindo-se livre do fogo que tentara tomar conta do seu corpo, o senhor João, agora quase da mesma cor dos escravos, vendo as chamas que queriam também devorar os quartos ao lado do seu, esquecendo completamente suas dores, pediu que as mulheres afastassem a esposa do perigo próximo e, chamando os voluntários socorristas, pegou dois dos latões vazios, correu até o depósito de água, encheu-os com o líquido precioso e, seguido dos homens que fizeram o mesmo, disparou apressado na direção do fogo que começava a avançar de modo furioso dentro dos quartos dos filhos. Olhando para os dois quartos dos filhos em chamas, ele optou pelo quarto dos menores onde as chamas tinham se propagado com maior velocidade, sinalizando e dividindo o grupo de socorro criado às pressas entre os dois quartos. Decidido, ele percebeu que, se pensasse, não teria condição de entrar nele; por isso pegou e puxou, então, a cortina de tecido espesso da porta que separava o seu do quarto dos filhos, embebeu-a com a água de um dos latões, revestiu-se com ela e avançou destemido para dentro do cômodo onde estavam Clarinha e Pedrinho. No interior do quarto onde o fogo se alastrara com facilidade da cama para a cortina da janela, ele viu os dois filhos tentando apagar as chamas que lhes começavam a queimar as roupas de dormir; o senhor João apressou os seus passos até eles, descobriu-se e cobriu os filhos com a cortina molhada, pegou-os um em cada braço e levou-os apressadamente para fora do quarto onde os escravos socorristas que o acompanhavam jogaram seus latões de água sobre os três.

Inálio, por sua vez, não perdeu tempo, fazendo o mesmo que o senhor João; liderando o segundo grupo de socorristas, resgatou Euzébia de dentro do seu quarto, completando os demais o salvamento da menina.

Em seguida, os queimados que ainda tinham condições de ajudar e alguns outros escravos que chegaram da senzala partiram para debelar o incêndio nos três cômodos da casa-grande e nas casas anexas, onde o fogo seguia o seu caminho destruidor.

Num canto da varanda, deitados sobre o chão, juntos aos demais feridos, exaustos e com fortes dores nas queimaduras do corpo, estavam o senhor João, dona Izadora e Inálio, constatando, admirados, que tinham sido os escravos da senzala que haviam participado plenamente no salvamento das pessoas e no combate ao incêndio. Fizeram isso por iniciativa própria, sem terem recebidos ordens, ou terem sido obrigados, somente lhes valendo a fraternidade pela dor alheia. Com aquela ajuda, o fogo que poderia ter tomado conta de todo o casarão foi logo debelado, sendo também contido no quarto do feitor e nos dois dos sete dormitórios onde dormiam os seus subordinados e demais servidores da casa-grande.

Por intermédio daquela caridosa ajuda sem pretensões de qualquer tipo de retorno, alguns olhos importantes passaram a querer enxergar melhor aqueles que tinham tratado como lixo ou animais de trabalho.

Por um bom tempo, o bonito casarão de antes ficou restrito à ruína que passou a cintilar nos olhos dos curiosos que o visitavam, ou chegavam somente de passagem para vê-lo naquele estado, com parte de suas madeiras tão pretas quanto a pele dos escravos que o tinham construído. Mas poderia ter sido muito pior se não fossem as mãos prestativas dos negros escravos saídos da senzala a dominarem o monstro do fogo enfurecido engolindo tudo que tinha pela frente.

O prejuízo material na casa-grande fora enorme, mas não maior do que os prejuízos deixados nos corpos e nas mentes das pessoas, que levariam aqueles registros em suas vidas por muito tempo:

Dentre todos os que se encontravam mais prejudicados estavam três dos subordinados de Inálio terrivelmente queimados dos pés à cabeça; depois vinha o próprio Inálio sem seus cabelos, couro cabeludo, braços e pernas com partes em carne viva e vias respiratórias queimadas pelos gases, por ter ficado muito tempo exposto ao calor forte nos salvamentos que fez; em seguida, vinha dona Izadora com queimaduras leves nas mãos e outras mais graves e permanentes na parte superior do braço e ombro esquerdo; o senhor João Nogueira havia queimado seus cabelos, braços e pernas, por ter estado também muito tempo exposto ao calor antes e durante o salvamento de outros no incêndio, ficando com algumas pequenas marcas permanentes nestas últimas regiões; já com Euzébia pouco havia acontecido, por ser a mais velha e dormir em quarto separado onde o fogo não havia avançado com tanta rapidez; Pedrinho, Clarinha e alguns serviçais da casa-grande sofreram queimaduras leves pelas pernas e braços, que lhe trouxeram algumas dores cujas marcas no corpo sumiriam com o tempo.

Tudo poderia ter sido pior para cada um deles, caso não fosse a equipe do doutor Afrânio a atendê-los, pois teriam ficado com sequelas maiores e teriam sofrido muito mais, ou mesmo sob risco de vida, se tivessem sido tratados pelos procedimentos normais adotados por outros médicos da época, principalmente por ser a região carente de um grande centro médico.

Chamado às presas, o doutor Afrânio chegou rapidamente com a sua carruagem, trazendo a ajuda de outros profissionais e auxiliares dele que socorreram imediatamente os queimados, pois há algum tempo ele tinha, junto com sua pequena equipe, começado a se especializar no tratamento de queimaduras, descobrindo depois de muita pesquisa um tipo de unguento formado pela conjunção do extrato de certas plantas medicinais existentes nas matas próximas usadas pelos escravos, que ajudavam muito a diminuir as dores provocadas pelas queimaduras e facilitavam na cicatrização, e alguns medicamentos elaborados por ele mesmo que ajudavam na regeneração das áreas queimadas, nos tecidos e nos músculos danificados; aliados, os dois tipos de medicamentos proporcionavam uma recuperação e restabelecimento maior ao paciente, bem como diminuíam significativamente as áreas queimadas com danos permanentes.

Aquele terrível incêndio, que ninguém gostaria de passar, acabou beneficiando a humanidade dali para a frente, pela oportunidade que o doutor Afrânio teve para colocar em práticas as suas novas técnicas e os novos medicamentos, os quais, mais tarde, outros médicos dedicados, por meio dos registros que deixou nas literaturas de medicina, dariam prosseguimento, aperfeiçoando-os.

No dia seguinte, o senhor da fazenda e seu capataz, mesmo sob o efeito das dores que sentiam nas áreas queimadas de seus corpos, sem que perdessem mais tempo, fizeram com as autoridades policiais locais o balanço das perdas materiais e humanas, registrando-as nos livros oficiais: as perdas parciais no quarto dos donos da fazenda, no de seus filhos menores e em dois dos sete quartos utilizados pelos trabalhadores e serviçais diretos no atendimento ao casarão; as sequelas sofridas nas pessoas queimadas, sem que, contudo, houvesse ocorrido a perda de nenhuma vida. Assim feito, foi se concluindo, de imediato, com as primeiras investigações dos policiais, que tinha sido o incêndio provocado por alguns escravos rebeldes, liderados pelo negro fujão chamado Izidoro, conforme contado por algumas testemunhas escravas, visivelmente ameaçadas por Inálio e pelas autoridades presentes para que delatassem o que viram antes e durante aquela terrível noite.

Logo a polícia tratou de espalhar com urgência pelos arredores de São Paulo e do Rio de Janeiro avisos de procura e captura aos escravos rebelados na Fazenda Serra Verde, incentivando todos, inclusive os capitães do mato, com valores promissores às suas capturas ofertados pelo senhor João, desde simples informações até serem pegos vivos ou mortos conforme previa o artigo 1º, Lei de 10 de junho de 1835, decretada pelo Governo Regencial, que dava plenos poderes às decisões finais que fossem tomadas pelos senhores da fazenda prejudicados pelo ato insolente e irracional dos escravos rebeldes.

Se fossem outros tempos, o próprio senhor João teria o prazer de liderar o grupo para aquela captura, entretanto, a sua condição de saúde, a de Inálio e da maioria de seus subordinados impedia que assim fizesse, deixando, a contragosto seu, pois odiava os capitães do mato, que outros participassem daquela busca e captura. Ele havia recomendado aos que se aventuravam naquela empreitada que tomassem todo o cuidado com a vida das duas filhas de Samira e que, se possível, trouxessem os escravos que tinham colocado fogo em sua casa vivos, principalmente Izidoro, prometendo por isso uma soma adicional à ofertada inicialmente por cada um.

4. As explicações do futuro no passado – Parte II

Longe da Fazenda Serra Verde, a cerca de 75 quilômetros de distância dela, muito perto do objetivo planejado para a fuga de chegar ao quilombo dos Antares, entravado clandestinamente nas montanhas oestes do Rio de Janeiro, estava o grupo de 19 escravos rebelados, liderados por Izidoro, que havia conseguido avançar cautelosamente aquela distância a cavalo em três dias, parando somente para o alimento e descanso indispensáveis, procurando as trilhas de mato alto e afastando-se dos caminhos principais existentes, a fim de fugirem dos olhos curiosos que pudessem lhes delatar o trajeto sendo tomado.

Durante esse percurso a tensão de todos era muita, principalmente das crianças e mulheres que ficavam agitadas com qualquer barulho diferente na mata, ou quando passavam sem jeito de evitar por alguma casa ou vilarejo.

Izidoro e seus companheiros de liderança armados com as facas e facões que tinham conseguido levar mantinham-se cuidadosos e previdentes a cada metro avançado, e mais atentos do que nunca quando precisavam acampar com a chegada da noite de um dia para o outro, montando turno entre si para a vigília e o descanso.

Naqueles três dias conseguiram sentir, parcialmente, a felicidade que os esperava no quilombo, com a liberdade vivida, fazendo o que queriam sem que estivessem sob o controle permanente dos senhores, do feitor e seus subordinados, e mesmo dos escravos declarados fiéis que entregavam seus semelhantes para que pudessem manter os seus poucos privilégios. Tanto as crianças como os adultos, que ainda não tinham conhecido outra vida que não fosse aquela cercada pelos arames que limitavam as fronteiras da fazenda, sentiram-se livres na mata, estando longe das opressões a que ficavam diariamente expostos; era-lhes o esplendor máximo da alegria e do contentamento.

Entretanto, Izidoro e seus amigos de fuga não tinham noção de que o que haviam planejado para que o incêndio tomasse conta da atenção de todos, dando-lhes tempo suficiente para a evasão, sem que prejudicasse muito fisicamente a vida de alguém, fosse tomar a proporção que tomou, atraindo a atenção do governo, da polícia e dos temidos capitães do mato.

Izidoro percebeu isso no início do quarto dia, quando numa caminhada saindo da mata, sem comentar com ninguém para não criar pânico, viu que olhos de alguns transeuntes tinham se fixado com muita atenção no grupo deles, trazendo-lhe imediatamente a suspeita de que estavam sendo caçados. Tentando incentivar o grupo para acelerar ainda mais a caminhada fora da mata, ele assim que pôde fez o grupo voltar para dentro da mata pesada, passando a ficar mais aguçado com os barulhos e visões aos movimentos suspeitos.

Finalmente, constatando que estavam sendo seguidos, Izidoro resolveu revelar aos outros companheiros diretos da rebelião o que suspeitava, deixando-os mais atentos e com maior precaução nos próximos movimentos.

Mas não tardou muito para sentirem que suas liberdades estavam de novo em perigo, ao escutarem os relinchos e cascos de alguns cavalos próximos chocando contra o solo. Foi neste instante que Izidoro tomou a decisão que tinha deixado como última alternativa na fuga: entregaria suas filhas para os demais rebelados para fugirem com elas, garantindo-lhes a liberdade no quilombo, enquanto despistava seus perseguidores. Assim, planejou rapidamente e comunicou sua decisão junto aos demais companheiros que, deveras, não aceitaram sua proposta, por deixar-lhe sobre os ombros o peso das consequências que poderiam vir somente para ele. Entretanto, conscientizando-os de que era melhor que fosse um só sacrificado do que todos, eles, sem poder negar, toparam. Mas, quando estavam para levar as filhas de Izidoro com o restante do grupo, as meninas, percebendo que seriam separadas do pai, começaram a chorar alto e profundamente. O choro das filhas de Izidoro serviu para chamar a atenção do grupo que os perseguia. Apavorados, todos trataram de fugir, restando somente Izidoro e um dos rebelados, justamente o que tinha sido encarregado de levar as suas filhas com ele para o quilombo.

Isso acontecendo, a um sinal silencioso de Izidoro, o homem o seguiu sem questionar pela mata adentro, em caminho diferente ao que os outros do grupo de rebelados tinham tomado, atraindo para longe deles a atenção dos perseguidores.

Os dois conseguiram avançar algumas centenas de metros, porém não foram muito mais longe, pois acabaram cercados irremediavelmente por um grupo de homens muito mais experientes que eles nos caminhos daquelas matas.

Imediatamente um capitão do mato que liderava o grupo de captura adiantou-se e falou para os de seu grupo:

– Não atirem em ninguém, pois o senhor João Nogueira prometeu nos pagar o dobro da recompensa oferecida por cada um se os levássemos vivos, principalmente o escravo chamado de Izidoro – disse-lhes com o pensamento voltado para a captura iminente dos dois rebeldes cercados.

Em pouco tempo os dois rebelados, mesmo com as diversas tentativas de fugas empreendidas pela mata, foram cercados, capturados e colocados ajoelhados e acorrentados à frente do capitão para serem interrogados quanto à direção que tinha tomado o restante do grupo de rebelados. Os cavalos dos dois escravos estavam exaustos pelas corridas desenfreadas espumando pela boca, e eles mesmos espumavam as salivas raivosas pelos cantos das suas.

A um aceno do capitão, dois de seus capangas se aproximaram, pegaram seus chicotes e usaram-nos severamente na pele dos dois escravos, deixando-a rachada em carne viva. Contudo, acostumados àqueles tipos de castigos, eles continuaram calados, mesmo que sentindo fortes dores.

O capitão do mato, um branquelo barbudo, de cabelos castanhos lisos acomodados sob um chapéu panamenho, alto e truculento, com seus aproximados 40 anos, vendo que aqueles tipos de castigos não os fariam revelar nada, levou o interrogatório para outra direção, falando-lhes sobre as crianças, alegando que não tinham nada a ver com aquela fuga, já que eram consideradas livres pelas leis governamentais e que poderiam acabar sendo mortas pelos outros homens que dariam continuidade na perseguição, a menos que lhes desse a ordem para poupá-las.

Izidoro sabia perfeitamente disso, pois aprendera a ler e a escrever com Samira, diferenciando-se dos demais escravos que na sua maioria eram analfabetos; e sabia também que o capitão nada podia fazer contra elas, por isso continuou calado, sendo seguido pelo companheiro amarrado ao seu lado.

A um novo balançar da cabeça do capitão, os dois homens castigaram por diversas vezes o corpo dos rebelados com a brasa de uma vara de madeira incandescente na ponta, o que também não adiantou nada, recebendo de volta somente os gemidos dos dois.

Vendo que também por aqueles caminhos não conseguiria nada dos dois escravos, perdendo seu tempo com isso, o experiente caçador de recompensas achou melhor determinar que o grupo destacado iniciasse logo a perseguição dos que tinham continuado a fuga, preferindo isso a ter de sacrificar o pagamento maior pela captura dos dois principais escravos rebelados vivos, já que pelas leis governamentais nada conseguiria pelas crianças e pouco pelos demais fujões, podendo mesmo deixar para esses do segundo grupo o mérito por suas capturas, se conseguissem, pois estavam muito próximos do quilombo do Rio de Janeiro, aonde achava que os fugitivos se dirigiam. Talvez perdesse o valor da recompensa ofertada pelo senhor João pelas filhas de Izidoro entregues intactas, mas já lhe seria de grande lucro ter em sua rede os dois maiores peixes daquela pescaria; o resto só lhe aumentaria o lucro já conseguido.

Trataram assim de botar nos dois prisioneiros as pelas que os prenderiam com correntes e forquilhas da cabeça aos pés, evitando qualquer possibilidade de fugirem. Quanto às crianças, maliciosamente o capitão conseguiu a promessa de Izidoro e de seu companheiro de não tentarem fugir se ele determinasse que não molestassem todas as crianças, as mulheres e os idosos do grupo ainda em fuga, se fossem capturados. Por sua vez, o capitão do mato deu a sua palavra em troca, ficando todos plenamente satisfeitos com o acordo. O próprio capitão só tinha interesse realmente nas duas crianças e nos dois outros negros envolvidos na rebelião, pouco se preocupando com o destino que seria dado para os demais fujões, importando-se somente com o ganho compensador junto ao senhor João Nogueira que o havia contratado pessoalmente, por achá-lo competente para aquela busca e captura, visto que para os demais não havia recompensas, nem do dono da fazenda, nem por parte das autoridades governamentais.

Dois dias depois da captura, cavalgando pelos caminhos adequados, o capitão do mato Antônio Figueiras e sua primeira equipe chegaram numa manhã chuvosa de volta à Fazenda Serra Verde arrastando os dois amaldiçoados negros criminosos, sendo recebido com muito louvor pelas autoridades do Governo Local e Regencial, pelo senhor João Nogueira e esposa, por Inálio e seus subordinados, pelos escravos da fazenda; não tardou que a notícia se espalhasse velozmente e uma pequena multidão formada pelos habitantes da redondeza e pelos senhores de outras fazendas com seus escravos se aglomerasse no pátio; estes últimos trazidos para que vissem o que acontecia com os escravos fujões e criminosos, pois os focos de rebeliões estavam tomando imenso fôlego em muitas fazendas, tornando-se um pesadelo para os seus senhores, motivados pelas ações de represália feitas pelo grupo rebelde de Izidoro, espalhando-se como uma chaga, rapidamente chegando aquela notícia a lugares bem distantes, influenciando no comportamento dos escravos. Daí a importância que aquele momento representava para os senhores das fazendas na tentativa de acalmar os ânimos dos escravos exaltados, punindo exemplarmente aquele grupo de escravos fujões, que ousadamente tinham colocado em risco a vida das pessoas nobres daquela fazenda, o que, por certo, frearia a vontade dos demais.

Depois do pagamento da vultosa quantia feita pelo representante do governo local e pelo senhor João ao capitão do mato pela captura dos dois principais escravos rebelados, continuando o seu agradecimento, o dono da fazenda ofereceu ao senhor Antônio Figueiras e seu grupo alimento e pouso, enquanto aguardavam o resultado da procura da segunda equipe que continuava no encalço dos demais escravos ainda em fuga.

5. As explicações do futuro no passado – Parte III

A manhã passou e a tarde continuou chuvosa com nuvens pesadas acobertando a serra, impedindo-a de mostrar, por isso, o seu exuberante verde, no qual os parentes passados do senhor João Nogueira se basearam para dar o nome à fazenda que haviam comprado, assim que para lá partiram, logo que começou o primoroso ciclo do café por aquelas regiões.

Diferentemente da calma e tranquilidade que os primeiros donos da fazenda tinham encontrado naquelas paragens, naquela tarde podia-se escutar o vozerio da pequena multidão enfurecida contra os dois escravos rebeldes que estavam no pátio da fazenda presos ao tronco, vinda de diversas fazendas e localidades próximas, gritando-lhes todos os tipos de impropérios.

Izidoro tinha ao seu lado preso em outro tronco o companheiro de rebelião chamado Jeremias, cujo nome tinha sido dado por seu pai escravo convertido ao Catolicismo, chamando-o assim em homenagem ao antigo profeta de Deus. Jeremias era filho único e além de pretendente à mão de uma das filhas de Benvindo, o pai muito idoso tinha sido condenado ao tronco injustamente por Inálio pelo roubo de um simples broche de barro, supostamente desaparecido do quarto de Euzébia em mais uma de suas crises de coisas sumidas. Isso porque o velho tinha sido visto rondando o quarto dela. Antônio de quase 70 anos de idade não resistiu nem ao primeiro dia de sol no tronco, após ter levado uma série de chicotadas e outros castigos a mais a fim de que confessasse algo que não tinha feito. Dois dias depois o broche sem valor comercial foi achado no próprio quarto de Euzébia, caído atrás de um armário. Com a morte do pai sem culpa e o estupro feito na sua pretendente, Jeremias passou a ser um péssimo servidor; maquinou a sua vingança pessoal, aliando-se depois a Benvindo, a Sebastião e a Izidoro, arquitetando com eles o incêndio na casa-grande a fim de ocupar a todos no seu combate, enquanto fugiam junto com os demais da fazenda.

Olhando-os, naquele momento, ensanguentados e deformados depois de terem sido açoitados previamente pelos homens do capitão e por diversas vezes pelos próprios subordinados de Inálio irados com o que eles tinham feito na fazenda, quem quisesse lhes adivinhar a idade daria para Izidoro mais de 70 anos e para o rapaz quase 40 anos, quando na verdade estavam com 59 e 25, respectivamente.

Mesmo com as dores lancinantes a cada chicotada com o "chicote bacalhau" que lhe davam no dorso, Izidoro as contrabalançava com a satisfação de ter ouvido durante a viagem de volta nas palavras do próprio capitão do mato, que pessoalmente nada tinha contra ele a não ser o que a sua profissão impunha, que não tinha o grupo que havia destacado encontrado os demais rebeldes, a não ser alguns vestígios por onde tinham passado que os conduziam na direção direta ao Quilombo Antares no Rio de Janeiro; e, finalmente, que os membros do grupo destacado por ele, provavelmente, não teriam coragem de ir até lá para tentar capturá-los por causa do perigo que correriam; finalizou ele dizendo que vários outros grupos de perseguidores e aventureiros tinham desistido de suas intenções, assim que tomaram conhecimento que o seu grupo havia capturado Izidoro e Jeremias, cujo valor pela captura era maior que os demais juntos, e que o destino dos outros escravos fugidos era o mais temido dos quilombos dos dois estados.

Enquanto isso, dentro do salão principal do casarão onde ao lado podia se ver o estrago feito pelo fogo no quarto central e nos quartos laterais a este, um grupo destacado do governo local decidia junto ao senhor da fazenda o que fazer com a vida dos dois negros insubordinados e rebeldes, merecedores das penas máximas cabíveis.

Depois de duas horas de julgamento, saíram todos do salão principal da casa-grande com a decisão lavrada no livro do governo, dirigindo-se até o pátio onde estavam os escravos nos troncos e a multidão aguardando o parecer da justiça, proclamando um orador em voz alta que o negro chamado Izidoro, de 59 anos, de propriedade do senhor João Nogueira de Figueiroa e esposa... filho dos escravos... e..., que em razão dos crimes feitos diretamente à propriedade da família destes senhores, chamada Fazenda Serra Verde, colocando-lhes a vida em iminente perigo, como a de seus empregados e serviçais, ateando fogo na casa-grande daquela fazenda, não havendo perdas de vida, mas constatando-se danos irreversíveis provocados por queimadura em algumas dessas pessoas, etc., que segundo constando no artigo 1º da Lei decretada em 10 de junho de, etc., o grupo especialmente formado pelas autoridades competentes sentenciava o escravo mencionado aos castigos iminentes, ficando a cargo do senhor da fazenda, João da Silva Nogueira, os critérios a serem adotados como castigo e penalização final. Estabelece este grupo, entretanto, que o escravo deva ser exposto em local aberto para ser visto por todos, servindo como exemplo para que outros não tentem fazer o mesmo, etc.

São Paulo, 23 de junho de 1885.

O mesmo foi enunciado, em seguida, com relação ao negro Jeremias...

Aquela sentença considerava mais os prejuízos causados pelos dois escravos junto aos demais em virtude da popularidade alcançada por eles em fazendas e cidades próximas com a notícia fantástica de suas fugas, espalhando-se rapidamente para outros locais mais distantes, colocando-os perigosamente como heróis entre os de mesmas condições, do que propriamente o mal direto que haviam feito na fazenda, seus proprietários e residentes.

A pequena multidão formada na sua maioria de favoráveis à condenação dos dois, que esperava a sentença a ser proferida no pátio da fazenda, vibrou com o enunciado, saboreando cada parte como se tivessem sido eles mesmos os que foram prejudicados, irados que estavam pela ousadia que aqueles seres inferiores e desprezíveis tinham feito aos seus senhores. Eles haviam acompanhado todas as açoitadas e as queimaduras feitas nos dois por Bené, por meio das pontas de madeira em brasa, um dos subordinados de Inálio prejudicado no incêndio com muitas queimaduras pelo corpo todo, antes das sentenças promulgadas; vibraram depois com as sentenças proferidas e as queimaduras que Justino, o capanga braço direito de Inálio, mesmo cambaleando nas pernas por causa das dores que sentia nas queimaduras no corpo, fez com ferro em brasa nos corpos dos dois, e a destacada marca com ferradura em brasa feita no rosto direito de Izidoro; foi permitido pelo senhor da fazenda esse ato em razão de ser ele um dos mais prejudicados no incêndio, tendo ficado para sempre em parte do seu corpo e no rosto as marcas das queimaduras sofridas.

Contudo, o que mais deixou o povo alvoroçado foi quando outro capanga de Inálio de nome Ambrósio, prejudicado também no incêndio com queimaduras pelo corpo, porém em menor proporção que Justino, fez, por vontade própria, inflamado pelos gritos de revide pedidos pelo povo, o maior dos castigos impostos a um dos infratores, pegando um ferro fino de ponta afiada, em brasa, enfiando-o no olho esquerdo de Jeremias, que liberou o maior dos gritos de dor já escutado naquela fazenda, levando o jovem negro rebelde a desmaiar por não suportar a dor extrema. Depois ele pegou outro ferro chato em brasa e queimou o couro cabeludo dos dois infratores.

Justino tentou fazer o mesmo em Izidoro, sendo impedido, entretanto, a tempo, pelo próprio feitor da fazenda, atendendo a uma ordem do senhor João.

Em seguida vieram dona Izadora, o senhor João Nogueira e filhos, trôpegos e rastejantes, em proporções às dores que eles sentiam; a maioria com o prazer do revide na alma, que lhes proporcionava forças suficientes para aplicarem os castigos merecidos nos dois criminosos.

Ordenou o pai que Pedrinho quebrasse com uma marreta os pés de Izidoro para que fosse para o inferno assim e ficasse rastejando pelo chão ardente eternamente; procedeu dessa maneira o filho, com Inálio a ajudar-lhe com o peso da ferramenta. Para a filha Clarinha, foi-lhe ordenado pelo pai que deixasse a sua marca com ferro comum, em brasa, no outro lado do rosto ainda não queimado nos dois, e que lhes batesse com uma madeira especialmente preparada, também no rosto, até se cansar, para que eles se lembrassem no fogo eterno o que tinham feito a ela. Clarinha fez tudo o que o pai lhe ordenara, chorando, com muita dificuldade, mais pela imposição do pai do que pela vontade própria de vingança pessoal, necessitando da ajuda também de Inálio; no fim de seus atos, com os olhos encharcados de lágrimas, ela olhou para Izidoro e Jeremias como a pedir-lhes perdão; Izidoro, cheio de dor e não conseguindo mais erguer a cabeça sustentada pela gravidade sobre o ombro direito, lhe entendeu a situação e, em vez de somente a perdoar balbuciou-lhe com seus lábios ressecados o seu próprio pedido de perdão; Jeremias nada pôde dizer por estar desacordado.

Chegando a vez de Euzébia, após ter-lhes dado algumas açoitadas, e mesmo não tendo sido ordenado pelo pai por não ter sido quase prejudicada em nada, ela sentiu prazer e cuspiu no rosto dos dois e queimou, sem a ajuda de ninguém, suas coxas com o ferro da lareira em brasa, para demonstrar sua ira contra o que eles tinham feito a seus pais, a seus irmãos e a trabalhadores da fazenda, retirando-se na direção da varanda com o orgulho ostentado no seu jeito e caminhar.

Dona Izadora deu-lhes algumas chicotadas e esbofeteou-lhes, e em prantos preferiu dar-se por satisfeita, após ver-lhes o sangue escorrendo em abundância das diversas feridas abertas e as terríveis chagas provenientes das queimaduras dos ferros em brasa, saindo do local com seu lindo vestido azul-celeste com mangas compridas para esconder as queimaduras próximas aos ombros, respingado de sangue, acelerando seus passos e se recolhendo a seus aposentos para não acompanhar os castigos restantes.

Finalmente chegou a vez do chefe da família que, percebendo todos os olhos voltados para ele e a importância que seu ato teria como forma de castigo, fez o que alguns gostariam de ter feito, levantando pelos cabelos e socando a cabeça de Izidoro com toda a força que tinha, como a despejar naquele ato toda a ira e indignação que sentia pela ação criminosa, liderada por aquele miserável escravo fujão contra a sua família e seus auxiliares. Preferiu assim a aplicar-lhe o ato final de misericórdia, pois achava que merecia o sofrimento prolongado para que tivesse tempo para se arrepender do que fizera. Naquele momento, o seu pensamento hostil e rancoroso lhe dizia que jamais o perdoaria pelo que tinha feito e seu ódio por ele levaria até o túmulo, ou mesmo depois dele. Vendo que a dor já tinha sido suficiente a Jeremias ainda desmaiado, ele se retirou de perto dos dois criminosos e sentou-se na sua confortável cadeira de vime na varanda, ao lado dos filhos, com ensejo de ver o que Inálio em sua vez faria.

Inálio, mesmo depois de ter participado das partes cabíveis ao ordenado pelo patrão aos filhos, como a querer confraternizar-se com o seu chefe e com os pedidos da pequena turba enlouquecida, aplicou em Izidoro um forte soco no rosto partindo-lhe os ligamentos do maxilar, e fazendo com que sua cabeça pendesse para o lado esquerdo, esvaindo em sangue pela boca, pelos orifícios de seu nariz e ouvidos. Depois ele preparou o pior de seus socos e desferiu-o de encontro ao peito de Izidoro; mesmo longe, podiam-se escutar as cartilagens e algumas costelas sendo partidas, afundando assim o seu tórax, e deixando-o com muita falta de ar, engasgando e tossindo sangue, antes de desfalecer. Aproveitando aquele momento, o feitor bradou em voz alta: "Experimente, desgraçado, o mesmo que senti".

Quanto ao outro negro, também se deu por satisfeito pelo que já lhe tinham feito anteriormente.

Quase em seguida ao último ato de Inálio, uma chuva muito forte começou a cair, fazendo escorrer o sangue dos dois desmaiados dos troncos até um córrego próximo, tingindo-lhe a água de vermelho. Contudo, exceto algumas pessoas que assistiam à sentença transformada em ação, a maioria não procurou por abrigo da chuva, preferindo não arredar o pé de onde estavam, encharcadas que estavam pelo ódio e pela vingança presentes no ambiente, vibrantes, febris e acalentadas pelo mais que poderia acontecer.

Entretanto, contrariando tudo o que havia sofrido, Izidoro acordou fazendo imenso esforço para levantar a sua cabeça que teimava em não lhe atender o comando por causa dos músculos, cartilagens e ossos prejudicados. Com imensa dor, buscando energias que lhe faltavam, pediu, como último ato, em voz suplicante quase inaudível na direção de Inálio, que ainda se encontrava lá completamente molhado da chuva, que gostaria, por misericórdia, falar, confidencialmente, com a dona Izadora e com o senhor João.

Inálio sorriu debochadamente na direção do público enunciando em alta voz o pedido feito por Izidoro, como se ele estivesse pedido o perdão final. Contudo, para a surpresa de todos e divergindo quanto às intenções do seu capataz, o senhor João chamou um serviçal próximo e cochichou-lhe algo ao ouvido. O homem se retirou e poucos minutos depois estava de volta trazendo dona Izadora junto consigo até onde estava o dono da fazenda. Ela trazia no seu semblante o cansaço estampado e uma expressão interrogativa.

Feito isso, os donos da fazenda se aproximaram prudentemente do líder dos rebeldes, acompanhados de perto por Inálio e dois serviçais que os protegiam com guarda-chuvas, cuidadosos diante do que poderia o escravo miserável querer fazer. Mas chegaram-se os dois perto de Izidoro, pedindo o senhor João que Inálio ficasse um pouco afastado, evitando que ele escutasse o que seria dito, o que aconteceu deixando-o curioso para o resto de sua vida em querer saber o conteúdo da fala unilateral. Primeiro os esposos verificaram as dificuldades que Izidoro teve para emitir as primeiras palavras pedindo perdão pelo que havia feito, sem querer, aos seus filhos e aos serviçais. Em seguida, Izidoro enunciou o que tinha sido pedido a ele por Samira, confessando não ter podido lhes dizer isto antes por sentir-se impedido pelo ódio que o queimava por dentro. Mas agora que o seu fim chegava, ele não queria levar para o túmulo o que lhe rogara a mulher antes de morrer. Aquilo foi tudo.

Ao término de sua confissão, exausto, após imenso esforço que tinha feito, Izidoro cedeu para que sua cabeça pendesse para o lado que lhe dava menos dores, e deixou que sua mente se esvaísse do contato com as dores que o corpo lhe trazia, perdendo os sentidos.

Surpresa e pensativa pelo pedido de perdão inesperado feito por aquela a quem tanto tinha prejudicado, dona Izadora saiu cambaleante com a mente sobrecarregada de pesar, sendo ajudada por uma de suas escravas, arrastando seus passos na direção do refúgio do seu quarto. Daí em diante, sua consciência é que lhe definiria a vida.

Depois de dona Izadora, afastou-se do lugar o senhor João também muito pensativo, deixando aquele palco de horrores para os que ainda tinham estômago para assistirem às cenas finais, refugiando-se no interior do seu escritório no casarão, ficando longe dos olhares curiosos dos amigos, que sem o anfitrião deram rumo na direção de suas residências.

Não tendo mais o que ver, a turba de vingadores indiretos, que observaram sequiosos os castigos sendo infringidos aos dois escravos, foi também se indo, aos poucos, encharcada nas suas roupas e nas suas mentes doentias, seguindo na direção de suas próprias vidas, ficando para sempre suas vozes tresloucadas registradas nas paredes em volta do pátio, cujos fluidos negativos vibrariam por muitos anos. Uns levavam em suas mentes a satisfação passageira pela sede de vingança saciada; outros, o pesar pelo que haviam visto; todos, no entanto, comprometidos diante das Leis Naturais, infalíveis e sem privilégios, vigentes em todo o Universo, relacionadas que a cada ação corresponde uma reação, mesmo aquela feita só pelo pensamento; que todo efeito tem uma causa; que a cada um será dado conforme suas obras.

Finalmente a chuva parou. No céu começaram a surgir algumas estrelas entre as nuvens que se abriam vagarosamente, e próximo dali as flores de uma dama-da-noite lançaram ao ar os seus perfumes, contrariando e moderando o ambiente perturbador do pátio e inquieto dentro do casarão.

O jantar daquela noite não foi o mesmo das noites festivas repletas de amigos em volta da mesa, onde todos sorriam a qualquer motivo, fartando-se nas comidas trazidas pelas escravas, pois perto dali estavam duas criaturas, filhas do mesmo Deus, em agonia, próximas da hora da morte. Em vez da alegria contagiante, havia em volta da mesa, em cada semblante, a reflexão passional junto aos atos cometidos, e o silêncio, quebrado vez ou outra pelas vozes das crianças menores acirradas em suas brincadeiras.

No pátio parcamente iluminado, no entanto, as cenas de dores continuavam. A mando de Inálio, Jeremias despertado tinha ficado preso ao tronco. Por suas pernas havia escorrido urina que misturada a muito sangue formava uma grande poça malcheirosa ao redor dos seus pés; diversos mosquitos estavam em pleno banquete, pousados no seu corpo, recolhendo com suas línguas compridas os caldos saborosos que saíam das feridas abertas do infeliz, sem terem de trabalhar muito para isso; outros mosquitos insatisfeitos com a posse dos que tinham chegado primeiro lhe picavam todo o corpo, sem poder ele se coçar e aliviar as coceiras, dando-lhe imensa agonia; algumas formigas, aventurando-se na noite, subiam-lhe pelas pernas à procura da fonte do saboroso cheiro do sangue que as atraía, enquanto outras se satisfaziam com o sangue que pingava e acumulava-se no chão; as dores que lhe vinham das feridas provocadas pelas chicotadas e queimaduras feitas por ferro em brasa nas diversas partes do corpo e no rosto lhe alucinavam a mente; a sede lhe queimava a boca, sufocando-lhe a garganta que teimava em não querer abrir-se mais, dificultando-lhe a respiração por estar com os orifícios do nariz repletos de sangue coagulado e os pulmões em semelhante situação, indo-se aos poucos fechando as pleuras e os brônquios.

Quanto a Izidoro, seu arqui-inimigo, Inálio havia preparado algo pior, tirando-o do tronco e levando-o com a ajuda de seus comparsas para um cubículo especialmente construído no pátio tempos atrás a mando do dono da fazenda, reservado para os castigos extremos aos escravos da pior categoria, deixando-o de cabeça para baixo para que pensasse melhor sobre os erros que havia cometido e se arrependesse por isso, vivendo nele o verdadeiro purgatório, no pouco tempo que lhe restava.

Tratava-se de um labirinto chamado "cabeça para baixo", apertadíssimo para uma pessoa só ficar prensada dos pés a cabeça. Depois que a abertura existente para a passagem da pessoa era fechada na parte superior, ela ficava de cabeça para baixo na escuridão, com a parte inferior muita próxima à corrente de água de um pequeno riacho que passava logo abaixo, forçando-o a ter de levantá-la constantemente, se não quisesse se sufocar ou se afogar. Se estivesse, naquela situação, uma pessoa, sem ter-lhe sido aplicado duros castigos, ela poderia sobreviver depois de alguns dias, se os senhores assim quisessem. Mas, no caso de Izidoro, seria muito difícil por causa dos muitos maus-tratos recebidos e o seu total estado de fraqueza. Poucos naquela situação tinham conseguido ficar lúcidos depois do primeiro dia, iniciando o processo do torpor mental, logo depois de algumas horas, acelerando conforme ia se sentindo sufocado com a água abaixo e a fobia decorrente da clausura. Um dos primeiros escravos a ter sofrido tal castigo tinha sido o pai de Jeremias, antes de ser transferido para o tronco, saindo de lá quase enlouquecido.

Izidoro, dentro daquele cubículo, sentia que o seu sangue já não lhe chegava mais adequadamente à cabeça, em razão da debilidade nos pensamentos e da desestabilidade no resto do seu corpo, deixando-o zonzo. Além disso, e das dores que sentia por todo o corpo, ele estava nauseado pelo cheiro que lhe vinha do córrego logo abaixo de sua cabeça, que transportava os dejetos das pessoas, as gorduras e restos dos alimentos provenientes das duas cozinhas. Ele fazia sacrifício enorme no pescoço para não deixar a cabeça mergulhar de vez na água que passava logo abaixo no córrego, de onde uma tênue claridade vinha pela abertura. Ele sabia que precisava resistir e lutava pela vida a cada segundo. Como a fome era muita e a sede também, por estar sem comer e beber desde que foi capturado, mesmo quase sem enxergar nada à sua volta, sem pensar duas vezes, ele reclinou sua cabeça, abriu a boca e recolheu pelo canto dela um pouco da água que passava logo abaixo, refrescando a boca seca e a garganta com gosto de sangue; também não pensou duas vezes em pegar com o canto da boca alguns restos de alimentos sólidos vindos da cozinha, como se alguém estivesse lá percebendo-lhe o drama e propositadamente os jogando no córrego. Ele mastigou e engoliu alguns restos de cenouras e cascas de batatas com muita dificuldade. O gosto da água e dos alimentos misturados ao sangue era péssimos, porém, na situação em que se encontrava, valeria tudo para se manter vivo por mais algumas horas ou minutos, mesmo sentindo terrivelmente as dores por todo o corpo provenientes das chicotadas, das queimaduras, das bofetadas, dos socos, e na mente as cusparadas no rosto. No entanto, de todas as dores que havia sentido, as piores foram as provocadas pela vinda das crianças a castigar-lhe, as quais ele jamais havia pensado sequer em tocar e que acabaram se queimando no incêndio. Tanto ele quanto os demais escravos envolvidos no incêndio achavam que as chamas seriam logo debeladas, não passando dos cômodos dos donos da fazenda e dos quartos onde estavam Inálio e seus capangas. Também o fazia pensar, terrivelmente, nos demais serviçais do casarão que não o odiavam e cumpriam ordens, que acabaram sendo também prejudicados durante o incêndio. Por eles Izidoro pediu imediato perdão ao Pai do Céu dos cristãos e dos africanos. Quanto ao sinhô João, à sinhá Izadora, a Inálio e seus perversos subordinados, ele, endurecido ainda em sua raiva e orgulho, não se arrependia de nada do que tinha lhes feito. Mesmo porque as duas filhas não precisariam mais de suas caridades, já que estavam em liberdade. Ele lhes falara o que prometera a Samira dizer, nada mais.

Quando Izidoro começou a achar que o seu sofrimento tinha atingido o ponto máximo, para piorar o frio da noite de inverno começou a lhe chegar pelas paredes do cubículo, passando a lhe castigar o corpo seminu. Contudo, a lhe aliviar imaginou o pior acontecendo com o pobre do Jeremias do lado externo preso no tronco à mercê de todo tipo de intempéries do ambiente aberto e o frio da noite congelante; Jeremias que muito menos devia aos patrões.

Mas Izidoro foi se desligando aos poucos do que acontecia à sua pequena volta e começou a prestar mais atenção no que ocorria um pouco mais longe, verificando que o movimento dentro do casarão havia cessado, bem como no que restara dos quartos anexos e na senzala, passando ele a escutar somente os passos dos dois vigias de Inálio a tomar conta do fim de suas vidas. Assim, resolveu chamar por Jeremias. A sua voz ecoou pelo recinto fechado e saiu para o exterior como se alguém falasse dentro de uma caverna. Mas o companheiro de sofrimento não respondeu. Passou algum tempo e ele recebeu como respostas as palavras de um dos vigias lhe dizendo:

– Cala a boca, seu desgraçado, que ele já foi prestar contas com o diabo! Acho bom você fazer logo o mesmo e não nos dar tanto trabalho para que possamos ir logo dormir em nossas camas quentes.

Izidoro, então, certificando-se de que o pobre do companheiro já tinha partido antes dele, fez as orações que Samira havia lhe ensinado, pedindo a Zambi e a Deus para que pudessem tomar conta da alma de Jeremias; depois pediu por ele mesmo para que lhe dessem o tempo de vida necessário para certificar-se de que as duas filhas estavam bem, como os demais que tinham continuado em fuga na direção do Quilombo Antares.

Resignado deixou, então, que a sua alma tomasse o destino que lhe fosse melhor, desde que continuasse vivo. Tomando o cuidado para que sua cabeça não mergulhasse na água que corria abaixo, ele forçou o ombro direito ao encontro da parede do cubículo e contrabalançou fazendo o mesmo com a sua cintura no lado oposto. Assim ele dormiu num sono cheio de pesadelos, mas que o livrou de sentir as dores que o castigavam arduamente.

Ele acordou no dia seguinte pela manhã bem cedo com o barulho da agitação que havia de novo tomado conta no casarão, nos quartos anexos em condições de uso, na senzala, e com os primeiros curiosos que tinham chegado perto de onde estava. Ele escutou, desses mais próximos, o que já sabia sobre a morte de Jeremias: que não tinha aguentado tanto sofrimento, os insetos e o frio torturante que havia descido naquela noite, que havia incomodado mesmo os que confortavelmente estavam em suas camas sob suas cobertas. Depois, ele sentiu que haviam aberto a única portinhola na parte superior que dava acesso ao cubículo, sentindo ligeiro prazer com o ar renovado a refrescar-lhe o corpo. Alguém cutucou um de seus pés com uma faca pontiaguda, fazendo-o mexer com a dor sentida e ouvindo desta pessoa:

– Inálio, o desgraçado ainda está vivo! Que camarada ruim de morrer! Acho que nem mesmo o diabo o quer lá no inferno, de tão ruim que é, talvez pela possibilidade de competir com ele, em quem é pior.

Depois diversas gargalhadas ecoaram-lhe no recinto chegando a doer-lhe os tímpanos.

Izidoro sentiu quando no meio ainda das gargalhadas o corpo de Jeremias foi tirado do tronco e arrastado para longe como se fosse um simples saco de batatas. Depois escutou a voz de Inálio ainda rindo a lhe falar baixinho da portinhola:

– Está vivo ainda, né, seu infeliz? Mas não será por muito tempo, pois pode ficar bebendo a água cheia de xixi e fezes dos outros, e comendo o restante de comida que chega da cozinha que, mesmo assim, não durará muito tempo, porque o sangue que vejo na água saindo de você não demorará a lhe esvaziar as veias, e seu fim chegará. Só está prolongando o seu sofrimento. Morra logo e nos deixe em paz, seu verme desgraçado!

Inálio tinha razão, pois Izidoro começou a perceber, alguns minutos depois, que não conseguia mais raciocinar e aos poucos foi perdendo os sentidos e mergulhou num silêncio profundo, só despertando alguns minutos à frente quando escutou um intenso rumor de vozes e uma em particular a lhe falar próxima ao cubículo:

– Izidoro, sei que não demorará muito a sair desta vida e por isso me sinto na obrigação de lhe falar que, infelizmente, as suas duas filhas não conseguiram chegar ao quilombo e foram recapturadas junto com duas outras jovens negras por dois dos meus melhores homens. O escravo Sebastião, compromissado com a segunda filha de Benvindo, morreu tentando retardar a equipe de meus homens para que os demais conseguissem chegar seguros ao quilombo, já bem próximo dali. Meus homens, então, desistiram de ir atrás dos outros, porque seria arriscar demais, pois dizem que os vigias do quilombo estão bem armados e espalhados pelas proximidades em diversas partes.

Então, reconhecendo a voz, ardendo em apreensão, Izidoro, com muita dificuldade, fez a sua última pergunta naquela vida:

– Capitão, por favor. Elas estão bem? Ninguém as maltratou?

– Sim, Izidoro. Elas e as duas filhas de Benvindo estão bem. Eu mesmo recomendei aos meus homens que não ousassem incomodá-las, como lhe dei a palavra. Fique tranquilo que o senhor João e dona Izadora prometeram a elas que ninguém tocaria num só fio de seus cabelos e que seriam tratadas com dignidade e respeito por todos da fazenda. Eu lhe digo isso, negro fujão, como obrigação de bom cristão que sou – justificou-se. – Não me arrependo, entretanto, de ter lhes capturado, pois quase tiraram a vida de muitas pessoas, mas penso que, quanto a você ficará melhor sabendo que suas filhas estarão bem. Embora saiba dos motivos que o levaram a cometer tanta violência, não sou eu que estou aqui para julgar ninguém. Faço o meu dever como capitão do mato e procuro ser justo como filho do Criador. Vá em paz, e que Deus perdoe as suas faltas!

Aquelas foram também as últimas palavras que Izidoro escutou naquela vida. Ele partiu sossegado com o que havia falado o homem severo na sua obrigação e reputação que, no entanto, tinha a piedade na voz para consolar. Apenas Izidoro sentiu, e levou junto consigo, que por pouco mesmo Jeremias também poderia ter partido menos aflito, sabendo que a sua amada e a outra filha de Benvindo estariam bem. Ele sabia que poderia confiar no atendimento do senhor João e dona Izadora ao solicitado por Samira, pois ambos poderiam ser tudo, menos não cumpridores de pedido justo feito por uma moribunda.

6. As explicações do futuro no passado – Parte IV

No fim da tarde do mesmo dia, os dois corpos dos açoitados, espancados e queimados com ferro em brasa até a morte, foram enterrados envoltos em lençóis que lhes serviram de caixão, colocados em duas covas num canto da fazenda bem afastadas do casarão reservado para os escravos que morriam; não estava presente nenhum padre que pudesse encomendar os corpos. Estavam somente as duas filhas de Izidoro, as de Benvindo e os vizinhos mais chegados de senzala, que por misericórdia dos senhores tiveram a permissão de lá estar. O corpo de Izidoro foi enterrado ao lado do de Samira e o corpo de Jeremias ao lado dos de seus pais.

Sob o som de um atabaque, o escravo mais idoso puxou um canto triste seguido pelos outros, que pedia a Ogum e a Oxalá que recebessem a alma dos dois mortos e os encaminhasse para Zambi em Sua Grande Senzala. Alguns capoeiristas dançaram para que os mortos apreciassem a dança e se apresentassem a Ele com suas coragens, força e determinação, atravessando sem temor o vale da redenção que os separava Dele.

Depois, cada um colocou as suas flores e acendeu suas velas junto ao local onde os dois foram enterrados, e todos fizeram as suas despedidas. No final, uma negra de nobreza interior estampada no semblante, batizada como Maria da Conceição, seguindo a determinação feita pelo senhor João Nogueira, pegou as mãos molhadas de lágrimas das duas filhas de Izidoro e Samira, e fez-se acompanhar pelas duas jovens negras filhas de Benvindo também chorosas, levando-as até o casarão onde todos os escravos, serviçais e empregados aguardavam reunidos no pátio, parando em frente ao senhor João que as esperava em pé no centro da varanda ao lado da esposa e dos filhos. Conceição entregou as duas primeiras diretamente nas mãos do seu sinhô, sob o olhar de dona Izadora, que não estampou no rosto nenhum sinal de rancor; ao contrário, tentou ser agradável direcionando um sorriso na direção das quatro; Clarinha e Pedrinho nada esboçaram, entretanto, não acontecendo o mesmo com Euzébia que as olhou com desprezo e prevenção.

O senhor João recebeu-as com muito carinho, aproximando de si as filhas de seu maior inimigo, abraçando-as como se não uma só fosse a sua filha de verdade. Em seguida, olhando na direção de todos que tinha pedido para ali estarem, informou que, dali para a frente, as quatro deveriam ser respeitadas como suas protegidas, não havendo enganos quanto à sua represália a qualquer tipo de maus-tratos que viessem a ter.

Determinou que Antônia, 16 anos, ex-noiva de Jeremias, e Paula, 17 anos, ex-noiva de Sebastião, filhas de Benvindo, ficariam sob os cuidados de Maria da Conceição até que completassem as suas maioridades, sendo-lhes concedidos trabalhos dignos na casa-grande, vestimentas, alimentos e dormitório na mesma casa anexa onde a agora tutora morava. Quando as duas completassem os 21 anos, estariam livres e poderiam tomar o rumo que desejassem em suas vidas.

Aquilo era tudo que Maria da Conceição desejava: ter duas filhas que o Pai não pôde lhe dar para cuidar; para Antônia e Paula, seria a dignidade a bater-lhes à porta de novo, amenizando o rancor que sentiam pelo senhor da fazenda, pelo que lhes tinha feito, aos pais e a seus futuros maridos.

O senhor João, prosseguimento no seu ato caridoso, segurando nas mãos das filhas de Samira, chamou os três filhos seus, a esposa e a criadagem direta para perto e disse-lhes em bom som que as tratassem dali para a frente como se fossem suas filhas, pois que passariam a morar na casa-grande, tendo os mesmos direitos que os seus filhos, recebendo a mesma educação, o mesmo alimento, as mesmas roupas e tudo o mais; fez isto olhando para a esposa que não esboçou qualquer tipo de reação, pois, depois do que tinha escutado de Izidoro, a nada mais poderia temer a não ser os fantasmas dos pais das crianças a cobrar-lhes pelas providências que haviam pedido para as filhas.

As duas meninas, mesmo endurecidas pela dor com a perda dos pais, receberam o carinho imediato de Pedrinho e Clarinha. Com o tempo também dona Izadora aprendeu a amá-las, depois que começou a botar em prática o que aprendia nas missas feitas numa capela que pediu ao marido fosse construída ao lado do casarão, onde todos tinham acesso a ela, dos nobres amigos da família aos moradores locais, além dos escravos catolicizados ou não. Ela passou a fazer de suas festas a verdadeira razão e sinceridade para arrecadar fundos para assistir aos mais necessitados do povo pobre da região, atraindo para sua capela os verdadeiros sacerdotes da Igreja devotados ao bem comum, ocasionando com as missas feitas momentos de muita fé, sentida com a presença de todos os que desejassem realmente lá estar. No início foram poucas as amigas que se prestaram, sinceramente, a estar juntas na verdadeira caridade, retornando depois a maioria delas ao perceber a inclinação cristã vivenciada pela dona da fazenda.

Com o passar do tempo, as duas filhas de Samira começaram a deixar de lado os seus rancores e afeiçoaram-se a todos. Entretanto, tiveram de aturar, pelo tempo que conviveram com ela, o desprezo que a filha mais velha do senhor João lhes dava, principalmente a Sabrina.

O senhor João, depois de ter escutado no tronco a voz de Izidoro a balbuciar para ele e dona Izadora, com dificuldades, que Samira lhes pedia o perdão pelos erros que havia cometido, que os perdoava por tudo que pudessem ter feito contra ela e, que, principalmente, pedia aos dois para criarem e educarem as suas duas filhas, nunca mais foi o mesmo, escutando vozes, gemidos e barulhos de corrente arrastando pelos cantos, no silêncio da noite. Só se alegrava quando via as quatro crianças menores brincando juntas como se fossem irmãos de verdade. Entristecia-se e ralhava com Euzébia quando a via maltratando ou chamando Sabrina de neguinha, mas também não ia mais longe, pois o seu coração já estava cansado, não só pela idade, mas pelos aborrecimentos que já não suportava atrair mais nenhum para si. Por isso entregou para dona Izadora a administração da fazenda, auxiliada por Inálio que demonstrou fazê-lo bem, constituindo para si um bom patrimônio com o justo salário que passou a ganhar. Mais tarde, cansado das lutas e das perseguições constantes, Inálio casou-se com uma das escravas da fazenda chamada Helena. Ele teve dois lindos meninos com ela, entendendo com isso o símbolo e a importância da família na sua vida, o que proporcionou o sossego para as jovens negras que não foram mais molestadas por ninguém, por assegurar ele mesmo que outros não cometessem o erro que ele havia cometido, incentivado pelo mau pendor de seu patrão no passado.

O senhor João Nogueira aprendeu a perdoar com o tempo o que sua esposa tinha feito junto a Samira, cuja visão tentava esquecer, mas não conseguia; justamente aquilo lhe dificultava amar verdadeiramente a esposa, convivendo com ela quanto ao papel de bom marido, até que o seu ciclo de vida chegasse ao fim, aos 70 anos, preso numa cadeira de rodas por causa de um terrível derrame cerebral, levando-o a muitos lapsos de memória, fraquezas no corpo que o deixavam mais tempo na cama do que na própria cadeira de rodas, até que num dia dormiu nela e não acordou mais. Levou consigo o amor inebriante dedicado a sua escrava e o ódio que ainda sentia por Izidoro, mas também a satisfação de ter amado as duas filhas de seu inimigo, a última como se dele fosse, e dado a liberdade definitiva às duas filhas de Benvindo, outorgando-lhes o direito de procurarem os seus próprios destinos.

Dona Izadora, depois que sentiu sua importância na vida do marido, não pensando em si, protegendo a ela e a seus filhos, salvando-os do incêndio e compreendendo com o ato de Samira o que era perdoar, não só se esqueceu da falta que ele lhe havia feito, como passou a manifestar maior atenção, dedicação e carinho para com ele, não lhe cobrando nada por isso, mesmo recebendo pouco em troca. Por dez prazerosos anos ela participou diretamente com Inálio da administração da fazenda, fazendo-a prosperar produtiva e financeiramente, abrindo uma escola na fazenda para que todos os filhos de escravos e pessoas carentes pudessem estudar. Durante esse tempo, podia-se vê-la diariamente na capela da fazenda orando à sua santa predileta: Santa Rita de Cássia. Dizem os que tinham os ouvidos mais aguçados que rogava sempre à santa pelo perdão junto à escrava falecida por sua culpa e pelo filho perdido por ela. Antes que ela morresse inexplicavelmente quando também dormia, dois anos depois da morte do marido, podia-se perceber que sua alma irradiava harmonia e paz, depois que fez a última coisa que ainda não havia tido coragem de fazer: desenterrar na cozinha e enterrar junto às covas dos pais os ossinhos do terceiro filho de Samira e Izidoro.

Com a idade avançando, Inálio aprendeu a gostar de ler livros, principalmente sobre antigas filosofias e profetas das religiões, muitos dos quais cedidos por seu patrão que havia desistido de avançar seus conhecimentos naqueles estudos que o tinham feito refletir sobre muitas coisas que fez na vida, por isso parando onde estava, para que sua mente não o cobrasse mais do que já cobrava.

O austero feitor, vendo agora seus filhos negros brincando e estudando junto com Clarinha, Pedrinho, Aninha e Sabrina e outras crianças da fazenda, começou a imaginar um mundo onde todos tivessem liberdade, e fossem iguais, o que aos poucos foi lhe minando os velhos hábitos de homem durão e insensível, passando a tratar os escravos com a firmeza necessária do chefe, porém com compaixão. Embora não tenha feito mais mal a ninguém, não se teve notícia sobre o seu pedido de perdão a nenhum dos que havia prejudicado. A única vez que seu corpo entrou em uma capela foi sendo carregado inerte, pelas mãos de outras pessoas, cinco anos depois que viu alegremente o primeiro filho chegar onde sequer pensara, e o segundo onde nunca imaginaria. Dizem que o que o levou à morte foi esta última tristeza e, bem antes, as constantes crises de tosse e pigarros carregados de sangue que começou a ter desde que Izidoro lhe desferiu o terrível golpe na garganta, na luta final que travaram na competição no pátio. Como forma de esconder e aliviar as tosses, ele aprendeu com o senhor João a fumar charutos cubanos e vez ou outra pegava no cachimbo recheado de fumos caros que temperavam agradavelmente o ar com sua queima; mas, no registro final do velho doutor Afrânio, a causa de sua morte foi o total colapso do aparelho cardiorrespiratório provocado por uma tuberculose.

Aos poucos, essas histórias e outras do passado foram compondo e fazendo parte do livro da vida no Brasil; servindo de modelo, florescendo e crescendo nas mentes protegidas do orgulho e do egoísmo as sementes plantadas por Luís Gonzaga Pinto da Gama (1830-1882); Castro Alves (1847-1871); José Carlos do Patrocínio; Rui Barbosa e tantos outros, que já tinham auxiliado na implantação da Lei do Ventre Livre (1871); Lei dos Sexagenário (1885), para os escravos com mais de 60 anos; e, finalmente, na Abolição da Escravidão, assinada pela Princesa Isabel (1888).

Passando por esses tempos, as filhas da escrava Samira e do escravo Izidoro, bem como os filhos de Inálio e Helena, foram criados e educados conforme a educação dada aos brancos, conquistando posições inatingíveis aos filhos comuns dos demais escravos. Um dos filhos de Inálio chamado Jonas se destacou e conseguiu com muita dificuldade alcançar a carreira de advogado, rara para um filho de ex-escravo; a mesma carreira de Aninha, que saídos das brincadeiras de crianças em igualdade, acabaram unidos pelos sentimentos de carinho e amor que passaram a ter um pelo outro, embora de idade diferenciada, registrando na fé católica e no papel de um cartório a união que mais tarde lhes trouxe dois filhos, libertos e sadios, longe dos tempos de muita dor e sofrimento.

Pedrinho seguiu a carreira de contador, administrando a fazenda até onde pôde; Clarinha seguiu a carreira de professora; Sabrina e Euzébia preferiram também o Direito para seguirem nas suas vidas profissionais, enfrentando-se por diversas vezes não só nos tribunais como nas suas vidas particulares também, solteironas até não aguentarem mais; o segundo filho de Inálio, mesmo com todas as oportunidades oferecidas, não foi muito feliz, se derivando para o jogo e a bebida, trazendo à dona Helena muita tristeza ao ser internado num sanatório, visto que, quando estava alcoolizado, dizia escutar vozes saindo das paredes dos cômodos da fazenda, e a noite via sombras perambulando pelo pátio.

O ciclo do café foi chegando ao seu fim e com ele os barões do café, como eram reconhecidos, foram se acabando.

A Fazenda da Serra Verde, com seu casarão e anexos, continuou existindo por muitos anos na sua forma original, entretanto, por ter passado por diversas mãos de pensamentos diferentes, aos poucos se perdeu com o tempo.

Dizem algumas pessoas visitantes da fazenda e de outras, desde aqueles tempos, que, se prestarem bem atenção, podem-se ainda escutar: os gemidos de Jeremias em agonia no tronco; o arrastar das correntes de Izidoro; os gritos de um velho no cubículo chamado cabeça para baixo; escravos carregando pesadamente o cepo; na cozinha secundária o grito de Samira ao ver o terceiro filho caído ao chão numa poça de sangue; na senzala, o som dos atabaques e as gingas dos capoeiristas dançando; alguns mesmos dizem ver o segundo filho do feitor correndo e gritando desesperadamente pela fazenda, como se um fantasma o perseguisse, tal como acontecia quando estava nas suas terríveis crises.

Mas pensemos...

Será que as histórias desses personagens findaram ou precisaram de continuidade?

O tempo é um só ou são muitos os tempos?

Parte VIII

De Volta ao Futuro

1. Vencendo o passado – A recuperação de Jerônimo

Naquela tarde, a expectativa de todos era muita na enfermaria dos tratados por queimadura, mas não mais do que a do próprio paciente.

Foi o próprio doutor Jaime que fez questão de apresentar de volta o rosto que um dia tinha sido de Jerônimo. O médico tinha deixado de propósito, naquele dia, um espelho posicionado diante da cama hospitalar de Jerônimo, para que ele pudesse aproveitar ao máximo o momento de ver-se como era, ou melhor, do que era antes de ter se queimado no incêndio no barraco do irmão; depois ele poderia usar quantas vezes quisesse o espelho de mão que Jaime tinha lhe dado para se admirar.

Todos da equipe do doutor Jacoff estavam lá para festejar, depois de tantas cirurgias feitas, o momento de consagração de ver o resultado do trabalho, como um prêmio a suas dedicações, paciências e perseveranças. Até mesmo o tempo lá fora parecia estar propenso aos festejos que aconteciam dentro do prédio, com um sol ameno de um fim de tarde de primavera, com as flores despontando por todos os cantos, como demonstrado na beleza de um ipê-roxo, cujos galhos recheados de suas flores esbarravam em uma das janelas da enfermaria onde o paciente tinha estado internado nos últimos 15 meses. Reverenciando aquele clima, uma brisa suave penetrava pela janela e refrescava o ambiente dentro do quarto, fazendo penetrar o cheiro tênue de algumas flores e jasmins plantados num jardim logo abaixo da janela do quarto andar, onde o grupo estava.

A vida à volta preparava-se para o recolhimento do sol, com as andorinhas fazendo suas revoadas em grupos, enquanto outros pássaros se aproximavam de seus ninhos, atraindo com seus cantos os demais da família, e uma brisa refrescante ia invadindo o lugar através de algumas janelas abertas.

O doutor Jacoff fez questão de trazer as suas famosas tesouras de corte de ataduras, usadas para aqueles momentos, inseparáveis dele desde que havia se especializado nos tratamentos de pessoas queimadas e nas cirurgias plásticas de um modo geral. Ele não era só o médico dos pobres naquele hospital público, era também, fora dali, um médico famoso entre os que podiam pagar por seus tratamentos. Mas, como se fosse um Robin Hood dos médicos, ele cobrava dos ricos para dar aos pobres, tirando do seu bolso os valores conseguidos nas cirurgias plásticas caras para aquisição de materiais e acessórios, que utilizava nos tratamentos dos carentes do hospital público, sem que soubessem, pois a propaganda que mais o agradava era a dele para consigo mesmo, que lhe trazia enorme bem-estar pessoal. Ele não tinha o que reclamar da vida ganha com os que podiam pagar, trazendo-lhe conforto na sua vida e de seus familiares; porém nunca pensava só em si e nos seus, mas também nos seus semelhantes que não tinham como pagar os tratamentos caros para sua recuperação plena.

De posse de suas famosas tesouras, o doutor Jacoff posicionou Jerônimo sentado na beira da cama em frente ao espelho. Ele olhou para dentro dos olhos umedecidos contidos nas duas vendas das ataduras que envolviam o rosto do paciente, que espelhavam a sua ansiedade; piscou um dos olhos para dar confiança ao amigo à sua frente e começou a cortar a atadura pela parte inferior, do pescoço à superior da lateral direita da cabeça, trazendo, a cada passo percorrido pelo instrumento cortante, o suspense junto aos que lhe acompanhavam os movimentos. Ao final do corte, conforme o doutor Jacoff ia abrindo a atadura, o novo rosto do senhor Jerônimo foi sendo revelado no espelho e nas pupilas de todos, fazendo surgir enorme alegria nas expressões dos rostos que compartilhavam a cena exuberante, principalmente estampada na face de Jerônimo, passo a passo: a testa... os olhos... o nariz... as faces... a boca, finalmente o queixo e o pescoço.

Pronto! Lá estava um novo senhor Jerônimo, mais novo do que antes, cujas rugas traziam a identificação da idade estampada no rosto. Naquele instante, poder-se-ia lhe dar uns 50 anos, no máximo, tal a recuperação efetuada na pele do seu rosto, renovada e bem-comportada sobre a estrutura óssea.

Perguntado pelo médico chefe se gostava do que via, o senhor Jerônimo, soltando enorme sorriso, frisou:

– Rapaz, os brotos que me aguardem – falou brincando, levando todos à sua volta a gargalharem, olhando na direção de uma das enfermeiras de cerca de 45 anos que estava prestes a chorar ao vê-lo tão feliz. Ela o tinha acompanhado, por todo aquele tempo, desde o início nas travessias que o barco de Jerônimo fez entre as margens do rio da vida e da morte, quando Jerônimo chegou ao hospital totalmente queimado, como herói na salvação de duas crianças num incêndio, mais morto que vivo; nos momentos das maiores turbulências nas águas daquele rio; durante as cirurgias de reconstituições; no desembocar no mar calmo e sereno, até aportar em terras seguras. Ela tinha estado a trabalhar naquele hospital por muito tempo tratando de muitos pacientes, mas foi com ele, com a sua chegada, que ela andou treinando os sentimentos repentinos, que a fizeram incentivá-lo nos momentos de mais dor e tristeza, levando-lhe alegria e trazendo ao homem cansado a esperança do homem revivido... Eis uma das coisas que o amor pode fazer.

E foi sentindo-se assim que ele se aproximou de Sônia e a abraçou emocionado, sob a compreensão e o entusiasmo de todos. Suas cores se alinhavam como a bandeira do Botafogo; ela era bem mais nova que ele, mas quem ainda estaria ligando para isso, se o mais importante é o amor? Ela não era a mulher de silhueta perfeita, mais baixa que ele e com alguns quilinhos a mais, mas e daí? Eles estavam felizes!

Jaime olhava aquelas cenas agradecendo muito a Deus por tudo, como se algo dentro dele lhe afirmasse mais um crédito na extensa conta dos débitos a pagar, recheando o seu coração de uma suprema paz que ainda não tinha sentido, por seu saldo no banco da vida ter estado negativo. As cobranças diante das Leis Naturais estavam ficando mais brandas para ele, porém ainda havia muito a fazer para que melhorasse a sua situação no Banco Divino.

Todos os presentes se animaram, louvaram e festejaram o momento feliz de resultado muito positivo para a concretização plena das técnicas empregadas pela equipe do doutor Jacoff, que possibilitaria, em breve, levá-las a outros pacientes daquele hospital e, futuramente, aos demais.

A pequena festa prolongou-se por alguns minutos, até o momento em que a novidade passou a fazer parte da rotina quanto à nova situação de vida do antigo paciente. O primeiro a sair foi o doutor Jacoff, não sem antes ser aplaudido por todos que estavam ali, até mesmo outros pacientes da enfermaria, fascinados com a experiência vivida, que diretamente também os ajudaria nos seus tratamentos. A partir daí, cada qual foi tomando o seu rumo na direção do trabalho que os esperava, pois existiam muitos outros pacientes, além do velho presidiário, aguardando a oportunidade de ter as suas vidas normais de volta, depois dos horrores que tinham sofrido, transmutando-lhes o corpo.

Ao final, à volta da cama do paciente só estavam ele e sua amada. Foi quando ele pediu a Sônia o espelho de mão presenteado por Jaime, passando a contemplar com detalhes cada canto novo de seu rosto, satisfazendo-se com o maravilhoso trabalho feito. Concluída essa fase, ele começou a se preparar para a outra, observando a mala que continha suas coisas sobre um canto da cama onde estava sentado; estava arrumada e pronta para a sua saída do hospital, no dia seguinte, tão logo recebesse a alta do doutor Jacoff.

Percebendo-o cansado e necessitado de seu momento a sós, a enfermeira-chefe deixou Jerônimo com seus pensamentos e reflexões, beijando-o no rosto e sentindo o gosto diferente daquela pele nova; seguiu o seu percurso no atendimento aos demais enfermos, cumprindo o seu trabalho no plantão que terminaria na manhã do dia seguinte.

Jerônimo ainda foi cumprimentado por alguns colegas de enfermaria, até que se viu por final a sós sentado na cama. Depois que se cansou de olhar no espelho, disfarçadamente, para que os outros não notassem, ele contemplou a noite que caía fria lá fora. Por isso levantou-se e, perguntando pela vontade dos demais, fechou as janelas da enfermaria. Em seguida, foi até o banheiro da enfermaria, o seu refúgio particular. Dentro dele lembrou as diversas vezes que agradecera ao Pai por não ter morrido, e outras tantas por não ter tentado fazer nenhuma besteira quando se viu pela primeira vez no espelho, completamente queimado e deformado, quando achou que teria sido melhor se tivesse morrido. Lembrou-se também das vezes que chorou sozinho pedindo perdão a Ele por ter sido tão ignorante ao não entender a necessidade de sua prova. Também chorou e agradeceu-O pelas novas possibilidades no seu tratamento. E agora ele chorava e orava lá, eternamente agradecido ao Pai por ver-se melhor do que antes, em forma material e espiritual, pronto para continuar com alguém a compartilhar-lhe a vida.

Quando Jerônimo acordou na manhã do dia seguinte, a primeira coisa que ele viu foi uma roupa sua normal posicionada sobre a poltrona de visitas ao lado de sua cama hospitalar; ao lado da roupa estava a sua mala preparada por Sônia, sobre a mesinha lateral o café da manhã deixado também por ela, e o documento de sua alta hospitalar. Ele sentou-se na cama, puxou a mesa lateral para si e tomou tranquilamente a refeição matutina, enquanto lia o documento. Em seguida, ele foi até o banheiro da enfermaria, retirou o uniforme do hospital, trocou-o pelas suas roupas normais e olhou-se no espelho do ambiente certificando-se de que tudo estava bem e no local certo. Sentindo que ficaria com saudades daquele lugar secreto depois de ter se acostumado nos meses hospitalizado lá, ele fez ali a sua última e mais longa oração de agradecimento aos Céus.

Saindo do banheiro, ele retornou até a sua cama e sentou-se na poltrona ao lado dela, tendo sobre si o olhar de seus vizinhos, alguns felizes por ele estar recuperado e com alta, outros com pura inveja no desejo de estar no seu lugar. Ele aproveitou aquele momento para se despedir de cada um deles e levar-lhes a sua palavra amiga e consoladora, dando-lhes esperanças e fé, e, aos que quisessem, as literaturas que poderiam recorrer para reconfortá-los ainda mais.

Concluído o seu dever junto aos seus vizinhos de enfermaria, ele voltou a pensar em si e na vida que teria pela frente, sem a presença do seu antigo companheiro de presídio, da sua enfermeira predileta, do doutor Jacoff e equipe, proporcionada pelas rotinas diárias do hospital, sem contar os demais amigos que fizera durante o tempo em que estivera lá. Ele acreditava que sairia de lá e tocaria a sua vida junto à família do irmão, ficando muitas horas e dias a fio sem vê-los novamente, ou mesmo não retornando a ver alguns deles. Quanto a Sônia, estava acostumado a vê-la quase todos os dias no hospital e agora só a veria por alguns dias da semana, até que tivessem condições de viver sob um mesmo teto. Por fim, depois de muito pensar, ele se conscientizou de que fazia parte da vida o ir e vir, o encontrar e desencontrar das pessoas, a alegria e a tristeza... nos dois sentidos a vida era assim... alguns se veriam novamente, outros não.

Acontecido isso, pois nada mais o prendia ali, naquela enfermaria, na cama que havia dormido por centenas de noites, ele tratou de preparar o seu corpo na direção a tomar rumo ao seu novo destino. Ele precisaria retornar ao hospital mais algumas vezes, "para os retoques finais", mas nada que necessitasse ficar internado lá. Além das roupas na bagagem, ele levava junto consigo o rosto, braços, pernas e dorso, reconstituídos e novos, e o amor de uma mulher plantado no coração, a que pensara que nunca mais teria direito. Ele deixava no hospital as aflições e as dores que tivera nos primeiros meses, a tosse que o incomodava desde que nascera e a bengala que servia de apoio auxiliar para a perna que repuxava. Longe de quando ali chegara, ele mesmo agora podia colocar as suas calças, a sua camisa, as suas meias e os seus sapatos, valorizando, com isso, a verdadeira importância quando não se consegue mais fazer as coisas por si só, essas simples coisas do dia a dia: pentear seus cabelos, escovar os seus dentes, coçar as suas costas, pegar a água e beber com suas próprias mãos, pegar o garfo e faca e comer, descascar a laranja... caminhar com seus próprios pés sem as muletas ou cadeira de rodas. Coisas normais na vida que somente quando se perde é que se dá o verdadeiro valor. "Como é bom sentir-se quite com a vida!", bradava intimamente o velho prisioneiro.

Seu destino provisório seria a casa do irmão, buscando depois a sua própria casa assim que pudesse, para tê-la junto à vida com Sônia. O dinheiro que tinha acumulado depois de tanto tempo de trabalho no presídio o ajudaria para começar uma vida simples junto à amada e, além disso, não lhe faltaria oportunidade de trabalho diante das habilidades adquiridas quando esteve preso junto a uma biblioteca, a uma lavanderia, numa cozinha ou como assistente num consultório médico, tendo como aval a boa carta de recomendação feita e assinada pelo próprio doutor Felipe e o diretor do presídio. Também poderia requerer a aposentadoria, pois, previdente, pedira que o doutor Felipe pagasse para ele todo mês o valor do INSS, o que lhe permitiria receber vencimentos referentes a três salários mínimos.

Enquanto pensava, Sônia chegou para acompanhá-lo até a saída. Jerônimo passou seu braço direito entre o esquerdo de Sônia. Antes de sair da enfermaria, ele olhou em volta do pequeno lugar onde estivera a maior parte do tempo sobre a cama, acenou para os colegas-pacientes, garantiu-lhes com palavras que não se preocupassem, pois estariam entregues nas mãos do doutor Jacoff e sua equipe, e começou a dar seus primeiros passos na direção da porta de saída.

Eles passaram pela porta da enfermaria. Ele deu uma última olhada para o interior dela e virou para o corredor seguido de Sônia. Conforme eles avançavam pelos corredores e passavam pelas salas, enfermarias e balcões, Jerônimo ia se despedindo de todos que o conheciam: médicos, enfermeiros, faxineiros, cozinheiros, seguranças, sendo lembrado por todos eles como o paciente da terrível tragédia, que soube pacientemente esperar pela vitória, mas também como o prisioneiro que mal havia chegado à rua da liberdade e foi conduzido de novo à reclusão. Por isso Jerônimo ansiava de novo poder respirar o ar puro; poder ver o movimento na rua com as pessoas passando apressadas; os meninos empinando suas pipas; os pássaros voando ou cantando suas canções; as árvores deixando que o vento ou a leve brisa passassem por suas folhas e levassem o seu frescor... Enfim, a vida em movimento, que recluso ele não pôde sentir.

Chegado ao limite da porta do hospital, os dois iniciaram os passos na direção do ponto de táxi local. A cada passo que Jerônimo dava, sentia a sua perna direita ainda arrastar e incomodar um pouco, mas não se importava para quem por meses sequer tinha conseguido ficar de pé sem a bengala, ou por muito mais tivera de ficar na cadeira de rodas. O seu braço direito, antes sem forças e muito destruído pelo fogo, abraçava vigoroso o pescoço do bem mais precioso na sua vida, e seu rosto ereto ia desfilando aos que o quisessem ver, sem que lhe causasse qualquer constrangimento, por perceber pena ou repúdio nos olhos de quem o seguia quando na época dos seus sofrimentos com o rosto deformado pelas queimaduras.

Mal eles haviam dado alguns passos no pátio externo do hospital, escutaram a voz de Flávio a lhes chamar em pé, a alguns metros onde estava um táxi parado. O casal atravessou o pátio indo na direção do veículo, abraçando Flávio e depois Lourdes, que os aguardavam mais à frente, do lado de fora do automóvel. A mesma Lourdes que junto ao marido se preocupou muito com Jerônimo ao perceber a ligação que havia entre os dois no hospital, com idades bem distantes um do outro, além das dúvidas sobre aquela repentina amizade e os reais sentimentos dela que não fossem movidos pela pena e dó ao doente. Mas, ao constatar a dedicação e o carinho que ela lhe demonstrava, concretizados quando Jerônimo mais bem restabelecido oficializou o namoro, as dúvidas foram desfeitas.

O motorista do táxi pegou a bagagem de Jerônimo das mãos de Sônia e colocou-a no porta-malas do Chevette 1.6, pintado de amarelo e com faixa azul ao redor, conforme descrevia o modelo vigente no estado para identificar todos os táxis comuns. Ele esperou que os três se despedissem de Sônia, que ficaria ainda para concluir o seu plantão no hospital, e que os passageiros se acomodassem nos assentos, dando, em seguida, movimento ao veículo, que partiu rumo ao destino solicitado.

Ao longo do trajeto do hospital até a casa do irmão, Jerônimo, sentado ao lado do motorista do táxi, que ficou orgulhoso ao tomar conhecimento por meio da conversa travada da preciosa carga que transportava, conversava com o irmão e a cunhada a respeito de sua saúde desde o acidente até aquele momento, passando depois a colocar em dia as novidades. Entre uma conversa e outra, Jerônimo detinha o seu olhar, admirando as coisas que lhe iam passando à volta: o trânsito pesado da tarde-noite; os trens da Central do Brasil que passavam completamente lotados ao lado direito da avenida por onde trafegavam; os ônibus também lotados; os prédios que haviam crescido em muito por toda a proximidade do Méier, que deixariam assustados e fascinariam qualquer pessoa que por muito tempo por ali não tivesse passado, pela rapidez no crescimento de tudo.

Entretanto, conforme o veículo ia penetrando mais para o lado oeste da antiga Guanabara, os grandes prédios iam sumindo e dando lugar às casas mais simples, aos muitos míseros casebres construídos com tijolos sem acabamento externo, raros hospitais, escolas e outras necessidades para uma estrutura básica na vida das pessoas que viviam nos subúrbios mais afastados do centro da cidade.

Finalmente, chegando ao bairro de infância e de juventude do antigo companheiro de presídio, Jerônimo concretizou como um fato as diversas dificuldades pelas quais as pessoas passavam para ter uma vida adequada por lá, conforme Jaime havia lhe descrito; contudo, lhe seria melhor aquela vida do que morando no morro da Mangueira, sujeita às leis impostas pelo tráfico que o dominava completamente, sem a presença das autoridades legais.

O Chevette ainda novo da linha de montagem, a um pedido de Lourdes, parou em frente à casa de Laura. Mas quem apareceu sorrindo na porta da frente da casa ao lado, assim que ouviu um veículo parando, foi Sandra, depois é que chegou Laura. Ambas se apressaram e foram ao encontro do casal que trazia Jerônimo do hospital. Muito curiosas, elas queriam logo vê-lo para constatarem com seus olhos a eficiência feita pelas mãos de Jaime e seu médico-chefe.

Laura o conhecia como o homem que lhe fez estremecer as mãos com um choque quando Jaime o apresentou a ela, e pelas fantásticas histórias vivenciadas no presídio que ele lhe contava quando visitava o amigo. Quanto a Sandra, não se conteve em curiosidade e agitação até que o apresentassem a ela.

A primeira a sair do táxi foi Lourdes, depois Flávio e em seguida Jerônimo. As duas apressaram-se em apertar as mãos do casal e Laura, antecipando-se, apertou a do senhor Jerônimo, que alegre com a recepção e curioso tratou de perguntar quem era a jovem à sua frente que ainda não conhecia. Sandra, sorrindo por ter sido notada, adiantou-se e se apresentou a ele. Com o toque firme da mão de Jerônimo apertando a sua, Sandra quase deu um pulo para trás ao sentir um enorme arrepio que, como uma descarga elétrica, lhe percorreu o braço, atravessou-lhe toda a coluna, distribuiu-se nas pernas, pelos pés e se dissolveu no chão. Mais tarde ela reportaria a situação junto a Sandra, que lhe confirmaria ter acontecido o mesmo com ela e com Maureen quando foram apresentadas ao amigo de Jaime. Entretanto, para que aquele encontro não se transformasse em constrangedor, ela disfarçou o momento instantâneo, envolveu com seus braços o pescoço do velho negro, bem mais alto que ela, e o beijou na face, como se um impulso espontâneo lhe dirigisse estes últimos atos.

Ao perceber-se diante de tanto carinho, mesmo reconhecendo em Sandra a antiga rival de Laura e nela o motivo de cadeia para Jaime, o senhor Jerônimo, empolgado, retribuiu o beijo no rosto de Sandra, envolveu as duas pelas cinturas e, dando uma rápida olhada na casa ao lado, deixou ser arrastado por elas na direção do interior da residência da irmã de Jaime, começando a identificar cada ambiente pelos relatos das histórias contadas a ele pelo amigo.

O motorista do táxi partiu no seu potente Chevette refletindo sobre tudo o que havia escutado e que provavelmente registraria no seu longo caderno de anotações mentais de histórias curiosas ouvidas no seu trabalho, que o ajudavam a suportar as horas vazias que tinha entre uma viagem e outra.

Enquanto todos sorriam e lhe iam mostrando os detalhes da casa principal e a secundária no fundo do quintal, Jerônimo foi constatando no ambiente interior e exterior, como num velho filme sendo repassado, tudo o que Jaime havia lhe dito e descrito sobre o que havia acontecido com ele, seus parentes e os outros moradores da rua naquela casa, trazendo-lhe desconforto e ao mesmo tempo fascínio por estar revivendo as cenas tão bem descritas pelo amigo. Além das duas casas com paredes geminadas, ele viu a velha igreja com seus sinos na torre; viu os bancos na velha praça onde os namorados e Jaime mesmo tinha estado namorando Maureen; viu o campo de futebol do Rala Coco e as ruas à volta; viu a entrada da favela próxima onde tinham morado Zeca-ferradura, Paulinho do Tamborim, Edvandro e Peleu; viu ao fundo do campo de futebol o local onde houve o incêndio, sentindo-se dentro dele; imaginou sob o asfalto a vala onde havia o menino caído e morrido; viu as árvores; viu o banheiro simples no quintal da casa de

Sandra, em que Jaime se fechou com medo de ser preso; viu a casa do lado direito onde tinham morado dona Abgail e o senhor Edmar; sentiu a frieza da parede que dividia as duas casas coladas, e escutou as vozes de Sandra e Laura se agredindo no passado. Ele relembrou, enfim, em poucos minutos, tudo o que Jaime havia lhe contado: desde os momentos sombrios vividos em sua infância até os gritos da irmã e de Maureen quando souberam que seria detido pelo roubo da bicicleta de Sandra.

Depois eles visitaram a pequena casa de cinco cômodos nos fundos do terreno onde Jerônimo passaria a morar com a família de Flávio, até ter o rumo de sua vida definido com Sônia. A casa era bem modesta, mas possuía seus encantos por ter sido construída com bom gosto pela irmã mais velha de Jaime para morar com os filhos, deixando-a para ir morar com o novo marido e filhos em bairro mais nobre, afastado dali. A intenção da irmã de Jaime era que ele a reformasse e morasse nela com Maureen, após ter sido libertado.

Embora usada, as instalações da casa ainda estavam novas, o que para Lourdes era um luxo, comparada ao barraco onde tinham morado. Também era suficiente para quatro pessoas morarem nos seus dois quartos. Contudo, colocando isso de lado para ser resolvido mais tarde, Jerônimo deixou o grupo discutindo sobre onde dormiriam e, atravessando a porta da sala da casa do irmão, preferiu sair de dentro dela, estar de volta ao quintal e ficar dentro do pequeno banheiro, desenrolando seus pensamentos com mais detalhes nas cenas de Jaime preso naquele cubículo, sozinho, na noite fria, conversando, descontrolado, com sua amiga lagartixa parada no teto. Aquilo o fascinou, pois ele compreendia bem o que era a solidão numa noite fria.

Sandra e Laura, vendo-o fascinado naquela situação de entrega total no palco da história desenrolada, aproximaram-se dele e, cada qual entrecortando as passagens, passaram a relatar o que lembravam, segundo as suas interpretações. Laura começou pela parte que lhe tocava a correr atrás do irmão aloprado que tinha colocado fogo no barraco da obra... Depois foi Sandra revelando que, enquanto Jaime sofria por algo que não tinha feito, Paulo tranquilamente sentado no colo do avô contava como tinha tentado persuadir Jaiminho para que não iniciasse o fogo... As duas riam a cada cena relatada por elas, exceto Jerônimo que não conseguia deixar de sentir o tormento que Jaime havia passado naquela noite, trancado dentro daquele cubículo, enquanto o verdadeiro obreiro do atentado dormia tranquilamente.

Mas a história contada por elas sorrindo, agora, não era só formada por aquela. Elas tinham outras, como a de Jaime preso na torre da igreja, que, já com os demais sentados nas cadeiras no meio do afamado quintal, passaram a vivenciar e a se divertir por muito tempo. Houve somente uma pausa quando os filhos de Laura, Sandra e Lourdes chegaram de suas escolas e se acomodaram no colo do tio e de suas mães, passando a compartilhar, também, das histórias passadas entre as duas famílias vizinhas de parede.

Somente quando os estômagos de todos, principalmente os das crianças, começaram a reclamar da falta de alimento é que o grupo se desfez, tomando cada qual o rumo de seus lares e levando consigo os momentos agradáveis que haviam passado juntos.

A sós com sua família, sentada nos sofás em volta da sala, Jerônimo sentia-se o mais abençoado de todas as criaturas por estar ali, depois de tudo o que havia passado. Seus sobrinhos queridos, a quem o bondoso Pai permitiu poder salvar do incêndio do barraco, não se desgrudaram dele pela tarde e noite adentro, numa forma descontrolada como meio de lhe agradecer por suas vidas, até que foram chamados pelos pais para irem dormir em seu beliche.

Com Flávio e Lourdes as conversas se estenderam até as 23 horas, entre outras versadas na condição atual do chefe da casa poder começar a pagar um aluguel a Laura, quando o cuco do relógio, posicionado na estante da pequena sala, cantou aquelas horas, ocasionando o fim das conversas, pois Flávio teria de ir trabalhar cedo, pegando no dia seguinte um trem e um ônibus que o levariam à indústria fabricante de eletrodomésticos no Rio Comprido, onde trabalhava agora como supervisor de linha de produção.

Depois, recolhido ao seu canto já resolvido da casa, dormindo no sofá-cama da sala, Jerônimo primeiro sonhou com os fantasmas daquelas histórias recentes contadas, e depois teve pesadelos com os fantasmas de suas próprias histórias, de que não se lembrava quando acordado, mas que o faziam muito refletir.

No dia seguinte, acordando cedo para tomar o café e se despedir do irmão que saía para o trabalho, Jerônimo, pedindo licença a Lourdes que tratava das crianças para o rumo de suas escolas, saiu pela porta da pequena casa para o quintal comum às duas casas, constatando, com maiores detalhes do que no dia anterior, que não havia mais a goiabeira e outras árvores frutíferas relatadas por Jaime nas suas histórias, tomando o piso cimentado a maior parte onde antes existia a terra. Ele avistou, em seguida, o banheiro, ainda igualzinho ao relatado por Jaime na época do incêndio. Com os olhos brilhantes de curiosidade ele se aproximou, abriu a porta de madeira pintada a óleo de azul e passou a contemplar em detalhes o seu interior; tinha logo à frente o vaso sanitário branco da Celite com uma tampa de plástico também branca, muito encardida pelo tempo que ficou fora de uso; um chuveiro de plástico e caixa de descarga também de plástico com cordinha da Tigre. O piso do cimento liso parecia ser o mesmo onde Jaime havia se deitado sobre algumas folhas de jornais para passar a noite tenebrosa. Entretanto, para surpresa de Jerônimo, ao olhar para o teto próximo à lâmpada incandescente, viu uma enorme lagartixa que o vendo fixou os seus olhos sobressaltados sobre ele, como a admirar um rosto desconhecido. Jerônimo sorriu para ela dando-lhe um bom-dia e falando-lhe:

– Eu não sei, minha amiguinha, se é a mesma companheira do meu amigo Jaime daquela noite de desespero; se é, agradeço-a muito pela companhia que fez a ele; se é algum parente dela, eu também agradeço da mesma forma.

Ela, como se estivesse entendendo tudo, levantou e abaixou a sua cabeça várias vezes, como a querer dar a sua afirmativa, depois se arrastou e entrou em uma fenda entre as duas paredes do canto do fundo que se convergiam.

Jerônimo, ao sair, fechou a porta, deixando a antiga moradora no seu vai e vem da fenda à procura de alimento; atravessou um corredor coberto por telhas de amianto de passagem entre a parte da frente e do fundo da casa, na largura aproximada de três metros e, do outro lado, olhando para o corredor, imaginou a correria de Jaime passando alopradamente com o inferno do fogo atrás dele começando a consumir no campo de futebol tudo o que tinha pela frente, e Laura correndo atrás dele já lhe enquadrando como o autor do atentado, até que ele se trancasse no banheiro do quintal.

Um pouco depois, fora da casa, Jerônimo deslumbrou-se com a cena lembrando de Jaime sentado no portão de entrada, tomando o seu café da manhã e admirando os raios solares que brindavam o verde da montanha, bem à sua frente... Logo o sol sumiu, e ele viu grossas e pesadas nuvens cinza escurecendo o céu e dando lugar ao inferno na forma de fumaças negras do fogo consumindo o piche e os barracos da obra no campo de futebol; pessoas agitadas correndo de um lado para o outro; outras, nos peitoris das janelas dos apartamentos em frente ou na frente de suas casas; gente saindo do beco de acesso à Favela do

Vintém para ver o que ocorria; todos assustados para que o fogo não chegasse até onde estavam; os barulhos ensurdecedores das sirenes dos carros de bombeiro e da polícia; os sons dos jatos de água que saíam das mangueiras ligadas aos carros-tanques e hidrantes indo na direção das chamas na tentativa de apagá-las... Depois, somente o cheiro forte de petróleo queimado e demais coisas no ar... A verificação do estrago feito. Ele viu também os policiais infiltrados na multidão investigando a forma como aquilo começou, não encontrando o mentor, somente as suspeitas de um menino maluco que depois de ter colocado fogo no piche correu lá para os lados da favela, e outra de um homem embriagado que assistia à pelada e deixou uma guimba de cigarro cair na grama por onde estava o óleo derramado, de quem ninguém soube dizer depois o paradeiro. Ao final resolveram deixar a coisa arquivada, pois foi verificado que a culpa maior era da própria prefeitura, que não havia tomado o menor cuidado na guarda adequada e controle sobre o material altamente inflamável que estava sendo utilizado para asfaltar as ruas onde as obras eram concluídas.

Das cenas e conclusões das causas do terrível incêndio, Jerônimo passou a ver a rua asfaltada bem em frente à casa de Sandra e percebeu que, de repente, o asfalto abriu-se e uma vala cheia de água fétida, comprida em toda a extensão da rua, larga e profunda, se apresentou. Era a vala onde Pedro e Célio tinham salvado as vidas de Jaiminho e Paulinho, quase caídos nela, descobrindo mais tarde, em razão do forte cheiro, o corpo de um homem e um menino afogados, o menino supostamente violentado pelo homem, desaparecido e procurado pelos pais há muito tempo.

De novo o céu escureceu e Jerônimo ouviu os sinos da igreja, ao lado de onde ficava a vala, badalando espaçadamente; ele viu em seguida um pequeno vulto que apareceu do ombro para baixo entre um dos quatro vãos das colunas da torre da igreja, agitando seus bracinhos e gritando por socorro, querendo chamar a atenção dos namorados que estavam abaixo, nos bancos do gramado; ele viu quando diversas luzes se acenderam nas casas e apartamentos ao redor assombrados com os sinos tocando sozinhos àquela hora da noite; ele viu as pessoas saindo de suas casas com seus pijamas, camisolas e sobretudos indo ao encontro do padre que, acordado, olhava para cima da torre da igreja; ele viu as cenas seguintes passadas aceleradas: o rosto assustado de Jaime nos braços dos pais, o padre e os curiosos à volta querendo entender tudo que acontecia, e o olhar cínico de Paulinho como se nada soubesse do que estava acontecendo.

Mas um pouco longe dali, outra cena começou a chamar a atenção de Jerônimo, na direção de uma passagem entre a rua principal e secundária, repleta de árvores, numa noite fria e chuvosa, onde embaixo de uma daquelas árvores alguns vultos sombrios portando armas afiadas tentavam assaltar um jovem indefeso, que vinha da escola; ele viu quando chegou outro vulto com uma marca feia com a forma de uma ferradura no rosto e, reconhecendo o jovem como irmão de seu amigo de peladas, fez os primeiros desistirem da ideia do assalto.

Vislumbrando um lugar afastado de onde estava, Jerônimo viu a fumaça preta saindo das caldeiras de uma velha locomotiva a vapor, lotada com torcedores comemorando a sua última viagem com destino ao Maracanã, onde se realizaria a partida final do campeonato carioca entre o time do Flamengo e do Bangu; ele viu as alegrias durante a viagem de ida e durante o jogo, e viu os desesperos depois dele terminado; ele viu a briga entre as famílias quando o senhor Jorge chegou do jogo trazendo as crianças altas horas da noite, por ter Paulinho se perdido na multidão dos torcedores do Flamengo enlouquecidos pela derrota ao Bangu; ele viu depois as diversas brigas entre Sandra e Laura travadas verbalmente ecoando pela parede da cozinha geminada das duas casas vizinhas, e corporalmente rolando pelo chão.

Olhando para o pequeno campo de futebol na pracinha da igreja, ele imaginou o momento em que Paulinho negociou com Neguinho e este com João Paulo a simulação do roubo da bicicleta de Sandra, a fim de colocar a culpa em Jaime. Ele visualizou quando João Paulo atraiu propositadamente a atenção de alguns olhos fingindo passar dinheiro a Jaime como se fosse uma negociata feita, atraído Jaime para ali sem desconfiar de nada, por achar que se tratava de receber de volta um dinheiro que tinha emprestado ao mestre de tamborim. Ele viu quando João por burrice usou a bicicleta para assaltar os dois velhinhos indefesos, matando um deles, desgraçando a sua vida, tirada pelas mãos dos próprios parceiros do tráfico.

Jerônimo voltou sua mente para outra direção e imaginou Jaime caminhando pelas ruas na direção da Delegacia Policial, acompanhando com o olhar até lá, onde vislumbrou pelos olhos de Jaime os primeiros inquéritos que o colocavam como o maior suspeito do roubo da bicicleta; ouviu as testemunhas e viu quando o levaram para a cadeia, sem ter tido oportunidade adequada de defesa por não ter tido um bom advogado para isso.

Ele imaginou como foi o julgamento de Jaime e, quando ele, após ter sido sentenciado, entrou pela primeira vez na penitenciária da Frei Caneca; daí para a frente a sua memória tomou-lhe as rédeas: no primeiro contato com ele; a forte repulsa que sentiu ao tê-lo próximo de si que os fez se afastarem repentinamente um do outro; depois, aos poucos, os movimentos de aproximação pelas circunstâncias do acidente com Alberto, e todas as demais situações que os levaram a ser os grandes amigos atuais.

Depois de tantas cenas e lembranças revividas por meio das palavras antigas de Jaime e de sua própria memória, Jerônimo saiu da frente da casa de Laura, encaminhou-se e sentou-se num dos bancos da praça da igreja, talvez onde o amigo e Maureen tivessem sentado tantas vezes.

Naquela manhã, uma leve brisa matinal batia-lhe no rosto e no corpo, refrescando-os. Alguns pombos estavam pousando no gramado a seu lado à procura de sobras de alimentos, quando ele começou a sondar o ambiente a sua volta observando com detalhes as casas e apartamentos ao redor, até que um fato estranho lhe chamou a atenção, por estarem um jipe do Exército e um carro da polícia civil parados e alinhados dentro do beco de entrada da favela. Aquilo lhe aguçou a curiosidade e, prestando maior atenção, ele viu que do primeiro veículo desceram dois homens com a farda do Exército e do segundo mais dois homens com roupas civis, enquanto dois sujeitos vindos de dentro da favela apertaram-lhes as mãos, passando a conversar com os soldados e os policiais e estendendo para um deles depois um envelope. Feito isso, os dois homens que tinham vindo de dentro da favela despediram-se dos quatro outros e retornaram pelo mesmo caminho de onde tinham vindo.

Jerônimo, atinando-se pela cena, e curioso, levantou-se do banco e como se fosse um transeunte normal, caminhou na direção onde estavam os quatro homens. Aproximando-se pelo outro lado da calçada, ele deixou que seus olhos procurassem os rostos dos quatros, registrando como se fosse uma câmera fotográfica todos os detalhes. Depois avançou pela calçada em toda a sua extensão, entrou para a favela por outro beco e, dando uma volta, retornou a um local próximo do primeiro. Entrou em um boteco com o chão gosmento, algumas mesas de ferro com alguns pontos enferrujados, cadeiras também de ferro retorcido em volta das mesas, escudos de alguns times de futebol e folhinhas da

Pirelli com mulheres seminuas pendurados nas paredes. O boteco estava repleto de gente, percebidamente sem ter o que fazer a não ser beber as suas cachaças, fumar os seus cigarros e aguardar por algo que não saberiam dizer bem o que seria, mas que os fazia estarem ali.

Como se fosse um morador local, ele se sentou onde de longe ainda poderia ver os dois carros parados. Pediu uma cerveja Brahma que há muito tempo não bebia e começou a travar conversas triviais com o dono do boteco, quando, ao seu lado, como se estivesse a responder às perguntas mentais que ele gostaria de fazer ao dono sem chamar a atenção dos demais, um negro beberrão de bermuda bege surrada, com sandálias de dedo maltratadas e camiseta de algodão com forte cheiro de suor, começou a falar, mostrando narcolepsia na fala, dirigindo-se ao dono do bar:

– Esses caras não se cansam de querer tirar dinheiro, né? – disse para o dono do bar olhando na direção dos dois carros e em seguida deixando a sua cabeça pesada pender no balcão sobre o braço direito. – Nunca existirá o suficiente para eles – levantou e abaixou a cabeça várias vezes. – Quanto mais se dá, mais eles querem. Burro foi o Paulinho que confiou neles, até aquela burrada total e... bum! Lá foi ele conversar com o demo – baixou a cabeça de novo querendo deixá-la parada sobre o braço no balcão para sempre.

– Pare de falar demais, seu negro bêbado. Fica falando essas besteiras por aí que você vai acabar tendo o mesmo destino. Paulinho foi um m... que só fez m.... Vê se você não faz o mesmo e cale a sua boca, que já está falando demais – disse o dono do bar olhando para Jerônimo, com suspeitas nos olhos. – Aliás, acho que está na hora de você ir logo para a obra onde está fazendo aquele biscate, se também não quiser perder esta oportunidade de trabalho – quase ordenou o dono do bar, pegando o bêbado pelo braço, conduzindo-o até a saída do botequim e empurrando-o como um traste para fora de seu estabelecimento.

Sem ser possuidor de vontade própria, para atender à ordem dada e olhando a hora no seu relógio de pulso, o homem alcoolizado se deixou arrastar pelas mãos do dono do estabelecimento, mas antes, como se fosse um ponto de honra, ele pegou algumas moedas, despejou-as sobre uma mesa e retrucou dizendo que bebia sim, mas que nunca havia deixado de pagar pelo que consumia, e saiu indignado tomando seu rumo na direção do trabalho que devia esperá-lo.

Jerônimo, percebendo as falas do dono do bar e, por isso, não querendo mais chamar a atenção sobre si, terminou o seu segundo copo de cerveja com calma, pagou, agradeceu pela cerveja e saiu sem pressa; largou o conteúdo que sobrara no frasco, tomando um rumo diferente do homem que tinha acabado de sair. Porém, tão logo se viu distante do bar, procurou onde estava o bêbado e, vendo-o ao longe, partiu em sua direção com os passos largos a fim de se aproximar dele. Quando conseguiu, começou a travar com o homen conversas como se fossem na mesma direção, até que, chegando a certo ponto, o desequilibrado parou, virou-se e falou-lhe, como se quisesse desabafar:

– Jamais esquecerei o dia em que mataram o meu irmão. Pura covardia, só porque ele marcou a bobeira de usar no assalto uma bicicleta suspeitamente roubada da irmã do tenente Paulo. Aquele desgraçado não teve pena do meu mano. Eu tenho quase certeza de que para não ter o seu nome envolvido ele mandou *"os home sumir"* com meu irmão. Por causa disso um pobre coitado foi preso por uma bicicleta que nunca foi de verdade roubada – disse tropeçando em suas palavras. – Meu irmão era burro e otário e estava metido com *"os home"* dos dois lados, mas para que mataram ele? Pô! *"Rebentava ele de pancada para aprender a deixar de ser otário, mas matar ele nunca!"*.

E se despedindo de quem não conhecia, finalizou antes de partir com passos vacilantes na direção do trabalho:

– Um bom-dia para o senhor. Fique com Deus.

Jerônimo, ainda zonzo com o que tinha escutado, ficou olhando-o caminhar sinuosamente até dobrar uma pequena esquina que o levava para o interior profundo da favela até sumir. Depois, sentindo alguns olhares estranhos sobre si, Jerônimo resolveu não abusar mais da sorte e esquivou-se pela esquina e beco mais próximos que o levavam para a calçada da rua movimentada de onde tinha vindo; e para não ser notado pelos que continuavam em volta dos dois carros, retornou dois quarteirões atrás, acelerando os seus passos e voltando à casa do irmão por um caminho mais longo, porém mais seguro.

Laura o viu entrar em casa agitado e confuso, com a camisa banhada em suor. Preocupada, ela imediatamente lhe perguntou por onde tinha andado, recebendo como resposta que havia feito uma caminhada para conhecer os arredores. Não convencida da resposta evasiva do amigo de Jaime, ela o convidou a sentar-se numa cadeira de ferro na varanda, onde poderiam ver as diversas flores e botões de novas flores que estavam se abrindo no pequeno jardim da sua casa, enquanto trocavam algumas ideias.

Laura, deixando-o descansar na varanda, foi até a cozinha, pegou uma garrafa de água na geladeira e ofereceu-lhe um copo com água, que sedento Jerônimo bebeu quase de um gole só. Em seguida, como a querer pescar alguns detalhes que lhe dessem pistas sobre a sua apreensão, Laura fez-lhe algumas perguntas perspicazes, das quais Jerônimo, malandramente, soube se esquivar. Acabaram por isso conversando algumas futilidades e curiosidades a respeito do que ele tinha visto nos arredores, vivenciadas nas histórias de Jaime. Depois de algum tempo, ele, desviando do assunto com a intenção de conhecer o irmão e sua família, perguntou a ela se teria um retrato deles para lhe mostrar. Laura pensou e lembrou-se de um álbum com fotos dela junto com Sandra, Jaime, Paulo e Pedro, registradas por uma antiga câmera fotográfica, em época que os quatro se entendiam. Saindo da varanda, ela foi até a estante da sala, abriu uma gaveta, pegou o álbum e o levou até o irmão de Flávio; abriu-o, localizou a foto e lhe mostrou. Jerônimo observou cada detalhe da foto e não precisou de muito tempo para reconhecer Paulo como um dos quatro homens que estavam nos dois veículos parados no beco de entrada da favela; deixou aquela informação registrada somente em sua mente, não comentando nada com a irmã de Jaime. Na foto ele estava com os cabelos compridos, como moda na época dos Beatles. Estava sorrindo abraçado a outras três pessoas que apareciam na foto, conforme confirmou Laura apontando cada um nela, levando Jerônimo a comentar consigo mesmo: como é que o tempo mal-aproveitado pode mudar radicalmente a afeição entre as pessoas, fazendo-o lembrar de uma velha frase que dizia haver dois tipos de tolos: "os que não duvidam de nada e os que duvidam de tudo"; no caso de Paulo, ele fora aquele tolo que tinha duvidado de tudo.

Por ter ficado pensativo por muito tempo e com o rosto pálido, ele acabou chamando a atenção de Laura, que lhe perguntou se tudo estava bem. Jerônimo, não querendo levantar suspeitas, respondeu-lhe que só queria conhecer o restante de sua família, por curiosidade, depois de tantas histórias que Jaime havia contado a respeito dos dois. Porém, aquela resposta não foi suficiente para apagar da mente de Laura as dúvidas que tivera quanto ao que realmente Jerônimo viu durante o passeio pelas redondezas.

Refeito de suas energias e agradecendo à irmã de Jaime pelo descanso e pela água tomada, Jerônimo levantou-se, atravessou uma passagem rente ao jardim, passou pelo corredor que o conduzia para a casa do irmão nos fundos, atravessou a porta da sala e sentou-se no sofá muito pensativo, deixando seus pensamentos vagarem na direção de suas responsabilidades e deveres com o que tinha visto. Contudo, somente o tempo lhe apresentaria o desfecho daquela história. A casa estava vazia, com Flávio trabalhando e Lourdes tendo levado as crianças para a escola; havia, então, muito tempo de silêncio para ele refletir sobre o que poderia ou não fazer a respeito do que vira, diante de tanta injustiça feita por Paulo a Jaime no passado, e tempo futuro para que efetivamente pudesse vir a fazer algo, em vista da situação que se acomodava na vida de todos os envolvidos.

2. A esperança do cisne negro

Cláudia conhecia bem os seus afazeres como dona de casa, antes do que os de enfermeira. Ela trabalhava numa clínica próxima de sua residência no regime de 12 horas de trabalho por 24 de descanso. Naquele dia ela acordou cedo não para ir para o trabalho, mas para atender às necessidades do marido antes de ele ir ao quartel do Exército, às do filho e, depois dos dois liberados, tratar da situação junto à filha que há muito tempo tinha sonhado e se esquivado na execução por conta do que o marido poderia criticar ou tentar impedir.

O primeiro a sair no seu Opala recentemente comprado foi Paulo com seu uniforme verde-abacate bem passado e seu café tomado sem que faltasse o queijo minas e os ovos mexidos; depois foi Robertinho com o uniforme da escola primária e o máximo do pouco que a mãe o fazia engolir com dificuldade da refeição, indo a pé por ter perdido a condução do pai apressado com a hora. O pai tentava lhe dar carona quase todos os dias para lhe facilitar a longa caminhada da casa ao colégio. Entretanto, nem sempre a vontade de Robertinho correspondia ao desejo de o pai poder ajudá-lo, não podendo Paulo arriscar sua pontualidade na chegada ao quartel por causa do desleixo do filho.

Despachados os dois, dona Cláudia partiu para o seu modesto quarto para se arrumar com seu bonito vestido de passeio, dando os retoques finais necessários em sua maquiagem no rosto, borrifando sobre seu pescoço e busto o seu perfume preferido, ajeitando o vestido e arrumando o seu cabelo em frente à penteadeira. Depois ela foi até a cabeceira ao lado da cama, abriu a gaveta onde tinha guardado o artigo das cirurgias feitas pela equipe do doutor Jacoff, pegou a revista de medicina envelhecida pelo tempo que passou desde a última vez que a leu, colocou-a sob o braço direito, chamou pela filha que chegou de imediato, já pronta de seu quarto e portando a sua mais nova calça Lee, uma camiseta com um ramalhete de flores amarelas estampada, sandálias brancas de meio salto e um dos seus inumeráveis lenços de pescoço que lhe acobertavam parte dos seus defeitos, e partiu com Ritinha para colocar em prática um velho desejo, adiado por várias vezes. Ritinha seguia a mãe à procura de nova esperança que pudesse lhe acrescentar na beleza de sua formação juvenil de menina-moça a integralidade de sua formosura.

Era uma segunda-feira. Uma semana antes, cheia de coragem, dona Cláudia tinha feito o primeiro contato com o hospital rezando para que o telefone ainda fosse o mesmo da época do artigo; três dias anteriores tinham ligado do hospital marcando a ida da provável paciente para uma entrevista, e naquele dia elas estavam prontas para enfrentar o que fosse para lá estarem, sob o cunho do segredo de Ritinha ao pai não saber nada a respeito daquilo. Aquela estava sendo por parte delas a primeira grande revolta contra o imperialismo militar do pai que a toda vontade própria negava, por terem a convicção do que estavam fazendo.

As duas saíram do prédio e pelas ruas como num dia normal, cumprimentando a todos que viam pela frente, desde os vizinhos, varredores de rua, carteiros até demais conhecidos, mas com falas e forças diferentes dos outros dias, com firmeza e determinação que mesmo contagiavam aos que as escutavam.

O sol das 8 horas já se apresentava quente para aquele dia de verão de céu límpido, mais ainda se podiam sentir as brisas suaves do restante da manhã que sopravam as folhas das árvores. Tudo parecia perfeito, conquanto o ponto de ônibus estivesse repleto de pessoas a aguardarem os ônibus de seus destinos; favorecia-lhes a agitação das pessoas a se espremerem com as intenções máximas de pegarem as suas conduções, enxergando somente as suas preocupações, o que era favorável às duas, pois evitava o constrangimento de fixarem seus olhos sobre os defeitos no rosto de Ritinha.

Vinte minutos depois de terem chegado e diversos ônibus de outras linhas pararem e esvaziarem um pouco o ponto, finalmente o que elas desejavam foi avistado ao longe. Muitas mãos foram estendidas e o ônibus da linha 689 – Méier – parou; suas portas se abriram, dona Cláudia e Ritinha foram arrastadas e empurradas com o restante dos passageiros para dentro do veículo já congestionado, até a primeira barreira de passageiros antigos, a qual ninguém mais poderia ultrapassar, a não ser que uma ou outra pessoa saísse pela porta da frente.

No início nada incomodou Ritinha, até que ela começou a perceber sobre si alguns olhares curiosos querendo descobrir o que mais a mecha de cabelo, o lenço que lhe protegia o pescoço e parte do rosto poderiam lhes revelar por trás, ofuscando-lhe a segurança e a indiferença que prometera ter com firmeza para com esses tipos de pessoas.

No ônibus dos tempos de início da liberdade para as mulheres, raramente um cavalheiro levantava-se para dar lugar a uma dama e, por isso, dona Cláudia só conseguiu se sentar depois que atravessaram as fronteiras da estação de Madureira, onde muitos passageiros ficaram para baldearem para os trens da rede ferroviária (RFFSA) em direção ao destino final na Central do Brasil. Isto graças a um jovem branquelo, alto e magrelo, que mal havia conseguido sentar depois de ter esperado muito tempo, quando sentiu a presença em pé de dona Cláudia ao lado de uma bonita jovem, segundo o lado de sua visão à direita, e lhe ofereceu o seu lugar, que havia conseguido depois de muita disputa. Dona Cláudia, a fim de proteger a filha do assédio visual dos passageiros, aceitou de imediato, oferecendo depois o lugar à filha que recusou, ocupando ela mesma o lugar, pois a sua perna já começava a doer, vitimada pelo tempo que necessitava ficar em pé no seu plantão como enfermeira.

O jovem aparentando ter aproximadamente uns 16 anos ficou ao lado de Ritinha, iniciando conversas, primeiramente com dona Cláudia, observando, com segundas intenções, a sua filha posicionada com o lado melhor que tinha na sua direção. Aos poucos ele foi chegando suas falas ao encontro de Ritinha, que ficou extasiada por isso, pois raramente algum jovem antes tinha se interessado em conversar cara a cara com ela. Entretanto, depois de algum tempo, após Ritinha ter precisado virar um pouco o seu rosto em outra direção, o rapaz começou a reparar no lado defeituoso da bela morena, fazendo-o calar-se por instantes, suficientes para que Ritinha notasse e quase desabasse sobre si.

O jovem ficou desconcertado inicialmente, entretanto, encetando o que tinha melhor dentro de si, não se encabulou nem se fez constrangido, continuando a sua conversa com naturalidade, sem alterar a sua voz ou o seu olhar.

Ritinha ficou encantada com o rapaz de imediato, que além de não se incomodar com o seu defeito lhe aparentava ser simpático e brincalhão, travando conversas contínuas com ela até o momento próximo de sua descida do ônibus perto do hospital Salgado Filho.

O tempo de conversa entre os dois não tinha sido muito, contudo algo fervilhou no rapaz por dentro assim que a viu, sem que soubesse encontrar respostas pela emoção que o dominou. Ele deixou-lhe o nome de Lúcio e riscando com pressa deu-lhe o telefone de casa, descendo do ônibus. Depois lhe restou olhar a visão de Ritinha e sua mãe sumindo com o ônibus seguindo o seu destino, deixando-lhe aflorar de algum lugar de sua mente uma sensação de perda que já tivera antes, sem saber explicar onde, quando e como.

No caminhar para o colégio onde estudava, ele foi lembrando a última conversa que entrevera com Ritinha sobre a esperança que ela tinha numa entrevista que faria com um grande médico no hospital para ser aceita com a possibilidade de tratamento de sua deformidade. Mais uma vez, ele pensou e pensou se já não a conhecia de algum lugar e espantava-se por ter se ligado de imediato tanto na menina, que não lhe importava os inconvenientes que percebera nela. Foi-lhe como um ímã a atraí-lo, ensejando-lhe o recheio da certeza e a vontade de querer revê-la.

Dois pontos à frente, Ritinha e sua mãe desceram do ônibus próximo ao hospital Salgado Filho, dirigindo-se para a portaria, onde seriam conduzidas para uma entrevista com o doutor Jacoff. Elas atravessaram a praça que as separava da entrada do hospital de aspecto melhor que muitos outros existentes nos subúrbios mais distantes, passaram pela portaria onde encontraram um aglomerado de pessoas que procuravam no guichê por informações para se dirigirem a seus destinos. Entre as calmarias dos que estavam acostumados ao conformismo imposto pela época da ditadura militar e a irritação dos que não aceitavam mais ser tratados como trapos, as duas foram atendidas num balcão de informações e encaminhadas ao local onde Ritinha seria entrevistada. Elas subiram alguns degraus para fugirem dos lotados elevadores de portas com grades e chegaram ao setor de queimados, onde foram recebidas por um educado atendente que as conduziu a outro recinto com cerca de 20 cadeiras; foram convidadas para ali sentar, aguardando a vez de serem chamadas por uma enfermeira no local.

Acomodadas em seus lugares, dona Cláudia e Ritinha começaram a observar o ambiente à volta, muito diferente do restante do hospital, de aparência bonita por fora e, em sua maioria, maltratados por dentro. Ali parecia ser diferente em todos os sentidos: as paredes ao redor estavam bem cuidadas e pintadas de azul-celeste, com inúmeros quadros com figuras de palhaços, flores e animais, como a querer trazer para aquele ambiente toda a esperança existente no mundo para os que ali chegavam com suas terríveis aflições. No balcão onde uma enfermeira gentil estava, podia-se ver a organização que ela procurava manter na papelada, pastas, o pesado telefone preto e arquivos diversos; na parede, liam-se os dizeres "SILÊNCIO" e "ESPERE COM PACIÊNCIA PELA SUA VEZ"; entre os dizeres havia um relógio à pilha; no canto entre a parede e o balcão, tinha um ventilador de coluna moderno feito de plástico, nas cores azul e branca, ligado, oscilando e refrescando todo o ambiente.

Das 20 cadeiras existentes, umas 15 estavam ocupadas, na sua maioria com pessoas muito simples e humildes, mas ansiosas, aguardando a vez de serem entrevistadas, o que lhes daria chances de melhorarem as suas deformidades, se aprovadas para o tratamento. Observando-as, Ritinha registrou que a maioria se encontrava em suas situações inseguras, puxando as mangas e golas de suas camisas, ou mesmo lenços nos pescoços, tentando esconder as marcas de suas queimaduras ou deformidades.

Olhando para aquelas pessoas com suas dificuldades, Ritinha identificou-se muito com elas, ao perceber que, ela mesma, sem perceber, fazia também muitos daqueles trejeitos involuntários. Contudo, sentiu que diante de outros problemas que via ali o seu era pequeno, verificando pessoas totalmente deformadas em cadeiras de rodas e algumas desfigurações que só se viam em documentários próprios ou em filmes de terror.

Ritinha sentiu, de repente, enorme mal-estar diante do que via à sua volta, suando frio, ficando afoita e sôfrega, o que a fez pedir à mãe que a tirasse dali e a levasse embora para casa.

Como Cláudia já tinha imaginado que aquilo poderia acontecer, ela foi firme com a filha, mostrando-lhe com os exemplos a sua volta que poderia ser mais forte diante do seu problema, em vista do que via, num universo de quase igualdade de situação. Perante isso, ela tinha a certeza absoluta de que estava fazendo a coisa certa para a filha e sua felicidade futura, deixando-a perceber que dentre outros ela não era a de pior situação.

Três horas depois de terem chegado, tendo a oportunidade de colocarem em prática o que estava escrito nos dizeres da parede dos fundos, a vez de Ritinha chegou, depois de ver esvaziar, aos poucos, as cadeiras à sua volta.

A enfermeira Sônia, conforme destacava uma identificação presa ao uniforme branco na altura do seu peito, depois de ter chamado pelo nome da menina, pediu desculpas pela demora por terem sido muitas as pessoas que estavam sendo entrevistadas no dia.

Ela se apresentou como a atendente do doutor Jacoff e as conduziu até a sua sala, parando em frente dela, abrindo-lhes a porta e fazendo-as entrar ao recinto. Desejou-lhes boa sorte na entrevista, apresentando--lhes o médico que as aguardava e, despedindo-se das duas, fechou a porta atrás de si.

Diante da mesma mesa na qual há alguns anos tinha estado a conversar com o jovem Jaime, estudante de medicina, o doutor Jacoff, com o peso maior da idade registrada nas rugas do rosto e no restante do corpo, verificava e fazia suas anotações a respeito do que pensava sobre as possibilidades existentes para o tratamento ou não do paciente entrevistado anteriormente. Assim que concluiu suas observações referentes ao candidato anterior, ele foi levantando os seus olhos cansados, lentamente, depois de ter feito mais de dez entrevistas, na direção do próximo paciente a ser entrevistado, deparando-se com dois olhos tristes e mareados de uma menina e ao seu lado a sua acompanhante de destacável beleza.

Após as apresentações entre os três, Ritinha teve toda a atenção inicial do médico voltada para si, deixando por isso sair de sua boca deformada um sorriso. Nos seus olhos, o médico percebeu a chama envolvente de sua alma que, de imediato, o encantou numa demonstração inconfundível de sua beleza interior, embora o pensamento dele descrevesse: "Coitadinha, tão novinha, bonitinha, mas com tantos problemas para poder aflorar toda a sua beleza para o exterior".

Sem perder mais tempo nas suas observações iniciais, o doutor Jacoff, pedindo licença a Cláudia, deu à menina um roupão e pediu que Ritinha fosse atrás de um biombo e se desfizesse do lenço e de sua blusa, deixando o seu rosto e pescoço livres para que a pudesse examinar; convidou-a, em seguida, a sentar-se numa velha cama de exames, mais ao fundo da sala. Feito isso, ele lhe pediu permissão e começou a observar detalhe por detalhe os defeitos no rosto da menina, minuciosamente, com seus olhos eficazes de especialista nas artes das reparações, procurando com seus instrumentos e suas mãos hábeis, percebendo, analisando e constatando todas as probabilidades, todas as possibilidades e impossibilidades que poderiam devolver ou não à jovem a sua frente a naturalidade de suas feições, constatada no outro lado do rosto bem formado. Viu-lhe a boca, os olhos e toda a face esquerda, repuxados pela musculatura malconformada durante o processo de gravidez, depois de ter se alojado o feto irregularmente no útero da mãe; a cada afirmativa o rosto do médico se irradiava; a cada negativa seu rosto se fechava, registrando claramente na mente de Ritinha as possibilidades e as impossibilidades.

Ao final do exame e de suas anotações, o gabaritado médico pegou nas mãos da jovem ajudando-a a sair gentilmente da cama de exames, retornando junto com ela para a sua mesa.

Sentado à frente da mãe e de sua filha, o doutor Jacoff, com a branquidão da neve nos cabelos, pigarreou a garganta, coçou o seu nariz, esfregou os olhos, as orelhas, com sua mão esquerda, como sempre fazia nos seus momentos de desconforto, levantou sua cabeça e, com sua decisão tomada, falou na direção de dona Cláudia, fugindo do olhar de expectativa da menina:

– Senhora, eu li a carta e o pedido que a senhora nos enviou. Acabei de ver o problema de sua filha com muita atenção e boa vontade, mas devo confessar que não sou o especialista para o tratamento na deformação existente no pescoço de sua filha que lhe retorceu a face, a boca e arcada dentária – disse constrangido, mas firme nas suas convicções. – Sou especialista em tratar pessoas queimadas, além do mais neste hospital nós damos preferência às pessoas que têm suas deformidades provocadas por acidentes, de preferência oriundas de queimaduras e outros tipos de acidentes. São tantos os necessitados de reparações maiores, que seria ingrato de minha parte eu poder atender ao caso de sua filha que não sente dores, em vez de atender a tantos outros que estão aqui para se libertarem delas, principalmente... A senhora entende?

– Doutor Jacoff, eu compreendo o que o senhor quer dizer, entretanto, tenho lido muito a respeito dos estudos e dos trabalhos que o senhor e o seu assistente têm feito beneficiando tantos portadores de deficiência física e deformações por acidentes. Eu sei também que Deus me mostrou esse caminho, não por acaso, mas como a solução certa

– argumentou dona Cláudia. – Sei que minha filha traz esses defeitos de nascença, mas sei que é aqui que encontrarei o restabelecimento da saúde de minha Ritinha.

– Senhora, o nosso hospital não é próprio para este tipo de intervenção cirúrgica – reforçou o médico. – Se a senhora quiser, eu conheço uma clínica excelente em Botafogo onde sua filha encontrará o tratamento adequado, e com minha referência o amigo poderá fazer o tratamento conveniado com o INSS – argumentou por sua vez o velho médico.

Ouvindo isso, Ritinha irritada levantou-se e pediu para a mãe que saíssem logo dali, indignada e soltando chispas pelos olhos na direção do médico, que começou a sentir-se mal com o que precisava fazer, por não poder atender a todos que por ali passavam, sendo de sua obrigação atender aos de maior prioridade.

Porém, dona Cláudia, paciente e tolerante, pediu que sua filha se sentasse e se acalmasse, retornando a argumentar com o médico:

– Doutor, eu vim até aqui porque não tenho condições de pagar esses tipos de tratamento, mesmo conveniado, acreditando na nova técnica empregada pelo senhor e sua equipe, e na bondade que descrevem as revistas ter o senhor para com seus pacientes. Não vim para me humilhar, mas, se for preciso, eu o farei por minha filha, para poder mesmo responder a um marido que desistiu de sua filha e a um possível tratamento para ela. Eu não sei se o senhor tem algum filho, e sei que se tivesse estaria fazendo o que estou fazendo e não o que o meu marido deixa de fazer, por não acreditar. E eu, senhor Jacoff, confio muito que o senhor e seu assistente são os únicos que podem fazer realmente algo por minha filha. Eu não só confio, como também tenho a certeza absoluta disso dentro do meu coração; é como algo que me diz que o senhor é o homem caridoso e eficiente que devo procurar. Eu o achei, doutor Jacoff; saiba, portanto, que o senhor não se livrará de mim assim tão facilmente – registrou dona Cláudia rebuscando algo dentro de seu consciente, não lembrando bem o que era, mas sentia fervilhar como se fosse uma cobrança.

– Senhora, por favor, não chegue a esse ponto – retornou o médico, vacilante na sua avaliação anterior diante de tanta certeza e convicção da mulher à sua frente que o olhando duramente.

– Mãe, vamos embora que esse não é o mesmo médico sobre o qual a senhora leu na revista. A senhora leu acerca de um homem bondoso que trouxe a vida de volta àquele senhor Jerônimo que se queimou para salvar os seus sobrinhos do incêndio que destruiu o barraco de seu irmão. Esse que está aqui à nossa frente é aquele feito pelas propagandas – disse Ritinha indignada, com olhar de desprezo na direção do velho médico, pegando na mão da mãe e puxando-a para irem embora dali.

Cláudia, chorando e entristecida pela decisão do médico, e vendo-o em posição decidida, fazendo-se levar pela atitude indignada da filha, pegou sua bolsa sobre a mesa do médico, e já ia se levantando para dar os seus passos iniciais na direção da porta de saída do consultório quando escutou uma voz de mulher atrás de si lhe perguntando:

– Senhora, desculpe esse velho médico que está à sua frente – disse Sônia com olhar de reprovação na direção do doutor Jacoff, chegando repentinamente à sala. – É que ele às vezes fica cansando de ajudar a tanta gente, que vez ou outra erra nos seus cálculos- argumentou fixando seu olhar naquele que considerava como seu pai e não como seu chefe.

– Eu estava chegando à sala e não pude deixar de escutar parte do que a senhora estava falando e curiosamente gostaria de saber se por acaso vocês conhecem a história desse senhor Jerônimo, para que não sejam injustas quanto à bondade desse homem – frisou olhando de novo para o médico de cabeça baixa, pensativo.

– Dona Sônia, eu não o conheço, pessoalmente – esclareceu Cláudia diante da surpreendente chegada da enfermeira –, mas a história da família de meu marido tem certa ligação com a da vizinha que abrigou há alguns anos a família do irmão do senhor Jerônimo e ele mesmo, depois do incêndio ocorrido na casa onde viviam. Eu não os conheço pessoalmente, pois moramos em bairro distante dos deles, mas conheço perfeitamente a história do acidente do senhor Jerônimo, um homem maravilhoso, pelo que me falaram e li nos noticiários a seu respeito, como o tratamento de recuperação feito nele pela equipe do doutor Jacoff, motivo pelo qual estamos aqui e viemos certas da caridade que poderia fazer no tratamento de minha filha.

– Quanto a isso a senhora pode ter toda a certeza, pois eu e o doutor Jacoff somos testemunhas disso e conhecemos parte dessa história de Jerônimo – direcionou Sônia seu olhar para que o médico não viesse a revelar mais sobre aquela história bem conhecida deles, e retornou a enfermeira para Cláudia, sob um olhar de surpresa do médico diante das frases trocadas entre a enfermeira e a mãe da entrevistada.

– Mas, acreditando que o doutor Jacoff aprovará isto – falou Sônia com olhar de astúcia na direção dele –, podemos dizer que o doutor Jaime, seu assistente, terá o maior prazer em recebê-las numa nova oportunidade – as sobrancelhas do médico se levantaram e ele sorriu sorrateiramente.

– Isso as deixaria menos tristes e mais confiantes, senhoras? E o senhor, doutor Jacoff, concorda com isso? – enfatizou a enfermeira Sônia.

Todos pegos de surpresa acenaram um sim com suas cabeças, e ficaram aguardando, como se fossem marionetes, o próximo toque nas cordas que os direcionavam, momentaneamente, às ações posteriores.

– Vamos deixar agora o doutor Jacoff descansar um pouco e vamos conversar sobre essa nova data para que vocês possam estar com o doutor Jaime, com a brevidade possível, e os exames que lhes pedirei façam aqui mesmo no hospital – concluiu a enfermeira-chefe com olhar brilhante em suas pupilas dilatadas pelo prazer de poder ajustar as coisas na história perfeitamente conhecida por meio das conversas tidas com Jerônimo, agora seu marido.

As duas mulheres, antes sem esperança, responderam afirmativamente à nova oportunidade, e saíram do hospital, alguns minutos mais tarde depois dos detalhes trocados com Sônia, repletas de fé e confiança no que poderia o doutor Jaime fazer por Ritinha. Dona Cláudia, além da fé e confiança, levava ainda outra coisa dentro de si: a certeza de que conhecia o rosto da enfermeira Sônia de algum lugar; e não era do hospital.

3. A entrevista do cisne negro

Era a sala de um jovem médico, comum a tantas outras: três cadeiras, duas à frente e uma do médico atrás de uma mesa com um telefone de discar, blocos e pastas, um calendário e um porta-retratos de família sobre ela; um ventilador no chão ao lado da mesa, um biombo no fundo da sala, uma cama para examinar os pacientes, um arquivo de aço para as fichas deles; as paredes pintadas do mesmo azul-celeste da sala de Sônia e do doutor Jacoff, com alguns quadros fixados nela que retratavam a natureza e um relógio à pilha pendurado na parede indicando a hora certa.

Cláudia, depois de ter contemplando cada um desses detalhes, estava começando a olhar com muita atenção o conteúdo do porta-retratos, quando o doutor Jaime chegou, a chamou e a filha, gentilmente:

– Dona Cláudia, senhorita Ritinha. Muito prazer em conhecê-las. A enfermeira Sônia já me passou todos os detalhes sobre o caso de

Ritinha e os exames que foram feitos a pedido dela – falou sorrindo para a menina e sua mãe, apertando-lhes as mãos. Sentiu imenso arrepio a lhe percorrer o corpo, no contato com as mãos das duas, e elas sentiram o mesmo. No entanto, disfarçando o que tinha sentido, ele prosseguiu dizendo que gostaria de examinar de novo Ritinha, para que pudesse verificar, com os exames e conclusões feitas pelo doutor Jacoff, as reais possibilidades de ver o lindo rostinho que tinha à sua frente brilhar de felicidade e contentamento, descontraindo a menina com o olhar apreensivo e envergonhado na sua direção.

Então, Jaime solicitou que Ritinha fosse até o biombo, colocasse o roupão do hospital e sentasse na cama, começando a lhe observar os detalhes no rosto e no pescoço. Milimetricamente ele percorreu cada espaço entre o olho, a face, a boca, descendo do pescoço ao ombro; tocando para sentir cada músculo, cada nervo, cada cartilagem, as carnes e peles que formavam a deformação de origem fetal, comparando o que sentia nas mãos, nos seus instrumentos e o que via nos raios X e outros exames.

Ao fim de quase dez minutos de análise e reflexão, ele finalmente chegou à sua conclusão, anotando na ficha da paciente os detalhes que haviam lhe chamado a atenção e que o ajudariam muito, posteriormente, no tratamento específico.

Podia-se ver nos rostos de Cláudia e Ritinha a febre da curiosidade que lhes fazia ruborizar as bochechas, olhando apreensivas na direção do doutor Jaime sentado à frente delas. Ele levantou a cabeça e lhes dirigiu o olhar, recomeçando a falar e colocando suspense em suas palavras:

– Minha bela jovem, infelizmente... acredito que... dará muito trabalho a seus pais... pois eu tenho fé e confio no que posso te dizer. Dona Cláudia cruzou suas pernas em estado de imensa expectativa. Ritinha preparou-se mais uma vez pelo desapontamento que viria. – Prepare-se junto com seu marido, que choverá muitos rapazes candidatos a namorar esta jovem, depois que fizermos nela o que penso poder fazer – afirmou em resposta positiva o médico eficiente, deixando, em seguida, as duas mais tranquilas com a resposta.

Cláudia, com os olhos repletos de lágrimas, e com suas pernas trêmulas de emoção, foi a primeira a pular no pescoço do doutor Jaime, apertando-lhe tanto o pescoço que ele começou a tossir, deixando grande mancha no jaleco do médico em virtude da quantidade de lágrimas derramadas por ela, com a sua cabeça apertada contra o seu peito.

Ritinha foi mais precavida, pois ainda duvidava de que poderia um dia voltar a sorrir e a falar sem que um dos lados de seu rosto não indicasse a sua deformidade. Ela só se deixou levar pela alegria e pela lágrima que teimava em não deslizar dos seus olhos, quando o doutor Jaime, desvencilhando-se de Cláudia, pegou suas mãos e lhe reforçou, com vibração na sua voz, olhando-a nos olhos e falando-lhe coisas que nem mesmo sabia direito o que dizia:

– Querida, pode confiar em mim. Eu sou aquele que lhe restituirá a vontade plena da vida. Deixe o passado para trás. Vamos acertar o que está de errado nele e lhe restituir um novo presente. Eu só posso fazer o que Deus permitir. E Ele deseja que você se refaça. E eu sou aquele que Ele está usando para isso.

Depois daquelas palavras, Ritinha não pôde mais resistir e abraçando o doutor Jaime deixou que todas as suas lágrimas, retidas por tanto tempo, se esvaíssem, levando junto com elas as suas desesperanças. Sem que Ritinha percebesse, suas pernas enfraquecidas se deixaram arriar caindo de joelhos ao chão, segurando as pernas do médico, encostando a sua cabeça sobre elas, como a redimir-se de algo que não conseguia lembrar, mas que seu inconsciente conhecia muito bem.

Jaime, imediatamente, levantou-a e, olhando nos seus olhos, falou com gentileza:

– Ritinha, por que está fazendo isso? Eu estou cumprindo somente com a minha obrigação de médico. E deixe os agradecimentos, se quiser dar, depois dos resultados alcançados – acrescentou muito emocionado com o que sentira diante do gesto repentino da menina.

–Talvez iremos necessitar de algumas intervenções – disse o médico depois olhando na direção de dona Cláudia. – Só peço, Ritinha, que não me cobre nada logo depois da primeira cirurgia. Por favor, tenha paciência, pois só veremos e alcançaremos êxito depois da última. E eu não sei exatamente de quantas cirurgias necessitaremos. Talvez umas três. A paciência, no nosso caso, será o maior instrumento para que alcancemos a perfeição que desejamos.

Alguns minutos depois, os três saíram da sala do doutor Jaime, deixando atrás de si os rastros do puro amor, que sustenta, equilibra e redime.

De volta para casa, Cláudia, sentada no meio do velho ônibus 689 comovida e feliz ao ver brilhar a esperança e a felicidade nunca antes vistas nos olhos da filha, pediu-lhe somente uma coisa:

– Filha, por favor, nunca diga ao seu pai onde estivemos ou com quem estivemos, pois temo-lhe a represália como possibilidade. Isto deve ser um segredo nosso para com ele e seu irmão. Você me promete, Rita? Pelo menos por enquanto.

– Sim, mãe. Acho que a senhora tem razão – refletiu Ritinha sobre as palavras da mãe.

Enquanto o ônibus prosseguia na sua jornada corriqueira de chegar ao ponto extremo da viagem, Cláudia ia refletindo consigo sobre o que tinha visto na foto de família no porta-retratos sobre a mesa do doutor Jaime, como causa profunda para o que pedira à filha: no porta-retratos havia a foto do médico com a sua esposa e um menino; ao lado, em outro porta-retrato, estava a foto da enfermeira Sônia com um homem, que juntos significavam muitas coisas para esclarecer as dúvidas que ela tinha.

4. O resplandecer do cisne negro

Ritinha encontrava-se quase adormecida depois de ter tomado o comprimido de preparação para a anestesia final. O seu coração batia descompassado pela emoção que a dominava; os seus olhos sonolentos iam acompanhando as lâmpadas acesas que lhe iam passando pelo teto do corredor a caminho da esperança que a aguardava. Quando a maca que a levava entrou na sala de cirurgia, ela ainda pôde ver o rosto da enfermeira Sônia lhe desejando muita sorte, tranquilizando-a; apagou em seguida, já não sentindo a picada da agulha que lhe injetou a anestesia geral, sendo imediatamente passada para a mesa embaixo do grande refletor que seria a fonte de luz que iluminaria as mãos do doutor Jaime nos trajetos, nos cortes eficazes e nas reparações necessárias ao bom êxito da cirurgia.

Constatado que ela estava completamente anestesiada, a mente e as mãos ágeis do doutor Jaime começaram a trabalhar, procedendo aos primeiros cortes nas ramificações de nervos e músculos entre o pescoço e a face da paciente; ele esticou, segmentou e realinhou nervos preguiçosos pelo tempo; fez alguns enxertos, usou substâncias e técnicas criadas pelo doutor Jacoff, os quais aos poucos foram alterando as condições necessárias ao reajuste da criaturinha gerada pela união ineficiente dos gametas masculino e feminino, predeterminantes àquela situação, prevista pelas mãos do Criador, que despistaram em algum ponto a formação perfeita do novo ser, originando os defeitos de nascença.

Como uma rede interligada por situações de vidas passadas, a mão que ofendeu registrou na nova vida a prova como reação a passar; e a mão do ofendido, a ação do refazimento para superar também os seus erros cometidos; uma mão lavando a outra, dentro da perfeição das Leis de Deus.

Salvou Ritinha o propósito ferrenho da mãe em querer auxiliá-la, procurando a ajuda encontrada nas revistas médicas que apontavam os êxitos nas novas técnicas empregadas pelo doutor Jacoff, experiente médico que começou seu aprendizado no tratamento a queimados, estudando as técnicas utilizadas por outro famoso médico, na época de final da escravidão, que, ajustadas ao aprendiz que "por acaso" lhe chegara, o ajudava na recomposição da linha direta dos acertos de contas necessários.

Quase duas horas depois da luta iniciada pelo doutor Jaime na reconstituição da face de Ritinha, entrou na sala o velho cirurgião, que vestindo o seu impecável avental de cirurgia tocou no ombro de Jaime, passando a observar com detalhes o que o seu pupilo já tinha feito. Ele somente retocou pequenos detalhes, sentenciando, em seguida:

– Perfeito, Jaime. Agora conclua os demais ligamentos, coloque a famosa pomada do velho Jacoff, e deixe para a próxima cirurgia o que ainda precisa ser feito nas partes menos profundas. Acredito que com a terceira e última cirurgia poderemos devolver a esta jovem a alegria de viver. Parabéns, meu rapaz! – falou-lhe baixinho. – Não foi à toa que o escolhi como meu substituto. Quando eu duvidei, você confiou e deu esperança a esta menina e sua mãe. Eu me enganei na minha avaliação inicial, quando você foi mais a fundo para criar a condição que agora vejo superada pelo que fez nesta cirurgia. Parabéns, meu rapaz. Parabéns! Aproveitando, assim que esta jovem acordar, peça a ela que me perdoe, pois com sua mãe eu farei por mim mesmo – e saiu da sala de cirurgia levando consigo a certeza de que já estava na hora de passar a sua bola para outro jogador com melhor fôlego que ele, pois sua idade avançara muito e lhe pesava, principalmente, nos movimentos delicados das mãos, necessários nas cirurgias plásticas.

Enquanto isso, o doutor Jaime, muito contente com os comentários feitos pelo seu mestre, prosseguiu na cirurgia, deixando suas mãos seguirem o comando dado por seu cérebro, transformando em êxito cada movimento delas e transpondo o ponto onde o seu mentor achou que não conseguiria ir adiante, o que lhe motivou dizer para dona Cláudia que a cirurgia em Ritinha não seria eficaz.

Entre um gesto e outro nos atos cirúrgicos, a mente de Jaime fugia à procura de entendimentos sobre a figura de dona Cláudia e certas referências junto aos personagens da história de seu passado; contudo, redirecionava-a para o ato principal que estava desempenhando, delegando aqueles pensamentos para os assuntos a serem vistos no futuro.

Ao lado, Sônia vibrava a cada gesto das mãos do jovem cirurgião, lembrando que tinham sido elas, junto com as mãos do doutor Jacoff, que tinham trazido de volta a feição de seu amado Jerônimo, bendizendo ela para que o bondoso Pai pudesse ajudar a que o doutor Jaime conseguisse o mesmo para aquela jovem que era operada.

Observou ela que, embora por ora amparada por alguns instrumentos, a cabecinha de Ritinha havia sido reposicionada ao centro do tronco e sua face, ainda que traumatizada pelos cortes e algum inchaço que começava a aparecer, já mostrava a sua boca menos retorcida, os olhos e a parte do rosto repuxado voltando quase ao normal. Ela tinha a certeza absoluta de que, pela sua experiência de muitos anos, veria, depois de outras cirurgias necessárias e o tempo de recuperação normal do organismo da menina, a plenitude instalada na face da mocinha.

Depois de quase quatro horas de cirurgia, a enfermeira Sônia começou a passar as ataduras pelo pescoço, rosto e cabeça da recém--operada, que dormia sem saber ainda o que tinha sido feito no seu rosto e pescoço.

Fora do hospital, a tarde caía rapidamente, podendo se ver no jardim a revoada das andorinhas em bloco sonante festejando a vida, refeitas de agradecimento ao Pai por tudo e todas as coisas, pelos alimentos conseguidos que lhes garantiam a sobrevivência em mais um dia, fazendo elas verdadeiros malabarismos e contorcionismos em seus voos maravilhosos.

Enquanto isso, o doutor Jaime ia cumprimentando todos de sua equipe que o auxiliaram, saindo da sala de cirurgia e dirigindo-se à sala do seu amado mestre. Alguns metros à frente ele entrou na sala do doutor Jacoff, ficando surpreso ao vê-lo mexendo nas gavetas de sua mesa de trabalho, acomodando muitos dos objetos que lá estavam em algumas caixas de papelão no chão. Naquele mesmo instante, o coração de Jaime descompensou-se como reação ao que não queria acreditar no que estava vendo.

O doutor Jacoff ao vê-lo parou o que estava fazendo e virou-se para cumprimentá-lo mais uma vez pelo êxito obtido na cirurgia, ao mesmo tempo freando no jovem o espanto e as perguntas que sabia iria lhe desferir.

Sem perder tempo, o experiente médico o convidou a sentar-se na cadeira em frente de sua mesa, por sua vez sentando-se na sua poltrona velha e rangedora. Olhando os dois instrumentos principais que o acompanharam desde o início de sua carreira que estavam em cima da mesa, ele pegou a tesourinha e entregando-a a Jaime, disse-lhe:

– Que ela possa sempre lhe revelar por trás das ataduras a glória esperada pelos desafortunados das desgraças humanas, que suas mãos transformarão. Pegando o seu estetoscópio, acrescentou: – Que por este instrumento no qual escutamos a presença ou não da vida, você aprenda mais a escutar do que a falar; que, no silêncio necessário à boa escuta, você possa escutar o que nos foge ao ouvido humano, com o ouvido da alma.

– E prosseguindo:

– Está na hora, meu amigo, meu irmão. Por favor, não fale nada que seja para tentar-me ao contrário do que está na hora de fazer, que por tantas vezes anteriores fui persuadido a não fazer... Eu preciso fazer isto agora, meu amigo. Está mais que na hora... Mas, antes, eu gostaria que você fizesse algo por mim e por uma mãe ansiosa e aflita.

Ele, então, levantou-se e, convidando Jaime para segui-lo, saiu de sua sala, percorreu o corredor e entrou em outra sala ao lado da sua. Dentro dela estava, para surpresa de Jaime, dona Cláudia e um menino moreno como ela.

Ao vê-los, dona Cláudia antecipou-se até o doutor Jaime e lhe perguntou com a voz trêmula como tinha sido a cirurgia de Ritinha. Recebeu como resposta tranquilizadora que tudo tinha sido melhor mesmo do que ele supunha, levando imensa alegria ao rosto da mãe aflita e podendo o mesmo ser percebido no rosto do jovenzinho.

– Bendito seja o senhor, doutor Jacoff, e o bom Jesus que acompanhou as suas mãos, doutor Jaime! – exclamou Cláudia muito comovida.

– Pode confiar no que esse jovem fala, dona Cláudia, pois eu mesmo fui lá para verificar isso. E, falando nisso, não existirá momento melhor do que este para me desculpar pela avaliação inicial feita por mim quanto às possibilidades de sucesso nesta cirurgia. Mas, acredite, agora eu sei que só foi assim para que fosse o doutor Jaime e não eu a fazer esta operação; a presença inesperada de Sônia naquele dia não foi por acaso. Este jovem aqui – apontou para Jaime – foi além de onde esse velho cirurgião cansado não enxergou e conseguiria ir. Mas vamos ao que interessa agora – disse levando suspense aos olhos de Jaime. – Este aqui é o Robertinho – falou apoiando sua mão esquerda sob o ombro do rapaz em êxtase. – Ele é o filho de dona Cláudia. Jovem revoltado com a vida que tem, pois gostaria de ser jogador de futebol, que o destino não permitiu por causa de um acidente que lhe tirou esta possibilidade, há alguns anos. Engessamento, fisioterapias e outros tratamentos não lhe devolveram a forma original de seu pé que ficou atrofiado e defeituoso, por terem sido alguns ligamentos e cartilagens rompidos durante no acidente. Eu já o examinei, mas gostaria de sua opinião, doutor Jaime, a respeito de uma possível reversão neste quadro.

E a um pedido do doutor Jacoff, o rapaz deu algumas voltas pela sala, mostrando ao doutor Jaime as condições em que se encontrava o pé defeituoso.

Jaime observou atentamente os movimentos de Robertinho andando; depois pegou no pé do rapaz, sentindo o mesmo arrepio que havia lhe percorrido a espinha no primeiro contato com Ritinha e, não deixando que fosse isso percebido pelos demais, examinou-o com seu olhar clínico. Mexeu-lhe o pé para lá e para cá, verificando as articulações e o sincronismo entre músculos, nervos e cartilagens, enquanto Robertinho o olhava apreensivo, esperando, ansioso, por uma resposta do médico.

Fazendo grande suspense, Jaime olhou para a mãe do rapaz e perguntou-lhe:

– Antes de tudo, dona Cláudia, preciso saber como anda este rapaz na escola. Passou de ano? É estudioso? – falou com olhar sério na direção do menino.

Cláudia ia responder, quando Robertinho, com a voz acelerada e cheia de esperança, respondeu:

– Doutor, eu não sou daqueles de ser um dos melhores da classe, mas a minha mãe é testemunha, passei de ano no ano passado, nunca repeti, e acho que este ano estou indo bem. Eu nunca vou deixar de estudar, não. Mas o que eu gostaria mesmo, senhor, é ser jogador de futebol, porque eu tinha jeito para a coisa, antes de me acidentar. E o meu pai entende muito dessas coisas! – enfatizou Robertinho, antecipando-se à mãe.

Jaime olhou para o jovenzinho, espantado com sua vivacidade e agindo como um profissional médico e como pessoa, esclareceu-lhe:

– Meu jovem, se é assim como fala, podemos dizer que há esperança de podermos fazer alguma coisa. Mas vamos com muita calma, pois precisaremos de alguns exames e ver se o hospital libera as cirurgias necessárias que precisaremos fazer – disse olhando de soslaio para o doutor Jacoff que, imediatamente, lhe deu um sinal positivo, como se já tivesse visto tudo a respeito. – Mas não vamos criar sonhos de que você poderá voltar a jogar futebol um dia, que dependerá muito da resposta de seu organismo sobre várias situações. Talvez volte a ter os movimentos normais nas pernas... Já fazer dribles maravilhosos é outra coisa – asseverou o doutor Jaime, conscientizando todos de que não haveria milagre depois das cirurgias necessárias.

– Doutor, se ele voltar a caminhar normalmente, nós já lhe agradeceremos muito, pois será mais do que podíamos pensar até alguns dias atrás – afirmou a mãe do menino.

– Doutor, é isso mesmo. Eu lhe agradecerei muito de poder me dar esta esperança... e se o senhor puder conseguir que eu volte a jogar bola... pô... eu serei o garoto mais feliz do mundo – reforçou Robertinho as palavras da mãe, mas ainda cheio de esperança quanto a poder voltar a praticar o futebol.

Assim se concretizou pelos caminhos ardilosos de Sônia as possibilidades que ela visualizava para o entendimento entre aquelas famílias, sob a avaliação positiva do doutor Jacoff, sem que os envolvidos tivessem ainda o entendimento de tudo que lhes acontecia à volta.

Com tudo ajustado para o seu ato final que beneficiaria seu último paciente, o doutor Jacoff, no final daquele mesmo dia, pegou seus pertences, despediu-se de todos de surpresa para que não pudessem ter tempo de preparar alguma festa e, ajudado por Jaime e Sônia com as caixas que continham suas coisas, atravessou a saída do portão principal da área interna do hospital, chegou até seu carro, colocou suas coisas no porta-malas, abraçou Sônia agradecendo-lhe por tudo, depois Jaime cochichando no seu ouvido:

– Seja muito feliz, meu amigo. Entrego aqui a você e agora a responsabilidade que levei por muito tempo neste hospital, cuja recomendação já deixei junto ao grupo de diretores. Faça mais, muito mais do que eu consegui fazer. É só o que lhe peço. Você é jovem e a você deixei a herança do que tinha, aprendi e pratiquei como médico. Seja muito feliz, meu filho.

Dois minutos depois o seu Passat saía do estacionamento do hospital. Dali em diante o veículo não mais percorreria diariamente o caminho rotineiro, para percorrer outros, onde aproveitaria o tempo que lhe restava de vida junto à esposa que, por muitas vezes, nas suas obrigações de médico, havia deixado só em muitas madrugadas, em muitos feriados, em muitos fins de semana.

Foi sem a companhia do querido mestre que o doutor Jaime fez desabrochar o botão da flor de Ritinha, em mais duas cirurgias. Depois da última, ele estava pronto para lhe mostrar um novo rosto e uma nova mulher. As duas primeiras foram de reparações com a ajuda de um cirurgião bucofacial; a terceira, mais de acabamento facial.

Tendo nas mãos a famosa tesourinha do doutor Jacoff, Jaime começou a cortar as gazes que retinham as visões do novo rosto da jovem à sua frente, cujas aflições e expectativa se podiam ver por meio das contrações nas musculaturas do rosto e do pescoço dela. Ao lado da menina-moça estavam Cláudia e a enfermeira Sônia, curiosas para ver o resultado das cirurgias feitas, tanto quanto os demais membros do grupo médico posicionados à volta da cama da paciente.

Após o corte feito longitudinalmente nas gazes, o doutor Jaime, com a ajuda de Sônia, foi retirando-as de forma delicada e deixando aparecer, paulatinamente, o novo rosto da jovem. A cada passo desvendado, podiam-se escutar os alegres comentários dos presentes, enquanto se via o brilho fascinante voltando nos olhos da pequena menina grande: seus olhos se abriram compassivamente e suas pupilas se dilataram, enchendo-se de uma nobre visão de um rosto não mais retorcido e deformado, mas belo e perfeito; seus lábios sorriram, deixando transparecer os dentes perfeitos que antes não despontavam pois se ocultavam sob os lábios malformados na concepção fetal.

Enfim, soltou-se a última gaze e finalmente pode o cisne negro resplandecer toda a sua beleza, tal como um dia dona Cláudia havia imaginado para a filha.

5. De retorno à vida

Dentro da cela onde tinha estado durante os últimos sete anos, muitas vezes com os olhos bem abertos na escuridão cortada às vezes pela luz refletida dos raios da tempestade que caía, tal como estava agora, o detento contava para passar o tempo as gotas de chuva que pingavam sobre alguma telha de metal próxima dali, enquanto navegava com seus pensamentos sobre toda a vida errada que havia escolhido para si e pretendia querer modificar, rogando a Deus, que nunca o havia escutado, conseguisse lhe dar novo rumo à sua vida, no qual se empenharia muito pela confiança permitida naquela vez.

No cubículo de sua cela repartida por outro detento que dormia roncando abertamente, ele refletia também sobre a proposta que o doutor Jaime tinha lhe feito, em ajudá-lo na tentativa de ter o seu rosto de volta. Aquilo o havia intrigado muito, pois sua consciência reclamava a ajuda no muito que ele sabia sobre o roubo da bicicleta, que poderia ter evitado a ida de Jaime para o horror da prisão; entretanto, em vez de amaldiçoá-lo e não querer mais vê-lo, Jaime, ao contrário, o procurou para ajudá-lo naquilo que mais o fez desprezar a vida: a marca registrada no seu rosto por um coice de égua, quando ainda muito jovem.

Foi com aqueles pensamentos de possibilidades e culpas que, aos poucos, os seus olhos foram se fechando, entonados pelo apagar e acender das luzes de cada trovão, e um sono profundo o fez mergulhar num sonho em certa fazenda, onde tinha deixado a marca a ferro quente no rosto de um escravo fugido...

O doutor Jaime chegou cedo no dia seguinte à penitenciária, indo primeiramente ter com o doutor Felipe e depois com o senhor Djalma, com quem conversaria a respeito de sua intenção de dar a José Carlos o rosto original de volta, usando como argumento o excelente comportamento que ele tinha tido, trabalhando muito na enfermaria onde se apaixonara ao serviço e os seis meses que lhe faltavam para ser libertado.

Com o consentimento do doutor Felipe e do diretor do presídio, ficou mais fácil para Jaime conseguir o apoio e a permissão do juiz Anderson à sua causa. Coisa que Jaime teria diversas outras oportunidades de fazer, dando novas chances a outros ex-presidiários bem-comportados, para as suas recuperações por meio do trabalho digno, diante da sociedade a quem haviam faltado.

Três dias depois, numa semana de chuva insistente, uma ambulância saiu da penitenciária Lemos de Brito caindo na rua encharcada; levava Zeca para o hospital onde Jaime lhe faria duas cirurgias de reconstituição no rosto. Uma abaixo da face, refazendo a parte óssea esfacelada em alguns pontos, que haviam deixado marcas profundas no rosto do acidentado; uma segunda desfazendo a marca na pele que o tinha registrado no seu meio de vida como Zeca-ferradura.

No caminho do hospital, dentro da ambulância, Zeca conversava com aquele Deus que, até pouco tempo, não tinha existido para ele, comprometendo-se com Ele a nunca mais fazer mal a alguém, se tudo desse certo na cirurgia; procuraria ser um homem bom e trabalhador, constituindo uma família para trazer ao mundo boas criaturas, cuja educação seria voltada para o bem junto a todos. Do lado de fora do veículo, como se Deus pedisse sua confirmação por intermédio de um forte trovão provocado por um raio caído a poucos metros de onde a ambulância estava, José Carlos afirmou temeroso, achando que Ele duvidava de sua palavra dada:

– Juro, meu Deus! Eu juro! Pode confiar em mim, Senhor – reafirmou beijando os dedos indicadores em cruz.

A ambulância chegou ao hospital municipal localizado nos Jardins do Méier chamando a atenção de todos por ter o símbolo da conhecida penitenciária estampada na lataria, penetrou no pátio e mais à frente Zeca desceu do veículo algemado e penetrou no interior do prédio escoltado por dois guardas; percorreu alguns corredores e depois foi conduzido até uma enfermaria, onde ficaria com um guarda a vigiá-lo durante o período que estivesse lá.

Dois dias mais tarde, ele fez a primeira cirurgia que o livrou das marcas profundas no rosto, voltando à penitenciária três dias depois para se restabelecer. Zeca retornou para a segunda e última cirurgia no hospital 30 dias após. Por lá ele ficou depois da cirurgia por mais dez dias. No último desses dias, o doutor Jaime e a enfermeira Sônia estavam na enfermaria; o primeiro trazia nas mãos a famosa tesoura do doutor Jacoff, como instrumento do êxito a ser verificado, e a enfermeira trazia na mão um espelho como o instrumento principal para certificar que tudo tinha dado certo no rosto do cirurgiado pela segunda vez.

Zeca, como o protagonista daquela história, ansioso, remexia sem parar os pés e as mãos, atento ao que veria no espelho à sua frente segurado pela mão de Sônia, e sentindo a tesourinha do doutor Jaime cortando as gazes que lhe envolviam o rosto.

Primeiro foram os seios da face prejudicada que lhe apareceram e fizeram seu coração disparar; em seguida a bochecha ainda um pouco inchada, mas cheia, fazendo um par quase perfeito com a bochecha do lado oposto; mais abaixo a face inferior e depois o queixo... Seus olhos brilharam de emoção e seu coração começou a se apacentar com o que viu; suas mãos pendentes rentes ao seu quadril se elevaram e tomaram o rumo do rosto para tocá-lo na área cirurgiada, pasmo com a obra maravilhosa produzida pelas mãos do jovem médico. Elas percorreram as duas faces confrontando uma com a outra, acreditando no milagre que pensava nunca lhe seria possível, por achar não ser de seu merecimento. Depois com o coração transbordando felicidade ele pegou as mãos de Jaime e as beijou com enorme gratidão, mesmo com a tentativa do médico para evitar aquele ato.

Após a cena de gratidão, Sônia lhe dirigiu as palavras abençoadas:

– Senhor José Carlos, não venha beijar as minhas mãos também, pois serei mais rápida em escondê-las do que os seus lábios a tocá-las. E, antes de mais alguma coisa que queira fazer, eu posso lhe dizer que deve agradecer a Deus e não a nós, pois, se Ele não quisesse, nós nunca poderíamos ter lhe operado. Acho que Ele o ama tanto que lhe deu esta nova oportunidade, nós esperamos que saiba aproveitá-la.

– É isso mesmo, Zeca. Agradeça a Deus por esta nova chance que Ele está te dando. Quanto a nós, só desejamos que você aproveite esta reviravolta na vida para que tome, realmente, um novo rumo no caminho do bem. Pois acredito que Ele tem um plano para você, amigo. Não deixe passar esta nova oportunidade. A melhor forma que você pode nos oferecer em agradecimento é nos dando alegria numa vida plena de harmonia no caminho do bem – reforçou Jaime ao dito inicialmente por Sônia. E, pegando os mesmos livros que o senhor Jerônimo lhe tinha dado para ler há muito tempo, entregou-o um exemplar sobre a vida do grande filósofo grego Sócrates e outro do francês Kardec, que revelavam as verdades sobre esta vida, o outro lado dela e as consequências das ações tomadas de uma sobre a outra.

Zeca pegou as duas obras com muito carinho, levando-as para junto do seu coração, e olhando no fundo dos olhos de Jaime lhe falou que ia lê-las com muita vontade e atenção e, compreendendo-as, conduziria melhor a sua vida, pois precisava desta ajuda, para que não lhe fosse somente a vontade em querer mudar.

– Como eu prometi a Deus, prometo a vocês que há um novo homem surgindo em mim – reforçou muito emocionado e convicto disso, com os olhos da sinceridade a fitar os dois.

Passada a euforia e a vida tomando seu rumo, Sônia retornou para a sua rotina no hospital e Jaime ficou a pedido de Zeca para conversar com ele. Assim Zeca, extremamente necessitado daquele desabafo que o sufocava por anos, começou a confidenciar a Jaime o caminho que indicava os culpados e os envolvidos direta e indiretamente na trama do roubo da bicicleta da irmã de Paulo, colocando-se como um deles: um covarde que o tinha deixado chegar à cadeia, podendo ter testemunhado a seu favor, conforme ele mesmo se revelou francamente.

Naquele mesmo instante, Jaime, colocando sua mão direita na boca de José Carlos, falou-lhe, contente:

– Zeca, como é bom ver você sendo sincero e franco comigo. Mas já basta! Não continue, pois, se quiser me agradecer desta forma, não o faça. Eu já sabia de quase tudo isso e o perdoei há muito tempo. Não, por favor! Não fale mais nada. Deixe-me somente feliz em saber que poderei encontrar daqui a algum tempo em você o José Carlos que nos prometeu. Faça só isso por mim, nada mais lhe peço ou tenho a cobrar. Se você deseja nos pagar de alguma forma, pague-nos com o prazer que teremos ao vê-lo no caminho correto do homem de bem, trabalhador e honesto. Agora basta. Não sofra mais. Já desabafou comigo, e isso foi o suficiente, amigo. Eu sei que foram de muita importância para você essas revelações. Mas já chega.

Zeca interrompeu sua fala, olhou para o homem indulgente à sua frente e, abrindo os braços, abraçou-o com muita emoção, deixando cair nos ombros de Jaime as lágrimas que nunca antes tinham saído de seus olhos, desde o acidente no rosto que o fez afastar-se de Deus, fazendo-o jurar que nunca mais choraria outra vez. Entretanto, ficaram engasgadas em sua garganta outras coisas que gostaria de falar para livrar-se de vez dos segredos que tinha, mas achou melhor deixar para revelá-las em outra oportunidade.

Zeca, ou melhor, José Carlos, 28 anos, saiu do hospital dois dias depois para a penitenciária, mas, seis meses após, ele saía definitivamente dela direto para a vida que prometera ao doutor Jaime ter.

Ele, a muito custo, mesmo portando diploma do ginasial e recomendações dos doutores Felipe e Jaime, só conseguiu um emprego simples como faxineiro numa clínica, que mesmo assim agradeceu a Deus; assim que pôde ele voltou a estudar a fim de colocar em prática o que sonhava para seu futuro melhor; ele encontrou uma mulher chamada Juliete, 30 anos, muito trabalhadora, para compartilhar-lhe a vida, a qual, posteriormente, deu-lhe dois filhos. Por se interessar muito pela medicina depois que trabalhou ajudando o doutor Felipe na enfermaria do presídio, ele fez um curso noturno para concluir o científico, fez um curso posterior e se especializou como instrumentista cirúrgico, conseguindo emprego naquela função na mesma clínica onde trabalhava, sendo convidado um pouco mais tarde para trabalhar, nesta função, junto à equipe do doutor Jaime, na sua clínica particular.

Mas José Carlos não poderia guardar por mais tempo o que retinha dentro de si. Seria seu dever e obrigação abrir ainda mais o seu coração para Jaime. Enquanto ele não fizesse isso, não se acalmaria.

Parte IX

Os Segredos da Vida – Um Novo Começo

1. Revelações

Cláudia não lembrava bem de todos os detalhes da casa onde o marido solteiro havia morado, pois assim que se casaram Paulo tratou de ir morar longe da casa antiga dos pais, como se estivesse fugindo daquele lugar, do bairro onde havia passado a sua infância. Ela se lembrava de ter estado naquela casa somente duas vezes: a primeira, no aniversário de 3 anos de Bentinho e depois nos 30 de Sandra, não retornando ela e os filhos mais lá. Depois que eles se mudaram para um bairro mais distante, só o marido havia estado lá em breves visitas, ou próximo de lá, como lhe falava, por motivos ligados ao seu trabalho. Como argumento às poucas visitas feitas, Paulo lhe dizia odiar o bairro que tinha vivido, como também as casas geminadas onde havia passado a sua tediosa vida infantil e juvenil, as quais lhe traziam terríveis lembranças. Pouco ele tinha falado para ela e menos aos filhos sobre aquela infância, juventude e menos ainda sobre os colegas daqueles tempos, enclausurando as suas verdades.

Mas, por um bom motivo que começou a acender alguma luz no seu interior, ele desejou visitar a irmã em sua casa daquela vez: ele levava a filha linda com o apaixonado namorado Lúcio e o seu filho Roberto, que era agora um jogador de futebol, depois de ter passado por uma dura fase de recuperação após três cirurgias e meses de treinamentos árduos que lhe trouxeram de volta a possibilidade da agilidade da bola nos seus pés, e finalmente sendo reconhecido como um bom jogador para atuar no time juvenil do Flamengo.

Foi naquela casa que Cláudia começou a surpreender-se com as voltas que dá a vida, sempre sustentando para o melhor que Ele pode fazer para a evolução das Suas criaturas; também com os motivos que tinham levado o marido a esconder tanto as suas verdades.

Foi junto a Sandra sentada no banco com ela na cozinha à volta da mesa, enquanto a filha e o namorado se entretinham com o primo no seu quarto; o marido e filho, com Rui numa partida de futebol na televisão, que Cláudia começou a entender a história da vida de Paulo. Sandra, deixando os seus pensamentos voarem aos tempos passados da infância e juventude, foi aos poucos revelando a Cláudia aquela história surpreendente que tinha como protagonista Paulo e o vizinho Jaime, ela junto a Laura, os pais de todos eles e demais irmãos, como demais personagens intrinsecamente ligados... Passou pelo namoro de Paulo com Maureen, de Jaime com Maureen... O roubo da bicicleta dela e a prisão posterior de Jaime como culpado testemunhado... As pazes dela com a vizinha... a chegada da própria Cláudia na vida de Paulo e o casamento deles antes de Jaime ter sido preso. Também a tragédia na vida dos irmãos do melhor amigo de Jaime; a recuperação do amigo queimado; a vinda da família de Flávio para morar nos fundos da casa de Laura; o casamento do irmão de Flávio surpreendentemente com a enfermeira que havia cuidado dele no hospital; e finalmente o personagem principal envolvido em todas as histórias: o doutor Jaime, rival de seu irmão. Prosseguindo, incentivada pelo brilho fascinante nos olhos da cunhada, ela pegou o álbum de fotos da família e aos poucos foi mostrando cada um daqueles personagens, onde Cláudia foi detendo o seu olhar em vários deles, tentando fazer com que Sandra não percebesse a surpresa em cada nova foto mostrada, até que surgiram algumas do jovem Jaime, chamando-lhe ainda mais a atenção e pediu a Sandra que contasse mais sobre a vida dele.

Sandra de muita boa vontade desfilou para Cláudia toda a força que se podia encontrar na vida de uma pessoa, transformada do rapaz ao homem, do presidiário ao médico famoso.

Cláudia, embora visivelmente emocionada, nada falou, pois achou que não deveria. Mas tinha o suficiente para ligar os fatos passados junto a ela e os filhos com o cirurgião, com Sônia e seu marido, e com o doutor Jacoff. Ela sabia que sua memória sabia registrar bem as coisas; poderia falhar vez ou outra, mas nunca se enganar. E pensava, definitivamente: "ainda bem que Paulo tem horrores a hospital, nunca tendo tempo nem mesmo para visitar os amigos ou os parentes adoentados".

Ao final, depois de um café passado no velho hábito do coador, reforçado com alguns biscoitos e suco de uva, foi que Sandra concluiu, naturalmente, a história contada de suas vidas, e de sua confissão íntima de achar que Jaime nunca fora a pessoa que havia roubado a sua bicicleta, embora evitasse o assunto com o irmão nas raras vezes em que se falavam por telefone ou que ele a tinha visitado.

As duas saíram da cozinha e levaram as bebidas e as guloseimas para a sala onde todos se juntaram e se fartaram delas. Pelo tempo terminado da partida de futebol, pelas brincadeiras tidas de Rita e o namorado com o primo e as conversas travadas entre Sandra e sua cunhada e, depois, das conversas durante o lanche, a noite desceu na tarde prazerosa, trazendo para Paulo a frase de retornarem para casa.

Após os sentimentos trocados por todos e as despedidas feitas, na saída da porta da casa de Sandra, Cláudia pôde ver que o marido sequer olhou para dentro da casa vizinha, enquanto ela percebia que da varanda alguns olhos os seguiam, tendo entre eles os de Laura e seu marido, que identificou pelas fotos vistas há pouco; junto a eles identificou também Flávio com sua esposa e o senhor Jerônimo com a esposa de costas se despedindo dos demais. Um fato, entretanto, Cláudia percebeu: que o senhor Jerônimo, entre um olhar e outro atencioso na direção dos amigos e do irmão, disfarçava-o e desviava-o sempre na direção de Paulo. Mas o que mais a surpreendeu foi quando a esposa de Jerônimo se virou e ela pôde notar de quem se tratava. Em vista disso, para que Rita e Roberto não vissem Sônia, despertando a atenção de ambos, ela apressou os passos de todos na direção do automóvel de sua família, adiantando a saída logo dali.

A família do irmão de Sandra entrou no automóvel e o veículo partiu na direção do bairro onde moravam, levando no seu interior Paulo que conversava com o filho sobre suas grandes possibilidades de conseguir uma vaga no time titular do Flamengo assim que atingisse a idade mínima necessária, Rita que conversava com o namorado apaixonadamente e Cláudia sem falar, carregando em seus pensamentos pesados o desenrolar de muitos entendimentos que obtivera de Sandra sobre a história da vida entrelaçada de Paulo e Jaime, com a dela mesma e as dos filhos, além da surpresa de ser a enfermeira a esposa de Jerônimo, irmão de Flávio, e melhor amigo de Jaime, Não demorou muito e Jerônimo e sua esposa se despediram dos parentes partindo para suas casas perto dali, adquirida quando casaram.

2. A Hora mais Escura

Estava uma noite de inverno muito escura e úmida, de céu fechado pelas nuvens, onde a lua sequer podia mostrar parte da sua face. O sereno caía deixando molhados os tetos dos automóveis estacionados; dos telhados das casas ao longo do beco de entrada da favela, algumas gotas se soltavam e caíam formando pequenos sulcos no chão lamacento.

Alguns vultos estranhos estavam reunidos naquela noite no local de escassa luz, a maioria com seus propósitos bem definidos. De onde estavam podiam-se ver as luzes fracas de um botequim, localizado na frente do beco, logo após a primeira curva da esquina de entrada da Favela do Vintém, como também as luzes dos barracos próximos ao pequeno estabelecimento, onde em um deles um velho relógio de cuco cantou dez vezes.

Dentre aqueles vultos estava Paulo, que tinha sido requisitado por alguns companheiros de negócios. Ele sentia frio por estar ainda com a mesma blusa que tinha saído de casa de manhã para o quartel, mais ainda por causa da situação em que se encontrava naquela noite, que instintivamente não o agradava, trazendo-lhe certo desconforto.

Uma figura negra, trajando calça e jaqueta Lee, tênis Bamba, boné da cervejaria Brahma, óculos escuros, com porte de ser o chefão do pequeno grupo que o acompanhava, com o estado mental voltado mais para as drogas que seu normal permitia e, por isso, sentindo-se mais poderoso do que realmente era, ainda mais fortalecido pela arma que trazia na cintura e as demais que portavam os outros comparsas junto a eles, advertiu Paulo, enquanto saía de sua boca uma fumaça branca provocada pelo bafo quente que expirava ao contato com o ar frio do ambiente externo:

– Tenente, indo direto ao assunto pelo qual o chamamos aqui, para não desperdiçarmos o nosso tempo, acho que não vamos mais precisar do seu serviço e dos demais de seu grupo, mano, pois está começando a querer dar m... esta nossa união. Nós aqui – afirmou apontando para os que eram de seu grupo – nos reunimos e achamos melhor vocês tirarem o time de campo. A gente não quer mais a proteção de vocês, porque tem gente chegando perto daquela furada que você começou e que acabou nos envolvendo nela. Tem gente grande querendo saber quem realmente tirou a vida de Neguinho lá na penitenciária e daquele otário do Paulinho que usou a bicicleta roubada de sua irmã para assaltar aquele casal de velhos.

– Tenente Paulo – frisou o líder do grupo, reforçando cada sílaba das palavras –, isto pode prejudicar muito os nossos negócios. Por isso não queremos mais o trato com vocês. Não queremos mais ver o carro de vocês, ou mesmo vocês por aqui. Ficou claro? Você como o chefão dos outros, mande o aviso para eles logo. Você entendeu, irmão? O trato foi bom enquanto durou, mas agora está na hora de terminá-lo. Isto é irreversível, mano – reforçou o traficante, com a voz petulante e ameaçadora, mostrando saber colocar perfeitamente as palavras na frase, diferenciando-se dos demais na sua maioria ignorantes e incultos.

E juntando as duas mãos em forma de concha, soprando-as para esquentá-las, falou ordenando aos outros de seu grupo:

– Vamos embora, manos, que está muito frio aqui fora e não temos mais nada para falar.

Paulo, completamente arrependido de ter vindo àquele encontro sem os companheiros de seu grupo, mesmo tendo sido pedido no recado que viesse só, e não tendo argumentos para uma discussão naquela situação, simplesmente respondeu:

– Meu camarada, isso não pode ser encerrado assim, na forma como vocês acham que pode, repentinamente, sem conversarmos direito. Eu não posso responder por todos. E, se quer saber, mano, eu não sou chefão de ninguém. Não mando em ninguém. Sou mais mandado do que mando.

– Meu irmão... Vocês é que se entendam. Nós não queremos mais nada com vocês, e ponto final. Este é o recado que temos para vocês. Eu também tenho quem manda em mim e no meu grupo. Acho que sendo o bastante, é bom você ir pegando o seu automóvel e ir logo para a sua casa, pois a noite está muito fria e solitária – ameaçou Luizão, o gerente da boca de fumo, virando as costas para Paulo, seguindo imediatamente com os seus comparsas na direção do interior da favela, encerrando definitivamente a conversa.

Paulo, entendendo o recado e percebendo que não haveria mais nada a tratar, pelo menos naquele dia, virou-se para retornar pelo caminho que tinha chegado, onde a alguns passos a mais estava a proteção do seu automóvel que o tiraria logo dali e o levaria para a sua casa e sua cama aquecida. Entretanto, não conseguiu dar mais do que dois passos depois que sentiu algo muito quente atingir-lhe o rosto logo abaixo do seu olho esquerdo; sentiu, em seguida, uma ferroada na barriga e mais outra que lhe ardeu o braço. Ainda com os olhos abertos, sentiu a presença de uma figura sinistra usando um gorro preto abaixado até o seu queixo com dois furos centrais para poder enxergar, e antes de desmaiar sentiu também que lhe chutavam todo o corpo e principalmente nas pernas e, por último, sentiu uma queimação bem maior tomando--lhe o corpo.

Os tiros chamaram a atenção do dono e de alguns bêbados que estavam no botequim próximo dali, fazendo com que a figura sinistra, percebendo-lhes a atenção, ainda desse mais um tiro na direção de Paulo caído ao chão; e, depois de confirmar que o fogo que ateou consumia o corpo de sua vítima, adiantou os seus passos e sumiu na escuridão.

Alguns dos homens que estavam no boteco, precavidos, discutiram achando melhor não se aproximarem do homem caído no chão em chamas, mas, depois de algum tempo, vendo que o vulto do atentado havia se afastado, o dono do bar, imbuído de misericórdia, resolveu, resoluto, ajudar o pobre que estava queimando, enchendo na pia um balde com água e correndo na direção da infeliz vítima. Os outros, encorajados por ele, acabaram fazendo o mesmo, pegando água na pia com o que tinham à volta, fossem em algumas garrafas de cerveja, latões de banha ou baldes de plásticos.

O dono do bar foi o primeiro a chegar perto de Paulo e a jogar o balde cheio de água sobre ele aplacando as primeiras chamas, depois vieram os outros jogando as águas que traziam acabando por extinguir a chama que tinha tomado conta de boa parte do seu corpo. Logo em seguida, eles constataram que uma quantidade considerável de sangue escorria da face, da barriga em dois lugares e do braço direito do homem caído e desmaiado. Vendo que a vítima precisava de socorro imediato para estancar o sangue que escorria dos seus ferimentos, o dono do bar usou para isso o seu avental e alguns panos, que trazia para enxugar os copos e as louças, como garrote ou pressionando os locais onde o sangue esvaía. Procedendo ao socorro imediato, ele pediu a um dos homens que fosse até o seu boteco e telefonasse pedindo a vinda urgente de uma ambulância para o local.

Rapidamente, atraídos pelos tiros e pelo fogo avistado de longe, vários moradores do local se aproximaram e rodearam a vítima caída; de repente, dentre os que ali estavam um deles, reconhecendo a vítima, gritou para os demais:

– Gente, este é o tenente Paulo do Exército, irmão da dona Sandra que mora logo ali! – disse apontando para a casa de Sandra do outro lado da rua.

– Então o que está esperando para ir chamar a irmã dele, mano? Vá logo que o homem está agonizante! Pelo visto não vai durar muito – pediu e acrescentou o dono do bar.

Sem esperar mais tempo, o homem saiu correndo com o máximo que seu coração de 60 anos podia dar, na direção da rua em frente ao beco, onde morava Sandra, milagrosamente chegando lá em pouco tempo.

Ele gritou e gritou na porta da casa da irmã da vítima. O primeiro a chegar à porta da sala e depois no portão foi Rui, em seguida Sandra. Depois, com a atenção despertada, vieram Laura, Mauro, Flávio e Lourdes.

Com a notícia dada pelo homem botando o coração pela boca, todos correram na direção indicada pelo idoso conhecido de Sandra. Lá chegando e tomando conta da situação, Rui não perdeu tempo e retornou a sua casa correndo desesperadamente; pegou o seu automóvel e, voltando e colocando Paulo imediatamente dentro dele no banco traseiro no colo de Sandra agoniada, saiu às pressas na direção do hospital do bairro. Logo atrás dele seguiu Mauro, Laura, Flávio e Lourdes.

A ambulância chamada só chegaria 30 minutos depois, no ambiente já sem ninguém. Caso a pessoa acidentada ainda estivesse ali necessitada de socorro urgente, já teria morrido, o que não aconteceu por ter Rui levado Paulo no seu veículo particular para o hospital.

Concluída esta fase, aos poucos a pequena multidão, excepcionalmente formada naquela noite, se desfez, cada um tomando a direção de suas casas; o botequim fechou as suas portas e nos barracos à volta as luzes foram sendo desligadas conforme o silêncio retornava na favela, e todos trataram de ir dormir.

No local onde a vítima tinha estado havia somente os vestígios da água derramada no chão, do fogo que havia queimado parte do capim e do sangue coagulado que muitas pessoas tinham pisado e carregado parte na sola de seus calçados, deixando marcas pelo caminho seguido na direção de suas casas.

Depois que todos se dispersaram, duas figuras sinistras que tinham ficado de longe observando todo o movimento, cada qual no seu canto, também resolveram tomar as suas direções: uma adentrou na favela e a outra se dirigiu apressadamente para fora dela.

3. O poder do perdão

Rui entrou desesperado pelo pátio do hospital chegando à entrada da Emergência; parou o carro e saiu à busca do socorro imediato.

Dentro da emergência havia muitas vítimas de acidentes e demais situações, gemendo e clamando por ajuda. Mas logo que Rui identificou a vítima como um oficial do Exército, dois enfermeiros e um médico chegaram apressados para prestar os primeiros socorros, enquanto um policial se destacava atrás deles para registrar a ocorrência do crime acontecido.

Em seguida chegaram Flávio, Mauro, Laura e Lourdes ainda no momento em que viram Paulo ensanguentado e queimado sendo levado na maca, de imediato, por causa de seu estado, até a sala de cirurgia, onde foram impedidos de entrar. Foram quase imediatamente interrogados pelo policial a responderem o que sabiam sobre o ato criminoso acontecido.

Depois todos procuraram se acalmar sentando nas cadeiras duras da sala de espera do hospital, pois o que tinha de ser realizado por parte deles já fora feito. O restante seria conforme a vontade de Deus e a habilidade dos médicos.

Enquanto estavam a confabular sobre o que tinha realmente acontecido a Paulo, descrito a Flávio e a Lourdes pela boca cheia de conflitos do dono do bar e de outros que viram de longe o ocorrido, Jerônimo entrou pela portaria da emergência apressado e quase sem fôlego, indo direto ter com Sandra e Rui para saber do estado grave de vida de Paulo, escutando ainda por parte de Sandra:

– Não entendo, gente, o que estava fazendo o meu irmão nesta noite lá naquele lugar. Eu sei que ele às vezes se mete com alguns desses caras errados, motivado pela amizade que tem com alguns deles, mas... Eu já tinha lhe pedido para sair dessa furada, mas ele nunca escuta ninguém. Agora olha só o que lhe aconteceu! Ele procurou isso... procurou – repetiu tentando justificar, infrutiferamente, os atos do irmão, antes de deixar desabar o choro sobre o ombro do marido.

Observando aquela cena, duas mentes, a de Flávio e a de Lourdes, se perguntavam como tinha Jerônimo sabido do acontecido, se morava junto com a esposa em outra casa afastada da deles? Contudo, em razão da hora de desespero em que se encontrava Sandra, não era aquele o momento para tal questionamento, visto que poderia criar vários outros tipos de perguntas por parte das autoridades policiais e da família de Sandra, todos ávidos por quererem uma resposta ao acontecido com Paulo.

Jerônimo, logo que terminou de dar o seu apoio a Sandra e Rui, observou, amargamente, nos olhos dos seus mais queridos parentes as interrogações que poderiam colocá-lo numa posição bem delicada naquela situação de crime cometido sem suspeitos aparentes, ainda mais por se tratar a vítima de um oficial do Exército, evitando por isso falar qualquer coisa a respeito com eles, naquele momento.

Como se estivessem Flávio e seus parentes a perceberem a proporção que aquela situação poderia tomar, duas horas depois chegou ao hospital um veículo do Exército com suas luzes piscando e sirene berrando alto, com um médico e alguns outros militares a quererem, primeiramente, prestar a ajuda necessária a um de seus membros, e depois a apurarem todo o acontecido com o tenente Paulo. Piorando, logo em seguida, para não ficarem por baixo, chegou um veículo da polícia civil para dar todo o apoio necessário às investigações que iniciariam de imediato, em conjunto com as autoridades policiais. As dúvidas eram muitas, e a maior delas era por que Paulo, fora do seu expediente de trabalho, estava numa hora avançada da noite próximo à entrada da favela onde aconteceu o crime? O que fazia lá? Como e por que ocorreu isso? Quem poderia ter cometido o atentado? E o pior, se tivessem sido os traficantes, virariam a favela de cabeça para baixo até encontrarem o autor.

Na sala de cirurgia, os médicos tiveram enorme trabalho para estancar a hemorragia nos ferimentos provocados à bala em Paulo e que por sorte não haviam atingido nenhum órgão vital na barriga; embora uma delas tenha entrado pela lateral do rosto e saído por um dos olhos, aparentemente não tinha também danificado nenhuma parte vital do cérebro. Conseguindo sucesso nisso, iniciaram o tratamento de primeiros socorros nas áreas queimadas e nas partes verificadas fraturadas das costas e braços. Mais tarde verificaram com mais detalhes que não poderiam garantir o pleno restabelecimento das áreas do corpo muito danificadas pelas chamas, as juntas e ligamentos das pernas. O tiro recebido no rosto esfacelou parte dos ossos da face, ocasionando a perda da visão do olho esquerdo; também não poderiam restabelecer as terríveis queimaduras ocorridas nesta mesma face do rosto.

Desta forma os médicos que haviam atendido Paulo na Emergência, seis horas depois de o atendimento iniciado, levaram aquela notícia aos familiares e amigos sobre as suas possibilidades de vida dali para a frente, deixando-lhes a certeza de agradecerem a Deus principalmente pela bala que havia entrado lateralmente no rosto e saído na altura da fronte, sem ter atingido vasos vitais nem comprometido a sua mente, mesmo com o prejuízo constatado de toda a região visual, como também das duas balas que entraram em sua barriga e não haviam atingido nenhum órgão.

Cláudia, chamada às pressas pelos cunhados, chegou ao hospital com os filhos a tempo de escutar junto com os parentes e amigos aquelas notícias dos médicos com muita esperança e real agradecimento ao Criador, visto que por muito pouco mesmo Paulo não havia morrido, graças ao atendimento rápido que recebeu, tanto no transporte feito por Rui quanto na emergência do hospital.

Posteriormente, constatado que o tratamento não seria adequado no hospital do bairro, três dias depois uma ambulância do próprio Exército o transferiu para o Hospital Central do Exército, onde, diferentemente do que podiam receber as demais pessoas que precisavam da assistência de saúde precária oferecida pelo governo, ele foi tratado com o que existia de melhor na época. Contudo, mesmo com as facilidades conseguidas, Paulo passou por muitos momentos de desespero e dor, em vista dos ferimentos sofridos, recebendo altas doses de anestésicos para poder suportá-las. O pior dos momentos que passou foi quando viu a si no espelho do banheiro da enfermaria, observando-se como um monte de carne tostada e repuxada como plástico derretido e resfriado, tendo no centro a sustentar-lhe um palito de madeira. E aquilo o deixou desesperado, pois sabia que nunca mais voltaria a ser o que era, sem chances de ter o seu corpo, a sua mente e a sua alma de volta.

Passados os piores momentos de forte sofrimento, dois meses à frente Paulo teve alta do hospital militar e estava em casa em restabelecimento, principalmente, na parte inconformada de sua cabeça que não aceitava o que tinha lhe acontecido, impossibilitado de andar por muito tempo e, pior, com poucas chances de voltar a caminhar normalmente, vendo por meio de um olho só, o que o deixou feito uma bússola cuja agulha fica voltada para uma única direção: o norte de seu pesadelo mental quanto ao seu estado e quem poderia ter lhe feito tal coisa. Além disso, o que o afetou mais diretamente foi seu orgulho por ter de precisar de outras pessoas para empurrar a cadeira de rodas; de alguém para a limpeza de suas necessidades pessoais, para alimentá-lo na boca, para despi-lo e vestir e ler para ele, sem contar a sua tremenda vaidade quanto à deformação física nas pernas, as deformações provocadas pelas queimaduras terríveis no corpo e, principalmente, no rosto; suas pernas se pareciam com dois pepinos tortos com suas cascas rugosas; seus braços, com duas garrafas de plásticos derretidas; e o lado esquerdo do rosto, com as ceras escorridas de uma vela derretida, apagada e esfriada; as peles boas morenas recuperadas se contrastavam com as brancas desfiguradas prejudicadas definitivamente pelo calor.

Quanto ao seu trabalho no Exército, em razão da falta de condição física e da vista perdida, ele foi reformado com a patente de primeiro-tenente recebendo um nível acima do anterior de segundo-tenente *pelos bons serviços prestados à nação*. Isto graças à ação de seus superiores que resolveram arquivar certas observações conseguidas nas investigações que envolviam a ele e outros militares na proteção ao tráfico, considerando melhor arquivarem o caso por conta do Exército do que remexerem e encontrarem mais surpresas por causa das investigações da polícia.

Paulo jamais conversou a respeito com Cláudia sobre o que tinha falado na investigação e o motivo de estar altas horas da noite no local onde foi quase assassinado. Com relação ao criminoso que lhe havia baleado, quebrado as pernas e ateado fogo nele, as investigações da polícia civil e militar não haviam conseguido chegar até ele.

Cláudia tinha enorme trabalho em ajudá-lo no que podia e em convencê-lo a agradecer a Deus pela vida que quase havia perdido. Entretanto, Paulo ficava resoluto no seu inconformismo culpando Deus por tudo que havia lhe ocorrido e que, junto a seus orixás e São Jorge, não o protegeu na hora em que ele mais precisava Deles. Nem mesmo a filha agora bela e feliz com seu namorado, e Roberto com sucesso garantido junto ao time principal do Flamengo, que tanto sonhara e pedira para os filhos um dia, o deixavam menos infeliz.

Paulo tornou-se um homem mais sombrio do que antes do acidente, preso na sua concha feito um caramujo, só saindo de sua casa, a muito custo, para pequenas caminhadas perto de sua residência, depois que voltou a andar por conta própria com a ajuda de uma bengala, deixando primeiro a cadeira de rodas e mais tarde as muletas. Na verdade, ele preferia estar em casa a se mostrar na rua, no seu camuflado papel de deficiente facial e visual, por apresentar no lado esquerdo do rosto um afundamento do osso da face, um vazio no lugar do olho, precisar andar com uma bengala a lhe apoiar o pé esquerdo mais prejudicado que o direito, arrastando-o levemente, e, finalmente, se esconder sob uma camisa de manga comprida e uma calça para que não aparecessem as partes queimadas nos braços e nas pernas. Para chegar a esse estágio adiantado, ele precisou de muito carinho e dedicação da esposa, principalmente, e dos filhos para suprir a sua invalidez momentânea na cadeira de rodas. Recuperada parte de sua saúde, após quase um ano de tratamentos e fisioterapias, ele passou a usar óculos escuros e um boné do Flamengo, que serviam para esconder o couro cabeludo e o rosto queimados, bem como o olho perdido, quando precisa sair à rua. Eram raras as suas saídas de carro e, desde o atentado, evitava festas e aglomerações de pessoas.

Pelas circunstâncias, ele teve de esquecer a sua fama de mulherenco, pois, se ele mesmo não conseguia olhar-se no espelho, imagine uma mulher: ele pensava caindo em si quando as forças do desejo maior o atormentavam na mente. O seu bigode farto e grosso não impressionavam mais, nem mesmo a vitalidade muscular que tanto se gabara no passado lhe servia agora, abatido e condenado que estava pela sua total falta de vontade de reerguer-se, estando constantemente depressivo e em estado perturbador.

Assim ele esteve nos últimos três anos a ponto de não ter mais qualquer tipo de esperança de melhora na sua condição física, que o afetava mentalmente, até que a esposa, mais uma vez resoluta, e não aguentando mais as frequentes lamentações do esposo, tomou uma decisão que poderia afetar muito na melhora da vida de Paulo; ela não desistiria do seu intento, doesse o que doesse no orgulho do marido.

Em sigilo, sozinha, mas determinada, ela retornou ao hospital onde os filhos tinham sido tratados e procurou pela enfermeira Sônia e pelo doutor Jaime, onde ainda trabalhavam, embora, em virtude da fama que obteve pelas glórias conquistadas no seu excelente trabalho, o médico tivesse a sua própria clínica no bairro nobre de Copacabana, voltada para as cirurgias plásticas para quem tinha condições de pagá-las. Entretanto, Cláudia soube pela conversa reservada com a enfermeira Sônia que ele, além de atender a população no hospital estadual no Méier, jamais se esquivou de atender também as pessoas carentes em sua clínica particular; o que ele pedia sempre é que não fosse feito qualquer tipo de divulgação a respeito, a título de propaganda. Mesmo com a segunda possibilidade sem qualquer tipo de custo informado pela enfermeira, Cláudia preferiu que o marido fosse atendido por Jaime no hospital estadual, fazendo ela esta opção para evitar qualquer tipo de questionamento por parte de Paulo. Após terem sido tratadas essas coisas, foi Cláudia que aos prantos fez sua revelação junto a Sônia quanto à verdadeira identidade de Paulo e Jaime, ficando ela mesma surpreendida quando Sônia revelou que já sabia daquilo há muito tempo, identificando-se ela mesma, em contrapartida, como a esposa de Jerônimo, irmão de Flávio, que por sua vez não era mais novidade para Cláudia. Mas, ao final, após conversarem detalhadamente sobre o assunto, ambas preferiram não revelar ao doutor Jaime, de início, de quem se tratava o paciente, pois elas desconheciam qual seria a reação do médico ao saber que era Paulo.

Assim tratado, Sônia, mais uma vez imbuída do espírito de reconciliação que a sensibilizava, tratou do agendamento necessário sem que, entretanto, o médico ou o marido de Cláudia soubessem, a princípio, de que se tratava um e outro. Ela pediu a Cláudia que trouxesse todos os exames que tinha de Paulo, informando, entretanto, que não seria necessária a presença dele na entrevista marcada pela primeira vez.

No dia marcado para a primeira entrevista, foi Sônia quem recebeu Cláudia, acompanhando-a até a antiga sala do doutor Jacoff modificada com móveis médicos novos e pintura nova. Assim ela o fez para certificar-se de que Jaime não estivesse ainda tomado de algum rancor, tão logo percebesse de quem se tratava o paciente, negando o tratamento ao seu maior amigo de infância, juventude e mocidade. Aquilo era uma incógnita que nem mesmo Sônia poderia prever sobre a reação que Jaime teria à situação. Ela apostava somente que tudo iria dar certo, ante as inúmeras orações que fizera ao Pai, pedindo por isso.

O doutor Jaime estava de cabeça baixa quando a próxima pessoa a ser entrevistada entrou na sua pequena sala. Logo no início, Sônia verificou o estado emocional de seu superior ao deparar-se com Cláudia, imaginando ela a quantas batidas por minuto deveria estar o coração dele naquele instante. Mesmo com a surpresa e o estado interno desarmonizado, Jaime tentou demonstrar naturalidade nos seus gestos, cumprimentando e perguntando à visitante pelo estado de saúde dos filhos. Depois das trocas de saudades, das informações a respeito da vida de cada um e dos agradecimentos aos dois profissionais de saúde pelo estado atual de seus filhos fortes e felizes, Cláudia começou a relatar a situação de saúde precária do provável paciente sem entrar nos detalhes de quem era, exceto ser o seu marido. Solicitada depois pelo médico, ela começou a apresentar os laudos e os exames mais recentes feitos em Paulo. Jaime e a enfermeira examinaram atentamente cada detalhe durante quase uns dez minutos, percebendo a enfermeira que a cada exame e laudo vistos o médico não tirava os olhos do nome completo do paciente registrado em cada um deles, podendo ela sentir daquela vez o peito dele arfando descompassadamente. O médico, como procurava ser um homem bem informado e atento, enquanto ia observando cada registro sobre seu provável paciente, foi juntando em sua mente as informações a respeito de um crime amplamente divulgado pela imprensa na época, identificando o que via com o ocorrido com o ex-amigo de infância. Entretanto, preferiu calar-se a respeito, o que deixou Sônia feliz ao perceber isso no amigo.

Ao final da verificação nos exames feitos em Paulo pelos dois especialistas da medicina de reconstituição, o famoso cirurgião depois de conversar particularmente com Sônia, transparecendo sua firmeza e determinação, falou:

– Dona Cláudia, pelo que vimos os médicos que atenderam *seu marido* – frisou de propósito- fizeram um bom trabalho, não sobrando muito mais o que fazer por parte deles. Contudo, vejo certa possibilidade de melhorarmos um pouco mais a situação dele, sem criarmos, por favor, muitas esperanças na perfeição que Deus o trouxe ao mundo, pois os ligamentos das pernas foram muito danificados, alguns ossos da face foram esfacelados pelo tiro, o olho perdido e as queimaduras sofridas lhe deixaram terríveis marcas pelo corpo todo. Mas nós vamos tentar usar nas cirurgias que faremos algumas técnicas novas que venho desenvolvendo com a minha equipe. Entretanto, eu estarei viajando para fazer uma conferência no sul do país, na semana que vem, e um assistente meu é que irá examiná-lo pessoalmente. Traga-o aqui, então, na segunda-feira da próxima semana. Não lhe fale o meu nome, por enquanto, por favor, pois não gostaria da publicidade que isso poderia causar nas mãos e nas bocas dos repórteres sequiosos de boas notícias. E não se preocupe que todo o custo será coberto pelo hospital – disse olhando fixamente no olho da mãe de Ritinha e depois para Sônia.

Cláudia não sabia como lhe agradecer pela possibilidade oferecida ao marido se esforçando muito para não lhe beijar as mãos, não conseguindo, porém, deixar que as suas lágrimas molhassem o ombro do médico indulgente e misericordioso ao abraçá-lo com muita emoção, repetindo os mesmos gestos quando no agradecimento ao que pôde fazer por seus filhos.

Jaime, emocionado, pediu desculpas por precisar atender outros pacientes e se retirou da sala, deixando que Sônia tratasse dos detalhes da entrevista final com seu assistente. Depois de mais alguns minutos, Cláudia saiu do hospital levando consigo a esperança de poder ajudar o marido na sua dor física e espiritual, e a desconfiança de que estava sendo nitidamente manipulada pelo médico.

– Que seja assim! – obtemperou a sua vontade, sequiosa de ver o marido de novo normal, depois de tanta dor e sofrimento passados.

Em casa com Paulo, Cláudia travou imensa batalha para poder convencer o marido a sair de seu casulo e aceitar a possibilidade de nova esperança, mantendo em sigilo o nome do médico, conforme combinara com o doutor Jaime, e falando simplesmente que seria no mesmo hospital onde os filhos tinham sido tratados. Não foi fácil para ela conseguir que o marido sem fé a seguisse naquela empreitada; precisou que os filhos ajudassem incentivando o pai, tornando-se eles mesmos os exemplos das possibilidades de melhoras conseguidas nos tratamentos feitos no hospital estadual. No dia marcado para a entrevista, mesmo diante de tamanha montanha a criar obstáculo, ela e os filhos levaram Paulo, arrastado.

Naquele dia, Roberto pegou o seu primeiro carro zero, um Fiesta 1992, azul metálico, 1.0, da Ford, patrocinado pelo que ganhava no futebol, e levou os pais e Rita para o exame do especialista no mesmo hospital onde foram tratados ele e a irmã. Chegando ao hospital, depois de um trânsito muito pesado, naquela manhã de uma segunda-feira chuvosa, Roberto assim que pôs seu carro no pátio do hospital sentiu a mesma emoção que o havia contaminado quando dele saiu depois da alta recebida após a última cirurgia feita. O mesmo acontecendo com sua irmã, facilmente notado pela mãe dos dois. Quanto a Paulo, podiam-se ver o nervosismo e a apreensão que fazia o seu peito arfar violentamente e o suor que lhe escorria pelas têmporas, diante da expectativa que o consumia por dentro, relembrando ele os terríveis dias em que esteve hospitalizado para sobreviver aos danos causados no seu corpo por causa do atentado contra a sua vida.

O veículo estacionou no pátio do hospital. Roberto e Rita foram os primeiros a sair dele, constatando que pouco havia sido mudado externamente naquele edifício público. Cláudia desceu em seguida acompanhada do marido irritado e incomodado pela sua incapacidade de poder comandar a situação que estava passando, por ser portador de enorme orgulho de ter dirigido a sua vida e a de outros à sua maneira, na maior parte do tempo, tanto no quartel quanto em casa.

Eles avançaram pelo pátio, passaram pela portaria principal e, comandados por Cláudia junto aos passos do marido que ali nunca tinha estado a visitar os filhos, se dirigiram para a sala informada por Sônia para ocorrer o exame físico em Paulo. Eles passaram por corredores familiares aos olhos de três deles e, finalmente, chegaram ao local no horário combinado com a enfermeira-chefe, encontrando-a à espera deles dentro da antiga sala de entrevista do doutor Jacoff, tendo ao seu lado um jovem médico alto, magro, de cor parda, feição tranquila e sorridente, que os aguardava.

    Cláudia antecipou-se e apresentou o marido a Sônia. Esta beijou alegremente os seus dois ex-pacientes e apresentou Álvaro a todos, levantando imediatas interrogativas nos olhos de Roberto e Rita. Houve a necessidade de que a mãe com um balançar leve de cabeça como sinal negativo lhes impedisse algum comentário a respeito. Depois das apresentações e cordialidades feitas, Roberto e Rita se retiraram da sala deixando somente o pai, a mãe e os dois especialistas para iniciarem os exames iniciais necessários no paciente.

    Paulo sentiu-se como um objeto sendo manipulado para lá e para cá, depois de haver tirado suas roupas e colocado um roupão apropriado dentro do biombo da sala, coisa que antes do atentado só tinha feito uma única vez, no exame que fez para entrar no Exército. Agora lhe era hábito e daquela vez se deixou levar, percebendo que qualquer coisa que lhe fizessem seria melhor do que ficar como estava, diminuindo-lhe a situação terrível de suas deformidades que o afastavam do convívio humano.

    Assim feito, Paulo deixou-se mostrar em toda a sua tragédia corporal, coisa que tinha feito, até então, somente junto à esposa, que por muitas e muitas vezes o tratou das queimaduras e feridas, horríveis e malcheirosas. A sua musculatura era perfeita e nas proporções devidas, contudo as marcas disformes no corpo e no rosto poderiam sensibilizar os desprevenidos, e mesmo causar asco.

    Cláudia, com os olhos atentos a tudo, não só não observou nenhuma repulsa nos dois observando as áreas queimadas no corpo do marido, como também certificou-se da eficiência dos dois que o examinavam, constatando com os ouvidos aguçados que algum barulho a mais do que os passos dos dois especialistas existia, verificando que, vez ou outra, podia-se escutar um abrir e fechar de uma porta ao fundo da sala, separada de onde se encontravam por uma cortina de correr de tecido pesado branco.

    Quase 20 minutos depois de diversas anotações e algumas fotografias feitas pelos dois, Paulo foi liberado a tirar o roupão e colocar suas roupas de volta, enquanto Sônia e Álvaro desapareceram pela porta nos fundos da sala anteriormente verificada por Cláudia. De lá, ela mesma constatou que não eram duas vozes baixas a confabularem, mas três, fazendo aumentar-lhe a expectativa sobre os interesses pressentidos por ela.

Cláudia e o marido trocavam esperanças quanto ao tratamento quando retornaram os dois especialistas com largo sorriso em seus rostos e começaram de imediato a relatarem sobre os exames complementares que Paulo precisaria fazer para verificarem melhor as possibilidades e as condições adequadas para o início do tratamento, trazendo um brilho fascinante aos olhos antes sem qualquer esperança do esposo de Cláudia.

Feitas as despedidas dos seis e os agradecimentos por parte da família Macedo, os quatro da mesma família se dirigiram para o estacionamento, tendo na mente cada um deles a certeza de que a porta por onde entraram fazia agora a vez da saída para a melhora de Paulo.

Enquanto isso dentro do hospital, na sala onde tinham estado os quatro que retornavam para as suas casas, Sônia, Álvaro e Jaime conversavam sobre os próximos passos a serem feitos para conseguirem o tratamento do paciente no hospital. Jaime enfatizou que não se medissem os gastos para o tratamento, incluindo os gastos adicionais com as próteses que seriam necessárias para o restabelecimento físico de Paulo. Entretanto, eles não poderiam dizer ainda tudo o que seria possível fazer, pois dependiam dos resultados dos últimos exames a serem feitos no paciente.

Três horas depois, o doutor Jaime saía do hospital na direção do aeroporto para pegar um voo para o Paraná, onde faria, no dia seguinte, uma palestra para vários médicos do Brasil e do exterior, em um Congresso Internacional, sobre as novidades no tratamento aos queimados e acidentados, com sequelas marcantes, até então sem grandes possibilidades de recuperação considerável.

4. Esperança e renovação

O paciente sequer viu os olhos do médico que o operou nas quatro vezes, a não ser os de seu assistente, sua enfermeira e outros membros de sua equipe médica. Até mesmo o instrumentador ele não viu, pois dormia assim que o anestesiavam, antes de o verdadeiro cirurgião entrar na sala de cirurgia. A cada vez que Paulo era operado, ele passava algum tempo no hospital sob a supervisão médica do doutor Álvaro, voltava para casa onde aguardava a recuperação e depois de restabelecido retornava para o hospital para mais uma cirurgia.

A cada passo feito, Paulo via ressurgir em si suas formas e agilidades, não as perfeitas nas quais o Criador o trouxe ao mundo, mas satisfatórias para levar uma vida melhor do que aquela depois do atentado.

Depois da última das quatro cirurgias necessárias, que foi concentrada no restabelecimento do rosto de Paulo, ele ficou internado até que o momento final chegasse. Agora Álvaro estava à sua frente, com Sônia, Cláudia e os filhos, tendo o médico na mão direita uma tesourinha que lhe revelaria o que pôde ser feito na sua face deformada. O assistente se aproximou de Paulo e com a mesma tesourinha utilizada por Jaime e pelo doutor Jacoff, tantas outras vezes, fez os primeiros cortes nas gazes que lhe cobriam a face prejudicada do rosto. Naquele instante, podia-se ver nitidamente no pescoço de Paulo que sua veia jugular pulsava freneticamente, revelando a sua ansiedade nas batidas fortes do seu coração; no seu olho bom descoberto das gazes percebia-se pela pupila a agitação ferrenha da curiosidade.

Nos primeiros cortes com a tesourinha, descobriu-se parte da área operada despertando a expectativa nos olhos de todos; finalmente, cortando o restante das gazes descobriu-se toda a área, levando, primeiramente, a alegria nos olhos de Álvaro e Sônia, que estavam à sua frente, depois nos outros que estavam à volta e, finalmente, a Paulo com a quase perfeição do seu rosto observada no espelho segurado por Sônia. Logicamente Paulo não voltaria a enxergar mais por aquele lado, por ter sido implantado no lugar do olho perdido uma prótese ocular, dando-lhe uma aparência quase perfeita, que somente conhecendo a verdade ou depois de uma observação muito detalhada poderia se dizer que o olho postiço não era real, tal a similaridade da cor castanha junto ao olho bom. Também se tocando no local da prótese colocada no lugar do osso esfacelado pela bala poderia senti-la sob a pele, porém o mais importante era que tivera a aparência de volta, não importando ao marido de dona Cláudia nem a ela mesma se fosse à custa de próteses.

Tudo isso aliado às próteses também colocadas nos pés e as cirurgias plásticas de enxerto e reconstituição nas áreas queimadas, feitas anteriormente, poderia se dizer que o antigo homem deformado tinha se restabelecido quase na totalidade, logicamente com imperfeições em algumas partes do corpo, quando observadas detalhadamente. Também havia limitações como não poder correr ou praticar esportes pesados, entretanto caminharia quase normalmente, andando com dificuldades, mas não arrastando um dos pés como antes; as terríveis queimaduras no pescoço e no rosto haviam sumido dando lugar a uma pele sadia e lisa, que somente os que conheciam o seu histórico saberiam dizer sobre o artificialismo criado para devolver-lhe a aparência quase plena. Enfim, não lhe seria a perfeição plena e total, mas a suficiente para lhe trazer de volta a dignidade de sua visão diante dos outros. Por isso Paulo não se continha em contentamento e agradecimento ao doutor Álvaro, a Sônia e a todos da equipe médica que haviam possibilitado aquela nova oportunidade, que lhe trouxeram de volta o prazer da vida, agora mais conscienciosa.

Contudo, muito perto daquela sala em que Paulo era o centro das atenções de todos, ele mesmo não poderia imaginar que, por trás de certa cortina, um par de olhos brilhava em contentamento por ter conseguido fazer o que pôde por aquele que fora um dia o seu melhor amigo de infância, sendo totalmente indulgente com os erros que o inimigo do passado tinha lhe feito; Jaime estava muito feliz e satisfeito por ter escolhido aquela profissão maravilhosa que o deixava perto da prática da verdadeira caridade, sem qualquer tipo de previsão de retorno, a não ser poder ajudar o seu maior inimigo. Usando de alteridade, Jaime deixava, daquela forma, que outros juízes viessem a julgar Paulo, fazendo ele o que lhe cabia em fraternidade ao ajudar Paulo a sair do lamaçal em que ele mesmo se meteu afundando nele até o pescoço. Se as leis dos homens não haviam o atingido, Jaime entregava isso para as Leis Infalíveis de Deus, perdoando-lhe os erros cometidos, com sinceridade e honestidade. O importante era fazer a parte que lhe cabia, sem cobrar nada por isso, pois não sabia até onde estava comprometido também com aquelas Leis. Por isso pediu a Álvaro que entregasse a Paulo um presente muito bem empacotado, solicitando que o abrisse somente em casa, quando estivesse se sentindo bem melhor.

Dois meses depois, Paulo era outra pessoa, por ter se livrado de dois grandes pesos: as consequências no seu corpo da reação irosa de uma pessoa que quase lhe tirou a vida e a aposentadoria forçada que o afastou dos caminhos tortuosos em que vivia junto a outros de mesmos interesses.

Ele começou a aprender mais sobre o amor que a mulher sempre lhe dedicara e ele não reconhecia, fugindo constantemente para a sua caverna escura, feito morcego diante do amanhecer. Ele se deliciou a achar também o amor da filha ao qual por muitos anos se furtara, enrolando-se e se escondendo como um tatu-bola, a fim de evitar o contato com a realidade que tinha à sua volta. Podia-se dizer que ele estava como uma lagarta em seu casulo esperando o momento para se transformar numa bela borboleta, quando por muito tempo achou que nunca passaria de uma feia mariposa, camuflando-se nos troncos das árvores para não ser percebida, esquecendo mesmo que existem lindas mariposas a voarem por aí, que não precisam ficar juntas a outras a fim de se protegerem em conjunto.

Nenhum homem, por mais endurecido que esteja, pode fugir ao chamamento do verdadeiro amor, poderia dizer qualquer filósofo ou sábio, confirmado por meio do amor recebido por Paulo de sua esposa e filhos, assim que começou a se desvencilhar de sua infeliz couraça protetora. Sempre foi fácil para Paulo dar e receber o amor do filho, entretanto, era-lhe deveras difícil poder retribuir o amor de Cláudia e Rita em razão da barreira que ele mesmo havia criado junto a elas, que somente Deus sabia lá desde quando. Também havia outros fatores, como o frustrado amor que tivera por Maureen vendo em Cláudia somente uma mulher como companheira para saciar os seus apetites sexuais imediatos e para ter os seus filhos; Ritinha como a filha que deveria ter nascido perfeita e não veio; Robertinho que se acidentou e não pode ser o jogador que desejava, passando a desprezar mais ainda Deus e seu Filho do que antes, desde a infância traumatizante encharcada de temores e dúvidas, a juventude e mocidade rancorosas que havia atraído para si. Mas ele não pôde resistir ao amor terno e carinhoso da mulher e da filha cuidando-lhe das feridas provocadas pelos tiros recebidos no corpo; cuidando das horríveis feridas no rosto sem um olho; cuidando das partes putrefatas do seu corpo queimado, que dariam nojo a qualquer pessoa que não o amasse de verdade; cuidando das partes inferiores das pernas quebradas e quase sem articulações, empurrando-lhe, por isso, a cadeira de rodas para lá e para cá; posto que Roberto pouco pôde ajudá-lo, envolvido que estava como jogador de futebol a se firmar na carreira iniciada.

Dentro desse novo contexto de vida, Paulo aprendeu a amá-las não só pela necessidade, mas também pelo que sempre foram e ele não queria enxergar. Se fosse isso descrito por um religioso, dir-se-ia que Deus escrevia certo em linhas tortas, para esclarecer a necessidade que têm certas criaturas de aprender somente por meio da dor e do sofrimento. Se fosse descrito por um psicólogo, poderia se falar não ter sido fácil conviver com ele naquela fase de revolta contra Deus e o mundo, resmungando sem parar pelo que lhe aconteceu, vivendo com constantes falta de humor e depressão diária. Mas, descrito pelos olhos de Deus, dir-se-ia que o amor a tudo pode e a tudo resolve.

As coisas começaram a mudar para Paulo quando Cláudia trouxe-lhe a possibilidade de novas esperanças, pelas mãos dos mesmos médicos que haviam cuidado do tratamento dos filhos, fazendo retornar o brilho no olho que lhe restara. A verdadeira mudança começou quando dona Cláudia o viu sentado no sofá da sala como se estivesse ruminando os seus pensamentos, olhando para o pacote que havia recebido como presente de Álvaro, apoiado sobre a mesa do centro, receoso de abri-lo como nas outras vezes por causa do pensamento contrário ao bem querendo legitimar a sua presença, forçando-lhe a mente na intenção de pegar o pacote e arremessá-lo ao lixo, sem mesmo entender o porquê disso. Por outro lado, havia uma intenção maior e mais poderosa que tentava mostrar ao antigo predador, que por muito tempo estava a comer da caça presa querendo não largar dela mesmo depois da fome saciada, que o seu tempo tinha se esgotado e que era hora de libertar e de ser libertado. Assim, daquela vez, a vontade de abrir o pacote foi maior em Paulo do que a da voz maldita escondida no seu interior, o que Cláudia de longe percebeu e ficou a espionar: como uma criança cheia de curiosidade, ele rasgou primeiro o papel do embrulho, levantou todas as abas da caixa de papelão retangular e pegou no seu interior três livros contidos nela; havia um exemplar da Bíblia Sagrada, outro exemplar sobre o filósofo Sócrates e por último um exemplar do Evangelho do francês Kardec. Com o coração aos pulos e as mãos trêmulas, ele os retirou e os examinou, e quando já ia fechar a caixa viu que no fundo dela havia um pequeno papel dobrado. Paulo o pegou no auge de sua curiosidade e desdobrou-o, alisando e lendo o que estava escrito: "Os três formam algumas partes de um livro só, cujas partes foram escritas por muitos, indicando um mesmo ensinamento final do Amor a Deus acima de tudo e de todas as coisas e ao Próximo como a si Mesmo; esse Deus que tem muitos nomes e cada qual o seu Mestre, que para nós se chama Jesus. Para que possamos compreender os Seus ensinamentos precisamos praticá-los e somente a prática é o caminho, não importando por qual parte seja. A Verdade é uma só".

Paulo tirou os óculos escuros que o protegiam contra a sua imperfeição, olhou o papel, virou-o e revirou-o. Não havia data, nem nome assinado no pequeno pedaço de papel. Ele sabia no íntimo de seu ser que não poderia ser simplesmente um presente do doutor Álvaro, embora o estimasse muito. Mas ele já tinha visto aquela letra antes, não tão arranhada como agora. E foi pensando nessa situação, mais curioso do que nunca, que ele voou, com o coração aos pulos, até uma das gavetas da estante da sala onde guardava os seus documentos e pegou uma pasta onde tinha as receitas dos medicamentos solicitados pelo doutor Álvaro e, comparando as letras, viu que as que estavam escritas no papel não eram as mesmas. Ele pegou algumas anotações feitas pelas mãos da enfermeira Sônia e, comparando-as, descartou-a também. Ele pensou e pensou... Depois foi até a cabeceira de sua cama e pegou algumas anotações antigas, achando um velho bilhete da época de sua infância e leu-o: "Amigo. Amanhã haverá prova e como você não pôde ir à escola nesses três dias em que esteve com febre por estar muito gripado, se quiser eu posso ajudá-lo no estudo". Embaixo do recado tinha um "J", exatamente como o amigo de infância gostava de assinar: simplesmente com aquela letra. Na mesma hora, do olho bom de Paulo começaram a cair lágrimas que por muitos e muitos anos jamais tinham encontrado motivos para sair de seus dois olhos saudáveis pelo tanto que ele tinha estado endurecido na vida. Foi neste instante que Cláudia não suportando mais entrou no quarto, como o momento que ela tanto aguardava, por uma circunstância que não fosse movida por ela. Paulo a viu chegar e, entrando em soluços que não conseguia abafar, falou-lhe gaguejando e chorando com muita ternura na voz:

– Querida... Essa letra é de Jaime – disse, indicando o papel escrito deixado dentro da caixa de presente –, foi ele esse tempo todo. Sabia? Bem que eu desconfiei por algum tempo do tratamento dado aos nossos filhos em hospital público. Mas nunca poderia imaginar que por trás disso tudo estava o Jaime. Tratou nossos filhos, trazendo-lhes a alegria de volta. Não é isto, Cláudia? – reforçou querendo que ela confirmasse a suspeita. – Eu até compreendo o tratamento feito neles, que não devem pagar pelos erros dos outros... mas, quanto a mim..., eu não mereço a compaixão dele, Cláudia. Eu que tantas coisas de ruim fiz para ele... eu não mereço sequer seu perdão! Quanto mais ele ter feito o que fez beneficiando os nossos filhos... beneficiando a mim. Agora eu entendo tudo! O doutor Álvaro e Sônia não passaram de instrumentos para que eu não desconfiasse de nada. Eu posso entender por que fez assim, com relação ao meu orgulho. Mas não compreendo como pôde fazê-lo depois de todo o mal que eu lhe causei.

— Querido — falou Cláudia abraçando-o ternamente, convencida de que estava diante agora do homem que sempre esperara ter um dia – um certo Homem falou com as palavras de Deus que se deve perdoar 70 vezes sete vezes. E foi o que Jaime fez, porque no fundo ele nunca deixou de gostar de você, AMOR — reforçou a esposa, concluindo a frase com a palavra amor falada, que nunca ousara lhe dirigir antes, somente as que ela escrevia sempre nas cartas de aniversário, de dia dos pais e de Natal. Nos tempos que começaram a fazer parte do passado, ela o chamava somente de "querido".

— Querida, Cláudia. Oh!, querida. Obrigado pelo que você fez aos nossos filhos e a mim também... Como eu tenho de aprender com vocês!

Tão logo pôde, primeiro curioso e depois de ter lido algumas partes dos três livros, Paulo se recolheu por alguns dias e devorou-os completamente como alguém que estava com muita fome, que antes comia muito, mas nunca se sentia satisfeito, e agora se saciava. O seu alimento tinha o sabor do esclarecimento, do entendimento e da razão.

Ele ficou espantado consigo mesmo quando percebeu que dois dos livros eram como se já os tivesse lido, mas não compreendido, e que, daquela vez, estava entendendo cada ensinamento. Com os esclarecimentos contidos no terceiro livro, unidos aos ensinamentos dos outros dois, ele observou como se seus olhos não fossem os únicos que realmente liam, porém, outros que enxergavam além, dentro do seu ser espiritual.

5. As dúvidas de Flávio e Lourdes

Por muitas vezes, Flávio esteve a querer perguntar a Jerônimo sobre como o irmão soubera do crime ocorrido com Paulo e chegara rápido ao hospital, morando em rua distante da dele e mais ainda do beco na favela onde havia ocorrido o atentado. Aquela dúvida o atormentou sempre, mas aquietou-se por anos, evitando para o irmão e para si mesmo confrontar-se com respostas que não gostaria de escutar. Contudo, conversando com Lourdes na cama, em certa noite que as mesmas perguntas martelavam os cérebros dos dois ocasionando-lhes a falta do sono reparador, Flávio revelou para a esposa o mal que o atormentava, recebendo dela a confirmação da presença do mesmo mal também em si. Depois isso, os dois resolveram que questionariam Jerônimo a respeito no dia seguinte, custasse o que custasse, conseguindo dessa forma sossegar suas mentes e dormirem mais tranquilos, posto que o tempo passara e as coisas se encontravam mais sossegadas, então mais propícias para as explicações devidas por Jerônimo a eles.

O dia seguinte era um domingo ensolarado em que todos estavam em casa; Sônia e o marido, convidados para o café e o almoço. Na mesa do café simples na pequena cozinha da casa, os seis conversavam animadamente sobre as novidades e as notícias que rolavam nos jornais e na televisão, até que a filha e o filho dos donos da casa seguiram os seus caminhos na direção de seus quartos junto aos seus afazeres juvenis, deixando três dos quatro restantes apreensivos com o prosseguimento da conversa entre eles. Jerônimo, percebendo no ar o estado inicial de mudez entre o irmão e a cunhada a prenunciar o que viria em seguida, tentou arredar o pé da situação, porém Flávio pegou gentilmente no seu ombro esquerdo e o fez sentar-se de novo, falando primeiro na direção de Sônia, depois na do irmão:

– Sônia, desculpe-nos o que iremos fazer, pois é para o benefício de Jerônimo.

– Em seguida se dirigiu ao irmão:

– Mano, perdoe-me se estou sendo grosseiro, mas não podemos, eu e Lourdes, aguentar mais a fuga que fizemos deste assunto delicado que vamos tratar agora. Você sabe que não queremos magoar você nem Sônia, mas acho que está na hora de conversarmos a respeito, afinal devemos ser merecedores da sua confiança – afirmou Flávio, evocando a lealdade que passou a existir desde que se reencontraram. – Conte-nos, irmão, por favor, primeiramente, por que evita falar a respeito do que aconteceu na noite do crime junto a Paulo e dos outros dias que antecederam a este, em que você, às vezes, sumia e deixava Lourdes e Sônia preocupadas – situação confirmada com o balançar positivo das cabeças das duas.

– Saiba que Sônia jamais nos trouxe qualquer queixa de você – prosseguiu Flávio –, mas ela comentava com a Lourdes a respeito de seus sumiços sem informar aonde ia, deixando-a muito preocupada. Se você não quiser, não precisa nos falar nada a respeito, pois não temos o direito de nos metermos em sua vida particular, mas eu, como seu irmão, minha esposa que o ama muito também, e Sônia, tenho a certeza disso, estivemos apreensivos por ter estado a sua boca calada esse tempo todo, sem confiar em nós. Diga-nos, então, meu irmão, o que o levou a isso? Por favor! Confie em nós! – insistiu dramaticamente.

Enquanto Flávio lhe dirigia a palavra, Lourdes e Sônia se incorporavam ao assunto, nitidamente aflitas; Jerônimo, como se tivesse esquecido os anos de experiência de sua vida, olhava-os como um garotinho que tinha feito algumas grandes travessuras, passando as suas mãos sem cessar sobre os cabelos brancos encrespados e rentes à cabeça, sem saber como começar a falar. Enfim, rebuscando o tempero da sabedoria conquistada nos últimos anos de aprendizado nos livros que lera, começou a descrever suas ações e motivos que o fizeram agir daquela forma:

– Flávio, Lourdes, querida. Eu acho que vocês têm completa razão e peço mil perdões se os fiz sofrer por tanto tempo, principalmente vocês dois, pois, se Sônia temia algo eu nunca percebi, por nunca ter me falado a respeito. Mas a culpa fica por conta de não querer envolvê-los numa situação deveras perigosa que entrelaça a vida de Paulo e alguns amigos dele militares com os traficantes locais, com as famílias de todos nós. Por isso evitei este tempo todo de contar o que sabia a respeito. Mas vocês têm razão, pois também acho que é hora de lhes falar sobre isto.

Jerônimo coçou de novo a cabeça, passou a mão na nuca, como tinha o hábito de fazer quando se sentia apreensivo, e começou a sua narrativa:

– Bem, tudo iniciou quando comecei a apurar certas situações que envolviam Paulo junto ao roubo da bicicleta da irmã e certos criminosos da favela, que me foram reveladas ainda quando eu estava na prisão. Assim que vim morar com vocês aqui nesta casa, logo no dia seguinte pela manhã – prosseguiu Jerônimo no caminho reto de suas verdades –, eu percebi um movimento estranho de um carro do Exército e da polícia entrando no beco de acesso à favela, aqui em frente da praça da igreja. Movido pela curiosidade, resolvi ir ver de perto o que acontecia. Em seguida eu passei por eles, verificando assim, que havia dois militares do Exército e dois policiais civis conversando com os traficantes, mas não consegui escutar nada. Então caminhei mais à frente e entrei cautelosamente por outra entrada na favela, chegando até um boteco que ficava perto do beco, onde pedi uma cerveja e comecei a puxar conversa com o dono e alguns moradores da favela. Acabou que um homem que estava lá com a cara cheia começou a falar sozinho que aquela parceria existia há muito tempo, recebendo o grupo, disse apontando-o, propinas em troca de certas proteções aos traficantes. Mas o dono do bar não gostou do que o bêbado falava e o expulsou de lá.

O homem alcoolizado saiu irritado do boteco e eu, dando um tempo, o segui, encontrando-o depois mais à frente. Puxando assunto com ele, acabei sabendo de muitas coisas mais sobre o envolvimento do grupo de militares e policiais com os traficantes, o que me fez voltar lá outras vezes, para tentar compreender tudo o que se passava.

Neste ponto Sônia, não contendo a sua preocupação, falou:

– Ai, que doido você foi, Jerônimo! Que perigo, amor! Loucura!

– Eu sabia. Eu sabia que naquele dia você tinha aprontado alguma, com aquela cara de espanto quando chegou em casa – manifestou-se Lourdes.

– Desculpe-me, amor. Mas tive de fazê-lo... É, acho que você percebeu alguma coisa, né, cunhada? – respondeu Jerônimo às duas, prosseguindo:

– Ao longo do tempo, mesmo depois que comecei a trabalhar e me casei com você, Sônia, e querendo não envolvê-los na situação, eu passei a observar sempre que podia e acontecia aquele movimento lá no beco. Então me deslocava para perto do beco, no botequim, onde fiz amizade, e acabava sabendo das coisas. Entretanto, infelizmente, acabei apostando, em certo jogo, numa cartada errada, que poderia me comprometer muito no crime cometido contra Paulo.

Neste instante, podiam-se perceber as respirações pesadas de Flávio, Lourdes e Sônia aumentarem perigosamente, enquanto na testa de Jerônimo brotavam suores que escorriam rentes às duas orelhas e caíam pelo seu queixo formando pequenas gotas no piso cimentado da cozinha, ao mesmo tempo em que coçava de novo a sua cabeça e passava a mão na nuca.

– A cartada errada – prosseguiu – chama Adelson, o irmão de Paulinho do Tamborim, o tal bêbado que me serviu por muito tempo de revelador do que acontecia entre Paulo, seu grupo e os dos traficantes, a custo de lhe pagar algumas doses de conhaque. Entretanto, enquanto a minha intenção era delatar de alguma forma aquele grupo miserável e Paulo por terem quase estragado a vida de Jaime, a de Adelson era outra. Foi de manhã, no mesmo dia do atentado que compreendi, mais tarde, pelas palavras trôpegas que emitia quando a cachaça ou o conhaque lhe envolviam no torpor toda a mente, que Adelson achava que Paulo é quem tinha orquestrado a morte de seu irmão por causa da burrice que Paulinho havia cometido usando a bicicleta supostamente roubada de Sandra no assalto feito a dois velhinhos. Eu apostei numa cartada, achando que descobriria o real envolvimento de Paulo naquela situação, por meio de um encontro que Adelson havia me revelado que aconteceria com ele e o chefe do tráfico local, quando, sem perceber a verdadeira intenção do afamado bêbado, eu me vi envolvido na morte de Paulo.

Neste ponto, Jerônimo deu um tempo, respirou fundo, continuando sob o clima de apreensão e curiosidade dos que o escutavam:

– Eu estava lá naquela noite, escutando de perto tudo o que falavam no encontro, atrás de um muro dentro do quintal de uma das casas ao longo do beco que eu previamente invadi...

Jerônimo, então, foi contando todos os pormenores das conversas travadas entre o chefe dos traficantes e Paulo, até o ponto em que gaguejou, contando:

– ... não demorando muito entre a conversa terminada e os bandidos terem se afastado de Paulo, eu escutei um tiro seguido de outro, um corpo caindo ao chão e alguém dando chutes nele; senti o cheiro de querosene ao ar, o clarão de um fósforo sendo riscado e em seguida a claridade de uma chama vinda do outro lado do muro, e depois um forte cheiro de carne sendo queimada; escutei após um terceiro tiro e alguém se afastando com passos apressados – esfregou os cabelos novamente com as mãos. – Ficando aflito para ver o que temia ter acontecido, dependurando-me no muro, eu vi o vulto que havia feito aquele horror contra Paulo fugindo na direção do interior da favela. Aí eu tive de pensar rapidamente em duas opções: fazer os primeiros socorros a Paulo ou tentar descobrir quem tinha feito aquilo com ele. Como em seguida eu vi que um grupo se deslocava do botequim para ajudá-lo, optei por ir atrás do vulto que ia longe, na escuridão. Então pulei o muro na parte mais funda do quintal indo para fora, tomando o cuidado para que o pequeno grupo reunido em socorro ao desgraçado em chamas não me visse, pois me reconheceria e poderia achar que tinha sido eu o autor do atentado. Logo em seguida as luzes da casa foram acessas por causa do barulho dos tiros, fazendo com que eu fugisse imediatamente dali. Sem perder tempo, esquivando-me de ser visto por outras pessoas que se aproximavam para ver o que tinha acontecido, apressei-me em perseguição ao vulto que, depois de certa distância, achando-se seguro, tirou o gorro que lhe cobria a cabeça e o rosto. E foi aí que eu fiquei imensamente surpreso quando me certifiquei de quem se tratava: era Adelson, o irmão de Paulinho do Tamborim... Vocês poderiam imaginar isso? – disse olhando para os rostos dos três que o escutavam, encontrando neles muita apreensão.

– Passado um tempo – prosseguia Jerônimo –, ele, como se estivesse pensando o que faria, jogou o gorro numa lixeira e começou a observar de longe o grupo que ajudava Paulo caído e desmaiado. Depois, o safado, fugindo ao padrão estabelecido para todos que o conheciam como um bêbado irreparável – ressaltou Jerônimo enfurecido –, estrategicamente voltou ao local do crime, fazendo retornar o velho bêbado com seus costumeiros trejeitos perguntando aos que estavam à sua volta o que tinha acontecido. Deliberava, assim, a justificativa de que, se alguém algum dia pudesse pensar em ter sido ele o autor do atentado não seria, pois estava junto aos demais no momento do crime. Quanto a mim, sem saber direito o que fazer diante da situação inusitada, vendo ainda de longe quando Rui socorreu Paulo, e temendo que as suspeitas caíssem sobre mim, tratei de sair imediatamente da favela. Trilhando caminhos incertos na minha falta de lucidez, eu perambulei um pouco pelas ruas próximas questionando o meu próprio proceder, mas, tomando em seguida a atitude certa que deveria tomar, eu fui ao hospital onde Paulo estava sendo socorrido... Quanto ao restante, vocês sabem. Desde aquele dia, Sônia, mano, Lourdes – refletiu Jerônimo profundamente –, eu tenho receio de revelar o que sei, mesmo para vocês, a fim de não envolvê-los nessa situação embaraçosa em que me meti, certamente engendrada por Adelson, a quem todos pensam ser um bêbado inveterado, quando na verdade foi um verdadeiro arquiteto do crime que praticou, envolvendo-me deliberadamente na situação. Então, como num jogo de pôquer, eu reconheci que ele me fez presente de propósito na situação, possuindo melhores cartas que as minhas, contando ele que eu jamais iria revelar o que vi. E como tudo se acalmou depois das investigações feitas, achei melhor ficar calado mesmo e deixar as coisas como estavam, embora minha consciência nunca mais me tenha deixado em paz. Eu ainda não sei bem o que fazer. Tenho medo de que vocês da minha família se prejudiquem; que Jaime e sua família venham a ser afetados; que Paulo e sua família também se prejudiquem. Tudo começou com a minha intenção de colocar em pratos limpos o que fizeram com Jaime, mas acabou nessa grande confusão em que me meti. Adelson fez-me atrair para a cena do seu próprio crime, com testemunhas que afirmariam a sua inocência, podendo eu me comprometer se revelasse o que vi. Se fico calado, a consciência me dói; se eu falo sobre o que vi, tentando entregá-lo, eu é que poderia acabar sendo o acusado, além do perigo de envolver todos nessa situação. Nunca vi sujeitinho mais esperto que esse – esbravejou. – O curioso é que ele devia saber quem eu era para poder ter planejado o que fez, envolvendo-me no crime cometido por ele. Devia saber onde eu morava, vocês e os outros. Mas não sei dizer de quanto ele sabe a respeito de nossas relações. Vocês compreendem, agora, por que eu resolvi me calar e não falar nada a ninguém? Vocês podem me entender? – tentou Jerônimo relevando os seus motivos.

– Mano – respondeu Flávio sobre o verdadeiro efeito assombroso da situação acontecida com o irmão –, entendo perfeitamente a enrascada em que se meteu, mas será que é justo deixar um criminoso em liberdade depois do que fez? Eu sei que a sua intenção era ajudar a passar a limpo o passado do seu melhor amigo, mas será também justo deixar que Paulo e seus comparsas não venham a pagar por seus atos? Até que ponto ele e seu grupo não estão envolvidos com a morte de Paulinho do Tamborim? E quanto a Adelson, vamos deixá-lo continuar com a farsa de ser um bêbado inveterado, aproveitando-se disso?

– Flávio, amor. Espere. Não leve a situação para este ponto, pois compreendo a aflição de seu irmão, por envolver direta e indiretamente a todos nós. Será que Jaime, que foi quem primeiramente sofreu as consequências dos atos levianos de Paulo, deseja isso para ele? Não poderá a polícia acusar o seu irmão por ter se calado esse tempo todo? E o que pode acontecer com o lado positivo de hoje no relacionamento entre as famílias de Sandra e Laura, depois de Sandra ver o seu irmão ir para a cadeia? Como ficarão os traficantes e os comparsas de Paulo com relação a ele, à família de Jerônimo, a todos nós? E quanto a Adelson, o esperto bêbado, o que poderá fazer depois de ver-se revelado como o autor do crime contra Paulo? São muitos os envolvimentos, querido, para que venhamos colocar de volta este assunto junto à polícia. Imagine como será a repercussão do caso agora, depois de passado tanto tempo? E Paulo, será que já não sofreu o bastante? Se Deus quisesse, ele estaria sofrendo até hoje, não é mesmo? – refletiu profundamente Lourdes, levando ao cunhado a certeza de que não errara tanto em ter ficado calado, trazendo-lhe de volta uma calma que há muito tempo não sentia.

Flávio pensou e pensou, respondendo para a esposa:

— Amor, como sempre você é a luz que ilumina o meu caminho de tantas imperfeições! Acho que você está completamente certa. Eu sinto isso só de ver o rosto de Jerônimo, recompondo agora as antigas verrugas que enfeiavam a sua alma exteriorizando-se para o corpo, trazendo-lhe de volta a sabedoria que passou a desprezar, quando na verdade estava certo no modo como agiu – aprovou Flávio as palavras proferidas com firmeza e propriedade por Lourdes. – Eu só acho que poderia ter distribuído conosco esse terrível peso que levou sozinho esse tempo todo.

— Então sugiro conversemos com Jaime para sabermos o que pensará a respeito, depois de revelarmos para ele o que Jerônimo descobriu – concluiu Sônia, que, até então, nada falara, tendo imediatamente a aprovação de todos .– Quanto ao resto, só tenho a lhes agradecer a iniciativa – disse dirigindo aos cunhados –, pois eu nunca fiz essa pergunta a Jerônimo, não por não confiar nele, mas por temer o passado que pudesse lhe aflorar a ira pela covardia que fizeram contra o seu melhor amigo.

O restante daquele domingo de maio de 1994 só não foi o mais reconfortante para eles, depois de tantos meses tormentosos em dúvidas, porque não sabiam o que Jaime responderia a respeito da situação.

6. As revelações de Paulo

A confortável cama, naquele início de madrugada de sexta-feira para sábado, parecia como se, em vez da tecnologia da Nasa empregada na fabricação do colchão, fosse feita de pedra, tal o incômodo que sentia dentro de si refletindo no corpo externamente. O olho que lhe restara estava pesado e fechado, mas o sono não vinha. Não era o calor nem o frio que o incomodavam. Então Paulo resolveu levantar da cama e pensar sobre o que tanto o atormentava. Ele foi até a cozinha, abriu a porta da nova geladeira duplex Brastemp de última geração que havia dado de presente a Cláudia no último Dia das Mães, retirou uma garrafa de água bem gelada, encheu um copo e bebeu o conteúdo que o aliviou um pouco. Em seguida, ele sentou em uma das cadeiras em volta da mesa da sala fabricada artificialmente no padrão mogno e começou a lembrar de velhas situações alegres que tinha passado junto aos seus parentes, como também de outros momentos muito alegres passados com

Jaime e outros amigos de infância. Feito isso, como se fosse a motivação que precisava para não ter de refletir muito, decidiu que não passaria da manhã seguinte fazer o que já deveria ter feito há muito tempo... E incomodando duas pessoas acordou-as naquela madrugada por meio de duas ligações telefônicas, pedindo-lhes por favores inadiáveis. Sua mente lhe pedia primeiro o esclarecimento devido, a reparação que lhe coubesse, e depois o ressarcimento que nem sempre precisa ser diretamente aos prejudicados.

Com essa decisão tomada, foi fácil para ele voltar para a cama onde Cláudia dormia o sono tranquilo dos que nada devem, e encontrar, quase de imediato, o sono reparador das energias do corpo.

Pela manhã, ele levantou cedo tendo na mente a necessidade de executar o que planejara na madrugada. Depois do café agradável com a esposa e a filha, ele informou-lhes que, por necessidade, precisariam sair juntos. As duas estranharam muito, mas cederam ao desejo dele assim que perceberam o brilho nos seus olhos. Seria a primeira vez, após a sua plena recuperação, que ele iria dirigir o seu Opala, confundindo as duas ser esse o seu desejo, por medo de estar sozinho ao volante. Por outras vezes Robertinho tinha sido o motorista da família dirigindo o seu próprio veículo, entretanto, infelizmente Robertinho não poderia estar junto à família em hora tão importante para o chefe dela, pois viajava com seu time em torneio de futebol fora do estado. Por outro lado, também era um sábado de manhã primaveril fria com os raios do sol descendo docemente ao solo aquecendo as pessoas que os procuravam, propício para um passeio familiar.

Com todos prontos, eles caminharam até o saguão do corredor do terceiro andar do prédio de quatro andares onde moravam em Madureira, chamaram pelo elevador, pegaram-no, desceram na garagem, foram até o Opala empoeirado por causa do tempo que não tinha sido usado. Paulo limpou o veículo com um pano úmido da melhor maneira possível, entrou nele onde esperavam a filha e a esposa, rogou ao alto que o veículo funcionasse e deu-lhe a partida; somente na terceira tentativa ele começou a sentir que os pistões inativos do veículo passaram a se soltar e, aos poucos, foram mostrando em conjunto as suas forças que tanto agradavam ao dono, deixando as duas mulheres menos apreensivas. Aquele barulho do motor potente deixava Paulo com tanto orgulho, pois ele sempre dava umas aceleradas sem a pressão de alguma marcha engatada, saboreando-o por alguns minutos, antes de sair com o carro, tal como o fez também daquela vez.

Ele conduziu o veículo mansamente entre os vãos das colunas do prédio alcançando a saída da rua, tomando a mesma direção que tantas vezes tinha tomado antes, sozinho, rumando para encontrar alguns companheiros de farda, a fim de estarem junto àqueles que protegiam na Favela do Vintém. Entretanto, daquela vez o veículo seria conduzido para o mesmo bairro, porém não para o mesmo local, e junto com ele estavam duas das três pessoas que ele mais amava neste mundo.

Depois de atravessar os bairros que o afastavam do destino que tomara, tendo à frente o trânsito tranquilo de final de semana, para surpresa das duas passageiras que fervilhavam curiosas, ele chegou e parou em frente das duas casas onde passou a sua infância. Assim que estacionou o veículo, sua irmã, como a esperá-lo, saiu da varanda onde estava sentada e se dirigiu alegre a recepcioná-los.

Sandra atravessou o portão de entrada da casa e abraçou o irmão que estava sem ver havia algum tempo, depois de ter se restabelecido das cirurgias. Em sequência fez o mesmo junto à cunhada e à sobrinha. Saudades refeitas, Sandra os convidou a entrar na antiga casa dos pais. Paulo observou, utilizando sua experiência de militar, que alguns olhares vindos da casa ao lado haviam lhe acompanhado desde que chegaram.

Paulo conhecia parte da história da família que viera morar na casa dos fundos da de Laura, que lhe tinha sido contada muito resumidamente pela irmã; contudo, estava longe de identificar cada personagem daquela história e por isso, já sentado na sala, perguntou a Sandra quem era aquele na casa da vizinha que tinha estado a olhá-los. Então a irmã passou a relatar-lhes com detalhes o restante da história que não conheciam, mesmo porque, movido pelo rancor que sentia de todos da família de Jaime, Paulo jamais havia trocado qualquer tipo de palavra com algum membro da família de Laura desde que se mudara para outro bairro longe dali, acontecendo o mesmo por parte de sua esposa e filhos que acompanhavam a rejeição do pai para não deixá-lo incomodado e irritado.

Paulo escutou atentamente cada detalhe do que tinha ocorrido com a família de Jerônimo – o homem que acabara de identificar pela conversa com Sandra –, com ele mesmo e com os sobrinhos, passando pelo ponto de que tanto ele quanto os sobrinhos tinham sido ajudados por alguns médicos especializados em queimaduras, no hospital do

Méier, cuidando das crianças e devolvendo a Jerônimo a saúde do corpo, quase todo queimado ao salvá-las incêndio que tinha acontecido na casa de Flávio, seu irmão.

Paulo, ao ouvir as palavras da irmã melodiosas, contando-as com receio de que ele identificasse quem era o médico, sorriu para ela, pegou em suas mãos e lhe revelou, sob os olhares complacentes de Cláudia e sua filha:

– Querida irmã, não precisa mais recear que eu identifique um desses médicos, pois que ele se identificou para mim. Não se preocupe, Sandra – falou branda e pacificamente, deixando os olhos dela e de seus parentes repletos de lágrimas pela emoção de escutarem aquelas palavras dele, sem haver nelas as pressas e rispidez normais. – Eu sei o que passou pela sua cabeça: o medo de defrontar-me com o meu maior inimigo como o salvador dos meus filhos, de mim mesmo e por final do meu casamento, da minha péssima convivência com a mulher que eu não sabia amar e do amor de minha filha que não deixava transpor as fronteiras do meu egoísmo – confessou olhando carinhosamente as duas.

– Mas isso tudo já passou, mana – disse olhando agora para ela. – Eu aprendi com os meus muitos erros, despertados na sutiliza dos atos de caridade daquele que deveria me detestar e soube me perdoar, sem pedir nada em troca, ao contrário, ocultando-se para que eu não soubesse o que tinha feito para me beneficiar.

Então Paulo contou sobre o pacote de presente que tinha recebido de Álvaro; como ele acabou descobrindo pelas letras que estavam escritas no bilhete deixado dentro da caixa que quem o tinha escrito não havia sido Álvaro, mas Jaime; como ele passeou pelos efeitos disciplinares que os ensinamentos dos livros que tinha recebido como presente lhe proporcionaram, trazendo-lhe uma sabedoria que nunca havia tido, compreendendo o significado do perdão e amor ao próximo, mesmo ao pior inimigo exemplificado por Jaime, e a Deus acima de tudo: o Deus e seu Filho que desde a infância ele acreditava não existir, que agora reencontrara, e por isso precisava acertar de alguma forma o caminho tortuoso que tinha escolhido para si, que tanto o prejudicou quanto aos que ele havia prejudicado.

Ele revelou para a irmã e abertamente para Cláudia e Rita que começaria tentando acertar o que havia feito de tão errado, envolvendo-a. Ele contou, então, a verdadeira história tramada por ele para incriminar, propositadamente, Jaime no roubo da bicicleta de Sandra, para se vingar dele por tudo, principalmente por ter lhe roubado Maureen, passando com detalhes em cada ponto. A cada revelação, nas mentes das presentes, misturavam-se nos seus sentimentos: surpresa, rancor, constrangimento, covardia, ciúme, incompreensão, ressaltando individualmente Sandra que passou a ter, a princípio, além de alguns desses sentimentos, muita pena do irmão por tanta atrocidade feita, e remorso por ter se deixado influenciar por ele, sem questionar nada. Mas depois, relembrando o que Paulo tinha acabado de falar sobre o perdão, Sandra transferiu a pena que o irmão visivelmente não desejava para si pela ajuda que ela poderia lhe dar, conforme ele mesmo pediu, quase suplicando por isso, no telefone na madrugada daquele dia.

Desde que Paulo e a família chegaram até aquele momento haviam se passado quase duas horas de conversa, entre as idas e vindas da cozinha para comerem algo na sala para que ele continuasse o seu relatório verbal, até que fosse concluído o restante das reveladoras histórias das atrocidades cometidas por ele junto a Jaime e sua família, bem como a sua participação no esquema de proteção ao tráfico da favela local, deixando as três perplexas e estarrecidas. Mas, diante da sinceridade daquele que revelava suas atrocidades, estando pronto para arcar com as devidas consequências, elas praticaram ali mesmo suas indulgências, pois, elas mesmas, embora menores, também tinham seus erros para serem reparados.

O ponteiro do relógio já havia descido a ladeira do meio-dia, quando Sandra, como se estivesse a testar os verdadeiros propósitos do irmão e perceber quais seriam os de Cláudia e Rita, convidou-os a ir à casa ao lado onde estava Laura, tomando ela todo o cuidado para observar em cada ação do irmão as suas atitudes, precavidamente, a fim de não se ver, mais uma vez, envolvida em um novo golpe planejado por ele. Assim, encarando-o, ela percebeu nos seus lábios a tonalidade máxima da brancura que sempre os tingia quando ele estava metido em uma grande situação, conhecedora que ela era da personalidade do irmão. Mas, em seguida, ela não viu o medo e a insegurança que também sempre dominavam o seu semblante naquelas horas, em vez encontrou um: "por que não?", como se estivesse mais que na hora de acontecer, estando preparado para isso.

Eles saíram da sala onde estavam, abriram o portão de entrada da casa ao lado, atravessaram o portão simples da varanda e Sandra bateu na porta da sala para chamar a atenção da vizinha, gritando para ela:

– Amiga! Tenho uma grande surpresa para você. Venha ver, por favor, quem está aqui para visitá-los.

Laura, como se estivesse fascinada aguardando aquele momento, além do que as paredes geminadas já lhe tinham revelado, saiu apressada de dentro de sua casa, abriu a porta da sala e, literalmente emocionada, jogou-se nos braços de Paulo se esquecendo de toda a dor e de todo o sofrimento que aquele homem que estava à sua frente tinha proporcionado ao seu irmão, a ela e a todos de sua família, ficando nos seus braços por muito tempo; em sequência, em prantos, cumprimentou amigavelmente as outras duas visitas.

Paulo, constrangido ao extremo pelo carinho com que Laura o estava recebendo, só soube lhe dizer:

– Perdão, Laura. Perdão por tudo que lhe causei, ao seu irmão e ao restante de sua família. É só e tudo o que posso dizer por ora.

Os dois voltaram a se abraçar e ficaram assim por muitos minutos, sob os olhares fascinados das outras pessoas, como se recordassem juntos de tudo que tinham passado de bom e de ruim, enquanto o sol ao longe, percebendo-os, deixava os seus raios da tarde fria aquecer aquela amizade renovada, que se formara na alegria e no amor, e que por muitos anos ficou contida entre o ódio, o rancor e o revide.

Caindo em si, Laura os convidou para entrar em sua casa. Sentados nas confortáveis poltronas da sala ao sabor de biscoitos e um café recentemente passado no coador, os dois trocaram passagens que lembravam os velhos e felizes momentos de alegria entre eles, como também os de agora em família, engraçados, deixando todos à volta deles ricamente envolvidos e contagiados com tudo o que diziam. Foi no final de uma dessas passagens contadas pelos dois que a filha e o marido de Laura, habilmente manipulados por ela para irem passear na rua, chegaram e a viram junto ao antigo rival rindo, felizes e alegres, não entendendo nada, de início, e precisando de um tempo depois que cumprimentaram Paulo e sua família para compreenderem a nova situação, transformando as ideias antigas ditadas pela mãe para as novas.

Mas como Laura também precisava se convencer das reais intenções do irmão de Sandra e sua família, convidou-os a irem até a casa dos fundos, onde estavam Lourdes, a filha e o cunhado, para lhes observar a reação diante deles. Feito isso, ela puxou a pequena caravana a percorrer o espaço curto de distância entre as duas casas, penetrando pela porta da pequena varanda que dava acesso à porta de entrada da sala da casa de Flávio. Laura chamou Lourdes que, escutando-a, saiu da cozinha, onde estava conversando com o cunhado e a filha, e se dirigiu à sala a fim de recebê-los. Dos olhares de surpresa dos três com a visita que adentrava na pequena casa, o de Jerônimo refletiu mal-estar com a presença do maior inimigo de seu melhor amigo. Entretanto, Lourdes soube colocar mais rápido em prática, naquela situação, o que Jerônimo havia aprendido nas literaturas, recebendo Paulo e família com sorriso e estima, deixando-os confortáveis, diante do peso que ela sabia trazer Paulo nos ombros e, principalmente, na alma, enquanto o cunhado ainda relutava contra o verdadeiro perdão, e Aninha se deixava levar pelas ações feitas pela mãe.

Mostrou Lourdes, assim, que nem sempre se pode achar que somente lendo e aprendendo se pode considerar praticado. Somente se vendo na hora do enfrentamento é que realmente sabe se conseguirá fazê-lo. E foi desta forma que o velho presidiário se sentiu observando o jeito nobre de Lourdes tratando Paulo como um amigo, colocando em prática o perdão às ofensas, ensinado por muitos lideres religiosos, e principalmente pelo Mestre dos mestres, enquanto ele ainda tergiversava naquela direção, mesmo já tendo proferido para outros esse ato sublime do perdão às injúrias. E, mesmo a contragosto, foi no momento do aperto de mãos junto a Paulo que seu interior se manifestou perfeitamente, numa mistura de simpatia e antipatia, ferreamente se confrontando uma com a outra, fazendo como que um raio fulminante de sentimentos contraditórios envolvesse Jerônimo e o fizesse estremecer entre o amor e o ódio, deixando-o totalmente confuso e sem reação diante de Paulo.

Paulo, percebendo isso, habilmente deixou a irmã conversando com Laura, Lourdes e Aninha chegadas até a cozinha da residência, depois de ter ficado por alguns minutos em expectativa de espera junto aos dois homens chegados à pequena sala da casa, adiantou-se, descontraidamente, puxando conversa com Jerônimo que, constrangido ainda com a presença daquele que tinha participado da trama que trouxera o pesadelo na vida de Jaime, só lhe respondeu com palavras monossilábicas, como o sim, o não e quando muito o talvez. Mas foi Paulo quem se antecipou, habilmente, a fazer-lhe soltar da boca outras palavras, passando forçosamente a formar dissílabos, frases curtas e depois completas, provocando nele as respostas à sua vida junto a Jaime dentro e fora prisão, passando pelo incêndio na antiga casa do irmão no morro, chegando até as cirurgias feitas pelo antigo companheiro de prisão, surpreendendo-o a confessar ter sido assistido ele e os filhos pelo mesmo médico que o tratou, primeiramente das enfermidades do corpo e depois as da alma, revelando-se, em seguida, sem receio, como o inimigo que tinha sido e prejudicado o médico que o curara; mostrando que havia aprendido muito nos livros lidos que Jaime lhe dera, agora estava empenhado a pagar com duas ou mais moedas, a cada moeda que usurpou dele, tal como professou o homem publicano a Jesus quando o encontrou, no seu arrependimento aos atos errôneos junto aos outros, como cobrador de impostos.

Jerônimo ficou pasmo ainda sem acreditar; Mauro, fascinado com a sinceridade e com as revelações surpreendentes de Paulo, fazendo o primeiro, instintivamente, recuar na sua frieza, diante do que estava aprendendo na prática, que vinha daquele que tinha sido o pior inimigo de Jaime e passava, por respeito ao bom exemplo do outro, a abrir o seu coração na direção daquele que à sua frente se identificava igual a Paulo diante do Filho de Deus na estrada de Damasco. Logo pensou o irmão de Flávio: "Mestre, se Tu perdoaste o maior dos perseguidores dos cristãos, e mesmo os que te mandaram para a morte na cruz, por que eu não consigo também perdoar aquele que errou por menos?".

Mauro, diante de toda aquelas revelações comovedoras, sentia-se uma criatura privilegiada perante tanta lição a ser aprendida, deliciando-se com a oportunidade que tinha.

Neste instante em que o sol deixava suas saudades nas mentes frias dos homens começando a dar lugar à lua que acalmava os ânimos exaltados, Jerônimo viu entrar pelo corredor principal da casa de Laura a figura com passos precisos e firmes de Jaime, seguido por Maureen e o filho, deixando-o ainda mais desconcertado, com relação a si mesmo.

A primeira das mulheres a vê-los foi Laura, como se estivesse a esperá-los, apressando seus passos na direção do irmão; depois, foi sua filha, em seguida Sandra, Lourdes com Aninha, Jerônimo, Mauro e finalmente Paulo, que sentindo-se o pior dos homens e atordoado com a situação que havia imaginado, mas que na realidade e na prática não sabia como proceder, ficou esperando pelo ato de misericórdia do antigo amigo, depois que todos se cumprimentaram. Imediatamente após, concluídos os cumprimentos, os olhos acabaram se voltando para os dois que faltavam se cumprimentar, em expectativas, para os atos e ações inebriantes que cada um tomaria em seguida, que dependeriam das alegrias ou tristezas futuras de todos que ali estavam e outros ausentes, direta ou indiretamente.

Jaime, como aquele que havia aprendido mais que o próprio mestre, naquela situação, a colocar em prática os ensinamentos dos livros lidos, assim que se viu livre dos braços da irmã, sua filha e seu marido, de Sandra, de Lourdes, sua filha e Jerônimo, antecipou seus passos para que os dele encontrassem no menor espaço possível os de Paulo, o qual, encorajado pela pronta atitude de Jaime, por sua vez, não fez por menos, por ver-se como o maior interessado, encurtando ainda mais o espaço que os separava. Ao final, suas mãos que por muitos anos não se cumprimentavam acabaram apertadas; suas mãos largaram o cumprimento e se movimentaram no encontro do abraço firme e decidido, deixando suas lágrimas na camisa um do outro.

Em volta, a plateia emocionada empolgava-se cada vez mais diante de tanta vontade na direção da retenção e do entendimento, exemplificados como o melhor caminho, em vez da ira e do revide.

Naquele exato momento, chegaram da rua, onde propositadamente tinham sido levados a se divertirem, Bentinho e Fernandinho, que pararam exaltados com a cena que viam e não acreditariam se falado por meio da visão de outra pessoa, pois, pelo que seus pais comentavam, aquela cena muito dificilmente aconteceria um dia. Vendo Paulo e Jaime abraçados chorando abundantemente, um pelas perdas sentidas, o outro por ter sido o causador delas, trocando um com o outro as palavras de renovação da velha amizade, pedidos de perdão e falas de arrependimento de um, respostas positivas e de refazimento do outro, os dois meninos derramaram-se em prantos, levando os demais presentes a lhes trilhar o mesmo caminho, repletos de muita emoção.

Logo as crianças se aproximaram de seus pais, totalmente envolvidas com a situação comovedora e os sentimentos arregimentados pelo bom senso presente nas duas figuras principais daquele encontro planejado de propósito por Paulo com Sandra e Laura.

Aquela reunião familiar iniciada na frente da casa de Laura, naturalmente, ocasionou o suspense e a curiosidade nos vizinhos que por perto passavam vendo as diversas cenas deslumbrantes, levando, posteriormente, seus comentários aos próprios familiares e demais vizinhos, fazendo circular rapidamente entre eles a surpreendente novidade, chocante para uns de má-fé e perfeitamente compreendida por outros, nas suas boas-fés.

Em virtude disso, logo chegaram à casa de Laura dona Jurema e o senhor Afonso puxando com cuidado o idoso cachorro Sheik; dona Judite, chorando copiosamente se arrastou com seu andador até lá a fim de não perder o reencontro dos seus dois meninos cabeçudos, tendo também um dever a cumprir naquela reunião.

Então, foi Sandra que, vibrando de emoção, falou por ela e por Laura, na direção dos dois ainda abraçados:

– Sejam bem-vindos de volta às nossas casas, Jaime e Paulo – convidando a todos para irem até a sua casa.

O último a entrar na casa de Sandra foi Jaime, absorvido que ficou a cumprimentar e a receber os abraços e beijos dos vizinhos, deslocando os seus passos junto aos jovens e os demais na direção do portão de entrada da casa que um dia havia pertencido aos pais de Paulo e Sandra. Antes de Jaime entrar na casa da vizinha de Laura, ele direcionou, instintivamente, seu pé direito para transpor o portão de entrada, não se esquecendo de agradecer mentalmente ao Bom Pai pela possibilidade daquela oportunidade.

Enquanto isso, dentro de casa, Sandra, Laura e Lourdes estavam na cozinha procurando preparar alguma coisa para dar de lanche reforçado para todos; Carminha, Aninha, Bentinho e Fernandinho trocavam suas jovens informações; Paulo e Jaime conversavam no sofá da sala lembrando as diversas passagens que haviam vivido juntos na infância, sem que houvesse a presença maligna dos melindres e iras do primeiro junto ao segundo; Jerônimo, recatado ainda em suas palavras, preferia somente escutar a ter de manifestar qualquer tipo de envolvimento, que em sua sinceridade interior acusava precaução com a liberdade inconsciente do amigo, envolvido que estava com o retorno da amizade antiga, pensando restritamente no que viu e sabia a respeito do envolvimento de Paulo com o seu grupo facilitando a vida dos traficantes da favela local.

Daquela forma Jerônimo, lembrando os apóstolos de Jesus que não aceitaram Paulo, o antigo Saulo perseguidor de cristãos, castigava os seus sentimentos sinceros de perdoar 70 vezes sete as faltas cometidas por Paulo a Jaime. Ele ainda não acreditava na sinceridade total do faltoso e sentia-se incomodado com a aparente situação alegre parecendo que tudo estava bem.

Nesse meio tempo, seguindo um cronograma quase perfeito traçado por Paulo junto com a irmã e sua vizinha, chegaram à casa de

Sandra, com seus olhos e rostos cheios de curiosidades a respeito dos convites feitos, Heloísa, Osmar, Pedro e Celso com seus respectivos companheiros e companheiras; em seguida chegaram Rui e Sônia, que tinham estado a trabalhar naquele dia, ficando os dois surpresos ao ver a casa cheia de gente; por último, chegou José Carlos também convocado por Laura e Sandra.

Natural e surpreendentemente, como a passarela de desfiles dos artistas que chegam como indicados ao Oscar, ou para somente assistirem ao grande espetáculo, os presentes e os que estavam antes se viram como em tal situação, aguardando para depois o que viria em seguida para mais surpreendê-los. Amigos e parentes, que não se falavam ou não se viam há muito tempo, derramaram suas felicidades nesse reencontro fraterno e amoroso, repleto de felicidade. Entretanto, alguns questionavam surpresos nas suas intimidades a presença de Sônia e de José Carlos, e dos irmãos mais velhos de Jaime, entre os quais estavam Rui e Mauro, que só conheciam a maioria de longe; Jerônimo que questionava muitas coisas parecendo não ser o mesmo dos velhos tempos, e o próprio Paulo que não tinha solicitado a presença da enfermeira e de Zeca.

Entretanto, depois das saudades trocadas e dos lanches feitos, Paulo, vendo que a hora certa havia chegado, pediu a atenção de todos e, posicionando-se em pé ao centro das atenções na sala, começou a falar, enquanto cada pessoa tomava o seu lugar, fosse sentando nos sofás, nas cadeiras, no chão ou em pé na varanda, debruçadas nas duas janelas da sala:

– Antes de tudo eu gostaria de agradecer à presença de todos – disse Paulo olhando convictamente na direção dos que ele havia pedido serem convocados. – Agradeço também aos que chegaram que nem eu mesmo sabia, pois confesso-me surpreso com as presenças, por exemplo, da adorável enfermeira Sônia, agora aconchegada nos braços do senhor Jerônimo – assinalou – e Zeca, ou melhor, José Carlos – disse deixando transparecer a incerteza com a sua presença e o papel que teria naquele encontro. – Meus queridos parentes e amigos, eu estou aqui, como muitos de vocês devem estar se perguntando, para cumprir com uma obrigação, minha, pessoal, na justificativa de tentar atenuar e justificar os meus erros diante daqueles a quem tanto prejudiquei. Alguns de vocês poderão estar se perguntando – disse dando uma discreta olhada na direção de Jerônimo, colocando em suas palavras humildade e sinceridade – como é que uma pessoa pode se modificar tanto em tão pouco tempo, de maneira que poderia qualquer um de vocês, compreensivelmente, duvidar de minha real condição moral. Contudo, eu jamais os reuniria aqui se não fosse a vontade de atender à minha imensa necessidade de retratação, por meio da misericórdia e do perdão junto àqueles com que errei, para que eu possa me sentir, no mínimo, com a consciência menos pesada. Como não sou de falar muito, eu irei direto ao assunto começando a confessar logo os meus pecados – disse tentando ser firme, porquanto a voz ligeiramente embaçada.

– Acredito que tudo iniciou, quando em plena amizade com Jaime e seus irmãos, certa vez chegando à casa deles, escutei sem querer o senhor Jorge discutindo com a dona Helena a respeito do namoro dela com o meu pai e, por sua vez, dona Helena, incomodada com a acusação, como resposta, o acusava do namoro dele com a minha mãe – com isso, algumas das pessoas diretamente envolvidas começaram a se incomodar com o assunto que mexia com a memória de seus pais.
– Eu sei que isto incomodará alguns de vocês – continuou Paulo parecendo adivinhar o pensamento dos que o escutavam –, mas, por favor, me deixem falar para que vocês compreendam o que foi que passou na minha cabecinha de 8 anos de idade, fazendo com que uma grande amizade como a que eu tinha por Jaime se transformasse tanto. Afinal, eu também estou falando sobre a memória dos meus pais. E eu nunca feriria essa memória, nem a do senhor Jorge e de dona Helena, a quem sempre respeitei muito; se não necessitasse contar esta passagem, eu jamais estaria falando isto para alguém, muito menos junto às nossas crianças. Portanto, escutem a história para que possam compreender algumas atitudes, não só tomadas por mim, como também por outras pessoas que acabaram se envolvendo junto a minha amargura.

A partir daquela conversa escutada por mim, acrescidas a outras insinuações de meu pai com suspeitas e ciúmes doentios de minha mãe com seu antigo namorado, a minha cabeça começou a fervilhar com suspeitas e dúvidas a respeito de minha própria existência e a de Jaime, confirmadas pelas palavras do senhor Jorge para dona Helena, acusando-a: "Está pensando que eu não sei que você teve um caso com o Macedo, antes de termos ficado noivos? E depois, vocês não se encontraram de novo? Eu desconfio disto, pois esse moleque" – apontou Paulo seu dedo para si mesmo – "se parece mais com ele do que comigo".

Depois disso eu comecei a perceber sempre os olhos do senhor Jorge a sondar-me, enquanto sentia o medo do meu pai sondando Jaiminho que não desconfiava de nada; o senhor Jorge arredio a mim e o meu pai, ao Jaime, e as nossas mães, coitadas, sempre cheias de receios e apreensões nas constantes farpas geradas entre eles por qualquer razão. Afinal, o meu pai tinha sido namorado da mãe de Jaime, antes de ela ter se casado com o senhor Jorge, e este namorado de minha mãe, antes de ela ter se casado com o meu pai – enfatizou mais uma vez. – Eles haviam namorado por pouco tempo e acabaram se separando, principalmente pela pressão racial feita pelos pais deles e outras pessoas, depois as reflexões pela diferença de idade, pois os meus pais eram bem mais novos que os seus – falou olhando para Laura e seus irmãos – finalmente pelo bom senso diante dessas situações.

Como o meu pai nos falava com orgulho na voz, a minha mãe tinha sido uma bela jovem morena de não se jogar fora; como dizia o senhor Jorge para todos nós, quando estava de bem com a vida, a dona Helena tinha sido na sua juventude a mais linda branquela de todas. Além disso, o meu pai, nos momentos de briga com a minha mãe, jogava na cara dela quanto ao motivo que havia levado o senhor Jorge a mudar-se para bairro tão distante, enquanto pôde. E ter voltado para o nosso bairro depois que casou: "Por quê?", ele perguntava nestas ocasiões para minha mãe, dando ele mesmo a resposta: "Só devia ser porque continuava apaixonado pela antiga namorada".

Ele dizia, nestes momentos, que eu tinha alguns traços do senhor Jorge; como também dizia o senhor Jorge a dona Helena que o Jaime tinha traços firmes do meu pai – reforçou Paulo.

– Mas hoje tenho a convicção plena que foram essas insinuações criadas nas mentes doentias de nossos pais, eternos briguentos entre si, nos seus momentos de ciúmes, que me guiaram tal revolta, pois, duvidavam sem terem fatos concretos para isso. Bastava que eles olhassem com detalhes para o meu nariz e minha boca que veriam ser cópias fiéis dos do meu pai: batatudo e carnudo igual ao do saci-pererê – frisou sorrindo, levando o sorriso também para os lábios de outros –; que os olhos castanhos, a testa alta e o restante da face triangular do Jaime eram similares do senhor Jorge. Duvidar da lealdade de suas esposas é duvidar de seus próprios amores junto a elas. Necessitou a dona Judite aqui presente – disse indicando-a no meio do pequeno grupo, que balançava a sua cabeça confirmando – revelar aos dois esposos antes da morte das duas esposas, que tinha lhes escutado a confissão íntima do pesar que sentiam por terem um dia seus maridos duvidado delas, quanto a suas moralidades, já que os dois mesmos tinham tido as provas irrevogáveis de suas purezas em suas noites de lua de mel, e as duas amigas se respeitarem mutuamente na direção somente da amizade junto ao marido de cada uma, além é claro da religiosidade convicta que tinham para direcionarem as suas vidas no caminho reto e, depois, porque casaram por amor. Depois, no leito de morte de cada uma de suas esposas, pediram e receberam o perdão por suas insinuações descabidas, mas já era tarde para eles e para mim. Dona Judite manteve sua palavra junto às nossas mães que desejavam que fossem esquecidas aquelas insinuações absurdas, até bem pouco tempo, quando as revelou a Sandra, e ela a mim, fazendo assim aumentar ainda mais o meu compromisso para com todos vocês, direta e indiretamente.

Hoje eu deduzo de tudo isso que meu pai, sem que o percebesse, passou para mim a rivalidade que tinha ao senhor Jorge, cujas juventudes foram passadas juntas, sempre sobre a liderança dele, que, meu pai mesmo aceitando, lhe incomodava a alma. Como rebeldia, essa situação foi se alternando ao longo do tempo com um querendo ser sempre melhor do que o outro, em tudo, a princípio nas brincadeiras e nos jogos de futebol, depois nas competições de namoro. Meu avô conhecia bem essa rivalidade e a sustentava junto a mim, protegendo-me sempre com as coisas que me acontecia com Jaime. Acho que isso esclarece quase tudo que eu acabei fazendo, prejudicando o meu melhor amigo – disse com um sorriso de consolo na direção de Jaime. – Não falo isso para me inocentar, pois que todos têm o seu livre-arbítrio para dirigi-lo, mas para suavizar os males que acabei fazendo a muita gente.

Eu sinto dizer-lhes isto, dessa forma, mas é necessário, e que nos perdoem os nossos pais, os nossos irmãos e os nossos filhos por isso. Mas era preciso que fosse falado dessa forma.

Então, depois daqueles dias, a minha mente fechou-se em alucinantes interrogatórios, passando a atormentar-me todos os dias, indo desde a felicidade de ter o meu grande amigo como provável irmão, até a ira de tê-lo como o rival que poderia estragar a vida dos meus pais, fazendo-me às vezes não só ser o seu melhor amigo, como também o seu pior inimigo.

Eu fiquei contagiado pelo ciúme doentio dos nossos pais – tentou se justificar mais uma vez –, levando-me a terríveis dúvidas, e acabando por contagiar com meus tormentos também a mente da minha irmã – falou olhando para Sandra com a voz embargada – que acabou, por isso, ficando a me defender, atritando-se com Laura sempre que surgisse qualquer tipo de oportunidade para isto, por causa da febre da dúvida passada por mim a ela e das constantes brigas entre nossos pais.

Com a minha mente doentia, arrasada pelas dúvidas que me corroíam o lado bom do coração, comecei a confrontar-me com o pobre do Jaime em diversas situações. Passarei a relembrar-lhes algumas, abrindo meu coração para todos vocês, a fim de que acima de tudo possa aliviar a minha consciência tão pesada. Muitas que vocês, meninos e meninas, nem conhecem ou só pouco ouviram falar – disse olhando na direção daqueles.

– Dentre os danos causados, o primeiro de que me recordo foi com relação a Glorinha, tentando levar para ela a visão de um Jaime mentiroso, sarcástico, racial e egoísta, o que não deu certo. Não foi mesmo, Jaime? – pausou sorrindo mais uma vez na direção de Jaime. – Pois acabaram se apaixonando e namorando por alguns anos, e, achando-me também apaixonado por ela, fiquei mais irado tendo essa paixão não correspondida como argumento para isto.

Outra foi a curiosidade ferrenha sobre o concurso do programa de televisão, que eu não sosseguei até ter descoberto o motivo que levou Jaime a pegar com a dona Abgail algumas embalagens das massas Nápoles para pastéis; o ciúme que me consumiu quando ele ganhou o concurso e passou a ser o herói da rua por ter aparecido na televisão; finalmente, quando eu joguei um pouco de areia dentro do tanque de gasolina do carro a combustível que ele ganhou no concurso. Isto você nunca pensou, não é, Jaime? – disse sorrindo sem graça ao olhar a cara de espanto do antigo rival e escutando o cochicho que se formou entre os demais presentes.

– Depois foi no pique-esconde – continuou Paulo na sua narrativa reveladora de fatos impressionantes para quase todos –, quando eu fiquei irritado por Jaime ter tentado se esconder no mesmo lugar que eu tinha pensado. Eu saí do lugar onde tinha estado escondido e depois, com muita raiva, tranquei a porta de entrada da torre da igreja, deixando-o preso lá dentro – confessou enquanto escutava algumas vozes se indignando com o que falava em razão dos momentos de apreensão passados pela família e amigos procurando-o naquela noite terrível, enquanto para contrabalançar a situação outras pessoas começaram a rir relembrando as partes divertidas ocorridas naquele episódio, levando o próprio Jaime a sorrir também, sem controle, bem como os que não sabiam daquele episódio perguntarem aos que sabiam a respeito.

– Mas eu acho que o que mais irritou o Jaime foi quando eu coloquei fogo lá no campo de futebol, no piche derretido, e botei a culpa nele. Não foi, Jaime? – asseverou Paulo coçando o lugar em sua cabeça onde uma pedrada de Jaime deixara marca, enquanto ouvia as vozes de Osmar, Laura, Pedro e outros mais, afirmando:

– Eu sabia disso... desconfiava disso – bem como os comentários de outros perdurados por longo tempo na recordação dos momentos de agonia, de aflição, de desespero pelo fogo arrasador que assustou ao mais otimista e corajoso dos moradores da redondeza, necessitando recortar a história aos que de nada sabiam.

– Nesse episódio, para que fique claro a todos – continuou Paulo –, o Jaime nunca poderia ter colocado fogo no piche, porque ele estava numa pelada agarrando; ao contrário, ele tentou evitar que eu colocasse fogo, não conseguindo na terceira vez... Não sei o que me deu na cabeça naquele dia... sempre tive um fascínio pelo fogo, que nunca compreendi bem. Acho até que eu deveria ter sido um bombeiro e não um militar do Exército. Engraçado é que ao mesmo tempo que o fogo me fascinava ele me dava também enorme medo, fazendo-me correr assustado para a proteção de meu avô – confessou.

Mas não tivemos somente momentos ruins. Também tivemos um belo momento de reconciliação e ajuda baseada somente na verdadeira amizade que tínhamos um pelo outro – afirmou fixando seu olhar mais uma vez na direção do amigo –, quando Jaime me salvou de ter morrido afogado na vala profunda cheia de lama e água, onde muito antes havia se afogado um menino e um homem bêbado. Vocês se lembram disso? – perguntou aos demais, recebendo lampejos de recordações vividas por alguns que estavam ali, trazendo-lhes calafrios no corpo ao relembrar a situação, e de novo a passagem foi relatada aos outros.

– Lembro-me também de quando me perdi na partida de futebol no Maracanã; mesmo com a rixa aumentada entre nossos pais por causa disso, eu nunca vou esquecer quando reapareci e Jaime me abraçou com tanta vontade e carinho, que, sempre que me lembrava desse momento, eu me torturava, pelo que já tinha feito de errado com ele.

Muitas outras passagens eu poderia aqui falar no sentido de ter prejudicado Jaime e sua família, entretanto, depois das dúvidas quanto às nossas paternidades lançadas por nossos pais e dos revezes derivados, o que me serviu como uma gota d'água foi o meu namoro desfeito com Maureen, no qual coloquei a culpa total em Jaime, levando-me ao que penso ser o maior dos erros que cometi contra você, meu amigo – asseverou penetrando nos olhos de Jaime e de Maureen também, em busca da indulgência antecipada.

– Hoje, pensando muito nesta situação, em que me vejo completamente absorvido pelo amor que aprendi a nutrir por minha mulher – afirmou convictamente, olhando de forma carinhosa para Cláudia, levando junto com o seu olhar a plena sinceridade de seus sentimentos para com ela, registrada em público, fazendo-a derramar lágrimas de alegria pelas palavras sinceras de seu marido, pois já não tinha dúvidas delas – esta mulher que por muito tempo eu não mereci ter, pelo abandono que lhe dei em troca de toda a sua paciência, tolerância e dedicação nos piores dos meus dias. Mas eu sempre tive uma esperança dentro de mim de que um dia eu pudesse lhe dar o meu amor verdadeiro. Consegui encontrar isso em mim, Cláudia – afirmou-lhe enviando um beijo pelo ar.

– Por causa desse falso orgulho de amor perdido, eu acabei, volto a dizer, cometendo o maior de meus erros, irreparável, mesmo que Jaime me perdoe duas mil vezes, tal como vejo o perdão do Cristo para com Judas, mas mesmo assim todos se lembrarão dele, sempre, como a criatura que o entregou aos romanos para ser crucificado e morto.

Este, meus amigos, será marcado junto a mim e a vocês como o melhor e pior de todos os meus momentos, ao confessar o que tenho que lhes falar, por obrigação e dever – deu uma longa pausa prosseguindo com a voz embargada. – O Jaime nunca chegou perto sequer da bicicleta de minha irmã, quanto mais tê-la roubado – obtemperou, trazendo desconforto em muitos estômagos e fazendo acelerar o coração e a respiração de todos os presentes, desde os mais jovens aos mais velhos.

– Sim, meus irmãos, meus amigos, meus sobrinhos, meus filhos, todos os demais. Eu fui esse homem cruel que, movido por sentimentos antigos e novos de raiva e ira, acabei traçando um plano tenebroso para a vida daquele que considerava meu maior rival – ele respirou profundamente. – Premeditei, planejei e elaborei tudo junto com outras pessoas para que a culpa do roubo da bicicleta de Sandra caísse sobre o Jaime. Ofereci a Paulinho e a Neguinho uma soma que eles estavam precisando muito para pagar certas dívidas que tinham contraído junto aos traficantes da favela. Eles também fizeram o resto por mim, cuidando do sumiço da bicicleta de Sandra e testemunhando contra o Jaime. Resumindo, o restante vocês sabem das consequências, trazendo o inferno para a vida de Jaime, seus familiares e amigos – afirmou Paulo de cabeça baixa, absorvendo o mal-estar sentido por todos, sentindo na forma de angústia o peso de cada pensamento de acusação, revolta, indignação, pena e, por final, a aliviar-lhe o tormento, os de indulgência e alteridade por alguns que estavam ali, praticados, principalmente, por Jaime.

– Eu não tenho muito mais o que falar, a não ser o perdão que peço publicamente a todos vocês que, de alguma forma, se viram envolvidos pelos erros que cometi. Não haverá perdão suficiente que possa me deixar sereno, por maior que seja, em número e vontade, pois sinto, penosamente, o peso dos erros sobre mim para que venham me aliviar de imediato. Mesmo assim eu peço a Jaime e seus irmãos; a Maureen, seus parentes e seus filhos; a Cláudia e nossos filhos; a meus parentes diretos, principalmente a Sandra, que nunca teve culpa de nada, a não ser se deixar envolver pelos meus ares nebulosos de vingança; peço também a Jerônimo e sua família; a José Carlos por tê-lo feito calar-se diante do que provavelmente sabia sobre a situação do roubo da bicicleta, o qual eu começo a entender o motivo de estar aqui.

Falo, quase finalizando, que posso lhes dizer, confessando-me, que além do que contei do pior que fiz, que jamais eu cometi qualquer erro que venha a me desabonar quanto a ter tirado a vida de alguém. Sobre este ponto é que eu gostaria de conversar, somente, com alguns de vocês a respeito, pedindo desculpas aos demais, por não ter coragem de os envolver nessa conversa. Mais tarde eu a terei, em particular, com certeza, com a minha esposa e meus filhos, cabendo aos que eu falar desejarem ou não revelar também aos seus.

Enfim, eu gostaria de dizer que estou pronto para arcar com as consequências dos atos errôneos que cometi na vida de cada um de vocês, pois sinto instalada naturalmente nos rostos de alguns a indignação; saberei entender aqueles que evitarem a minha presença. Digo isto com muita sinceridade e verdade. A verdade que encontrei depois de ter recebido tanto perdão na forma de caridade que o doutor Jaime, a quem mais devo, me deu cuidando das deficiências físicas e morais, primeiramente de meus filhos e depois de mim, é que me moveu a confessar-lhes meus erros. Dele e de minha esposa derivaram o entendimento aos meus erros: no trato com muito amor que me deram; no bilhete amigo que o doutor Jaime me fez acordar por intermédio das literaturas corretas, estas verdades sobre as Leis Infalíveis de Deus, a Vida entre os dois lados da vida e da morte, a que tanto burlei e estou pronto para arcar com os débitos que contraí. Eu quero, por isso, começar logo a fazer esses reparos, pedindo a Deus que possa me perdoar e me dar forças para poder quitar meus erros, fazendo o bem melhor que consiga.

Eu gostaria de dizer e fazer o que Zaqueu, um cobrador de imposto que esteve com Jesus, arrependido, afirmou a Ele, que daria em dobro tudo o que tinha tirado dos que se achavam lesados. É o que pretendo fazer com cada um de vocês a quem prejudiquei, dando muito amor em vez da ira, da inveja e do melindre. Também tentarei fazer o que puder a quem indiretamente prejudiquei, e àqueles que nem conheço ainda, pela caridade da mão esquerda que não vê o que a direita deu.

Hoje, maduro e consciente plenamente da existência dessas Leis de Comprometimento, consigo compreender o que há bem pouco tempo não conseguia. Tenho por isso plena certeza de que movido por simples caprichos dos ciúmes doentios de nossos pais, sem fundamentos fiéis às situações aludidas por eles, eu me deixei envolver nisto, o que me levou, motivado por esses pensamentos inconsequentes, a fazer as tragédias que cometi. Se eu tivesse na época o conhecimento que tenho agora, riria das alegações fantasiosas de nossos pais. Como eu não tive, me resta resgatar o que posso para acertá-las.

Neste sentido, eu quero principalmente afirmar para a garotada aqui presente que se lembre sempre desta frase: "É melhor perdoar do que pedir perdão. Quem pede o perdão é o mais forte, e quem perdoa, o mais corajoso".

Depois destas últimas palavras, Paulo afastou-se de onde estava e sentou no chão da sala ao lado da esposa sentada no sofá, pegando-lhe a mão direita e, afagando-a, enquanto recebia dela um carinhoso beijo no rosto; deixou a oportunidade para que outro viesse a falar no seu lugar.

Jaime, que estava debruçado em um dos peitoris de uma das janelas abraçado a Maureen ao seu lado, a tudo tinha escutado atentamente e a nada a sua feição demonstrou perplexidade ou surpresa até que, concluído o que Paulo tinha exposto como justificativa a seus atos errôneos, ele resolveu falar alguma coisa, deslocando-se de onde estava para o centro da sala onde Paulo tinha estado, expressando, em seguida, o seu pensamento a tudo que havia escutado, visto e sentido nos olhos, nas feições e reações das pessoas presentes:

– Paulo. Queridos amigos. Meus parentes amados. Dizer sorrindo que estaria tudo bem e dar o perdão para o Paulo como ele o deseja seria simples, e tudo ficaria resolvido. Contudo, como ele mesmo disse, existem consequências quando cometemos atos levianos que acabam prejudicando nossos semelhantes. O meu perdão incondicional ele já o teve há muito tempo, desde que, como ele acabou de falar, comecei a me ver diante da compreensão das Leis de Deus e entreguei a Ele que a justiça não se fizesse por minhas mãos, mas pelas d'Ele, na forma do comprometimento que nos faz crescer – deu uma pausa, olhou para todos prosseguindo.

– Foram por essas mãos – disse olhando para as suas- e de outras pessoas, as quais duas estão aqui, Sônia como enfermeira especializada e José Carlos como instrumentista, que tive a oportunidade dada por Deus para provar esse perdão incondicional. Portanto, Paulo, nada me deve. Peço somente que seja fiel à meritória que Ele lhe deu e que você a use voltando-a para todo o bem que possa fazer junto a seus semelhantes. Quanto ao resto, eu nada tenho para lhe pedir em troca ou lhe cobrar qualquer coisa, a não ser lhe agradecer por ter sido o instrumento que Deus utilizou para me ensinar tanto. Peço ainda – falou se referindo a todos que ali estavam – que nunca se esqueçam de "desejar ou fazer ao outro o mesmo que deseja para si mesmo". É simples; é fácil, quando queremos assim proceder. Se todos agissem dessa forma, não existiria tanto sofrimento no nosso mundo. Quanto a isso eu gostaria aqui e agora de agradecer esse conhecimento a uma pessoa que me ensinou este caminho. Um amigo de cela que de fera se transformou no instrumento do homem de bem, ensinando-me o caminho dessa transformação quando eu mais necessitava e estava me queimando por dentro, na ira, na raiva e no ódio que comecei a ter pelo Paulo, depois do que ele me tinha feito, tirando-me do caminho do meu sonho da faculdade de medicina desejada, do amor que tinha por Maureen que me levaria a comungar com ela a vida em comum, e me lançando dentro de uma das piores penitenciárias existente no Brasil.

Jerônimo. Este homem que está sentado ali naquele canto abraçado ao amor de sua vida – disse levando o seu olhar e os de outros na direção do casal. – Foi quem me ensinou este caminho, fazendo-me sentir depois que precisava fazer o mesmo com outros tão necessitados quanto eu da paz interior. E que estes possam fazer o mesmo a outros que venham a necessitar desse aprendizado.

Quanto ao que levou Paulo a se atormentar pelo que escutou de nossos pais em seus momentos de brigas, que lhe gerou as dúvidas atrozes quanto às nossas existências e paternidades, eu creio, como você mesmo já disse, que o destino lhe plantou uma infeliz ideia, que hoje você compreende bem, pois eu e meus irmãos também escutamos isso várias vezes de nosso pai quando brigado com a nossa mãe, mas nunca nos perturbamos com isto, porque, se fosse verdade, a primeira a nos falar a respeito seria a nossa mãe, ou a sua com relação às suspeitas de seu pai. Melhor do que ninguém neste mundo, elas sabiam das insinuações sem fundamentos de nossos pais, e pouca importância davam para essas tolas suposições atraiçoadas pelos ciúmes bobos de seus maridos; às vezes falhavam quando irritadas por seus esposos, mas ficava a raiva por ali mesmo, pois elas tinham aprendido a utilizar a sabedoria do silêncio na hora certa.

É só o que quero falar – concluiu Jaime a sua fala, retornando para junto de sua esposa, recebendo dela um beijo carinhoso nos lábios.

De longe, olhando tudo isso e sentindo uma verdadeira reviravolta nos pensamentos que tinha com relação ao que pensava de Paulo, diante das suas palavras inconfundíveis de sinceridade e honestidade, Jerônimo começou a acelerar o trabalho quanto à aversão incontida junto ao antigo inimigo de Jaime, relutando dentro de si contra as cenas de tê-lo visto junto a outros militares e traficantes da favela local, que contrastavam ainda com o que dizia. Mas isto tinha acontecido há muitos anos, tempo mais que suficiente para que Paulo revisasse os seus pensamentos, atos e ações antigas, em vista do que aprendeu com os ensinamentos contidos nos livros que tinha dado a Jaime, e os exemplos vivenciados naquela tarde. Ele mesmo como um grande devedor dos erros que havia cometido, tinha passado por aqueles momentos de luta, entre o que estava aprendendo nos livros e o ódio e a raiva iniciais que sentia por Evandro por ter lhe traído duramente, causando-lhe o confinamento na horrorosa penitenciária Frei Caneca; entretanto, o ódio, a raiva e a vontade de revides foram se transformando, aos poucos, em indulgência, em tolerância, em perdão incondicional, trazendo-lhe a calmaria consigo, e finalmente a paz, conforme ia se esclarecendo com os ensinamentos obtidos nos livros que tinha lido. Essas transformações trouxeram dentro dele a certeza de ter de se reconciliar com o seu inimigo, o que conseguiu assim que foi libertado, junto a Evandro.

Paulo já aprendera a fazer isto junto ao seu inimigo. Agora era a vez de ele fazer o mesmo junto ao seu. Para isso Jerônimo precisou, primeiramente, compreender o que estava passando com ele: uma briga ferrenha entre o bem e o mal travada constantemente dentro de si, com grandes possibilidades de o segundo vencer, se ele não utilizasse bem o seu livre-arbítrio. É o que Jerônimo acreditava agora com muita veemência, precisando, imediatamente, colocá-la em prática.

Para facilitar esse caminho, Paulo, como se estivesse a escutar o pensamento de Jerônimo, desejando fazer-se confiável e acreditado, pedindo o consentimento de Laura e seu marido, e com a licença dos demais, chamou a três dos que lá estavam para uma conversa em particular, encaminhando-se com eles para a casa ao lado.

7. As outras verdades de Paulo

Confortavelmente sentados nos sofás da casa dos antigos pais de Jaime, Paulo iniciou as suas confidências mais particulares:

– Bem, agora podemos conversar mais à vontade, pois é necessário que seja assim. Peço, por favor, seja assim. Depois façam vocês o que acharem conveniente, pois o mais importante será que me desfaça de outro peso que me incomoda. Primeiramente eu gostaria de explicar-lhes por que só os convidei e não quis falar o que tenho para lhes dizer junto aos outros. Confesso para vocês que, por exemplo, não aguentaria ver os olhos de minha irmã sobre mim quando começasse a revelar o que tenho sufocado no peito, pois o que lhe falei são partes suaves das minhas outras verdades. Eu sei que talvez não mereça o perdão dela nem o de vocês, mas eu preciso tirar de mim esse peso que está me apertando o coração. Por isso eu os convoquei, por serem aqueles que sabem mais a respeito das minhas verdades e que podem me ajudar a encontrar o caminho que me faça sentir menos perdido do que eu estou a fim de compensar o tanto que fiz de errado: o Jaime, como o que mais prejudiquei; o senhor Jerônimo, como aquele que ainda desconfia de mim, pois, desculpe-me, mas percebo isto, nitidamente, nos seus olhos; e José Carlos, por ser aquele que aprendeu a dar a volta por cima de seus erros e hoje ser um vencedor, e conhecer boa parte das minhas verdades.

Bem, tudo começou quando eu procurei a ajuda de Neguinho e Paulinho do Tamborim, na tarefa de fazer que você, Jaime, fosse acusado do roubo da bicicleta de minha irmã – disse observando-o de soslaio para ver a sua reação, felizmente não registrando qualquer tipo de ira no seu olhar que o fizesse demover as demais palavras que falaria. – Eu esquematizei tudo com eles que fizeram as suas partes muito bem, acreditando todos naquela história que hoje me dá nojo de ter feito. Mas fiz, e hoje estou pronto para arcar com as consequências dela, pedindo a vocês que me mostrem o que de melhor eu posso fazer.

Foi fácil convencer Sandra, que já morria de ciúmes de Laura, a se desentender com ela, diante dos atritos que comecei a ter com Jaime, levando a isso o meu pai e avô também, pois a razão lhes fugia da mente. Ela mesma, eu, Neguinho e Paulinho como testemunhas do roubo, fomos convincentes junto ao delegado e depois no julgamento, pois Jaime não conseguiu encontrar um álibi para sua defesa. Ao assistente do delegado, a ele mesmo, por saber odiarem os estudantes rebeldes, eu delatei, deliberadamente, a história de Jaime preso na Central do Brasil como suspeito de ter freado um trem numa estação que não estava previsto de parar – Jaime se remexeu, pois nunca tinha desconfiado disso. – Usando isto como argumento, eu fiz chegar ao juiz por meio deles este item que o ajudou muito na decisão final de réu culpado, sentenciando Jaime.

Eu fiz tudo isto por estar totalmente fora de mim, completamente obsediado, principalmente por ter perdido Maureen, quem acreditava ser a mulher da minha vida. Hoje, amando a minha esposa como a amo depois que a fiz sofrer por tantos anos, confesso, eu vejo que se tratava mais de orgulho e vaidade do que de verdadeiro amor. Maureen foi como um brinquedo dado a uma criança que depois foi retirado, deixando-a irritada por isto – afirmou com a voz embargada pelo remorso.

– Este envolvimento com os dois acabou me levando para a situação da qual tentei por diversas vezes sair e não consegui: Neguinho fez a burrada de ter assaltado o casal de velhos com a bicicleta de Sandra roubada; os traficantes da favela ficaram irados por ter ele atraído a atenção dos policiais prejudicando os seus negócios, e acabaram chegando a mim, depois de terem dado uns apertos no Paulinho; alguns policiais corruptos ligados aos traficantes chegaram até mim e me ameaçaram, caso eu não lhes fizesse certos favores concernentes a deixar o Exército, na época interessado naquela situação, longe da atração que tinha contra eles e os seus negócios com os traficantes. Daí em diante foi fácil para os policiais e para os traficantes me fazerem comparsas deles. Eu tive de aceitar para que não revelassem o que sabiam de verdade sobre o roubo da bicicleta. Para não querer ver a minha vida de militar do Exército e de minha família jogada no lixo, eu decidi – covardemente confesso – me juntar a eles, formando um grupo de proteção, que deixaria os traficantes fazerem as suas transações longe dos olhos da polícia e dos militares – ele deu uma pausa e tentou justificar reforçando que na época se encontravam ainda no período de controle da ditadura, enquanto Jerônimo observava o mínimo dos detalhes de seu rosto, os movimentos de suas mãos e de seus pés, à procura de alguma contradição.

– Eu me vi mais enrascado com eles quando decidiram que deveriam tirar o Paulinho de campo, pela atração que foi aquele caso para os outros policiais. Eu fui totalmente contra a decisão que tinham tomado, no entanto a minha voz não significava muito para eles que acabaram tirando a vida de João Paulo, que a meu ver era mais bobo do que esperto. É neste ponto que desejo me pronunciar: eu, embora envolvido com eles, não por opção, mas por necessidade, não participei na ação desta morte e de nenhuma outra. Eu posso ter sido omisso, o que não me afasta a culpa, mas nunca matei ninguém. Quero deixar isto claro.

Depois das últimas frases faladas por Paulo, podia-se notar enorme constrangimento nas feições dos três que o escutavam. Embora eles tentassem compreender os motivos que haviam levado Paulo a se envolver com a polícia e os traficantes, não poderiam deixar de sentir enorme asco por isso. Porém, eles nada replicaram na direção de Paulo, deixando-o à vontade para que prosseguisse na sua narrativa:

– Eu sei que isto não é suficiente para que vocês possam me entender e me perdoar, mas deixa-me com a consciência menos pesada de estar lhes revelando o meu envolvimento com este grupo.

– Eu sabia disso há muito tempo, Paulo. Eu também tive muita culpa por saber do que verdadeiramente aconteceu com o Paulinho e, por isso, eu trago imenso peso na minha consciência, pois, por saber o que aconteceu, os meus companheiros de tráfico e os próprios policiais envolvidos com eles me ameaçaram se falasse alguma coisa a respeito disso com alguém. Por causa disso, Jaime – disse olhando para o antigo companheiro de prisão –, é que tive de me omitir sobre o assassinato de João Paulo e tentei avisar o Neguinho e o Peleu que se calassem também, quando estava lá preso. Na penitenciária, entretanto, o burro do Neguinho não soube fechar o bico e acabou falando para o Jaime o que tinha acontecido; isto foi mais do que suficiente para que aqueles miseráveis mandassem acabar com a vida dele lá na prisão – falou José

Carlos com a voz repleta de vergonha, a fim de se justificar mais com Jaime do que com o próprio Paulo.

– Eu sei disso, Zeca. E sei exatamente os motivos que fizeram você se calar, não posso condená-lo. Eles são muito poderosos e por trás deles existe um poder maior que os comanda – justificou-se Paulo, enquanto Jaime e Jerônimo continuavam calados assistindo a conversa entre os dois.

– Depois de obrigado a pertencer ao grupo de proteção – continuou Paulo –, eu confesso comecei a gostar muito do dinheiro extra que recebia, e com a morte de um dos policiais, que fazia parte do esquema, acabei me entrosando mais com todos. Contudo, depois da morte do Paulinho, combinamos que não haveria mais mortes, por ter sido justamente o policial morto o assassino dele. O policial que morreu era o nosso líder. Ninguém nunca descobriu quem o havia matado. Eu, particularmente, suspeitei dos próprios traficantes, mas nunca tive prova disso. Nós abafamos aquela morte até o dia em que, depois de eu estar há anos dentro daquele esquema de proteção, o chefão dos traficantes resolveu terminar com aquilo me convocando para estar com eles. Eles acharam que eu tinha tomado a posição de liderança no lugar do policial morto e informaram-me sem muita conversa que o pacto havia acabado e que comunicasse aos outros que não seriam mais bem-vindos ali. Mas eu não era líder de nada, pois, com a morte de nosso líder, todos passaram a trabalhar como se fossem um conjunto só, embora eu os tivesse representado algumas vezes.

Eu saí do encontro, naquela noite chuvosa, com a impressão terrível de minha burrice, por ter ido lá sozinho. Aquela certeza se concretizou com o que me aconteceu em seguida e que vocês conhecem bem. Contudo, eu achei, até bem pouco tempo, que os próprios traficantes haviam encomendado a minha morte, mas não. Foi o irmão de Paulinho que tentou me matar achando que eu tinha assassinado o João Paulo. Foram os próprios traficantes que me avisaram sobre isso, mais tarde, quando eu já tinha me restabelecido dos ferimentos; antes mesmo de terem entregado o Adelson à polícia delatando-o como o autor na tentativa de minha morte, talvez para que nunca viesse a lhes acusar na mesma tentativa, por causa das investigações sendo feitas tanto pela polícia como pelo Exército, que tinham sido abafadas por eles por anos, até que não conseguiram mais. Entretanto, por ser interesse do próprio

Exército e da polícia civil, acharam melhor deixar aquela história longe do público e das demais curiosidades provenientes.

Eu aceitei aquela informação. Entretanto, pedi, tanto a eles quanto aos policiais com quem estive envolvido, que não me procurassem mais, pois poderiam ficar tranquilos que não os denunciaria desde que respeitassem a minha vontade de querer levar uma vida normal. Este pacto foi feito com eles e realmente nunca mais me procuraram, e eu por amor a minha família também nunca mais os procurei.

Assim eu me vejo diante de cada um de vocês na maior de minhas sobriedades a pedir-lhes a compreensão e o perdão pelos erros que eu cometi lhes implorando ajuda. Do que tratarmos aqui, poderemos depois falar a respeito com os nossos familiares, pois contarei essas coisas, pessoalmente, aos meus, e nada tenho a opor no mesmo que façam junto aos seus, ficando isto a critério de cada um de vocês. Mas por favor peço que falem o menos possível, pois poderá abrir uma ferida que já se fechou há muito tempo, podendo com isso prejudicar muitas pessoas que hoje se encontram sossegadas.

Jerônimo, que permanecera calado só escutando, foi o primeiro a falar:

– Meu caro Paulo, eu quase não o conheço na intimidade, pois antes de hoje nunca estive contigo, pessoalmente, falando. Não sei o que os outros irão dizer, mas quanto a mim eu lhe digo que a situação em que você se coloca é cômoda, depois de tudo que fez para prejudicar este homem aqui – disse francamente olhando na direção de Jaime. – Entretanto, conheço a história completa da vida dele, que me contou no auge da sua dor pouco tempo depois de ter a sua vida totalmente mudada pelo que você fez a ele. Mas quem sou eu para acusá-lo, se o próprio Mestre Jesus nos pediu para que perdoássemos 70 vezes sete vezes, enganando-se aquele que acha que seria esse o total dos perdões dado: ele nos pediu 70 vezes sete, o perdão a cada erro cometido, infinitamente. E lhe confesso, com todo o aprendizado que tive junto às Leis do Criador, que estava muito difícil para que eu pudesse, irremediavelmente, o perdoar.

Admito, desconfiei de você e acabei passando mesmo de meus próprios limites, contrariando as minhas convicções, e tentei achar provas que pudessem incriminá-lo, seguindo-o quando você chegava lá no beco com os seus companheiros – revelou. – Eu vi muitas coisas por meio das trocas de interesses que pude perceber entre vocês e os traficantes. Até mesmo estive muito próximo quando tentaram matá-lo. Eu persegui o criminoso até onde pude, mas não consegui identificá-lo por estar escondendo o rosto com uma touca escura. Depois tentei correr e voltar para ajudá-lo, e, quando estava bem perto de vê-lo caído no chão ensanguentado, eu notei que já o estavam ajudando, então, dei por mim da situação em que me encontrava podendo ser acusado do crime, apavorei-me com isso, por não poder suportar sequer a ideia de voltar para a prisão, e fugi feito um alucinado do local, indo somente mais tarde a estar com os outros no hospital. Antes de hoje, eu só conversei a respeito disso com o meu irmão e minha cunhada.

Mas, vendo-o do jeito que eu o vi sofrendo suas dores no hospital e o estado físico em que você ficou, eu comecei a me compadecer, e mais ainda quando hoje começou a revelar as suas verdades, mas fiquei com um pé atrás, junto a sua relação com os criminosos e até onde você estava envolvido com eles.

Como o Jaime conhece bem – disse batendo no ombro do amigo –, eu estive em situação quase semelhante à dele, tendo alguém que nos condenou à enorme pena na prisão, traindo-nos dolorosamente. Por alguns anos na prisão, eu só desejava uma coisa: matar aquele que havia me traído assim que pudesse sair de lá. Mas, conforme o tempo foi passando, fui aprendendo muitas coisas do ensino do Nazareno, de outros que o precederam e por outros ensinos posteriores, vendo-me, desta forma, na obrigação de perdoá-lo. E foi o que tentei fazer depois que tive a pena reduzida e fui libertado. Entretanto, somente quando pude estar com o meu maior inimigo e vi a situação em que se encontrava com a saúde rarefeita, ofegante, pedindo-me que o perdoasse, é que percebi ainda não o tinha perdoado totalmente; fazendo isso, de forma plena, eu me senti muito mais aliviado do que se o tivesse matado.

Assim, o que tenho a dizer é que nós não sabemos o que fizemos aos outros nos nossos passados para estarmos passando o que passamos. Por isso é que o Mestre nos pede que perdoemos sempre, pois não sabemos até onde vai a nossa culpa, comprometidos que ficamos uns com os outros. Somente Ele sabe, e conhecendo toda a verdade pode nos julgar. Por isso também não tenho condição de julgar ninguém, nem você. O que eu posso lhe dizer, Paulo, é que você não venha a errar mais para não se comprometer de novo e que procure fazer sempre o bem a quem quer que seja, para que o Pai também o possa perdoar. O restante é com a sua consciência. Eu não tenho mais nada a lhe cobrar, que a sua consciência e a Lei de Deus já não tenham feito – depois disso se calou.

Em seguida, foi a vez de José Carlos se levantar e falar:

– Paulo, eu coisa alguma tenho a lhe cobrar, pois pouco me vi prejudicado por você, a não ser ter visto alguns de meus amigos terem a vida tirada no envolvimento direto que tinham com a trama induzida por você no roubo da bicicleta de sua irmã. Eles se deixaram levar pelo pouco de dinheiro que deviam aos traficantes, pagando-os com o dinheiro recebido nessa farsa desbaratada que envolveu a vida do Jaime aqui ao meu lado. A você não devo nada. A ele devo tudo: o meu rosto que tive de volta que antes me fazia revoltado com a vida e a regeneração pessoal depois que saí da prisão; Jaime foi aquele que abriu a sua vontade a me ajudar, fazendo-me sair do meio criminoso que me envolvia como a teia de uma aranha. Com isto eu pude ter um trabalho digno que me permite hoje dar uma vida normal à minha esposa e futuramente aos filhos que desejamos ter. Portanto, só peço que nas suas ideias atuais não queira mais prejudicá-lo, pois me sentirei na obrigação de ajudá-lo, seja qual for a circunstância. Que suas intenções sejam realmente sinceras para que não deixemos de acreditar em você.

Eu sei que estou sendo firme, mas também honesto nas minhas palavras, e o que tenho para lhe recomendar é que faça o mesmo que o Jaime fez: perdoando todos e ajudando os que necessitam de ajuda. Ele fez isso com o seu maior inimigo e faz por todos aqueles que pode ajudar. Acredito que é isso: o trabalho honesto, a vida em família e fazer o bem a todos que pudermos. Foi isso que aprendi e me fez sair da vida desgraçada que levava. O homem para ser feliz só precisa disso, além de se contentar com o que Deus lhe deu.

Se assim, Paulo, você jamais terá de temer algo de mim, pois não verá o velho Zeca no seu encalço, porque não sei se, em caso contrário, saberei perdoá-lo mais uma vez, por estar carente ainda de muito aprendizado para tal – concluiu José Carlos entoando na voz firmeza e determinação.

Finalmente chegou a vez de Jaime falar:

– Amigos, o que tenho para dizer é pouco também. Agradeço a Paulo por mais essas revelações, a Jerônimo e a José Carlos por suas palavras e considerações, mas tenho a certeza de que nunca mais deixaremos de nos entender. Mas, falando diretamente a você, Paulo, eu acho que os livros que lhe dei de presente falam mais do que quaisquer outras palavras que poderia lhe dizer. Eu não consigo ler os pensamentos de ninguém e acredito piamente que Ele nos contou as suas verdades – apontando o dedo indicador para o céu. – O pouco que tenho para lhe perdoar plenamente, mais tem o Pai por conhecer em você todas as verdades. Por isso, quem sou eu para não o aceitar de volta como o amigo a quem acredito não tenha compreendido bem. Portanto, nada me deve, e sim a Ele a quem você mais se comprometeu do que a mim. Ele lhe pedirá em acertos o correspondente aos erros que cometeu junto aos seus semelhantes. Você e somente você poderá quitar essas faltas. A sua vida atual e a futura dependerão de como você procederá junto aos seus irmãos, filhos do mesmo Pai, recebendo em dobro o bem que fizer ou amarrando as suas mãos cm maiores comprometimentos. Por isso, o Mestre falou que devemos amar a Deus acima de tudo e todas as coisas, e ao próximo como a nós mesmos, para que evitemos nos comprometer com as Leis Universais Divinas, pelos erros que praticamos com os nossos semelhantes.

Eu desejo que voltemos a ser bons amigos e que nossas famílias estejam também nessa forma, pois é o melhor que cada um de nós poderá fazer para as nossas vidas e para aqueles que estão junto conosco, nessa tarefa árdua que temos de proporcionar o melhor para todos que estão comprometidos conosco nesta vida. Repetindo o que o Jerônimo falou tão bem: até onde vai o comprometimento de nossos erros feitos no passado, para que façamos o melhor um pelo outro, e encontremos afinal, na vida atual e futura, a nossa felicidade, tendo as nossas mentes e corações livres dos pecados que cometemos uns com os outros? – concluiu.

Depois daquelas palavras Paulo não teve mais como conter as suas emoções e começou a chorar abraçando-se a Jaime que, comovido, apertou-o num abraço que demorou alguns minutos para ser desfeito. A eles se juntaram Jerônimo e José Carlos, provocando um abraço geral de quatro pessoas, comovente, sincero e feliz.

Quando enfim eles decidiram retornar para a casa de Sandra, em completa confraternização e encontraram os outros, todos se surpreenderam com a alegria dos quatro, contagiando a todos com o bem-estar que vinha deles e trazendo a felicidade para os demais, como se fossem grandes amigos de muito tempo.

Junto com esta felicidade, como não poderia faltar para completar aquela noite, Rui e Mauro juntaram suas forças às das esposas e dos vizinhos e revestiram a mesa principal da casa com diversas guloseimas, a fim de compensar o almoço que alguns não tinham sequer tido.

Somente tarde da noite daquele sábado é que algumas pessoas começaram a voltar para as suas casas, levando consigo o retorno das grandes amizades que a partir daquele dia voltaram para não mais faltar. Embora com seus estômagos fartos, não houve aquele que não teve o seu sono sereno, aconchegado pelo amor exemplificado por todos.

---

8. Adelson e Peleu

Na cela mal-iluminada do térreo de um dos oito pavilhões da velha penitenciária Lemos de Brito, ou da Frei Caneca, os dois companheiros que a dividiam estavam terminando o planejamento e os preparativos para empenharem as suas próximas atividades na tentativa de fugirem daquele inferno, onde Adelson tinha perdido as suas últimas referências de dignidade humana em razão dos maus-tratos que recebia tanto dos prisioneiros quanto dos guardas. Embora a admiração que alguns prisioneiros tinham por ele ter tentado tirar a vida de um militar do Exército, a grande parte o condenava ao martírio: a maioria dos primeiros, por ter passado por cima das ordens do chefão do tráfico da favela de não atentar contra a vida de nenhum dos antigos protetores dos negócios, para não atrair a atenção da polícia; e os guardas, pelo atentado em si contra a vida de um militar.

Depois de ter passado tanto tempo longe de sua lucidez quando estava em liberdade na rua, Adelson estava ali em vista de um grande erro que havia cometido por livre e espontânea vontade, mas sóbrio. Depois do crime cometido contra a vida de Paulo, o feitiço virou contra o feiticeiro, conforme ditado popular, fazendo-o realmente fugir de si pelo álcool. Quando raramente sóbrio, Adelson era uma pessoa; quando alcoolizado, ele era outra: desloucado com o que falava e fazia. E foi nesta última situação que se viu enrascado com o excesso do que falava depois que alguns traficantes da favela, com propósitos definidos, lhe pagaram as bebidas no velho botequim do primeiro beco até chegar ao seu torpor, fazendo-o falar mais do que um papagaio. Com isso, os traficantes conseguiram obter do irmão de Paulinho do Tamborim as palavras que o entregavam como o homem que havia tentado assassinar o tenente Paulo. O tempo havia passado, mas a curiosidade de alguns policiais não. E isto não era bom para os negócios que rolavam dentro da favela.

Naquele dia Adelson, como se estivesse contando enorme bravura e coragem, confessou para os traficantes o crime que, se não havia matado, havia levado, pelo menos, enorme prejuízo ao corpo do infeliz que tinha, conforme as suas convicções, assassinado terrivelmente o seu irmão. Quando perguntado se tinha mesmo certeza de que havia sido Paulo o assassino do seu irmão, ele confirmou que tinha provas a respeito. Entretanto, aquilo para os traficantes não era verdade, pois eles conheciam quem realmente tinha matado Paulinho. Dessa maneira, as palavras entorpecidas de Adelson o traíram e, por isso, ele acabou sendo entregue pelos próprios traficantes à polícia, mais tarde acusado, condenado e levado para a penitenciária Lemos de Brito, onde ficaria preso por 20 anos. Para os traficantes, isso significou não serem mais molestados pela curiosidade dos policiais, podendo tocar o seu comércio irregular sem serem mais molestados pelo crime ocorrido com o tenente Paulo.

Por serem companheiros de infância e colegas separados pelas transações do tráfico na mesma favela em que moravam, acabou Adelson sendo companheiro de cela de Peleu que ainda cumpria sua pena por lá.

Peleu, ou melhor, Carlos Alberto, cuja prisão se arrastaria ainda por muitos anos, por não aguentar ficar mais tanto tempo preso, resolveu que fugiria da penitenciária de alguma forma. Atento a tudo e detalhista, embora da sua quase total falta de estudo, mas cuja inteligência o levava a falar melhor que os outros companheiros, tropeçando somente na formação de algumas frases, ele passou a registrar, bem antes da chegada de Adelson, tudo que se tinha sobre a penitenciária, bem como a localização tentadora de sua cela com relação à rua no lado exterior. Empenhado nesta decisão, Peleu achou por bem relatar ao companheiro de cela a sua ideia de fuga, que Adelson aceitou sob o efeito de um juramento feito ao primeiro, fazendo parte, imediatamente, das atividades de planejamento que os ocupariam durante duas semanas, antes de efetivarem o início do serviço. Concluído todo o planejamento, eles começaram o serviço raspando com a ponta de uma faca bem afiada roubada na cozinha a região no piso de concreto, com a forma de um quadrado, com dimensões suficientes para passar uma pessoa normal. Depois de três dias de trabalho revezado, feito nas horas em que estavam na cela, eles tinham conseguido raspar cerca de cinco centímetros de profundidade na área quadrangular no piso, escondendo os vestígios da escavação em sacos de papel sob suas camas, que aos poucos eles se desfaziam junto ao depósito de lixo, em pequenas quantidades para não chamar a atenção, por serem eles os responsáveis voluntários pela limpeza dos corredores entre as diversas celas, como também nas cercanias do campo de futebol. Para abafar o ruído da ferramenta raspando o piso sempre um deles ligava um radinho de pilha, aumentando ou diminuindo o volume conforme fosse necessário. Com o trabalho voluntariado eles ganharam o respeito dos guardas, não sendo, por sua vez, molestados por estes nas idas e vindas ao depósito de lixo, feitas sabiamente por eles com a regularidade normal ao serviço de limpeza.

Entretanto, com o avanço aferido, Adelson foi contagiado pela fraqueza resultante da falta do álcool no organismo, quis logo desistir, atribuindo como fator principal o tempo que tinham gasto conseguindo raspar somente os cinco centímetros, imaginando que daquela forma demorariam meses a fio para chegarem ao final do túnel, bem como por não saberem a espessura que tinha aquele piso de concreto até encontrar a terra. Ele ficou a lamentar-se durante dois dias, enquanto Peleu empenhava-se em raspar e raspar o quadrado de concreto, com maior frequência que o outro. A empreitada só voltou a animar Adelson quando ouviu Peleu sussurrar-lhe muito alegre que tinha conseguido chegar até a terra, abaixo da área concretada, após mais três dias naquele trabalho. Em vista disso, eles forçaram juntos por baixo da terra escavada, levantaram o quadrado de concreto e o colocaram ao lado. Depois, animados, revezando entre a vigia e a escavação, começaram a abertura do túnel planejado para chegar até o outro lado da parede externa do presídio, na rua, escavando com a faca e algumas colheres também conseguidas na cozinha improvisadas por Adelson com um cabo de madeira enrolado com fita crepe; às vezes eles usavam também na escavação uma lata de salsicha com as pontas retorcidas, revezando estes três tipos de instrumentos conforme fosse a terra mais ou menos dura. Quando encontravam alguma pedra muito grande pelo caminho tinham de contorná-la, retirá-la por inteiro quando pequena, ou se grande quebrá-la em pedaços menores, usando as mesmas ferramentas com a ajuda de um tipo de cunha feita às escondidas a partir de um pedaço de ferro, como se fosse uma talhadeira, usando um martelo de pedra enrolada também com fita crepe em um pedaço de madeira para bater na talhadeira, e os sacos de lixo para colocarem a terra, os pedaços de pedra ou concreto escavados.

Eles se empenharam naquela atividade ferrenha por longos 35 dias seguindo uma direção oblíqua para passarem sob a parede da cela, driblando as vistorias dos guardas, armazenando, desfazendo-se da terra cavada no lixo ou no pátio perto do campo de futebol onde havia entulhos de obras, colocando sempre a tampa quadrada de concreto de volta na abertura do túnel e o pano espesso que servia como tapete sobre ela. Durante todo aquele tempo, Adelson começou a sentir-se orgulhoso por si, ao constatar que, sem a bebida, era capaz de guardar segredos, fazendo com que a sua língua tagarela não coçasse, e se comportasse muda dentro de sua boca.

Tudo ia muito bem, após terem avançado cerca de dois metros no túnel além da parede da cela, até que Adelson acabou rompendo com a talhadeira improvisada, sem querer, a tubulação principal de barro cozido coletora dos esgotos que passava sob o piso. A tubulação estava posicionada paralelamente à parede dos fundos da cela, provocando o vazamento para dentro do túnel de água cheia de fezes provenientes das várias outras celas. Nesta situação, eles quase enlouqueceram pela falta de sorte, preocupados que ficaram com as vistorias dos guardas feitas semanalmente sem aviso. Por outro lado, Peleu estudando as suas informações acabou se alegrando, pois sabia que aquele presídio havia sido construído na época da monarquia, em 1850, e que a maioria das tubulações de esgoto era daquela época, portanto, bem mais frágeis que as recentes feitas de concreto ou de ferro. Com isso, ele resolveu mudar um pouco o seu planejamento. Indo pessoalmente pelo túnel escavado até o local da tubulação perfurada, mesmo em vista do esgoto que lhe encharcou o uniforme e a visão difícil com o único olho bom que tinha, ele vedou a parte perfurada com panos até que houvesse pouco vazamento, que a própria terra absorveria, e retornou à escavação seguindo agora rente à direção do tubo de esgoto, como uma referência segura de que chegariam à rua, onde a tubulação do presídio desaguava numa outra tubulação de esgoto.

Naquele dia, Peleu teve de dormir sem roupa por ter de lavar o uniforme na pia da cela com água e sabão, em vista do mau cheiro que exalava dele, que poderia chamar a atenção dos outros prisioneiros e mesmo dos guardas. No dia seguinte, ele voltou a usá-lo mesmo não estando ainda completamente seco. Por causa disso, Peleu pegou um forte resfriado que lhe trouxe febre, necessitando de medicamentos e repouso na enfermaria, adiando assim os trabalhos de escavação por quase seis dias consecutivos, pois um dependia do outro para aquele serviço, revezando entre escavar e esconder o entulho retirado, além do uso do rádio.

E foi em um daqueles dias da doença de Peleu que Adelson passou a admirá-lo, pois pensava consigo olhando-o: "Como é que um cara que não tinha muito estudo, e com um olho só, conseguia ser tão safo, esperto e inteligente para ter planejado tudo para que pudessem escapar dali, enquanto ele, que tinha tendo os dois olhos, estudara o primário completo, e até o segundo ano do ginasial, não passava de um ajudante de pedreiro?". Aqueles pensamentos voltados para a admiração às ideias de Peleu o entusiasmaram, completando o raciocínio para si: "Mas é por isso que somos uma dupla perfeita! Enquanto ele planejou tudo da fuga, eu improvisei as ferramentas e ensinei a ele a melhor maneira de escavarmos com maior rapidez".

Com Peleu recuperado da forte gripe, após mais 20 dias de escavação, eles tinham avançado quase seis metros na direção paralela a superfície quando perceberam que havia começado a pingar água no túnel proveniente da chuva que caía naquela tarde, no terreno externo à parede da cela. Isso os deixou apavorados, pois poderia ocasionar o desabamento do túnel que por tanto tempo e sacrifício haviam cavado. Eles estiveram inertes naquele trabalho por dois dias esperando a chuva passar e, para piorar, no terceiro dia, ficaram terrivelmente nervosos, quando dois guardas vieram para a vistoria semanal e, por pouco, muito pouco mesmo, não descobriram sob o tapete improvisado a tampa de concreto do túnel coberta habilmente com mais um pano grosso.

No quarto dia seguinte, a chuva cessou e eles tiveram tempo de ir verificar a situação do túnel, confirmando para suas alegrias que não havia desabado. Após essa confirmação, eles retornaram ao trabalho diário dentro da cela com maior afinco e vontade, pressentindo que estavam próximos de alcançar o muro da parede externa do presídio, agradecendo a São Jorge pela água caída do céu, pois a terra úmida facilitou-lhes a escavação. Dois dias depois eles conseguiram. Entretanto, a tensão foi-lhes maior quando se certificaram que teriam de aprofundar o túnel para que passasse por baixo da parte inferior do muro. Nisto se empenharam por mais dois dias de terríveis nervosismos em seus revezamentos, achando que seria muito azar se os guardas descobrissem o que estavam fazendo justamente quando faltava tão pouco tempo para fugirem dali, como também pelas consequências que viriam no agravamento de suas penas se fossem pegos.

Foi por meio de um assobio abafado que Carlos Alberto avisou a Adelsom que havia ultrapassado a fronteira do muro para o exterior. Ele retornou pelo túnel e achou que seria adequado que tentassem a saída para o exterior à noite quando todos os prisioneiros estivessem dormindo e diminuísse o movimento das pessoas lá fora, por deduzir Peleu fosse o local onde eles iriam sair pouco utilizado pelos transeuntes àquela hora.

Nunca o horário para o jantar demorou tanto a passar, e a hora combinada para fugirem do presídio nunca chegava. Durante o jantar, apreensivos, os dois, curiosos, olharam por inúmeras vezes pelas janelas para verificarem o tempo lá fora, constatando que o céu estava estrelado e bem iluminado pela lua. Retornando do jantar para a cela, voltando para as suas ocupações principais, eles concluíram a escavação dos últimos centímetros seguindo, já do outro lado do muro, na direção da superfície. Entusiasmados, eles viram quando a luz da lua passou pela primeira fresta feita com as ferramentas improvisadas para a escavação. Peleu, estando na frente do túnel e cautelosamente observando a área externa, passou primeiro a cabeça pelo buraco para verificar se ninguém o tinha visto; passou depois o ombro, em seguida as mãos, o quadril e as pernas, sendo, finalmente, o primeiro a sair; em seguida, saiu Adelson com os poucos pertences que tinham. Como toupeiras humanas, eles foram os primeiros e os únicos prisioneiros da penitenciária Frei Caneca a ter conseguido tal façanha, cuja realidade da fuga, para que não colasse mal para as autoridades do presídio, foi guardada a sete chaves, por muitos anos.

Na rua deserta e mal-iluminada, os dois saíram do buraco como dois tatus enroscados nos seus corpos tomando toda a atenção quanto aos guardas, seus holofotes e suas armas, e ao luar claro. Os dois se enfileiraram rente ao muro, arrastaram-se com seus corpos colados ao muro e ao longo dele até um local mais escuro de onde saíram dali e foram se distanciando, tomando o rumo de suas liberdades. A primeira pessoa que encontraram foi um mendigo que os tomou como parceiros da noite, não prestando maior atenção quanto ao uniforme que usavam. Depois não viram mais ninguém seguindo na direção de um local cheio de árvores e sem muito movimento. Longe da visão dos guardas, dos seus holofotes e de suas armas, eles encontraram algumas roupas e um óculos deixados por parentes de Peleu num saco plástico perto de uma das árvores. Eles trocaram os seus uniformes por roupas comuns;

Peleu colocou os óculos de lente escura, do qual não se separaria mais; em seguida, apressaram os seus passos; despediram-se e se dispersaram propositadamente para não gerarem qualquer tipo de suspeita entre os transeuntes que passavam em local de maior movimento; misturando-se a eles, traçaram seus caminhos para estarem bem longe dali, seguindo rumos diferentes, conforme previamente haviam combinado.

Parte X

Os Destinos Finais

1. Nova oportunidade

Paulo nunca tinha se sentido tão incomodado como naquele dia sentado no banco da igreja ao lado de sua esposa: o terno que estava usando comprado por Cláudia para o evento, em vista do antigo apertado e com cheiro de naftalina, tinha-o deixado muito bem-arrumado; entretanto, ele nunca se habituaria ao uso de uma gravata a apertar-lhe o pescoço – este era o seu primeiro incômodo, o segundo era a espera do noivo no altar da igreja bicentenária, no centro do Rio de Janeiro, aguardando a chegada da noiva – por isso ele nunca tinha ido a qualquer casamento antes daquele. Cláudia, ao contrário dele, sentia-se feliz por ter o marido ao seu lado num casamento, pela primeira vez, e não só a espera não a incomodava, como também nunca tinha se sentido tão radiante podendo florescer a sua beleza natural no bonito e marcante vestido de seda azul com rendas brancas, pago pelo esposo sem qualquer tipo de reclamação. Ao lado deles estavam Rita com seu lindo rostinho, maravilhosa no seu vestido longo também de seda azul com detalhes bordeados de branco, no auge de sua juventude, junto ao seu Lúcio, também muito bem trajado num conjunto de calça e paletó de brim azul-marinho. Roberto e sua nova namorada de tempo passageiro não se preocuparam com roupas sociais e vieram trajando suas calças jeans; ele, com uma camisa branca de algodão de manga longa e ela uma blusa de seda azul da cor do céu. Ele se vestia assim para não chamar muito a atenção dos fãs que já o conheciam por causa da carreira de jogador famoso do Mengão.

Mas era Jerônimo, o noivo no altar ornado com muitas flores brancas, marinheiro de primeira viagem, que estava realmente nervoso e incomodado, aguardando Sônia que não chegava à igreja para deixá-lo tranquilo. Ele, vez ou outra, coçava o pescoço com a mão esquerda e com a direita passava a mão no cabelo cortado rente à cabeça, repetindo aquele gesto, continuadamente, como sempre fazia como mania quando ficava nervoso. Enquanto aguardava, por sua mente desfilaram os pensamentos de bem-estar que tivera ao lado de sua amada nos últimos meses, desde que haviam se decidido a morar juntos. A ideia da união formal e definitiva só surgiu para Jerônimo depois que ele se convenceu, definitivamente, de que o seu amor era-lhe totalmente correspondido, sem que houvesse também o pesadelo da sua idade bem maior a lhe queimar em dúvidas a mente.

Quase ao lado de Jerônimo estavam Jaime e Maureen, tranquilos nos seus trajes finos de muito bom gosto, como padrinhos de casamento. Lateralmente opostos a eles estavam Flávio e sua bela esposa representando os pais do noivo, ansiosos, conforme podia-se perceber por seus pés trocados frequentemente de posição, em suas roupas modestas, mas bem confeccionadas. Ao lado deles estava a mãe idosa de Sônia aguardando o marido chegar trazendo no braço a filha amada.

Nos bancos, onde à volta ventiladores giratórios antigos refrescavam o ambiente calorento, estavam como convidados os familiares e amigos que já desfilaram nesta história e aqueles que não aparecerão. Foram estes que se levantaram quando a noiva finalmente chegou linda e maravilhosa, nos seus quase 50 anos de espera do homem certo para se casar, deixando Jerônimo certo de que não morreria solteiro nos seus mais de 60 anos. Foi ele quem deu o segundo ufa quando Sônia surgiu na porta da igreja ao lado do pai. O terceiro ufa foi do padre sedento por terminar logo com o primeiro casamento, tendo outros dois mais para fazer naquela mesma noite. O primeiro ufa foi dado pelo pai de Sônia que tinha ficado do lado de fora da igreja por muito tempo em pé aguardando-a chegar. O senhor João a acompanhou desde a porta da igreja até o altar distribuindo sorrisos para todos os convidados ao passar por eles, entregando-a para o futuro marido e, finalmente, ficando ao lado da sua esposa com quem completara no mês anterior 50 anos de casados.

Enorme foi o prazer do padre ao poder começar a cerimônia, ler e pedir as juras de amor para toda a vida, trocar as alianças, pedir as assinaturas nos papéis e concluir a união de mais duas criaturas de Deus, rogando ao Alto durasse aquela união pela eternidade de suas vidas.

Quanto aos noivos, principalmente Jerônimo, podia-se notar o seu enorme prazer no rosto, feito criancinha que tem nos olhos o brilho pelo presente que recebia; no rosto de Sônia, podia-se perceber o esplendor de sua gratidão ao Bondoso Pai que lhe entregava em mãos o amado que tanto havia esperado.

Como o tempo que voa, da cerimônia casamenteira passou-se à festa no salão com direito a presentes, salgados, doces e bebidas; a fuga dos noivos para a lua de mel, na verdade já acontecida tantas outras vezes; e dos convidados de retorno para suas casas.

Paulo ainda estava com o prazer estampado no rosto conversando animadamente com os três passageiros que trazia sobre alguns fatos engraçados acontecidos no casamento, quando virando o volante do seu possante automóvel para embicá-lo de frente para a portaria de seu prédio notou, sem que pudesse fugir dela, uma figura esquelética e lambuzada, iluminada parcamente pela luz do poste da rua, aproximando-se deles vinda do nada pela lateral do carro, estendendo a mão na direção de Paulo, como se pedisse por esmola. O motorista e todos que estavam no veículo se assustaram de imediato, por causa da noite avançada, mas foi Paulo o primeiro a perceber que o homem se encontrava em farrapos do mal proveniente do álcool em excesso no organismo, falando coisas sem nexo ou que pudessem de imediato ser entendidas. A um pedido como impulso feito por Rita muito assustada, Paulo engatou no veículo a marcha a ré, estancando, contudo, a ação de acelerar, a outro pedido feito quase em seguida por Cláudia, falando-o:

— Paulo, não faça isto... é só um pobre coitado querendo uma ajuda!

E foi por este gesto espontâneo de Cláudia que Paulo teve a maior de suas chances de se refazer com as benesses do Céu, quando o vulto bebericado se aproximou ainda mais, rogando na direção do motorista:

— Paulo, sou eu! Eu vim aqui só para lhe pedir perdão – falou o homem com a voz rouca respingando no chão algumas gotas da saliva alcoolizada.

Seu aspecto era de dar dó e piedade: as roupas em frangalhos, os olhos esbugalhados e perdidos pela posse da bebida infernal, o rosto sujo e quase sem identificação pela barba crescida. Paulo era o único que podia reconhecê-lo e fácil lhe seria a fuga da situação se assim o quisesse, pois qualquer um poderia ter conseguido saber o seu nome na rua. Porém, lembrando sobre a passagem da parábola do bom samaritano que havia lido no Livro Sagrado, ele exclamou:

— Não pode ser! É você? – o que ocasionou surpresa entre os passageiros do veículo, inclusive em Cláudia, que se arrependeu quase na mesma hora de ter pedido ao marido para não acelerar o veículo, com medo da figura que o esposo havia reconhecido.

No impulso de ter sido reconhecido, o irmão de Paulinho do Tamborim, revirando seus olhos perdidos no tempo e no espaço, aproximou-se mais ainda de Paulo, que fez menção de recuar, no seu instinto de defesa, com medo de que a figura estivesse armada, enquanto, não se aquentando mais em pé, o homem deixou o seu corpo sem força escorregar pela lateral da porta dianteira do carro caindo sobre os paralelepípedos do piso do portão de entrada do prédio.

O namorado de Rita foi o primeiro a sair do veículo, seguido do futuro sogro, ajudando os dois o pobre coitado desacordado e totalmente desarmado caído ao chão, levantando-o o primeiro pelo braço direito e o segundo pelo braço esquerdo. Paulo acionou o seu controle na direção do portão de entrada do prédio, abrindo-o enquanto carregavam o homem desacordado na direção de uma das poltronas existentes no salão de entrada, deixando-o sentado nela. Depois Paulo voltou ao seu veículo, entrou com ele no prédio, estacionou-o no lugar de sua vaga e retornou imediatamente até o salão.

Foi Rita muito assustada a primeira a lhe perguntar:

— Pai, quem é ele? O que faremos com ele?

— Filha – respondeu Paulo –, este é o camarada que quase me matou –, fazendo um calafrio percorrer a espinha da filha e dos demais, inclusive da bondosa dona Cláudia.

— Mas, pai, o que o senhor vai fazer agora que o trouxe para dentro de nosso prédio?

— Não sei ainda, filha, mas não podemos deixá-la na rua, não é mesmo? – disse com a voz tranquila de quem tem a certeza de estar fazendo a coisa certa. – Talvez possamos abrigá-lo hoje no quarto da empregada que nunca tivemos e está vago. O que vocês acham? – perguntou hesitante.

— Mas, Paulo, e se ele queria lhe fazer algum mal? Ele não está foragido da polícia? Ele não fugiu lá do mesmo presídio onde esteve o Jaime? Ele é o tal de Adelson, não é? – perguntou Cláudia, agora prudente.

— Sim, querida – afirmou Paulo –, é isso mesmo. Por isso precisamos saber o que ele quer por ter vindo me procurar. Não foi para tentar me matar de novo, pois, se quisesse, estaria armado e não bêbado feito porca doida como se encontra. Por isso vamos levá-lo lá para cima e deixá-lo dormindo no quarto da empregada. Amanhã, quando ele acordar melhor, nós poderemos saber o que deseja. Eu acho que não estaremos em perigo. Ele é um pobre coitado que precisa de nossa ajuda – considerou o chefe da família procurando tranquilizar a todos e a si mesmo.

Cláudia, revirada dentro de si com seus pensamentos, jamais acreditaria no que escutava, se não fosse ela mesma que estivesse vivenciando aquelas ações de caridade e misericórdia vindas do marido. Entretanto, ela passou aquela noite muito apreensiva, acordando diversas vezes na noite, só ficando mais calma quando o dia nasceu e foi cautelosamente até o quarto e certificou-se de que o homem ainda dormia com seus trajes de mendigo. Contudo, ela só se acalmou mesmo quando o marido acordou, tomou o café e pôde finalmente estar face a face com o homem que tinha acabado de acordar, quase às 11 horas da manhã, saindo cambaleante do quarto e indo na direção da cozinha onde Paulo estava sentado à mesa o aguardando.

– Bom dia, Adelson! Como está? Será que poderemos conversar agora? – disse Paulo cordialmente, dirigindo-se ao homem que tinha acabado de acordar assustado por estar num lugar que não reconhecia, e onde havia dormido docemente, coisa que não fazia há muito tempo, perambulando escondido pelos cantos da noite e do dia.

– Onde estou, Paulo? – perguntou Adelson ainda sentindo o peso da bebedeira da noite anterior, para lhe dar coragem e vir ter com a sua antiga vítima.

– Você está na minha casa, Adelson. Junto com a minha família – afirmou Paulo, firmemente como a dizer: "Dei-lhe o abrigo da noite e um lugar confortável para dormir, portanto confio em você".

– Desculpe-me se não estou me lembrando de tudo. Só me lembro de ter me dirigido até o prédio onde mora e ter esperado por muito tempo você sair ou entrar nele; depois que eu o vi chegando, desesperado fui na direção do seu carro que chegava, e lhe pedi de você ajuda. O resto eu não lembro mais.

– É simples, Adelson, você caiu sem forças ao chão.

– Bêbado e sujo como estou, – falou olhando em volta de si –, e você me abrigou... na sua casa... junto à sua família... sem ter mais medo de mim.

– Isso mesmo! – assentiu Paulo encorajado e encorajando o outro na sua fala.

Adelson sentiu seu estômago revirar em revolta contra si mesmo e com o olhar de total arrependimento, obtemperou-se:

– Eu não mereço nada disso, Paulo. Eu não mereço o seu perdão. A sua misericórdia! – falou com o rosto voltado para o chão do piso da cozinha, enquanto próximo dali dona Cláudia, a filha e o genro acompanhavam a conversa entre os dois, apreensivos com o desenrolar dela.

– Adelson, vamos deixar essa conversa para depois. Se você não se importar, o mais importante agora é que você tome um banho no chuveiro que tem dentro do quarto onde você dormiu, livre-se dessas roupas sujas, coloque uma limpa que deixei sobre a cadeira ao lado de sua cama, tome seu café... então poderemos conversar... a propósito. Esta é a Cláudia, minha esposa... e os dois curiosos que acabaram de acordar são a minha filha Rita e Lúcio, o namorado dela – disse descontraído, apontando na direção dos três.

Vinte e cinco minutos depois, Adelson estava sentado à mesa da cozinha, cheirando a sabonete perfumado, desfrutando do aconchego de um verdadeiro lar, usando roupas e tênis cedidos pelo dono da casa e conversando com sua família como se fosse um conhecido de Paulo, deixando todos confiantes da sua boa intenção.

Conforme o tempo passou, Rita e Lúcio se despediram, deixando a mãe entretida com um programa que passava na televisão, e Adelson e o pai chegando à conversa pretendida pelo primeiro.

– Paulo, eu não sei como o agradecer tudo o que está fazendo por mim. Foi muita bondade e misericórdia sua colocar um homem como eu dentro de sua casa, me dar comida, roupa limpa... a mim um bêbado, um foragido da justiça... aquele que um dia quase lhe tirou a vida. Eu não mereço sequer o seu perdão pelo tanto que eu lhe trouxe de aflição. No entanto, ao invés de ira e rancor contra mim você é misericordioso. Eu só tenho palavras mais uma vez para lhe agradecer.

Parou, pensou e continuou:

– Eu confesso que tinha verdadeiro ódio de você por achar que havia tirado a vida de meu irmão. Mas foi Peleu quem abriu os meus olhos. Quando ele me contou sobre os verdadeiros assassinos de Paulinho, eu fiquei irritado comigo mesmo, por ter sido tão burro, por não ter visto isto e quase tirado a vida de um inocente.

E você, como deve saber, fui inocentemente levado pelos malfeitores lá da favela de minha comunidade a fazer minha língua se esticar demais junto a esta situação; acabei me entregando, levei uma tremenda surra deles e fui dado todo arrebentado para a polícia, como aquele que tinha atentado contra a sua vida.

Eu, como fraco que sou apanhei muito na prisão, quando os guardas souberam que havia tentado tirar a vida de um milico; nem mesmo os traficantes queriam nada comigo, não tendo com isso onde me apoiar, ou quem quisesse me apoiar. Foi o danado do Peleu que me salvou, pois os camaradas lá da prisão o respeitavam muito, com o Zeca-ferradura, que ainda estava lá. Nós acabamos ficando muito amigos, e Peleu mais o Zeca, mexendo os pauzinhos, conseguiram que eu ficasse junto a eles na mesma cela, a partir daí sendo pouco molestado pelos outros. Quando Peleu soube que eu não aguentaria ficar preso lá naquele inferno por muito tempo, ele me mostrou o seu plano de fuga. O danado é muito inteligente, Paulo – sorriu com admiração na voz enquanto falava –, o danado é muito esperto mesmo! Arquitetar aquele plano de fuga não é para qualquer um, não! Foi a maior fuga da história daquele presídio!

Eu merecia ainda estar lá para pagar o preço do mal que eu lhe fiz, Paulo. E digo que, se você quiser me entregar agora mesmo para a polícia, eu não reagirei por nada deste mundo. Mas lhe confesso que covarde como eu sou não resistiria por muito tempo em atentar contra a minha própria vida, por não ter como ficar longe do refúgio da bebida. Foi pensando nisso que eu resolvi fugir de lá e mais tarde procurar você, pois, se o único que pode realmente me perdoar assim o fizer me dando uma chance de nova vida, os outros não podem ter nenhum direito. Por isso o procurei e agora não sei como agradecer pela forma misericordiosa com que você e a sua família me receberam... um desgraçado como eu.

Depois dessas palavras Adelson se calou, abaixou sua cabeça e deixou que Paulo se pronunciasse.

– Obrigado, Adelson. Eu não mereço também muita coisa, pois devo muito também a outros. O pouco que estou fazendo por você não está sendo mais do que um dia fizeram comigo, em misericórdia. Mas, por favor, continue a falar e me diga: no que eu posso ajudar?

– Sim, Paulo. Vou direto a este assunto para não lhe tomar mais tempo do que já tomei.

– Por favor, Adelson. Não pense assim. Você não me tomou nenhum tempo, eu estou aposentado. Sabe disso? – disse Paulo sorrindo, a fim de deixar o outro mais à vontade.

– Bem, Paulo. Eu não tenho para onde ir, pois você sabe que a polícia do Rio está a minha procura há alguns meses, depois que eu fugi lá da penitenciária onde estava preso. Isto põe você e a sua família em perigo se me pegam aqui – deliberou com ar de verdadeira preocupação. – Também não tenho família e muito menos pude voltar lá para a favela onde me entregariam de novo para a polícia ou me matariam. Como falei há pouco, eu fugi da prisão na companhia de Peleu; embora o admire por sua inteligência, eu não confio muito nele pela forma de vida que continua levando junto ao tráfico como meio de existência, o que me deixa muito preocupado com ele. Então, só me veio um pensamento persistente na cabeça: para vir lhe pedir perdão e rogar por sua ajuda. O que faço agora, Paulo, com muito constrangimento e totalmente arrependido pelo que eu lhe fiz, agradecendo a Deus por eu não ter conseguido tirar sua vida e ter sido acolhido por vocês, e não esculachado como merecia. Acho que esta é a coisa mais certa que eu decidi e preciso fazer na vida, depois de ter fugido daquele inferno de penitenciária – disse ele.

– Paulo, aqui no Rio de Janeiro eu não tenho mais chance nenhuma de vida. Eu estava pensando em sair, mesmo foragido da polícia e tentar uma nova vida em outro lugar bem distante daqui, em algum lugar bem ermo, onde a polícia não me encontre, pois eu não suportaria ficar preso nos 20 anos que ainda me restam, sem contar o que me adicionariam graças à fuga. Eu já tenho esse lugar na mente, onde parentes afastados que têm uma fazenda me acolheriam sem muitas perguntas. Eu sempre quis mexer com a terra e tenho jeito para isso.

– Pelo que eu compreendi Adelson, você quer que eu o ajude a fugir e faça vista grossa pelo crime que cometeu?

– Não, Paulo. Eu apelo pelo seu entendimento que indo para a cadeia só acabarei piorando, pois o que encontrarei lá, de novo, é só sofrimento, pois quando poderiam reeducar só dão mais dor e sofrimento, deixando o prisioneiro mais revoltado e iroso contra a sociedade, saindo de lá pior do que entrou. Eu sei que deveria ser preso e pagar por meu crime, o único que cometi, pois, embora bebesse, jamais tinha feito mal para alguém antes. Eu prefiro que Deus me castigue junto às suas Leis, mas que me deem chance de reparar as minhas faltas, tentando daqui para a frente fazer o bem a quem eu puder. Isso é a única coisa que tenho certeza na vida de que devo fazer. E é este o pedido que faço para você. Que acredite em mim e me dê essa chance de uma nova oportunidade de vida. Deixe que Deus me castigue e sofra o que eu tiver de sofrer, Paulo, mas que eu tenha uma oportunidade de me refazer, auxiliando a mim mesmo e aos que eu puder à minha volta.

– Adelson, o meu perdão você já tem, não é de hoje. O de Deus, Ele é que pode lhe dar. Quanto ao seu pedido, sinto sinceridade nele e farei o que estiver ao meu alcance para isso, pois, como te disse, eu também o recebi de alguém. E quem somos nós, de agora, para não fazermos o mesmo. Eu errei. Você errou. Quem não erra? O que não podemos fazer é continuar errando sempre. Entretanto, preciso confiar em você. Como poderei se continua bebendo e mesmo me diz que não pode ficar longe da bebida? Quem confiará em você se continuar a beber, Adelson?

– Eu sei disso, Paulo. Mas eu lhe garanto que a primeira e última bebida foi a que tomei na noite passada, desde a minha fuga. Eu juro pelo futuro que o Bom Pai está a me revelar que nunca mais deixarei um gole sequer descer por esta garganta. Nem sempre eu fui assim, Paulo. Eu piorei quando o meu irmão foi assassinado e depois que atentei contra a sua vida. Mas, na maioria das vezes, eu consegui o controle sobre mim.

– É, Adelson. Eu conheço bem o que quer falar – asseverou Paulo se referindo ao momento de sobriedade de Adelson no ato do atentado contra a sua vida.

Dois dias depois, Paulo colocava Adelson dentro de um ônibus que o levaria para o interior de Minas Gerais, onde em uma fazenda bem afastada das grandes cidades ele encontraria uma nova chance de vida, que Deus lhe concederia ter, como uma nova oportunidade para o seu refazimento. Ele levava junto consigo uma mala com roupas e um pouco de dinheiro cedidos por Paulo; levava também alguns livros com os Ensinamentos Sagrados doados pelo ex-tenente do Exército para que começasse a usar melhor a vida de forma a vir a beneficiar outras pessoas também como se fosse uma corrente de ajuda de uns para com os outros, iniciada por Jerônimo.

Três anos mais à frente, Paulo recebeu uma carta postada de uma cidadezinha bem no interior de Minas Gerais confirmando a decisão certa que havia tomado: Adelson era um trabalhador do campo, dos melhores como se sentia. Havia encontrado uma parceira para a sua vida escondida, dando ela o sorriso de um lindo menino para juntos vivenciarem uma vida simples, mas honrada e feliz. No final da carta, depois de muitos agradecimentos, ele afirmava convicto: "Devo isso tudo primeiro a Deus que me orientou a procurá-lo, depois a você e aos três livros que me deu para ler: o primeiro sobre a filosofia de Sócrates e Platão, o segundo contendo os Ensinamentos do Livro Sagrado e o terceiro, os Ensinamentos sobre os dois Lados da Vida" Terminou, dizendo: "Obrigado, meu amigo, meu irmão... eu não me esqueci e nunca me esquecerei dos outros, ou da caridade que preciso fazer para poder me quitar com Deus... quando puder venha nos visitar um dia. Eternamente agradecidos: Adelson, Fátima e Arturzinho.

Obs.: 1) Desde que saí de sua casa nunca mais botei um gole sequer da 'maldita' na boca.

2) Se tiver notícias sobre o Peleu me informe, pois aqui estamos longe de tudo para sabermos o que acontece aí no Rio de Janeiro. Eu gosto muito desse cara, mas tenho muito medo das besteiras que faz".

Em nenhum momento Adelson mencionou na carta qualquer tipo de preocupação de que temesse ainda estar sendo procurado, simplesmente apagou de sua mente o que devia às leis dos homens, fixando seu objetivo no atendimento ao que devia às Leis de Deus, porque as leis dos homens o esqueceram, pelo relaxamento provocado pelo tempo.

Ao acabar de ler a carta, Paulo enviou uma resposta a Adelson por caixa postal descrevendo a alegria que todos de sua família sentiam com a vida nova que levava, as evidências positivas junto à família amorosa e sua sobriedade. Foi cauteloso, entretanto, quanto à resposta a ser dada sobre Peleu que havia partido desta para a outra vida, onde certamente encontraria muitas dificuldades em virtude dos desastrados erros que ele cometeu com outros criminosos, prejudicando, principalmente, muitos jovens que levaram ao uso das drogas leves e pesadas. Por isso Paulo tratou de não informar na carta a morte do antigo colega de cela de Adelson, deixando que ele ainda pensasse que estava vivo, pois lhe seria melhor, visto que Peleu havia sido assassinado cruelmente pelos próprios colegas de trabalho, diante de desavenças entre eles, conforme foi noticiado em um pequeno noticiário de um jornal de circulação no Rio, há apenas dois meses pouca, antes de a carta de Adelson ter chegado às mãos de Paulo.

Quando Arthurzinho fez 5 anos, Paulo e sua família, acrescida de dois netos, um de cada filho, estiveram por lá, e confirmaram as palavras de Adelson quanto à sua sobriedade, à vida honesta e caridosa que levava. Foi nesta visita que Paulo resolveu falar para Adelson o que tinha acontecido com Peleu.

2. Passando a limpo

A vida continuava e, para Paulo, somente uma coisa poderia realmente lhe dar a paz na mente: esclarecer a todos, além das fronteiras normais, sobre o crime que Jaime nunca havia cometido.

Primeiramente ele procurou Jaime convidando-o, e Jerônimo e José Carlos depois, para irem até a casa de sua irmã numa manhã ensolarada de domingo.

José Carlos e Paulo foram os primeiros a chegar à casa de Sandra no Monza branco de Zeca já bem rodado, comprado com parcelas a perder de vista. Jaime chegou com o seu Voyage do ano cinza-grafite cinco minutos depois, comprado à vista. Parou o seu carro logo atrás do de Zeca, trazendo Jerônimo em sua companhia como carona pega no meio do caminho entre os bairros que moravam: o primeiro numa bela casa lá pelas bandas do novo bairro chique da zona oeste litorânea, rabicho da zona sul deixando a casa totalmente reformada no Engenho de Dentro para o segundo que a pagaria com prazo de sumidouro, juntando o salário de Sônia com o seu de aposentado e auxiliar de enfermeiro na clínica particular do amigo.

Dessa descrição podemos concluir algumas recomendações: o Pai do Céu não é contrário a quem com o fruto da honestidade do seu trabalho venha a ter para si e para os seus os benefícios dos bens materiais necessários ao conforto e bem-estar naturais, sem excessos, sem supérfluos, sem o enriquecimento ilícito, entretanto, nunca esquecendo que se pode usar a riqueza adquirida para beneficiar os outros menos favorecidos; como forma de cascata deve partir da de maior altura, força e poder, para as de menor altura, menor força e menor poder, todos podendo contribuir desta maneira, na busca do benefício e progresso coletivo. Quando a humanidade, assim, aprender, não haverá a minoria repleta de riqueza, os poucos oscilantes, e a maioria encharcada na pobreza; haverá, então, a sabedoria do bem-estar de todos e o respeito natural aos que acima chegaram por suas virtudes mais bem desenvolvidas.

Na varanda agradável da casa de Sandra, eles tomaram um saboroso café passado no coador à moda antiga junto com alguns deliciosos biscoitos amanteigados feitos por ela, tendo como companhia a própria dona da casa e seu marido, e como som o apito do juiz, as vozes dos jogadores se movimentando e as músicas tocadas por dois alto-falantes posicionados em dois postes nos lados opostos no campo de futebol agora gramado, em frente à residência do casal.

Eles passaram alguns maravilhosos minutos naquela união de prazeres em conversas amigáveis e divertidas, entretanto, como o objetivo não era somente aquele, Paulo direcionou a conversa na hora conveniente para o que verdadeiramente os trazia ali, convidando, educadamente, a irmã e o cunhado a acompanhá-los numa visita que fariam a uma casa, perto de onde estavam. Os dois percebendo que o assunto lhes cabia também, mas era de interesse maior aos quatro, manifestaram o prazer que teriam em os acompanhar, contudo estariam ocupados com os preparativos do almoço que lhes ofereceriam e os demais não puderam recusar.

José Carlos tomou a frente dos três e os conduziu orgulhoso até o seu primeiro carro, movido a álcool, abrindo-lhes as portas da frente e da traseira, prazerosamente, para que cada qual se acomodasse nos assentos do veículo confortável e com ar-condicionado.

Eles percorreram uma pequena distância entre uma rua transversal que unia a que tinham estado a outra paralela, cuja paisagem trouxe imediatas lembranças a Jaime e a Paulo, fazendo todos rirem muito, contando-as: lembranças terríveis, as quais, somente o tempo tornou engraçadas.

Os quatro, sorrindo ainda muito, chegaram logo a seus destinos, em um prazo um pouco maior do que o de um cubo de gelo derretendo sob um piso ao calor de um sol escaldante do verão carioca. Zeca estacionou o seu possante na rua em frente ao beco, onde, da casa de Sandra, Jerônimo quando morava no bairro e, principalmente na casa do irmão, viu muitas vezes o carro de Paulo estacionar. Por ser de se esperar, Jaime e Jerônimo ficaram até certo ponto cuidadosos e apreensivos com o caminho que estavam percorrendo sob a liderança de Paulo que ia à frente, seguido de Zeca. Afinal já tinha passado das 13 horas de um domingo e o campo de futebol começava a ficar vazio e as ruas quase desertas por causa do horário de almoço, havendo com isso alguns olhos curiosos perseguindo dos quatro naquela excursão periférica à favela. Porém, cuidadoso, Paulo não adentrou fundo no beco perigoso onde tempo atrás lhe foi pedido que nunca mais voltasse, percorrendo somente algumas das casas melhoradas fronteiriças à entrada principal, evitando as demais no interior onde entre elas, nas ruelas, saltitavam as drogas e os vícios da minoria que dominava com o poder da opressão e das armas as vidas das demais pessoas simples e trabalhadoras da favela.

Paulo, percorrendo o caminho na direção da luz que pensava tiraria as trevas dos seus pensamentos arrependidos, cruzou por duas das casas descritas e, a um pedido seu, Zeca abriu o portão de entrada da última puxando uma cordinha que fez tocar um pequeno sino preso ao portão de madeira que servia para chamar os donos da casa. Em poucos instantes uma senhora morena, magrinha, bem idosa, de cabelos enevoados e trançados em duas metades, surgiu na porta da sala, distante menos de dois metros do portão de entrada, caminhando com dificuldades sobre uma estreita calçada cimentada na direção da visita; empunhava uma bengala, deixando logo o seu sorriso de agrado chegar até os visitantes; dirigiu-se a dois deles em particular ao se aproximar, com muita emoção na voz:

– Filho, Paulo. Que bom vê-los! Sejam bem-vindos à minha modesta casa – disse por último, na direção das caras de espanto de Jaime e Jerônimo: – Você deve ser o Jaime, que esse filho amado fala tanto. E você é o senhor Jerônimo, que salvou as duas crianças no incêndio! – falou abraçando os dois.

Jaime sorriu de imediato para a simpática mulher de coluna vergada pelo tempo de vida, fazendo o mesmo Jerônimo, aliviado por ver-se diante da mãe de José Carlos e pensativo ao mesmo tempo por estar diante também da mesma casa que utilizara para esconder-se no quintal, no dia do atentado contra a vida de Paulo.

Zeca, depois de beijá-la, apresentou formalmente sua mãe aos dois desconhecidos dela como dona Marilza, mulher que Jaime e Jerônimo conheciam de nome falado por José Carlos, mas que jamais suspeitaram ser moradora daquela casa e naquele local.

Foi dona Marilza que, convidando-os a entrar em sua modesta casa repleta de plantas e flores no jardim, e muitos outros vegetais no quintal, falou se dirigindo a Jerônimo, com muita naturalidade e simplicidade, enquanto iam para a porta de entrada da sala:

– Nunca mais me esquecerei do seu rosto apavorado naquela noite, senhor Jerônimo. O senhor não me viu, mas eu o vi muito bem sob a luz fraca do poste da casa da outra vizinha, quando pulou o muro lá nos fundos do meu quintal e se escondeu rente a ele, perto daquela árvore – disse apontando na direção de uma velha goiabeira e do poste da vizinha. – Eu fiquei muito nervosa naquele momento, pois eu não sabia quem era o vulto. Como podia ser um assaltante, a polícia, ou mesmo um desses moleques que se transforma em traficante da noite para o dia, resolvi ficar quietinha no meu canto – disse afinando a voz.

– Depois eu entendi que o senhor estava mesmo era interessado no que falavam atrás do outro lado do meu muro, pois que assim eu escutei os tiros e vi o clarão do fogo que colocaram no tenente Paulo aqui – falou tocando no ombro direito do quase morto da passagem –, o senhor tratou logo de sumir. Foi aí que eu guardei ainda mais a sua feição, que um dia o meu filho identificou para mim numa foto tirada junto a ele e o Jaime, na prisão. Mas uma coisa que eu fiquei com muito medo de falar, principalmente para a polícia, é que vi também o rosto do homem que tinha feito o que fez com o tenente Paulo, pela abertura do portão de entrada da casa: era a do pedreiro bêbado irmão do Paulinho do Tamborim, que vez e outra via trocando as pernas por aí, ou no boteco aqui pertinho tomando as suas pingas – falou sussurrando como se estivesse a sua fala presa àquele passado. – Menino bobo aquele: ter estragado a sua vida daquela forma na tentativa desastrosa contra a vida de alguém.

Quando eu soube que tinha sido o Paulo aqui que ele quase matou, faltou pouco para que eu o *"dedurasse pros home"* – falou sinceramente, usando o linguajar local –, mas achei melhor eu me calar, pois quem tem a língua muito solta pode perdê-la com muita facilidade, como dizia o meu falecido marido, né, filho? – disse segurando nas duas mãos de Zeca, atravessando a sala e chegando até a cozinha. Em seguida, mudando o assunto, ela convidou todos para sentarem-se nas quatro cadeiras em volta da pequena mesa de fórmica azul da cozinha humilde com piso de cimento avermelhado, enquanto pedia licença para passar um café no coador de pano, deixando-os à vontade.

Jerônimo muito reflexivo não falava nada; Paulo estava perplexo por ter escutado coisas que os seus ouvidos ainda não haviam escutado, e emudecera; Jaime, sentindo o que sentiu na própria pele o amigo de penitenciária naquela noite fatal, e pela mudez de Zeca durante todo esse tempo com relação ao que a mãe tinha acabado de falar, também preferiu se calar; o próprio Zeca, que os olhava com receio de não saber responder a todas as perguntas que viriam depois que a sua mãe espontaneamente havia acabado de falar, acompanhou-lhes na mudez.

Por alguns minutos os quatro ficaram assim, olhando-se mutuamente. Porém, não houve tempo para indagarem-se ou retrucarem-se, pois a presença de dona Marilza se fez logo, deixando que todos que não a conhecessem na intimidade pudessem contemplar ainda mais a sua face meiga, humilde e verdadeira; o seu olhar cândido e penetrante; as duas tranças feitas no cabelo que estavam amarradas na parte inferior com duas fitas amarelas; os olhos da cor de mel indicando o tempero proveniente da genética diferenciada de seus pais; o cheiro da antiga colônia de rosas que vinha do seu corpo desgastado pelo tempo; os dois chinelos de pano que protegiam as solas de seus pés contra o piso rugoso cimentado.

Ela, em seguida, detonou aos quatro desabafando, enquanto servia o café com algumas bolachas de biscoito maizena:

– Vocês não sabem como esta velha sofreu quando esse menino de poucos anos de vida – segurou no braço de Zeca – chegou aqui em casa com a fuça toda ensanguentada e afundada por causa do coice de égua que recebeu no rosto. Meninos, vocês podem imaginar? Eu não sabia o que fazer! Como não havia naquela época um posto de saúde por estas bandas, eu peguei uma toalha que estava à mão e a apertei ao encontro do rosto afundado do Zequinha. O coitado gritou igual a um leitão sendo abatido, depois que foi até o banheiro, tirou a toalha cheia de sangue de cima do ferimento e viu o estrago que o coice da danada tinha feito no seu rosto.

Depois de muito custo, consegui que um vizinho lá de dentro da favela onde morávamos nos levasse na sua carroça até o Posto de Saúde de Bangu. Durante o percurso, Zequinha não parava de se lamentar por ter tentado mexer com a intimidade da égua, mas foi quando ele viu o médico e o enfermeiro se aproximarem dele é que pirou, achando que iam acabar de desfigurar o rosto dele todo. Eu nunca vi esse menino berrar tanto! Acho que foi por causa dos uniformes brancos dos dois, pois ele nunca esteve num posto de saúde ou hospital antes daquele dia, mesmo quando estava na minha barriga crescendo, pois foi nascido de parteira aqui da favela; vacina ou injeção nunca tomou. Não é, filho? Ele era forte feito um leãozinho.

– Sim, mãe – asseverou José Carlos contrariado pelas más lembranças que a mãe lhe trazia de volta, forçosamente à sua vontade.

– Ele estava tão nervoso que o médico pediu que um enfermeiro o agarrasse para ele poder dar a anestesia no local ferido, sentado numa cadeira, pois não havia maca ou cama disponível para ele ficar deitado. O médico e o enfermeiro fizeram o que puderam para estancar o sangue fechando as feridas abertas e pediram que nós procurássemos depois um hospital onde pudessem fazer algo melhor, pois eles ali só poderiam fazer o que foi feito. Eles passaram umas gazes em volta do rosto do Zequinha, ficando ele quase igual a uma múmia; deram umas injeções nele e nos despacharam de volta para casa; o hospital depois nunca aconteceu, pois, viúva e sem condição financeira, mesmo para pagar as passagens de ônibus, eu não tive como levar esse moleque até o mais próximo, muito longe daqui. Hoje é fácil, tem o Hospital Olivério Kraemer, mas naquela época não existia nada, só esse postinho em Bangu – tentou justificar.

– Depois que retiramos as gazes e fizemos o último curativo, feitos por mim mesmo e a tal parteira, porque esse menino não quis antes sair na rua nem para ir ao postinho de Bangu, os garotos aqui da rua começaram a zombar do meu filho assim que o viram por causa da marca que tinha ficado no rosto dele na forma de uma ferradura. Desde esse dia lhe deram um apelido e começaram a chamá-lo de Zeca-ferradura; o troço pegou rapidamente e ninguém mais o conheceu como José Carlos, só chamando-o pelo apelido.

Após isso, eu acho que esse moleque em razão da pancada e do coice ou do apelido... Sei lá – pensou dona Marilza com seus botões – começou a ficar brabo e ser ruim com tudo e todos. Largou da escola onde ia bem; fugiu do pequeno barraco onde morávamos indo para a rua se juntando com *"os coisas ruins"* da favela, ficando no nosso barraco muitas poucas vezes; cheirou cola, assaltou, fumou da erva maldita, e depois de muitos e muitos anos, cheio de dívidas com o tráfico, ele voltou lá para o barraco me dizendo que não ia fumar ou cheirar nunca mais, e que me daria uma boa vida na velhice. Eu acreditei, pois sabia que o meu José Carlos no fundo tinha um bom coração. Ele tinha ficado somente contaminado por algum tempo com a doença pega de outros colegas, mas se restabeleceria logo. Daí foi que, seguidamente, aconteceu um monte de coisas envolvendo aqui o nosso Paulo; algum tempo depois disso, o meu menino foi preso. Acho que isso foi bom para ele, pois encontrou lá o doutor Jaime e o senhor Jerônimo que o ajudaram a direcionar sua vida. Não é, filho? Ele aprendeu com eles, com o tempo, – confessou-me Zeca um dia –, observando o exemplo de vida que os dois davam para os demais presos: auxiliando-os e os ajudando sempre que podiam – asseverou sorrindo para os dois referenciados.

– Engraçado – pensou lembrando-se das cenas – como o José sempre falava de você, Jaime, como um ídolo, alguém que ele admirava muito por ter conseguido ficar longe do lodaçal em que ele mesmo havia se metido. E que mesmo quando estava preso e deveria estar revoltado ou com vontade de vingar-se contra o Paulo e a irmã, ao contrário, dizia não sentir mais rancor deles, pensava unicamente em poder voltar a estudar na faculdade de medicina que havia trancado por estar preso, e casar-se com a noiva. Foi isso que fez o meu filho desejar voltar a estudar e trabalhar lá dentro da penitenciária, especializar-se na profissão atual depois que saiu da prisão e estar de novo estudando para se formar um dia e ser também um doutor – falou deixando transparecer nos olhos o orgulho que sentia pelo filho que havia aprendido a ser um homem voltado par o bem.

– Quando o senhor, senhor Jaime, foi preso pelo roubo da bicicleta da irmã do Paulo aqui – tocou-lhe no ombro –, Zeca viu a verdade e quis denunciar a farsa, mas foi impedido pelo próprio Paulo e seu grupo de protetores dos interesses dos traficantes da favela – disse gravemente, como se fosse uma advogada de defesa do filho olhando o rosto inflexível do tenente aposentado do Exército. – Então, por causa disso, o meu filho ficou com muito medo e calou-se.

Depois que mataram o Paulinho do Tamborim, menino bobo e perdido – frisou –, o Paulo e José Carlos pegaram a tal bicicleta que tinha estado com o Paulinho até ser morto e a trouxeram para cá, nesta casa que meu filho tinha me dado, tirando-me lá de dentro da favela. Os dois me pediram a permissão e esconderam a bicicleta aqui em casa, muito bem escondida. – Naquele instante os olhos de Jaime e Jerônimo vibraram, fascinados. – Eu não achei aquilo correto, sabe, doutor, mas eu não podia dedurar o meu próprio filho, o senhor compreende? – obtemperou suas razões enquanto Jaime a olhava imparcialmente. – Eu não podia destruir o início de pensamento bom que o meu filho começou a demonstrar: ele me tirou de dentro de um barraco feito de barro, madeira e bambu no interior infernal desta favela e me trouxe para uma casa feita de tijolo, cimento, quatro cômodos com paredes emboçadas por dentro, com muro em volta, coisa que o falecido nunca poderia me dar – disse com lágrimas nos olhos olhando em volta da casa. – Hoje ela está toda emboçada por dentro e por fora, com todas as paredes pintadas, até as dos muros – frisou – graças ao conforto que ele pode me dar, agora trabalhando honestamente – reforçou. – Eu sei que ele comprou esta casa para mim, na época, com o dinheiro de fonte duvidosa, mas agora não. Eu posso dizer que tenho muito orgulho do meu filho, que estudou arduamente para conseguir esse emprego que tem trabalhando junto ao senhor, doutor Jaime. E não desmereço nem um pouco ao senhor também, senhor Jerônimo – falou com os olhos mareados –, pois eu sei que foi lá dentro daquela penitenciária maldita que vocês começaram a modificar de vez o meu menino, para que ele hoje pudesse estar aqui conosco livre, sem medo da polícia e com uma família, vivendo honestamente como um ins-tru-men-ta-dor – frisou as sílabas da palavra, tendo dificuldade em pronunciá-la.

– Ainda tenho muito de agradecer ao doutor Jaime por ter dado de volta a dignidade e a vontade de viver no rosto desfigurado de meu filho. Também agradeço muito ao senhor Jerônimo que foi o verdadeiro mentor dos dois, conseguindo com a modificação alcançada na sua vida a posterior mudança em Jaime, que fez o mesmo pelo meu José Carlos, transformando o ódio e o rancor que tinham em perdão e esperança de vida.

Foi neste ponto que José Carlos, a um sinal para a mãe, implorou para que pudesse ela ir ao ponto principal daquela visita. E, atendendo ao sinal do filho, ela mudou de assunto, falando:

– Bem, meus filhos – disse se dirigindo para Jaime e Jerônimo que a olhavam atentamente –, mas não foi com esse objetivo de escutar estas minhas falas de velha caduca que vocês vieram até a minha casa. O meu filho aqui e o Paulo ali – reafirmou apontando na direção dos dois com o dedo indicador como vício que tinha em suas falas –, eles desejam que eu fale para vocês o que não tiveram coragem de falar – disse com intensa sinceridade, expressando a mais pura verdade na voz.

– Então vamos a ela: eis a bicicleta que tanta dor de cabeça trouxe para vocês e tantas outras pessoas – reforçou olhando na direção de um pequeno barracão feito com paredes de tijolos e teto de zinco, ao fundo do quintal da casa, deixando Jaime e Jerônimo emocionadíssimos.

Feito isso, ela pegou nas mãos de Jaime fazendo com que os outros três a seguissem até a porta de entrada do barracão. Ela enfiou a mão num bolso lateral de sua longa saia azul com flores amarelas e brancas estampadas, e retirou de lá duas chaves. Ela enfiou a primeira chave na abertura de um pesado cadeado passado numa lingueta fixada nas extremidades da porta e da parede, abrindo-o; com a segunda chave ela abriu a fechadura da porta. Depois ela girou a maçaneta e abriu a porta. Reverenciando cortesia, fez com que Jaime fosse o primeiro a entrar no interior do barraco, sendo seguido por ela e os demais. O cheiro de mofo dentro do barracão era muito forte, provenientes do chão de barro batido e das paredes úmidas parcamente emboçadas, de alguns panos de chão úmidos amontoados sobre uma cadeira de madeira com três pernas, encostada num canto, e de um antigo armário de quatro portas, envernizado, largo e alto quase tocando o teto, posicionado na parede do fundo. O armário estava coberto por um empoeirado plástico preto, talvez para proteger contra algumas gotas de chuva que deveriam escorrer do telhado frágil constituído de telhas onduladas de amianto. A primeira coisa que dona Marilza fez com a ajuda do filho foi retirar o plástico, depois foi abrir as portas empenadas do armário com outra chave que trazia dentro do seu sutiã, deixando o interior do móvel exposto aos olhos de todos, saindo de dentro dele um cheiro de mofo ainda mais forte do que o sentido até então. Dentro do armário totalmente sem as prateleiras que tivera um dia, estava um objeto coberto por outro plástico preto que dona Marilza retirou imediatamente com a ajuda do filho e de Paulo. Os olhos de Jaime e Jerônimo ficaram extasiados quando viram o objeto desembrulhado: a bicicleta de Sandra, maltratada pela ferrugem por causa do tempo passado, porém bem conservada nos rolamentos, nas engrenagens e corrente.

Paulo e José Carlos a pegaram, retiraram-na do armário e a trouxeram para fora do barracão, liberando-a do restante do plástico que ainda a cobria. Era uma bicicleta da marca Caloi, própria para o uso feminino por não ter o barramento normal ao uso masculino ligando o guidom ao quadro do assento do condutor.

Jaime, com os olhos fascinados de emoção por estar diante do objeto cujo roubo havia sido o motivo de sua prisão, tocou-a deslizando as suas mãos por toda ela e refletindo ao mesmo tempo sobre o pesadelo da acusação: a denúncia; a voz de prisão dada pelo delegado; a prisão na delegacia junto a delinquentes de toda espécie; a sentença pronunciada pelo juiz; de quando entrou e viu-se na cela da penitenciária onde passaria os cinco anos sentenciados; os sofrimentos; as revoltas; as torturas e, finalmente, o encontro feliz com Jerônimo que o despertou do pesadelo em que estava. Ele sorriu, enfim, lembrando esses momentos, fazendo-o recordar também do instante solitário, de joelhos no chão da cela, pedindo perdão a Deus e O agradecendo mais tarde por tudo isso que lhe trouxe novos e firmes propósitos em sua vida; pois, em sua nova compreensão, entendia ser necessário passar por aquilo e também pelas novas oportunidades que teve reparando e se ajustando com as Leis Universais.

Foi Jerônimo que, vendo-o assim, e compreendendo o que lhe passava na cabeça, primeiro se aproximou de Jaime abraçando-o, seguido de Paulo e José Carlos, ficando os quatro envolvidos num abraço só; os dois últimos rogando, mais uma vez, pelo perdão de Jaime; os quatro sob o olhar complacente e feliz de dona Marilza.

Mais tarde, sentados na sala da casa de Sandra, após o almoço saboroso servido por ela e o marido aos quatro e aos vizinhos, Paulo, aproveitando o momento, proporcionou outra surpresa devolvendo a Jaime, sob os olhares fascinados de todos, o relógio de pulso sumido no quarto do amigo, ganho no concurso infantil. Ele estava intacto, funcionando, limpo e com o mesmo brilho do ouro imitado que o folheava, tal como no último dia que Jaiminho o tinha retirado do seu pulso, colocado dentro do seu estojo aveludado, e depois na sua gaveta na cômoda ao lado da sua cama, antes de ter desaparecido de lá, inexplicavelmente.

Paulo, pegando o relógio, fez a honra pessoal de devolver o objeto roubado ao seu devido dono, colocando-o de volta no pulso de Jaime. Em seguida, brincando com o amigo, perguntou-lhe com a voz embargada:

– Que horas são, Jaime? – o que levou todos a sorrirem descompassadamente.

Depois, Paulo, com sua feição ainda mais acabrunhada, confessou sob o olhar arrependido da irmã, que tinha sido Sandra, a seu pedido, aproveitando o trânsito livre que ainda tinha, na época, dentro da casa de Jaime, a pessoa que havia pagado o relógio e entregue a ele. Tentando justificar por que tinha feito aquilo, afirmou que foi por pura inveja mesmo, pelo fato de o amigo ter ganhado o concurso e não ele. Para descontrair o ambiente tornado sombrio, disse que dava corda nele e o limpava, diariamente, mesmo não o podendo usar depois de tantos anos passados, para não chamar a atenção das pessoas conhecidas. Por aquele ato pediu que perdoassem a irmã, que lhe seguiu a ordem por também ter sido pega com algumas revistas *Capricho* "emprestadas" de Laura, deixando esta última de boca caída.

Em seguida, Paulo pegou uma mochila sua bem antiga feita pela mãe de sobras de calça Lee desgastada e de dentro dela foi retirando e devolvendo diversos outros objetos pegos por ele que pertenciam a Jaime: uma meia de lã cheia de bolas de gude; um jogo de damas; um jogo de figurinhas carimbadas dos jogadores da Copa do Mundo de 1970; uma caneta esferográfica com o símbolo do Flamengo; um jogo de chapinhas marcadas das garrafas de vidro do guaraná Antarctica de um litro; cinco revistas infantis do Pato Donald, três revistas do Mickey, duas revistas do Super-Homem, uma do Fantasma, duas do Mandrake e duas do Batman, além de outras coisas menores.

A cada objeto "confiscado" por Paulo, Jaime ia mostrando para a irmã e expressando boquiaberto espanto:

– Mana, olha isso... olha aquilo...

Finalmente, tentando se justificar de novo, Paulo afirmou que por aqueles objetos "confiscados na marra", principalmente pelo relógio de pulso, Jaime o poderia denunciar, e por isso é que, mesmo depois de totalmente arrependido pelo que tinha feito, resolveu com medo calar-se pedindo o mesmo à irmã, não devolvendo o relógio nem os demais objetos.

Mais uma vez, seguido pela irmã, Paulo melancólico pediu a Jaime e Laura que os perdoassem, por mais aquelas irremediáveis faltas. Implorou a Laura que não se zangasse de novo com Sandra, pois sabia quanto a irmã tivera de relutar para não revelar aquelas coisas para o proteger, depois que as duas voltaram a se falar.

Aos poucos Paulo e Sandra foram devolvendo aos verdadeiros donos os objetos pegos por eles, sob os olhares de complacência dos demais.

Foi Jaime que, após refeito dos primeiros momentos de surpresa, naquela situação constrangedora, falou comovido:

– Poxa, Paulo! Se na época você tivesse me dito que gostava tanto do relógio assim, eu, juro, o teria dado a você, sem pestanejar, amigo. Quanto aos demais objetos, eu o perdoo imediatamente, pois graças a Deus não foram junto com a minha coleção de revistas dinamarquesas – levando todos ao riso profundo de novo, desfazendo os miasmas do crime cometido pelos dois irmãos.

Entretanto, falou pegando cada um dos objetos e avaliando a importância que lhes tinha na época, como seus tesouros, como cada um deles lhe fizera falta. Os prêmios que deixou de receber após ter completada a coleção das figurinhas da Copa do Mundo de 1970; os prêmios das chapinhas de garrafa de refrigerante... Enfim, tudo que fez parte de um passado que não voltaria mais.

E, para encerrar o assunto, Jaime finalizou comicamente:

– Paulo, se sumir mais alguma coisa lá de casa eu já sei quem foi – e todos riram descontraidamente, deixando que o passado enterrasse as coisas mortas.

Foi Paulo quem no dia seguinte levou a bicicleta até uma oficina e mandou fazer nela a limpeza e manutenção devida, pelo tempo passado sem uso, levando-a depois para a irmã que, com a filha, decidiu doá-la para um orfanato, por não poder ficar enxergando-a com os olhos repletos de antigos pesadelos, aproveitando o momento para dar um bom exemplo para sua menina.

A partir daquele dia, Paulo e Sandra passaram a fazer anualmente, perto das festas natalinas, doações de bicicletas a alguns orfanatos, bem como imbuídos de amor e fraternidade passaram também a praticar a caridade, continuamente, para as pessoas de algumas comunidades carentes, fossem em tarefas pessoais ou coletivas junto a grupos religiosos, exemplificando as palavras de que "Sem caridade não há salvação", descritas por Paulo de Tarso.

Entretanto, Paulo achou que ainda não tinha feito o suficiente para poder ter a sua paz totalmente restabelecida. Para tal, ele acreditava precisar levar ao conhecimento da sociedade que Jaime nunca teve qualquer envolvimento com o roubo da bicicleta da irmã, não ficando isto restrito somente ao pequeno grupo de conhecidos. Assim o fez um ano mais à frente depois que se revelara para esses primeiros, cauteloso pela repercussão que poderia dar na vida de todos os envolvidos nos dias atuais. Fez de maneira sábia, deixando claro sobre a inocência de Jaime e prevalecendo na parte para não comprometer suas vidas, chamando para si toda a responsabilidade.

Foi assim que num domingo o doutor Geraldo, sentado confortavelmente no sofá da sala de sua casa, lendo um artigo muito bem escrito no jornal mais popular da cidade do Rio de Janeiro, gritou para a esposa na cozinha:

– Querida, acho que mandei para julgamento e prendi um homem inocente!

O antigo substituto do delegado nos fins de semana, lendo o mesmo jornal, também desabafou para um soldado que o acompanhava no plantão:

– Para mim, esse cara era o criminoso que roubou a bicicleta e tentou tirar mais tarde a vida do tenente Paulo. Você se lembra dessas histórias? – perguntou na direção onde estava o soldado... até que era um bom rapaz tentando ser alguém na vida... que falta de sorte a dele! Que cretino foi esse amigo dele – tentou se justificar, registrando as sombras em si do erro que havia cometido contra o estudante de medicina, jogando a culpa toda no falso amigo de Jaime.

O juiz Anderson foi o que mais se lamentou por não ter se deixado levar pelo seu instinto de bom julgador. Naquele caso, ele lamentava ter sido o verdadeiro torturador, embora a decisão final fosse do júri que o condenou. Por outro lado, sentia-se menos culpado por ter dado uma nova oportunidade ao rapaz de voltar a estudar enquanto ainda estava preso. "Quanto a reviver o caso, de que adiantaria se só serviria para mexer em feridas que já haviam se cicatrizado?", pensou buscando aliviar o seu coração.

O senhor Djalma, antigo diretor aposentado da velha penitenciária Lemos de Brito, sentenciava para si mesmo: "Ainda bem que confiei naquele rapaz!".

O pessoal e os prisioneiros da penitenciária com ou sem seus dias contados, depois de terem lido o jornal daquele domingo, alardeavam-se passando de boca em boca:

– Esse cara ficou preso aqui sem ter culpa de nada! – e junto a isso falavam das grandes façanhas feitas enquanto ele lá esteve.

Os traficantes e policiais envolvidos não se sentiram prejudicados, pois o artigo contemplava somente sobre o roubo da bicicleta em si, não entrando nos detalhes que envolveram outras pessoas.

O doutor Jacoff, ainda com o seu pijama, após ter se levantado da cama às 8 horas, sentado à mesa do café da manhã lendo o jornal, contemplou consigo mesmo:

– Eu sabia. Eu sabia que estava certo apostando nesse rapaz! – exclamou satisfeito.

No hospital municipal do Méier os comentários dos funcionários mais antigos repercutiam por todos os andares, passando dos faxineiros aos coordenadores, dos doentes aos enfermeiros, médicos e diretores, todos fixados nos comentários da coluna jornalística e nas fotos do antigo prisioneiro envolvido na situação e do benevolente médico diretor do setor de cirurgia e queimados consagrado em todo o hospital.

Jerônimo mostrou o artigo a sua mulher e ao pequeno filho de apenas 1 ano no colo dela, tendo na mente a certeza do dever cumprido.

José Carlos fez o mesmo junto à sua esposa e aos dois filhos, indicando-lhes ser aquele o mesmo homem que o tinha tirado do mundo errado do crime e lhe proporcionado a possibilidade de ser um médico, faltando pouco tempo para isso.

Flávio e Lourdes também leram o artigo ressaltando a honestidade de Jaime e a fortaleza presente em Paulo relatando a verdade, habilmente não envolvendo os outros, enquanto contemplavam alegres a filha afeiçoada a um bom rapaz, e Fernandinho envolto com mais uma das meninas pegajosas dos tempos ditos modernos; Sandra, Laura, Pedro, Heloísa, Rui, Marcos e todos os outros mais admiraram a coragem de Paulo naquela atitude benfazeja, que apacentaria, definitivamente, os membros das duas famílias.

Jaime leu o artigo junto à sua família por várias vezes, saboreando, sem vaidade, o gosto da verdade sendo revelada de forma tão venerável e sentindo o resgate da sua honestidade colocada publicamente pelo seu antigo opressor. Podia agora, ainda mais, olhar os dois filhos e a esposa com os humildes olhos erguidos, sem que houvesse qualquer sombra de dúvida quanto a sua participação naquela passagem infeliz em sua vida. E para que outros olhos sentissem o mesmo prazer, Paulo xerocou o artigo e enviou, para certo amigo, uma carta endereçada ao interior de Minas Gerais. Paulo, resgatando-se na simplicidade dos que aprendem o caminho reto depois dos tenebrosos, passou a ter da esposa, dos filhos e dos netos a afeição sincera, dedicando-se a expandir o seu amor por eles, não esquecendo nunca de que devia tudo aquilo a dois grandes homens no caminho do bem maior, Jaime e Jerônimo, quanto ao seu aprendizado no Ensino às Leis Naturais da Criação e à vida perpétua em busca da perfeição; vacilante às vezes para os que delas só acham o temor do comprometimento e a impropriedade do tempo, mas cheio de oportunidades para os acertos, as ações renovadoras, os cumprimentos dos deveres e das obrigações junto aos seus semelhantes, que proporcionam a chegada mais rápida dos tempos de louvores e felicidades, desejados por todos, mas de real desempenho por poucos.

Paulo, naquela noite como já há algumas anteriores, dormiu rapidamente, tendo aconchegada nos seus braços a esposa amada, como consequência de sua consciência tão menos pesada.

No dia seguinte, pela tarde, ele recebeu dos correios uma carta postada por Jaime. Surpreso, ele a abriu rapidamente, encontrando dentro dela três folhas de papéis: uma bem escrita e limpa, as outras duas não; a primeira assinada por Jaime, confessando que o perdoasse, pois, foi somente com o último gesto de Paulo é que ele sentiu que poderia realmente se livrar da confissão de Neguinho; na segunda e terceira folhas, Edvandro deixava suas confissões de última e derradeira hora, que Paulo sabiamente as queimou, enterrando definitivamente o assunto por demais comprometedor à serenidade estabelecida.

Lá no Alto, no Livro da Vida, foi escrito ao lado dos nomes de alguns dos envolvidos nesta história: missão cumprida; resgate feito; apropriado para a vida na Nova Era ou no Mundo de Regeneração. Ao lado de outros, faiscantes ainda no mal, ficou registrado: nova e última oportunidade no planeta Terra. E, ao lado de tantos outros, enclausurados muito no mal: a ser exilados para mundos inferiores onde receberão novas oportunidades.

Assim está sendo definido para a plena separação do joio do trigo no Planeta Azul, prometida pelo Senhor das Verdades, desde o início dos tempos.

Jaime, Paulo, Cláudia, Maureen, Sandra, Laura, Jacoff, Jerônimo, José Carlos, Rita, Roberto, Ana Cláudia, Carlos Alberto e Edvandro; Izidoro, João Nogueira, Izadora, Samira, Euzébia, Aninha, Afrânio, Inálio, Justino, Clara, Pedro, Sabrina, Ambrósio e Bené; estes são alguns dos personagens de muitas histórias das quais duas delas pudemos contar.

FIM